Anton Menger

System des österreichischen Zivilprozessrechts

rechtsvergleichende Darstellung

Anton Menger

System des österreichischen Zivilprozessrechts
rechtsvergleichende Darstellung

ISBN/EAN: 9783743670990

Hergestellt in Europa, USA, Kanada, Australien, Japan

Cover: Foto ©Suzi / pixelio.de

Weitere Bücher finden Sie auf **www.hansebooks.com**

SYSTEM

DES

OESTERREICHISCHEN

CIVILPROCESSRECHTS

IN RECHTSVERGLEICHENDER DARSTELLUNG

VON

DR. ANTON MENGER

A. Ö. PROFESSOR AN DER UNIVERSITÄT IN WIEN.

I. BAND.

DER ALLGEMEINE THEIL.

WIEN 1876.

ALFRED HÖLDER

K. K. UNIVERSITÄTS-BUCHHÄNDLER.

ROTHENTHURMSTRASSE 15.

Vorrede.

～～～

Das System, von welchem ich den ersten Band der Oeffentlichkeit übergebe, verfolgt einen doppelten Zweck. Es soll zunächst das gegenwärtig geltende österreichische Processrecht einer umfassenden Vergleichung mit den neueren, auf dem Princip der Mündlichkeit beruhenden Processgesetzgebungen unterziehen und dadurch die Reception des mündlichen Verfahrens in Oesterreich vorbereiten und erleichtern. Die wiederholten Versuche, welche in dieser Richtung bisher in Oesterreich ohne Erfolg gemacht wurden, sind nicht zum geringsten Theile aus dem Grunde gescheitert, weil unser juristisches Publicum für die Aufnahme der neuen Processformen nicht genügend vorbereitet war. In der That hat sich bisher die Discussion in den Fachzeitschriften und öffentlichen Blättern fast ausschliesslich mit dem Princip der Mündlichkeit und Schriftlichkeit im Allgemeinen beschäftigt, dagegen nur in sehr geringem Masse mit dem juristischen Detail des mündlichen Processes, von dessen richtiger Auffassung doch der Erfolg jedes neuen Processsystems vorzüglich abhängt.

Es ist ein Hauptzweck dieser Schrift, den österreichischen Juristen durch eine fortlaufende Vergleichung der wichtigeren europäischen Gesetzgebungen mit unserem überlieferten Process-

recht die geistige Aneignung und Durchdringung der neuen Processformen schon gegenwärtig möglich zu machen.

Die Verwirklichung dieser Absicht — und dies ist ein
weiterer Zweck meines Systems — ergab in manchen Richtungen
einige nicht unwesentliche Ergänzungen und Berichtigungen der
processualischen Doctrin. In den neueren legislativen Arbeiten
auf dem Gebiete der Civil- und Verwaltungsrechtspflege ist eine
Fülle der wichtigsten Rechtsideen zerstreut, welche in unserer
gemeinrechtlichen Doctrin bisher noch nicht die gebührende Beachtung gefunden haben und der Natur der Sache nach auch nicht
finden konnten. Denn sowie die meisten Arbeiten dieser Art aus
einem bewussten Gegensatz gegen das gemeine Processrecht hervorgegangen sind, so ist es auch schlechterdings unmöglich, die
Gedanken, welche in denselben Leben und Verwirklichung erhalten haben, vom Standpunkt der gemeinrechtlichen Doctrin zu
beherrschen. Wohl aber konnte eine solche Zusammenstellung
alter und neuer Principien ohne Verwirrung in dem Rahmen des
österreichischen Processrechtes durchgeführt werden, welches selbst
die heterogensten Processformen in sich vereinigt, da der Grundstock unseres Civilverfahrens die Grundsätze des ältesten deutschen
Processes mit merkwürdiger Zähigkeit festgehalten hat, während
einzelne Bestandtheile unserer Processgesetzgebung z. B. das Bagatellverfahren ganz auf dem Boden der modernen Processordnungen stehen. Wenn bei dieser vergleichenden Darstellung
einzelne Ungenauigkeiten unterlaufen sind, so mag der grosse
Umfang des Materials, welches zu prüfen und zu sichten war,
dann der Mangel an genügenden Vorarbeiten als Entschuldi-
gung dienen.

Der specielle Theil wird in einem Bande erscheinen, dessen
erste Abtheilung die Lehre vom Objecte des Civilprocesses, von
den Parteien und dem Gerichte, die zweite dagegen das Verfahren selbst behandeln soll.

Schliesslich mag noch bemerkt werden, dass der Entwurf eines Gesetzes über den Verwaltungsgerichtshof, welchen ich in der vorliegenden Schrift vielfach angeführt habe, während des Druckes als das Gesetz vom 22. Oct. 1875 Nr. 36, R. G. B. von 1876 kundgemacht worden ist und dass der österreichische Entwurf einer Civilprocessordnung vom Jahre 1876 noch in den wichtigsten Theilen dieses Werkes benützt werden konnte.

Wien, den 12. April 1876.

Der Verfasser.

ALLGEMEINER THEIL.

Erster Abschnitt.

Die Stellung des Civilprocesses innerhalb der Rechtsverfolgung.

§. 1.

Die ungeordnete Rechtsverfolgung.

Es ist eine Eigenthümlichkeit aller Rechte (im subjectiven Sinne), welche von ihrem Wesen untrennbar ist und dieselben von blos moralischen Ansprüchen durchgreifend unterscheidet, dass sie gegen den widerstrebenden Willen des Verpflichteten nöthigenfalls mit Zwang durchgesetzt werden können. Zu dem Wesen des Rechtes gehört es also nicht, dass dieser Zwang in jedem einzelnen Falle thatsächlich und mit Erfolg geübt werde, indem die freiwillige Erfüllung der rechtlichen Verpflichtungen im wirklichen Leben die weit überwiegende Regel bildet, und selbst dann, wenn die Ausübung des Zwanges nöthig wird, dieser nur zu häufig erfolglos bleibt; sondern die Natur der Rechte erheischt blos, dass mit allgemeiner Anerkennung die **Möglichkeit gegeben** sei, den Verpflichteten zur Erfüllung seiner Verbindlichkeit durch Zwang zu bestimmen.[1] Den Inbegriff von Handlungen, welche

---

[1] Das (subjective) Recht ist folglich die vom objectiven Recht gewährte Möglichkeit, andere Personen zu Handlungen oder Unterlassungen zu zwingen. Diese Begriffsbestimmung entspricht der Auffassung Kant's (Metaphysische Anfangsgründe der Rechtslehre in der Ausg. v. Hartenstein, Bd. 7, S. 28—30). Von den neueren Schriftstellern wird regelmässig das Merkmal der Erzwingbarkeit in die Definition des subjectiven Rechtes nicht aufgenommen. Demgemäss wird das subjective Recht bestimmt als „eine der einzelnen Person

der Berechtigte selbst oder dritte Personen vollziehen müssen, um auf den Willen des Verpflichteten jenen Zwang auszuüben, kann man als die Rechtsverfolgung im weitesten Sinne bezeichnen.

Voraussetzung jeder Rechtsverfolgung ist ein objectives Recht, eine Rechtsordnung, welche dem Einzelnen die Befugnis verleiht, andere Personen zu Handlungen oder zu Unterlassungen zu zwingen.

---

zustehende Macht" (Savigny Syst., Bd. 1, S. 7), als „die vom objectiven Recht anerkannte Herrschaft des subjectiven Willens" (Unger System, Bd. 1, S. 489). als „eine von dem objectiven Recht verliehene Willensmacht oder Willensvorschrift concreten Inhalts" (Windscheid §. 37) u. A. Dies halte ich aber deshalb für unrichtig, weil viele Rechtsverhältnisse — namentlich auf dem Gebiete des öffentlichen Rechts — dem Berechtigten neben der rechtlichen auch noch eine moralische Macht verleihen, welche die objective Rechtsordnung voraussetzt oder gar vorschreibt, (vergl. z. B. das A. B. G. B. §. 90—92, §. 144) welche aber — eben weil ihr das Moment der Erzwingbarkeit fehlt — nicht als subjectives Recht aufgefasst werden kann. So üben z. B. der Monarch, die Staatsdiener, die Geistlichkeit, die Häupter der Familien u. s. f. neben ihren erzwingbaren Rechten vielfach eine moralische „Herrschaft ihres subjectiven Willens" auf ihre Untergebenen aus, welche an Intensität die juristischen Elemente ihres Herrschaftsverhältnisses vielleicht überragt, aber dessenungeachtet lediglich dem Gebiete der Sitte angehört. Ebenso halte ich es für irrig, wenn Ihering (Geist des römischen Rechts, Bd. 3, 2. Aufl. S. 317—354) im Anschlusse an Krause und Ahrens (Naturrecht, 6. Aufl. 1. Bd. [1870] S. 267 ff.) das subjective Recht als ein rechtlich geschütztes Interesse definirt. Denn diese Begriffsbestimmung trifft derselbe Vorwurf, welchen Ihering (a. a. O. S. 317. 318, Note 435) einer Anzahl der bisherigen Definitionen macht: sie ist nämlich im Wesentlichen ein identisches Urtheil (idem per idem) dessen wahre Beschaffenheit bloss durch die Ausdrucksweise künstlich verdeckt wird. Denn welche Interessen werden eben „rechtlich geschützt"? Offenbar nur jene, welchen das objective Recht den Charakter von subjectiven Rechten verliehen hat. Und worin besteht dieser rechtliche Schutz? Eben darin, dass das objective Recht ein Interesse als subjectives Recht auffasst und behandelt. Jene Begriffsbestimmung sagt folglich nichts anderes, als dass die subjectiven Rechte Interessen sind, welche das objective Recht als subjective Rechte auffasst und behandelt. Ueberdies ist aber die Definition Ihering's auch materiell unrichtig, weil sie die subjectiven Rechte mit den Interessen, welchen dieselben zu dienen bestimmt sind, also Bedürfniss und Befriedigungsmittel verwechselt. Das Eigenthum an meinem Wohnhause befriedigt allerdings mittelbar auch mein Wohnungsbedürfniss, allein dies Eigenthum kann offenbar nicht als mein rechtlich geschütztes Wohnungsbedürfniss betrachtet werden. Auch von Ahrens (a. a. O. S. 341—344) wird der Rechtsgrund (das Bedürfniss) von dem subjectiven Recht als Bedingung und Bedingtes, als Grund und Folge sehr sorgfältig unterschieden.

Die Anwendung des objectiven Rechts auf die subjectiven Rechte kann im Falle des Streites auf eine doppelte Art erfolgen. Zuvörderst so, dass die an einem Rechtsverhältniss Betheiligten, also der Berechtigte und der Verpflichtete, das Dasein und den Umfang des subjectiven Rechts selbst feststellen und ihre rechtliche Auffassung im wirklichen Leben durchführen, ohne dass ein unparteiischer Dritter (der Richter) auf diese Acte der Betheiligten Einfluss nimmt.

Diese Art der Realisirung bestrittener, subjectiver Rechte kann man, im Gegensatze zu den gegenwärtig vorherrschenden Formen der Rechtsdurchsetzung (unten §. 2 und 3) als die ungeordnete Rechtsverfolgung bezeichnen. Auch die ungeordnete Rechtsverfolgung tritt in einer doppelten Form auf. Es kann nämlich entweder eine der beiden an einem Rechtsverhältniss betheiligten Parteien ihre Auffassung des bestehenden Rechtszustandes einseitig zur Geltung bringen, was in dem Rahmen der ungeordneten Rechtsverfolgung nur dadurch geschehen kann, dass die Gegenpartei zu deren Annahme durch physischen Zwang bestimmt wird (Durchsetzung der subjectiven Rechte durch Gewalt). Oder die streitenden Parteien können ihren Conflict auch dadurch lösen, dass sie den bestrittenen Rechtszustand durch einen gemeinsamen Willensact feststellen, welchen man im Anschluss an einen in der staatsrechtlichen Terminologie herrschenden Sprachgebrauch als Compromiss bezeichnen kann (Durchsetzung bestrittener subjectiver Rechte durch Compromiss). Gewalt und Compromiss sind folglich die beiden Formen der ungeordneten Rechtsverfolgung: ihr gemeinsamer Charakter besteht darin, dass das Schicksal des Rechtsstreites durch den Willen einer oder beider streitenden Parteien, nicht durch den Willensact eines am Streite unbetheiligten Dritten bestimmt wird.

Aus den Formen der ungeordneten Rechtsverfolgung haben sich die gegenwärtig im Straf-, Administrativ- und Civilverfahren üblichen Arten der Rechtsdurchsetzung durch einen langen historischen Process allmälig herausgebildet. Es entspricht vollkommen der Natur der Sache, dass die Cognition und die Execution bestrittener Rechte ursprünglich lediglich in den Händen der am Rechtsstreit betheiligten Parteien lag. Noch gegenwärtig werden die praktisch bedeutsamsten subjectiven Rechte: die internationalen und die wichtigeren staats-

rechtlichen Befugnisse im Falle des Streites lediglich in den
Formen der ungeordneten Rechtsverfolgung verwirklicht.

Die Gewalt in ihrer Function als Mittel zur Realisirung
bestrittener internationaler Rechte ist der Krieg. „Der Krieg ist
ein Rechtsstreit zwischen Staaten als Kriegsparteien über ein
öffentliches Recht." (Bluntschli.)[1]) Er hat wesentlich den
Zweck, die unterliegende Kriegspartei zur Annahme der rechtlichen Auffassung des Siegers durch physischen Zwang zu bestimmen, wenngleich dieser Zweck in einzelnen Fällen nicht erreicht
werden kann. Vergleicht man den Krieg mit den Formen der
geordneten Rechtsverfolgung, so hat er die grösste Aehnlichkeit
mit einem Rechtsstreit, welcher durch richterliches Urtheil entschieden wird; nur ist es hier nicht der Richter, sondern der
Sieger, welcher das Urtheil des Besiegten spricht.

Während der Krieg die eigenthümliche Form zur Lösung
von Conflicten über internationale Lebensfragen ist, werden die
minder erheblichen völkerrechtlichen Rechtsstreitigkeiten regelmässig durch Compromiss der streitenden Parteien erledigt. Ein
völkerrechtlicher Conflict, welcher durch ein Compromiss der
Betheiligten sein Ende erhält, lässt sich mit einem Rechtsstreit vergleichen, welcher durch Vergleich der Streittheile geschlichtet wird.

Ein vollständig analoges Verhältnis wie jenes zwischen unabhängigen Staaten, besteht auch zwischen den obersten Factoren,
aus deren Zusammenwirken das Staatsleben gebildet wird, insbesondere zwischen dem Herrscher und dem Beherrschten, zwischen
Regierung und Volk. In dem gegenseitigen Vertrauensverhältniss,
welches namentlich in der erblichen Monarchie den Herrscher
und die Beherrschten verbindet, ist zwar ein Element gegeben,

---

[1]) Bluntschli, das moderne Völkerrecht der civilisirten Staaten,
2. Aufl., 1872, Nr. 511. Aehnlich Heffter, das europäische Völkerrecht der
Gegenwart §. 113. Auch Vattel: Le Droit des gens, III, 1, §. 1. definirt
schon den Krieg im Anschluss an Grotius de jure belli ac pacis I, 1, §. 2
als cet état, dans lequel on poursuit son droit par la force. Sehr oft
verläugnet allerdings der Krieg diese seine ideale Bestimmung, indem Erobe-
rungs- und Beutekriege nicht zu den Seltenheiten gehören; allein dasselbe ist
auch bei dem Civilrechtsstreite der Fall, welcher sich häufig nicht als ein
unbefangener Streit um das Recht, sondern als ein Mittel zur bewussten
Rechtsverweigerung darstellt.

welches zur friedlichen Ausgleichung der staatsrechtlichen Conflicte
drängt, weshalb das Compromiss selbst bei staatsrechtlichen
Streitigkeiten über Lebensfragen als die regelmässige Entscheidungsform betrachtet werden kann. Dessenungeachtet bleiben
aber noch immer Fälle übrig, wo die Parteien zu einem Aus-
gleiche über solche Fragen nicht gelangen und deshalb zur gewalt-
samen Geltendmachung ihrer rechtlichen Auffassung (zum Bürgerkrieg im weitesten Sinne) schreiten.[²] Es genügt in dieser Beziehung
aus der neuesten Zeit auf den amerikanischen und spanischen
Bürgerkrieg hinzuweisen, welche durch Differenzen in der Auffassung staatsrechtlicher Fragen (in Betreff der Rechtsbeständigkeit der Sclaverei und des Rechtes zur Thronfolge) herbeigeführt
worden sind.

Die unläugbare Thatsache, dass in den grossen Fragen des
internationalen und des Staatslebens die Gewalt noch ein Mittel
der Rechtsverfolgung ist, kann jedoch keineswegs als eine nothwendige Eigenthümlichkeit dieser Verhältnisse betrachtet werden.
Die Entwicklung der internationalen und der staatsrechtlichen
Rechtsverhältnisse hat in unserer Zeit vielmehr unverkennbar die
Tendenz, an die Stelle der Aufhebung staats- und völkerrechtlicher
Conflicte durch Gewalt oder Compromiss die Form der geordneten Rechtsverfolgung: die Entscheidung durch einen am Streite
unbetheiligten Dritten zu setzen. Es ist bekannt, wie wichtige

----

[²] Die Verfolgung staatsrechtlicher Befugnisse mittelst Gewalt muss von
dem sogen. Nothrechte, dessen wichtigste Form auf Seite der Herrschenden
der Staatsstreich, auf Seite der Beherrschten die Revolution ist, sehr genau
unterschieden werden. Denn die Ausübung des Nothrechtes schliesst mit Nothwendigkeit eine Verletzung der Rechtsordnung in sich, welche sich vom Rechts-
standpunkt immer als unerlaubt darstellt. Dagegen ist die gewaltsame Verwirklichung bestrittener staatsrechtlicher Befugnisse, wenn dieselben weder
durch Urtheilsspruch noch auch durch Compromiss realisirt werden können,
an sich nicht rechtswidrig, ja die Anwendung von Gewalt ist nicht selten das
einzige Mittel, um dem Rechte zum Siege zu verhelfen. Wenn z. B. in einem
Lande das Recht zur Thronfolge gänzlich unbestimmt ist oder wenn ein Usur-
pator sich der Staatsgewalt bemächtigt, so schliesst die gewaltsame Austragung
dieser Conflicte ebensowenig ein Unrecht in sich, als der Krieg unabhängiger
Staaten. Denn dort, wo die Mittel der geordneten Rechtsverfolgung versagen,
tritt eben mit Naturnothwendigkeit die ungeordnete Rechtsverfolgung an ihre
Stelle. Vergl. über das Nothrecht die Ausführungen von Bluntschli, Allgemeines Staatsrecht, Bd. 2, 4. Aufl., S. 17, 18, 112—119.

völkerrechtliche Streitigkeiten in der neuesten Zeit durch den Urtheilsspruch gewählter Schiedsrichter beendigt worden sind.[4] Ein beachtenswertes und von vielen Seiten unterstütztes Bestreben geht dahin, diese Form der Schlichtung internationaler Conflicte durch Schaffung der erforderlichen Einrichtungen zu consolidiren.[5] Doch können diese Bestrebungen naturgemäss nur

---

[4] Ein Verzeichnis der durch Schiedsspruch beendigten internationalen Streitigkeiten vom Jahre 1783 bis in die neueste Zeit giebt Bellaire resp. Lawrence in der Revue de droit international etc. Bd. 6 (1874) S. 117 bis 128 und Matile-Monluc ebenda Bd. 7 (1875) S. 57 ff. Vergl. auch Goldschmidt in Grünhut's Ztschr. (siehe die folgende Note) Bd. 2. (1875) S. 716, Note 5. Bisher sind es vorzüglich die Vereinigten Staaten von Nord-Amerika, welche diese Form der Schlichtung internationaler Streitigkeiten zur Anwendung gebracht haben. Der wichtigste internationale Schiedsvertrag der neueren Zeit ist wol die zwischen Grossbritannien und den Vereinigten Staaten von Nord-Amerika abgeschlossene Washingtoner Convention vom 8. Mai 1871 in Aegidi und Klauhold's Staatsarchiv 21. Bd. (1871) S. 77—92 (Nr. 4497 der Sammlung) besonders die Art. 1—17 (Alabama-Claims) und Art. 34—42 (Boundary-Claims). Vom Standpunkte der Civilprocesstheorie sind die Bestimmungen über die Entscheidung der Alabamastreitigkeiten durch ein Schiedsgericht in Genf besonders bemerkenswerth, indem die streitenden Parteien nicht bloss die Organisation und Competenz des Schiedgerichts (Art. 1) und das von demselben zu beobachtende Verfahren (Art. 2—5, 7—9), sondern zum Theil auch die von demselben bei der Entscheidung zu beobachtenden materiellen Rechtssätze (die berühmten drei Washingtoner Regeln: Art. VI) durch Vereinbarung festgestellt haben. Seither hat das Schiedsgericht in Genf seinen Schiedsspruch in der Alabama-Angelegenheit und der deutsche Kaiser jenen in der Grenzangelegenheit gefällt. Ueberdies hat sich eine grosse Anzahl von Parlamenten für eine erweiterte Anwendung des schiedsgerichtlichen Verfahrens auf internationale Streitigkeiten ausgesprochen. Vergl. Neumann in dem unten (Note 7) citirten Aufsatz, S. 478 ff., Rolin-Jacquemyns in der Revue Bd. 7 (1875) S. 79 ff.

[5] So hat Goldschmidt — ohne Zweifel durch die in neuester Zeit mehrfach vorgekommenen Schiedssprüche angeregt — den Entwurf eines „Reglements für internationale Schiedsgerichte" abgefasst, welches sammt den Motiven in Grünhut's Zeitschrift Nr. 2, S. 714—749 und in der Revue de Droit international et Legislation comparée von Asser und Rolin-Jacquemyns 6. Bd., (1874) S. 421—451 abgedruckt ist. Goldschmidt beschränkt die Wirksamkeit seines Entwurfes sachgemäss auf den Fall, „dass durch Staatenvertrag eine schiedsrichterliche Entscheidung vereinbart ist". (Goldschmidt a. a. O. S. 722 u. § 2 d. Entw.); auch in diesem Falle sollen übrigens die Bestimmungen des Entwurfes nur eine subsidiäre Geltung haben, indem zunächst der Inhalt des Schiedsvertrages massgebend ist. (A. a. O, S. 722 u. §. 5, 6, 16, 19, 22, 23, 24, 26, 28 d. Entw.). Normen über die Execution des internationalen Schiedsspruches sind in den Entwurf nicht aufgenommen. In der Session des inter-

für solche völkerrechtliche Streitigkeiten fruchtbar werden, welche schon bisher regelmässig durch Compromiss der streitenden Parteien geschlichtet wurden,[6] während ein tauglicher Ersatz für das eigenthümliche Mittel zur Lösung internationaler Lebensfragen: den Krieg, bisher noch nicht aufgefunden worden ist.[7]

Einen für die continentalen Verhältnisse höchst beachtenswerthen Versuch, auch die Schlichtung staatsrechtlicher Fragen dem Gebiete der ungeordneten Rechtsverfolgung zu entziehen, hat das österreichische Verfassungsrecht gemacht, indem es dem Reichsgerichte neben anderen Competenzgebieten auch die Entscheidung über Beschwerden der Staatsbürger wegen Verletzung der ihnen durch die Verfassung gewährleisteten politischen Rechte zuwies.[8] Doch fehlt viel, dass durch das Reichsgericht und sein Verfahren für die Realisirung staatsrechtlicher Ansprüche nunmehr in ähnlicher Weise gesorgt wäre, wie für die Durchsetzung der Privatrechte durch die Civilgerichte und den Civilprocess; vielmehr steht die Wirksamkeit des Reichsgerichts an Umfang und Kraft, also extensiv und intensiv, hinter dem Civil-, Straf- und Administrativprocess erheblich zurück.

Extensiv, weil dem Reichsgerichte nur die Entscheidung über Beschwerden der Staatsbürger wegen Verletzung der ihnen durch die Verfassung gewährleisteten Rechte zusteht.[9] Die Competenz des Reichsgerichtes bezieht sich daher blos auf jene Ver-

nationalen Instituts zu Genf im Jahre 1874 wurde das von Goldschmidt vorgeschlagene Reglement mit unwesentlichen Modificationen angenommen. Vergl. die Protocolle der betreffenden Sitzungen vom 31. August, 1. und 2. September 1874 in der Revue de droit international, Bd. 6 (1874) S. 585 bis 596.

[6] Goldschmidt, a. a. O. S. 716—718.

[7] Eine umfassende Uebersicht der zahlreichen Vorschläge, welche bis in die jüngste Zeit gemacht worden sind. „um an die Stelle der Entscheidung der Völkerstreitigkeiten durch die Waffen, jene durch vernünftige und sittliche Mittel zu setzen" hat Leopold Neumann in seinem Aufsatze „Vom ewigen Frieden" in Grünhut's Zeitschrift, Bd. 1 (1874) S. 570—583 gegeben.

[8] Vergl. das Staatsgrundgesetz über das Reichsgericht vom 21. Dez. 1867, Nr. 143, Art. 3, lit. b. Viel weiter gehen die Befugnisse des obersten Bundesgerichtshofes der Vereinigten Staaten von Nord-Amerika, welcher für die Institution des Reichsgerichts in manchen Richtungen als Vorbild gedient hat. Vergl. Matile in der Revue de droit international, Bd. 6 (1874) S. 89 bis 100.

[9] S. die vorige Note.

letzungen staatsrechtlicher Befugnisse, welche dem einzelnen Staatsbürger als solchem zustehen, folglich einen den Privatrechten
ähnlichen Charakter an sich tragen. Dagegen sind die grossen
staatsrechtlichen Fragen von seiner Jurisdiction ausgeschlossen;
die Streitigkeiten über das Recht zur Thronfolge; alle Conflicte,
welche die Vertheilung der Macht zwischen der Krone und dem
Volke oder seiner Vertretung betreffen; endlich die Entscheidung
der Fragen über die Berechtigung der staatsrechtlichen Ansprüche,
welche einzelne Volksgruppen in Oesterreich im Widerspruch oder
doch wenigstens neben der Verfassung erheben.

Dass diese Fragen nicht zur Cognition des Reichsgerichtes
gehören, ergiebt sich daraus, dass alle Angelegenheiten dieser
Art, welche vor das Reichsgericht gelangen sollen, zunächst im
gesetzlich vorgeschriebenen administrativen Wege ausgetragen werden müssen. [10]) Dann aber ergiebt sich jene Beschränkung auch
schon aus der Natur der grossen staatsrechtlichen Conflicte, an
welchen immer das ganze Volk oder wenigstens grössere Volksgruppen betheiligt sind, während das gerichtliche Verfahren, wenn
es anders nicht in ein unübersehbares Chaos ausarten soll, nur
die Theilname einer begränzten Zahl von Personen gestattet.

Allein auch intensiv steht das reichsgerichtliche Verfahren an
praktischer Wirksamkeit gegen die übrigen Formen der geordneten
Rechtsverfolgung, insbesondere gegen den Civilprocess, erheblich
zurück. Im Administrativ-, Straf- und Civilprocess lässt sich nämlich der Staat nicht damit genügen, durch seine Organe den Eintritt einer Verletzung öffentlicher oder Privatrechte zu constatieren,
sondern er knüpft daran immer auch den Befehl, jene Handlungen
vorzunehmen, welche geeignet sind, die Störung des Rechtes wieder
aufzuheben. So stellt der Strafrichter durch sein Urtheil die Schuld
des Verbrechers fest, er knüpft aber daran sogleich den Ausspruch über die Strafe, durch welche der Schuldige sein Verbrechen
zu sühnen hat. In den Entscheidungen, durch welche die Civil-
und Administrativinstanzen Conflicte auf dem Gebiete des Privat-
und Verwaltungsrechtes schlichten, unterlassen diese sogar nicht
selten die Bezeichnung der eingetretenen Rechtsverletzung, und
begnügen sich damit, den streitenden Parteien die zur Aufhebung

---

[10]) St. G. G. a. d. Reichsg. Art. 3, lit. b. Gesetz vom 18. April 1869,
Nr. 44, §. 17.

des Unrechts erforderlichen Handlungen aufzutragen. In dem reichsgerichtlichen Verfahren, soweit dieses die Entscheidung von Beschwerden über Verletzung der durch die Verfassung gewährleisteten Rechte zum Gegenstand hat, soll das Erkenntnis blos aussprechen: ob und in welchem Umfang in dem zur Entscheidung vorliegenden Falle die behauptete Verletzung eines politischen Rechtes des Beschwerdeführers stattgefunden habe.[11] Die Urtheile des Reichsgerichtes bestimmen also nicht die Handlungen, durch welche die eingetretene Verletzung verfassungsmässiger Rechte wieder beseitigt werden soll; noch weniger ist die Möglichkeit gegeben, die Vollziehung des Urtheils mit Zwang durchzusetzen, da es an einem Vollstreckungsverfahren bei dieser Gattung von reichsgerichtlichen Erkenntnissen vollständig mangelt.[12]

Das reichsgerichtliche Verfahren, soweit es sich auf die Beschwerden wegen der Verletzung verfassungsmässiger Rechte bezieht, bildet folglich im österreichischen Rechte den Uebergang von den unvollkommenen Formen der Rechtsverfolgung auf dem Gebiete des Völker- und Staatsrechts zu dem Administrativ-, Straf- und Civilverfahren. Es gleicht jener ersten Gruppe insofern, als es den Gedanken, dass jedes Recht geschützt und nötigenfalls mit Zwang durchgesetzt werden müsse, nur in sehr engen Gränzen zur Verwirklichung bringt. Dagegen hat es mit den mehr entwickelten Formen der Rechtsverfolgung: dem Administrativ-, Straf- und Civilverfahren darin eine unverkennbare Aehnlichkeit, dass die äusseren Formen jedes Verfahrens: die Verhandlung des Rechtsstreites vor einem unparteiischen Dritten und die Entscheidung desselben durch seinen Urtheilsspruch auch hier zur Anwendung kommen. Der allgemeine Charakter dieser zweiten Art der Rechtsverfolgung soll nunmehr hier in den wesentlichsten Grundzügen dargestellt werden.

---

[11] Ges. v. 18. April 1869, Nr. 44, §. 35.
[12] Ges. v. 18. April 1869, Nr. 44, §. 39.

Die geordnete Rechtsverfolgung: das Administrativ-, Straf- und Civilverfahren.

Den Gegensatz zu der Verfolgung der internationalen und der wichtigsten staatsrechtlichen Ansprüche bildet das Administrativ-, Straf- und Civilverfahren, welche man unter dem gemeinsamen Begriff der geordneten Rechtsverfolgung zusammenfassen kann. Das eigentümliche Merkmal, durch welches sich die geordnete Rechtsverfolgung von jener ersten Gruppe (§. 1) durchgreifend unterscheidet, besteht darin, dass die Lösung der Conflicte auf diesem Gebiete durch einseitige Gewalt der Betheiligten ausgeschlossen ist. An die Stelle der Rechtsverfolgung durch Anwendung des Zwanges von Seite der betheiligten Parteien tritt hier die Untersuchung und Entscheidung der streitigen Rechte durch eine hiezu berechtigte Instanz, welche erst dann, wenn sie die Existenz eines (öffentlichen oder Privat-) Rechtes festgestellt hat, zur Durchsetzung des Anspruches die erforderlichen Zwangsmittel leiht. Nur die verschiedenen Formen der geordneten Rechtsverfolgung verdienen den Namen eines rechtlichen Verfahrens, insofern man unter dem letzteren einen Inbegriff von Handlungen zur friedlichen, dem Recht entsprechenden Durchsetzung der Rechtsansprüche versteht.

Innerhalb der Gränzen der geordneten Rechtsverfolgung lässt sich aber wieder ein Gegensatz von grosser Wichtigkeit wahrnehmen. Die Rechte, welche durch die mannigfaltigen Formen der Rechtsverfolgung durchgesetzt werden sollen, gehören nämlich zwei wesentlich verschiedenen Gebieten an, indem ein Theil unmittelbar das Wohl des Staates und nur mittelbar jenes der einzelnen Staatsgenossen bezweckt, während der andere Theil umgekehrt zunächst dem Interesse der einzelnen Privatpersonen und nur folgeweise

den Bedürfnissen des Staates dienen soll.[1]) Eine Folge dieses
Gegensatzes ist die bekannte Scheidung der Rechte in öffentliche
und Privatrechte, welche das Rechtsleben der modernen europäischen Staaten, wenigstens in seinem gegenwärtigen Zustande,
durchgreifend beherrscht.[2]) Der eigenthümliche Charakter der öffentlichen und der Privatrechte prägt sich nun auch in den Formen
der Rechtsverfolgung aus, welche zu ihrer Durchsetzung im wirklichen Leben bestimmt sind. Zur Realisirung der öffentlichen
Rechte, an deren Verwirklichung der Staat ein selbstständiges,
unmittelbares Interesse hat, muss derselbe aus eigenem Antriebe
die erforderlichen Veranstaltungen treffen, er muss Organe
schaffen, welche ihre Existenz von Amtswegen feststellen und
dieselben nöthigenfalls von Amtswegen gegen den widerstrebenden Willen des Verpflichteten mit Zwang durchsetzen. Das
öffentliche Recht ist deshalb naturgemäss das Gebiet, auf
welchem die Verfolgung von Amtswegen: die Officialmaxime
Raum findet. Von der Existenz und den Schicksalen der Privatrechte, welche zunächst blos die Interessen des Einzelnen befördern sollen, wird dagegen der Staat unmittelbar nicht berührt,
er kann deswegen ihre Durchsetzung im wirklichen Leben, ohne
die wesentlichen Staatszwecke zu gefährden, der Initiative und

---

[1]) Vgl. über den Gegensatz des öffentlichen und Privatrechts, der auch
für die Gestaltung des rechtlichen Verfahrens von grösster Bedeutung ist, ja
in dieser seinen anschaulichsten Ausdruck findet, die bekannte Stelle, L. 1.
§. 2 D. d. J. et J. 1, 1 (Ulp.), Publicum ius est quod ad statum rei Romanae
spectat, privatum quod ad singulorum utilitatem; sunt enim quaedam publice
utilia, quaedam privatim, und dazu Savigny, System, Bd. 1, S. 21—28.
Zöpfl, Grundsätze des gem. deutsch. Staatsrechts. Bd. 1. §. 18, Note 1,
Rösler, Lehrbuch des deutschen Verwaltungsrechts, Bd. I, §. 8. Note 1.
A. A. ist Bähr, der Rechtsstaat (1864), S. 44 ff., welcher den Staat mit den
privatrechtlichen Genossenschaften parallelisiert und dem Genossenschaftsrecht
in dieser weiten Bedeutung das Privatrecht entgegensetzt.

[2]) Ich sage, dass der Gegensatz zwischen öffentlichem und Privatrecht
unserem gegenwärtigen Culturzustand angehört, da die Rechtsbildungen des
Mittelalters auch auf jenen Gebieten, welche jetzt unzweifelhaft dem öffentlichen Recht angehören, einen vorherrschend privatrechtlichen Charakter an
sich tragen (Patrimonialstaat). Umgekehrt trachten die communistischen und
socialistischen Parteien der Gegenwart, das Privatrecht aus jenen Lebenskreisen, in welchen es sich dem Staate gegenüber bisher behauptet hat (Vermögensrecht, Familienrecht), zu verdrängen und an seine Stelle öffentlichrechtliche Organisationen zu setzen.

der Thatkraft des Berechtigten überlassen, vorausgesetzt nur, dass er Organe schafft, welche jenem Streben des Einzelnen die erforderliche Hilfe leihen. Es entspricht daher vollständig dem Wesen der Privatrechte, wie es von uns gegenwärtig aufgefasst wird, dass der Staat sich gegen ihre Realisierung regelmässig passiv verhält oder mit anderen Worten, dass das Civilverfahren nach seinem vorherrschenden Charakter von der Verhandlungsmaxime beherrscht wird. [3])

Dass die Realisirung der öffentlichen Rechte, durchgreifend auf der Officialmaxime beruht, ist zuvörderst auf dem Gebiete der Verwaltung und der Verwaltungsrechtspflege[4]) überall wahrzunehmen.[5]) Der Staat prüft von Amtswegen die Berechtigung

---

[3]) Die Verhandlungsmaxime und ihre Geltung im österreichischen Civilprocess wird unten, §§. 19, 20, 21, eine ausführliche Darstellung finden.

[4]) Ueber die Verwaltungsrechtspflege ist in der neuesten Zeit eine grosse Anzahl von Schriften erschienen; doch beschäftigen sich dieselben weniger mit dem Detail des Administrativverfahrens, als mit den principiellen Fragen, ob gegen die Entscheidungen der Administrativbehörden der Rechtsweg einzuräumen und in welcher Weise die Verwaltungsgerichte zu organisiren seien. Ich hebe aus der neuesten Literatur hervor: Stein, Verwaltungslehre, 2. Aufl., Bd. 1, S. 113—121; F. F. Mayer, Grundzüge des Verwaltungsrechts und -Rechtsverfahrens (1857), S. 82—102; Weizel, das badische Gesetz vom 5. Oct. 1863 über die Organisation der inneren Verwaltung etc. (1864); Bähr, der Rechtsstaat (1864); Pözl, in der kritischen Vierteljahrschrift, Bd. 10 (1868), S. 124—145 und Bd. 11 (1869), S. 379—394 (Eine Kritik der bayerischen Gesetzentwürfe über die Verwaltungsrechtspflege); Kissling, der Rechtsschutz der Einzelnen gegenüber der Gesammtheit und ihren Organen (1871); Gneist, der Rechtsstaat (1872); Rösler, über Verwaltungsgerichtsbarkeit, in Grünhut's Zeitschrift Bd. 1 (1874), S. 181—209; Wielandt, die Verwaltungsrechtspflege im Grossherzogthum Baden, in Hartmann's Zeitschr. f. öffentl. Recht, Bd. 1 (1875), S. 369—378. Stengel in Hirth's Annalen (1875) S. 1314—1379. Eine umfangreiche, aber zum grossen Theile wenig gehaltvolle Literatur hat der österr. Entwurf eines Gesetzes über den Verwaltungsgerichtshof hervorgerufen. Koller, Bedenken gegen die Anträge der Regierung zur Errichtung eines Verwaltungsgerichtshofes etc. 1874. (Vgl. dazu die Kritik Lemayer's in Grünhut's Zeitschrift. Bd. 2 [1874], S. 738—747); Grünwald, der österreichische Verwaltungsgerichtshof. 1875. (Vgl. darüber Lemayer, in Grünhut's Zeitschr., Bd. 2 [1875], S. 489—496); Ulbrich, über öffentliche Rechte und Verwaltungsgerichtsbarkeit (1875). Ein tüchtiges Sammelwerk ist die Schrift Kissling's: Reichsgericht und Verwaltungsgerichtshof (1875).

[5]) Sehr richtig äussert sich Mohl, die Polizeiwissenschaft nach den Grundsätzen des Rechtsstaates, Bd. 2, 3. Aufl. (1866), S. 606, folgendermassen:

der einzelnen Staatsbürger, an der Leitung des Staatswesens
persönlich oder durch Wahlen theilzunehmen, er sorgt aus eigenem
Antriebe in der mannigfachsten Richtung für das geistige, physische
und öconomische Wohl seiner Mitglieder, deren Mitwirkung zur
Erreichung dieser Zwecke er gleichfalls von Amtswegen herbei-
führt. Der Staat untersucht ferner von Amtswegen die Verpflichtung der einzelnen Staatsbürger, durch Entrichtung von Steuern
und durch Theilname an dem Heeresdienst die Staatszwecke zu
befördern. So mannigfaltig auch die Verfahrensarten sind, vermittelst deren die Administration die öffentlichen Rechte des Staates
an seine Mitglieder und jene der einzelnen Mitglieder untereinander feststellt und schützt, so tragen sie doch wenigstens in
ihrer überwiegenden Zal das gemeinsame Merkmal an sich, dass
sie durch die Organe des Staates von Amtswegen eingeleitet und
durchgeführt werden. *)

„Wesentlich unterscheidet sich die polizeiliche Staatsthätigkeit dadurch von
der gerichtlichen (richtiger civilgerichtlichen), dass sie nicht auf eine
bestimmte Anforderung des Betheiligten wartet, um ihre Wirksamkeit zu
beginnen, sondern durch jede, gleichviel wie gemachte Entdeckung von
Hindernissen des allgemeinen Wohls aufgefordert ist, dieselben wegzuräumen.
Ebenso F. F. Mayer Grundzüge des Verwaltungsrechts und Rechtsverfahrens
(Tübingen 1857) S. 88 ff. Auch im österreichischen Recht gilt ohne Zweifel
der Grundsatz, dass die Administrativbehörden, wenn das Gesetz nicht ausdrücklich einen Antrag der Parteien als nothwendig erklärt, ihre Thätigkeit
von Amtswegen auszuüben haben.

*) Eine Modification der im Text festgestellten Principien tritt dann
ein, wenn ein Recht, wie z. B. gegenwärtig das österreichische und preussische
neben der Cognition der Verwaltungsbehörden in Administrativrechtssachen
auch noch eine controlierende Judicatur administrativer Gerichte in den
Formen des gerichtlichen Verfahrens kennt. Das Verhältniss der Administrativbehörden zu den Administrativgerichten bringt es in diesem Fall mit sich, dass
die Cognition der Letzteren (in Oesterreich des Reichsgerichts und des Verwaltungsgerichtshofes) nur dann eintritt, wenn die Betheiligten die Rechtmässigkeit
der von der Verwaltungsbehörde erlassenen Entscheidung angreifen. Zur Einleitung des gerichtlichen Verwaltungsstreitverfahrens ist daher ebenso wie zum
Beginne des Civilrechtsstreites ein Antrag der betheiligten Parteien erforderlich
§. 11 des Ges. v. 18. April 1869, Nr. 44 (Reichsgericht), §. 5 d. Ges. über
den Verwaltungsgerichtshof. Das auf Antrag der Betheiligten eingeleitete
Verwaltungsstreitverfahren ist dagegen von dem Willen der Parteien wesentlich
unabhängig und wird durch den administrativen Gerichtshof in den Formen
einer Untersuchung von Amtswegen durchgeführt. §. 21 R. G., §.26 V. G. H.
(Officiöse Feststellung der Thatsachen im Vorverfahren); §. 27 V. G. H. (Beiladung der am Streite Betheiligten von Amtswegen); §. 26 R. G., §. 32 V.

Ein ähnliches Verhältniss findet auch auf dem anderen
Gebiete der Verfolgung öffentlicher Rechte: dem Strafprocess
statt, indem das Recht des Staates auf Bestrafung des Verbrechers
in der überwiegenden Anzahl von Fällen durch spontane Thätigkeit der staatlichen Organe verwirklicht wird.[7] Es ist in dieser
Richtung gleichgiltig, ob die gesammte Strafverfolgung, wie im
Inquisitionsprocesse in den Händen des Richters concentrirt ist oder
ob, wie im Anklageprocess, der Impuls zu den strafprocessualischen
Handlungen von einem Ankläger ausgeht, insofern dieser uur
vom Staate mit der Verpflichtung bestellt ist, die Delicte von
Amtswegen zu verfolgen. Denn nach beiden Systemen findet doch
ein Verfahren von Amtswegen statt, und der Unterschied besteht
nur darin, dass die Einleitung und der Verlauf dieses Verfahrens
in dem ersten Falle lediglich von der Entschliessung des Richters,
in dem zweiten von dem Zusammenwirken des Gerichtes und des
öffentlichen Anklägers abhängig ist.[8]

G. H. (Der Präsident hat von Amtswegen für die Vollständigkeit der Erörterung Sorge zu tragen.); §. 24 R. G., §§. 34, 38 V. G. H. (Verhandlung und
Entscheidung ungeachtet der Contumacia der Parteien) u. s. f. Im Wesentlichen dieselben Grundsätze sind in dem preussischen Gesetz betreffend die Verfassung der Verwaltungsgerichte und das Verwaltungsstreitverfahren vom
3. Juli 1875, §§. 35, 37, 39, 40, 41, Abs. 3, 44, 46, ferner in der Gesetzgebung von Baden (Wielandt. die Verwaltungsrechtspflege in Baden, in
Hartmann's Zeitschr. f. öffentl. Recht, Bd. 1, S. 376, 377) adoptirt.
Gegen die Untersuchungsmaxime im Verwaltungsstreitverfahren erklärt sich
K. J. Schmitt in einer auch in der österr. Zeitschrift für Verwaltung, 1872,
Nr. 4 u. 5 abgedruckten Abhandlung, welcher Schriftsteller den Parteien auch
im Administrativverfahren volle Dispositionsbefugnis über die im Streit befangenen öffentlichen Rechte einräumen will. Eben so wohl auch Stein, Ver-
waltungslehre, Bd. 1, S. 113—121. Dagegen Kissling in der Zeitschr. f.
Verwaltung, 1872, Nr. 7, welcher die gegenwärtig in der österreichischen und
preussischen Gesetzgebung (s. oben) angenommenen Grundsätze vertheidigt.

[7] Vergl. die Motive der Strafprocessordnung vom 23. Mai 1873 in
Kaserer's Sammlung der österreichischen Gesetze mit Materialien, Bd. 10,
S. 13: „Es liegt im öffentlichen Interesse, dass das Verbrechen bestraft
und die durch dasselbe bewirkte Störung des öffentlichen Rechtszustandes
wieder aufgehoben werde." — „Es ist das Recht und die Pflicht des Staates,
für die Verfolgung und Bestrafung der Verbrechen zu sorgen und zwar selbst
dann, wenn der durch das Verbrechen Verletzte die Verfolgung nicht verlangt
oder sogar begehrt, dass dieselbe unterbleibe."

[8] Die im Text vertretene Auffassung, wornach als Gegensatz des Verhandlungsprincips die Officialmaxime erscheint und das Anklage- sowie das

Von den bisher dargestellten Formen der Rechtsverfolgung unterscheidet sich nun mit grosser Schärfe das weite und wichtige Gebiet des Civilverfahrens, welches, ebenso wie das Civilrecht den materiellen Rechtsdisciplinen, allen übrigen Verfahrensarten als Typus und als Vorbild dient. Es bildet zunächst zu der Verfolgung der internationalen und der staatsrechtlichen Ansprüche (§. 1) insofern einen durchgreifenden Gegensatz, dass die Selbsthilfe nur zur Vertheidigung gegen die drohende Verletzung von Privatrechten, nicht aber zur Durchsetzung verletzter Privatrechte zulässig ist. Das b. G. B. (§. 19) setzt fest, dass es jedem, der sich in einem Rechte gekränkt erachtet, freisteht, seine Beschwerde vor den durch die Gesetze bestimmten Behörden anzubringen, dass aber derjenige, welcher sich mit Hintansetzung derselben der eigenmächtigen Hilfe bedient oder die Grenzen der Nothwehr überschreitet, dafür verantwortlich ist. (Vgl. auch §. 344 b. G. B.)

Untersuchungsprincip des Strafprocesses sich blos als untergeordnete Formen dieser Letzteren darstellen, wird im Wesentlichen (jedoch mit Abweichungen in Beziehung auf die Terminologie) getheilt von Köstlin, der Wendepunkt des deutschen Strafverfahrens etc. (1849), S. 37—58, bes. S. 44, 45; Biener, Abhandlungen aus dem Gebiet der Rechtsgeschichte, Heft 2, (1848), S. 22—38, bes. S. 35, 36, S. 90—93 und Das englische Geschwornengericht, Bd. 2, (1852) S. 13—20; Walter in der kritischen Ueberschau, Bd. 4, S. 215, 216, (1857); Ullmann, das österreichische Strafprocessrecht, 1, Abt., (1874), S. 44—53. Eine abweichende Ansicht identificirt für das Gebiet des Strafverfahrens das Anklage- und das Verhandlungsprincip, welchem dann die Inquisitionsmaxime entgegengesetzt wird; das Officialprincip wird nach dieser Auffassung als selbstständiges processualisches Princip überhaupt nicht anerkannt, sondern der legislativen Politik zugewiesen. Planck, systematische Darstellung des deutschen Strafverfahrens, (1857), §. 60. Eine Uebersicht der Controversen über diese Frage gibt Mittermaier, die Gesetzgebung und Rechtsübung über Strafverfahren. (1856), S. 269—290. Nach der ersten Ansicht ist das Verhältniss des Staates und der Staatsgewalt zu dem Strafverfahren im Allgemeinen das bestimmende Moment, wogegen die hier bekämpfte Auffassung lediglich das Verhältniss des erkennenden Gerichts zu dem Criminalprocess in's Auge fasst. Die Frage ist vorherrschend eine terminologische und ihre Lösung hängt desshalb zum grössten Theile von der Willkür des Beurtheilers ab. Doch halte ich die hier gewählte Gruppirung der obersten Processprincipien desshalb für die zweckmässigere, weil nur auf diesem Wege die fundamentalen Grundsätze der Rechtsverfolgung mit dem Wesen der zu realisirenden Privat- und öffentlichen Rechte in einen innigen Zusammenhang gebracht werden können. Vgl. auch Glaser, „Das Princip der Strafverfolgung" in seinen gesammelten kleineren Schriften, Bd. 1, S. 429—448, bes. 430, 431, Bd. 2, S. 98 ff.

Als Norm für die Zulässigkeit der Selbsthilfe (Gewalt) gilt also der thatsächliche Zustand; wer diesen erhalten will, kann auch auf dem Gebiete der privatrechtlichen Rechtsverfolgung ohne Bedenken Gewalt brauchen (Nothwehr); wer dagegen denselben abändern will, mag seine Absicht auch lediglich dahin gehen, die Congruenz zwischen dem thatsächlichen und dem Rechtszustand herzustellen, muss sich zu diesem Ende des Beistandes der vom Staate bestellten Organe bedienen.[9]) Und darin liegt der Gegensatz der privatrechtlichen Rechtsverfolgung zu der Durchsetzung von internationalen und staatsrechtlichen Befugnissen, da auf diesem Gebiete auch zur Herstellung des gestörten Rechtszustandes die Selbsthilfe angewendet wird.

Innerhalb der Formen der geordneten Rechtsverfolgung unterscheidet sich das Civilverfahren, wie bereits oben bemerkt wurde, von dem öffentlich-rechtlichen Verfahren dadurch, dass der Staat sich gegen die Durchsetzung der Privatrechte wesentlich passiv verhält, dass also regelmässig der Beginn und der Lauf des Rechtsstreites von dem Willen der betheiligten Parteien abhängig ist. Mit Recht haben daher unsere Gerichtsordnungen die Passivitätsmaxime an ihre Spitze gestellt, da das Civilverfahren eben durch dieses Princip seine Begrenzung innerhalb des weiten Gebietes der gesammten Rechtsverfolgung erhält.[10]) Inwieweit

---

[9]) Für das österreichische Recht vgl. vorzüglich die treffliche Darstellung von Unger, Syst., Bd. 2, S. 337—345. Für das gemeine Recht vgl. Windscheid, Pand. §. 123; Arndts Lehrbuch, §. 94; Puchta, Lehrbuch §. 80, Vorlesungen, 5. Aufl, Bd. 1, S. 180—182; Schwarze, im Rechtslex. Art. Selbsthilfe, Bd. 10. S. 125—145; J. Schmitt, die Selbsthilfe im röm. Privatrecht, (1868), S. 69. 70. Der in der gemeinrechtlichen Literatur lebhaft geführte Streit, ob die Selbsthilfe auf dem Gebiete des Privatrechts an sich oder nur in den durch das Gesetz ausdrücklich normirten Fällen unerlaubt sei, ist durch den §. 19 b. G. B. im Sinne der ersten Auffassung entschieden.

[10]) §. 1 der A. G. O. und der W. G. O. Vgl. auch §. 1 der ung. C. P. O. von 1852. Die Redaction dieser drei Gesetzesstellen bietet übrigens einige bemerkenswerthe Verschiedenheiten dar. Siehe Schuster Commentar zur ung. C. P. O, 3. Aufl., S. 88, 89. Den Gegensatz zu dem §. 1 der drei Civilprocessgesetze bilden die Bestimmungen der für Oesterreich erlassenen Strafprocessordnungen, welche gleichfalls an hervorragender Stelle das Officialprincip aussprechen, dieses letztere aber zum Theil mit dem Inquisitionsprincip zusammenwerfen. Vgl. Pat. vom 17. Juni 1788, Nr. 848, §. 1; St. G. von 1803, I. Theil. §. 212. 213. II. Th., §. 276. 277; St. P. O. vom 17. Jan. 1850,

jedoch einzelnen Privatrechten und einzelnen Bestandtheilen des Civilverfahrens ein öffentlich-rechtliches Element innewohnt und in Folge dessen vom Staate seine Indifferenz gegen die Durchsetzung der Privatrechte aufgegeben werden muss, soll unten (§. 19—21) bei der Darstellung der Verhandlungsmaxime gezeigt werden.

Nr. 25, §. 2 (s. Motive zur St. P. O. v. 1873 a. a. O. S. 16—19); St. P. O. v. 29. Juli 1853, Nr. 151, §. 2. Die gegenwärtig geltende St. P. O. §§. 34 u. 2 setzt fest, dass die Staatsanwälte alle strafbaren Handlungen, welche zu ihrer Kenntniss kommen und nicht blos auf Verlangen eines Betheiligten zu untersuchen und zu bestrafen sind, von Amtswegen zu verfolgen und daher wegen der Untersuchung und Bestrafung durch das zuständige Gericht das Erforderliche zu veranlassen haben (Officialprincip). Die gerichtliche Verfolgung der strafbaren Handlungen hat aber nur auf Antrag eines Anklägers einzutreten (Anklageprincip). Siehe dazu die Motive a. a. O. S. 13—27; Mitterbacher u. Neumayer, Comment. zur St. P. O. S. 35.

§. 3.

Das Verfahren in und ausser Streitsachen.[1])

Nach der in den vorhergehenden Paragraphen (§§. 1 und 2) gegebenen Darstellung ist nun das Civilverfahren als der Inbegriff der von dem Gericht und den betheiligten Personen zur Verwirklichung von Privatrechten vollzogenen Handlungen zu definiren. Die Gesammtheit der Normen, welche diese Handlungen beherrschen, kann als das Recht des Civilverfahrens oder als das Civilprocessrecht im weiteren Sinne dieses Wortes, die systematische Darstellung dieser Rechtssätze aber als die Theorie des Civilverfahrens bezeichnet werden.

Die Anwendung aller Formen des Civilverfahrens setzt immer die Möglichkeit einer Störung des Rechtszustandes voraus, indem eben der Zweck des Civilverfahrens darin besteht, die Congruenz zwischen den rechtlichen und faktischen Zuständen zu erhalten. Dieser Zweck kann aber auf eine doppelte Weise erreicht werden. Zunächst dadurch, dass der Staat dem Eintritte von Störungen vorzubeugen sucht, also Massregeln trifft, durch welche drohende Verletzungen von Privatrechten zum Voraus beseitigt werden. Dann aber ist es auch zweitens die Aufgabe des Staates, bereits eingetretene Verletzungen von Privatrechten aufzuheben, die gestörte Congruenz zwischen den rechtlichen und thatsächlichen Zuständen nach Möglichkeit wieder herzustellen. Die Gesammtheit der Hand-

---

[1]) Glück, Erl. der Pand., Bd. 3, 2. Aufl. (1806), S. 92—112 (wo die ältere Literatur angeführt ist); Gönner, Handbuch des gemeinen deutschen Processes, Abh. XXVI, §. 10, 22; W. H. Puchta, Handbuch des gerichtlichen Verfahrens in Sachen der freiwilligen Gerichtsbarkeit, Bd. 1, §. 77 ff., 110 ff.; Oesterley, das deutsche Notariat, 2. Bde., 1842—1845; G. F. Puchta, Inst., §. 151, Note d; Bethmann-Hollweg, Bd. 2, S. 95; Wetzell, System, §. 43, Note 1—9; Renaud, §. 22, Endemann, §. 2; Bayer, Vorl., 10. Aufl., S. 168 bis 170; Osterloh, §. 12; Heffter, preuss. Civilprocess, Nr. 13.

lungen, deren Zweck in der Vorbeugung von Störungen der Privatrechte besteht, kann man als den präventiven, jene andere Gruppe dagegen, durch welche das bereits eingetretene Unrecht wieder beseitigt werden soll, als den repressiven Theil des Civilverfahrens bezeichnen. [1])

Die Scheidung des Civilverfahrens in einen präventiven und repressiven Theil entspricht dem Gegensatz zwischen der freiwilligen und streitigen Gerichtsbarkeit (jurisdictio voluntaria et contentiosa), zwischen dem Verfahren in und ausser Streitsachen, welcher auf einzelne Stellen des römischen Rechtes begründet [2]), sich wie

---

[1]) Vgl. über den Begriff Präventivjustiz die Ausführungen Robert v. Mohl's, in seinem System der Präventivjustiz, 3. Aufl., 1866, S. 3—24. Mohl stellt in seiner Schrift sämmtliche Rechtsinstitute dar, durch welche dem drohenden Unrecht vorgebeugt werden soll, ohne Rücksicht, ob dieses sich gegen die Normen des Staats-, Verwaltungs-, Straf- oder Privatrechtes kehrt. Dass die Einrichtungen der sogenannten freiwilligen Gerichtsbarkeit in diesem Complex von Rechtsinstituten, welcher durch die Einheit ihres Zwecks (Verhinderung des Unrechts in seinen verschiedenen Formen) zusammengehalten wird, nur eine verhältnissmässig sehr begrenzte Gruppe bilden können, liegt auf der Hand. Doch dürfte wohl die Zusammenfassung der Rechtsinstitute der freiwilligen Gerichtsbarkeit in einer systematischen Darstellung kaum den Tadel verdienen, den Mohl, a. a. O. S. 300, 301, gegen diese Anordnung ausspricht, weil es aus theoretischen und praktischen Gründen zweckmässig erscheint, jene Massregeln zur Verhütung des Civilunrechts, welche die Civilgerichte zu handhaben berufen sind, als eine wissenschaftliche Einheit aufzufassen und darzustellen.

[2]) Die Hauptstelle, auf welcher die im Texte erwähnte Terminologie beruht, ist L. 2 pr. D. de off. Proc. (1. 16): „Omnes Proconsules statim, quam Urbem egressi fuerint, habent iurisdictionem; sed non contentiosam, sed voluntariam, ut ecce manumitti apud eos possunt tam liberi quam servi et adoptiones fieri.“ Ein ähnlicher Gegensatz liegt der L. 4 D. de adopt. (1. 7), L. 1 D. de off. iurid. (1. 20) und Paul. S. R. II, 25, §. 4 zu Grund, in welchen Stellen jedoch statt iurisdictio voluntaria der synonyme Ausdruck legis actio gebraucht wird. Der Grund der in L. 2 pr. cit. adoptirten Terminologie liegt ohne Zweifel darin, dass die Rechtsgeschäfte, welche ursprünglich zur jurisdictio voluntaria gehörten (in iure cessio, manumissio, emancipatio, datio in adoptionem), in der Form einer scheinbaren Vindication vollzogen wurden, bei welcher der Beklagte zu der Entscheidung des Magistrats freiwillig seine Zustimmung gab, während bei wirklichen Vindicationen dem Urtheile des Judex der Widerstand des Beklagten und in Folge dessen ein Streit (contentio) vorherzugehen pflegte. Jene Terminologie war daher schon zu Zeiten Justinian's eine Antiquität; noch weniger Sinn hat dieselbe in den neueren Gesetzgebungen, in welchen sie selbst nicht mehr eine historische Berechtigung hat, da den neueren Rechten die Durchführung jener Akte der

ein rother Faden durch die neueren Rechtssysteme und Gesetzgebungen zieht.⁴) Diese allgemein angeuommene Terminologie
halte ich aber desshalb für unrichtig, weil sie den Schwerpunkt
des Gegensatzes zwischen den beiden grossen Gebieten des Civilverfahrens in den unerheblichen Umstand legt, ob bei der Verwirklichung von Privatrechten ein Conflict der Interessen und der
äussere Ausdruck desselben, ein Streit der betheiligten Personen,
entsteht. Denn auch auf solchen Gebieten, welche unzweifelhaft
dem sogenannten Verfahren ausser Streitsachen angehören, treten
die entschiedensten Gegensätze in der rechtlichen Auffassung der
Betheiligten hervor, welche die richterliche Entscheidung nothwendig
machen, wenngleich der Streit der Parteien sich hier regelmässig
nicht in Rede und Gegenrede — der gewöhnlichen Form des
Civilprocesses — vollzieht.⁶) Wenn mein Gläubiger durch Eintragung ein Pfandrecht an meiner Liegenschaft erwirbt und ich
gegen den Bescheid der ersten Instanz, welcher die Eintragung
verwilligt, bei dem höheren Richter Beschwerde (Recurs) erhebe,

---

freiwilligen Gerichtsbarkeit vermittelst einer Scheinvindication seit jeher vollständig fremd war.

⁴) Auch die österreichischen Gesetze sprechen an vielen Stellen von der
freiwilligen Gerichtsbarkeit, den Rechtsangelegenheiten und dem Verfahren in
und ausser Streitsachen. Vgl. z. B. Einf.-Ges. zur J. N. vom 20. Nov. 1852,
Nr. 251, Art. II, III, §. 1 J. N. und die Titelüberschriften des zweiten und
dritten Hauptstücks, §§. 1, 2 des Pat. vom 9. Aug. 1854, Nr. 208 u. A. m.
Da es an einer kurzen und allgemein bekannten Bezeichnung der beiden
grossen Gebiete des Civilverfahrens, welche auch deren eigenthümlichen Charakter
ausdrücken würde, bisher in der processualischen Terminologie mangelt, so
werden von mir die bisherigen Benennungen gebraucht. Aehnlich sprechen
die Franzosen von einer Instruction gracieuse und contentieuse (Carré Lois
de proc., Bd. 1, Intr. Nr. 26, 27, Bd. 8. Nr. 1 ff.). die Italiener von der giuris-
dizione volontaria und contenziosa (Mattei, Annotazioni al Codice di proce-
dura civ. Italiano 1869, S. 971).

⁵) Es fehlt übrigens auch innerhalb des Verfahrens ausser Streitsachen
nicht an Beispielen eines contradictorischen Verfahrens. Vgl. z. B. das Verfahren
bei widersprechenden Erbserklärungen (Erbrechtsstreit). §§. 125—127 des Pat.
vom 9. August 1854, Nr. 208 und dazu Unger, Erbrecht §. 50. Unger
parallelisirt dieses Verfahren sogar mit der hereditatis petitio und bezeichnet
dasselbe als Erbrechtsklage, obwohl in demselben eine Klage im processualischen
Sinne überhaupt nicht vorkommt, sondern nur eine officiöse Untersuchung über
die Frage stattfindet, wer bei der hereditatis petitio als Kläger aufzutreten
habe. Weitere Beispiele eines contradictorischen Verfahrens bieten §. 136
des Pat. vom 9. Aug. 1854 und die §§. 45, 68, 104 G. G.

so ist gewiss ein zum äusseren Ausdruck gelangter Conflict subjectiver Rechte, ein Rechtsstreit, vorhanden. Nur der Umstand also, ob ein Rechtsinstitut nach seinem vorherrschenden Charakter die Prävention oder die Repression des Civilunrechts bezweckt, nicht aber die äussere Form, durch welche dieser Zweck zufällig erreicht wird [6]), kann die Frage nach seiner systematischen Stellung innerhalb der beiden grossen Gebiete des Civilverfahrens zur Entscheidung bringen. [7])

---

[6]) Das Pat. vom 9. Aug. 1854, N. 208, §. 2, Z. 7. stellt es in Uebereinstimmung mit der im Texte vertheidigten Auffassung dem Richter anheim, wenn sich in dem ausserstreitigen Verfahren streitige Rechts- oder Thatfragen erheben, entweder diese nach einer officiösen Untersuchung zu entscheiden oder die Parteien auf den Rechtsweg, d. h. auf das streitige Verfahren zu verweisen. Es ist desshalb eine durchaus zu missbilligende Uebung mancher österreichischen Gerichte, wenn dieselben das ausserstreitige Verfahren sofort abbrechen und die Parteien zur Erhebung einer Klage nöthigen, sobald die rechtlichen oder thatsächlichen Grundlagen eines Anspruchs bestritten erscheinen, auch wenn das betreffende Rechtsverhältniss sich seiner Natur nach besser zur Erledigung im officiösen Verfahren eignet. Die civilrechtliche und processualische Rechtskraft (Vollstreckbarkeit) der Entscheidungen, welche im ausserstreitigen Verfahren erlassen werden, insbesondere auch ihr Verhältniss zu dem streitigen Verfahren wird durch die §§. 18, 19 des cit. Pat. bestimmt.

[7]) Der Gegensatz zwischen der streitigen und nichtstreitigen Gerichtsbarkeit, zwischen dem Verfahren in und ausser Streitsachen wird von den gemeinrechtlichen Schriftstellern nur sehr mangelhaft definirt. Wetzell, System, 2. Aufl.. S. 459, versteht unter der freiwilligen Civiljurisdiction die Befugniss der Gerichte, bei der Begründung neuer Rechtsverhältnisse mitzuwirken. Allein diese Begriffsbestimmung ist desshalb unrichtig, weil das streitige Civilverfahren mindestens eben so häufig als die freiwillige Gerichtsbarkeit neue Rechtsverhältnisse hervorruft. Wird ja doch durch jeden Rechtsstreit mit Nothwendigkeit ein neues Rechtsverhältnis: das Processrechtsverhältniss, zwischen dem Richter. den streitenden Parteien und in einzelnen Fällen mit dritten Personen (z. B. Zeugen und Sachverständigen) begründet, dessen Erörterung neben der Verhandlung des materiellen Rechtsverhältnisses durch den ganzen Rechtsstreit hindurchläuft. Bayer, 10. Aufl., S. 168, versteht unter der freiwilligen Gerichtsbarkeit die Befugniss der Gerichte, auch bei solchen Rechtsgeschäften mitzuwirken, bei welchen unter den betheiligten Personen kein Streit obwaltet. Dass diese Auffassung eine unrichtige ist, welche lediglich durch die herkömmliche, nicht passende Terminologie hervorgerufen wurde, wird im Texte erwiesen. Renaud, §. 22 und Endemann, §. 2 definiren die beiden grossen Gebiete des Civilverfahrens überhaupt nicht. Richtig wird der Gegensatz zwischen dem Verfahren in und ausser Streitsachen von Glück, a. a. O. S. 93; Osterloh, §. 12 und von den österreichischen

Die Stellung des Staates zu der Prävention und zu der Repression des Civilunrechts ist nun wesentlich verschieden. Der Staat würde die Thatkraft seiner Mitglieder vollständig lähmen und sich selbst in eine unlösbare Aufgabe verwickeln, wenn er die Verhütung aller Verletzungen von Privatrechten auf sich nehmen wollte, vielmehr muss er sich darauf beschränken, nur in Ansehung solcher Privatrechte vorbeugende Massregeln zu treffen, deren ungestörter Bestand für das öffentliche Wohl von erheblicher Wichtigkeit ist.[6]) Zur Vermeidung von Willkür ist es zweckmässig, dass die Staatsgewalt durch das Gesetz zum Voraus die Fälle kundgibt, in welchen sie jene präventive Thätigkeit zur Verhütung von Störungen der Privatrechte entfalten will. In der That bestimmt auch der §. 1 des Gesetzes über das gerichtliche Verfahren ausser Streitsachen vom 9. August 1854, Nr. 208, dass die Gerichte in nicht streitigen Rechtsangelegenheiten von Amtswegen oder auf Ansuchen der Parteien nur insofern vorzugehen haben als es die Gesetze anordnen. Die blosse Gefahr einer Störung von Privatrechtsverhältnissen ist daher, ohne besondere gesetzliche Vorschrift, noch nicht geeignet, Handlungen der freiwilligen Gerichtsbarkeit herbeizuführen.[7])

Schriftstellern (Nippel, Bd. 1, S. 2; Kissling, Handbuch der Gerichtsbarkeit ausser Streitsachen, 1859, S. 1) bestimmt.

[6]) Die Massregeln zur Verhütung künftiger Privatrechtsverletzungen (das Verfahren ausser Streitsachen) bilden desshalb den Uebergang vom reinen Civilverfahren zum Administrativprocess, ebenso wie die Privatrechte, welche das Object des Verfahrens ausser Streitsachen sind, in der Mitte zwischen den reinen Privat- und den öffentlichen Rechten stehen. Das Verfahren ausser Streitsachen wird denn auch — ebenso wie der Administrativprocess — in überwiegendem Masse von der Officialmaxime beherrscht (siehe unten Note 11—13). Auch sind in vielen Ländern einzelne Theile der civilrechtlichen Präventivjustiz z. B. das Vormundschafts- und Hypothekenwesen den Administrativbehörden zugewiesen. Vgl. Stein, die Verwaltungslehre, Bd. 1, S. 212—219, Bl. 6, S. 177 ff.

[7]) Die österreichische Praxis hat übrigens unverkennbar die Tendenz, das Gebiet des Verfahrens ausser Streitsachen über die gesetzlich festgestellten Gränzen auszudehnen. In der That ist auch unser streitiges Verfaren nur wenig geeignet, die Verwirklichung grosser Gruppen von Privatrechten herbeizuführen. Am besten eignet sich unser Process, welcher regelmässig aus einem einseitigen Angriff des Klägers und aus der ebenso einseitigen Vertheidigung des Beklagten besteht, um rein einseitige Rechte, wie z. B. das Recht des Eigenthümers auf Rückgabe seines Eigenthums oder das Recht des Darleihers

Ein entgegengesetztes Verhältniss findet auf dem Gebiete des streitigen Civilverfahrens statt, indem jede bereits eingetretene Störung von Privatrechten hinreichend ist, die repressive Thätigkeit der Gerichte hervorzurufen. Jede Inkongruenz des thatsächlichen und des rechtlichen Zustandes innerhalb der Grenzen des Privatrechts kann daher ohne Rücksicht auf die Natur des gestörten Rechtes die Grundlage eines Civilprocesses bilden, vorausgesetzt, dass die Schlichtung des Conflictes nicht in einzelnen Fällen ausnahmsweise den Gerichten und dem streitigen Civilverfahren entzogen und einem anderen Gebiete des Verfahrens zugewiesen ist.[10]) Allein auch auf diese Fälle ist die Anwendbarkeit der Formen des streitigen Civilverfahrens in der neuesten Zeit ausgedehnt worden. Der Art. 15 des Staatsgrundgesetzes über die richterliche Gewalt vom 21. Dezember 1867, Nr. 144 bestimmt nämlich, dass es in allen Fällen, wo eine Verwaltungsbehörde nach

---

aus dem Darlehensvertrag durchzusetzen. Viel weniger genügt unser Process, um Rechtsverhältnisse, aus welchen für beide Theile Rechte entspringen, z. B. die zweiseitigen obligatorischen Verträge, das Ehe- und das Kindesverhältniss, in einer der Natur des Rechtsverhältnisses entsprechenden Weise zu realisiren und ganz ungeeignet ist in vielen Fällen unser Verfahren zur Schlichtung von Streitigkeiten, welche aus den verschiedenen Formen der Rechtsgemeinschaft (actio finium regundorum, familiae herciscundae, communi dividundo, die Klagen aus den verschiedenen Formen des Gesellschaftsvertrags, insbesonders aus den handelsrechtlichen Gesellschaftsverhältnissen) entstehen, da bei diesen Streitigkeiten der Conflict sehr häufig eine ausserordentlich grosse Anzahl von Beschwerdepunkten beider Parteien in sich schliesst, zu deren Erledigung unser schwerfälliges, blos einseitiges Verfahren nicht die nöthigen Mittel bietet. Vgl. z. B. die Entscheidungen bei Glaser-Unger-Walther, Nr. 749 (Bestellung des Verwalters einer gemeinschaftlichen Sache durch den Richter auf ein blosses Gesuch), Nr. 3344 (officiöses Verfahren zur Festsezung der Grenzen). Entsch. des ob. G.-H. vom 6. Aug. 1872, Z. 8271 im Spruchrep. Nr. 14. (Durchsetzung des Cautionsanspruches auf Grund der Art. 202, 245 H. G. B. im ausserstreitigen Verfahren.)

[10]) Privatrechtsstreitigkeiten, welche den Administrativbehörden zugewiesen waren, pflegte die Doctrin als Administrativjustizsachen oder administrativ-contentiöse Sachen zu bezeichnen. Endemann § 2, Note 15, 16, Renaud, §. 2, Note 15; Bayer, Vortr., S. 49, 50. Da jedoch durch die Gesetzgebung der neuesten Zeit neben die Administrativbehörden eine controlirende Administrativjustiz gestellt wurde (oben §. 2. Note 6), so wird jene Bezeichnung richtiger nur auf solche Streitsachen angewendet, welche jezt einen Gegenstand der Verwaltungsrechtspflege bilden (Verwaltungsstreitsachen). Vgl. schon Osterloh, Lehrb. des gem. deutsch. C. P., §. 4.

den bestehenden oder künftig zu erlassenden Gesetzen über einander widerstreitende Ansprüche von Privatpersonen zu entscheiden hat, dem durch diese Entscheidung in seinen Privatrechten Benachtheiligten freisteht, Abhilfe gegen die andere Partei im ordentlichen Rechtswege zu suchen. In den ziemlich zahlreichen Fällen, wo die Verwirklichung von gestörten Privatrechten nach dem österreichischen Rechte der Administrativbehörde und dem Administrativverfahren zugewiesen ist, kann deshalb die Entscheidung derselben lediglich als ein vorläufiger Versuch zur Schlichtung des Conflicts im kurzen Wege betrachtet werden; die definitive Entscheidung erfolgt, falls dieser Versuch misslingt, in allen Fällen durch den Civilrichter und in den Formen des streitigen Civilverfahrens.

Jene vorbeugende Thätigkeit des Staates kann nun doppelter Natur sein. Der Staat kann nämlich gewissen Verletzungen von Privatrechten eine so grosse Bedeutung beimessen, dass er die Veranstaltungen zu ihrer Verhütung aus eigenem Antriebe trifft und deren Benützung seinen Unterthanen auch gegen ihren Willen durch sein Gebot vorschreibt. In diesem Falle kann man von einer obligatorischen Prävention sprechen, zu welcher die Verlassenschafts-Abhandlung [11]), das Vormundschafts-, Fideicommiss-[12]) und Grundbuchswesen [13]) des österreichischen Rechtes anschau-

---

[11]) Es ist eine bekannte Eigentümlichkeit des österreichischen Rechts, dass die Gerichte die Nachlassregulirung in allen Fällen, auch wenn für ihr Einschreiten keine besondere Veranlassung vorhanden ist, von Amtswegen vornehmen. Das österreichische Recht hält also die ungestörte Uebertragung der Vermögensrechte von einer Generation auf die andere im öffentlichen Interesse für so wichtig und die Möglichkeit von Privatrechtsverletzungen dabei für so naheliegend, dass es in allen Erbschaftsfällen die obligatorische Prävention eintreten lässt. Vgl. jedoch Unger, die Verlassenschaftsabhandlung in Oesterreich, (1862) S. 117—119, 192, 193; Randa, der Erwerb der Erbschaft, (1867) S. 10, 11, welche sich gegen diese Auffassung des österreichischen Rechtes aussprechen.

[12]) Der Natur der Sache entsprechend wird das österreichische Vormundschafts- und Fideicommisswesen durchgreifend von dem Princip der obligatorischen Prävention beherrscht. Vgl. z. B., rücksichtlich des ersteren, die §§. 190, 200, 207, 222, 233, 238, 254 b. G. B. und die §§. 186—218 des Pat. vom 9. Aug. 1854, Nr. 208 über das Vormundschaftswesen; ferner die §§. 223, 227, 247, 251 des Pat. vom 9. Aug. 1854 über das Fideicommisswesen.

[13]) Dass dem österreichischen Grundbuchswesen im Allgemeinen das Princip der obligatorischen Prävention zu Grunde liegt, ist unzweifelhaft. So

liche Beispiele liefern. Oder die Staatsgewalt kann zur Verhütung
des Civilunrechts zwar Rechtsinstitute schaffen, welche den
einzelnen Staatsbürgern zur Benützung freistehen, ohne dass
jedoch diese vermöge gesetzlicher Vorschrift dazu genöthigt sind.
Ein Rechtsinstitut dieser Art ist nach österreichischem Rechte
das Notariat, dessen Bestimmung es ist, durch Verfassung von
öffentlichen, die Rechtsverfolgung erleichternden und sichernden
Urkunden der Verletzung von Privatrechten vorzubeugen, dessen
Mitwirkung aber zur Giltigkeit der Rechtsgeschäfte, welche die
Staatsgenossen untereinander schliessen, regelmässig nicht nothwendig ist.[14]) Man kann diese Gattung der staatlichen Thätigkeit
die facultative Prävention des Civilunrechts nennen.

Der präventiven Thätigkeit, welche der Staat zur Verhütung
des Civilunrechts entwickelt, steht die repressive entgegen, die
den Gegenstand der vorliegenden Schrift bilden soll. Da diese
Thätigkeit, wie oben dargelegt wurde, sich nicht, wie die präventive, nur auf einzelne Gattungen, sondern auf das gesammte
Gebiet des Civilunrechts erstreckt, so wird sie viel weniger von
der Natur der einzelnen verletzten Privatrechte bestimmt, als dies

---

erfolgt die Anlegung der neuen Grundbücher, welche in Folge einer Reihe
von Reichs- und Landesgesetzen einzutreten hat, von Amtswegen (§. 1 des
Reichsgesetzes vom 2. Juni 1874, betreffend die Anlegung von neuen Grund-
büchern in Niederösterreich; vgl. die Gesetzsammlung von Kaserer, Bd. 20,
S. 7, 8); ebenso werden Liegenschaften, welche sich noch in keinem Grundbuch befinden, zufolge des Ges. vom 25. Juli 1871, Nr. 96, §. 20 von Amtswegen in dasselbe eingetragen. Die Eintragungen der an den einzelnen Grund-
buchsobjecten bestehenden Rechtsverhältnisse erfolgt zwar regelmässig nicht
von Amtswegen, sondern auf Ansuchen von Parteien und Behörden (§. 78
G. G.), insbesondere hat das Gericht nicht, wie das a. Preuss. L. R. I, 10,
§§. 12—14 (vgl. jedoch Kab. O. vom 31. Oct. 1831, G. S. S. 251 und §. 30
der preuss. G. B. O. vom 5. Mai 1872) verordnet hatte, die Pflicht, den Er-
werber einer Liegenschaft von Amtswegen zur Eintragung seines Eigenthums
ins Hypothekenbuch zu veranlassen; allein da dergleichen Rechte nur durch
Eintragung ins Grundbuch erworben, übertragen, beschränkt oder aufgehoben
werden können (§. 4 G. G.), so ist auch in dieser Richtung die obligatorische
Prävention, wenngleich auf einem mehr indirecten Weg durchgeführt.

[14]) Durch das Gesetz vom 25. Juli 1871, Nr. 76 ist für eine bedeutende
Zahl der wichtigsten Rechtsgeschäfte die notarielle Form, bei sonstiger Ungil-
tigkeit, vorgeschrieben worden. Ausserdem müssen viele Rechtsgeschäfte nach
Wahl der Betheiligten entweder unter Vermittelung des Notars oder des Gerichts
vollzogen werden (z. B. die Legalisirungen von Grundbuchurkunden, zahlreiche
Beurkundungen des Handelsrechts etc.).

bei den Rechtsinstituten der freiwilligen Gerichtsbarkeit der Fall
ist. So hat das österreichische Recht zur Verhütung von Verletzungen jener Privatrechte, welche dem Sachen-, Familien- und
Erbrechte angehören, auch durchgreifend verschiedene Verfahrensarten ausgebildet; dagegen werden die bereits eingetretenen Verletzungen von Privatrechten regelmässig in demselben Processverfahren verfolgt. Nur ausnahmsweise, wie z. B. im Wechsel-,
Ehe- und Bestand- und Besitzstörungs-Process, hat die Natur der
verletzten Privatrechte auf die Gestaltung des Verfahrens einen
bestimmenden Einfluss.

§. 4.

Der ordentliche und der summarische Process. [1]

Nach der im vorhergehenden Paragraphen gegebenen Darstellung ist der Civilprocess der Inbegriff von Handlungen, welche von den Parteien, den staatlichen Organen oder dritten Personen zur Verwirklichung von gestörten Privatrechten unternommen werden. Die Gesammtheit der Rechtssätze, welche diese Handlungen normiren, ist das Civilprocessrecht, ihre systematische Darstellung ist die Civilprocesstheorie. Diese Letztere in ihrer Anwendung auf das positive österreichische Recht bildet den Gegenstand der vorliegenden Schrift.

Der Civilprocess scheidet sich nach dem österreichischen Recht ebenso, wie nach dem gemeinen, in den ordentlichen und den summarischen Process. [2] Diese Eintheilung beruht auf folgendem Gegensatz.

---

[1] Gönner, Handbuch d. gemein. deutsch. Processes. Bd. 4, 2. Aufl. (1805). Abh. LXX. Mittermaier, der gemeine deutsche bürg. Process. Vierter Beitrag. (1826) S. 3—39. Savigny „Ueber das Interdict Quorum bonorum" in den Vermischten Schriften Bd. 2, Nr. 17, (bes. S. 219. 220, 241—256). Bayer, Theorie der summarischen Processe, 7. Aufl. (1859), §. 1—5. Briegleb, Einleitung in die Theorie der summarischen Processe (1859). Glaser, über Friedensgerichte und das Verfahren in geringfügigen Rechtssachen (1859) in seinen kleinen Schr. Bd. 2, S. 307—350. Wach, der Arrestprocess (1868) S. 131—147. Wetzell, System, §. 29. Renaud. Lehrbuch. §. 2, 194. Endemann, §. 260, 261. Nippel, Erläuterung der a. h. Vorschrift vom 18. October 1845 über das summarische Verfahren (1848) S. 1—5. Haimerl, Anmerkungen zum summarischen Process in seinem Magazin, Bd. 3 (1851), 357—372. Schenk, der österreichische summarische Process (1864) S. 7—15. Koch, der preussische Civilprocess, 2. Aufl. (1855), §. 385. Heffter, Civilprocess für die preuss. Staaten (1856), §. 182 ff. Vgl. auch die unten, §. 7. bei den einzelnen summarischen Processarten angeführte Literatur.

[2] Manche Schriftsteller theilen den Civilprocess in einen ordentlichen und in einen ausserordentlichen ein, unter welch' letzterem sie jedes Ver-

Jeder Rechtsstreit hat an sich den Zweck, das streitige Rechtsverhältniss zur endgiltigen Entscheidung zu bringen, und muss demnach regelmässig das ganze Rechtsverhältniss nach allen seinen thatsächlichen und rechtlichen Beziehungen umfassen. Zur Erreichung dieses Zweckes hat die Staatsgewalt gewisse Handlungen festgesetzt, welche sich hiefür durch eine lange Erfahrung als passend erwiesen haben, und welche man im Gegensatze zu dem Processinhalt, zu dessen Erörterung sie bestimmt sind, die Processförmlichkeiten nennen kann. Wenn nun in einem Rechtsstreite der gesammte Processinhalt mit allen Processförmlichkeiten erörtert wird, so ist der ordentliche Process vorhanden.

Als Abarten des ordentlichen Processes können im österreichischen Rechte das in dem zweiten Capitel der allgemeinen Gerichtsordnung normirte mündliche und das im dritten Capitel

---

fahren verstehen, welches von dem ordentlichen Rechtsgang abweicht, auch wenn dadurch der Processinhalt oder die Processförmlichkeiten nicht vermindert werden. Bayer, Theorie der summarischen Processe, 7. Aufl. §. 1. Linde, Lehrbuch §. 323. Endemann, Civilprocessrecht, §. 260. Die Eintheilung in den ordentlichen und in den summarischen Process wird dieser Eintheilung entweder subordinirt, so dass die summarischen Processarten sich blos als eine Unterart des ausserordentlichen Verfahrens darstellen, welche den Zweck der Beschleunigung verfolgt (Bayer, Linde), oder beide Eintheilungen werden coordinirt und sowohl im ordentlichen als im summarischen Process Elemente des ausserordentlichen Verfahrens unterschieden. (Endemann.) Gegen die Eintheilung des Processes in einen ordentlichen und ausserordentlichen spricht sich mit Recht aus Renaud, Lehrbuch. §. 1, 194. Denn diese Eintheilung hat im Wesentlichen lediglich den Zweck, für einzelne Formen des gerichtlichen Verfahrens, welche sich unter den Begriff des summarischen Processes nicht subsumiren lassen, aber dessenungeachtet von dem ordentlichen Rechtsgange erheblich abweichen, insbesondere für den „Concursprocess" und für die Beweisanticipationen (z. B. im österr. Recht für den Beweis zum ewigen Gedächtniss) eine entsprechende wissenschaftliche Kategorie zu gewähren. Allein der „Concursprocess" ist überhaupt kein Bestandtheil des streitigen Verfahrens, sondern gehört dem Gebiete der Präventivjustiz (dem Verfahren ausser Streitsachen) an, und die Beweisanticipationen, welche sich ja nicht als selbstständige Arten des Verfahrens, sondern nur als untergeordnete Elemente eines solchen darstellen, werden in ihren Eigenthümlichkeiten am besten in der Lehre von der Reihenfolge der Processhandlungen gewürdigt. Vgl. unten §. 24 und Menger, Beiträge zur Lehre von der Execution in Arch. f. civ. Prax. Bd. 55 (1872) S. 412—414.

normirte schriftliche Verfahren betrachtet werden.[3] Zwar sind im
mündlichen Verfahren, wenn man es mit dem schriftlichen vergleicht, einige Kürzungen wahrzunehmen, welche vorzüglich darin
bestehen, dass in dem ersteren manche Streitpunkte in Verbindung
mit der Hauptverhandlung erörtert werden, die im schriftlichen
Verfahren den Gegenstand eines besonderen Inzidenzstreites bilden;[4]
allein diese minder erheblichen Abweichungen genügen nicht, um
dem schriftlichen Verfahren das mündliche als ein summarisches,
folglich als ein exceptionelles entgegen zu setzen.[5] Vielmehr ist
nach den neuesten gesetzlichen Modificationen auf diesem Gebiete
der Gegensatz zwischen den beiden Processarten so zu bestimmen, dass das schriftliche Verfahren der ordentliche Process
der Collegialgerichte (Gerichtshöfe erster Instanz), das mündliche
dagegen das ordentliche Verfahren für die Einzelrichter ist.[6]

Die Natur des summarischen Verfahrens ergibt sich aus
dem Gegensatze zu dem ordentlichen Verfahren von selbst. Ein
summarischer Process wird zuvörderst vorhanden sein, wenn nicht
der ganze Process inhalt, sondern nur einzelne Bestandtheile
desselben der processualischen Erörterung unterzogen werden. Da
durch die summarischen Processe regelmässig die Rechtsverfolgung beschleunigt und erleichtert werden soll, so werden aus der
Gesammtheit des Processmaterials naturgemäss jene Elemente
ausgeschieden werden, welche den raschen Lauf des Processes zu

---

[3] Ges. v. 16. Mai 1874, Nr. 169, §. 1.

[4] So wird z. B. die Frage, ob Nova in der Replik und in der Duplik
zuzulassen sind, im schriftlichen Verfahren in einem besonderen Incidenzstreit — dem sog. Legungsverfahren — erörtert (§. 48 und 54 A. G. O. §. 40
und 45 W. G. O.), während diese Erörterung im mündlichen Verfahren mit
der Verhandlung des Hauptprocesses verbunden wird. Eine ähnliche Verschiedenheit zwischen dem schriftlichen und mündlichen Verfahren findet in Betreff
der Recognoscirung von Urkunden statt. (§. 125 A. G. O., §. 196 W. G. O.;
Hofd. v. 5. April 1791, Nr. 135. Wessely Nr. 639.)

[5] Vgl. Haimerl, a. a. O. S. 359.

[6] Bis zu dem Gesetze vom 16. Mai 1874 war das Verfahren nur bei
den Gerichtshöfen erster Instanz in den Kronlandshauptstädten ein schriftliches, bei allen übrigen Gerichten, insbesondere auch bei den Gerichtshöfen
erster Instanz ausserhalb der Kronlandshauptstädte wurde mündlich verfahren.
Auf Antrag des Abgeordnetenhauses wurde in die Civilprocessnovelle der
Abs. 1 des §. 1 aufgenommen, welcher den im Text bezeichneten Rechtszustand hergestellt hat. Vergl. Kaserer, österr. Gesetze Bd. 19, S. 7, 62.
Rücksichtlich der städtisch-delegirten Bezirksgerichte, vgl. §. 2 der C. P. N.

hemmen geeignet sind. Dann kann aber zweitens der Gesetzgeber ein summarisches Verfahren auch in der Weise bilden, dass blos die Processförmlichkeiten, welche der Realisirung der gestörten Privatrechte dienen sollen, intensiv oder extensiv vermindert werden. In einem solchen Verfahren wird also das ganze Processmaterial, welches der einzelne Rechtsfall bietet, nach allen Richtungen erörtert und nur die processualischen Handlungen, aus welchen das Erkenntniss- und das Executionsverfahren besteht, werden nach Umfang und Dauer vermindert. Alle summarischen Processe beruhen daher auf dem Gesichtspunkt, dass in einzelnen Rechtssachen und zwar regelmässig zum Zwecke der Beschleunigung[7] entweder der Processinhalt oder die Processformen verringert werden. Im ersten Falle kann man das summarische Verfahren als eine beschränkte,[8] im zweiten als eine vereinfachte[9] Cognition bezeichnen.

---

[7] Die Rücksicht auf die schleunige Durchführung des Rechtsstreites ist wohl der wichtigste, nicht aber der einzige Grund, welcher den Gesetzgeber zur Bildung einer summarischen Processart bestimmen kann. So kann z. B. der Gesetzgeber die Förmlichkeiten des ordentlichen Verfahrens desshalb vermindern, weil er von dem Gesichtspunkte ausgeht, dass sie der Erforschung der materiellen Wahrheit hinderlich sind. Dies ist der Fall in dem Eheverfahren, da der Richter in diesem nach §. 3, 13 des Hofd. v. 23. Aug. 1819, Nr. 1595 an keine anderen Regeln gebunden ist, als an jene, welche „das Wesentliche einer zweckmässigen und gründlichen Untersuchung" ausmachen. Insofern man also den Eheprocess im Anschluss an die in der Theorie und der Gesetzgebung vorherrschenden Meinung als einen Bestandtheil des streitigen Civilverfahrens ansieht (vgl. unten §. 7), ist derselbe entschieden den summarischen Processarten beizuzählen, ohne dass jedoch durch jene Bestimmung der Zweck der Beschleunigung beabsichtigt oder erreicht wird.

[8] Für die beschränkte Cognition gebraucht Briegleb, Einleitung in die summarischen Processe im Anschluss an Gaius IV. §. 126, 127, 128 den Ausdruck: Prima-facie-Cognition. Briegleb, a. a. O. S. 169—173 und passim. Doch wird durch die im Text gebrauchte Terminologie der Gedanke klarer zum Ausdruck gebracht, dass der Richter in diesem Verfahren zwar weniger, aber dieses Weniger ebenso gründlich als im ordentlichen Verfahren untersucht, dass also die Beschränkung eine extensive, nicht eine intensive ist. Gerade dieser wichtige, von Briegleb mit grossem Nachdruck hervorgehobene Gesichtspunkt wird durch seine Terminologie vollständig verdunkelt.

[9] Die vereinfachte Cognition wird von manchen Schriftstellern, z. B. Briegleb a. a. O. S. 11—14 und passim, Wach, der Arrestprocess S. 141 u. A. als formelle Beschleunigung des Verfahrens bezeichnet. Da jedoch

Der Werth und die Wirkungen beider Gattungen des summarischen Processes müssen sich augenscheinlich sehr verschieden gestalten. Werden aus der processualischen Erörterung einzelne Elemente des Rechtsstreites durch gesetzliche Vorschrift ausgeschieden, so kann das Resultat einer solchen nicht erschöpfenden Untersuchung immer nur provisorische Geltung besitzen und es setzt daher jede beschränkte Cognition ein zweites Verfahren voraus, in dem der Kläger und der Beklagte ihre Rechte vollständig ausführen können (das sog. Separatum). Dagegen steht kein Hinderniss entgegen, dass die zweite Gattung des summarischen Processes: die vereinfachte Cognition zu richterlichen Entscheidungen von definitiver Rechtswirksamkeit führt, weil in diesem Verfahren das ganze streitige Rechtsverhältniss wenngleich mit geringeren Förmlichkeiten als im ordentlichen Process untersucht wird. [10])

---

nicht alle Formen der vereinfachten Cognition von dem Zweck der Beschleunigung beherrscht werden (s. oben Note 7), so halte ich den von mir gewählten Ausdruck für richtiger.

[10]) Unter den gemeinrechtlichen Processualisten ist das Wesen der summarischen Cognition sehr controvers. Wetzell System (§. 29) versteht darunter eine „minder gründliche Art der Untersuchung", so dass also der Richter im summarischen Verfahren auf Grund von Thatsachen entscheiden kann, welche ihm die Streitparteien blos wahrscheinlich gemacht (bescheinigt) haben. Nach Briegleb Einleitung S. 169 ff. soll dagegen die Eigenthümlichkeit der summarischen Cognition darin bestehen, dass der Kläger nur die nächsten und unerlässlichsten Voraussetzungen seines Klaganspruches, diese aber durch liquide und civilprocessordnungsmässige Beweismittel nachzuweisen hat, wogegen dem Beklagten die Vertheidigung gleichfalls nur durch vollbewiesene und sofort liquidirliche Defensionen offen steht. Nach der Theorie Wetzell's müssen in der summarischen Untersuchung dieselben Thatsachen erwiesen werden wie im ordentlichen Verfahren, aber die Parteien brauchen sie nur wahrscheinlich zu machen, nach Briegleb's Ansicht muss der Kläger und der Beklagte das Processmaterial eben so wie im ordentlichen Verfahren zur formellen Gewissheit bringen, allein der Umfang der Thatsachen ist weit beschränkter als in der nicht summarischen Cognition. Beide Theorien werden von ihren Urhebern theils durch eine bedeutende Zahl von Quellenstellen, in welchen der Kunstausdruck summatim in Bezug auf das gerichtliche Verfahren vorkommt (L. 3, §. 4, D. d. Carb. edicto 37. 10, L. 1, §. 14, D. de ventre in poss. mittendo 37. 9. L. 3, §. 9, D. ad exhib. 10. 4. L. 5, §. 8. D. de agnosc. 25. 3. u. a.), theils aus der Doctrin der mittelalterlichen Juristen erwiesen. Dagegen hat Wach. der Arrestprocess S. 130—147, gezeigt, dass die italienischen Juristen des Mittelalters beide Auffassungen gekannt und überdies unter der summarischen Cognition zum Theil auch die blosse formelle Beschleunigung (vereinfachte Cognition) verstanden haben. Das

Innerhalb des Begriffes der vereinfachten Cognition lässt sich noch ein weiterer Gegensatz von Bedeutung wahrnehmen. Die Verminderung der Processförmlichkeiten, auf welcher diese Gattung des summarischen Processes beruht, kann entweder so beschaffen sein, dass der regelmässige Lauf des Verfahrens dadurch keine Abänderung erleidet und nur die einzelnen processualischen Handlungen nach Zahl und Umfang vermindert werden. Dies ist der sogenannte regulär-summarische Process, [11]) von dem

österreichische Recht hat im überwiegenden Umfange die Theorie Briegleb's adoptirt; auch in den summarischen Processen muss regelmässig voller Beweis der erheblichen Thatsachen (nicht blosse Bescheinigung) geliefert werden, dagegen ist der Beklagte nur in einzelnen Processarten auf die Benützung sofort liquidirlicher Defensionen beschränkt (Vgl. hierüber unten Note 17, 25). Doch ist anderseits auch die mittelalterliche Bescheinigungsdoctrin in einzelne beschränkte Gebiete des österreichischen Processes eingedrungen. Im Arrest- und Verbotsprocess braucht die Gefahr (der Flucht oder Zahlungsunvermögenheit) nach der Auffassung der Theorie und der Praxis nur bescheinigt zu werden, d. h. der Implorant hat die Gefahr selbst oder die Verdachtsgründe blos wahrscheinlich zu machen. §. 275, 283 A. G. O. Hofd. 15. Jan. 1789 Nr. 954, lit. a (Wessely Nr. 1051). Nippel Erläut. II. S. 89—120 und wohl auch Függer-Wessely-Damianitsch II. S. 1—3, 8—9, ferner die Entscheidungen des obersten Gerichtshofes bei Unger-Glaser-Walther Nr. 1603, 1768 u. A. Dagegen muss die Existenz der Forderung durch vollbeweisende Urkunden erwiesen werden, widrigenfalls der Implorant zur Leistung einer Caution selbst in dem Falle verpflichtet ist, dass er den Anspruch bescheinigt. §. 276, 284 A. G. O. Vgl. auch die (widersprechenden) Entscheidungen des obersten Gerichtshofes bei Glaser-Unger-Walther Nr. 2491, 1847, 3117. Blosse Bescheinigung genügt auch bei Fristerstreckungen (§. 7 d. Ges. v. 16. Mai 1874, Nr. 169), bei der Sistirung der Execution auf Grundlage von Ansprüchen dritter Personen (§. 3 d. Hofd. v. 29. Mai 1845 Nr. 889 [Wessely Nr. 1337]), im Legungsverfahren (§. 48. 54 A. G. O.) u. s. f. Ueberhaupt hat die österreichische Praxis die Tendenz, in Incidenzsachen die förmliche Beweisführung zu vermeiden und sich mit der blossen Bescheinigung der erheblichen Thatsachen zu begnügen. In analoger Weise wird die Anwendbarkeit der Bescheinigung (statt des formellen Beweises) in der mittelalterlichen Doctrin und neuerlich wieder von Wetzell System S. 275, 276 begränzt.

[11]) Von den gemeinrechtlichen Schriftstellern wird die Eintheilung in den regulär und irregulär oder in den bestimmt und unbestimmt summarischen Process (Note 15) auf das gesammte summarische Verfahren (mit Einschluss der beschränkten Cognition) bezogen. Bayer summ. Processe §. 5, Endemann §. 261, 262, Renaud §. 194, Linde §. 327. Dies halte ich jedoch für unrichtig. Jene Gegensätze innerhalb des summarischen Verfahrens beziehen sich nämlich nur auf die Processförmlichkeiten, nicht auf den Process-

wir in dem Verfahren nach dem Hofd. v. 24. Oct. 1845 Nr. 906
J. G. S. ein anschauliches Beispiel besitzen, da in demselben das
Instructions-, Beweis-, Rechtsmittel und Executionsverfahren in
derselben Ordnung wie im ordentlichen Processe auf einander
folgen und nur die Fristen gekürzt, die einzelnen processualischen
Handlungen vereinfacht und zusammengedrängt werden. [12]) Dann
aber kann zweitens die Vereinfachung der richterlichen Cognition
auch darin bestehen, dass der regelmässige Lauf des Verfahrens
modificirt, insbesondere dass der Rechtsstreit sogleich mit einem
späteren Abschnitt eröffnet wird. Auch dieser Modification des
ordentlichen Verfahrens liegt regelmässig die Absicht der Beschleunigung zu Grunde und sie beruht auf der ganz richtigen
Beobachtung von der Macht, welche vollendete Thatsachen auf
das Gemüth auszuüben pflegen. Wenn der Rechtsstreit, wie im

---

inhalt, dessen Verminderung das Wesen der beschränkten Cognition bildet. Wenn
z. B. in manchen Processarten des gemeinen Rechts nur sofort liquidirbare An-
griffs- oder Vertheidigungsmittel zugelassen werden oder wenn sich die Cognition
des österreichischen Besitzstörungs-Verfahrens auf solche Thatsachen nicht
erstreckt, welche nur durch Parteieneide zu erweisen sind, so kann man
weder sagen, dass der regelmässige Lauf des Verfahrens durch solche Einschränkungen eine Modification erleidet, noch auch dass derselbe aufrecht erhalten
wird; es werden eben die Processförmlichkeiten durch die Verminderung des
Objectes der Cognition einfach nicht berührt. Man kann folglich den regulär
und den irregulär summarischen Process nur als Abarten der vereinfachten
Cognition ansehen.

[12]) Für das gemeine Recht hat Briegleb a. a. O. S. 15—159 nachzuweisen gesucht, dass ein regulär-summarisches Verfahren als besondere
Processart überhaupt nicht mehr anzuerkennen sei, dass vielmehr die vereinfachte Cognition, wie sie die Clem. Saepe de V. S. und die Clem. Dispendio-
sam de judiciis im Gegensatze zu dem damaligen solennis ordo iudiciarius
vorschreibt, sich durch die Gesetzgebung und Praxis der späteren Zeit allmählig zum ordentlichen Verfahren des gemeinen Processes herausgebildet
und den solennis ordo judiciarius verdrängt habe. Dagegen Bayer, Theorie d.
summarischen Processe §§. 5, 48, 49, Endemann §. 274. Im österreichischen
Recht ist die Existenz von regulär-summarischen Processen neben dem ordentlichen Verfahren unzweifelhaft. S. unten S. 41, 42 und §. 7, Note 14—20.
Auch im österreichischen Processrecht kann man übrigens eine ähnliche historische Entwicklung wie im gemeinen Recht bemerken, da das Verfahren auf
Grund des Hofd. v. 24. Oct. 1845, Nr. 906, welches im österreichischen Recht
den Typus des regulär-summarischen Processes bildet, in der ungarischen Civilprocessordnung v. 16. Sept. 1852 im Wesentlichen als das ordentliche mündliche Verfahren aufgenommen erscheint (§. 30—50 Ung. C. P. O.).

Mandatsprocess, sogleich mit der richterlichen Entscheidung über den streitigen Rechtsanspruch [13]) oder wohl gar wie im Verfahren auf Grundlage von executionsfähigen Notariatsurkunden sofort mit der Zwangsvollstreckung eröffnet wird [14]) und dem Beklagten nur das Recht zur nachträglichen Anfechtung dieser Processacte offen steht, so ist es nach dem gewöhnlichen Laufe der Dinge minder wahrscheinlich, dass diese Befugniss zur chikanösen Verzögerung des Rechtes ausgenutzt werden wird. Die summarischen Processe dieser Art, welche im österreichischen Processe in grosser Mannigfaltigkeit vertreten sind, können als die irregulär-summarischen Processe bezeichnet werden. [15])

Die beschränkte Cognition, dann die vereinfachte Cognition mit ihren beiden Abarten: dem regulär und dem irregulär summarischen Process sind also die Elemente, aus welchen sich alle im österreichischen Rechte anerkannten Gattungen des summarischen Verfahrens zusammensetzen. Doch kommen diese drei Modificationen in unseren summarischen Processen nirgends in jener Reinheit vor, wie sie hier durch Abstraction gefunden wurden, vielmehr können wir in dem österreichischen Summarverfahren die mannigfaltigsten Combinationen jener Elemente wahrnehmen. Regelmässig sind alle drei, in einzelnen Verfahrensarten blos zwei unter den drei Abweichungen vom ordentlichen Verfahren innerhalb des Rahmens eines einzelnen summarischen Processes vereinigt.

---

[13]) §. 1 der K. V. v. 21. Mai 1855 Nr. 95; §. 5 der I. M. V. v. 25. Jan. 1850 Nr. 52; §. 1 der I. M. V. v. 18. Juli 1859 Nr. 132.

[14]) §. 3, 4 der Notariatsordnung v. 25. Juli 1871 Nr. 75.

[15]) Manche Processualisten (z. B. Endemann §. 274, Linde §. 327) theilen die summarischen Processe in bestimmt und unbestimmt summarische ein; die ersteren sind jene, bei welchen die Abweichungen von dem ordentlichen Rechtsgange durch Gesetz oder Gerichtsgebrauch genau vorgezeichnet sind, während ein unbestimmt summarisches Verfahren dann vorhanden sein soll, wenn solche Normen nicht vorhanden sind und nur überhaupt eine schnellere Verhandlung dabei vorgeschrieben oder hergebracht ist. Obgleich es im österreichischen Recht nicht an Processformen fehlt, welche dem Begriffe des unbestimmt summarischen Verfahrens entsprechen (z. B. Streitigkeiten über den Unterhalt zufolge §. 138 des Gesetzes vom 3. Mai 1853 Nr. 81), so sind dieselben doch zu wenig erheblich, um jenen Gegensatz als Grundlage der systematischen Anordnung des Summarverfahrens benützen zu können.

Was zunächst die beschränkte Cognition betrifft, so wird im Erkenntnissverfahren der verschiedenen summarischen Processarten das Processmaterial nur in einigen verhältnissmässig seltenen Fällen vermindert. Auch im summarischen Processe des österreichischen Rechtes gilt in überwiegendem Masse die Regel, dass sich das Erkenntnissverfahren auf das gesammte Process-material zu erstrecken hat. [16]) Nur im Bestandverfahren erleidet

---

[16]) Der wesentliche Unterschied zwischen den summarischen Processen des gemeinen und des österreichischen Rechtes besteht darin, dass im Er-kenntnissverfahren der ersteren regelmässig nur der sofort liquide Theil des Processmaterials untersucht, dagegen der Rest einer besonderen Ver-handlung (dem Separatum) vorbehalten bleibt, während in den meisten sum-marischen Processen des österreichischen Rechtes der ganze Processinhalt ohne Rücksicht auf seine Liquidität geprüft wird. Die Folge dieser Verschie-denheit ist, dass das Urtheil in den summarischen Processen des gemeinen Rechtes regelmässig nur provisorische, im österreichischen Rechte dagegen regelmässig definitive Geltung hat. Im gemeinen Rechte sind daher zur end-giltigen Austragung des Rechtsstreites zwei Processe, im österreichischen Rechte dagegen ist nur ein Rechtsstreit erforderlich. Die Liquidität der De-fensionen des Klägers kommt in unseren summarischen Processen zumeist (unten Note 25) nur im Executionsverfahren in Betracht, indem die Rechtswirkungen der Execution, welche der Kläger schon während des Rechts-streites erwirken kann, durch sofort liquidirbare Einwendungen des Beklagten in ihrer Wirkung gehemmt werden. So sind im unbedingten Mandatsprocess des gemeinen Rechts nur solche peremtorische Einreden zulässig, welche der Beklagte sofort liquidiren kann (Bayer a. a. O. S. 40—41, 46—47, Briegleb a. a. O. S. 304—310); im österreichischen Mandats- und Wechselprocess kann dagegen der Beklagte in seinen „Einwendungen" gegen den Zahlungsbefehl (und selbst-verständlich auch der Kläger im weiteren Laufe des Rechtsstreites) das ganze ihm zu Gebote stehende Processmaterial vorbringen. (§. 5 und 6 d. K. V. v. 21. Mai 1855 Nr. 95, §. 7 d. J. M. V. v. 25. Jan. 1850 Nr. 52, §. 2. d. J. M. V. v. 18. Juli 1859 Nr. 132). Dieselbe Beschränkung der Processverhand-lung auf einen Theil des Processstoffes findet auch bei dem Executiv- und Wechselprocesse des gemeinen Rechtes statt, welchem in dieser Richtung die meisten deutschen Gesetzgebungen gefolgt sind. Bayer a. a. O. S. 111, 112, Briegleb a. a. O. Vgl. ferner Hannover'sche P. O. §§. 480, 490, Z. 3, Ba-den §. 646, Deutsch. Entw. v. 1866 §. 477, Württemberg Art. 859, Deutsch. Entw. v. 1874 §. 537. Im Executivverfahren des österreichischen Rechtes wird dagegen das ganze Processmaterial geprüft. Hofd. v. 7. Mai 1839 Nr. 358. Während also das Erkenntnissverfahren in dem ordentlichen und dem sum-marischen Verfahren des österreichischen Rechtes sich regelmässig auf den nämlichen Processinhalt bezieht (vgl. jedoch die Ausnahmen rücksichtlich des Bestand- und Besitzstörungsverfahrens Note 17, 18), wird umgekehrt das Executionsverfahren der summarischen Processe im österreichischen

der erörterte Processstoff dadurch eine sehr erhebliche Einschränkung, dass in gewissen Fällen streitige Thatsachen auf Einwendung des Gegners nicht durch Zeugen erwiesen werden dürfen, deren Vernehmung nicht binnen acht Tagen erfolgen kann, und dass zum Nachweise von bestimmten, im Gesetze speciell angeführten Thatsachen der Zeugen- und Sachverständigen-Beweis überhaupt nicht benützt werden kann. [17])

Auch das Processmaterial, welches im summarischen Besitzstörungs-Verfahren geprüft wird, ist durch formelle und materielle Bestimmungen eng begrenzt. Formell, indem in diesem Verfahren alle Gattungen des Eides ausgeschlossen sind, wodurch aus dem Processmaterial alle jene Thatsachen entfallen, welche nur durch dieses Beweismittel erwiesen werden können (§. 14 B. V.). Materiell, weil nach §. 5 B. V. ausschliesslich die Erörterung und der Beweis der Thatsache des letzten faktischen Besitzstandes und der erfolgten Störung den Gegenstand dieses Verfahrens bildet, so dass also in demselben wichtige thatsächliche Momente, welche sich auf den Schutz des juristischen Besitzes beziehen, ausserhalb des Rahmens der processualischen Untersuchung fallen. [18])

In dem Bestand- und Besitzstörungs-Verfahren hat desshalb das gefällte Erkenntniss nur provisorische Geltung und es kann in einem nachfolgenden Verfahren angefochten werden, welches sich

---

Civilverfahren durchgreifend von dem Princip der beschränkten Cognition beherrscht (unten Note 21—24), wogegen dies im gemeinen Rechte nur zum geringen Theile der Fall ist. Man kann folglich den Gegensatz zwischen den summarischen Processen des gemeinen Rechtes und der neueren deutschen Gesetzgebungen und jenen des österreichischen Processrechtes im Allgemeinen dahin zusammenfassen, dass die beschränkte Cognition bei den ersteren im Erkenntniss-, bei den letzteren im Executionsverfahren vorherrscht.

[17]) Vgl. §. 15 lit. a u. b. d. Bestandverf. Bei Berathung des §. 39 S. V. nahm die Commission eine Bestimmung auf, wornach Zeugen, die ausserhalb jener Provinzen ihren Wohnsitz haben, in welchen das allgemeine bürgerliche Gesetzbuch Wirksamkeit hat, über Protestation des Gegners nicht zugelassen werden sollten. In der kaiserlichen Entschliessung, welche dem Entwurfe der Commission die Sanction ertheilte, wurde jedoch die Weglassung dieser beschränkenden Bestimmung verfügt. Schenk, der österreichische summarische Process, S. 122, 192, 193.

[18]) Vgl. über die Vertheilung des Verhandlungsstoffes zwischen dem Ordinarium und Summarium Note 19 und §. 7, Note 6.

auch auf jene aus der summarischen Verhandlung ausgeschiedenen Elemente auszudehnen hat. [19])

Weit wichtiger sind die zahlreichen Fälle, in welchen das Princip der beschränkten Cognition auf dem Gebiete des Executionsverfahrens wirksam wird, ja die häufige Anwendung dieses Princips in der Zwangsvollstreckung kann geradezu als ein charakteristisches Merkmal des österreichischen Processes angesehen werden (sogenannte Execution zur Sicherstellung).

In dieser Richtung ist zunächst hervorzuheben, dass zur Bewilligung der Zwangsvollstreckung in ihren verschiedenen Formen und Graden nach österreichischem Recht regelmässig ein contradictorisches Verfahren zwischen dem Executionsführer und dem condemnirten Schuldner nicht erforderlich ist, sondern dass die Execution in der überwiegenden Anzahl von Fällen auf einseitige Imploration des Exequenten von dem Richter verfügt wird. [20]) Da also der Bewilligung der Execution auch im ordentlichen Verfahren eine richterliche Cognition auf Grund des beiderseitigen Parteienvorbringens nicht vorhergeht, so kann sie begreiflich im summarischen Verfahren nicht eingeschränkt werden. Dagegen gibt die Grundlage, auf welche hin der Richter die Execution verfügt, den Anlass zu einer wichtigen Anwendung des Princips der beschränkten Cognition. Als Regel gilt in dieser

---

[19]) Ueber das Separatum im Bestandverfahren, welches sich in den Formen des regulär summarischen Verfahrens vollzieht, vgl. §. 16 der K. V. v. 16. Nov. 1858 Nr. 213. Das Separatum in Ansehung des summarischen Besitzstörungs-Verfahrens ist die ordentliche Besitzklage (possessorium ordinarium), welche sich von der ersteren einestheils durch die Processform unterscheidet, indem sie im ordentlichen (mündlichen oder schriftlichen) Verfahren zu verfolgen ist und andererseits durch den Processinhalt, weil sie sich auf alle thatsächlichen Momente bezieht, welche für den Schutz des juristischen Besitzes von Erheblichkeit sind. §. 2, 5, 15 Bz. V. Vgl. darüber unten §. 7, Note 6.

[20]) Ausnahmsweise findet auch im österreichischen Process ein contradictorisches Verfahren vor der Bewilligung der Zwangsvollstreckung statt: z B. wenn auf Grundlage eines von auswärtigen Gerichten gefällten Urtheils die Execution im Inland verlangt wird, ferner wenn die Rechtswirksamkeit der condemnirenden Sentenz von der Erfüllung einer Bedingung abhängig gemacht ist, in welchem Falle der Eintritt der Bedingung in einem contradictorischen Verfahren nachgewiesen werden muss. (Hofd. v. 10. Febr. 1785 Nr. 387 lit. a, Wessely 1204) u. s. f. Das Nähere unten §. 22 und in der Lehre von der Execution.

Beziehung, dass die Execution nach österreichischem Rechte nur auf Grund eines rechtskräftigen (gerichtlichen oder Administrativ-) Erkenntnisses oder eines vor den competenten Behörden geschlossenen Vergleiches bewilligt werden kann (§. 298 A. G. O., §. 396 W. G. O.).

Das Princip der beschränkten Cognition findet nun auf das Executionsverfahren in der Weise Anwendung, dass die Zwangsvollstreckung auch auf Grund von Schuldtiteln von geringerer Rechtswirksamkeit und Concludenz bewilligt wird, welche ebenso als blosse Elemente eines möglichen Erkenntnisses oder Vergleiches erscheinen, wie im Erkenntnissverfahren des Bestand- oder Besitzstörungs-Verfahrens das zugelassene Processmaterial sich nur als Element und Bestandtheil des gesammten möglichen Processstoffes dargestellt hat. So wird in dem Executivprocess auf Grundlage von Privaturkunden [21] und von executionsfähigen Notariatsacten [22] die Execution unter gewissen Voraussetzungen lediglich auf Grundlage der angeführten Schuldtitel und ohne ein rechtskräftiges Urtheil verfügt. Hieher gehören ferner auch die im österreichischen Rechte sehr zahlreichen Fälle, wo auf Grundlage eines Mandates, dessen Rechtswirksamkeit von Seite des Beklagten durch Einwendungen angefochten wird, [23] oder auf Grund eines unbedingt verurtheilenden Erkenntnisses erster oder zweiter Instanz, gegen welches der Beklagte die Appellation, die Nichtigkeitsbeschwerde oder die Revision interponirt hat, [24] Vollstreckungsmassregeln eingeleitet werden (sogenannte Execution zur Sicherstellung). In den letzterwähnten Fällen ist zwar eine richterliche Entscheidung vorhanden, allein da ihre processualische Wirkung durch den Widerspruch des Beklagten zweifelhaft gemacht wird, so kann dieselbe doch immer nur als einzelnes Element des rechtskräftigen Urtheiles betrachtet werden. [25] Die Folge

---

[21]) A. G. O. §. 298; W. G. O. §. 397, 398; Hofd. v. 7. Mai 1839 Nr. 358, §. 55 S. V.

[22]) §. 3, 4 der Not. Ordn. v. 25. Juli 1871 Nr. 75.

[23]) §. 8 W. V.; §. 7 Mand. V.; §. 3 J. M. V. v. 18. Juli 1859 Nr. 132.

[24]) A. G. O. §. 259; W. G. O. §. 339; §. 56 S. V.; §. 82 Bg. V.; §. 14 W. V.

[25]) Die Analogie der „Execution zur Sicherstellung" mit den irregulär summarischen Processen des gemeinen Rechtes (Note 16) zeigt sich auch darin, dass die Rechtswirkungen derselben nur durch sofort liquidirliche

dieser unvollständigen Cognition ist denn auch, dass das Resultat der Execution zur Sicherstellung nicht wie bei der Execution von rechtskräftigen Erkenntnissen und Vergleichen definitive, sondern lediglich provisorische Geltung besitzt. [26])

Auch die beiden Abarten der vereinfachten Cognition: der regulär und irregulär summarische Process sind im österreichischen Rechte in zahlreichen Rechtsbildungen vertreten. Was zuvörderst das regulär summarische Verfahren betrifft, so kann zu demselben im österreichischen Process das Verfahren nach dem Hofd. v. 24. Oct. 1845 Nr. 906 (in der österreichischen Gerichtssprache das summarische Verfahren im vorzüglichen Sinne), das Verfahren in geringfügigen Rechtssachen auf Grundlage des Gesetzes v. 27. April 1873 Nr. 60 (Bagatellverfahren), ferner das Verfahren in Berg- und Handelsstreitigkeiten (Pat. v. 1. Nov. 1781 und 9. April 1782 Nr. 41) gezählt werden. Die Reihenfolge der processualischen Handlungen, wie sie das ordent-

---

Defensionen gehemmt werden können. Wenn nämlich der Beklagte bei dem Termine, welcher zur Verhandlung der Executivklage angeordnet wird, sofort liquidirbare Einwendungen erhebt, so wird die actio judicati des Klägers zurückgewiesen, im entgegengesetzten Falle wird derselben statt- gegeben. Hofd. v. 7. Mai 1839 Nr. 358. Im Mandatsverfahren hemmen sogar nur solche Defensionen die Rechtswirkungen der Execution zur Sicherstellung, welche durch Urkunden liquidirt werden, die zur Erwirkung eines Mandats hinreichend wären (§. 6 der J. M. V. vom 18. Juli 1859 Nr. 130). Auch in den Fällen der Execution auf Grund eines noch nicht rechtskräftigen Urtheils oder einer wechselrechtlichen Zahlungsauflage sind die executiven Massregeln wohl zu hemmen, beziehungsweise zu verweigern, wenn der Beklagte seine Vertheidigungsgründe durch (öffentliche oder Privat-) Urkunden sofort liqui- dirt, da in diesem Falle zufolge Hofd. v. 22. Juni 1836 Nr. 145 (Wessely Nr. 1338) sogar die Execution von rechtskräftigen Urtheilen eingestellt wird. Selbst- verständlich dürfen aber solche Defensionen, welche nach der Lage des Rechts- streites schon als präcludirt erscheinen, auch zur Hemmung oder Beseitigung der actio judicati nicht benützt werden.

[26]) Ein besonderes Separatum findet jedoch in diesem Falle nicht statt, vielmehr wird die Frage, ob die Execution zur Sicherstellung aufzuheben oder in eine definitive zu verwandeln ist, durch das Erkenntnissverfahren des Pro- cesses entschieden. Wird der Kläger in diesem mit seinem Anspruch abge- wiesen, so wird auch die Execution zur Sicherstellung hinfällig, im entgegen- gesetzten Falle wird sie in eine definitive Zwangsvollstreckung verwandelt. Das Erkenntnissverfahren des Rechtsstreites kann folglich bei dieser Form der Execution als das Separatum betrachtet werden, durch welches die be- schränkte Cognition bei der Execution zur Sicherstellung ergänzt wird.

liche Verfahren festsetzt, ist in allen diesen Processarten im Grossen und Ganzen festgehalten; selbst im Erkenntnissverfahren des Bagatellprocesses, welches in Beziehung auf die Reihenfolge der Processhandlungen vom Princip der arbiträren Ordnung (unten §. 25) beherrscht wird, ist doch eine bedeutendere Abweichung von der allgemeinen Ordnung der processualischen Acte nirgends vorgeschrieben. Die Vereinfachung der Cognition wird in den regulär summarischen Processen hauptsächlich dadurch erreicht, dass minder nothwendige Processhandlungen, [27] insbesondere auch die Rechtsmittel beseitigt, [28] die zulässigen Processacte aber vereinfacht, [29] nach Möglichkeit in eine Handlung zusammengedrängt und die dafür offen stehenden Fristen vermindert werden. [30] Im Bagatellprocess tritt als ein wichtiges Element der Vereinfachung noch die Mündlichkeit des Verfahrens hinzu, in der namentlich mit Rücksicht auf die grosse Beschränkung der Rechtsmittel ein wesentliches Moment der Beschleunigung liegt. Dagegen kann wohl die Beseitigung des Anwaltzwanges und die

---

[27] Das Verfahren, durch welches der Kläger oder der Beklagte sich die nachträgliche Benützung von neuen Thatsachen und Beweismitteln — Neuerungen — erwirken muss (Legungsverfahren), fällt z. B. im summarischen Verfahren (§. 25 S. V.) und im Bagatellverfahren (§. 67 B. V.) hinweg, da bis zum Schlusse der Verhandlung Neuerungen vorgebracht werden dürfen.

[28] Im summarischen Verfahren (§. 51) ist gegen zwei gleichförmige Urtheile oder Bescheide ein Rechtsmittel an den obersten Gerichtshof nicht zugelassen. Im Bagatellverfahren erkennt sogar die erste Instanz im Wesentlichen endgiltig, da die Rechtsmittel der Nullitätsbeschwerde und des Recurses nur ein sehr eng begrenztes Gebiet der Anwendung besitzen (§. 78, 84 B. V.).

[29] Ein Beispiel dieser Art bietet der Zeugenbeweis des summarischen Verfahrens, in welchem die Antretung des Zeugenbeweises ganz entfällt, da die Zeugen sofort von dem Richter vorgeladen werden (§. 39 S. V.). Ebenso ist der Sachverständigenbeweis sehr vereinfacht (§. 42, 43 S. V.).

[30] Beispiele zu dieser Form der Vereinfachung sind: die Verschmelzung der Verhandlung über die forideclinatorischen Einreden mit der Erörterung der Hauptsache (§. 26 S. V.), die obligatorische Verbindung der Appellationsanmeldung und der Appellationsbegründung (§. 44 S. V.). Die Frist zur Interposition der Rechtsmittel ist im regulär summarischen Verfahren nach dem Hofd. v. 24. Oct. 1845 Nr. 906 auf 8 Tage (im ordentlichen Verfahren regelmässig auf 14 Tage) bestimmt (§. 19, 44 S. V.). Die Vereinfachung der Cognition im Verfahren vor den Handelsgerichten nach dem Patente vom 9. April 1782 Nr. 41 besteht ausschliesslich in der facultativen oder obligatorischen Abkürzung der Fristen.

Erweiterung der richterlichen Machtsphäre auf dem Gebiete des summarischen Verfahrens nicht unbedingt als eine Vereinfachung der Cognition bezeichnet werden, [31]) da diese Massregeln gewiss eben so oft dazu beitragen werden, das Verfahren zu verwickeln und schwerfällig zu machen.

Zu den **irregulär summarischen Processen** sind nach österreichischem Rechte der Arrest- und Verbotsprocess, der Executivprocess, das Mandatsverfahren nach der kaiserlichen Verordnung vom 21. Mai 1855 und der Justizministerial-Verordnung vom 18. Juli 1859 und die verschiedenen Gattungen des Wechselprocesses zu zählen. [32]) Der eigenthümliche Charakter dieser Processarten besteht darin, dass sie die gewöhnliche Ordnung des Civilverfahrens in Hauptpuncten umkehren, insbesondere spätere Abschnitte des Processes schon bei seiner Eröffnung anticipiren.

---

[31]) Vgl. Haimerl in den „Anmerkungen zum summarischen Process" in seinem Magazin Nr. 3, S. 364—365. Nippel Erläuterung S. 36. Auch bei der Berathung der §§. 8 und 9 S. V. wurden ähnliche Ansichten vertheidigt. S. Schenk, der österr. summarische Process, S. 144—149.

[32]) Ich rechne das Bestandverfahren nicht zu den irregulär summarischen Processen, obgleich auch in diesem Verfahren, wenn es zur Kündigung von Mieth- und Pachtverträgen benützt wird, ähnlich wie im Mandatsprocess, sofort ein gerichtlicher Auftrag ergeht, welcher die Kraft eines richterlichen Erkenntnisses erlangt, insofern derselbe von der Gegenpartei nicht durch Einwendungen angefochten wird (§. 6, 19 der K. V. v. 16. Nov. 1858 Nr. 213). Denn die Kündigung und die darüber ergehende richterliche Verfügung sind überhaupt keine Processacte, sondern gehören dem nicht streitigen Civilverfahren an, da die Kündigung eben nichts als ein **Rechtsgeschäft** ist, welches unter Vermittlung des Gerichtes vollzogen wird, um der stillschweigenden Erneuerung des Bestandvertrages vorzubeugen oder dessen Auflösung zu bewirken (§. 2, 11 der K. V. vom 16. Nov. 1858). Diess ergiebt sich mit Bestimmtheit, wenn man erwägt, dass z. B. auf Grund einer notariellen Aufkündigung eben so wie auf Grund einer gerichtlichen sofort die Zwangsvollstreckung verfügt wird (§. 20 d. V. vom 16. Nov. 1850), wie denn überhaupt auch die im nichtstreitigen Civilverfahren ergangenen Verfügungen des Richters exequirt werden können (§. 19 des kais. Pat. vom 9. August 1854 Nr. 1854). Erst wenn die Gegenpartei des Kündigenden die Rechtswirksamkeit der Kündigung durch Einbringung von Einwendungen bestreitet, entsteht ein Präjudicialstreit über die Rechtsbeständigkeit der Kündigung, welcher unzweifelhaft dem streitigen Civilverfahren angehört. Die Einwendungen werden deshalb von der mehrerwähnten K. V. (§. 12) mit Recht als Klage aufgefasst. Auch das Mahnverfahren ist dem nicht streitigen Civilverfahren beizuzählen. Vgl. unten §. 7.

Allerdings ist dieses Moment auch bei den unbestimmt summarischen Processen, im Besitzstörungs-, ja sogar in einzelnen Rechtsbildungen des ordentlichen Verfahrens wahrzunehmen; [33]) allein ausserhalb der Processformen, welche ich als irregulär summarische bezeichnet habe, ist jenes Moment von verhältnissmässig geringfügiger Bedeutung, während es auf dem Gebiete dieser Processarten dem ganzen Verfahren seinen eigenthümlichen Typus verleiht. Ueberdiess unterliegen auch die oben erwähnten irregulär summarischen Processe mit Ausnahme des Executiv-, dann des Arrest- und Verbotsprocesses den Normen des regulär summarischen Verfahrens, [34]) so dass dieselben, da in ihnen auch die beschränkte Cognition einen breiten Raum findet, [35]) alle Elemente der summarischen Cognition in sich vereinigen.

Indem ich in der vorstehenden Darstellung die herkömmliche Terminologie und die derselben entsprechenden Begriffe im Wesentlichen beibehalte, soll der Werth dieser Eintheilungen des gesammten Civilverfahrens nicht überschätzt werden. Der Gegensatz zwischen dem ordentlichen und summarischen Verfahren, dann zwischen den einzelnen Abarten dieses Letzteren ist unverkennbar sehr schwankend und von dem Gesammtcharakter des ganzen Civilverfahrens abhängig, so dass in einem bestimmten Lande ein Process als summarisch gelten kann, der in einem andern Staat als unerträglich weitläufig und schleppend erscheinen würde. Unser ordentlicher Process selbst ist durch das Gesetz vom 16. Mai 1874 Nr. 169 so erheblich abgekürzt und vereinfacht worden, dass er im Vergleiche mit dem früheren ordentlichen Verfahren als ein regulär summarischer gelten kann. Trotz der Relativität jener Begriffe halte ich aber dieselben namentlich für die österreichische Processtheorie für unentbehrlich, um in die zahlreichen besonderen Processarten, welche das österreichische Recht, weniger planmässig als augenblicklichen Impulsen gehorchend, ausgebildet hat, Ordnung und Zusammenhang zu bringen.

---

[33]) Vgl. §. 18 d. K. V. vom 27. Oct. 1849; §. 56 S. V. und §. 259 A. G. O.

[34]) §. 6 K. V. vom 21. Mai 1855 Nr. 95; §. 12 J. M. V. vom 25. Jan. 1850 Nr. 52; §. 2, 5 J. M. V. vom 18. Juli 1859 Nr. 132.

[35]) Vgl. oben Note 21—23.

Zweiter Abschnitt.

Quellen und Literatur des österreichischen Civilprocessrechtes. [')]

§. 5.

Die Gesetze über die Organisation und Competenz der Civilgerichte.

Der Rechtszustand Oesterreichs beruht, was das Civilverfahren betrifft, nicht so wie jener Frankreichs und einzelner deutscher Länder auf einer wenig grosse Gesetze umfassenden, in einheitlichem Geiste gedachten Codification, vielmehr wird unser Civilprocess von einer grossen Anzahl einzelner Gesetze beherrscht, welche sehr verschiedenen Zeiträumen angehören. Der ältesten umfassenden Quelle des gegenwärtigen österreichischen Civilverfahrens, welche diesem noch gegenwärtig im Grossen und Ganzen seinen Typus aufdrückt: der allgemeinen Gerichtsordnung vom

---

[')] In den §§. 5—7 habe ich die wichtigsten Rechtsquellen über den österreichischen Civilprocess seit Erlassung der Gerichtsordnung vom 1. Mai 1781 zusammengestellt. Vgl. darüber Haimerl, Ueber die legislative Thätigkeit auf dem Gebiete des civilgerichtlichen Verfahrens in Oesterreich, in seiner Vierteljahrsschrift Bd. 10 (1862) S. 131—197. Eine wissenschaftliche Bearbeitung der Geschichte des österreichischen Civilprocessrechtes, namentlich in der vorjosefinischen Zeit, fehlt bisher in der juristischen Literatur. Eine Zusammenstellung der österreichischen Processordnungen seit dem sechzehnten Jahrhundert habe ich in meiner Schrift „Ueber die Zulässigkeit neuen thatsächlichen Vorbringens in den höheren Instanzen" (1873) S. 70—94 gegeben.

1. Mai 1781 gelang es nicht, wie dem allgemeinen bürgerlichen
Gesetzbuch, über das juristische Urtheil der Zeitgenossen und der
darauf folgenden Generationen eine fast unbedingte Herrschaft zu
üben. Wie überhaupt die Mängel processualischer Rechtsnormen,
deren Anwendung in den Händen sachkundiger Beurtheiler liegt,
viel leichter zu Tage treten als jene materiell-rechtlicher Gesetze,
so wurde die innere Unhaltbarkeit und Mangelhaftigkeit der Allgemeinen Gerichtsordnung sehr bald nach ihrer Kundmachung
offenbar und führte zu einer Reihe von Versuchen, dieses Gesetz
durch eine neue umfassende Codification zu ersetzen. Von diesen
Versuchen ist wohl keiner geglückt, doch führten jene Reform-
bestrebungen wenigstens zu dem Resultate, dass einzelne Bestandtheile des Civilverfahrens durch Specialgesetze bis in die neueste
Zeit zum Theile völlig neue Grundlagen erhielten. Wir finden
desshalb in dem österreichischen Civilprocess neben Rechtsbildungen, welche gänzlich veralteten Anschauungen angehören, doch
auch einzelne Verfahrensarten (z. B. den Bagatellprocess), welche
die neuesten Auffassungen auf dem Gebiete des Civilverfahrens
wiederspiegeln. So widerspruchsvoll der Rechtszustand sich durch
diese Aufeinanderschichtung gänzlich heterogener Elemente im
wirklichen Leben gestaltet, so grossen Reiz bietet derselbe doch
für die theoretische Darstellung, da die ausserordentliche Mannigfaltigkeit der geltenden processualischen Institutionen auch für
jene principiellen Auffassungen, welche sich von einander am
weitesten entfernen, anschauliche Beispiele aus dem praktischen
Recht zu bieten vermag.

Die Grundlage der ganzen österreichischen Rechtspflege
bildet das Staatsgrundgesetz über die richterliche Gewalt vom
21. December 1867 Nr. 144 R. G. B., welches die principiellen
Bestimmungen über die gesammte Civil-, Straf- und Administrativjustiz enthält.[2]) Der Inhalt dieser Bestimmungen schliesst sich

---

[2]) Das Staatsgrundgesetz über die richterliche Gewalt ist aus der Initiative des österr. Abgeordnetenhauses hervorgegangen. Am 19. Juni 1867 brachte
nämlich die Regierung im Abgeordnetenhause vier Gesetzentwürfe ein, welche den
Zweck hatten, die durch den Ausgleich mit Ungarn nothwendig gemachten
Aenderungen im Verfassungsrechte herbeizuführen, nämlich: das Gesetz, wodurch das Grundgesetz über die Reichsvertretung vom 26. Februar 1861 abgeändert wird; das Gesetz, wodurch der §. 13 des Grundgesetzes über die
Reichsvertretung vom 26. Februar 1861 abgeändert wird; das Gesetz über

im Wesentlichen den neueren deutschen Verfassungsurkunden und der für Oesterreich kundgemachten Verfassung vom 4. März 1849 an [3]) und ist in manchen Punkten noch nicht praktisch durchgeführt. [4]) Durch das Staatsgrundgesetz sind die §§. 17—33 der Grundsätze für die organischen Einrichtungen in den Kronländern des österreichischen Kaiserstaates vom 31. Dec. 1851 Nr. 4 ausser Wirksamkeit getreten.

---

die Verantwortlichkeit der Minister für die im Reichsrathe vertretenen Königreiche und Länder, endlich das Gesetz über die Delegationen im Allgemeinen und insbesondere über die Delegation des Reichsrathes. Zur Berathung dieser Gesetzentwürfe wurde am 21. Juni 1867 ein Ausschuss aus 36 Mitgliedern eingesetzt, welcher sich nicht blos mit der Berathung der vier Regierungsvorlagen befasste, sondern auch aus eigenem Antriebe folgende sechs Gesetzentwürfe in Vorschlag brachte: 1. Das Gesetz über die Entsendung einer Deputation des Reichsrathes zur Verhandlung mit dem ungarischen Reichstage; 2. das Gesetz über die allgemeinen Rechte der Staatsbürger für die im Reichsrathe vertretenen Königreiche und Länder; 3. das Gesetz über die Einsetzung eines Reichsgerichtes; 4. das Gesetz über die richterliche Gewalt; 5. das Gesetz über die Ausübung der Regierungs- und Vollzugsgewalt: 6. das Gesetz über die allen Ländern der Monarchie gemeinsamen Angelegenheiten und deren Behandlung. Die sämmtlichen von der Regierung und dem Ausschusse vorgeschlagenen Entwürfe, darunter auch das Staatsgrundgesetz über die richterliche Gewalt erlangten Gesetzeskraft und trat letzteres in Folge des Gesetzes vom 21. December 1867 Nr. 147 gleichzeitig mit den übrigen gegenwärtig geltenden Staatsgrundgesetzen in Wirksamkeit. Vgl. das brauchbare Sammelwerk: Die neue Gesetzgebung Oesterreichs. Erläutert aus den Reichsrathsverhandlungen. Wien 1868. 1. Bd. S. 1—4. Die legislativen Materialien des Staatsgrundgesetzes über die richterliche Gewalt, welche jedoch auffallend dürftig sind und für die richtige Auffassung dieses Gesetzes fast gar keinen Stoff bieten, sind in dem angeführten Werke S. 421—484 abgedruckt.

[3]) Das Staatsgrundgesetz über die richterliche Gewalt entspricht im Wesentlichen den §§. 20, 99—105 der Reichsverfassung vom 4. März 1849 Nr. 149, welche bekanntlich auf den neueren französischen und deutschen Verfassungsurkunden beruht.

[4]) So ist die im Art. 10 St. G. G. über die richterliche Gewalt verheissene Mündlichkeit und Oeffentlichkeit des Civilverfahrens vorläufig nur im Bagatellverfahren eingeführt. Auch der Verwaltungsgerichtshof, welcher zufolge Art. 15 über Streitigkeiten auf dem Gebiete der Administration entscheiden soll, ist noch nicht in Wirksamkeit gesetzt worden, da das Gesetz über denselben (oben §. 2 Note 6) zwar schon sanctionirt, aber noch nicht publicirt ist.

Die Organisation der Gerichte und deren Competenz, ihre innere Einrichtung und Geschäftsbehandlung wird durch mehrere in verschiedenen Zeitpunkten entstandene Gesetze normirt. Die Competenz und die wesentlichsten Grundsätze des Verfahrens vor dem höchsten Tribunal Oesterreichs: dem Reichsgerichte, welches jedoch hier nur als Gerichtshof zur Entscheidung von Competenzconflicten in Betracht kommt, werden durch das Staatsgrundgesetz vom 21. Dec. 1867 Nr. 143 R. G. B.[*]) geregelt, die näheren Details sind in einem Gesetze vom 18. April 1869 Nr. 44 und in einer auf Antrag des Reichsgerichtes erlassenen Verordnung des Gesammtministeriums vom 26. October 1869 Nr. 163 enthalten.

---

[*]) Schon nach der Reichsverfassung vom 4. März 1849 §. 106 sollte ein Reichsgericht eingesetzt werden, welches von Amtswegen oder auf geführte Klage in folgenden Fällen einzuschreiten hatte: I. Als Schiedsgericht: bei Streitfragen zwischen dem Reiche und den einzelnen Kronländern oder zwischen einzelnen Kronländern unter sich, insofern der Gegenstand nicht in den Bereich der gesetzgebenden Reichsgewalt gehört. II. Als oberste Instanz bei Verletzungen der politischen Rechte. III. Als untersuchende und oberste richtende Behörde a) bei Anklagen gegen die Minister und Statthalter, dann b) bei Verschwörungen und Attentaten gegen den Monarchen und Regenten und in Fällen von Hoch- und Landesverrath. Der in der Reichsverfassung ausgesprochene Gedanke wurde von dem Verfassungsausschusse, welcher im Jahre 1867 das Staatsgrundgesetz über das Reichsgericht ausarbeitete (oben Note 2), mit einigen Modificationen adoptirt. Das Competenzgebiet ad III entfiel nämlich vollständig aus der Zuständigkeit des Reichsgerichtes, weil die Anklagen gegen die Minister einem speciell zu diesem Zwecke geschaffenen Staatsgerichtshof zugewiesen wurden (§. 16 des Ges. v. 25. Juli 1867 Nr. 101), während die ad IIIb bezeichneten Verhandlungen den ordentlichen Strafgerichten vorbehalten blieben. Die Competenzfälle ad I und II wurden in den wesentlichen Punkten im Art. 3 d. St. G. G. über das Reichsgericht aufgenommen und überdiess dem Gerichtshofe noch ein wichtiger Wirkungskreis in Ansehung der Competenzconflicte zwischen den Gerichts- und Administrativbehörden, dann mit gewissen Beschränkungen zwischen den Administrativbehörden eingeräumt (Art. 2 St. G. G.). Nur diese Wirksamkeit des Reichsgerichtes als oberster Competenzgerichtshof ist es, welche die Organisation und das Verfahren desselben als einen Theil des österreichischen Civilverfahrens erscheinen lässt. Ueber die Literatur vgl. oben §. 2 Note 4. Die legislativen Materialien zu diesem Gesetze, in Betreff deren gleichfalls die oben Note 2 gemachten Bemerkungen gelten, sind in der „Neuen Gesetzgebung Oesterreichs" S. 395—420 abgedruckt.

Was die Civilgerichte in der eigentlichen Bedeutung dieses Wortes betrifft,[1] so ist die Competenz, die Organisation und die

---

[1] Vor dem Jahre 1848 wurde die ordentliche Gerichtsbarkeit in Civilsachen in der überwiegenden Anzahl von Provinzen von städtischen und gutsherrlichen Patrimonialgerichten ausgeübt; selbst in jenen Ländern, welche durch die französischen Kriege an Frankreich und Baiern gelangt waren, wurden nach deren Wiedererlangung die inzwischen eingeführten staatlichen Gerichte nach Möglichkeit beseitigt und an deren Stelle die Patrimonialgerichtsbarkeit wieder eingeführt. Haimerl, die Lehre von den Civilgerichtsstellen in den deutschen und italienischen Ländern des österreichischen Kaiserstaates, Bd. 2 (1835) S. 1—25. Neben den Patrimonialgerichten bestanden für den Civilstand nur einzelne besondere landesfürstliche Collegialgerichte, z. B. die Landrechte, als privilegirte Gerichte erster Instanz für den Fiscus, den Adel und die Geistlichkeit in den grösseren Städten, namentlich in den Kronlands-Hauptstädten (Haimerl a. a. O. S. 25—28), die Berggerichte (Haimerl S. 28—31), die Merkantil- und Wechselgerichte in Wien, Triest, Mailand, Venedig und Bozen (Haimerl S. 32—34) und das Obersthofmarschallamt (Haimerl S. 38—39). Doch war die Gerichtsbarkeit dieser l. f. Gerichte verhältnissmässig nicht sehr umfangreich. So wurde z. B. in Niederösterreich die Gerichtsbarkeit erster Instanz in Civilsachen vor den Reformen des Jahres 1849 von 744 Patrimonialgerichten (darunter der Wiener Magistrat sammt den Grundgerichtsverwaltungen, 44 andere städtische und 703 gutsherrliche Gerichte) ausgeübt, wogegen in diesem Kronlande nur 3 l. f. Gerichte (das n. ö. Landrecht, das n. ö. Merkantil- und Wechselgericht und das Obersthofmarschallamt) in Thätigkeit waren. Haimerl a. a. O. S. 3. Allerunterth. Vortrag des Justizministers in dem R. G. B. f. 1849 S. 360, 361. Dagegen wurde die Gerichtsbarkeit in zweiter und dritter Instanz durchgreifend von l. f. Collegialgerichten gehandhabt. Haimerl S. 42—45. Vgl. auch unten §. 17. Durch den §. 100 des K. P. vom 4. März 1849 Nr. 150, dann durch die Kaiserl. Entschl. vom 14. Juni 1849 Nr. 278 wurde die Patrimonialgerichtsbarkeit beseitigt und zur Ausübung der Gerichtsbarkeit in Civilsachen ausschliesslich landesfürstliche Gerichte und zwar Bezirks- (als Einzel-) Gerichte ferner die collegialisch organisirten Landes- und Oberlandesgerichte und der oberste Gerichtshof bestellt. Die Vertheilung der Gerichtsbarkeit unter diesen Gerichtsstellen entsprach im Allgemeinen den Competenzverhältnissen, welche gegenwärtig zwischen den ländlichen und städtisch-delegirten Bezirksgerichten, den Gerichtshöfen erster Instanz, den Oberlandesgerichten und dem obersten Gerichtshofe bestehen. Der wesentlichste Unterschied beider Organisationen bezog sich auf das Instanzenverhältniss, indem der Rechtszug von den Entscheidungen der Bezirksgerichte an die Landes- und Oberlandesgerichte als zweite und dritte Instanz (nicht wie gegenwärtig an das Oberlandesgericht und den obersten Gerichtshof) ging, wogegen die Oberlandesgerichte und der oberste Gerichtshof als zweite und dritte Instanz in Ansehung der von den Landes- und Causalgerichten erlassenen Entscheidungen eintraten.

Geschäftsbehandlung des obersten Gerichtshofes durch das Patent v. 7. Aug. 1850 Nr. 325 bestimmt. Die Organisation der Gerichtshöfe erster und zweiter Instanz ist Gegenstand einer Verordnung der Minister des Innern, der Justiz und der Finanzen v. 19. Jänner 1853 Nr. 10 Beil. D und eines Erlasses des Justizministeriums v. 11. Oct. 1852 Nr. 210, von welchen der letztere für Dalmatien, die erstere für sämmtliche Kronländer erlassen worden ist.[7]) Die Einzel- (Bezirks-) Gerichte erhielten ihre gegenwärtige Einrichtung durch das Gesetz vom 11. Juni 1868 Nr. 59, welches im Einklange mit dem Staatsgrundgesetze über die richterliche Gewalt (Art. 14) die Trennung der Justiz von der Administration auch in den untersten Instanzen durchführte.[8])

Die Rechtsnormen über die Competenz der Civilgerichte sind nur zum geringsten Theile in den Civilprocessordnungen enthalten; der weit überwiegende Theil wurde von der österreichischen Gesetzgebung seit geraumer Zeit in selbstständigen Gesetzen zusammengefasst, welche in der Gerichtssprache den Namen

---

A. h. E. v. 14. Juni 1849 Nr. 278 §§. 1, 2, 5—7, 9, 12—14, 17—23, 25, 26, 28, K. P. v. 17. Juni 1850 Nr. 236 §§. 110—112. Die Gerichtsverfassung des Jahres 1849 wurde durch die gegenwärtig bestehende Organisation ersetzt. Vgl. auch Haimerl in seiner V. J. S. Bd. 10 (1862) S. 132—142.

[7]) Vgl. Haimerl Darstellung der neuesten gesetzlichen Bestimmungen über die innere Einrichtung und Geschäftsordnung der Civilgerichte in Oesterreich, Wien 1856, S. 23—26, in welcher Schrift auch jene Gesetze zusammengestellt sind, welche für Ungarn und das lombardisch-venetianische Königreich erlassen wurden und die desshalb, weil sie nicht mehr einen Bestandtheil des geltenden österreichischen Processrechtes bilden, hier nicht in Betracht kommen.

[8]) In einer Anzahl von Kronländern (Salzburg, Krain, Galizien) war die Trennung der Administration und der Justiz in den untersten Instanzen bereits während der Zeit der Verfassungssistirung im Verordnungswege durchgeführt worden. J. M. V. v. 5 Febr. 1867 Nr. 25 (für Salzburg); J. M. V. v. 14. Febr. 1867 Nr. 35 (für Krain; J. M. V. v. 15. Febr. 1867 Nr. 35 u. 36 (für den Sprengel des Oberlandesgerichtes Krakau und für Ostgalizien). Diese Massregeln erhielten im §. 1 Abs. 3 d. Ges. v. 11. Juni 1868 Nr. 59 die gesetzliche Bestätigung. Auch bestanden schon aus der Zeit vor dem Ges. v. 15. Juni 1868 einzelne reine Bezirksgerichte, welche durch das citirte Gesetz §. 1 aufrecht erhalten wurden. Vgl. Haimerl Einr. u. Geschäftsordn. d. Civilgerichte in Oesterreich (1856) S. 34—36.

von Jurisdictionsnormen führen. *) Solche Jurisdictionsnormen sind
gegenwärtig drei in Gültigkeit: das kaiserliche Patent vom
20. Nov. 1852 Nr. 251, welches die Competenzbestimmungen für
sämmtliche österreichische Kronländer mit Ausnahme von Dalmatien enthält, das kaiserliche Patent von demselben Datum
Nr. 261 R. G. B. für Dalmatien [10]) und das Gesetz v. 20. Mai
1869 Nr. 78 (Militär-Jurisdictionsnormen), welches Gesetz jedoch,
da durch dasselbe die Competenz der Militärgerichte in bürgerlichen Rechtsangelegenheiten aufgehoben wurde (§. 9 des Ges.),
hier nur in Ansehung einzelner Bestimmungen in Betracht
kommt. [11])

---

*) Die Zusammenfassung der Competenzvorschriften in einem für sich
bestehenden Gesetze wurde nach älteren Vorbildern von dem Referenten der
Compilations-Commission schon in einem Vortrage vom 22. Juli 1772 bean-
tragt. Domin-Petrushevecz, Neuere österreichische Rechtsgeschichte,
Wien 1869, S. 48. Dieser Gedanke wurde von der späteren österreichischen
Legislation consequent festgehalten. Unter Kaiser Joseph wurde zunächst
(1781) das Verfahren und erst später (in den Jahren 1783, 1784) durch eine
Reihe von Patenten das Competenzwesen, und zwar fast für jedes Kronland durch
ein besonderes Gesetz geordnet. Vgl. Stubenrauch Handbuch der in den
nicht ungarischen Provinzen des österreichischen Kaiserstaates und bei den
k. k. österreichischen Militärkörpern geltenden Jurisdictionsnormen. Wien,
1843. Auch die Jurisdictionsnorm vom 18. Juni 1850, welche für sämmtliche
im Reichsrathe vertretenen Kronländer mit Ausnahme von Galizien, der Bukowina und Dalmatien gegeben wurde (E. G. zur J. N. v. 18. Juni 1850
Nr. 237 in der Einleitung), dann die gegenwärtig geltenden Jurisdictionsnormen
sind umfassende, den Gegenstand vollständig erschöpfende Codificationen über
die gerichtliche Competenz.

[10]) Vgl. über diese und die gleichzeitig für die ungarischen und italienischen Provinzen erlassenen Jurisdictionsnormen, Haimerl Darstellung der
neuesten Competenzvorschriften, 3. Aufl. (1856) S. 10—16.

[11]) In den neueren deutschen Processgesetzen sind die Rechtsregeln
über die gerichtliche Competenz mit den Vorschriften über das Verfahren
regelmässig in einem Gesetz vereinigt, während die Organisation und die
innere Geschäftseinrichtung der Gerichte in abgesonderten Codificationen
behandelt wird. Die überwiegende Anzahl der Processordnungen löst nicht nur
die Frage, in welchem Gerichtssprengel eine Rechtssache zu verhandeln ist
(örtliche Competenz), sondern auch die weitere Frage, vor welches der oft
sehr zahlreichen Gerichte, die denselben Raum (Sprengel) beherrschen, die
verschiedenen Gattungen der Civilrechtsstreitigkeiten gehören (sachliche Competenz). Badische P. O. §§. 7—65, Oesterr. Entw. v. 1867 §§. 2—42,
Württemberg'sche P. O. Art. 9—66, Baierische P. O. Art. 2—39. Der deutsche
Entwurf einer Civilprocessordnung v. 1874 §§. 12—40 gibt nur Vorschriften

4*

Was endlich die innere Einrichtung und die Geschäftsordnung der Gerichte betrifft, so wird dieselbe durch das kaiserliche Patent vom 3. Mai 1853 Nr. 81 in umfassender Weise geregelt.[11]) Dieses Gesetz findet auch auf die Thätigkeit des obersten Gerichtshofes subsidiäre Anwendung, insofern das obenerwähnte Patent v. 7. Aug. 1850 Nr. 325 und die für denselben sonst noch erlassenen Vorschriften keine Bestimmung enthalten. Die disciplinäre Behandlung der Richter ist auf Grundlage des Art. 6 des Staatsgrundgesetzes über die richterliche Gewalt durch das Gesetz vom 27. Mai 1868 Nr. 46, das Verfahren zur Geltendmachung von Ersatzansprüchen gegen richterliche Beamten durch das Gesetz v. 12. Juli 1872 Nr. 112 geregelt.[13])

über die örtliche Competenz; die sachliche Zuständigkeit der Gerichte, welche sich nach den Entwürfen in die Gerichtsbarkeit über jeden einzelnen Gerichtssprengel theilen sollen (Land-, Amts- und Handelsgerichte) wird durch das Gerichtsverfassungsgesetz bestimmt (Entw. der C. P. O. §. 1; Entw. eines Gerichtsverfassungsgesetzes §§. 1, 2, 10, 12, 13, 50, 51, 83, 84). In den geltenden österreichischen Jurisdictionsnormen werden die Rechtssätze über die örtliche und die sachliche Competenz in einer verwirrenden Weise zusammengeworfen. So z. B. werden die Vorschriften über die Vertheilung der Gerichtsbarkeit zwischen den Gerichtshöfen erster Instanz und den städtisch delegirten Bezirksgerichten (sachliche Competenz) in der Lehre vom Gerichtsstande des Wohnsitzes (örtliche Competenz) abgehandelt (§§. 14, 15 J. N.), obgleich die Abgrenzung der Gerichtsbarkeit zwischen den städtischen Einzel- und den Collegialgerichten an sich mit dem Gerichtsstande des Wohnsitzes in gar keiner Beziehung steht.

[12]) Vor dem Patent vom 3. Mai 1853 wurde die innere Einrichtung und die Geschäftsordnung der Gerichte im Wesentlichen durch die allgemeine Gerichtsinstruction für die Justizstellen vom 9. September 1785 Nr. 464 (Wessely Handbuch Bd. 2 S. 1 ff.) und durch das dieser Instruction derogirende Patent vom 28. Juni 1850 Nr. 258 geregelt. Für Galizien galt statt der Instruction vom 9. September 1785 die westgalizische Instruction vom 27. November 1801 (Hofd. v. 14. März 1807 Nr. 803, Wessely Nr. 10). Ueber diese und andere Gesetze ähnlichen Inhaltes vergleiche Domin-Petrushevecz a. a. O. S. 121—123, 285—286. Die allgemeine und die westgalizische Instruction gingen übrigens über den Inhalt des Patents vom 3. Mai 1853 hinaus, da beide Gesetze auch die Vorschriften über das Verfahren ausser Streitsachen enthielten.

[13]) Dieses Gesetz sammt allen legislativen Materialien ist in der Sammlung von Dr. Joseph Kaserer „Oesterreichische Gesetze mit Materialien" Bd. I abgedruckt.

Was endlich die wichtigste Gattung der Nebenpersonen im Civilprocesse, die Advocaten, betrifft, so erhielt diese Institution durch das Gesetz vom 6. Juli 1868 Nr. 96 ihre Regelung. Die Handhabung der Disciplinargewalt über die Advocaten und Advocaturscandidaten wurde durch das Gesetz vom 1. April 1872 Nr. 40 im Sinne der völligen Selbstständigkeit des Advocatenstandes geordnet.

Die allgemeine (josefinische) und die westgalizische Gerichtsordnung.

Noch wichtiger als die im vorigen Paragraphen näher bezeichneten Gesetze über die Organisation, den Wirkungskreis und die
innere Geschäftsbehandlung der Gerichte sind die über das von
dem Richter und den Partcien zu beobachtende Verfahren. Das
bedeutendste Gesetz in dieser Gruppe ist die Allgemeine Gerichtsordnung vom 1. Mai 1781, welche noch gegenwärtig, trotz
zahlreichen und wichtigen Modificationen in einzelnen Processge-
bieten, die Grundlage des gesammten österreichischen Civilverfahrens bildet. [1]

Die Allgemeine Gerichtsordnung ist eben so wie das allgemeine bürgerliche Gesetzbuch eine Frucht der Codifications-
bestrebungen, zu welchen die Kaiserin Maria Theresia kurz nach
Antritt ihrer Regierung den Anstoss gab. [2] Im Jahre 1753 fasste

---

[1] Ueber die Entstehungsgeschichte der Allgemeinen Gerichtsordnung
vom 1. Mai 1781 vgl. Zeiller's Aufsatz: „Grundzüge einer Geschichte der
österreichischen bürgerlichen Gerichtsordnung" in seiner „Vorbereitung zur
neuesten österreichischen Gesetzkunde" Bd. 4, 2. Aufl., S. 1—12; Haan,
Beiträge zur Geschichte der österreichischen Civilprocessordnung G. Z. 1858
Nr. 148, 149; Haimerl a. a. O. (oben §. 5 Note 1) S. 142—183; Ph. von
Harrasowsky Gesch. d. Codification des österr. Civilrechtes, Wien 1868,
S. 38 ff.; Alphons v. Domin-Petrushevecz, Neuere österreichische Rechts-
geschichte, Wien 1869, S. 116 ff.

[2] Die äussere Veranlassung der Codificationsarbeiten, welche am Ende
des vorigen und am Anfang des laufenden Jahrhunderts den Rechtszustand
der deutsch-österreichischen Länder vollständig umgestalteten, war wie bei
vielen anderen historischen Entwicklungen von grösster Tragweite sehr zu-

nämlich die Kaiserin den Gedanken, „allen ihren Erbländern ein
sicheres gleiches Recht und eine gleichförmige Verfahrungsart" zu
geben und berief zu diesem Zwecke noch in demselben Jahre
nach Brünn eine aus theoretischen und praktischen Juristen bestehende Commission, welche die Weisung erhielt, „bei Abfassung
des Codex sich einfach auf das Privatrecht zu beschränken, so
viel als möglich das bereits übliche Recht beizubehalten, die verschiedenen Provincialrechte, insofern es die Verhältnisse gestatten,
in Uebereinstimmung zu bringen, dabei das gemeine Recht und
die besten Ausleger desselben, sowie auch die Gesetze anderer
Staaten zu benützen und zur Berichtigung und Ergänzung stets
auf das allgemeine Recht der Vernunft zurückzugehen." [3]) Und
am Schlusse· der Instruction bemerkt die Kaiserin noch: „Alle
Mitglieder der Commission sind zu ermahnen, ausser der Gleichförmigkeit der Gesetze und Beschleunigung der Arbeit dafür zu
sorgen, dass die in allen Erbländern eingeschlichenen Missbräuche,
Vorurtheile, der Schlendrian der abusive sogenannten Gerichtsordnung und die Verzögerungen abgestellt und die angefochtene
Unschuld wider die gewöhnlichen Advocatenkünste für das Künftige geschützt werde." [4])

Die eingesetzte Codifications-Commission brachte zunächst
innerhalb einer kurzen Frist den Generalplan des ganzen Werkes
zu Stande, welcher aus der Feder des Mitgliedes der Commission
Azzoni aus Prag herrührte. Darnach sollte das Gesetzbuch aus
vier Theilen bestehen, von welchen die drei ersten das materielle

---

fällig und unbedeutend. Den Anstoss gab nämlich die Denkschrift eines in-
nerösterreichischen Appellationsrathes, welche in wenig geschmackvoller
Weise die Rechtseinheit mit der Einheit Gottes und des Landesfürsten in
Parallele stellte und die Einsetzung einer Gesetzgebungs-Commission zur Her-
beiführung derselben vorschlug. Interessant ist, dass in den ursprünglichen
Projecten die Herstellung eines für alle österreichischen Provinzen geltenden
Processgesetzes in den Vordergrund tritt, während die Codifications-Commissionen
selbst sich in den darauf folgenden 20 Jahren vorzüglich mit der Bearbeitung
des materiellen Civilrechtes beschäftigten. Harrasowsky a. a. O. S. 38—40.

· [3]) Zeiller in seinem Aufsatze „Nothwendigkeit eines bürgerlichen
einheimischen Privatrechtes. Grundzüge zur Geschichte des österreichischen
Privatrechtes etc." im ersten Band der „Vorbereitung etc." (oben Note 1),
S. 19—21, Domin-Petrushevecz a. a. O. S. 46 u. A.

[4]) Zeiller a. a. O. Bd. I., S. 21, 22; Harrasowsky a. a. O. S. 48;
Domin-Petrushevecz a. a. O. S. 46.

Civilrecht, der vierte dagegen das gesammte Civilverfahren (in
und ausser Streitsachen) enthalten sollte. [5]) In Uebereinstimmung
mit dem im Generalplane aufgestellten Systeme begann die Commission mit der Ausarbeitung des materiellen Civilrechtes und
brachte bis zu ihrer Auflösung den ersten Theil des Gesetzbuches
(von dem Rechte der Personen) fast vollständig zu Ende. [6]) Auf
das Civilverfahren scheinen sich die Arbeiten der Commission
nach den vorliegenden Nachrichten nicht bezogen zu haben.
Zur Prüfung der von der Brünner Commission vorgelegten Entwürfe wurde in Wien eine neungliedrige Commission aus Hof-
räthen der obersten Justizstelle und des Directoriums zusammengesetzt, [7]) welche ihre Thätigkeit am 9. April 1755 begann und
nach Auflösung der Brünner Commission (9. Juli 1756) die Ausarbeitung des ganzen Gesetzwerkes übernahm. [8]) Doch wurde der
Entwurf des Codex Theresianus erst im Jahre 1766 vollendet,
nachdem inzwischen der ursprüngliche Referent Azzoni gestorben
(1761) und das Referat dem Hofrath Zenker übertragen worden
war. [9]) Der Entwurf normirte in drei Theilen lediglich das materielle Civilrecht, das Civilverfahren sollte nach dem Kundmachungspatente zu dem Entwurfe den Gegenstand einer besonderen Codification bilden. [10]) Diese Trennung war für das Gelingen der
Codificationsarbeiten auf dem Gebiete des Civilverfahrens von
erheblichem Nutzen, weil dadurch die Codification des Civilprocesses von jener des materiellen Civilrechtes unabhängig gemacht
und der Abschluss der civilprocessualischen Codificationsarbeiten
mehr als dreissig Jahre vor der Kundmachung des allgemeinen
bürgerlichen Gesetzbuches ermöglicht wurde. [11])

---

[5]) Der Generalplan ist bei Harrasowsky a. a. O. S. 51—59 abgedruckt. Doch fehlt in diesem Abdruck die Uebersicht des vierten Theiles,
welcher eben das Verfahren in und ausser Streitsachen enthalten sollte, weil
sich die Schrift Harrasowsky's auf die Geschichte der Codification des
materiellen Civilrechtes beschränkt.

[6]) Zeiller a. a. O. Bd. 1 S. 22; Harrasowsky a. a. O. S. 69;
Domin-Petrushevecz a. a. O. S. 47.

[7]) Harrasowsky a. a. O. S. 67—69.

[8]) Harrasowsky a. a. O. S. 70—73.

[9]) Harrasowsky a. a. O. S. 94—97.

[10]) Harrasowsky a. a. O. S. 98, 99.

[11]) Die Trennung der Codificationsarbeiten, so weit diese das materielle Civilrecht und das Verfahren betreffen, wurde von Maria Theresia

Zunächst wurde freilich das Gesetzwerk, auch nach Trennung der processualischen und materiell-rechtlichen Codification, nur wenig gefördert, indem vor Abfassung der Civilprocessordnung manche wichtige Vorfragen zu lösen waren. Sollte der Entwurf nicht nur das Verfahren selbst, sondern auch die Organisation und die Competenz der Gerichte normiren? Und ferner, wie weit sollte bei Abfassung des Entwurfes auf die bestehenden Provincialrechte Rücksicht genommen werden? Diese zwei Vorfragen, deren Lösung allerdings die unentbehrliche Voraussetzung des Gelingens der processualischen Codification war, bilden den Gegenstand eines von dem Referenten der Compilations-Commission gestellten Antrags vom 22. Juli 1772, in welchem dieser vorschlägt, „a) nicht von den spinosa materia jurisdictionis, sondern von den gerichtlichen Verfahrungsarten den Anfang zu machen und b) dass allerförderst die differentia jurium provincialium in Betreff des Gerichtstandes und des modi procedendi erörtert und eine Gleichförmigkeit diesfalls hergestellt werden sollte." [11])

Augenscheinlich war der Vorschlag, die Ordnung der Jurisdictionsverhältnisse vorläufig zu vertagen, vollständig geeignet, die Codification des Civilprocesses erheblich zu beschleunigen, da gerade jedes Eingreifen in die zu jener Zeit von zahllosen Dynasten ausgeübte Gerichtsbarkeit den lebhaftesten Widerspruch hervorrufen und dadurch das ganze Gesetzeswerk bedeutend verzögern musste. Andererseits aber musste durch die gleichzeitig beantragte „Erörterung" und Ausgleichung der zahlreichen Provincialrechte die Lösung der Aufgabe ins Unendliche verschoben werden. In der That wurde die Codification des Civilverfahrens in den Jahren 1772—1774 so wenig gefördert, dass sich die Kaiserin veranlasst sah, die Arbeit dem bisherigen Referenten abzunehmen und dieselbe dem Regierungsrathe Froideveaux zu übertragen. [12])

Froideveaux verfasste in wenigen Monaten den Entwurf eines Gesetzes, welches sich im Gegensatze zu den ursprünglichen Projecten lediglich mit der Ordnung des gerichtlichen Verfahrens in Streit-

---

mittelst einer Resolution vom 17. September 1773 verfügt. Domin-Petrushevecz a. a. O. S. 48. 49.

[11]) Domin-Petrushevecz a. a. O. S. 48.

[12]) Zeiller a. a. O. Bd. 1 S. 8, 9; Domin-Petrushevecz a. a. O. S. 49.

sachen beschäftigte und die Grundlage unserer gegenwärtig geltenden Allgemeinen Gerichtsordnung bildet. Der Entwurf wurde
im Laufe des Jahres 1775 in der Compilations-Commission vor-
getragen und von ihr approbirt, doch gelangte derselbe vorläufig
noch nicht zur gesetzlichen Wirksamkeit. Eine unter der Fertigung
des Mitregenten (Kaiser Josef) erlassene Resolution vom 19. December
1775 billigte zwar im Allgemeinen den vorgelegten Entwurf und
verfügte, dass die Publication desselben baldmöglichst und ohne die
Vollendung des Codex Theresianus abzuwarten, zu veranlassen
sei; doch beanständete und änderte die kaiserliche Entschliessung
zugleich einzelne Punkte und trug der Compilations-Commission
auf, sich wegen des letzten Capitels der Gerichtsordnung über
die Gerichtstaxen mit den Länderstellen in's Einvernehmen zu
setzen. Noch wichtiger war aber eine weitere Bestimmung der
Resolution, dass die Commission zur Verminderung von Streit
und Verwirrung in der Anwendung jene Gesetze der verschiedenen Länder sammeln und bezeichnen sollte, welche durch die
Allgemeine Gerichtsordnung ausser Wirksamkeit zu treten hatten.[14]
Ohne Zweifel wurde durch diese Resolution der Abschluss der
processualischen Codification in weite Ferne gerückt. War es
schon sehr schwierig, mit den Landesstellen über die zahlreichen
Detailbestimmungen der Taxordnung zur Einigung zu gelangen,
so musste es als eine Aufgabe von unübersehbarer Dauer und
Tragweite erscheinen, die Beziehungen eines so einschneidenden
Gesetzes wie die Civilprocessordnung zu dem geltenden Rechte
nach allen Beziehungen zu erforschen und aus dem ausserordentlich weitläufigen, wenig gesichteten Material die widersprechenden
Rechtsnormen auszusondern und zusammenzustellen.

Die Compilations-Commission sprach sich denn auch in
einem Vortrage vom 2. April 1776 gegen die Erlassung einer
Verordnung in Betreff der durch die Gerichtsordnung aufgehobenen oder modificirten Gesetze mit Entschiedenheit aus. Der Verzögerung, welche durch die Verhandlungen mit den Länderstellen
über die Taxordnung entstehen musste, suchte die Commission
dadurch vorzubeugen, dass sie die Weglassung des betreffenden
Abschnittes der Gerichtsordnung vorschlug.[15]

---

[14] Zeiller a. a. O. Bd. 4 S. 8, 9; Domin-Petrushevecz a. a. O. S. 49.
[15] Domin-Petrushevecz a. a. O. S. 50, 51.

Dessenungeachtet erlangte der Entwurf auch jetzt nicht die landesfürstliche Sanction, vielmehr wurde derselbe im Jahre 1778 vier toscanischen Rechtsgelehrten mit dem geheimen Auftrage mitgetheilt, darüber ein Gutachten abzugeben. Ihre Bemerkungen, welche übrigens weder sehr zahlreich, noch auch besonders erheblich waren, wurden in einer besonderen Commission der Berathung unterzogen, ohne dass jedoch der Entwurf dadurch in wesentlichen Punkten Veränderungen erlitt. [16]) Inzwischen starb die Kaiserin (1780).

Kurze Zeit nach dem Regierungsantritte ihres Nachfolgers Kaiser Joseph II., erhielt der Entwurf Froideveaux's die Sanction und wurde am 1. Mai 1781 (Nr. 13 J. G. S.) als allgemeine Gerichtsordnung für Böhmen, Mähren, Schlesien, Oesterreich unter und ob der Enns, Steiermark, Kärnten, Krain, Görz, Gradiska, Triest, Tirol und die Vorlande verkündet. Das Gesetz sollte am 1. Januar 1782 in Kraft treten. Doch wurde dieser Termin mit Patent vom 1. December 1781 bis zum 1. Mai 1782 verlängert. In Galizien gelangte dasselbe nach einer späteren Verfügung erst am 1. Januar 1784 in Wirksamkeit. [17])

Die Allgemeine Gerichtsordnung trat als ausschliessliche Rechtsquelle für die oberwähnten böhmisch-österreichisch-deutschen Erblande in Kraft, indem das Kundmachungspatent „alle vorigen Gesetze, unter was für Benennung sie immer ergangen wären, insoweit sie einen Gegenstand der allgemeinen Gerichtsordnung betreffen," als aufgehoben erklärt. Die Beschränkung der derogatorischen Kraft der allgemeinen Gerichtsordnung auf die Gesetze, welche einen von derselben normirten Gegenstand betreffen, musste den Zweifel erregen, ob auch solche summarische Processarten, welche in dem neuen Gesetze eine besondere Behandlung nicht gefunden, durch die allgemeine Gerichtsordnung als aufgehoben zu gelten hätten. Zu diesen besonderen Processarten gehörte insbesondere auch das Possessorium summariissimum, welches in

---

[16]) Zeiller a. a. O. S. 9; Domin-Petrushevecz a. a. O. S. 51.

[17]) Domin-Petrushevecz a. a. O. S. 116, 117. Die im Texte erwähnten Patente sind als blos transitorische Verfügungen in die Justiz-Gesetzsammlung nicht aufgenommen worden. Nur das Kundmachungspatent gelangte mit dem Gesetze selbst, ersteres jedoch in wesentlich abgekürzter Fassung (vgl. Wessely Nr. 14 mit Nr. 13 d. J. G. S. Joseph's II.) zum Abdruck in der officiellen Gesetzsammlung.

Böhmen durch das Rescript vom 29. Januar 1712 geregelt war. Für die fernere Geltung dieses Verfahrens liess sich nicht nur der Wortlaut des Kundmachungspatentes und die Interpretationsregel „Lex posterior generalis non derogat priori speciali", sondern auch das dringendste praktische Bedürfniss anführen, da das allgemein vorgeschriebene Verfahren der allgemeinen Gerichtsordnung wegen seiner grossen Langwierigkeit für Besitzstörungs-Streitigkeiten besonders unzweckmässig war (vgl. unten §. 7 Note 1—5). Dessenungeachtet bestimmte das Hofdecret vom 19. Mai 1783 Nr. 133 (Wessely 4), dass „durch die A. G. O. auch das in den böhmischen Landen bestandene Rescript vom 29. Januar 1712, welches das Benehmen in causis possessorii momentanei sumarissime bestimmt hat, aufgehoben sei."

Auf ähnliche Weise wurde eine Reihe von Zweifeln, welche sich über die ausschliessliche Geltung der allgemeinen Gerichtsordnung erhoben, durch besondere Gesetze gelöst. Ein Hofdecret vom 10. Februar 1789 Nr. 967 (Wessely 491) verfügt, dass „alles, was den Beweis betrifft, und zwar über alle Beweisgattungen durch die allgemeine Gerichtsordnung dermassen erschöpft ist, dass es dadurch von allen früheren Gesetzen und von dem in subsidium angenommenen römischen Rechte ganz abgekommen sei und dass sich desshalb die Gerichte in allen vorfallenden Streitsachen, bei denen es auf die Frage des Beweises ankommt, lediglich nach der allgemeinen Gerichtsordnung zu richten haben." Denselben exclusiven Standpunkt nahm die Gesetzgebung dem vor der A. G. O. in einzelnen Kronländern angewendeten summarischen Process und dem vor den jüdischen Gerichten üblichen besonderen Verfahren gegenüber ein, indem jener durch das Hofdecret vom 20. Juni 1782 Nr. 55 lit. g (Wessely Nr. 1), dieses dagegen durch das Hofdecret vom 17. Mai 1783 Nr. 136 (Wessely Nr. 3) als aufgehoben erklärt wurde. Als eine blosse Consequenz dieser ausschliesslichen Geltung des neuen Processgesetzes ist es zu betrachten, wenn den Parteien untersagt wurde, das ältere Verfahren durch freie Vereinbarung als Norm für ihre Rechtsstreitigkeiten zu wählen (Hofd. v. 15. Jan. 1787 Nr. 621 lit. b. Wessely Nr. 300). So tritt überall in den Gesetzen jener Zeit der Gedanke in den Vordergrund, dass die Rechtssätze der allgemeinen Gerichtsordnung vollständig genügen, um das ganze Civilverfahren zu regeln und dass ihnen desshalb die ausschliessliche Herrschaft über dieses Gebiet gesichert bleiben müsse. [18])

Von der allgemeinen Gerichtsordnung erschien, um den Bedürfnissen des vielsprachigen Reiches zu genügen, noch im Jahre ihrer Kundmachung (1781) eine lateinische und böhmische, zwei Jahre darnach (1783) auch eine polnische Uebersetzung. [19]) Doch wurde durch das Hofdecret vom 1. Februar 1782 Nr. 33 lit. a (Wessely 15) ausdrücklich erklärt, dass der deutsche Text als der authentische zu betrachten sei und für die Uebersetzungen als Massstab der Beurtheilung zu dienen habe.

Die allgemeine Gerichtsordnung (§. 437) schränkte, der allgemeinen Strömung jener Zeit folgend, die Befugniss des Richters zur Auslegung des neuen Processgesetzes in erheblichem Masse ein, indem sie bestimmte, dass dem Richter nur dann, wenn ihm ein Fall vorkäme, der zwar in dem Gesetze nicht entschieden wäre, aber mit einem anderen in demselben entschiedenen Falle eine vollkommene Aehnlichkeit hätte, die analoge Rechtsanwendung gestattet sei. In allen Fällen dagegen, wo der Sinn des Gesetzes zweifelhaft sein sollte, wurde dem Richter die Pflicht auferlegt, dies „nach Hof" anzuzeigen, um darüber dessen Entschliessung einzuholen. [20]) Selbstverständlich machten die Gerichte

---

[18]) Das österreichische bürgerliche Gesetzbuch nimmt bekanntlich zu dem früheren Recht einen eben so exclusiven Standpunkt ein (Unger System I., S. 12, 13). Auch die preussische allgemeine Gerichtsordnung hat auf ihrem Gebiete die älteren Provincialrechte verdrängt (Heffter, Preussischer Civilprocess, Berlin 1856, §. 5).

[19]) Die Titel dieser Uebersetzungen sind bei Moriz v. Stubenrauch, Systematisches Handbuch der Literatur der allgemeinen Gerichts- und Concursordnung, Wien 1840, S. 3, 4 angeführt.

[20]) Der §. 437 A. G. O. hat eine auffallende Aehnlichkeit mit der Vorschrift, welche Justinian in dem Publicationspatent der Digesten (L. 2 §. 21 C. de vetere jure enucl. 1. 17) über die Lösung von Zweifeln bei der Anwendung der Gesetze gibt. Si quid ambiguum fuerit visum, hoc ad imperiale culmen per judices referatur et ex auctoritate augusta manifestetur, cui soli concessum est leges et condere et interpretari. Eine ähnliche Tendenz, die richterliche Ueberzeugung unter die unmittelbare Controle der legislativen Gewalt zu stellen, gibt sich auch in der gleichzeitigen preussischen Gesetzgebung kund. Das A. L. R. Einl. §. 47, 48 bestimmt nämlich, dass der Richter seine Zweifel über den Sinn eines Gesetzes der (später aufgehobenen) Gesetzes-Commission anzuzeigen und deren Entscheidung seinem Spruche zu Grunde zu legen habe. In Preussen (Kab. Ordre v. 8. März 1798 und Anhang

von dieser Erlaubniss, welche sie in schwierigen Fällen des Nach-
denkens erhob, einen sehr ausgedehnten Gebrauch und riefen
dadurch jene ungeheuere Anzahl von erläuternden Nachtragsverordnungen hervor, welche schon zu Ende der Regierungszeit
Joseph's II. (1780—1790) den Text der Gerichtsordnung an Umfang weit übertrafen und die Klarheit und Uebersichtlichkeit des
Rechtszustandes, welche doch mit zu den wichtigsten Zwecken der
Codification gehörte, wieder in Frage stellten. Es ist daher
sehr begreiflich, dass schon Kaiser Leopold II. (1790—1792) den
Auftrag ertheilte, eine neue Civilprocessordnung auszuarbeiten,
welche die nachträglichen Verordnungen in sich aufnehmen sollte.
Der Entwurf kam jedoch unter seiner Regierung noch nicht zu
Stande. [21])

Erst unter der Regierung des Kaisers Franz II. wurde der
Entwurf einer neuen Gerichtsordnung zu Ende gebracht, von den
juristischen Lehranstalten und den Gerichten begutachtet, hierauf
von der Gesetzes-Commission einer neuerlichen Prüfung unterzogen und endlich mit dem Kundmachungspatente vom 19. Dec.
1796 Nr. 329 J. G. S. zunächst für Westgalizien publicirt, wesshalb diese Civilprocessordnung, obgleich sie später auf zahlreiche
andere Provinzen des österreichischen Kaiserstaates ausgedehnt
wurde, doch noch gegenwärtig als westgalizische Gerichtsordnung
bezeichnet wird. [22]) Die westgalizische Gerichtsordnung beruht in
fast allen wesentlichen Punkten auf der allgemeinen Gerichtsordnung
und ist im Wesentlichen lediglich als eine Umarbeitung der letzteren unter Hinzufügung eines Theiles der Processnovellen zu
betrachten. [23]) Einzelne wichtigere Abweichungen, welche ursprüng-

---

z. A. P. L. R. §. 2), sowie auch in Oesterreich (s. unten §. 11), wurde jedoch
dieser Standpunkt absoluter Bevormundung, welcher jedes geistige Streben
im Richterstande von vornherein ersticken musste, sehr bald als irrig erkannt
und wieder verlassen. Vgl. Savigny System, Bd. 1, S. 301—304, 328—329;
Förster, Theorie und Praxis des heutigen gemeinen preussischen Privatrechtes, 3. Aufl., Bd. 1, S. 64. 65; Koch, A. L. R. für die preuss. Staaten,
1. Th. 1. Bd., 5. Aufl., S. 53 ff.

[21]) Zeiller a. a. O. Bd. 4. S. 10, 11; Domin-Petrushevecz a. a.
O. S. 205, 206.

[22]) Zeiller a. a. O. Bd. 4, S. 11; Domin-Petrushevecz a. a. O.
S. 277, 278.

[23]) Zweifelhaft ist, ob jene erläuternden Verordnungen, welche in dem
Zeitraume vom Jahre 1781—1796 kundgemacht, aber nicht in die west-

lich zwischen den beiden Redactionen bestanden, sind durch die spätere Gesetzgebung ausgeglichen worden, so dass der Rechtszustand der deutsch-slavischen Provinzen in Beziehung auf das Civilverfahren im Grossen und Ganzen ein gleichförmiger ist. [24]) Die westgalizische Gerichtsordnung ist etwa um die Hälfte umfangreicher als die allgemeine Gerichtsordnung; die besonderen

---

galizische Gerichtsordnung aufgenommen wurden, neben diesem Gesetze verbindende Kraft besitzen. Diese Frage ist wohl richtiger zu verneinen, da jene Novellen in einem Theil der Länder, wo die W. G. G. O. eingeführt wurde, niemals kundgemacht, in dem anderen dagegen (z. B. in Tirol) zur Zeit der Publication der W. G. G. O. wieder ausser Wirksamkeit getreten waren, so dass eine neuerliche Kundmachung erforderlich gewesen wäre. Ueberdiess nimmt die W. G. G. O., wie aus dem Kundmachungspatent hervorgeht, gegenüber dem früheren Rechte dieselbe exclusive Geltung in Anspruch, indem durch dasselbe alle früheren Gesetze, welche sich auf Gegenstände der Civilprocessordnung beziehen, ohne allen Unterschied für aufgehoben erklärt werden. Die hier vertretene Auffassung erhielt auch für Istrien durch das Hofd. v. 1. Aug. 1818 Nr. 1481 (Wessely Nr. 11) und für Dalmatien durch das Hofd. v. 4. Aug. 1835 Nr. 67 ausdrücklich die gesetzliche Sanction. Auch ein allgemeines Gewohnheitsrecht, durch welches jene Novellen in complexu recipiert worden wären, lässt sich wohl nicht nachweisen. Es ist desshalb wohl irrig, wenn unsere Schriftsteller (Wessely Handbuch, 3. Aufl., Bd. 1, S. 5; Nippel Erläuterungen, Bd. 1, S. 6—8; Beidtel Handbuch, Bd. 1, S. 53—56 u. A.) die verbindende Kraft dieser Verordnungen entweder unbedingt oder mit gewissen Einschränkungen behaupten. Dagegen ist es unzweifelhaft, dass dieselben ein sehr wichtiges Material für die historische Interpretation sind (unten §. 10), da durch die westgalizische Gerichtsordnung nicht sowohl eine Umgestaltung, als eine übersichtliche Zusammenfassung des geltenden Rechtszustandes (von welchem eben jene Novellen ein Bestandtheil waren) erreicht werden sollte.

[24]) So wird gegenwärtig der Zeugenbeweis auch in den Ländern der allgemeinen Gerichtsordnung nicht mehr durch bedingtes Endurtheil (§. 189 A. G. O.) sondern in Folge des Hofd. v. 22. Jänner 1835 Nr. 42 (Wessely 656) so wie nach der westgalizischen Gerichtsordnung (§. 210) durch ein der Endentscheidung nicht präjudicirendes Beiurtheil zugelassen. Ebenso sind die Eigenthümlichkeiten der westgalizischen Gerichtsordnung in Beziehung auf den unrückschiebbaren Eid (§. 278) durch das Hofd. vom 26. April 1842 Nr. 610 (Wessely 742), jene in Ansehung des Executivverfahrens (§§. 397. 398) durch das Hofd. v. 7. Mai 1839 Nr. 858 (Wessely 1202) ausgeglichen worden. Die Abweichungen der westgalizischen Gerichtsordnung von der allgemeinen Gerichtsordnung sind bei Nippel Erläuterungen, Bd. 2, S. 585 ff. zusammengestellt.

Vorschriften über das Verfahren vor den Wechsel-, Berg- und Militärgerichten, welche bei Kundmachung der allgemeinen Gerichtsordnung den Gegenstand von sogenannten Adaptirungspatenten bildeten, sind am Schlusse des Gesetzes im 41. bis 43. Capitel enthalten.[25] Von der westgalizischen Gerichtsordnung wurden gleichzeitig mit ihrer Kundmachung eine lateinische und eine polnische Uebersetzung veranstaltet,[26] doch wurde auch rücksichtlich dieses Gesetzes der deutsche Text im Kundmachungspatente als der authentische erklärt. Nur in den italienischen Gebietstheilen gilt das Gesetz in italienischer Uebersetzung.[27]

Die allgemeine und die westgalizische Gerichtsordnung bilden gegenwärtig die beiden wichtigsten Rechtsquellen des österreichischen Verfahrens. Ihr örtliches Geltungsgebiet wird durch

---

[25] Das 43. Capitel der westgalizischen Gerichtsordnung, welches die §§. 610—619 des Gesetzes (Verfahren bei den Militär-Justizbehörden) umfasst, ist niemals in gesetzliche Wirksamkeit getreten, weil dasselbe den Militärgerichten nicht kundgemacht wurde. Wessely a. a. O. Bd. 1, S. 2; Füger-Wessely a. a. O. Bd. 1. S. 2; Domin-Petrushevecz a. a. O. S. 277. Vor der Aufhebung der Militärgerichtsbarkeit in Civilstreitsachen durch das Gesetz v. 20. Mai 1869 Nr. 78 wurde desshalb von allen Militärgerichten ohne Unterschied die josephinische Gerichtsordnung angewendet.

[26] Die Ausgaben und Uebersetzungen der westgalizischen Gerichtsordnung, dann die (nicht erheblichen) Abweichungen der italienischen und tirolischen Redaction dieses Gesetzes sind bei Stubenrauch a. a. O. S. 4—5 angeführt.

[27] Bald nach der Kundmachung der westgalizischen Gerichtsordnung wurden die Codificationsarbeiten über das gerichtliche Verfahren auf Grund einer a. h. Entschliessung vom 15. October 1798 wieder aufgenommen und in den nächsten Jahrzehnten eifrig fortgesetzt, doch wurde keiner der bearbeiteten Entwürfe sanctionirt. Domin-Petrushevecz a. a. O. S. 279 ff. Auf Grundlage dieser Arbeiten wurde von Lichtenfels, welcher sich schon an der Berathung des Hofdecretes vom 24. October 1845 Nr. 906 über das regulär-summarische Verfahren betheiligt hatte, ein neuer Entwurf verfasst, welcher mittelst der J. M. V. v. 16. Sept. 1852 und v. 3. Mai 1852 in den Königreichen Ungarn und Croatien, dann im Grossfürstenthum Siebenbürgen als provisorische Civilprocessordnung kundgemacht wurde. Vgl. Schuster. Die Civilprocessordnung für die Königreiche Ungarn etc., 3. Aufl. (1859), S. 42, 43. Diese beiden, fast wörtlich gleichlautenden Civilprocessordnungen kommen jedoch, da dieselben in der westlichen Reichshälfte niemals Wirksamkeit erlangt haben, hier nur als Interpretationsmittel in Betracht.

folgende Uebersicht veranschaulicht, in der zugleich der Zeitpunkt, von welchem an das Gesetz in jedem Landestheile in Wirksamkeit trat, angegeben erscheint.

Die allgemeine (josephinische) Gerichtsordnung gilt in folgenden Provinzen:

1. In Böhmen, Mähren, Schlesien, Oesterreich unter und ob der Enns, Steiermark in Folge des Kundmachungspatentes v. 1. Mai 1781 Nr. 13 und des Patentes v. 1. December 1781, seit 1. Mai 1782;

2. in Kärnthen, Krain, Görz und Triest in Folge des Hofdecretes v. 20. September 1814 Nr. 1102, Abs. 1 und 2, nachdem das Gesetz in diesen Landestheilen bereits mit dem Kundmachungspatente v. 1. Mai 1781 eingeführt, aber unter der französischen Herrschaft abgeschafft worden war.

Die westgalizische Gerichtsordnung gilt:

1. In ganz Galizien mit dem Grossherzogthume Krakau und in der Bukowina, und zwar in Westgalizien in Folge des Kundmachungspatentes v. 19. December 1796 seit 1. Mai 1797, in Ostgalizien und in der Bukowina in Folge Patentes v. 15. Januar 1807 Nr. 797 seit 1. Mai 1807:

2. im Herzogthume Salzburg, und zwar das 25. Capitel seit 1. October 1816, die ganze Gerichtsordnung seit 1. August 1817 (Hofd. v. 3. Aug. 1816 Nr. 1272; Kundmachung v. 4. Aug. 1816 und Hofkzd. v. 16. Juli 1817; in Bergsachen Hofd. v. 3. Aug. 1822 Nr. 1884);

3. in Tirol und Vorarlberg seit 15. Sept. 1814 und in dem Amte Vils, im Ziller- und Brixnerthale seit 1. Oct. 1816 (Organisirungspatent v. 12. Aug. 1814 und Hofd. v. 20. Juli 1816 Nr. 1267; in Bergwerkssachen: Hofd. v. 20. April 1816 Nr. 1231);

4. in Istrien seit 1. Juli 1815 (Pat. v. 24. April 1815 Nr. 1147 und Hofd. v. 4. Mai 1816 Nr. 1240);

5. in Dalmatien seit 1. Juli 1815, in den später zugewiesenen Inseln seit 1. Oct. 1816 (Hofd. v. 7. Juni 1816 Nr. 1253, 23. Juli 1816 Nr. 1268 und 2. Nov. 1819 Nr. 1620, Abs. 20).

— — — —

§. 7.

Die einzelnen summarischen Processarten.

Schon oben (§. 4) wurde dargelegt, dass neben dem ordentlichen mündlichen und schriftlichen Verfahren im österr. Rechte eine bedeutende Anzahl von summarischen Processen besteht. Die Gesetze, auf welchen diese summarischen Verfahrensarten beruhen, sollen hier nunmehr angeführt und ihre Entstehungsgeschichte, so weit dieselbe bekannt ist, dargestellt werden. Ich folge bei der Gruppirung der einzelnen summarischen Processarten der oben gegebenen Eintheilung, indem ich dieselben nach ihren vorherrschenden Eigenthümlichkeiten den im §. 4 dargestellten Unterarten des summarischen Verfahrens einreihe.

I. Die beschränkte Cognition.

1. Die kaiserliche Verordnung vom 27. October 1849 Nr. 12 (das summarische Besitzstörungsverfahren, possessorium sumariissimum). [1] Schon mit dem Hofd. v. 5. Dec. 1812 Nr. 1017 wurde an das galizische Appellationsgericht ein — freilich sehr kurzes und lückenhaftes — Gesetz über das summarische Besitzstörungsverfahren erlassen. [2]

---

[1] Ueber das possessorische Verfahren im älteren österreichischen Rechte vgl. Hasenöhrl, das österreichische Landesrecht S. 122. Vergl. auch Schröder in der Ztschr. f. Rechtsgeschichte Bd. 7 (1868) S. 131, 132 und Bd. 8 (1869) S. 163, 164.

[2] Vgl. zu diesem Gesetz das Schriftchen v. Franz Zlobitzky, Ueber Provisorien im streitigen Besitze nach den Vorschriften und dem Geiste der Gesetzgebung (1826) S. 7 ff. und die Anzeige desselben in Wagner's Zeitschrift (1826) 3 Bd., S. 407—409.

Diesem Gesetze folgte über denselben Gegenstand das Hofdecret v. 8. October 1830 Nr. 2487 für Dalmatien [3]) und das
Hofdecret v. 13. Februar 1837 Nr. 174 für Tirol, welche Gesetze
mit der gegenwärtig geltenden Verordnung v. 27. October 1849
in den wesentlichen Punkten übereinstimmen. Ohne Zweifel war
für die genannten Provinzen das Bedürfniss nach einem schnell
wirkenden possessorischen Verfahren besonders dringend, weil
dieselben einer geordneten Grundbuchsverfassung entbehrten und
Besitzstreitigkeiten desshalb sehr häufig vorkommen mussten. Auch
in den übrigen Provinzen wurde die Anwendung des für Galizien,
das lombardisch-venetianische Königreich, Tirol und Dalmatien eingeführten possessorischen Verfahrens in der Rechtsübung versucht, [4]) aber sehr bald in der Theorie bekämpft [5]) und durch die
Hofd. v. 7. Nov. 1837 (W. 5) und 3. Mai 1842 (W. 6) ausdrücklich untersagt. Erst durch die kaiserliche Verordnung vom
27. October 1849 Nr. 12 [6]) wurde für alle deutsch-slavischen

---

[3]) Noch vor diesem Gesetze wurde mit a. h. Entschliessung v. 22. Juni
1825 (kundgemacht mittelst der Gub. Decr. v. 13. u. 15. Oct. 1825) ein Besitzstörungsverfahren für das lombardisch-venetianische Königreich kundgemacht. Dieses Gesetz wurde jedoch in die J. G. S. nicht aufgenommen. Zlobitzky a. a. O. S. VI.; Kopatsch in Wagner's Ztschr. (1826) Bd. 3,
S. 408. Ein Abdruck der beiden gleichlautenden Gubernialdecrete findet sich
in Wagner's Ztschr. (1825) Bd. 3, S. 406—409.

[4]) So benützt z. B. Wittig, „Ueber das Verfahren bei eingeklagten
Besitzstörungen etc." in Wagner's Ztschr. (1831) Bd. 2, S. 1—11 die Bestimmungen der kaiserlichen Entschliessung vom 22. Juni 1825 (Note 3), um
ein allgemein giltiges Besitzstörungsverfahren zu construiren, obgleich jenes
Gesetz nur für das lombardisch-venetianische Königreich erlassen worden war.

[5]) Andreas Weixelbaum, Ueber das summarische Besitzstörungsverfahren, im „Jurist" Bd. 2 S. 54—58.

[6]) Das summarische Besitzstörungsverfahren nach der Verordnung v.
27. Oct. 1849 (vgl. darüber Michel, Der Schutz des Besitzes, in Haimerl's
Mag. Bd. 10, S. 80—111, wo auch S. 110. 111 die Literatur angeführt ist)
beruht im Wesentlichen auf dem possessorium summariissimum des gemeinen
Rechtes. Vgl. über dieses Bayer, summar. Processe, §§. 62—69; Endemann §. 277; Savigny, Das Recht des Besitzes, §. 51; Bruns, Das Recht
des Besitzes im Mittelalter und in der Gegenwart (1848) S. 232—236, 261—
274, 397—406, 419, 420 und Die Besitzklagen des röm. und heutigen Rechts
(1874) S. 212; Meischeider, Besitz und Besitzschutz (1875) S. 142—144,
161—166. Die Eigenthümlichkeiten des österreichischen summarischen Besitz-
verfahrens sind folgende: Es findet nicht nur bei der Störung, sondern auch
bei der Entziehung des Besitzes statt (§. 2 B. V.), während das gemeinrecht-

Provinzen mit Ausnahme von Tirol und Dalmatien das summarische Besitzstörungsverfahren vorgeschrieben, welches eine Verordnung vom gleichen Datum (Nr. 13) auch auf Tirol und Dalmatien und eine kaiserliche Verordnung vom 23. März 1852 Nr. 78 Art. I auch auf das neu erworbene Grossherzogthum Krakau ausdehnte. — Das regulär summarische Verfahren (II, A 1) gilt subsidiär auch in dem Besitzstörungsverfahren (§. 5 Bs. V.). [7])

_____

liche poss. summ. lediglich eine eigenthümliche Form des interdictum uti possidetis ist. Die Vertheilung des Processmaterials zwischen dem poss. summ. und ord. ist im Sinne der älteren Doctrin (Bruns, Das Recht des Besitzes, S. 401, 402; Meischeider a. a. O. S. 165) in der Weise erfolgt, dass dem letzteren durch formelle Gesetzesvorschrift (§. 5 Bs. V.) die Erörterung des Titels und der Redlichkeit des Besitzes zugewiesen wurde, während die gegenwärtige Auffassung des poss. summ. in demselben auch die Untersuchung dieser Fragen zulässt, sofern dieselben zur Entscheidung des Besitzstreites von Belang sind und sofort liquid gemacht werden können. Endemann S. 1084; Bayer §. 67 Note 4, 5. Im gemeinrechtlichen poss. summ. genügt endlich die blosse Bescheinigung der Thatsachen, wogegen das österreichische Recht den vollen formellen Beweis verlangt, ja diesen sogar durch Ausschliessung der Parteieneide wesentlich erschwert. §§. 12, 13. Bs. V. Nur zur Erlangung der in den §§. 8—10 Bs. V. erwähnten Manutenenz-Decrete wird naturgemäss schon eine Bescheinigung genügen (vgl. Hofd. v. 5. Dec. 1812 Nr. 1017 lit. b). Dagegen ist die Frage, ob das poss. summ. auch von dem blossen Detentor mit Erfolg eingeleitet werden kann, für das österreichische eben so wie für das gemeine Recht zu verneinen, da die Verordnung vom 27. Oct. 1849 ein reines Processgesetz ist und den Umfang der Besitzklagen wie aus dem Hinweis auf das bürgerliche Gesetzbuch hervorgeht (§. 2, 5 K. V.,) augenscheinlich nicht erweitern wollte. Vgl. Unger System Bd. 2, S. 266, Note 2 und Randa, Der Besitz nach österr. Recht (1864) S. 70—78. Die Ansicht der beiden letzteren Schriftsteller aber, dass die ordentliche Besitzklage mit der actio Publiciana (§. 372—374 B. G. B) identisch sei, ist gewiss unrichtig, vielmehr ist das possessorium ordinarium — die im Wege des ordentlichen mündlichen oder schriftlichen Processes durchgeführte Besitzklage, bei welcher eben so wie im gemeinen Rechte (cp. 9 X. de prob.) zur Beurtheilung verworrener Besitzverhältnisse (pro coloranda possessione) auch die Fragen des Titels, des Alters und der Redlichkeit des Besitzes benützt werden können (§. 2, 5 Bs. V.) — von der petitorischen Publiciana wohl zu unterscheiden. Wäre es ja doch sonst unmöglich, dass der §. 2 Bs. V. „den Besitzer" nach Ablauf der 30 dies utiles schlechthin auf das possessorium ordinarium verweist. Vgl. Schuster in der Ztschr. f. Rechtsgelehrsamkeit (1835) Bd. 1, S. 156, 157 und oben §. 4, Note 19.

[7]) Die meisten neueren Processgesetzgebungen haben ein besonderes Verfahren in Besitzstreitigkeiten aufgenommen, doch enthalten die betreffen-

2. Die kaiserliche Verordnung vom 16. November 1858 Nr. 213 (Verfahren bei Streitigkeiten aus dem Mieth- und Pachtvertrag).*) Schon vor der Verordnung v. 16. November 1858 waren in einer Anzahl von Städten sogenannte Ausziehpatente in Wirksamkeit, welche theils civilrechtliche Vorschriften über die Kündigungsfrist, theils processualische Vorschriften über das bei

den Abschnitte zum grossen Theile materiellrechtliche Vorschriften über die thatsächlichen Voraussetzungen der Besitzklagen, über die im Besitzstreit zulässigen Exceptionen, über die Unzulässigkeit der Cumulation des Petitoriums und des Possessoriums (welches Verbot m. E. gleichfalls dem materiellen Rechte angehört) u. s. f. Die processualischen Eigenthümlichkeiten dieser Besitzprocesse sind dagegen sehr geringfügig. Vgl. A. Preuss. G. O. I. Tit. 31, Code de proc. Art. 23—27, Hannover §. 504—507. Baden §. 655—672. Oesterr. Entw. v. 1866 §. 523—536 und dazu die Motive S. 75, 76 u. Entw. v. 1867 §. 531—539, Baiern Art. 584—589. In der That hat auch ein gesondertes Besitzverfahren in dem Rahmen des deutsch-französischen Processes keine Berechtigung, weil die processualischen Zwecke, welche die wichtigsten Eigenthümlichkeiten des gemeinrechtlichen und des österreichischen poss. sunm. erreichen sollen, schon durch allgemeine Processinstitute des deutsch-französischen Verfahrens ihre Befriedigung finden. So sind z. B. die im österreichischen Besitzverfahren zugelassenen Manutenenzdecrete überflüssig, weil die Processordnungen dem Richter ganz allgemein das Recht zu einstweiligen Verfügungen im Laufe des Rechtsstreites ertheilen. Die Ausschliessung der Suspensivkraft des Recurses gegen Endbescheide in Besitzverfahren (§. 18 Bs. V.) ist ohne Belang in einem Verfahren, welches dem Richter I. Instanz in sehr ausgedehntem Masse die Befugniss ertheilt, seine Entscheidung für vorläufig vollstreckbar zu erklären u. s. f. Die Württemberg'sche P. O. Art. 850, 851 (dazu die Motive bei Fecht, Commentar zur Württemb. C. P. O., Bd. 3. S. 5) und der deutsche Entwurf v. 1874 (Motive S. 534) haben desshalb m. E. mit Recht das summarische Besitzverfahren und damit zugleich eine ergiebige Quelle der Verdunkelung der Besitztheorie beseitigt.

*) Vgl. über dieses Verfahren den Aufsatz v. L. v. Haan in der G. Z. 1858 Nr. 145. „Die kaiserliche Verordnung v. 16. Nov. 1858 Nr. 213. welcher wohl als Motivenbericht zu diesem Gesetze gelten kann. Ferner: Der Mieth- und Pachtvertrag und das gerichtliche Verfahren bei den hieraus entstehenden Streitigkeiten etc. Von einem praktischen Juristen (1859). Holain, Das Verfahren in Ausziehstreitigkeiten nach der K. V. v. 16. Nov. 1858 Nr. 213, 2. Aufl., Graz 1871 (eine systematische Bearbeitung des Bestandverfahrens, doch ohne jeden wissenschaftlichen Werth); Holain-Hoffer, Die Gesetze und Verordnungen über Vermiethungen, Verpachtungen und die Hauszinssteuer, Wien 1874 (diese Schrift S. 37—104 enthält eine brauchbare Zusammenstellung der über das Bestandverfahren erflossenen Gesetze und Verordnungen bis in die neueste Zeit).

Kündigungen zu beobachtende Verfahren enthielten. [9] Durch die kaiserliche Verordnung v. 16. Nov. 1858 wurde in allen deutsch-slavischen Provinzen mit Ausnahme Dalmatiens ein neues summarisches Verfahren, und zwar nicht blos für die Ausziehstreitigkeiten, sondern für alle Processe aus dem Mieth- und Pachtvertrage eingeführt (§. 12 Bst. V.). Die in den bisherigen Ausziehpatenten enthaltenen civilrechtlichen Vorschriften über die Kündigungsfrist wurden aufrecht erhalten und zugleich den Landesstellen im Einvernehmen mit den Oberlandesgerichten das Recht verliehen, über diesen Punkt die bestehenden Bestimmungen abzuändern oder auch neue festzusetzen. [10] Von dieser Erlaubniss wurde denn auch von Seite der betreffenden Organe in sehr umfassender Weise Gebrauch gemacht. [11] Durch das Gesetz vom 2. Mai 1873 Nr. 93 [12] wurde die kaiserliche Verordnung v. 16. Nov. 1858 auch auf Dalmatien ausgedehnt und zugleich das Justizhofdecret v. 31. Dec. 1843 Nr. 770 aufgehoben. [13]

---

[9] Die älteren Ausziehordnungen sind bei Wessely Nr. 1872—1884 abgedruckt. S. überdiess das J. H. D. v. 30. Dec. 1843 Nr. 770, welches die Ausziehstreitigkeiten für Zara, Spalato, Ragusa, Cattaro und Sebenico ordnet, dann die J. M. V. v. 3. Oct. 1853 Nr. 193, wodurch für Böhmen, Mähren und Schlesien eine Vorschrift über die Aufkündigung und Räumung vermietheter Wohnungen und anderer Bestandtheile von Gebäuden erlassen wurde. Vgl. überhaupt in Betreff der älteren Gesetzgebung über das Bestandverfahren die oben (Note 8) angeführte Schrift eines praktischen Juristen S. 81—86.

[10] §. 25 Bst. V. und das Gesetz v. 27. März 1869 Nr. 41 (Holain-Hoffer Gesetze S. 56).

[11] Die zahlreichen von den Landesstellen auf Grund des §. 25 Bst V. erlassenen Verordnungen sind bei Holain-Hoffer a. a. O. S. 65—104 abgedruckt. Auch die Ausziehordnungen für Krakau und Lemberg (Holain-Hoffer S. 67—73), welche auch Bestimmungen über das Verfahren enthalten, gelten nur mehr insoweit, als sie die Kündigungs- und Räumungstermine festsetzen. Diess ist jedoch in der galizischen Praxis bestritten. Holain-Hoffer S. 70, Note 1, S. 73, Note 2.

[12] Holain-Hoffer a. a. O. S. 56—64.

[13] Die processuale Natur des Kündigungsverfahrens, welches den wesentlichsten Bestandtheil des Bestandverfahrens ausmacht, wurde schon oben (§. 4 Note 32) festgestellt. Der praktische Zweck dieses Verfahrens ist, dem Locator und dem Conductor schon vor dem Abzugstermine eine vollstreckbare Entscheidung über die Räumungsfrage zu verschaffen. Denn wenn die Verpflichtung des Locators, den Conductor ziehen zu lassen oder umgekehrt die Räumungspflicht dieses Letzteren von dem Richter erst nach Ein-

II. Die vereinfachte Cognition.

A. Regulär summarische Processe.

1. Das wichtigste Gesetz über den regulär summarischen Process ist das Justiz-Hofdecret vom 24. October 1845 Nr. 906 J. G. S. (56 §§.), [14]) welches zunächst in den damaligen Provinzen des Kaiserstaates mit Ausschluss von Dalmatien,

---

tritt des Abzugstermines geprüft wird, so ist es unvermeidlich, dass auch zahlreiche andere Bestandverhältnisse gestört werden. Diess wird auch als legislativer Grund in dem Ausziehedicte v. 5. Sept. 1725 (Suppl. Cod. Austr. II, S. 287—289) bezeichnet, durch welches das Kündigungsverfahren im Wesentlichen seine jetzige processualische Gestaltung erhielt. Vgl. auch die Ordnung des Wiener Stadt- und Landgerichtes v. 1703 §. 46 (Cod. Austr. Bd. 1 S. 41 ff.). Andere Gesetzgebungen trachten dem praktischen Bedürfniss dadurch zu genügen, dass sie Streitigkeiten aus dem Mieth- und Pachtvertrage vor den Einzelrichter verweisen und auf diese Weise für derartige Streitigkeiten ein abgekürztes Verfahren vorschreiben. Art. 1 al. 2 des franz. Ges. v. 25. Mai 1838 (sur les justices de paix); Hannover'sche P. O. §. 1 in Verbind. mit §. 4 I lit. b des hannov. Ges. v. 31. Mai 1859 (Leonhardt a. a. O. S. 11); Badische P. O. §. 9; Württemberg'sche P. O. Art. 19; Baierische P. O. Art. 6; Deutscher Entw. eines Gerichtsverfassungsgesetzes v. 1874 §. 12. Ein ähnlicher Gedanke wie dem österreichischen Bestandverfahren liegt den Bestimmungen des preuss. L. R. I Tit. 21 §§. 348, 349 u. A. G. O. Th. I, Tit. 44 §. 61 zu Grunde, doch ist derselbe in der preussischen Gesetzgebung nur wenig entwickelt worden. Wenn der Gesetzgeber, wie diess in fast allen neueren Processgesetzen und Entwürfen geschieht, Klagen auf Anerkennung und Feststellung von Rechtsverhältnissen (Anerkennungs- und Präjudicialklagen) in fast unbeschränktem Maasse zulässt, so wird dadurch das oben bezeichnete praktische Bedürfniss bis zu einem gewissen Grade befriedigt, doch empfiehlt sich dessenungeachtet die Beibehaltung unseres Kündigungsverfahrens aus denselben Gründen, welche für das Mahnverfahren sprechen, mit welchem das österreichische Kündigungsverfahren überhaupt eine bemerkenswerthe Aehnlichkeit besitzt. Vgl. unten Note 30. .

[14]) Ueber dieses Gesetz ist eine grosse Anzahl von Schriften, jedoch meist ohne allen wissenschaftlichen Werth, erschienen. Ich hebe hervor: Nippel, Erl. der a. h. Vorschrift v. 18. Oct. 1845 über das summarische Verfahren in Civilrechtsstreitigkeiten, Wien 1848 (Diese Schrift ist nach demselben Plane abgefasst wie N.'s Commentar zur A. G. O.; das unten §. 9 über den Commentar gegebene Urtheil kann auch rücksichtlich der Erläuterungen zu dem Hofd. v. 18. Oct. 1845 gelten). Ferner ist noch zu erwähnen Schenk, der österreichische summarische Process, Wien 1864, welches Werk das Verdienst hat, die legislativen Materialien zu jenem Gesetze zuerst eröffnet zu haben. Eine Zusammenstellung der Literatur über den regulär summarischen Process bis zum Jahre 1864 gibt Schenk a. a. O. S. 119, 120.

dann durch das Hofd. v. 29. März 1848 Nr. 1130 (57 §§.) mit einigen
wenig erheblichen Abweichungen auch in Dalmatien, endlich mit
kais. Patent v. 23. März 1852 Nr. 78 in dem inzwischen neu
erworbenen Grossherzogthume Krakau in unveränderter Fassung
eingeführt wurde. Das Gesetz entstand auf Grund eines zuerst
von dem Vicepräsidenten der Hofcommission in Justizgesetzsachen, Baron v. Gärtner, verfassten Entwurfes, welcher 66 §§.
enthielt. Mit Benützung dieses Entwurfes wurde von dem Hofrath
der obersten Justizstelle Plappart ein modificirter Entwurf
(108 §§.) ausgearbeitet. Auf Grundlage dieser Vorarbeiten und
eines Correferates des damaligen Hofrathes Lichtenfels wurde
in einer Commission von Mitgliedern der obersten Justizstelle und
der Hofcommission in Justizgesetzsachen am 30. April und 2. Mai
1845 ein Entwurf in 59 §§. festgestellt. Dieser Entwurf erhielt durch
die Entschliessung v. 18. Oct. 1845 mit einigen Abänderungen
die kaiserliche Genehmigung und wurde mit Justizhofdecret vom
24. October 1845 und Hofkanzleidecret v. 2. Dec. 1845 kundgemacht. Durch das Gesetz v. 16. Mai 1874 Nr 169 (§. 2) wurde
dieses Verfahren beträchtlich (auf Streitigkeiten bis 500 fl.) ausgedehnt. [15])

---

[15]) Die Nothwendigkeit eines regulär summarischen Verfahrens (oben
§. 4) neben dem ordentlichen Verfahren ist in neuerer Zeit vielfach bestritten
worden. Schon oben (§. 4 Note 12) wurde hervorgehoben, dass die Existenz
des regulär summarischen Verfahrens für das gemeine Recht durch die Forschungen Briegleb's zweifelhaft geworden ist. Das französische Recht kennt
zwei Gattungen von regulär summarischen Processen, indem es einestheils für
die ordentlichen Gerichte erster Instanz neben dem ordentlichen Verfahren
(procédure ordinaire) in gewissen besonders einfachen oder dringenden Sachen
einen summarischen Process (procédure sommaire) aufstellt (Code de proc.
Art. 404—413) und andrerseits den Einzelrichtern und den Handelsgerichten
einen besonderen regulär summarischen Process vorschreibt (Code de proc.
Art. 1—46, 414—442). Die Theilung des Verfahrens vor den ordentlichen
Collegialgerichten in ein ordentliches und summarisches ist von den französischen und den fremden Processschriftstellern fast ausnahmslos sehr lebhaft
angegriffen worden, was vorzüglich darin seinen Grund hat, dass das ordentliche Verfahren des Code de procédure mit kostspieligen und zum Theil ganz
überflüssigen Förmlichkeiten überladen und das summarische Verfahren zur
Erörterung aller Rechtssachen vollkommen hinreichend ist. Bellot, Loi sur
la Procédure civile du canton de Genève, 3. Aufl. (1870) S. 27—31, Raymond, Bordeau Philosophie de la procédure civile, Paris 1857, S. 433 ff.,
Leonhardt, Die Reform des Civilprocesses in Deutschland (1865) S. 85—

2. Das Gesetz vom 27. April 1873 Nr. 66 (90 §§.) über das Verfahren in geringfügigen Rechtssachen (Bagatellverfahren).[16] Der Entwurf dieses Gesetzes wurde von dem Justizminister Glaser am 21. Jänner 1873 im Abgeordnetenhause eingebracht und von diesem in den Sitzungen vom 20., 21. und 22. März 1873 mit unbedeutenden Abweichungen angenommen, worauf das Herrenhaus die Vorlage des Abgeordnetenhauses in der Sitzung vom 17. April 1873 vollinhaltlich genehmigte.[17] Das Gesetz trägt in Vergleichung mit der bisherigen österreichischen Processgesetzgebung einen vollständig fremdartigen Charakter an sich, es beruht auf dem Grundsatze der vollen Mündlichkeit und Oeffentlichkeit, an die Stelle der formellen Beweistheorie tritt in überwiegendem Umfange die freie Beweiswürdigung, die Rechtsmittel sind auf das Aeusserste beschränkt.[18]

101 (welcher Schriftsteller noch eine Reihe von anderen französischen Stimmen anführt). Harrasowsky, Die Vorbereitung der mündlichen Verhandlung, (1875) S. 3—6. In die neueren deutschen Gesetzgebungen ist desshalb auch der Gegensatz zwischen dem ordentlichen und summarischen Verfahren vor den ordentlichen Gerichten erster Instanz nicht übergangen, vielmehr kennen die Civilprocessordnungen nur einen einheitlichen Process, der allerdings im Detail, namentlich des schriftlichen Vorverfahrens, nach Verschiedenheit der Rechtssachen manche Abweichungen zulässt. Dagegen haben die regulär summarischen Processe vor den Einzel- und Handelsgerichten auch in die neueren deutschen Processgesetze — freilich mit vielfachen Abweichungen — Aufnahme gefunden. Hannover §§. 375—391. Oesterr. Entw. v. 1867 §§. 469 bis 486, 512—518. Baier. P. O. Art. 499—538. Deutscher Ent. v. 1874 §§. 437—451. Vgl. jedoch auch Mittermaier a. a. O. S. 32, welcher dem abgekürzten Verfahren vor den Einzelgerichten den Charakter eines summarischen Verfahrens m. E. ohne hinreichenden Grund abspricht.

[16] Das Gesetz mit den legislativen Materialien ist in der Sammlung von Kaserer Bd. 8 abgedruckt. Eine systematische, vorzüglich für das praktische Bedürfniss berechnete Darstellung enthält die Schrift von Ullmann. Das Bagatellverfahren, 2. Aufl. (1873).

[17] Kaserer a. a. O. in der Einl.

[18] Das Gesetz über das Bagatellverfahren schliesst sich in den meisten Punkten den neueren deutschen Processgesetzen und Entwürfen an. Eigenthümlich ist dem österreichischen Bagatellverfahren die Verdrängung der Parteieneide durch die Abhörung der Parteien als Zeugen und die ungemeine Beschränkung der Rechtsmittel gegen Urtheile, insbesondere die Einführung der Nichtigkeitsbeschwerde an Stelle der Appellation. Die Abhörung der Parteien als Zeugen (§§. 53—66 Bg. V.) ist dem modernen englischen Processrecht, jedoch mit einigen sehr wesentlichen Verbesserun-

3. Das Patent vom 1. November 1781 Nr. 27 über das Verfahren vor den Berggerichten (32 §§.). Die ersten 10 §§. dieses Gesetzes, welche von der Competenz der Berggerichte handeln, sind durch die Jurisdictionsnorm (oben §. 5) aufgehoben. [19])

4. Das Patent vom 9. April 1782 Nr. 41 über das Verfahren in Handelsstreitigkeiten (14 §§.). Ein bedeutender Theil dieses Gesetzes bezieht sich auf das Wechselverfahren und ist durch die neue Wechselprocess-Gesetzgebung aufgehoben worden. [20])

B. Die irregulär summarischen Processe.

1. Die Verordnung des Justizministeriums vom 25. Jänner 1850 Nr. 52, womit gleichzeitig mit der Kundmachung der Wechselordnung das Verfahren in Wechselsachen überhaupt bestimmt wurde, und die Verordnung des Justizministeriums vom 18. Juli 1859 Nr. 132 über das Verfahren bei Durchführung des in den Art. 25 u. 29 der Wechselordnung gegründeten Rechtes auf Sicherstellung. [21])

---

gen entnommen. Glaser, Ges. Kl. Schriften, Bd. 2, S. 477—482, Stephen, Commentaries on the Laws of England, 7. Aufl., Bd. 3 (1874) S. 333—335. Als Eigenthümlichkeit der Nichtigkeitsbeschwerde des österreichischen Bagatellverfahrens (§§. 78—83 Bg. V.) ist hervorzuheben, dass die Entscheidung des Bagatellrichters über das materielle Rechtsverhältniss weder wegen thatsächlicher noch auch wegen rechtlicher Irrthümer (auch nicht wegen Verstössen gegen das jus clarum in thesi) angefochten werden kann und dass nur die gröbsten formellen Gebrechen des Verfahrens, welche weit mehr die Ordnung des Processverfahrens im Allgemeinen als das persönliche Interesse der beschwerten Processpartei berühren, die Grundlage der Nichtigkeitsbeschwerde bilden können. Die Nichtigkeitsbeschwerde des Bagatellverfahrens ist folglich an weit schwerere Bedingungen geknüpft als der Cassationsrecurs des französischen Rechtes oder der Recurs im preussischen Bagatellverfahren (Koch, Der preussische Civilprocess, §§. 368, 369), und liesse sich etwa nur mit der Nichtigkeitsbeschwerde des hannover'schen Rechtes (§. 431 P. O.) vergleichen. Vgl. auch Glaser, Ueber Friedensgerichte in seinen Kleinen Schriften, Bd. 2, S. 337—339.

[19]) Das Gesetz ist bei Wessely Nr. 1837 abgedruckt. Dazu Schneider, Die Berggerichtsbarkeit (1872) S. 69 ff.

[20]) Ebenso Wessely Nr. 1852.

[21]) Vgl. über diese Gesetze Blaschke, Der österreichische Wechselprocess mit theilweiser Berücksichtigung der in Deutschland bestehenden Wechselprocessvorschriften, Wien 1872.

Die wesentlichen Momente des österreichischen Wechselprocesses: Die Erlassung eines Zahlungsbefehles auf Grund der mit
dem Originalwechsel und den übrigen Wechselurkunden versehenen Klage (oben S. 36) und die Gewährung der Execution
zur Sicherstellung während des Laufes der Verhandlung (vgl. §. 4
Note 21—24)[22]) waren schon vor der Verordnung v. 25. Jänner
1850 bekannt und scheinen sich auf Grundlage älterer Traditionen
gewohnheitsrechtlich ausgebildet zu haben.[23]) Diese processualischen

---

[22]) Der österreichische Wechselprocess unterscheidet sich von dem
Wechselverfahren, wie sich dieses im gemeinen Rechte und in den meisten
deutschen Particulargesetzgebungen als eine Abart des gemeinrechtlichen
Executivprocesses ausgebildet hat, zunächst dadurch, dass die richterliche
Cognition im Erkenntnissverfahren des deutschen Wechselprocesses eine
beschränkte ist, indem der Beklagte nur liquide Einreden vorbringen darf,
während das Erkenntnissverfahren des österreichischen Wechselprocesses sich
auf das gesammte Processmaterial bezieht. Das gemeinrechtliche Wechselverfahren macht folglich ein Separatum nothwendig, in welchem der im
Wechselverfahren ausgeschlossene Processstoff erörtert wird, dem österreichischen Wechselverfahren ist ein solches Separatum unbekannt. Vgl. für das
gemeine Recht: Bayer, Summarische Processe, §. 46; Endemann, Das
deutsche Civilprocessrecht, §. 273; Thöl, Handelsrecht, Bd. 2, §. 335.
Deutsch. Entw. v. 1874, §§. 531, 537, 541. S. auch die Hannover'sche P. O.
Art. 487—491; Badische P. O. §§. 644, 646, 654; Württemberg'sche P. O. Art.
853, 759; anders die Baierische P. O., Art. 547, 550. Ferner wird im
deutschen Wechselprocess nach der überwiegenden Ansicht der neueren Rechts-
lehrer und Legislationen ein Zahlungsbefehl nicht erlassen. sondern blos das
Wechselverfahren angeordnet (Note 23). Endlich wird im deutschen Wechselprocess erst nach Abschluss des Verfahrens vor der ersten Instanz die Execution gewährt — allerdings ohne dass Rechtsmittel gegen die Entscheidung
hemmende Wirkung üben — während im österreichischen Wechselverfahren
die Execution zur Sicherstellung schon im Laufe der Verhandlung vor der
ersten Instanz stattfindet. Gemeines Recht: J. R. A. §. 107; Thöl a. a. O.
§§. 337, 338; Endemann §. 273, Note 16, 17; Bayer a. a. O. §. 47,
Note 10. — Hannover §. 485 P. O.; Baden §§. 653, 654; Württemberg
Art. 865; Baiern Art. 549.

[23]) In der älteren gemeinrechtlichen Literatur war vielfach die Ansicht
verbreitet, dass der Executivprocess und namentlich der Wechselprocess mit
einem Zahlungsbefehle zu eröffnen sei. Briegleb, Ueber exec. Urkunden u.
Executionsprocess, 1. Bd., 2. Aufl., §. 18. Scaccia de comm. ex camb. §. 7.
gl. 2 nr. 3; gl. 4, 5; Raph. de Turr. de camb. II, 16 nr. 19 bei Endemann §. 273, Note 6; Thöl a. a. O. §. 335 a. Anf. u. A. Auch in Oesterreich war die Erlassung eines Zahlungsbefehles auf Grundlage von guarenti-
gürten Urkunden in der Zeit vor der josefinischen Gerichtsordnung gebräuch-

Eigenthümlichkeiten wurden dann in dem von der Hofcommission in Justizgesetz-Commission im Jahre 1833 vollendeten Entwurf einer Wechselordnung für die österreichischen Staaten beibehalten und aus diesem Entwurf in die M. V. v. 25. Jänner 1850 Nr. 52 übernommen.[24]) Auch die M. V. v. 18. Juli 1859 Nr. 132 besteht im Wesentlichen lediglich in einer Anwendung jener processualischen Rechtsformen auf das im Art. 25 und 29 der Wechselordnung gegründete Sicherstellungsrecht.

2. Die kaiserliche Verordnung vom 21. Mai 1855 für alle deutsch-slavischen Provinzen mit Ausnahme Galiziens, welche mittelst Ministerialverordnung v. 16. Februar 1858 Nr. 25 auch auf Galizien ausgedehnt wurde (Mandatsprocess auf Grund von Notariatsurkunden),[25]) ferner die Verordnung v. 18. Juli

---

lich. Vgl. Suttinger Obs. pract. CX, XV. CIV und die Zusammenstellung bei Schenk, Der österreichische summarische Process, S. 43 ff. In Deutschland wurde das Mandat im executivischen Wechselprocess allmälig verdrängt, wogegen die österreichischen Gerichte in augenscheinlicher Anlehnung an den vorjosefinischen Process auf Grundlage von Wechseln Zahlungsbefehle und die Execution zur Sicherstellung während der Dauer des Verfahrens vor der ersten Instanz gewährten, obgleich die Gerichtsordnungen das Mandatsverfahren nicht aufgenommen hatten und auch die Wechselordnung v. 1. Oct. 1763 (Cod. Austr. 6. Theil, S. 452 ff.) Art. 20 und Art. 54 §. IX dafür keinen Anhaltspunkt bot. Diese Uebung erhielt durch die Hofd. v. 16. März 1811 Nr. 933 und v. 15. Sept. 1823 Nr. 1966 (Wessely Nr. 1861, 1862) die gesetzliche Sanction.

[24]) Vgl. den Vortrag des Justizministers Ritter v. Schmerling, betreffend die Einführung einer allgemeinen Wechselordnung für das Kaiserthum Oesterreich und die Erlassung von Bestimmungen über das Verfahren in Wechselsachen in dem Beilageheft zum allgemeinen Reichsgesetz- und Regierungsblatt v. 1850, S. 45, 46.

[25]) Die Tendenz des Gesetzes vom 21. Mai 1855 Nr. 95 war ohne Zweifel, der Thätigkeit der Notare, welche durch die gleichzeitig publicirte Notariatsordnung v. 21. Mai 1855 Nr. 94 eng begrenzt wurde, indirect einen erweiterten Wirkungskreis zu verschaffen. Wesentlich neue Gedanken kommen in dem Gesetze v. 21. Mai 1855 Nr. 95 nicht zum Ausdruck, vielmehr ist dasselbe lediglich eine Anwendung der wichtigeren Grundsätze des bereits früher (Note 22) ausgebildeten österreichischen Wechselverfahrens auf solche Forderungen, welche durch Notariatsacte erwiesen werden. Insbesondere ist die Vertheidigung des Beklagten — im Gegensatz zum gemeinrechtlichen Mandatsprocess — nicht auf liquide Einreden beschränkt.

1859 Nr. 130 für alle deutsch-slavischen Provinzen,[26]) durch welche der Mandatsprocess auch auf Grund einiger anderer Kategorien von Urkunden als zulässig erklärt wurde. [27])

3. Das Gesetz vom 27. April 1873 Nr. 67 (21 §§.), giltig für alle deutsch-slavischen Provinzen mit Ausnahme Galiziens, der Bukowina und Dalmatiens (Mahnverfahren). [28]) Dieses Gesetz wurde gleichzeitig mit jenem über das Bagatellverfahren am 21. Jänner 1873 im österreichischen Abgeordnetenhause eingebracht und erhielt hier am 22. März 1873, im Herrenhause am 17. April 1873 die Genehmigung, worauf die kaiserliche Sanction erfolgte. [29]) Es ist im Wesentlichen eine Nachahmung

---

[26]) Vgl. über die M. V. v. 18. Juli 1859 Nr. 130 u. 131 (welche letztere die Ausdehnung des ersten Gesetzes auf die ungarischen Kronländer verfügte) den Aufsatz: „Die Verordnungen des J. M. v. 18. Juli 1859 Nr. 130, 131" in der G. Z. (1859) Nr. 92, 93, welcher mit Rücksicht auf eine von der Redaction der G. Z. (a. a. O. S. 365) gegebene Andeutung von dem Verfasser beider Gesetze herrühren dürfte und gewissermassen als ein Motivenbericht zu denselben betrachtet werden kann.

[27]) Die gemeinrechtliche Doctrin gewährt den unbedingten Mandatsprocess: a) wenn eine Handlung oder ein Ereigniss schleunige Rechtshilfe nöthig macht (ob periculum in mora); b) wenn ein klares Unrecht nachgewiesen werden kann, ohne dass sich gegründete Einwendungen oder Schutzreden des Gegners irgend erwarten lassen; c) wenn sonst der Executivprocess stattfinden würde, der Kläger aber seine Ansprüche sogleich durch öffentliche Urkunden zu rechtfertigen im Stande ist. Bayer, summ. Process, §. 8. Vgl. auch Endemann, §. 264. Von den Fällen a) und b) haben sich im Besitzstörungsverfahren des österreichischen (§. 8, 9 Bs. V.) und preussischen (A. G. O. Tit. 31, §. 5 und Koch, Preuss. Civilpr. §. 391, Note 8) Rechtes bemerkenswerthe Spuren erhalten. Eine besondere Ausbildung erlangte aber der Mandatsprocess auf Grundlage öffentlicher und diesen gleichgeachteter Urkunden im preussischen Recht (Verordnung über den Mandatsprocess vom 1. Juni 1833 §. 1 bei Koch, Processordnung, 6. Aufl., S. 789—898 und Preuss. Civilprocess §. 392), aus welchem derselbe durch die beiden Verordnungen v. 21. Mai 1855 und 18. Juli 1859 in das österreichische Recht überging. Doch bezieht sich die Uebereinstimmung mit dem preussischen Recht nur auf die wichtigeren Fälle der Statthaftigkeit des Mandatsprocesses, nicht auf die processualische Gestaltung des Verfahrens, welches vielmehr im österreichischen Recht ganz dem eigenthümlichen österreichischen Wechselverfahren nachgebildet ist (oben Note 22, 23).

[28]) Das Gesetz über das Mahnverfahren ist sammt den legislativen Materialien in dem 5. Bd. der Sammlung von Kaserer abgedruckt. Vgl. dazu auch Senft in der G. Z. v. 1873 Nr. 17, 18, 33—37.

[29]) Kaserer, a. a. O. S. 5.

des in Preussen, Hannover, Baden und Baiern bestehenden Verfahrens. [30])

Schliesslich ist noch zu erwähnen, dass eine Reihe von
summarischen Processen (der Arrest-, Verbots-, Sequestrations-[31])

---

[30]) Die historische Grundlage, auf welcher das in der modernen deutschen Gesetzgebung mit grosser Gleichförmigkeit ausgebildete Mahnverfahren
beruht, ist der bedingte Mandatsprocess des gemeinen Rechtes. Doch unterscheidet sich dieser von dem Mahnverfahren dadurch, dass in dem Klaglibell
des bedingten Mandatsprocesses der Klageanspruch thatsächlich substantiirt
und wahrscheinlich gemacht werden muss. B a y e r, summ. Process, §. 16;
E n d e m a n n. Deutsche Civilprocessr., §. 266. Von diesen beiden Requisiten
wurde das letztere (die Bescheinigung des Klagegrundes) in dem Bagatellprocess des preussischen Rechtes aufgegeben, dagegen hatte der Kläger noch
immer die thatsächliche Begründung seines Anspruchs im Klaglibell vorzu-
tragen. V. v. 21. Juli 1846 §. 28 verb. mit §§. 60, 61, 23, 24 der V. v.
1. Juni 1833. K o c h, Processordnung in ihrer heutigen Geltung. 6. Aufl. (1871)
S. 762, 763; D e r s e l b e, der preuss. Civilprocess. 2. Aufl., §. 390, 162 cf.
§. 161. Auch dieses Erforderniss (der thatsächlichen Substantiirung des Anspruchs) wurde in dem hannover'schen Gesetze v. 27. Juli 1852 (L e o n h a r d t,
Die bürgerl. Processordnung, 3. Aufl. [1861] S. 616—623) aufgegeben, indem
der Gläubiger in seinem Anbringen nur den Betrag der Forderung unter
kurzer Angabe des Verhältnisses, aus welchem dieselbe herrührt, zu bezeichnen braucht (§. 2, 3 d. G.). In dieser Form ist das Mahnverfahren in zahlreiche deutsche Gesetzgebungen übergegangen. Badische P. O. §. 638—643;
Baierische P. O. Art. 553—568. Deutscher Entw. v. 1874 §§. 581—596. Das
Mahnverfahren in der Form, welche es durch die überwiegende Zahl der angeführten Gesetzgebungen erhalten hat, ist nicht als ein Bestandtheil des streitigen Civilprocesses, sondern des Verfahrens ausser Streitsachen zu betrachten. Denn
es fehlt in dieser Processform das zu einem Civilprocess unumgängliche
Stadium des Erkenntnissverfahrens vollständig, während dieses im Mandatsprocess — allerdings in sehr abgekürzter Form — doch immer vorhanden
ist. Ueberdiess hat das Mahnverfahren nach den neuesten Gesetzgebungen
ausschliesslich den Zweck, dem Gesuchsteller ohne Rechtsstreit einen vollstreckbaren Titel zu verschaffen, da das Mahnverfahren als solches nach den
meisten Gesetzgebungen (vgl. z. B. auch §. 9 M. V.) durch den blossen Widerspruch des Gegners abgeschlossen wird. Vgl. L e o n h a r d t, a. a. O. S. 611—615.
Wenn das Mahnverfahren im Anschluss an zahlreiche deutsche Codificationen
in diese Schrift aufgenommen wurde, so geschah dies wesentlich aus praktischen Rücksichten.

[31]) Ueber die Geschichte dieser Processarten vgl. M u t h e r. Sequestration und Arrest im Römischen Recht (1856), M e i b o m, Das deutsche Pfandrecht (1867) S. 147—177, W a c h, Der Arrestprocess in seiner geschichtlichen
Entwicklung (1868), B a y e r, summarische Processe, §. 19—39. Ein einheit-
liches Rechtsinstitut, wie der Arrestprocess des gemeinen Rechtes und der

und Executivprocess) [32]) in dem allgemeinen Processgesetz: der josefinischen und westgalizischen Gerichtsordnung, geregelt er-

neueren Territorialgesetzgebungen, ist dem österreichischen Recht unbekannt, vielmehr hat dasselbe im Anschluss an deutschrechtliche Traditionen das Arrestverfahren nach dem Objecte des Arrestes in die drei im Text erwähnten Processarten (Verbots-, Arrest- und Sequestrationsprocess) zerlegt. Bekanntlich unterscheidet das ältere deutsche Recht die Klagen nicht wie das römische Recht nach den Rechtsverhältnissen, welche denselben zu Grunde liegen (z. B. rei vindicatio, actio emti ac venditi, locati conducti, pro socio etc.), sondern nach dem Object, auf welches die Klage gerichtet ist (Klage um Schuld, um fahrende Habe und um Immobilien). Vgl. Planck in der Ztschr. f. deutsches Recht, Bd. 10 (1846), S. 239, Note 7a, Bluntschli. in der Kritischen Ueberschau, Bd. 6 (1859) S. 197, 198; Laband, Vermögensrechtliche Klagen (1869) S. 1—10. In ähnlicher Weise beruhen die zahlreichen Bezeichnungen des Arrestes im älteren deutschen Rechte nicht auf der juristischen Gestaltung der einzelnen Arrestprocesse, sondern auf thatsächlichen Momenten, welche für die juristische Auffassung an sich gleichgiltig sind. Meibom a. a. O. S. 168—170. Auch das österreichische Recht unterscheidet nach dem Object, gegen welches das Arrestverfahren gerichtet ist, den Arrest-, Verbots- und Sequestrationsprocess (A. G. O. §§. 275—282, 283—291, 293; W. G. O. §§. 366—373, 374—386; 388); der erste ist gegen die Person des Schuldners, der zweite gegen dessen Forderungen an dritte Personen, der dritte gegen die in seinem Besitze befindlichen (beweglichen oder unbeweglichen) Sachen gerichtet. Diese Unterscheidung von drei gesonderten Processarten an Stelle des gemeinrechtlichen Arrestprocesses hat auch erhebliche Verschiedenheiten in der processualischen Behandlung derselben zur Folge gehabt. Vgl. unten §. 22.

[33]) Ueber den historischen Ursprung des Executivprocesses haben sich drei wesentlich abweichende Ansichten geltend gemacht. Nach der Ansicht Briegleb's in seiner Schrift „Ueber executorische Urkunden und Executivprocess", 2. Aufl. (1845), S. 8 und passim ist der heutige Executivprocess ein Product der älteren italienischen Gesetzgebung und Doctrin, welche sich an einzelne Sätze des römischen Rechtes anlehnte. Der in den römischen Quellen ausgesprochene Rechtssatz, Confessus in jure pro judicato habetur, welcher in seiner ursprünglichen Bedeutung gewiss nur für das streitige Civilverfahren Geltung gehabt hat, sei nämlich durch die italienische Praxis auch auf die freiwillige Gerichtsbarkeit angewendet worden, indem man dem vor einem Notar abgegebenen Schuldgeständniss und dem auf Grund dieses Geständnisses in die Urkunde aufgenommenen praeceptum de solvendo die gleiche Wirksamkeit wie der confessio in jure beilegte. Die allmälige Aus- und Umbildung dieses Gedankens hat nach der Ansicht Briegleb's den Executivprocess der älteren Italiener ergeben und dieser ist in Deutschland recipirt worden. Briegleb a. a. O. S. 66 ff., S. 212 ff. Dagegen haben neuestens zahlreiche Schriftsteller den Ursprung des Executivprocesses aus dem altdeutschen Gerichtsverfahren nachzuweisen versucht. So Ortloff in Linde's

scheint, so dass in Ansehung dieser Processarten keine besonderen Codificationen vorhanden sind. Das Verfahren in streitigen

Ztschr., neue Folge, Bd. 14 (1857), S. 97—240, S. 411—465 (über den österr. Executivprocess die — vielfach irrigen — Ausführungen, S. 449—453), welcher im Anschluss an die vor Briegleb herrschende Ansicht (Briegleb S. 5 ff.) den gemeinrechtlichen Executivprocess an das altgermanische Pfändungsrecht für „kundbare und unlogenbare" Schulden und an die daraus hervorgegangene sächsische Praxis und Gesetzgebung knüpft. Die Ausführungen dieses Schriftstellers über das österreichische Recht a. a. O. S. 449—453 sind zum grossen Theile ungenau, insbesondere ist es unrichtig, dass der Executivprocess erst in der steierischen Reformation v. 1574 (Art. 36) vorkommt, da diese Gesetzesstelle in ihrem ersten Theile nichts als eine fast wörtliche Wiederholung der Reformation v. 1533 Art. 5 ist (Vgl. Schenk, Uebersicht der österreichischen Gesetzgebung über Civilprocessrecht bis zum Schlusse des XVI. Jahrh. [1864], S. 127, 128; in der Ordnung Landtsrechtens von 1503 bei Bischof steiermärkisches Landrecht des Mittelalters 1875 S. 194 ff. ist eine analoge Bestimmung über den Executivprocess noch nicht enthalten). Wenn also die Bestimmungen der chursächsischen Landesordnung v. 1. Oct. 1555 über den Executivprocess (Ortloff a. a. O. S. 226, 227) mit dem steierischen Processrecht überhaupt in einem historischen Zusammenhange stehen (was ich bezweifle), so müsste jene aus diesem geschöpft haben. Auch Chlumetzky, Ueber die Stellung des Executivprocesses in Oesterreich in Haimerl's Mag. Bd. 12 (1855), S. 342—358 führt als ältestes österr. Gesetz über den Executivprocess irrig die Generalmandate v. 18. Februar 1573 (Codex Austr. I. S. 299) an. Chlumetzky, A. a. O. S. 351. Der Ansicht Ortloff's über den Ursprung des deutschen Executivprocesses ist Bayer, summarische Process, 7. Aufl. (1859) S. 93 ff. beigetreten. Dagegen haben neuestens Bar, Das Beweisurtheil des germanischen Processes, im Anhang „Ueber Ursprung und Wesen des Executivprocesses" S. 255—283 und Heusler in der Ztschr. für Rechtsgeschichte Bd. 6 (1867) S. 127—205 nachgewiesen, dass das heutige Executivverfahren nichts als der ordentliche altdeutsche Process mit Gerichtszeugniss ist, welcher zwar mit Rücksicht auf die durch das Zeugniss des Gerichtes bewirkte Liquidität der Thatsachen in Beziehung auf den Beweis und die Execution erhebliche Vortheile bot, aber keineswegs als ein summarischer Process in der modernen Bedeutung des Wortes betrachtet werden kann. Erst als das römisch-canonische Verfahren recipirt wurde, sei der altdeutsche Process mit Gerichtszeugniss in die Stellung einer summarischen Processart zurückgedrängt worden. Ebenso Löning, der Vertragsbruch und seine Rechtsfolgen (1876) S. 185—190. Ein ähnlicher Gegensatz ist übrigens auch schon in der Auffassung des ältesten germanischen Processes wahrzunehmen, indem einzelne Schriftsteller die Fides facta der lex Salica, d. i. das formelle einseitige Zahlungsversprechen, auf Grund dessen die Execution stattfand, als einen Act auffassen, der auch aussergerichtlich stattfinden konnte, wogegen eine entgegengesetzte Ansicht die fides facta als ein gerichtliches Gelöbniss ansieht. Die fides facta nach der ersten Auffassung wäre etwa mit den voll-

Eheangelegenheiten ist zwar durch ein besonderes, ziemlich umfangreiches Hofdecret v. 23. Aug. 1819 Nr. 1595 normirt, doch trägt dasselbe nicht den Character des streitigen Civilverfahrens in seiner Reinheit an sich, vielmehr ist unser Eheprocess aus Elementen der civilrechtlichen Präventiv- und Repressivjustiz (oben §. 3) zusammengesetzt. So weit nämlich der Eheprocess die Untersuchung der öffentlichen Ehehindernisse (impedimenta juris publici) zum Gegenstande hat (§. 94, 97 B. G. B.), ist derselbe als ein Institut des ausserstreitigen Verfahrens zu betrachten, durch welches der Staat in gewissen Fällen der Fortsetzung ungiltiger Ehen, also einer drohenden Rechtsverletzung vermittelst der spontanen Thätigkeit seiner Organe vorbeugen will. Der Wirkungskreis der Gerichte auf diesem Gebiete des Eheverfahrens ist kein anderer, als wenn der Verlassenschafts- oder der Vormundschaftsrichter zur Verhütung von Privatrechtsverletzungen das Dasein und den Umfang privatrechtlicher Rechtsverhältnisse von Amtswegen feststellt (vgl. §§. 13, 14 des Hofd. v. 23. Aug. 1819 Nr. 1595). In den anderen Fällen des Eheverfahrens, in welchen dieses nur auf Antrag der verletzten Partei eröffnet wird, tritt dagegen der Gesichtspunkt der civilrechtlichen

---

beweisenden Urkunden im österreichischen Executivprocess, nach der anderen Meinung dagegen mit unseren gerichtlichen (executionsfähigen) Vergleichen in die Parallele zu setzen. Vgl. Siegel, Das deutsche Gerichtsverfahren (1857) S. 219—224, 245—252. Sohm, Der Process der Lex Salica (1867) S. 18—54; Meibom, Das deutsche Pfandrecht, (1867) S. 193—194; Wach, Arrestverf. (1868) S. 12, Note 22; Sohm, Altdeutsche Gerichtsverfassung, Bd. 1, (1871) S. 113, Note 39; Heusler, Die Gewere (1872) S. 489—490; Löning, a. a. O. §. 2, bes. S. 22—23. Für die österreichische Form des Executivprocesses, welche einige erhebliche Abweichungen von dem gemeinrechtlichen Verfahren zeigt (vgl. oben §. 4, Note 16—25 und Haimerl „Ueber die eigenthümliche Ausbildung des Executivprocesses in Oesterreich" im Archiv für civ. Praxis, Bd. 35, S. 401—430), ist wohl jedenfalls der Ursprung aus dem germanischen Processrecht anzunehmen, da demselben die Beschränkung auf die sofort liquiden Angriffs- und Vertheidigungsmittel, die Trennung in das ordinarium und summarium und der Diffessionseid, also gerade die wichtigsten Eigenthümlichkeiten des italienischen Executivprocesses fremd sind. Briegleb a. a. O. S. 93—123. Berücksichtigt man, dass das österreichische Executivverfahren wesentlich in einem anticipirten Pfändungsrecht (Execution zur Sicherstellung) besteht, so möchte wohl in Betreff des historischen Ursprungs unseres Executivprocesses der Ansicht Ortloff's beizupflichten sein.

Prävention zurück und es sind desshalb die Processe auf Ungiltigerklärung einer Ehe wegen privater Ehehindernisse (impedimenta juris privati), ferner jene auf Trennung einer Ehe und auf Scheidung der Ehegatten von Tisch und Bett wohl als Bestandtheile des streitigen Civilverfahrens zu betrachten. Diese Processformen können denn auch unbedenklich zu den summarischen Verfahrensarten gezählt werden. [33])

---

[33]) Schulte, Handbuch des katholischen Eherechtes (1855) S. 464, ist der Meinung, dass der Eheprocess als ein summarisches Verfahren im processualischen Sinne nicht betrachtet werden könne. Diese Ansicht ist jedoch nur dann berechtigt, wenn man es als ein wesentliches Merkmal der vereinfachten Cognition ansieht, dass durch dieselbe der Rechtsgang beschleunigt werden soll (oben §. 4, Note 8, 9). Denn die Officialmaxime, welche im gemeinen wie im österreichischen Eheprocess in sehr weitem Umfange gilt, bewirkt nur ganz zufällig eine Beschleunigung des Processverlaufes, in sehr zahlreichen Fällen wird sie dagegen den Erfolg haben, dass dadurch die Rechtsstreite wegen der grösseren Gründlichkeit der Untersuchung verlängert werden. Versteht man dagegen unter der vereinfachten Cognition jedes Verfahren, in welchem die Processförmlichkeiten vermindert werden (oben S. 32), so ist der Eheprocess, so weit derselbe überhaupt dem streitigen Civilverfahren angehört, gewiss als ein summarisches Verfahren zu betrachten. Vgl. auch Dollincr, Handbuch des österreichischen Eherechtes, 2. Aufl., Bd. 3 (1848) S. 107—111, 372, 373, Bd. 4 (1848), S. 212.

§. 8.

Das Gewohnheitsrecht.[1]

Eine weitere Quelle des österreichischen Civilprocesses, wenngleich von geringerer Reichhaltigkeit als die Gesetze ist das

[1] Puchta, Das Gewohnheitsrecht, 2 Thle. (1828, 1837); Savigny, Ueber den Beruf unserer Zeit für Gesetzgebung und Rechtswissenschaft (1814) S. 8—15 und System, Bd. 1 (1840) S. 18 ff., 70 ff., 144 ff., 162 ff.; Unger, System, Bd. 1, S. 33—45 (welcher Schriftsteller jedoch mit Rücksicht auf die Ausschliessung des Gewohnheitsrechtes im österreichischen materiellen Privatrecht — vgl. unten Note 3 — keine Darstellung der Theorie des Gewohnheitsrechtes im Einzelnen gibt); Windscheid, Pand. §. 14—18; Stobbe, Deutsches Privatrecht, §. 21—24; Beseler, System des gemeinen deutschen Privatrechtes, §. 30—32; Goldschmidt, Handbuch des Handelsrechts, Bd. 1, 2, Aufl. (1875), S. 316—354; Thöl, Das Handelsrecht, 5. Aufl. (1875) §. 11—14; Anschütz u. Völderndorff, Commentar zum allgemeinen deutschen Handelsgesetzbuch, Bd. 1 (1868), S. 10—21; Endemann, Das deutsche Handelsrecht, 2. Aufl. (1868), §. 6; Förster, Preussisches Privatrecht, §. 16, 17; Dernburg, Lehrbuch des preussischen Privatrechtes, S. 36 ff. Zoll, Ueber die verbindliche Kraft des Gewohnheitsrechtes im Justinianischen Recht mit Bezugnahme auf die heutigen Gesetzbücher etc., in Ihering's Jahrb., Bd. 13 (1874), S. 416—462. Sehr bemerkenswerth sind auch die Ausführungen der englischen Juristen, insbesondere Blackstone's über das Gewohnheitsrecht, da dieselben lange vor der historischen Schule im Wesentlichen richtige Ansichten über diese Rechtsquelle aufgestellt haben. Vgl. Stephen, Commentaries on the Laws of England, Bd. 1, 7. Aufl. (1874), S. 43 ff., dessen Theorien über das Gewohnheitsrecht den Commentarien Blackstone's entnommen sind. Eigenthümlich ist der englischen Auffassung des Gewohnheitsrechtes das grosse Gewicht, welches die englischen Juristen auf eine Erkenntnissquelle des Gewohnheitsrechtes, nämlich auf die Praxis der Gerichte legen. Legislative Erörterungen über das Gewohnheitsrecht gibt Becker in seinem Gutachten in den Verhandlungen des fünften deutschen Juristentages (1864), Bd. 1, S. 3—13 (welcher Schriftsteller sich für die gleichmässige Geltung des derogirenden und des ergänzenden, des allgemeinen und des particulären Gewohnheitsrechtes ausspricht; nur allgemeine Gesetze, welche absolu

6*

Gewohnheitsrecht. [2]) Während dasselbe im Civilrechte überhaupt nicht als Rechtsquelle anerkannt ist, [3]) erscheint es als ein wichtiges Element der civilprocessualischen Rechtsbildung und hat diese Bedeutung auch seit jeher in der Rechtsübung bewährt.

Das Verhältniss des Gewohnheitsrechtes zu dem Gesetzesrechte kann ein doppeltes sein. Entweder widersprechen die Normen des Gewohnheitsrechtes dem bestehenden Gesetzesrecht (con-

---

gebietende Rechtsnormen enthalten, sollen durch ein particuläres Gewohnheitsrecht nicht ausser Wirksamkeit gesetzt werden können); Beseler ebenda. Bd. 1, S. 102—110 (der in Staaten mit einem codificirten Recht nur das ergänzende, nicht aber das derogirende Gewohnheitsrecht zulassen will). Die erste Abtheilung des fünften deutschen Juristentages hat sich der Auffassung Beseler's angeschlossen (Verhandlungen des fünften deutschen Juristentages, Bd. 2, S. 85—100) und dieser Beschluss wurde von der Plenarversammlung zur Kenntniss genommen (ebenda Bd. 2, S. 52).

[2]) Die Theorie des Gewohnheitsrechtes wird zwar in den meisten Lehrbüchern des Civilprocessrechtes dem System des materiellen Privatrechtes überlassen: da jedoch nach der in diesem Werke vertretenen Auffassung in Oesterreich rücksichtlich der Geltung des processualischen Gewohnheitsrechtes ganz andere Grundsätze gelten als auf dem Gebiete des materiellen Privatrechtes (s. den Text), so war eine besondere Behandlung dieser Lehre in dem System des Civilprocessrechtes unerlässlich.

[3]) Das B. G. B. §. 10 sagt wohl, dass auf Gewohnheiten in jenen Fällen, in welchen sich ein Gesetz darauf beruft, Rücksicht genommen werden kann. Allein Unger, System, Bd. 1, S. 36, 39, hat gezeigt, dass das Gesetz an jenen Stellen, welche sich auf Gewohnheiten beziehen, nur Gewohnheiten im natürlichen Sinne, d. i. ein gleichförmiges Handeln ohne opinio necessitatis (z. B. die Gewohnheit, in einem Caffeehause bei Bezahlung des Kaufpreises dem Aufwärter ein Geschenk zu verabreichen) im Sinne hat. Vgl. auch Kirchstätter, Commentar zu §. 10 R. G. B. und Zoll a. a. O. S. 449, 450. Für das Gebiet des Handelsrechtes ist die Geltung des Gewohnheitsrechtes praeter jus (s. unten) durch Art. 1 H. G. B. anerkannt, während Art. 279 sich nur auf Gewohnheiten in jenem natürlichen Sinne bezieht. A. A. ist Thöl, Handelsr. §. 22, welcher die Meinung vertheidigt, dass der Art. 1 H. G. B. nur das Verhältniss des Handelsgesetzbuches zu dem bei seiner Einführung geltenden Gesetzes- und Gewohnheitsrechte, nicht aber die Rechtswirksamkeit künftiger gewohnheitsrechtlicher Rechtsbildungen normiren wolle. Der Unterschied in der Wirksamkeit des Handelsgewohnheitsrechtes (Art. 1 H. G. B.) und der Gewohnheiten im Sinne des Art. 279 H. G. B. besteht darin, dass jenes das objective Recht erläutert und ergänzt, wogegen diese nur zur Erläuterung und Ergänzung von einzelnen Rechtsgeschäften dienen können, dass durch das erstere der Wille des Gesetzgebers, durch die Gewohnheiten dagegen der Wille der Parteien vervollständigt und aufgeklärt wird.

suetudo contra jus) oder es wird dieses durch sie ergänzt und vervollständigt (consuetudo praeter jus). [1] Eine Gewohnheit gegen das Gesetz ist aber nur dann vorhanden, wenn der Inhalt des Gewohnheitsrechtes dem Gesetze in seiner wörtlichen Auffassung widerstreitet, dagegen nicht, wenn es nur zu den logischen Consequenzen einen Gegensatz bildet, welche die wissenschaftliche und praktische Bearbeitung des Gesetzesstoffes ergibt. Denn da das Gesetzesrecht in dieser Auffassung mit dem Leben vollständig congruent sein muss und überhaupt keine Lücken haben kann (unten §. 11), so würde eine ergänzende Gewohnheit unmöglich sein und jedes Gewohnheitsrecht schon an sich eine consuetudo contra jus darstellen.

Das Verhältniss des österreichischen Civilprocessrechtes zu dem Gewohnheitsrechte lässt sich nun so bestimmen, dass Letzteres sich auf diesem Gebiete als eine völlig ebenbürtige Rechtsquelle neben dem Gesetzesrecht darstellt und dass es keinen Unterschied macht, ob das civilprocessualische Gewohnheitsrecht dieses ergänzt oder demselben derogirt. Dieses Princip, welches den Grundsätzen des Civilrechtes über denselben Gegenstand so sehr widerspricht, ist jedoch in unseren Rechtsquellen nirgends mit Deutlichkeit ausgesprochen, sondern kann nur aus der geschichtlichen Entwicklung der Lehre von den Rechtsquellen im österreichischen Rechte geschlossen werden.

Die allgemeine Gerichtsordnung bestimmt nämlich (§. 437), dass der Richter von der klaren Vorschrift des Gesetzes niemals unter dem Vorwande eines widrigen Gebrauchs abweichen dürfe, dagegen sei er berechtigt, auf einen zweifelhaften Fall vollkommen ähnliche Gesetzesbestimmungen analog anzuwenden und wenn der Zweifel auch auf diese Weise nicht gehoben würde, hierüber die Entschliessung des Hofes einzuholen. Augenscheinlich sollten also die Rechtssätze auf dreifache Weise gefunden werden: Zunächst aus dem positiven Rechte in stricter Auffassung, dann durch die Analogie, endlich durch declaratorische Verordnungen der gesetzgebenden Gewalt. Zu dem positiven Rechte gehört jedoch nach dem Wortlaute der josefinischen Gerichtsordnung entschieden auch das ergänzende Gewohnheitsrecht.

---

[1] Beispiele des abändernden und ergänzenden Gewohnheitsrechtes im österreichischen Civilprocess unten Note 11—13.

Denn nur ein „widriger Gebrauch" (consuetudo contra jus) soll durch den §. 437 der A. G. O. ausgeschlossen werden, keineswegs aber das Gewohnheitsrecht, insofern es das geltende Gesetzesrecht vervollständigt und die beiden anderen, gewiss sehr unsicheren Entscheidungsarten überflüssig macht.

Diese Bestimmungen der josefinischen Gerichtsordnung über das gegenseitige Verhältniss des Gewohnheits- und Gesetzesrechtes blieben jedoch nur kurze Zeit in Wirksamkeit. Schon das josefinische bürgerliche Gesetzbuch (1786), Hst. I., §. 10, bestimmte in dem Hauptstück, welches „von den Gesetzen" überhaupt (nicht blos von den bürgerlichen oder den Privatrechtsgesetzen) handelt, dass auch in denjenigen Fällen, worüber in den Gesetzen nichts verordnet ist, keine Gewohnheit zulässig, noch von einer verbindenden Kraft sei. Nur wenn das Gesetz sich ausdrücklich auf ein Gewohnheitsrecht bezieht, solle dasselbe beachtet werden dürfen (I. §. 11).[5] Nach der Ueberschrift des Hauptstückes, dann nach dem ganzen Inhalt desselben unterliegt es keinem Zweifel, dass sich die Bestimmung des §. 10 auf das gesammte Recht, folglich auch auf die Rechtsquellen des Civilprocesses bezieht. In dem Zeitraume von der Wirksamkeit des josefinischen Gesetzbuches bis zu dem des gegenwärtig geltenden bürgerlichen Gesetzbuches war desshalb die Geltung des Gewohnheitsrechtes auf dem Gebiete des Civilverfahrens ausgeschlossen. Durch das Kundmachungspatent zu dem bürgerlichen Gesetzbuche wurde jedoch das josefinische Gesetzbuch in seiner Totalität, also auch die Bestimmung des §. 10 über das Gewohnheitsrecht ausser Kraft gesetzt. Zwar enthält das bürgerliche Gesetzbuch über die Geltung des Gewohnheitsrechtes gleichfalls eine Bestimmung (§. 10, 11), welche der völligen Beseitigung dieser Rechtsquelle gleich zu achten ist, allein die angeführten Gesetzesstellen beziehen sich, wie die Ueberschrift des betreffenden Abschnittes ergibt („von den bürgerlichen Gesetzen überhaupt") lediglich auf die Privatrechtssätze, nicht aber auf alle Rechtsnormen überhaupt.[6] Es fehlt also gegenwärtig nach Aufhebung des §. 437

---

[5] Vgl. über die Bestimmungen des josefinischen und westgalizischen Gesetzbuches in Betreff des Gewohnheitsrechtes Unger, System, I.. S. 35. 36.

[6] Die Frage, ob die in den §§. 1—14 B. G. B. enthaltenen Rechtsnormen auch ausserhalb der Grenzen des Privatrechtes Anwendung finden, wird wohl richtiger verneint. Vgl. Zeiller, Commentar über das a. b G. B.

A. G. O. und des §. 10 Hst. 1 des josefinischen Gesetzbuches an einem Rechtssatz, welcher die Geltung des Gewohnheitsrechtes und sein Verhältniss zu dem Gesetzesrecht auf dem Gebiete des Civilverfahrens normiren würde. [1])

Bd. 1, S. 15; Stubenrauch, Commentar, 2. Aufl., Bd. 1, S. 26. A. A. ist Dominik Kostetzky, Praktische Regeln zur Auslegung und Anwendung der der Gesetze (1823). S. 123, 124; Nippel, Commentar, Bd. 2, S. 578. Die Praxis ist in Ansehung dieser Frage schwankend, doch neigt sie sich mehr zu der Ansicht, die Anwendung der in den §§. 1—14 enthaltenen Rechtsnormen auf die ausserhalb des materiellen Privatrechtes liegenden Rechtsgebiete und insbesondere auf das Civilprocessrecht auszuschliessen. So sagt z. B. der oberste Gerichtshof in den Motiven der Entscheidung bei Glaser-Unger-Walther, Nr. 1850, „dass die im H. G. B. v. 17. Dec. 1862 über das gerichtliche Verfahren enthaltenen Vorschriften, zu welchen der Art. 37 zweifellos gehört, auch in den Fällen anzuwenden sind, wo die Klage noch vor dem Beginne der Rechtswirksamkeit jenes Gesetzes angestellt worden ist, weil durch das Verfahren nicht das Recht selbst erworben, sondern nur die Form der Geltendmachung schon erworbener Rechte bestimmt wird, der §. 5 B. G. B. daher auf das Verfahren keine Anwendung findet, somit auch nicht die Anwendbarkeit des Art. 37 H. G. B. in dem gegenwärtig noch schwebenden Process in Zweifel gezogen werden kann.“ Noch klarer als diese Entscheidung, welche die Anwendbarkeit des §. 5 B. G. B. nur mit Rücksicht auf seine Fassung zu verneinen scheint, ist das Erkenntniss Glaser-Unger-Walther Nr. 2887, welches sich dahin ausspricht, „dass die Vorschrift des §. 5 B. G. B. auf die Gesetze, welche die Gerichtsbarkeit und das gerichtliche Verfahren normiren, keinen Einfluss hat.“ Im entgegengesetzten Sinne lautet die Entscheidung bei Glaser-Unger-Walther Nr. 1996. Die Ansicht über den Umfang der Wirksamkeit des §. 5 B. G. B. muss consequent auch für den ganz ähnlich gefassten §. 10 B. G. B. gelten.

[1]) Unsere Schriftsteller nehmen vielfach an, dass die Normen des josefinischen und westgalizischen Gesetzbuches noch gegenwärtig Gültigkeit haben, insoferne sie nicht Gegenstände des bürgerlichen Gesetzbuches betreffen, z. B. wenn sie administrative oder processualische Vorschriften enthalten. Vgl. Wagner, Ueber das Quellenverhältniss des bürgerlichen Gesetzbuches zu den besonderen Zweigen des in den österreichisch-deutschen Erbstaaten für den Civilstand geltenden Privatrechtes (1818), S. 59, 60; Nippel, Erläuterung des allg. B. G. B., Bd. 1 (1830), S. 9—15; Haimerl, Bemerkungen über die Lehre von dem Kaufmannsstyl in der Ztschr. f. österr. Rechtsgelehrsamkeit (1843), Bd. 1, S. 12, Note 2, und bes. Stubenrauch, Comm. z. B. G. B., 2. Aufl., Bd. 1 (1864), S. 13. Doch steht diese Auffassung mit dem klaren Wortlaute des Abs. IV des K. M. P. zum B. G. B. im Widerspruch, da durch diese Stelle das josefinische und westgalizische Gesetzbuch unbedingt, die übrigen Gesetze dagegen allerdings nur so weit aufgehoben wurden, als sie sich auf Gegenstände des B. G. B. beziehen. Insofern also einzelne Bestandtheile jener beiden Gesetzbücher nicht durch Specialgesetze

Dasselbe ist in Ansehung der zweiten processualischen Rechtsquelle: der westgalizischen Gerichtsordnung der Fall. Dieses Gesetz trifft im §. 575 ähnliche Bestimmungen wie der §. 437 der allgemeinen Gerichtsordnung, nur wird, ohne Zweifel in Folge der Bestimmungen des josefinischen bürgerlichen Gesetzbuches, das Gewohnheitsrecht nicht als geltende Rechtsquelle erwähnt. Das westgalizische Gesetzbuch (Th. I, §. 22, 23) gewährte dagegen dem Gewohnheitrechte, — und zwar auf dem Gebiete des gesammten Rechts —, wieder eine beschränkte Giltigkeit, indem es dasselbe als Mittel zur Auslegung zweifelhafter Gesetze zuliess; allein auch diese Bestimmung wurde durch das Kundmachungspatent zum bürgerlichen Gesetzbuch aufgehoben, ohne dass das letztere, welches in seiner Einleitung lediglich die Quellen des Privatrechtes behandelt, auch für die übrigen Gebiete des positiven Rechtes eine Anordnung getroffen hätte.

Es fehlt also in dem österreichischen Civilprocessrecht vollständig an Rechtsnormen, welche die Bedeutung des Gewohnheitsrechtes für das Civilverfahren und sein Verhältniss zu dem Gesetzesrechte ordnen und regeln würden. [*]) Wir haben desshalb

---

aufrecht erhalten wurden (vgl. z. B. das Hofd. v. 15. Juli 1826 Nr. 2202), sind dieselben als durch das K. M. P. des B. G. B. in complexu abrogirt anzusehen.

[*]) Unsere processualischen Schriftsteller vertheidigen übereinstimmend die Ansicht, dass diese Rechtsquelle nach österreichischem Recht auf dem Gebiete des Processrechtes eben so wenig als auf dem Gebiete des materiellen Privatrechtes anzuerkennen sei, wesshalb auch unsere Processualisten keine Theorie des Gewohnheitsrechtes aufstellen. Dieser Ansicht liegt der Irrthum (s. oben Note 6) zu Grunde, dass die in der Einleitung des bürgerlichen Gesetzbuches enthaltenen Normen auch auf das Processrecht anzuwenden sind. Vgl. Beidtel, Handbuch, S. 34—36; Schuster, Die Civilprocessordnung f. die Königreiche Ungarn etc., S. 54; Nippel, Erläuterung, Bd. 2, S. 578 bis 581. Der letztgenannte Schriftsteller, a. a. O. S. 578, scheint sogar die Vorschrift des §. 437 A. G. O. über das Gewohnheitsrecht noch dermalen als giltig anzusehen, obgleich diese Gesetzesstelle nur die consuetudines contra jus verbietet, während Nippel a. a. O. S. 579 auch das ergänzende Gewohnheitsrecht ausschliessen will. Die im Texte dargestellte historische Entwicklung unserer Gesetzgebung über das Gewohnheitsrecht hat sich keiner der angeführten Schriftsteller klar gemacht. Die Praxis folgt im Allgemeinen den Ansichten der theoretischen Schriftsteller und sucht dort, wo sich ihr die Geltung des Gewohnheitsrechtes unabweisbar aufdrängt, die Anwendung der gewohnheitsrechtlichen Rechtsnormen durch falsche Deductionen aus dem

auf diesem Gebiete vollständig freie Hand, alle Fragen, welche
die Geltung dieser Rechtsquelle betreffen, in einer weit angemes-
seneren Weise zu lösen, als auf dem Gebiete des Civilrechtes,
wo klare Gesetze (§§. 10, 11, 12 B. G. B.) der Anwendung richtiger Theorien entgegentreten.

Die richtige Ansicht ist nun ohne Zweifel, dass das Gewohnheitsrecht in jeder Richtung dieselbe Geltung hat, wie das
Gesetzesrecht, ein Princip, welches der oben gegebenen Darstellung zufolge auf den österreichischen Civilprocess unmittelbar angewendet werden kann. Dieser Grundsatz schliesst nun zwei
wichtige Consequenzen in sich: Erstens die Giltigkeit des
Gewohnheitsrechtes, auch wenn dadurch bestehende Gesetze aufgehoben werden (consuetudo contra jus), [*] dann aber die Zuläs-

---

Gesetzesrecht zu begründen. Vgl. unten Note 20. Processualische Gewohnheiten werden in den Entscheidungen bei Glaser-Unger-Walther
Nr. 2891 und 2959 erwähnt; doch bezieht sich die erstere wohl auf eine Gewohnheit im natürlichen Sinne (Note 3), während die letztere sich auf einen
Rechtsfall bei einem der Consulatsgerichte bezieht, für welche die Geltung
des Gewohnheitsrechtes durch specielle Gesetze anerkannt ist. §. 8 der K. V.
v. 29. Jänner 1855 Nr. 23.

[*] In den römischen Rechtsquellen sind über das Verhältniss des Gewohnheitsrechtes zu dem Gesetzesrechte zwei widersprechende Stellen enthalten, deren Vereinigung seit dem Wiederaufleben der Jurisprudenz von
zahlreichen Auslegern versucht worden ist. L. 32 §. 1 D. de leg. I, 3. . . . .
rectissima etiam illud receptum est, ut leges non solum suffragio legislatoris,
sed etiam tacito consensu omnium per desuetudinem abrogentur. L. 2. C.
quae sit longa consuetudo 8. 53. Consuetudinis ususque longaevi non vilis
auctoritas est sed non usque adeo sui valitura momento ut aut rationem
vincat aut legem. Vgl. über diese berühmte Controverse Puchta, Das Gewohnheitsrecht, Bd. 1, S. 90, 91. 117—120, Bd. 2, S. 203—215; Savigny,
System, Bd. 1, S. 144—155, 420—429; Windscheid, Lehrbuch. §. 18.
Note 2; Stobbe, Deutsches Privatrecht, §. 23, Note 2—4; Regelsberger.
in der kritischen Vierteljahrsschr., Bd. 4, S. 341. 342; Zoll a. a. O. S. 444;
Goldschmidt, S. 338—340. Vgl. auch oben Note 1. Da das österreichische
Recht über die Geltung des Gewohnheitsrechtes im Civilprocesse überhaupt
keine Rechtsnormen aufgestellt hat, so ist die derogirende Kraft des Gewohn-
heitsrechtes als eine natürliche Consequenz aus dem Wesen dieser Rechts-
quelle unbedenklich anzuerkennen. Zweckmässiger ist es freilich, wenn der
Gesetzgeber, wie dies im Art. 1 der H. G. B. geschehen ist, das abändernde
Gewohnheitsrecht überhaupt untersagt, da durch ein solches, namentlich bei
Codificationen, das System des Gesetzesrechts in unorganischer Weise modificirt werden kann. Ein solches Verbot ist selbstverständlich wie jede andere
Rechtsnorm von den Unterthanen des Staates zu beobachten. A. A. ist jedoch

sigkeit des particulären Gewohnheitsrechtes. Denn da es unzweifelhaft ist, dass in Oesterreich jedes Gesetz durch ein späteres aufgehoben werden kann und eben so auch Gesetze für einzelne Landesgebiete erlassen werden dürfen, so kann dem Gewohnheitsrechte die gleiche Wirksamkeit nicht versagt werden. [10]

Windscheid a. a. O. §. 16, Note 1 und §. 18, Note 3, welcher meint, dass ein Gesetz eben so wenig einem künftigen Gewohnheitsrecht die Kraft nehmen kann, als einem künftigen Gesetz. Das Argument Windscheid's beweist jedoch m. E. Nichts. Denn durch ein Verbot des Gewohnheitsrechtes wird nur eine bestimmte Form der Rechtsbildung (nicht diese überhaupt) für die Zukunft untersagt. Aehnliche Beschränkungen der Rechtsbildung kommen aber auch auf dem Gebiete des reinen Gesetzesrechtes vor, wenn die gesetzgebende Gewalt bestimmt, dass die Rechtsnormen über ein bestimmtes Gebiet in Zukunft nur unter erschwerten Formen zu Stande kommen sollen. So wurde z. B. durch §. 15 des Staatsgrundgesetzes v. 21. Dec. 1867 Nr. 141 R. G. B. festgesetzt, dass die über eine Anzahl von Gegenständen gegebenen Gesetze fortan über mittelst einer Zweidrittel-Majorität in beiden Häusern des Reichsrathes abgeändert werden dürfen, während zu den Rechtsnormen über jene Gegenstände früher die einfache Majorität genügte. Durch das Staatsgrundgesetz wurde also in der That das bewirkt, was Windscheid für unmöglich hält, es wurde einem Beschlusse der gesetzgebenden Gewalten, welcher bis dahin gesetzliche Kraft hatte. für alle Zukunft diese Wirksamkeit entzogen. Ein unbedingtes Verbot der Gesetzgebung über einen bestimmten Gegenstand kann freilich gegenwärtig, wo das Gesetz die natürliche Form der Rechtsfortbildung ist, wohl kaum jemals vorkommen, obgleich auch eine solche Bestimmung bei Verhältnissen, welche eine besondere Stabilität erheischen, z. B. in einem Gesetze über die Thronfolge nicht unmöglich wäre. In der neuesten — vierten — Auflage seines Lehrbuches (1875) §. 18, Note 3, hat Windscheid seine Ansicht übrigens bereits selbst aufgegeben.

[10]) Vgl. hierüber Puchta, a. a. O. Bd. 1, S. 148, 149, Vorlesungen Bd. 1, 5. Aufl., S. 453—458 und Pand. §. 13, Note p; Savigny, Bd. 1, S. 194—197 und 424, welcher Letztere jedoch der Gewohnheit dann die rechterzeugende Wirkung abspricht, wenn sie mit dem Staatsinteresse oder mit einem absoluten Landesgesetze in Widerspruch steht. A. A. Windscheid Pand. §. 18, welcher die Inferiorität des particulären Gewohnheitsrechtes gegenüber einem allgemeinen Gesetze damit begründet, dass der allgemeine Wille eben nur durch den allgemeinen Willen (aber nicht durch durch den Willen eines Bruchtheiles der Staatsgenossen) überwunden werden könne. In solcher Allgemeinheit ist aber dieser Satz gewiss unrichtig. Vielmehr ist diese Frage (wie überhaupt die Vertheilung der rechtserzeugenden Macht unter den verschiedenen Individuen und Gruppen der Nation) wesentlich staatsrechtlicher Natur und wird am richtigsten nach Analogie der Grundsätze, welche das positive Staatsrecht des Landes über die Geltung des allgemeinen und des particulären Gesetzesrechtes aufstellt, zu entscheiden sein. In

Obgleich diese Grundsätze in der Theorie hier zum ersten
Male verfochten werden, so sehen wir doch, dass sie in der
Rechtsübung Oesterreichs seit jeher beobachtet worden sind. Dass
das ergänzende Gewohnheitsrecht in der Praxis eine grosse Bedeutung besitzt und zahlreiche wichtige Rechtsbildungen hervorgebracht hat, ist unzweifelhaft. Ich verweise hier nur darauf, dass
ein grosser Theil des Executionsverfahrens, nämlich das ganze
Befriedigungsverfahren (Kaufpreisvertheilung) durchgreifend von
dem Gewohnheitsrecht — und zwar vorherrschend vom particulären — seine Gestaltung empfangen hat. [11]) Eben so hat das
Gewohnheitsrecht auf dem Gebiete des österreichischen Civilprocesses in vielen wichtigen Beziehungen seine derogatorische Kraft
bewährt. Wie zahlreich sind die Gesetze, welche bestimmen, dass
der Richter in dem ordentlichen und summarischen Protocollarverfahren das Protocoll selbst aufnehmen und Protocollentwürfe der
Parteien zurückzuweisen hat. [12]) Und doch hat eine seit jeher
beobachtete Uebung diese Gesetze abrogirt. Auch die Geltung von
particulären Gerichtsgebräuchen in ziemlich bedeutendem Umfange ist unzweifelhaft. Es ist bekannt, welche grosse Verschiedenheit zwischen der Rechtsübung der Wiener und mancher Pro-
vincialgerichte besteht. So z. B. werden Klagen, in welchen von

---

Deutschland, wo die Reichsgesetzgebung auf den ihr vorbehaltenen Gebieten
der wichtigsten Form des particulären Gesetzesrechtes ; der Landesgesetzgebung, unbedingt vorangeht und durch diese nicht modificirt werden kann
(Art. 2 der Reichsverfassung und Rönne, Deutsches Staatsrecht, 2. Aufl.
[1875], S. 73, 74), ist wohl auch anzunehmen, dass das Gesetzesrecht des
deutschen Reiches nicht durch particuläre Gewohnheiten modificirt werden
kann. In Oesterreich dagegen, wo eine solche Inferiorität des Landesrechtes
gegenüber dem Reichsrechte nicht behauptet werden kann, wo vielmehr der
Richter die Reichs- und die Landesgesetze, ohne die Berechtigung der gesetzgebenden Factoren prüfen zu dürfen, nach der Zeitfolge der Kundmachung
anzuwenden hat (s. unten §. 18), ist wohl die derogirende Kraft des particulären Gewohnheitsrechtes selbst dann anzuerkennen, wenn sie sich gegen ein
Reichsgesetz richtet.

[11]) Vgl. hierüber Gspan, Abhandlung über die gesetzmässige Befrie-
friedigung concurrirender Gläubiger ausser und bei der Concursverhandlung,
2 Bd. (1838), S. 27 ff.; Nippel, Commentar, Bd. 2, S. 279 ff.

[12]) Hofd. v. 7. Mai 1795 Nr. 296 (Wessely 304), Hofd. v. 25. Nov.
1839 Z. 5779 (Wessely 306), §. 33 S. V. Durch das im Texte erwähnte
abrogirende Gewohnheitsrecht ist der ganze Charakter unseres Protocollarver-
fahrens vollständig umgestaltet worden.

dem Kläger gegen den Inhalt des §. 406 A. G. O. keine Sicherheit für die Gerichtskosten angeboten wird, bei vielen Provin-
cialgerichte von Amtswegen zurückgewiesen, während die Wiener
Gerichte solche Klagen — im offenen Widerspruche mit dem
§. 406 A. G. O. — annehmen und es dem Beklagten überlassen,
seinen Cautionsanspruch in Gestalt einer processhindernden Einrede
geltend zu machen. [13]) Eben so pflegen zahlreiche Gerichte in den
Provinzen das Verfahren zur Kaufpreisvertheilung in Executions-
fällen von Amtswegen einzuleiten und durchzuführen, während die
Wiener Gerichte auch auf diesem Gebiete der Verhandlungsmaxime Raum geben. Leider ist das auf dem Gebiete des österreichischen Civilverfahrens so wichtige Gewohnheitsrecht nirgends
gesammelt und wissenschaftlich bearbeitet worden.

Nachdem durch die vorstehende Darstellung das Dasein und
die Wirksamkeit des Gewohnheitsrechtes im österreichischen
Civilprocesse festgestellt worden ist, sind noch zwei Fragen zu
beantworten: Erstens, welches sind die thatsächlichen Voraussetzungen des Gewohnheitsrechtes? Zweitens, wie ist der Beweis
des Gewohnheitsrechtes zu führen?

Was zuvörderst die erste Frage betrifft, so ist die Voraussetzung [14]) des Gewohnheitsrechtes eine Uebung, in welcher sich

---

[13]) Der Aufsatz eines anonymen Autors (Dr. D***) im Juristen, Bd. 2,
S. 294—296. sucht dieses Verfahren aus dem §. 406 A. G. O. — jedoch im
augenscheinlichen Widerspruche mit dem Wortlaute dieser Gesetzesstelle —
zu deduciren. Nippel, Erl., Bd. 2, S. 480, gibt zwar zu, dass der Richter
im §. 406 A. G. O. ausdrücklich angewiesen werde, eine Klage, welche den
Bestimmungen dieser Gesetzesstelle nicht entspricht, dem Kläger von Amtswegen zurückzustellen, er fügt jedoch hinzu, dass das im Texte dargestellte
Verfahren in der „Prax" festen Fuss gefasst habe und dass die Beseitigung
dieser zweckmässigen „Prax" auch gar nicht wünschenswerth sei. Dabei übersieht aber Nippel, dass er selbst a. a. O. S. 578—580 jedes Gewohnheitsrecht überhaupt und das abändernde insbesondere auf dem Gebiete des Civilprocesses in den entschiedensten Ausdrücken für verwerflich erklärt. — In
der W. G. G. O. §. 539 ist dagegen jenes Verfahren allerdings gesetzlich
normirt.

[14]) Es ist eine bekannte Streitfrage, ob die Uebung die Ursache der
gewohnheitsrechtlichen Normen ist (was die Ansicht der älteren Schule war),
oder ob umgekehrt die ideell bereits existirenden Rechtsnormen die Uebung
in den einzelnen Fällen hervorrufen (Savigny, Puchta, Thöl, Stobbe).
Beide Ansichten sind in dieser Allgemeinheit unrichtig, indem man vielmehr
die verschiedenen Stadien in der Bildung gewohnheitsrechtlicher Normen

eine Rechtsüberzeugung des Volkes (der ganzen Nation oder eines
Theiles derselben) ausdrückt. Es muss also erstens eine Uebung
vorhanden sein, d. h. ein gleichförmiges, dauerndes Handeln des
Volkes, welches nicht durch Acte des entgegengesetzten Handelns
oder durch Nichtübung unterbrochen sein darf. [16]) Diese Uebung

---

unterscheiden muss. In dieser Richtung ist hervorzuheben, dass die rechtlichen
wie auch die moralischen Normen eine o b j e c t i v e Existenz (etwa wie die
körperlichen Dinge) überhaupt nicht besitzen, sondern dass ihre Existenz eben
lediglich in der allgemeinen Anerkennung derselben als Regeln unseres Handelns besteht. Eine solche allgemeine Anerkennung erlangen aber die gewohnheitsrechtlichen Normen erst wenn und weil eine gehörig qualificirte Uebung
derselben vorhergegangen ist und desshalb kann man diese als Ursache der
Sätze des Gewohnheitsrechtes bezeichnen. In dem Zeitraume vom Beginne bis
zum Abschlusse der gewohnheitsrechtlichen Rechtsbildung ist dagegen eine
allgemeine Anerkennung des Rechtssatzes, folglich auch dieser selbst noch
nicht vorhanden, er kann also auch die gewohnheitsrechtliche Uebung nicht
hervorbringen. Wohl aber wirkt die partielle Anerkennung, welche sich die
in der Bildung begriffene Rechtsnorm in immer steigendem Masse erringt, unleugbar auf die Uebung derselben zurück, während umgekehrt jene partielle
Anerkennung durch die Uebung an Umfang und Intensität so lange gekräftigt
wird, bis sie sich in eine allgemeine verwandelt. Auf dieses causale Verhältniss wird desshalb am richtigsten die Kategorie der Wechselwirkung (nicht
jene von Ursache und Wirkung) angewendet. — Vgl. über diese Streitfrage
auch U n g e r , System. I, S. 37, und W i n d s c h e i d , §. 15, Note 2,
welche zwischen den beiden eben angeführten Ansichten vermitteln wollen,
indem sie die Uebung weder als Ursache noch auch als Wirkung sondern als
die Entstehungsform des Gewohnheitsrechtes ansehen. Diese Formulirung
scheint mir aber das causale Verhältniss zwischen der Uebung und dem Gewohnheitsrechte nur sehr unklar auszudrücken, S. auch noch G o l d s c h m i d t ,
Handelsrecht, §. 15, Note 18; A n s c h ü t z u. V ö l d e r n d o r f f a. a. O. Bd. 1,
S. 16; E n d e m a n n , §. 6.

[16]) Die Dauer und die Zahl der Handlungen, ferner die Bedeutung einzelner
Fälle der Nichtübung oder eines entgegengesetzten Handelns ist der Beurtheilung
des Richters überlassen. Das Jos. G. B. I §. 11 (oben S. 86) verlangt im Anschlusse an ältere Doctrinen, dass der betreffende Rechtssatz wenigstens dreimal freiwillig und wissentlich von Allen oder von dem grösseren Theile beobachtet. von der ersten Ausübung wenigstens eine Zeit von 10 Jahren verflossen und solche während dieser Zeit von Niemandem widersprochen, noch
dagegen sonst etwas Widriges vorgenommen worden sei. Schon das W. G. G.
B. enthält sich aber überhaupt einer näheren Präcisirung der Erfordernisse
einer Gewohnheit (I, §. 22). Die neuere Doctrin hat mit Recht jeden mechanischen Massstab aufgegeben und Alles dem Ermessen des Richters anheimgestellt. Im Allgemeinen wird jedoch festzuhalten sein, dass bei einem abändernden Gewohnheitsrecht, dann bei Rechtssätzen von einer häufigen Anwen

muss aber zweitens auch aus der Rechtsüberzeugung des Volkes, also nicht aus Connivenz der Parteien in den einzelnen Fällen der Uebung oder aus anderen Motiven hervorgegangen sein, welche nicht mit Bestimmtheit darauf schliessen lassen, dass die Handelnden eben nur das rechtlich Nothwendige vollziehen wollten. [16]) Dagegen wird die Geltung des Gewohnheitsrechtes nicht durch einen Irrthum der Handelnden ausgeschlossen, [17]) so wenig als der Werth

---

dung die Ausübung in grösserem Umfange nachzuweisen ist als bei dem ergänzenden Gewohnheitsrecht oder bei jenen Normen, welche sich auf selten vorkommende Fälle beziehen. Puchta a. a. O. Bd. 2, S. 79—105; Savigny, System, Bd. 1, S. 171—173: Unger, System, Bd. 1, S. 35; Windscheid, §. 16; Goldschmidt, Handelsrecht, §. 35, Note 19—22.

[16]) Während die Uebung das materielle, äusserlich sichtbare Element der Gewohnheit bildet, ist die Ueberzeugung von ihrer Nothwendigkeit (opinio necessitatis) als der ideelle, innerliche Bestandtheil derselben anzusehen. Man könnte nach Analogie des Besitzes jene als das corpus, diese dagegen als den animus der rechtserzeugenden Gewohnheit bezeichnen. Erst durch dieses ideelle Moment werden aus den zahllosen Fällen des gleichförmigen Handelns, welche wir auf allen Gebieten menschlichen Wirkens wahrnehmen können, jene Elemente herausgehoben, denen eine rechtserzeugende Kraft innewohnt. Puchta, a. a. O. Bd. 2, S. 33—39; Savigny, System, Bd. 1, S. 174; Unger, Bd. 1, S. 38; Windscheid, Bd. 1, S. 16. Das Wesen der opinio necessitatis besteht aber darin, dass die Handelnden durch ihre Handlungen den Rechtssatz als solchen ausüben wollen. Vgl. Goldschmidt, Handelsrecht, §. 35, Note 23.

[17]) Die Grundlage dieses von den meisten Schriftstellern aufgestellten Erfordernisses ist die L. 39 D. de leg. 1. 4. Quod non ratione introductum, sed errore primum, deinde consuetudine obtentum est. in aliis similibus non obtinet. Diese Stelle enthält jedoch eine Ausschliessung des auf Irrthum beruhenden Gewohnheitsrechtes nur dann, wenn man unter den aliis similibus nicht andere ähnliche, sondern andere ganz gleiche Fälle versteht — eine Interpretation, die zwar in der neueren Doctrin fast allgemein angenommen ist, aber doch mit dem Wortlaute des Gesetzes unleugbar im Widerspruch steht. Richtiger wird die L. cit. wohl so interpretirt, dass das auf einem Irrthum beruhende Gewohnheitsrecht zwar in seinem eigenthümlichen Gebiete eben so wie jede andere gewohnheitsrechtliche Norm gelten, dass aber, wenn einmal dessen irrthümliche Grundlage erkannt ist, die analoge Anwendung ausgeschlossen sein soll. Nach dieser Auslegung enthält jene Gesetzesstelle also lediglich eine sehr richtige Regel zur Interpretation des im Gewohnheitsrecht sich verkörpernden Volkswillens, zu welcher die Quellen in L. 14. 15 eod. passende Analogien bieten. Vgl. Goldschmidt, Handelsrecht, §. 35, Note 27. In der That ist der Irrthum als ein wesentliches Element der gewohnheitsrechtlichen Rechtsbildung zu betrachten, da vor dem Abschluss derselben, wie oben gezeigt wurde, die betheiligten Personen gewisse Regeln

der durch die Uebung gewonnenen Rechtsregeln (die Rationabi-
lität) für die Existenz eines Gewohnheitsrechtes von Bedeutung
ist. [18]) Denn auch ein Gesetz ist desshalb nicht weniger verbindlich, weil der Gesetzgeber zu dessen Promulgation durch einen
Irrthum veranlasst wurde oder weil sein Inhalt ein nicht ver-
nünftiger ist.

Der Beweis des Gewohnheitsrechtes kann entweder so geführt werden, dass die Uebung, auf welcher das Gewohnheitsrecht
beruht oder unmittelbar das Gewohnheitsrecht selbst erwiesen
wird. [19]) Die processualischen Vorschriften über den Beweis von

---

des Handelns als den allgemeinen Willen beobachten und ausüben, während
dieselben in Wirklichkeit erst partielle Anerkennung gefunden haben. Puchta
a. a. O. Bd. 1, S. 98—102 und Bd. 2, S. 62—79; Savigny, System, Bd. 1,
S. 174—176; Windscheid, §. 16, Note 3; Stobbe, §. 23, Note 6.

[18]) Durch dieses Requisit, welches von den gemeinrechtlichen Schriftstellern auf Grund der L. 2 C. quae sit longa cons. 8·53, c. 10. 11. X de
cons. 1.4 aufgestellt wird, sollen offenbar unsittliche oder mit den Grundlagen der staatlichen Ordnung in Widerspruch stehende Gewohnheiten ausgeschlossen werden. Dieser Zweck wird jedoch schon durch das Erforderniss
der opinio necessitatis erreicht, welche, als eine Thatsache des inneren Lebens, von dem Richter mit einer grösseren Freiheit behandelt und insbesondere bei unsittlichen oder staatsgefährlichen Gewohnheiten gewiss nie als vorhanden angenommen werden kann. Die Prüfung der Zweckmässigkeit gewohnheitsrechtlicher Normen muss dagegen dem Richter entzogen bleiben, da das
Wesen aller Rechtsvorschriften eben darin besteht, dass sie ohne Rücksicht
auf ihre Zweckmässigkeit und auf die individuellen Ansichten des Einzelnen
von dieser Zweckmässigkeit unser Handeln beherrschen. Vgl. Puchta a. a.
O. Bd. 2, S. 49—61: Savigny, System, Bd. 1, S. 176—180; Windscheid
Pand. §. 16, Note 5. Auch die Publicität der Handlungen, aus welchen sich
die Gewohnheit zusammensetzt, ist keine nothwendige Voraussetzung des Gewohnheitsrechtes. Savigny a. a. O. S. 180, 181.

[19]) Diess begründet einen wichtigen Gegensatz zu dem Beweise von
Rechtsverhältnissen, da letzterer nach der modernen Auffassung des Beweis-
rechts immer nur auf den Nachweis der rechtserzeugenden oder rechtsvernich-
tenden Thatsachen, nicht aber auf die daraus entspringenden Rechtsfolgen
geht. Bei dem Gewohnheitsrechte kann dagegen entweder die thatsächliche
Voraussetzung desselben: die Uebung oder die gewohnheitsrechtliche Norm
selbst den Gegenstand des Beweises bilden. Während es also bei den Rechtsverhältnissen immer Sache des Richters ist, die Thatsachen den Rechtsregeln zu subsumiren und daraus die Rechtsfolgen zu ziehen, wird
diese Operation in dem letzteren Falle den Auskunftspersonen, welche das
Dasein der gewohnheitsrechtlichen Normen bezeugen, überlassen, was auch
dem volksmässigen Charakter dieser Rechtsquelle vollkommen entspricht. Vgl.

Thatsachen haben jedoch in dieser Beziehung eben so wenig Giltigkeit, als sie bei dem Beweise von Gesetzen Anwendung finden. [20]) Der Richter kann demnach die Existenz eines Gewohnheitsrechtes von Amtswegen untersuchen, ohne an die Anführungen der Parteien gebunden zu sein; doch wird es für jenen
Streittheil, welcher sich auf eine gewohnheitsrechtliche Norm
gründet, immer vortheilhaft sein, die Existenz des Gewohnheits-

---

Puchta a. a. O. S. 120, 121; Savigny, System. Bd. 1, S. 183; Windscheid, §. 17; Stobbe, §. 23, 3; Goldschmidt, a. a O. S. 346, 347.

[20]) Ausser dem Nachweis der Uebung des Gewohnheitsrechtes (s. die
vorige Note) werden dem Richter frühere Entscheidungen der Gerichte, ferner
Sammlungen von Rechtsgewohnheiten und Rechtssprüchwörtern eine beach-
tenswerthe Quelle für die Erkenntniss des Gewohnheitsrechtes bieten. Auf die
Bedeutung der gerichtlichen Entscheidungen für den Beweis des Gewohnheitsrechtes wird in der L. 34 D. de leg. 1. 3 hingewiesen, was manche
ältere Theoretiker veranlasst hat, zum Beweise eines Gewohnheitsrechtes
Urtheile für unentbehrlich zu erklären. Savigny a. a. O. S. 173. Auch in
den Urtheilen der österreichischen Gerichtshöfe ist eine grosse Zahl von gewohnheitsrechtlichen Normen bezeugt, nur pflegen unsere Gerichte — eben
in Folge der vielfach verbreiteten Irrthümer über die Geltung dieser Rechtsquelle — die Sätze des Gewohnheitsrechtes durch falsche Deductionen aus
dem Gesetzesrechte zu begründen und gleichsam zu entschuldigen. So wird
z. B. der durch ein allgemeines Gewohnheitsrecht anerkannte Rechtssatz,
dass bei Executionen in Liegenschaften und in bewegliche Sachen die Kosten der Schätzung, Feilbietung und wohl auch der Kaufpreisvertheilung allen
Pfandgläubigern in der pfandrechtlichen Rangordnung vorangehen, in einer
grossen Zahl von Entscheidungen des obersten Gerichtshofes (Unger-Glaser-Walther Nr. 1773, 1961, 2265. 2354, 2373, 2385, 2395, 2463, 3095)
auf den §. 1042 B. G. B. und den §. 11 des Hofd. v. 19. Nov. 1839 Nr. 338
gegründet. Diese Deduction ist aber gewiss unrichtig, weil die erste
Gesetzesstelle augenscheinlich höchstens ein persönliches Recht des Executionsführers an die Pfandgläubiger pro rata ihrer zur Befriedigung gelangen-
den Forderungen, dagegen niemals ein pfandrechtliches Vorzugsrecht am dem
Kaufpreise rechtfertigen könnte. Auch der §. 11 cit. kann ohne Zweifel
auf andere Provinzen nicht angewendet werden, weil das ganze Gesetz ausdrücklich blos für Tirol und Vorarlberg gegeben ist, und dessen gesammter Inhalt die dortige Hypothekenverfassung zur Voraussetzung hat. Der Einschränkung des §. 11 auf sein gesetzliches Geltungsgebiet stehen die Hofd. v.
29. Dec. 1785 Nr. 509 und v. 20. Nov. 1818 Nr. 1519 (Wessely Nr. 8, 9)
gewiss nicht entgegen (wie in einzelnen Entscheidungen des obersten Gerichtshofes behauptet wird), weil diese Hofdecrete blos solche in die Justizgesetzsammlung aufgenommene Gesetze im Auge haben, welche nicht nach der
ausdrücklich erklärten Absicht des Gesetzgebers nur für einzelne Provinzen
gelten sollen.

rechtes zu behaupten und nach Möglichkeit nachzuweisen, weil
der Richter nur zur Kenntniss des promulgirten Gesetzesrechts
verpflichtet ist. [81]) Die Beweismittel, durch welche der Richter
zur Ueberzeugung von dem Dasein und Inhalt des Gewohnheitsrechtes gelangt, sind den formellen Vorschriften der Civilprocessordnung nicht unterworfen, vielmehr entscheidet der Richter über
diese Frage nach seinem freien, durch die Erwägung aller Umstände geleiteten Ermessen. [82]) Im Vergleiche mit dem Gewohn-

[81]) Vgl. Puchta a. a. O. Bd. 2, S. 169—176; Savigny, S. 187 bis
194; Endemann, Die Beweislehre des Civilprocesses (1860), S. 40—43;
Windscheid, §. 17; Stobbe, Handb. des deutschen Privatrechtes, Bd. 1,
(1871), S. 139—142 (welcher Schriftsteller aber dem Richter die Pflicht auferlegt, das örtliche Gewohnheitsrecht seines Gerichtsbezirkes zu kennen). Die
entgegengesetzte Ansicht, wornach für den Beweis des Gewohnheitsrechtes dieselben Grundsätze gelten wie für den Beweis von Thatsachen, wird von
Haimerl a. a. O. (oben Note 7), S. 10—13 vertheidigt, welcher Schriftsteller auch viel (österr.) Literatur anführt. Vgl. auch Langenbeck im Archiv
für civ. Prax. Bd. 40 (1857), S. 361 ff. Dieselben Grundsätze, wie für den
Beweis des Gewohnheitsrechtes müssen consequent auch für jenen ausländischer Gesetze gelten. Vgl. unten §. 14 und §. 21.

[82]) Das Verhältniss der einzelnen Beweismittel zu dem Beweise des Gewohnheitsrechtes wird von dem Gesichtspunkte beherrscht, dass die Constatirung der gewohnheitsrechtlichen Normen, auch wenn dieselbe in einzelnen
Fällen wegen der Unkenntniss des Richters nothwendig wird, doch immer den
Charakter einer officiösen Untersuchung hat, deren Ziel die Feststellung der
materiellen Wahrheit ist. Jene Beweismittel, welche vorherrschend formeller
Natur sind, wie z. B. die Eide und zum Theil auch das Geständniss, werden
daher bei dem Beweise des Gewohnheitsrechtes gegen die übrigen Beweismittel (Zeugen, Sachverständige, Urkunden) erheblich zurücktreten. Wird der
Beweis des Gewohnheitsrechtes durch Constatirung der Uebung desselben geführt,. so werden regelmässig Zeugen und Urkunden zu benützen sein, während die gewohnheitsrechtlichen Normen selbst am zweckmässigsten durch
Urkunden (Aufzeichnungen des Gewohnheitsrechtes) und durch Zeugen oder
durch Sachverständige dargethan werden. In der österreichischen Praxis ist
vielfach die irrige Ansicht verbreitet, dass die Existenz und der Inhalt der
gewohnheitsrechtlichen Rechtsnormen immer ein Gegenstand besonderer Fach-
kunde ist, und dass dieselben folglich — ähnlich wie Thatsachen, welche dem
Gebiete einer speciellen Fachkenntniss angehören — ausschliesslich durch
Sachverständige zu erweisen sind. Diese Auffassung hat aber nur in Ansehung
solcher gewohnheitsrechtlicher Normen eine begrenzte Berechtigung, welche
Verhältnisse ordnen sollen, die selbst Gegenstand einer besonderen Fachkenntniss sind (z. B. die Usancen in gewissen speciellen Zweigen des Waarenhan-
dels). Auch auf diesen Gebieten concurrirt übrigens mit dem Sachverständigenbeweis der Urkundenbeweis, da solche gewohnheitsrechtliche Normen besonders häufig in Sammlungen zusammengestellt sind.

heitsrechte auf dem Gebiete des Privatrechtes wird der Beweis des processualischen Gewohnheitsrechtes dadurch erheblich erleichtert, dass die Acte seiner Uebung regelmässig vor Gericht stattfinden, so dass der entscheidende Richter selbst zugleich der berufenste Zeuge über das Dasein und den Inhalt des processualischen Gewohnheitsrechtes ist.

9

Literatur des österreichischen Civilprocessrechtes.

Die Literatur des österreichischen Civilprocesses befindet sich im Allgemeinen auf jenem Standpunkte, auf welchem die Literatur des österreichischen Privatrechtes vor dem Erscheinen von Unger's System gestanden ist. Wenn man einzelne wenige Aufsätze und Monographien (namentlich von Pratobevera, Fischer, Rizy und Heyssler) ausnimmt, so muss man allen übrigen civilprocessualischen Schriften fast den wissenschaftlichen Charakter absprechen. Die engen Beziehungen zwischen der Civilprocesstheorie und der juristischen Praxis legten es ohnehin den Bearbeitern des Civilprocesses sehr nahe, eine mehr praktische Richtung einzuschlagen und diess hat unter dem Einfluss der unwissenschaftlichen Strömung jener Zeiten bewirkt, dass die ganze civilprocessualische Literatur mit wenigen Ausnahmen in dem Streben aufging, dem juristischen Handwerk in seiner trivialsten Auffassung zu dienen und es zu erleichtern. Die Monographien und die zahlreichen Abhandlungen über einzelne Materien werden in dem System selbst am gehörigen Orte angegeben werden. Was die Gesammtdarstellungen des österreichischen Civilverfahrens betrifft, so ist hervorzuheben, dass der gesammte Rechtsstoff in viele einzelne Gesetze zersplittert ist (s. oben §. 5 bis 7) und desshalb für eine exegetische Darstellung des österreichischen Civilprocessrechtes keine so umfassende Grundlage bot wie das bürgerliche Gesetzbuch für das Privatrecht. Die hier anzuführenden Schriften sind desshalb keine Gesammtdarstellungen des österreichischen Civilprocessrechtes, sondern lediglich Commentare zu der Gerichtsordnung, welche blos das Verfahren normirt; und selbst die höchst mangelhaften Versuche einer systematischen Darstellung des österreichischen Civilprocessrechtes beschränken sich im Wesentlichen auf den Stoff, welchen die allgemeine Ge-

7*

richtsordnung enthält. Ich hebe aus der grossen Zahl von Schriften dieser Art als die relativ bedeutendsten die nachfolgenden hervor, indem ich rücksichtlich der übrigen auf das bibliographische Werk von Stubenrauch [1]) verweise.

A. Sammlungen der Civilprocessgesetze.

1. Dr. Joseph Wessely, Handbuch des gerichtlichen Verfahrens in und ausser Streitsachen für Böhmen, Mähren, Oesterreich, Steiermark, Illirien und für alle Militärgerichte. 3. Aufl., · Prag 1846, 3 Bde.

Dieses Handbuch enthält im ersten Baude den Text der allgemeinen Gerichts- und der (gegenwärtig abrogirten) Concursordnung und die Gesetze über die summarischen Processe, so weit diese bis zum Jahre 1846 bereits erschienen waren. Der zweite und dritte Band enthalten die Gerichtsinstructionen und die Verordnungen über das Taxwesen, welche Gesetze jedoch zum grossen Theile bereits aufgehoben sind. Der erste Band enthält neben dem Texte der allgemeinen Gerichtsordnung unter fortlaufenden Nummern alle nachträglichen Verordnungen in einem vollständigen und genauen Abdruck. In dem vorliegenden Werke werden die Gesetze, welche bis zum Jahre 1846 kundgemacht wurden, nach diesem Handbuche unter blosser Anführung des Herausgebers citirt. So bedeutet z. B. das Citat: Hofd. v. 15. Jänner 1787 Nr. 620 lit. n, Wessely 368, jenes Gesetz, welches in Wessely's Handbuch im ersten Band unter der Nr. 368 aufgenommen ist.

2. Derselbe, Handbuch des gerichtlichen Verfahrens in und ausser Streitsachen für Salzburg, Tirol, das Küstenland und Dalmatien. 3. Aufl. (1846), 3 Bde.

Derselbe, Handbuch des gerichtlichen Verfahrens in und ausser Streitsachen für Galizien und die Bukowina. 3. Aufl. (1846), 3 Bde.

Die beiden Sammlungen enthalten die westgalizische Gerichtsordnung in ihrer ursprünglichen und in den späteren (nur sehr wenig abweichenden) Redactionen sammt allen in den betreffenden Provinzen geltenden Nachtragsverordnungen. In Beziehung

---

[1]) Moriz v. Stubenrauch, Systematisches Handbuch der Literatur der Gerichts- und Concursordnung (1840), S. 49—80.

auf die Anordnung des Stoffes stimmen die beiden Sammlungen mit der unter Nr. 1 bezeichneten Ausgabe überein.

3. W. Th. Frühwald, Sammlung der in Bezug auf die allgemeine Gerichts- und Concursordnung in den Jahren 1846 bis 1855 erflossenen und in der Justizgesetzsammlung v. 1835—1846 enthaltenen Gesetze und Verordnungen nebst der neuen Notariatsordnung und dem Verfahren über Notariatsurkunden. Wien. 1855.

Diese Sammlung schliesst sich an das unter Nr. 1 erwähnte Werk Wessely's ergänzend an und hat auch im Wesentlichen dieselbe Einrichtung.

4. Die Sammlung der sämmtlichen österreichischen Civilprocessgesetze und der Concursordnung in der Taschenausgabe österr. Gesetze von G. J. Manz 6. Bd. 5. Aufl. Wien 1873.

Diese Sammlung enthält einen vollständigen Abdruck der wichtigeren Civilprocessgesetze, welche bis zum Jahre 1873 erschienen sind, während die minder wichtigen, insbesondere die nachträglichen, erläuternden Verordnungen blos in Auszügen aufgenommen sind, die in einzelnen Fällen den Sinn der Gesetze nur ungenau wiedergeben. Die Sammlung enthält nicht beide in Oesterreich geltenden Gerichtsordnungen, sondern lediglich die allgemeine (josefinische) Gerichtsordnung.

5. Die westgalizische Gerichtsordnung sammt allen dieselbe erläuternden Gesetzen und Verordnungen und den grundsätzlichen Entscheidungen des obersten Gerichtshofes (der Manz'schen Taschenausgabe 16. Band). Wien 1874.

Diese Ausgabe enthält blos den Text der westgalizischen Gerichtsordnung mit den erläuternden Verordnungen, welche sich unmittelbar auf dieses Gesetz beziehen. Alle übrigen civilprocessualischen Gesetze, insbesondere jene über die Organisation, den Geschäftsgang und die Competenz der Gerichte, ferner über die summarischen Processe sind nicht aufgenommen.

B. Darstellungen des österreichischen Civilverfahrens.

1. F. G. v. Kees, Commentar über Josef's II. allgemeine Gerichtsordnung. Wien, 1789. Fol.

Der Verfasser, welcher sich an der Ausarbeitung der civilprocessualischen Gesetze unter Josef II. in umfassendem Masse betheiligte, gibt in dieser Schrift den Text und einen fortlaufenden Commentar der allgemeinen Gerichtsordnung, in welchen auch die zu jener Zeit erschienenen Novellen verarbeitet sind. Bei wichtigen Rechtssätzen sowie auch bei solchen, wo die josefinische Gerichtsordnung von dem früheren Rechte abgewichen ist, beabsichtigte Kees die Gründe anzugeben, welche die Gesetzgebung zu dieser Abweichung veranlasst haben; doch hat er diese Absicht, insbesondere was die Vergleichung mit dem früheren Rechte betrifft, nur in sehr geringem Umfange verwirklicht. Jedem Paragraph ist eine Hinweisung auf die entsprechenden Stellen der von dem Kaiser Josef II. für Ungarn und die Lombardei erlassenen Gerichtsordnungen beigefügt. Von der Schrift, welche einen bedeutenden Werth besitzt, weil sie uns einen Einblick in die Ansichten der damaligen leitenden Kreise gewährt, ist nur der erste Theil (bis §. 103 der allgemeinen Gerichtsordnung) erschienen.

2. A. W. Gustermann, Oesterreichische Privatrechtspraxis, enthaltend die Theorie des bürgerlichen Processes und die Geschäfte des adeligen Richteramtes und den Justizgeschäftsstyl. 2. Aufl. 3 Bde. Wien 1805. — Eine 3. Auflage dieses Werkes erschien unter dem Titel: Oesterreichische Privatrechtspflege. Enthaltend das gerichtliche Verfahren in bürgerlichen Rechtssachen und den Justizgeschäftsstyl. 2 Bde. (1822, 1823). Doch fehlt in dieser Auflage die Formulariensammlung (siehe unten), welche uns über die Praxis jener Zeit manche interessante Aufklärung gibt.

Der Inhalt dieses Werkes ist durch den Titel desselben gekennzeichnet. Es behandelt in systematischer Form nicht nur die in der allgemeinen Gerichtsordnung enthaltenen Materien, sondern auch die Organisation, Competenz und innere Einrichtung der Gerichte, die Bestimmungen über die Parteien und ihre Vertreter und überhaupt die ganze Civilprocesstheorie. Ausserdem wird auch das Verfahren ausser Streitsachen (in Eintrachtssachen) abgehandelt. Der dritte Band enthält Beispiele von Geschäftsaufsätzen des Richters und der Parteien (Formularien). Das Werk ist, obgleich in vielen Richtungen veraltet, doch noch gegenwärtig nicht ohne Werth. Die Einwirkung der gemeinen Processtheorie, wie sich dieselbe am Ende des vorigen Jahrhunderts ausgebildet hatte, ist in der Schrift noch überall wahrzunehmen.

3. Georg S c h e i d l e i n, Erläuterungen über die allgemeine bürgerliche Gerichtsordnung. Wien 1806. 2 Bde.

Diese Schrift ist ein Abdruck der exegetischen Vorlesungen, welche der Verfasser an der Wiener Universität über die allgemeine Gerichtsordnung hielt. Der Text des Gesetzes ist in diesem Commentar von den Erläuterungen typographisch nicht geschieden, so dass jeder Paragraph dieser Schrift sich als eine fortlaufende Abhandlung über die Materien des entsprechenden Paragraphen der allgemeinen Gerichtsordnung darstellt. In der ganzen Schrift ist, obgleich sie einen wissenschaftlichen Charakter haben sollte, von einem Einflusse der gemeinrechtlichen Theorie fast gar keine Spur mehr wahrzunehmen; der Verfasser sucht überall den Rechtsstoff aus dem blossen Texte des Gesetzes und der nachträglichen Verordnungen zu gewinnen.

4. F ü g e r - W e s s e l y - D a m i a n i t s c h, Gerichtliches Verfahren in Streitsachen nach der österreichischen allgemeinen Gerichts- und Concursordnung vom 1. Mai 1781. 7. Aufl. 2 Bde. Wien 1862.

Diese Schrift enthält einen fortlaufenden Commentar der Gerichts- und Concursordnung, dann die Gesetze über die summarischen Processe mit Formularien. Der Commentar enthält wenig mehr als eine Verarbeitung der nachträglichen Verordnungen; die einheimische und auswärtige Processliteratur ist fast gar nicht berücksichtigt. Ueberhaupt hat dieses vielverbreitete Werk gar keinen wissenschaftlichen und nur einen sehr mässigen praktischen Werth.

5. Franz Xaver N i p p e l, Erläuterung der allgemeinen Gerichtsordnung vom 1. Mai 1781, nebst einem Anhange, die Erörterung der Abweichungen der westgalizischen Gerichtsordnung enthaltend. Auf Grundlage des begonnenen Commentars des Hofrathes Franz Georg Edler v. K e e s. 2 Bde. Wien 1845—1847.

Der Inhalt dieser Schrift ist durch ihren Titel richtig charakterisirt. Der Verfasser verwahrt sich in der Vorrede zu dem zweiten Bande mit grosser Entschiedenheit gegen die Auffassung seiner Schrift als einer wissenschaftlichen Arbeit und gibt als Zweck derselben an, „dem Praktiker ein Handbuch in die Hände zu liefern, durch welches ihm die Anwendung der einzelnen Bestimmungen der Gerichtsordnung auf vorkommende Fälle erleichtert werden sollte." Innerhalb dieser engen Grenzen, welche der

Verfasser selbst seinem Werke gesetzt hat, ist dasselbe aber vorzüglich brauchbar und es kann von allen Commentaren über die
allgemeine Gerichtsordnung als der vorzüglichste bezeichnet werden. Vgl. die Recension über diese Schrift v. Haimerl in der
Zeitschrift für österr. Rechtsgelehrsamkeit (1845), Bd. 3, S. 141
bis 172, 383—406, 535—558, (1847), Bd. 2, S. 153—175, 242
bis 255, (1848), Bd. 1, S. 515—527.

6. Dr. Carl Beidtel, Handbuch des österreichischen Gerichtsverfahrens, 1 Bd., Das ordentliche Verfahren in Streitsachen.
Wien 1853.

Diese Schrift sollte im ersten Bande den gemeinen Process,
im zweiten die neben dem gemeinen Process geltenden Verfah-
rungsweisen in streitigen Rechtsangelegenheiten, im dritten das
gerichtliche Verfahren ausser Streitsachen, endlich im vierten die
Gerichtsverfassung darstellen. Ohne ersichtlichen Nachtheil für
die Theorie des österreichischen Civilprocesses ist es bei der Her-
ausgabe des ersten Bandes verblieben, welcher den ordentlichen
Process enthält. Die gemeinrechtliche und die österreichische
Literatur ist zwar in einem grösseren Umfange benützt als in
den übrigen Gesammtdarstellungen des österreichischen Civilverfahrens, doch mangelt augenscheinlich überall die Kraft zur wissenschaftlichen Durchdringung und Darstellung des weitläufigen
Stoffes. Vgl. die Kritik dieser Schrift von Dr. Josef Bauer in
Haimerl's Magazin, Bd. 8 (1853), S. 140—144, 253—264.

7. Haimerl, Darstellung der neuesten gesetzlichen Bestimmungen über die innere Einrichtung und Geschäftsordnung der
Civilgerichte in Oesterreich. Wien 1856.

Derselbe, Darstellung der neuesten Competenzvorschriften
(Jurisdictionsnormen) für die Civilgerichte in Oesterreich. 3. Aufl.
Wien 1856.

Derselbe, Darstellung der gesetzlichen Bestimmungen über
die Parteien und deren Stellvertreter im civilgerichtlichen Verfahren in Oesterreich. Wien 1857.

Diese drei Schriften waren nach der Absicht des Verfassers
dazu bestimmt, sich einer Gesammtdarstellung des österreichischen
Civilprocesses als Bestandtheile einzuordnen und es sollte denselben die Theorie des Civilverfahrens selbst folgen, was aber desshalb unterblieb, weil damals, wie nunmehr schon fast seit einem
Jahrhundert, die Publication einer neuen Civilprocessordnung

bevorstand. Der Verfasser verfolgt lediglich den Zweck, eine Zusammenstellung der geltenden Gesetze zu geben; „Originäres"
oder auch nur Neues will er nach Möglichkeit vermeiden. In der
That bietet auch Haimerl nichts als den positiven Gesetzes-
stoff in einer systematischen Anordnung, welche sich im Wesentlichen meistens der Legalordnung anschliesst. Dagegen mangelt
gar sehr die wissenschaftliche Beherrschung des Stoffes, wie
überhaupt die vorerwähnten drei Werke nicht blos einen entschiedenen Rückschritt gegen die Schriften von Pratobevera,
Fischer und Rizy, sondern auch gegen Haimerl's eigene
Schriften aus der früheren Zeit zeigen. [2])

---

[2]) Auch die ungarische Civilprocessordnung (oben §. 6 Note 26) hat
eine ziemlich reichhaltige Literatur hervorgerufen, welche mittelbar auch für
das österreichische Civilprocessrecht benützt werden kann. Ich hebe aus den
zahlreichen Bearbeitungen dieses Gesetzes hervor: Schuster, Die Civilprocessordnung für die Königreiche Ungarn, Croatien und Slavonien, die Wojwod-
schaft Serbien und das Temeser Banat, dann für das Grossherzogthum Siebenbürgen und die damit vereinigten Theile. 3. Aufl. 1859. (Eine brauchbare
Schrift, die durch eine umfangreiche, wenngleich zumeist sehr äusserliche Benützung der österreichischen und gemeinrechtlichen Processliteratur bemerkenswerth ist). Alois Sentz, Die provisorische Civilprocessordnung für Siebenbürgen (1852). Die weitere Literatur der ungarisch-siebenbürgischen Civilprocessordnung s. bei Schuster a. a. O. S. 55, 56.

Dritter Abschnitt.

Von der Auslegung der Civilprocessnormen. [1]

§. 10.

Die historische Auslegung. [2]

Durch die Kritik in ihren verschiedenen Formen [3] wird uns ein bestimmter Gesetzestext, d. h. ein Aggregat von Sätzen ge-

---

[1] Auch die Lehre von der Auslegung der Gesetze wird von den processualischen Schriftstellern der Theorie des Civilrechtes überlassen. Dieselben Gründe, welche eine abgesonderte Darstellung des Gewohnheitsrechtes in dem System des österreichischen Civilprocessrechtes als nothwendig erscheinen lassen (s. oben §. 8), machen auch eine Behandlung dieser Lehre mit besonderer Rücksicht auf das österreichische Civilprocessrecht unerlässlich. Denn die Bestimmungen des §. 437 A. G. O. über die Auslegung der Civilprocessnormen wurden durch das Jos. G. B. I. §. 24—26, jene des §. 575 W. G. G. O. durch das W. G. G. B. Th. 1 §. 18, 19 (wenigstens in jenen Ländern, in welchen beide Gesetzbücher publicirt wurden) aufgehoben. Da nun das Einführungspatent des A. B. G. B. das josefinische und das westgalizische Gesetzbuch in ihrer Totalität abrogirte, ohne dass doch die Normen des allgemeinen bürgerlichen Gesetzbuches über die Auslegung der Gesetze auf die Rechtssätze des Civilprocesses Anwendung finden können (s. oben §. 8 Note 7), so ist in dieser Richtung auf dem Gebiete unserer Disciplin ein vollständiges Vacuum vorhanden, welches durch richtige Theorien über die Gesetzesinterpretation auszufüllen ist.

[2] Savigny, System, Bd. 1, S. 206—262; Arndts Lehrbuch §. 5—9; Windscheid, Lehrbuch §. 20—22; Brinz, Lehrbuch §. 28—30; Stobbe, Handbuch des deutschen Privatrechtes, Bd. 1 §. 26; Goldschmidt, Handb. des Handelsrechtes, Bd. 1 §. 34. Für das österreichische Recht vorzüglich Unger, System, Bd. 1, S. 76—96. Vgl. auch Nippel, Erl., Bd. 1, S. 8—10 und Bd. 2, S. 576—582, 772; Beidtel, Handb., Bd. 1, S. 37—40.

[3] Die Lehre von der Kritik der Gesetzestexte bietet in ihrer Anwendung auf die Normen des österreichischen Civilprocesses keine besonderen

liefert, welche sich in letzter Auflösung in Befehle des Gesetzgebers zu einem bestimmten Handeln oder Unterlassen verwandeln lassen. Sollen nun die Personen, an welche diese Befehle
gerichtet sind, also im Civilprocesse vorzüglich der Richter, die
Parteien und ihre Vertreter, denselben im wirklichen Leben Folge
leisten, so müssen sie zunächst den Inhalt der Rechtsregeln auffassen, sich geistig aneignen. Die Thätigkeit, durch welche diese
geistige Aneignung des gesetzgeberischen Gedankens erfolgt, ist
die Auslegung.[4]

Die Auslegung schliesst ein doppeltes Element in sich: ein
historisches und ein praktisches.[5] Die Aufgabe der historischen

---

Eigenthümlichkeiten dar. Es genügt desshalb hier, für das gemeine Recht auf
die trefflichen Darstellungen von Savigny, System, Bd. 1, S. 240—252,
Arndt's Lehrbuch §. 9, Windscheid, §. 21 Note 1, für das österreichische Recht auf Unger, System, Bd. 1, S. 73—76 hinzuweisen. Man
pflegt die Kritik, je nachdem sie sich mit der Feststellung der Echtheit des
Gesetzestextes im Ganzen oder mit der Herstellung des Textes im Einzelnen
beschäftigt, in höhere und niedere zu unterscheiden. Vgl. jedoch auch Arndts
a. a. O. §. 9. In unserer Zeit, wo die Gesetze gewöhnlich in authentischen,
sorgfältig revidirten Abdrücken vorliegen, ist beiden Arten der Kritik nur ein
verhältnissmässig geringer Spielraum gegönnt.

[4] Mit Recht hat Savigny a. a. O. Bd. 1. S. 206—208 die Ansicht
zahlreicher älterer Schriftsteller, dass die Auslegung nur bei dunklen Gesetzen nothwendig und möglich sei, bekämpft und darauf hingewiesen, dass
die geistige Thätigkeit, welche wir als Auslegung bezeichnen, der Anwendung
jeder Rechtsnorm vorangehen müsse. Ebenso Arndts §. 6, 7, Windscheid
§. 20, Unger, System, Bd. 1, S. 76—78, A. A. Brinz, Pand. §. 28. Die
Frage ist übrigens vorherrschend eine terminologische.

[5] Der Eintheilungsgrund ist bei dieser Eintheilung der Zweck der
Auslegung; soll durch diese der Wille des Gesetzgebers, mag derselbe in den
Worten des Gesetzes ausdrücklich ausgesprochen oder blos gedacht worden
sein, lediglich reconstruirt werden, so ist eine historische, in jedem anderen
Falle eine praktische Auslegung der Rechtsnormen vorhanden. Vergl. unten
Note 7. Die herrschende Meinung unterscheidet die Auslegung nach der Beschaffenheit der Thätigkeit, welche der Ausleger entwickelt, in eine
grammatische und in eine logische; unter jener verstehen die civilistischen
Schriftsteller die wörtliche Auffassung der Gesetzestexte mit Rücksicht auf
den Sprachgebrauch und die Sprachgesetze, unter dieser jede Auslegung,
welche über die Grenzen der grammatischen Interpretation hinausgeht. Arndts
§. 7; Windscheid, §. 22 a. E. Etwas abweichend Unger, System, Bd. 1,
S. 78, 79 u. A. Diese Unterscheidung ist m. E. durchaus unrichtig und ver-
wirrend. Sowohl die sogenannte grammatische als auch die sogenannte logische
Auslegung der Rechtsnormen bestehen aus logischen Operationen und ein

Auslegung kann in zwei Fragen zusammengefasst werden: Was hat der Gesetzgeber in dem auszulegenden Text wirklich gesagt? Was hat er in demselben sagen wollen? Die historische Interpretation betrachtet also das Gesetz als eine geschichtliche Thatsache, welche in ihrer wahren Bedeutung festzustellen ist, ohne Rücksicht, ob das gewonnene Resultat auf das wirkliche Leben, welches durch die Rechtsnormen beherrscht werden soll, mit Nutzen angewendet werden kann oder nicht. Der Zweck der historischen Auslegung ist folglich, in dem Bewusstsein des Auslegers den Gedanken des Gesetzgebers in voller Congruenz zu reconstruiren. [6])

Unterschied ist nur etwa in der Richtung anzuerkennen, dass bei jener vorherrschend die elementaren Formen des Denkens (Begriff, Urtheil, Schluss), bei dieser dagegen auch die methodischen (Analogie, Aufhebung von Widersprüchen, das systematische Element) zur Anwendung kommen. Vgl. unt. Note 11. Irrig ist auch, wenn Savigny, System, Bd. 1, S. 212—216, ein grammatisches, logisches, historisches und systematisches Element in der Auslegung unterscheidet. Denn das grammatische Element ist augenscheinlich ein Bestandtheil der historischen (Note 8), das systematische Element eine Abart der logischen Auslegung. Durch die im Texte vorgeschlagene Eintheilung wird erst eine Scheidung der Methoden, welche man unter der Bezeichnung Auslegung der Gesetze zusammenfasst, auf sicherer Grundlage möglich gemacht. Durch die Unterscheidung der historischen und der praktischen Auslegung wird auch der eigenthümlichen Natur des Rechtes Rechnung getragen, welches der wissenschaftlichen Bearbeitung eine historische und eine praktische Seite bietet: eine historische, weil die Entstehung und Fortbildung des Rechtes geschichtliche Ereignisse sind, eine praktische, weil das Recht das Leben der Gegenwart beherrschen und ihren Bedürfnissen dienen soll.

[6]) Savigny, welcher den Begriff der Gesetzesauslegung in einem sehr weiten Umfange auffasst, und dazu auch die praktischen Formen (die Aufhebung von Widersprüchen und die Analogie, s. unten §. 11) rechnet, definirt mit Unrecht die Auslegung als die Reconstruction des dem Gesetze innewohnenden Gedankens, da die im folgenden Paragraphen (§. 11) dargestellte praktische Auslegung die Grenzen des im Gesetze enthaltenen Gedankenkreises entschieden, und zwar mit Bewusstsein überschreitet. Jene Begriffsbestimmung ist vielmehr nur auf die Methoden anwendbar, welche ich hier unter dem Begriffe der historischen Auslegung vereinigt habe. Zu eng ist wohl auch die Aufgabe der Auslegung aufgefasst, wenn Arndts (§. 6) sie als eine Thätigkeit, welche die Ermittlung des Sinnes der Gesetze oder wenn Windscheid sie als die Darlegung ihres Inhaltes definirt, da diese Begriffsbestimmungen auf die praktischen Auslegungsmethoden — welche doch beide Schriftsteller in der Lehre von der Auslegung darstellen — gewiss nicht passen. Unger. System, Bd. 1, S. 77, 78 versteht unter Auslegung die

Die Rechtswissenschaft hat diese reconstruirende Thätigkeit mit allen anderen Disciplinen gemein, welche sich mit der Darstellung und Deutung historischer Thatsachen befassen, insbesondere aber mit jenen, deren Gegenstand (wie z. B. in der Philologie) vorzüglich die Auslegung historisch gegebener Texte bildet. [7])

Der juristischen Auslegung ist jedoch durch die eigenthümliche Natur des Rechtes noch eine weitere Aufgabe gestellt. Die Rechtssätze sind nämlich nicht blosse historische Thatsachen, sondern sie sind zur Anwendung auf das wirkliche Leben bestimmt; mit einer geringen Zahl von Rechtsregeln, zum Theil von höchst unvollkommener Fassung, soll der ganze, unendlich reiche Lebensinhalt eines Volkes in zahlreichen Geschlechterfolgen beherrscht und geordnet werden. Damit dieser Aufgabe genügt werden könne, ist in vielen Fällen eine Umbildung des historisch gefundenen Rechtsstoffes: die praktische Auslegung (§. 11) erforderlich, deren Wesen durch die Frage bezeichnet werden kann: Was hätte der Gesetzgeber in dem Gesetze sagen sollen?

Erforschung des Sinnes des Gesetzes durch Ermittlung und Berücksichtigung aller Umstände, aus denen der Wille des Gesetzgebers erschlossen werden kann und die Entwicklung des Inhaltes des Gesetzes nach allen seinen Richtungen und Beziehungen. Unger zählt daher zu der Auslegung nur die historischen Auslegungsmethoden und schliesst eben desshalb ganz consequent die wichtigste der praktischen Auslegungsmethoden: die Analogie von der Darstellung unserer Lehre aus. Vgl. System, Bd. 1, S. 39—67.

[7]) Der philologische Ausleger wird daher seine Aufgabe am besten erfüllen, wenn er sich auf den in seinem Texte zum Ausdruck gelangten Gedankenkreis vollständig beschränkt und diesen dem Leser mit der grössten Klarheit und Anschaulichkeit zum Bewusstsein bringt. Fälle und Möglichkeiten zu untersuchen, an die sein Autor nicht gedacht hat, ist dem Zwecke des philologischen Auslegers an sich vollkommen fremd. Kein Philolog wird z. B. im Ernste Untersuchungen über die Frage anstellen, welches Aussehen die späteren Gesänge der Iliade erhalten hätten, wenn Patroklus, statt von Hector erschlagen zu werden, gesund und wohlbehalten in das Lager der Griechen zurückgekehrt wäre. Der juristische Ausleger muss dagegen, wenn er seiner Aufgabe genügen will, unaufhörlich die Grenzen der Gedankenwelt überschreiten, von welcher der Gesetzgeber bewegt war und die Rechtsnormen auf Erscheinungen ausdehnen, an welche dieser nicht gedacht hat oder wohl gar nicht denken konnte. Nur in rein geschichtlichen Werken (z. B. in einem Compendium der Institutionen des römischen Rechtes) kann auch der juristische Schriftsteller sich blos mit der Darstellung und Deutung des Gedankenkreises seiner Rechtsquellen genügen lassen.

Was die historische Auslegung der Gesetze betrifft, so
ist in dieser Beziehung zuvörderst die erste Frage zu lösen: Was
hat der Gesetzgeber in einem bestimmten Gesetze wirklich gesagt?
Die Beantwortung dieser Frage erfolgt durch die sogenannte
grammatische Auslegung, deren Eigenthümlichkeiten sich nach
dem auszulegenden Texte richten. Gehört dieser einer Zeit an,
welche von der Gegenwart nicht allzusehr entfernt ist, so können
die Bedeutungen, welche die einzelnen Worte und Satzfügungen
in dem gegenwärtigen Sprachgebrauche besitzen, auch ohne Bedenken dem Texte des Gesetzes unterlegt werden.[8] Da die Gesetze den Zweck haben, das Handeln von ganzen Völkern oder
Volkstheilen zu ordnen, so ist regelmässig anzunehmen, dass der
Gesetzgeber aus Rücksichten der leichteren Verständlichkeit besondere Eigenthümlichkeiten des sprachlichen Ausdruckes nach
Möglichkeit vermieden und sich dem allgemein herrschenden
Sprachgebrauche angeschlossen hat. Gehört dagegen das auszulegende Gesetz einer entfernten Zeitperiode an, wie diess bei
unserer allgemeinen Gerichtsordnung der Fall ist, so muss die
Bedeutung des Gesetzestextes, und zwar sowohl der Worte im
Einzelnen als auch im Zusammenhange vermittelst historischer
Untersuchungen aus dem Sprachgebrauche der Entstehungszeit
festgestellt werden.[9] Als Hilfsmittel kann zu diesem Ende der
Sprachgebrauch gleichzeitiger Schriften, insbesondere aber auch
der gleichzeitigen, dann der früheren oder späteren Gesetze
dienen.[10] In beiden Fällen jedoch, mag das Gesetz einer nahen

[8] Die Kenntniss des Sprachgebrauches der Gegenwart ist ohne Zweifel
ein Bestandtheil der historischen Disciplinen, ihre Anwendung auf einen Gesetzestext eine historische Operation. Nur ist freilich jene historische Kenntniss innerhalb der Mitglieder eines Volkes sehr verbreitet.

[9] Wenn z. B. einzelne Civilprocessgesetze von den Nothdurfts-
handlungen der Parteien (§. 21 A. G. O., Res. v. 16. Juni 1784 Nr. 306
J. G. S lit. t u. c) oder von der Legung neuer Beweismittel (Res. v.
31. Oct. 1785 Nr. 489 lit. y, Wessely 352) sprechen, so kann die Bedeutung dieser gegenwärtig nicht mehr üblichen Worte nur aus dem Sprachgebrauche der Entstehungszeit jener Gesetze festgestellt werden. Andere Beispiele in dem Aufsatze von Helm, Kritik einiger besonderen, bei der Auslegung der Gesetze vorkommenden Regeln. in Wagner's Ztschr. (1828),
Bd. 2, S. 255—264 und Stubenrauch ebenda (1841), Bd. 1, S. 128—130.

[10] L. 26, 28 D. de leg. I, 3. Non est novum, ut priores leges ad
posteriores trahantur .... sed et posteriores leges ad priores pertinent, nisi

oder einer entfernten Vergangenheit angehören, ist die Aufgabe des Auslegers eine rein historische, da es sich zunächst noch lediglich darum handelt, die Bedeutung der gegebenen Gesetzestexte, also eine der Vergangenheit angehörende historische Thatsache für das Verständniss der Mitlebenden zu reconstruiren. [1])

Mit der Feststellung der Bedeutung, welche die Rechtsnormen nach dem Sprachgebrauche ihre Entstehungszeit haben, ist jedoch die Aufgabe der historischen Auslegung noch keineswegs vollendet. Die Befehle, welche die gesetzgebende Gewalt an die Staatsgenossen richtet, und welche deren natürliche Freiheit hemmen und beschränken, sind immer die Wirkungen von Ursachen, welche den Gesetzgeber beeinflusst und zur Erlassung des Gesetzes bestimmt haben. Dadurch also, dass man die Natur der durch jene Einflüsse hervorgebrachten Wirkung (das consequens) auf geschichtlichem Wege feststellt, wird dem Zwecke der historischen Auslegung nur zur Hälfte Genüge gethan; eine weitere Aufgabe dieser Letzteren geht dahin, den ersten Theil des Causalzusammenhanges, welcher zu der Erlassung des Gesetzes geführt hat, nämlich die den Gesetzgeber bestimmenden Ursachen (das antecedens) historisch festzustellen.

Die Motive, welche den Gesetzgeber zur Erlassung eines Gesetzes bestimmt haben, können aus sehr verschiedenen Quellen geschöpft werden. Der höchste Grad von Gewissheit ist vorhanden, wenn der Gesetzgeber selbst die Motive der von ihm aufgestellten Rechtsnormen bekanntgegeben hat. Diess kann entweder so geschehen, dass der Gesetzgeber die Ursache des Gesetzes in dieses selbst aufnimmt, was insbesondere in den Constitutionen

---

contrariae sint; idque multis argumentis probatur. Diese Stellen, welche zunächst von der Bedeutung des Inhaltes früherer und späterer Gesetze für die Auslegung eines bestimmten Gesetzestextes sprechen, können analog auch auf den Sprachgebrauch angewendet werden.

[1]) Für unrichtig halte ich es, wenn zahlreiche Schriftsteller (Unger, System, Bd. 1, S. 78 ff., Windscheid, Pand., §. 21, Arndts §. 6 u. A.; etwas anders Savigny, System, Bd. 1, S. 213 ff.) der grammatischen Auslegung die logische entgegensetzen. Wenn der Ausleger zu den einzelnen Worten des Gesetzestextes die entsprechenden Begriffe und aus dem sprachlichen Zusammenhange dieser Worte deren logisches Verhältniss zu erforschen sucht, so sind diess augenscheinlich im vorzüglichen Sinne logische Operationen, wie denn überhaupt die Sprache nichts als die concrete, volksthümliche Form der Logik ist. Vgl. Note 5.

der römischen Kaiser und der Päpste, dann in der älteren deutschen Gesetzgebung[12]) sehr häufig vorkommt; oder der Gesetzgeber kann die Motive der Rechtsnormen in einer besonderen Schrift vereinigen, welcher Vorgang vorherrschend in der neueren Zeit beobachtet wird.[18]) Werthvolle Aufschlüsse über die Gründe der Gesetze liefern auch die Verhandlungen der Fachcommissionen,

---

[12]) Die grösseren österreichischen Civilprocess-Codificationen enthalten — im Gegensatz zu der preuss. A. G. O. — nur sehr selten die Motive, welche den Gesetzgeber zur Erlassung der einzelnen Rechtsnormen bestimmt haben. Desto häufiger wird aber der Gesetzesgrund in den zahlreichen Verordnungen angegeben, durch welche unsere grösseren Civilprocessgesetze erläutert oder modificirt worden sind, was sich daraus erklärt, dass dieselben regelmässig mit Rücksicht auf einzelne Fälle erlassen worden sind. Vgl. z. B. die Gesetze bei Wessely Nr. 238, 268, 391, 418 u. A. Der in dem Gesetze angeführte Grund hat zuweilen die Rechtsnorm zur logischen Folge; in diesem Falle hat die Rechtsregel nicht einen dispositiven, sondern einen blos declaratorischen, theoretischen Charakter. Diess ist z. B. der Fall, wenn das II. K. D. v. 16. März 1826 Nr. 2173 (Wessely Nr. 238) das Zehentrecht für ein Privatrecht erklärt und — als eine nothwendige Folge dieser Auffassung — die Cognition über Zehentstreitigkeiten den Gerichten zuweist. In anderen Fällen erscheint der Grund blos als ein den Willen des Gesetzgebers bestimmendes Moment, welches den ausgesprochenen Rechtssatz wohl als Wirkung hervorbrachte, aber nicht als logische Folge in sich schliesst. Ein Beispiel dieser Art bietet das Hofd. v. 22. Oct. 1814 Nr. 1106 (Wessely Nr. 268), welches die in hebräischer Sprache oder Schrift geschriebenen Urkunden für ungiltig erklärt und als Grund dieser Rechtsregel anführt, dass „die für die Israeliten vormals bestandenen Rabbinalgerichte überall aufgehoben und die israelitischen Glaubensgenossen angewiesen worden sind, eben dort, wo die christlichen Unterthanen Recht zu suchen und zu nehmen.“ Nicht selten wird in den Gesetzen auch der Anlass (occasio legis) erwähnt und dargelegt, welcher dem Gesetzgeber das Bedürfniss des Rechtslebens (den Gesetzesgrund) zum Bewusstsein gebracht und ihn dadurch zur Erlassung der Rechtsnorm bestimmt hat. Vgl. z. B. das Hofd. v. 11. Oct. 1821 Nr. 29059 (Wessely Nr. 165). Da die Beziehung der Veranlassung zu dem Gesetze eine sehr zufällige und mittelbare ist, so hat dieselbe für die Auslegung der Rechtsnorm regelmässig nur geringe Bedeutung.

[18]) Die Gründe, welche den Gesetzesverfasser zu den einzelnen Rechtssätzen bestimmt haben, werden gewöhnlich in den sogenannten Regierungsmotiven zusammengefasst, welche entweder den gesetzgebenden Körperschaften vorgelegt oder, um dem Publicum die Kritik der Gesetzentwürfe zu ermöglichen, durch den Druck veröffentlicht werden. Wenn aus den Verhandlungen der gesetzgebenden Gewalten nicht ein Anderes erhellt, so können die Motive der Gesetzentwürfe, falls letztere die verfassungsmässige Sanction erhalten, zugleich auch als Motive der Gesetze betrachtet werden.

welche mit der Ausarbeitung der Gesetzentwürfe beauftragt waren, ferner die Berathungen der gesetzgebenden Körperschaften, deren Zustimmung in den constitutionell-monarchischen Staaten zur Giltigkeit der Gesetze erforderlich ist. [14]) Fehlen diese Quellen, aus welchen die Motive des Gesetzgebers unmittelbar und mit grosser Bestimmtheit zu entnehmen sind, so können diesen Mangel auch andere schriftliche Denkmäler über das Rechtsleben und die Rechtsauffassungen in der Entstehungszeit des Gesetzes ersetzen. Da die Ursachen, welche den Gesetzgeber zur Erlassung eines Gesetzes bestimmt haben, oft ausserhalb des rein juristischen Ideenkreises liegen, so kann in gewissem Sinne die ganze Literatur eines Volkes zur historischen Auslegung seiner Gesetze benützt werden, was insbesondere auf dem Gebiete des älteren römischen Rechtes vielfach mit grossem Erfolge geschehen ist; von besonderer Wichtigkeit sind aber namentlich die wissenschaftlichen Schriften, welche während der Entstehungszeit des Gesetzes die juristische Denkweise beherrscht haben, [15]) ferner andere Ge-

---

[14]) Die Frage, welche Bedeutung den legislativen Materialien beizumessen sei, ist neuerdings namentlich in Hinblick auf die Protocolle der Commissionen zur Berathung der deutschen Wechselordnung und des deutschen Handelsgesetzbuches discutirt worden. Im Wesentlichen stimmt mit der im Text vertretenen Ansicht Goldschmidt, Handbuch, Bd. 1, 2. Aufl. (1875), S. 310—316, und in seiner Zeitschrift Bd. 10 (1866), S. 40—57 überein, indem er die Bedeutung der Berathungsprotocolle dahin präcisirt, dass „der von den Commissionen mit den Worten des Gesetzes verbundene Sinn, also der Wille dieser Commissionen, wie der Wille des wirklichen Gesetzgebers angesehen werden, somit für die Auslegung des Gesetzes massgebend sein solle." Eine entgegengesetzte Ansicht will dagegen den im Gesetzesworten publicirten Willen des Gesetzgebers von seinen historischen Grundlagen trennen und den Gesetzestext lediglich aus sich selbst erklären. „Gesetz ist nicht, was der Gesetzgeber will, sondern was er in solenner Weise — durch das Gesetz — als Gewolltes erklärt hat." Hahn, Commentar zum allg. deutschen H. G. B., 2. Aufl., I, S. XLVIII — LIX, und in den Blättern für Rechtspflege in Thüringen, Bd. 12, S. 176, 177 (Goldschmidt in der Ztschr. Bd. 10, S. 48), Schlesinger in Goldschmidt's Ztschr. Bd. 12 (1868), S. 191, 192 und Thöl, Einl. in das deutsche Privatrecht (1851), §. 60, Derselbe, Das deutsche Handelsrecht, 5. Aufl. (1875), §. 21. Consequent muss sich dieser Gegensatz auch auf alle anderen legislativen Materialien (z. B. Kammerverhandlungen u. s. f.) ausdehnen.

[15]) Die Literatur des gemeinen deutschen Processrechtes, wie sich dieses zur Zeit der Erlassung der Gerichtsordnungen ausgebildet hatte, ist zwar für deren Auffassung sehr wichtig, doch nicht von derselben Bedeutung

setze, welche der Gesetzgeber gleichzeitig [16]), früher oder später [17]) erlassen hat. [18])

Die Benützung dieser reichhaltigen Quellen über die Entstehungsgründe der Gesetze wird nun nicht selten zu widersprechenden Resultaten führen. Die Durchforschung des historischen Materials wird häufig die Möglichkeit offen lassen, dass den Gesetzgeber bei Erlassung des Gesetzes entgegengesetzte Ursachen beeinflusst haben können, ja dass die einzelnen Factoren der Gesetzgebung zur Annahme eines Rechtssatzes in der That von entgegengesetzten Motiven bestimmt worden sind. In diesem Falle ist auf dem Wege historischer Untersuchung festzustellen, welche Ursachen in überwiegendem Masse zur Entstehung des Gesetzes mitgewirkt haben.

. Durch die bisher beschriebenen Methoden sind die beiden Bestandtheile des historischen Zusammenhanges (die Motive des Gesetzes und die dadurch hervorgebrachte Wirkung: der auszulegende Gesetzestext) im geschichtlichen Wege festgestellt. Eine

---

wie die Literatur des gemeinen Civilrechtes für die Auslegung des B. G. B., da sich im österreichischen Process, wie der weitere Verlauf dieses Systems ergeben wird, seit jeher viel mehr germanische Elemente erhalten haben als im gemeinen Rechte und in den Processordnungen der übrigen deutschen Länder.

[16]) Bei umfassenden Codificationen, wie die österr. u. preuss. A. G. O., welche ein grosses Rechtsgebiet ausschliesslich zu beherrschen bestimmt sind, ist namentlich auch die Gesammtauffassung der ganzen Rechtsquelle für die Erforschung der Motive zu den einzelnen Rechtssätzen von grosser Bedeutung. Mancher Rechtssatz, der für sich räthselhaft wäre, erscheint in diesem grossen Zusammenhange als begreiflich, ja sogar als nothwendig. Es ist gewiss unrichtig, wenn Savigny, System, Bd. 1, S. 222—225 die Auslegung der Gesetze aus dem inneren Zusammenhange der Gesetzgebung und aus dem Grunde als Gegensätze auffasst, vielmehr dienen beide Methoden dazu, die Ursachen, welche auf den Gesetzgeber bei Erlassung einer Rechtsnorm eingewirkt haben, historisch festzustellen.

[17]) Vgl. oben Note 10. Zu den wichtigsten Eigenthümlichkeiten der historischen Schule gehört die Methode, die wahre Bedeutung des gegenwärtigen Rechtes durch die Darstellung seiner geschichtlichen Entwicklung festzustellen.

[18]) Von besonderer Wichtigkeit für die richtige Auffassung unserer neueren österreichischen processualischen Rechtsquellen und Entwürfe ist auch die Kenntniss des modernen deutsch-französischen Processes, da wichtige Bestandtheile unseres Civilverfahrens (z. B. der Bagatellprocess) ohne diese Kenntniss wissenschaftlich nicht behandelt werden können.

weitere Aufgabe der historischen Auslegung besteht nun darin, den Gesetzestext mit den Motiven des Gesetzes: die Wirkung mit der Ursache zu vergleichen. Bei gut verfassten und reiflich überlegten Gesetzen wird diese Vergleichung das Resultat ergeben, dass die vorhandenen Motive nach den Gesetzen der Lebenserfahrung die auszulegenden Rechtsnormen als Consequenz hervorbringen mussten. Sehr häufig gebricht es aber jenem ursächlichen Zusammenhange an der erforderlichen Concludenz, der Gesetzestext steht mit den Motiven des Gesetzgebers nicht in dem richtigen Verhältniss. Diess ist der Fall, wenn der Ausdruck des Gesetzes unrichtig ist, d. h. wenn die vorhandenen Motive der Gesetzgeber nothwendig zu einer anderen Vorschrift als zu dem Gesetzestexte bestimmen mussten. [19]) Ferner, wenn die Ausdrucksweise des Gesetzes unbestimmt oder mehrdeutig ist, da die auf den Gesetzgeber einwirkenden Ursachen stets nur eine einzige Rechtsvorschrift herbeiführen konnten. [20]) Endlich wenn der Ge-

---

[19]) Die im Text bezeichnete Methode ist die sogenannte abändernde (correctorische) Auslegung, welche seit jeher desshalb bedenklicher zu sein schien als die übrigen Methoden der historischen Auslegung (s. die folgenden Noten), weil in diesem Falle wirklich ein brauchbarer Text vorliegt, dem wir nur unsere Anerkennung versagen. Doch ist die Zulässigkeit der abändernden Auslegung wohl jetzt unbestritten. L. 13 §. 2. D. de exc. 27, 1. Etsi maxime verba legis hunc habeant intellectum, tamen mens legislatoris aliud vult. Savigny, Bd. 1, S. 230—240; Arndts, §. 7; Windscheid §. 21, Note 9; für das österreichische Recht vorzüglich Unger, Bd. 1, S. 85—89. Die österr. Gesetzgebungen (A. G. O. im K. M. Pat. und §. 437; W. G. O. §. 575) verbieten die correctorische Auslegung mit besonderem Nachdruck, doch können diese Vorschriften aus den früher (Note 1) entwickelten Gründen nicht auf fortdauernde Geltung Anspruch machen. Verworfen wird die correctorische Auslegung für das Gebiet des Civilprocessrechtes von Nippel, Erläut., Bd. 2, S. 577; Scheidlein, Erläut., Bd. 2, S. 254. Ebenso Helm a. a. O. S. 278—283.

[20]) Dass es in das Gebiet der erlaubten Gesetzesauslegung fällt, den Sinn einer unbestimmten oder mehrdeutigen Rechtsnorm festzustellen (die sogenannte declarative Auslegung), kann als unbestritten gelten. Denn bei unbestimmten oder mehrdeutigen Gesetzen ist eine anwendbare Rechtsregel überall nicht vorhanden und es ist ein unabweisbares Bedürfniss, eine solche durch Interpretation festzustellen. Vgl. Savigny, Bd. 1, S. 225—230; Arndts §. 7; Windscheid §. 21; für das österreichische Recht Unger, Bd. 1, S. 89—92. Die Gerichtsordnungen erwähnen dieses Falles nicht besonders, doch dürfte die Vorschrift des §. 437 A. G. O., dass der Richter

setzestext zwar an sich mit den Motiven des Gesetzgebers in einem vernünftigen Zusammenhange steht, aber doch zu weit oder zu enge gefasst ist, so dass zum Mindesten einzelne Elemente der Rechtsnorm ausserhalb jenes Zusammenhanges fallen. [21]) Da der Gesetzgeber diē Vernunft seines Volkes repräsentirt und desshalb bei ihm ein vernünftiges, wohl motivirtes Handeln vorausgesetzt werden muss, so hat der Ausleger den mangelhaften Gesetzestext nach Massgabe der Motive des Gesetzgebers zu berichtigen und dadurch das vernünftige Verhältniss zwischen Ursache und Wirkung herzustellen.

Auf diese Methoden beschränkt sich die Auslegung der Gesetze, insofern es sich um eine rein geschichtliche Betrachtung der Rechtsnormen handelt, wie sie in ausschliesslich rechtshistorischen Schriften (Note 7) am Platze ist. Diese Behandlungsweise genügt jedoch nicht, wenn der vorhandene Rechtsstoff auf das wirkliche

---

sich bei „gegründetem Zweifel über den Verstand eines Gesetzes" nach Hof zu wenden habe, sich auch auf unbestimmte oder mehrdeutige Gesetze beziehen. Diese Art der Auslegung wird desshalb auch von Nippel a. a. O. S. 577 als zulässig angesehen.

[21]) Diese Methode ist die sogenannte stricte und weite, oder auch die ausdehnende und einschränkende Auslegung. (Gegen diese letzteren Kunstausdrücke mit Unrecht Unger a. a. O. Bd. 1, S. 90, Note 57). Die ausdehnende Auslegung ist von der Analogie (§. 11) wohl zu unterscheiden, indem jene zwar nicht das Wort, wohl aber den historisch beglaubigten Willen des Gesetzgebers für sich hat, während diese sowohl über das Wort, als auch über den Willen des Gesetzgebers hinausgeht. Eben so wenig darf die einschränkende Auslegung mit der Vereinigung widersprechender Stellen (unten §. 11) identificirt werden, da wohl in beiden Fällen eine Einschränkung des Umfanges der Rechtsregel stattfindet, aber im ersten Falle mit, im zweiten ohne den historisch beglaubigten Willen des Gesetzgebers. Auch die Zulässigkeit der ausdehnenden und einschränkenden Auslegung ist unbestritten, doch beziehen die Schriftsteller jene Bezeichnungen meistens auf den Fall, wo eine Rechtsnorm nach ihrem Wortsinn eine engere und eine weitere Bedeutung haben kann und nun deren wahrer Sinn durch die Auslegung festgestellt wird. S. Savigny a. a. O. S. 226, 227; Unger S. 90; Arndts, §. 7; (anders Windscheid, §. 21). Nimmt man diese Bedeutung als richtig an, so fällt die erweiternde und einschränkende Auslegung unter den Fall der Note 20, es ist aber dann die Gefahr vorhanden, dass die ausdehnende und einschränkende Auslegung in dem hier (s. d. Text) angenommenen Sinn mit den im §. 11 behandelten Methoden zusammengeworfen wird.

Leben angewendet werden soll. Die praktische Anwendung der
Gesetze macht vielmehr eine Reihe von Methoden nothwendig,
welche ich unter der Bezeichnung der praktischen Auslegung zusammengefasst habe und deren Darstellung den Gegenstand des
folgenden Paragraphen bilden soll.

§. 11.

Die praktische Auslegung. [1])

Das Bedürfniss des Rechtslebens, welchem die praktische Auslegung zu dienen bestimmt ist (§. 10) stellt dieser eine doppelte Aufgabe, welche sich in folgenden zwei kurzen Sätzen definiren lässt: Erstens, für jeden möglichen Rechtsfall muss in dem objectiven Recht eine Rechtsvorschrift bestehen; zweitens, jeder Rechtsfall darf nur durch eine Rechtsvorschrift normirt werden. Die erste Aufgabe stellt an den Ausleger die Anforderung, aus dem System des positiven Rechtes die vorhandenen Lücken, die zweite die vorhandenen Widersprüche zu entfernen.

Der erste Zweck: die Vollständigkeit des positiven Rechtssystems, wird durch analoge Anwendung der Rechtsnormen erreicht. Ist nämlich ein Streitfall in den vorhandenen Rechtsregeln nicht entschieden und soll doch gleichwohl die Entscheidung nach Rechtsnormen erfolgen, [2]) so führt die Natur unseres methodischen

---

[1]) Savigny, System, Bd. 1, S. 262—296; Arndts Lehrbuch, §. 10 bis 15; Windscheid, Lehrbuch, §. 23; Brinz, Lehrbuch, §. 31, 32; Stobbe, Handb. des deutschen Privatrechtes, §. 26. Für das österreichische Recht vorzüglich Unger, System, Bd. 1, S. 59—73. Vgl. auch Nippel, Erl., Bd. 1, S. 8—10 und Bd. 2, S. 576—582, 772; Beidtel, Bd. 1, S. 37 bis 40.

[2]) Das Nähere über die Frage, ob ein Streitfall nach Rechtsnormen oder nach dem Ermessen der entscheidenden Instanz zu beurtheilen sei, in der Lehre vom Object des Civilprocesses; vgl. auch unten §. 17. Für das Gebiet des Civil- und Strafrechtes ist wohl festzuhalten, dass die Entscheidung nach Rechtsnormen als Regel gilt, wogegen die Entscheidung nach Zweckmässigkeitsgründen (nach dem Ermessen der entscheidenden Instanz) nur dann einzutreten hat, wenn das Gesetz eine solche ausdrücklich gestattet. Unsere modernen Civil- und Strafgesetzgebungen gehen nämlich wohl ausnahmslos von der Voraussetzung aus, dass ihre Rechtssätze in Verbindung mit den heuristischen Denkformen genügen, um das Handeln der Staatsgenossen auf dem betreffenden Gebiete nach allen Richtungen zu ordnen

Denkens mit Nothwendigkeit dazu, die erforderliche Entscheidung in den Rechtsregeln über verwandte Rechtsfälle zu suchen. [3]

---

und zu beherrschen (Fiction der Vollständigkeit). Vgl. das Kundmachungspatent des A. B. G. B. und die §§. 6 u. 7 B. G. B. und die Kundmachungspatente zu der josefinischen und westgalizischen Gerichtsordnung, ferner Art. IV des St. G. B. und §. 1 der St. P. O. v. 23. Mai 1873. Diese Fiction findet ihre Begründung in der sorgfältigen Bearbeitung, welche das Civil- und Strafrecht seit Jahrhunderten erhalten hat, so dass die Annahme gerechtfertigt ist, dass auf diesen Gebieten jeder Rechtsfall durch den vorhandenen Vorrath an Rechtsnormen und eventuell durch die analoge Rechtsanwendung entschieden werden kann. Dagegen würde die Fiction der Vollständigkeit in jenen Theilen unseres positiven Rechtes, welche noch gegenwärtig in einer raschen Ausbildung begriffen sind, insbesondere auf dem Gebiete des Verwaltungsrechtes gewiss der hinlänglichen Grundlage in dem thatsächlichen Zustande dieser Rechtsdisciplinen entbehren. In dem Verwaltungsrechte gilt desshalb m. E. der Grundsatz nicht, dass die Entscheidung nach Rechtsnormen die Regel, die Entscheidung nach Zweckmässigkeitsgründen die Ausnahme bildet. Hier ist vielmehr in jedem einzelnen Falle, für welchen sich in dem vorhandenen Vorrathe an Rechtsregeln keine Norm vorfindet, besonders festzustellen, ob dem Willen des Gesetzgebers mehr die Anwendung der heuristischen Denkformen auf die gegebenen Rechtsnormen oder die Entscheidung nach Zweckmässigkeitsgründen entspricht.

[3]) Es ist unverkennbar, dass die Thätigkeit des Richters bei der analogen Rechtsanwendung wesentlich eine rechtsschaffende (nicht blos eine rechtsanwendende) ist und dadurch der legislativen Thätigkeit sehr nahe kommt. Da nach der deutschen Auffassung des richterlichen Berufes die Rechtserzeugung ausserhalb der Wirkungssphäre des Richters liegt, so hat man dieser Thätigkeit dadurch eine objective Grundlage zu schaffen versucht, dass man neben dem Gesetzes- und Gewohnheitsrecht noch andere Rechtsquellen anerkannte, welche im Wesentlichen lediglich den Zweck hatten, die Berechtigung des Richters (und folgeweise der juristischen Theorie) zur Anwendung der heuristischen Denkformen auf dem Gebiete der Rechtsfindung zu begründen. Und zwar verlegte man diese Rechtsquelle entweder in die objective Beschaffenheit der Rechtsverhältnisse, indem man dem Richter die Befugniss verlieh, neben dem Gesetzes- und Gewohnheitsrecht auch noch die „Natur der Sache" als selbstständige Rechtsquelle zu Rathe zu ziehen. B a y e r, Vorträge, S. 14, 15; L i n d e, Lehrbuch, §. 24 (welcher Schriftsteller die Analogie und die Natur der Sache unterscheidet). Oder man verlegte im Gegensatze zu dieser Auffassung die supplementäre Rechtsquelle in die s u b j e c t i v e Vernunft der Rechtsgenossen, welche mit Berücksichtigung der Natur der Sache die zur Ergänzung der übrigen Rechtsquellen erforderlichen Rechtsnormen schaffen soll. A d i c k e s, Zur Lehre von den Rechtsquellen, insbesondere über die Vernunft und die Natur der Sache als Rechtsquellen und über das Gewohnheitsrecht (1872). S. 1—23, 67 ff. Im Wesentlichen übereinstimmend mit dieser Auffassung ist die Ansicht der älteren naturrechtlichen

Welche Rechtsfälle als verwandt zu betrachten sind, lässt sich zwar durch keine allgemeine Regel bestimmen, sondern muss in dem einzelnen Falle durch Erforschung der gemeinsamen Elemente in den Rechtsbegriffen festgestellt werden; doch wird diese Aufgabe durch die systematische Bearbeitung der Rechtsnormen erheblich erleichtert, da das System durch seine innere Gliederung die Verwandtschaft der Rechtsregeln und der Rechtsbegriffe anschaulich hervortreten lässt.

Die analoge Anwendung der Rechtsnormen ist von einer ähnlichen methodischen Denkform: der erweiternden Auslegung der Gesetze, wohl zu unterscheiden (§. 10 Note 21). Durch die erweiternde Auslegung wird die Wirksamkeit einer Rechtsnorm auch auf solche Fälle ausgedehnt, welche der Gesetzgeber zwar unter seiner Vorschrift begreifen wollte, aber wirklich nicht begriffen hat, sie verfolgt also den Zweck, den wahren Willen des Gesetzgebers gegen den Buchstaben des Gesetzes zur Geltung zu bringen. Durch die analoge Rechtsanwendung werden dagegen den Rechtsregeln auch solche Lebensverhältnisse untergeordnet, welche der Gesetzgeber

---

Schule, welche das Naturrecht oder die natürlichen Rechtsgrundsätze, d. h. die „subjective Vernunft" der jeweiligen Naturrechtslehrer als eine das positive Recht ergänzende Rechtsquelle betrachtet. Vgl. darüber §. 7 B. G. B. und dazu Unger, System, Bd. 1, S. 67—71 und die daselbst Citt. Hieher zu rechnen ist auch die Meinung einzelner Vertreter der historischen Schule, welche das Juristenrecht, also in letzter Auflösung die „subjective Vernunft" der Juristen neben das Gesetzes- und Gewohnheitsrecht als die dritte Rechtsquelle hinstellen. Puchta, Pand. §. 16, Vorles., Bd. 1, S. 40—44. Anders Savigny, System, Bd. 1, S. 83—100. Diese und ähnliche Versuche, den Kreis der Rechtsquellen zu erweitern, sind aber gewiss völlig verwerflich. Die Ansicht, welche die objective Beschaffenheit der Lebensverhältnisse (die Natur der Sache) als Rechtsquelle betrachtet, übersieht dabei, dass diese immer nur der historische Entstehungsgrund einer Rechtsnorm (oben §. 10), niemals aber eine Rechtsnorm oder eine Rechtsquelle selbst sein kann. Denn gerade dadurch differirt die Entscheidung nach Rechtsnormen von jener nach Zweckmässigkeitsgründen (welche letztere insbesondere in der Verwaltung sehr häufig zur Anwendung kommt), dass im ersten Falle eine Willensbestimmung der rechtserzeugenden Gewalten, im zweiten dagegen die Natur der Lebensverhältnisse den Ausschlag gibt. Vgl. die vorige Note. Eben so irrig ist jene zweite Ansicht, da dieselbe die Anwendung der heuristischen Denkformen auf dem Gebiete der Rechtswissenschaft — also eine rein subjective Thätigkeit der Rechtsgenossen — zu einer selbstständigen Rechtsquelle objectivirt. Vgl. auch Unger, System, Bd. 1, S. 41—45; Windscheid, Pand., §. 16, Note 8.

durch seine Vorschrift nicht treffen wollte, also der Wirksamkeit der Rechtssätze — zwar nicht gegen, wohl aber ohne den Willen des Gesetzgebers — ein völlig neues Gebiet eröffnet.

Wie weit ist aber die analoge Rechtsanwendung auf dem Gebiete des österreichischen Civilprocessrechtes anerkannt?

Der §. 437 der allgemeinen Gerichtsordnung weist den Richter an, im Civilverfahren die Vorschriften dieses Civilprocessgesetzes strenge zur Anwendung zu bringen und nur dann, wenn er eine Rechtssache zu entscheiden hat, welche mit einem in der allgemeinen Gerichtsordnung entschiedenen Falle vollkommene Aehnlichkeit hat, sollte ihm die analoge Rechtsanwendung gestattet sein. Tritt aber diese Voraussetzung nicht ein, so ist der Richter nach dem §. 437 A. G. O. verpflichtet, seinen Zweifel „nach Hof" anzuzeigen und von da die Lösung desselben zu erwarten. Durch diese Bestimmung wurde die analoge Rechtsanwendung auf dem Gebiete des Civilprocessrechtes sehr erheblich eingeschränkt. Durch das Gesetz war freilich die Entscheidung der Frage, wann ein vollkommen ähnlicher Fall vorhanden sei und dadurch auch die Entscheidung über die Zulässigkeit der analogen Rechtsanwendung in das Ermessen des erkennenden Richters gestellt; allein die Natur der Verhältnisse musste dazu führen, dass die Gerichte von der Möglichkeit, die Lösung schwieriger Rechtsfragen von sich abzuwälzen, einen sehr ausgedehnten Gebrauch machten. In der That war auch jene Bestimmung nur ein Ausfluss der übertriebenen Meinung, die am Ende des vorigen Jahrhunderts über die Aufgabe und die Macht der Gesetzgebung insbesondere in Deutschland herrschte und welche ein möglichst energisches Eingreifen der legislativen Centralorgane als zweckmässig erscheinen liess. Die Vorschrift des §. 437 A. G. O. hat desshalb in den Gesetzen der damaligen Zeit zahlreiche Gegenstücke, insbesondere hat das preussische Landrecht die Gesetzesauslegung des Richters ganz ähnlichen Beschränkungen unterworfen, welche freilich auch nach kurzem Bestande wieder aufgehoben werden mussten. [1])

---

[1]) A. P. L. Einl. §. 47, 48. Durch die K. O. v. 8. März 1798 und den Anhang zum I. R. §. 2 wurde dem Richter die Auslegung der Gesetze zwar freigegeben und nur die — ganz unbedenkliche — Vorschrift ertheilt, dass der Richter allfällige Dunkelheiten des Gesetzes dem Chef der Justiz zum

Die Bestimmungen des §. 437 A. G. O. wurden in dem
josefinischen bürgerlichen Gesetzbuch I. Hauptst. §. 24—26 fast
wörtlich wiederholt und dadurch, da dieses Hauptstück sich nicht
blos auf die Behandlung der privatrechtlichen Normen bezieht,
auf die Auslegung aller Gesetze ausgedehnt. [6]) Bald jedoch stellte
sich heraus, dass „die wohlgemeinten Absichten", welche der Ge-

---

Behufe der künftigen Legislation mitzutheilen habe. Den bedeutenden Vortheil, welchen das fortwährende Einvernehmen der Gerichte mit einer legislativen Centralbehörde (Gesetzescommission) für die Einheit der Gesetzesauffassung und Rechtsprechung mit sich geführt hatte, suchte man später durch
Einrichtungen bei dem Obertribunal zu erreichen, welche jedoch zu wieder-
holten Malen modificirt wurden. V. v. 14. Dec. 1833 §. 17 G. S. S. 306:
K. O. v. 1. August 1836 G. S. S. 218; V. v. 21. Juni 1846 §. 25; Ges.
v. 7. Mai 1856 G. S. S. 293 (Koch, Processordnung, 6. Aufl., S. 519—522).
Vgl. auch Koch, Preuss. L. R. Bd. I, 1 (1870), S. 53, 54 (Einl. Note 58);
Savigny, System, Bd. 1. S. 328; Förster, Theorie und Praxis des preuss.
Privatrechtes. Bd. 1, §. 12; Dernburg, Preuss. Privatrecht, S. 16 ff. In
Oesterreich wurden durch die A. h. Entschl. v. 7. Aug. 1872, betreffend die
Anlegung des Spruchrepertoriums bei dem obersten Gerichtshof (neben dem
schon seit 3. October 1854 bestehenden Judicatenbuch) ganz ähnliche Ein-
richtungen wie durch die citirten preussischen Gesetze getroffen. „Die Entscheidungen des k. k. obersten Gerichtshofes in Civilsachen" 1. Heft (1873)
S. 3—8. Darnach hat jeder Senat des O. G. H. das Recht, seine Entscheidungen über Rechtsfragen des Civilrechtes und Civilprocesses, welche unter den
Parteien streitig und ausserdem bei der Berathung der Sache in dem Senate
der Gegenstand einer näheren Erörterung gewesen sind, in das Spruchrepertorium eintragen zu lassen. Von diesen Entscheidungen darf nur auf Beschluss
eines verstärkten Senates von 15 Mitgliedern (Plenarsenat) und von den Entscheidungen des Plenarsenats nur auf Beschluss eines Senates von 21 Mitgliedern (Plenissimarsenat) abgegangen werden. Die Entscheidungen des Plenar-
und Plenissimarsenates werden in das Judicatenbuch eingetragen. — Der wesentliche Fehler dieser Einrichtung besteht darin, dass die Eintragung in das
Spruchrepertorium eine rein facultative ist und dass sie desshalb sich
naturgemäss nur auf einen geringen Kreis von Fragen erstrecken, ja sogar
möglicher Weise ganz aufhören kann. Empfehlenswerth ist, wenn die Einheit
der Rechtssprechung wirklich herbeigeführt werden soll, die Bestimmung des
deutschen Gesetzes, betreffend die Einrichtung eines obersten Gerichtshofes
in Handelssachen v. 12. Juli 1869 §. 9. wornach die Sachentscheidung jeder
Rechtsfrage, wenn die Ansicht eines Senats über dieselbe von einer früheren
Entscheidung desselben Senats oder eines anderen Senats oder des Plenums
abweicht, unbedingt vor das Plenum gebracht werden muss. Eine solche
Bestimmung setzt freilich eine officielle Sammlung der Entscheidungen des
Gerichtshofes voraus, an der es in Oesterreich dermalen noch fehlt.

[5]) Vgl. oben §. 8 und §. 10 Note 1.

setzgeber bei jener Einschränkung der Gesetzesauslegung verfolgt hatte, „durchaus nicht erreicht und darüber vielfältige Klagen angebracht wurden;"[6] das Pat. v. 22. Febr. 1791 Nr. 115 §. 2 (Wessely Nr. 1607) stellte desshalb die analoge Rechtsanwendung wieder im vollen Umfange her und bestimmte nur, dass in dem Falle, wenn der Beobachtung des Gesetzes besondere und sehr erhebliche Bedenken entgegenstünden, die Belehrung bei Hof anzusuchen sei. Die westgalizische Gerichtsordnung §. 575 und das westgalizische Gesetzbuch Th. 1 §. 19 enthielten desshalb nichts mehr von einer Einschränkung der richterlichen Gesetzesauslegung und auch die seltsame Vorschrift des Pat. v. 22. Febr. 1791, dass der Richter, falls ihm die Beobachtung der bestehenden Gesetze mit sehr erheblichen Bedenken (!) verbunden scheine, zuvor bei Hof um Belehrung ansuchen müsse, ist in dem erwähnten Gesetzbuche nicht aufgenommen.[7] In den Ländern jedoch, in welchen weder die westgalizische Gerichtsordnung noch auch das westgalizische Gesetzbuch in Wirksamkeit trat, bestehen die Vorschriften des Pat. v. 22. Febr. 1791 noch gegenwärtig in voller Kraft, da dieses Gesetz sich auf die Auslegung aller Gesetze bezieht und durch das Einführungspatent zu dem gegenwärtig geltenden bürgerlichen Gesetzbuche nur so weit abrogirt wurde, als es die Auslegung der privatrechtlichen Normen zum Gegenstande hat.[8] Doch wurde die Bestimmung des Patentes über die Befragung des Landesfürsten, welche zu der crassesten Kabinetsjustiz hätte führen können, durch eine sehr alte Uebung abgeschafft, welche in den Normen der Verfassungsgesetze über die Unabhängigkeit der richterlichen Gewalt (Art. 6 des St. G. G. über die richter-

---

[6] Einl. zu dem Pat. v. 22. Febr. 1791 Nr. 115.

[7] Statt der Anfragen an die oberste Justizstelle und, wie es scheint, als Ersatz für dieselben bestimmt das W. G. B., dass der Richter, wenn die analoge Rechtsanwendung kein Resultat ergibt, nach den „allgemeinen und natürlichen Rechtsgrundsätzen" zu entscheiden habe. Diese Bestimmung über die subsidiäre Geltung des Naturrechtes ist bekanntlich in den §. 7 B. G. B. übergegangen. Vgl. hierüber die treffliche Darstellung Unger's, System Bd. 1, S. 67—71.

[8] Während das josefinische und das westgalizische Gesetzbuch durch den Abs. IV des K. M. P. unbedingt abgeschafft wurden (oben §. 8 und §. 10 Note 1), gehört das Pat. v. 22. Febr. 1791 zu jenen Gesetzen, welche durch den Art. IV nur so weit abrogirt worden sind, als sie sich „auf Gegenstände des allgemeinen bürgerlichen Rechtes" beziehen.

liche Gewalt v. 21. Dec. 1867 Nr. 144) nunmehr auch gesetzlichen Ausdruck gefunden hat.

Der Anwendung der Analogie muss eine gründliche historische Auslegung der Gesetze vorangehen. Ehe der Ausleger zur Entscheidung einer Rechtsfrage aus ähnlichen Fällen übergehen darf, muss zunächst feststehen, dass der Gesetzgeber über dieselbe weder etwas bestimmt hat, noch auch nach den historischen Motiven, welche ihn in seinem Handeln bestimmt haben, darüber etwas bestimmen wollte. Denn obgleich die erweiternde Auslegung, welche in dem letzteren Falle stattfindet, gleichfalls den Boden der wörtlichen Gesetzesauffassung verlässt, so verdient sie doch immer den Vorzug vor der analogen Rechtsanwendung, welche sich überhaupt nicht mehr auf eine Willensbestimmung des Gesetzgebers gründet, auch nicht auf eine solche, welche aus anderen Quellen als aus dem auszulegenden Gesetzestexte erkennbar ist.

Liegt nun aber die Nothwendigkeit einer Anwendung der Analogie vor, so ist dabei folgendes Verfahren zu beobachten. Alle Rechtsregeln lassen sich in letzter Auflösung in hypothetische Urtheile verwandeln, deren erster Theil die thatsächlichen Voraussetzungen der Rechtsfolge (den Thatbestand der Rechtsregel), deren zweiter dagegen die in der Rechtsregel ausgesprochene Rechtsfolge. selbst enthält. Die praktische Rechtsanwendung erfolgt so, dass der Richter den Thatbestand der Rechtsfälle, welche seiner Entscheidung unterworfen werden, unter den Vordersatz jenes hypothetischen Urtheils subsumirt und sodann mittelst eines Schlusses jene Rechtswirkungen ausspricht, welche in dem zweiten Theile der Rechtsregel an die thatsächlichen Voraussetzungen geknüpft werden.[*] Fehlt es nun an einer Rechtsregel, deren that-

---

[*] Zur Veranschaulichung des im Texte Gesagten kann eine der am häufigsten vorkommenden richterlichen Entscheidungen, nämlich die Erlassung einer wechselrechtlichen Zahlungsauflage (§. 5 des W. V. v. 25. Jänner 1850) dienen. Die Schlussfolgerung wird in diesem Falle folgende sein: I. Der Rechtssatz (major): Wenn der Kläger dem Richter mit seiner Klage den giltigen und unbedenklichen Originalwechsel, ferner den etwa erforderlichen Originalprotest und die Original-Retourrechnung vorlegt und die Erlassung eines Zahlungsauftrages begehrt (Thatbestand) — so ist dem Beklagten ohne dessen vorläufige Einvernehmung die Zahlung des Wechselbetrages sammt den ausgewiesenen Nebengebühren binnen 3 Tagen unter Androhung der

sächliche Voraussetzungen mit dem Thatbestande eines Rechtsfalles vollkommen identisch sind, so muss von dem erkennenden
Richter wenigstens eine solche Rechtsnorm gesucht werden, deren
Thatbestand mit dem unentschiedenen Rechtsfall die meisten
homogenen Elemente besitzt. [10]) Eine zweckmässige Anleitung bei
dieser Erforschung eines verwandten Rechtssatzes gibt ein wohl-
geordnetes Rechtssystem, da in diesem die Rechtsinstitute schon
nach ihrer Aehnlichkeit und ihrem inneren Zusammenhange in
grössere und kleinere Gruppen geordnet sind. [11]) Das Wesen der

---

wechselrechtlichen Execution aufzutragen (Rechtsfolge); — II. Minor: Nun
tritt aber der Thatbestand sub Nr. I bei der vorliegenden Klage des A gegen
den B wirklich ein; — III. Conclusio: Also wird dem Beklagten B ohne
dessen Einvernehmung die Zahlung des Wechselbetrages sammt den ausgewiesenen Nebengebühren binnen 3 Tagen unter Androhung der wechselrechtlichen Execution aufgetragen. — Die Rechtsregeln kommen jedoch nur
selten in der hier vorausgesetzten reinen, logischen Form vor, vielmehr wird
der Thatbestand in zahlreiche juristische Kunstausdrücke (Darlehen, Commo-
dat etc.) die Rechtsfolgen in die einzelnen Rechte (Eigenthum, Servituten
u. s. f.) zusammengefasst. Immer lassen sich aber die Rechtsnormen, wie sie
uns Gesetzbücher und wissenschaftliche Schriften bieten, durch die Substitu-
tion der entsprechenden thatsächlichen Momente in solche hypothetische Urtheile auflösen.

[10]) Man kann diese logische Operation auch so auffassen, dass aus dem
Thatbestand der analog anzuwendenden Rechtsregel diejenigen thatsächlichen
Elemente, welche auf den Rechtsfall nicht passen, durch Abstraction entfernt
und auf diese Weise künstlich eine höhere allgemeine Rechtsnorm geschaffen
wird, unter die nunmehr auch der Rechtsfall subsumirt werden kann. Man
pflegt diese durch Abstraction von einzelnen thatsächlichen Elementen
gefundene höhere Rechtsregel auch den (logischen) Grund des Gesetzes zu
nennen und von einer analogen Anwendung wegen Gleichheit des Grundes zu
sprechen. Nach dieser Auffassung ist also die allgemeine Rechtsregel als der
wahre Wille des Gesetzgebers zu betrachten, als dessen blosse logische Folge
die im Gesetze wirklich enthaltene Rechtsnorm erscheint. Unger, Bd. 1,
S. 62, 63; Windscheid §. 22. Obwohl diese Formulirung zu dem nämlichen
Resultate wie die hier vertretene Auffassung führt, so wird dieselbe doch
richtiger vermieden, weil sonst eine Vermengung der Analogie mit den im
§. 10 dargestellten Methoden, welche den (historischen) Grund der Rechtsregeln feststellen, fast unvermeidlich ist. Vgl. auch oben §. 10, Note 12.

[11]) Die gemeinsamen Elemente in dem Thatbestand der Rechtsregel
und des zu entscheidenden Rechtsfalles können einen grösseren oder einen
geringeren Umfang besitzen; im ersten Falle pflegt man von Gesetz-, im
zweiten von Rechtsanalogie zu sprechen. Kierulff, Theorie des gemeinen
Civilrechtes. I, S. 30, 31; Unger, Bd. 1. S. 60, 61; Windscheid §. 23.

analogen Rechtsanwendung besteht folglich darin, dass der zu
entscheidende Rechtsfall der verwandten Rechtsregel trotz der
widersprechenden Elemente, welche deren thatsächliche Voraussetzungen enthalten, durch den Richter unterworfen wird, dass
also dieser, wenn ich mich so ausdrücken darf, in dem juristischen Calcul mit Absicht und Bewusstsein einen Rechnungsfehler
begeht.

Als zweite Aufgabe der praktischen Auslegung wurde oben
die Beseitigung aller Widersprüche aus dem geltenden Rechte
bezeichnet. Diese logische Operation bildet den Gegensatz zu der
analogen Rechtsanwendung, wie auch die Unvollständigkeit und
der Widerspruch als entgegengesetzte logische Mängel des Rechtssystems betrachtet werden können. Denn während es in den
Fällen einer Unvollständigkeit des Rechtssystems überhaupt an
einer Rechtsregel fehlt, unter deren thatsächliche Voraussetzungen das Rechtsverhältniss subsumirt werden kann, sind beim
Widerspruche zwei oder mehrere Rechtsregeln vorhanden, deren
Vordersätze auf den Thatbestand des Rechtsfalles passen, die aber
gleichwohl verschiedene Rechtswirkungen festsetzen. Der eigenthümlichen Natur der beiden logischen Mängel entsprechen auch
die logischen Operationen, welche zu ihrer Beseitigung bestimmt
sind. Die analoge Rechtsanwendung bestand im Wesentlichen
darin, dass die thatsächlichen Voraussetzungen einer Rechtsregel
über ihre natürlichen, von dem Gesetzgeber gewollten Grenzen
ausgedehnt wurden und dass dadurch die Rechtsregel künstlich
eine Anwendbarkeit auch auf die unentschiedenen Fälle erhielt.
Das Wesen der logischen Operation, durch welche die Beseitigung
von Widersprüchen erfolgt, lässt sich so präcisiren, dass die thatsächlichen Voraussetzungen jeder der widersprechenden Rechtsregeln durch Hinzufügung eines im Gesetze nicht enthalteneu
thatsächlichen Momentes auf ein engeres Gebiet beschränkt und
mit den so gewonnenen Thatbeständen die abweichenden Rechtswirkungen der widersprechenden Rechtsregeln verbunden werden. [12])

---

[12]) Savigny, Bd. 1, S. 274—276; A. A. Windscheid, §. 23, welcher
die Meinung vertheidigt, dass der Ausleger zunächst versuchen muss, den
Widerspruch in Schein aufzulösen, dass jedoch, wenn diese Operation kein
Resultat ergibt, der eine Rechtssatz den andern aufhebe und die Rechtsfrage
so zu entscheiden sei, als ob keiner von beiden vorhanden wäre.

Neben dieser Vereinigung widersprechender Rechtsregeln, die man als die logische bezeichnen kann, unterscheidet Savigny noch eine historische Vereinigung, welche darin bestehen soll, dass man die eine der widersprechenden Stellen als den wahren und bleibenden Ausspruch der Gesetzgebung, die andere dagegen als blos historisches Material auffasst. [13]) Diese Operation ist gewiss von nicht geringer Wichtigkeit in Ländern, wo (wie in Oesterreich und Preussen) der Zustand des geltenden Civilprocessrechtes ein so ungemein verworrener ist, weil jede Civilprocessnorm eine „erläuternde“ Verordnung und diese wieder ihrerseits mehrere „Declaratorien“ hervorgerufen hat. Allein eine wahre Vereinigung widersprechender Rechtsregeln kann in dieser Methode nicht erblickt werden. Vielmehr wird durch dieselbe blos festgestellt, dass die eine der scheinbar widersprochenen Rechtsnormen sich als ein schon abgestorbenes Element des Rechtssystems darstellt, dass folglich ein Widerspruch von zwei geltenden Rechtssätzen überhaupt nicht vorhanden ist.

---

[13]) Savigny, Bd. 1. S. 276—290. Vgl. Windscheid §. 23.

Vierter Abschnitt.

Von den örtlichen und zeitlichen Grenzen der Civilprocessnormen.

§. 12.

Die örtlichen Grenzen der Civilprocessnormen.[1]

Es ist bekannt, dass die Herrschaft der Civilprocessnormen — wie jene der Gesetze überhaupt — eine räumlich begrenzte ist und dass in den verschiedenen Staaten der Erde zahlreiche, zum Theil sehr abweichende Processrechte in Wirksamkeit

---

[1] Während die Literatur über die Collision der Privatrechtsgesetze eine ungemein reichhaltige ist (vgl. z. B. Wächter im Arch. f. civ. Praxis Bd. 24, S. 232—234, Note 8, Windscheid, Pand., §. 34, Note 2), fand dieselbe Lehre in der Civilprocesstheorie seit jeher nur verhältnissmässig wenig zahlreiche Bearbeiter. Die beste deutsche Schrift über die örtlichen Grenzen der Civilprocessnormen ist Bar, Das internationale Privat- und Strafrecht (1862), S. 417—503. Vgl. auch Mittermaier im Archiv für civ. Praxis, Bd. 13, S. 293—316; Strauch in Goldschmidt's Ztschr. für Handelsrecht. Bd. 13 (1869), S. 1—34; Wetzell, §. 43, Note 20—24 und der dazu gehörige Text; Renaud, §. 9, Endemann, §. 14. Die ausführlichste Gesammtdarstellung unserer Lehre für das österreichische Recht ist Vesque v. Püttlingen, Handbuch des in Oesterreich geltenden internationalen Privatrechts, S. 5, 225—302, welche Schrift eine brauchbare, wenn auch gegenwärtig schon ziemlich veraltete Zusammenstellung der österreichischen Gesetze über das internationale Processrecht bietet. Von den Darstellungen nichtdeutscher Schriftsteller ist hervorzuheben: Fölix Traité du Droit International Privé etc. 4. Aufl. (1866), herausgegeben von C. Demangeat. (Dieses Werk, welches sich ursprünglich durch ein sehr reichhaltiges, aus den positiven Gesetzgebungen geschöpftes Material ausgezeichnet hatte, ist jetzt zum grossen Theile veraltet, da der Herausgeber, statt das Buch auf den

stehen. [2]) Insoferne sich ein Rechtsstreit mit allen seinen thatsächlichen Grundlagen vom Beginne bis zum Abschlusse innerhalb
der Grenzen eines Staates vollzieht, ist diese Verschiedenheit der
Civilprocessnormen ohne Bedeutung; wenn dagegen die lange
Reihe von Handlungen, aus welchen der Civilrechtsstreit besteht,
in die Gebiete von zwei oder mehreren Processrechten hinüber-
greift, so entsteht die Frage: Welche Civilprocessnormen sind auf
die einzelnen Bestandtheile des Civilrechtsstreites anzuwenden?
Nach dem Plane des vorliegenden Werkes ist diese Frage hier
vom Standpunkte des positiven österreichischen Rechtes zu beantworten.

Als oberster Grundsatz in dieser Richtung ist festzuhalten,
dass für die Lösung jenes Problems ausschliesslich die Gesetzgebung des einzelnen Staates, in unserem Falle also die österreichische massgebend ist. [3]) Diejenigen Fragen des internatio-

---

neuesten Stand der Gesetzgebung zu ergänzen, in seinen Anmerkungen meist
nur allgemeine, ziemlich werthlose Raisonnements gibt). Ferner Francis
W h a r t o n, a treatise on the conflict of laws, Philadelphia 1872, Ch. 10,
§. 676—838 (dazu die Anzeige von B a r in der Kritischen Vierteljahrsschrift,
Bd. 15 [1873], S. 1—49).

[2]) Derselbe Fall kann auch zwischen den Provinzen desselben Staates
eintreten. So sind in den österreichischen Erblanden zwei verschiedene Gerichtsordnungen in Wirksamkeit (oben S. 64—65) und überdies ist ein nam-
hafter Theil des öffentlichen Rechtes, welches so viele wichtige Sätze des Civilprocessrechtes bietet (z. B. das Gemeinderecht), in jeder Provinz verschieden
normirt. Die in den §§. 12—14 dieser Schrift über die örtlichen G renzen der Civilprocessnormen aufgestellten Grundsätze werden, so weit dieselben nicht unabhängige Staaten im Auge haben, auch auf dieses Verhältniss Anwendung finden.
Vgl. S a v i g n y, Bd. 8, S. 19—23. U n g e r System, Bd. 1, S. 150, 151.

[3]) Einzelne Schriftsteller, z. B. G. v. S t r u v e über das positive
Rechtsgesetz in seiner Beziehung auf räumliche Verhältnisse und über die
Anwendung der Gesetze verschiedener Orte. Karlsruhe 1834, S. 5 f, 71 f, 121,
haben eine entgegengesetzte Auffassung vertheidigt. S t r u v e kommt a. a. O.
zu dem Resultat, dass jeder Fall nach den Gesetzen desjenigen Ortes zu
beurtheilen sei, an welchem er sich verwirklicht. Gesetze, welche mit diesem
Grundsatze im Widerspruch stehen, seien vom Richter des betreffenden Landes einfach nicht zu befolgen. Mit Recht hat diese Theorie allgemeinen
Widerspruch hervorgerufen. Vgl. W ä c h t e r, Ueber die Collision der Privatrechtsgesetze verschiedener Staaten im Archiv für civilistische Praxis, Bd. 24
(1841), S. 236—240. S a v i g n y, Bd. 8, S. 25, 26. U n g e r, Bd. 1,
S. 158.

nalen Processrechtes also, welche durch positive Rechtsnormen
gelöst erscheinen, sind lediglich nach diesen Vorschriften zu
beurtheilen. Insofern aber in einzelnen Fällen zweifelhaft ist,
ob österreichisches oder fremdes Processrecht Anwendung zu
finden hat, ist es eine Frage der Auslegung, wie weit die österreichische Gesetzgebung die Wirksamkeit ihrer Processnormen
ausdehnen wollte. Doch ist nach den Principien unserer Gesetzgebung über das internationale Recht im Zweifel wohl anzunehmen,
dass das österreichische Recht eine der Natur der Processrechtsverhältnisse entsprechende Abgrenzung des österreichischen und
fremden Processrechtes will und dass es insbesondere auch nicht ·
beabsichtigt, die Wirksamkeit der österreichischen Civilprocessnormen aus einseitiger Vorliebe für die heimischen Institutionen
über ihre natürlichen Grenzen auszudehnen. [4])

Eine principielle Bestimmung über die Abgrenzung der
österreichischen und fremden Civilprocessnormen ist in den österreichischen Gesetzen nirgends enthalten. Doch ergiebt sich aus
der Natur des Civilprocessrechtes, dass die Processhandlungen,
welche innerhalb des österreichischen Gebietes vorzunehmen sind,
den inländischen Processnormen entsprechen müssen. [5]) Denn

---

[4]) Das österreichische Processrecht dürfte wohl zu denjenigen Gesetzgebungen zu zählen sein, welche von nationaler Einseitigkeit am wenigsten
beeinflusst sind. Positive Nachtheile in processualischer Beziehung sind gegen
die Angehörigen fremder Staaten in unseren Processgesetzen mit ganz unbedeutenden Ausnahmen nirgends ausgesprochen; selbst der Gerichtsstand des
§. 29 lit. c, J. N., welchen man etwa als ein gegen Fremde gerichtetes jus
iniquum betrachten könnte, ist im Wesentlichen doch nichts als eine Erweiterung des forum contractus, welche deshalb nothwendig ist, weil dieser letztere Gerichtsstand eben im österreichischen Rechte für die Bedürfnisse des
internationalen Verkehrs zu sehr eingeschränkt ist. Vgl. unten Note 37—40.

[5]) Das im Texte aufgestellte Princip ist in der Gesetzgebung und in
der Literatur allgemein anerkannt; die Controversen, welche auch auf dem
Gebiete des internationalen Processrechtes nicht fehlen, beziehen sich mehr
auf das Detail der Durchführung dieses Princips und auf die Ausnahmen,
welche davon zuzulassen sind. In dieser letzteren Beziehung ist freilich vielfach die nöthigste Consequenz zu vermissen. Vgl. über den im Texte formu-
lirten Grundsatz, Savigny, System. Bd. 8, S. 131. Bar a. a. O. S. 417,
Fölix a. a. O. Bd. 1, Nr. 125, 126 (welcher Schriftsteller auch viel Literatur anführt). Wharton a. a. O. §. 721, 747. Mittermaier a. a. O.
S. 293—296. Wetzell, §. 43, Note 20—24 und Text. Renaud, §. 9.

wenn auch das materielle Rechtsverhältniss, auf welches sich der einzelne Rechtsstreit bezieht, in dem einzelnen Falle nach einem fremden Civilrecht zu beurtheilen ist, so wird doch das Processrechtsverhältniss zwischen dem Richter und den Parteien im Inlande durch Erhebung der Klage begründet und im Inlande weiter entwickelt. [*] Selbst wenn nur einzelne Theile des Rechtsstreites in das Inland fallen, so sind die dadurch hervorgerufenen Rechtsverhältnisse als inländische zu betrachten. Ueberdies ist das Civilprocessrecht durchgreifend öffentliches Recht, welches die Processrechtsverhältnisse des Inlandes mit gebietender Wirksamkeit beherrscht. Wir sehen desshalb auch, dass auf dem Gebiete des Civilprocessrechtes das Territorial-princip sich eine fast ausnahmslose Geltung bewahrt hat und dass davon im österreichischen Recht nur einzelne Ausnahmen — und zwar auch diese meist aus Rücksichten des öffentlichen Interesse — zugelassen werden.

Eine Ausnahme allgemeinerer Natur bilden die Fälle des processualischen Vergeltungsrechtes (der processualischen Retorsion). [*] Die Regel ist im Civilprocessrechte wie im mate-

---

Endemann, §. 14. Bayer, S. 29. Auch in den Quellen des österr. Pro-cessrechtes ist jener Grundsatz an vielen Stellen zum Ausdruck gelangt. Hofd. v. 15. Jänner 1787, Nr. 621, lit. b, (Wessely 800). Hofd. v. 18. Mai 1792, Nr. 16, lit. c, (Wessely 1174). K. M. Pat. und §. 437 der A. G. O. Demgemäss ist die Herrschaft des Territorialprincips auch von den öster-reichischen Schriftstellern, so weit sie sich über diese Frage überhaupt äussern, für das Gebiet des Civilverfahrens anerkannt. Vesque-Püttlingen a. a. O. S. 5. Vgl. auch Glaser, Unger, Walther Nr. 1404.

[*] Bülow, Die Lehre von den Processeinreden und den Process-voraussetzungen (1868), S. 1—4. „Der Process ist ein öffentliches Rechts-verhältniss" — „Der Process ist ein stufenweise vorwärtsschreitendes, sich von Schritt zu Schritt entwickelndes Rechtsverhältniss" (a. a. O. S. 2). Die nachdrückliche Hervorhebung dieses wichtigen Gesichtspunktes halte ich für das wichtigste Verdienst der Schrift Bülow's, während ich den daraus ge-zogenen Folgerungen nicht beipflichten kann. Vgl. unten §. 21.

[*] Ueber das Vergeltungsrecht, welches in seiner Anwendung auf den Civilprocess bisher nur wenig behandelt worden ist, vgl. Unger, System Bd. 1, S. 305—307; Bar a. a. O. S. 67, 68; Fölix a. a. O. Bd. 1, S. 95, 96; Wharton a. a. O. §. 123 b, 824; Vesque a. a. O. S. 87—91; Hugo Grotius de jure belli ac pacis III. cp. 2 (wo auch viel ältere Litera-tur angeführt ist); Vattel, Le droit des gens II. §. 341, 342; Heffter,

riellen Privatrechte, dass die Fremden im Rechtsstreite mit den österreichischen Staatsbürgern gleiche Rechte und Pflichten haben. [8]) Diese Regel findet selbst dann Anwendung, wenn die Processnormen des auswärtigen Staates für den österreichischen Staatsbürger minder vortheilhaft als die inländischen sind, vorausgesetzt nur, dass die Angehörigen des fremden Landes selbst die gleichen Nachtheile leiden. [9]) So bietet z. B. das französische

---

Völkerrecht §. 27, 110; Bluntschli, Völkerrecht Nr. 505. Die Vergeltung oder die Retorsion muss von den Repressalien wohl unterschieden werden. Jene ist die Erwiederung auf ein unbilliges Recht durch ein gleich unbilliges Recht; diese sind dagegen die Erwiederung auf ein Unrecht durch ein gleich empfindliches Unrecht (z. B. die Gefangennahme von Unterthanen eines Staates, der zuvor an dem vergeltenden Staate das gleiche Unrecht verübt hat). Auf dem Gebiete des Civilprocesses wird regelmässig nur das Vergeltungsrecht zur Anwendung kommen.

[8]) Ein allgemeines Princip, wie es der §. 33 A. B. G. B. für das materielle Privatrecht enthält (vgl. oben §. 8 Note 6), ist für das Civilprocessrecht in unseren Quellen nirgends ausgesprochen. Doch haben zahlreiche Detailbestimmungen unserer Rechtsquellen diesen Grundsatz zur Voraussetzung. §. 51 C. O. „In Ermangelung völkerrechtlicher Verträge hat der Grundsatz zu gelten, dass die Ausländer im Concurse gleiche Rechte mit den Inländern geniessen, wenn diesen in dem Staate, welchem jene zugehören, ebenfalls gleiche Rechte mit den dortigen Staatsbürgern in Concursfällen gesetzlich eingeräumt sind, wofür die Vermuthung streitet." Vgl. ferner §. 112 lit. c, A. G. O. und §. 180 lit. c, W. G. O. (Anerkennung der auswärtigen öffentlichen Urkunden), §. 406 A. G. O. §. 539 W. G. O. (Unabhängigkeit der Verpflichtung zur Leistung der Caution für die Gerichtskosten von der staatlichen Angehörigkeit des Klägers) u. s. f.

[9]) Das im Text (S. 131—132) erwähnte Verhalten zweier Staaten wird von manchen Schriftstellern, z. B. Unger, System Bd. 1 S. 305 Note 31; Holzgethan, Ueber das Armenrecht im österr. Civilprocesse, in der Zeitschrift für österreichische Rechtsgelehrsamkeit (1843), Bd. 2 S. 72—73; Kalessa, Beitrag zur Erläuterung des §. 33 B. G. B. in der Zeitschrift für österr. Rechtsgelehrsamkeit (1844), Bd. 1 S. 199; Vesque-Püttlingen a. a. O. S. 87—89; Stubenrauch, Commentar zum allgemeinen österreichischen bürgerlichen Gesetzbuch Bd. 1, 2. Aufl. (1864) S. 91 und Kirchstetter, Comm. zur A. B. G. B. 2. Aufl. S. 48 (Beide zu §. 33 B. G. B.) u. A. als formelle Reciprocität bezeichnet und der materiellen Reciprocität entgegengesetzt, welche eben in der Anwendung des Vergeltungsrechtes (s. unten im Text) besteht. Allein von der Anwendung der Reciprocität kann, wenn dieser Begriff nicht jedes Inhaltes entbehren soll, doch nur dann die Rede sein, wenn die Gesetzgebung des Staates, welcher die Reciprocität übt, durch den Inhalt des ausländischen Rechtes beeinflusst wird, nicht aber, wenn beide

Civilprocessrecht eine weit geringere Zahl von besonderen Gerichtsständen als die österreichischen Competenzgesetze, und insofern
ist die Rechtsverfolgung in Frankreich für den klagenden Oesterreicher in zahlreichen Fällen mit grösseren Schwierigkeiten verbunden als in seiner Heimat; da jedoch auch für die französischen
Staatsbürger nur dieselbe Zahl von Gerichtsständen eröffnet ist.
so wird gegen die Franzosen in dieser Beziehung das Vergeltungsrecht nicht ausgeübt werden dürfen, sondern sie können in Oesterreich bei Klagen alle gesetzlichen Gerichtsstände benützen. Vielmehr werden nur jene Processnormen des auswärtigen Staates
gegen dessen Angehörige in Oesterreich kraft des Vergeltungsrechtes Anwendung finden, welche die österreichischen Staatsbürger einestheils ausschliesslich wegen dieses staatsrechtlichen Verhältnisses treffen und andererseits für sie processualische Nachtheile in sich schliessen. Auch diese beschränkte Anwendung des
Vergeltungsrechtes ist jedoch ausgeschlossen, wenn die Realisirung
der fremden Processnorm von gewissen thatsächlichen Voraussetzungen, insbesondere von dem Vorhandensein bestimmter gerichtlicher Institutionen abhängig ist, welche dem österreichischen
Rechte fremd sind. [10])

Zur Anwendung des processualischen Vergeltungsrechtes ist
also zuvörderst nothwendig, dass die in dem fremden Rechte sta-
tuirte nachtheilige Rechtsfolge sich lediglich als Consequenz der
österreichischen Staatsangehörigkeit darstellt. Es genügt folglich nicht, dass die Angehörigen unseres Staates durch
eine Norm des auswärtigen Rechtes nach der Sachlage mehr
als die Bürger des fremden Staates benachtheiligt werden, wenn
sich dieser Nachtheil nicht als unmittelbare Folge ihres österreichischen Staatsbürgerrechtes darstellt. So soll der (dingliche
und persönliche) Arrest nach der A. Preuss. G. O. Th. I, Tit. 29,

Gesetzgebungen beziehungslos nebeneinander bestehen. Dieses letztere ist
aber entschieden der Fall, wenn zwei Staaten ihre eigenen Angehörigen so
wie auch Fremde nach gleichem Massstabe, nämlich lediglich nach den für
beide Gruppen gleichmässig geltenden Rechtsnormen behandeln.

[10]) Dieses Verhältniss der inländischen Gesetzgebung zu jener eines
fremden Staates pflegt die Doctrin (siehe vorige Note) als materielle
Reciprocität zu bezeichnen. In Wirklichkeit ist dies der einzige Fall, wo
zwischen den beiden Gesetzgebungen ein wechselseitiges Bedingungsverhältniss,
also eine Reciprocität stattfindet.

§. 29 nur dann zulässig sein, wenn eine Gefahr vorhanden ist, dass dem Gläubiger, wenn dem Schuldner die freie Disposition über das Object des Arrestes verbliebe, die Mittel seiner Befriedigung entzogen würden. Dieser Fall wird besonders häufig bei fluchtverdächtigen Ausländern, also auch bei Oesterreichern eintreten, die sich in dieser Lage befinden, ohne dass jedoch die Anwendung des Vergeltungsrechtes statthaft erscheint, weil eben die Zulässigkeit des Arrestschlages nicht an das staatsrechtliche Verhältniss zu einem fremden Lande, sondern an eine ganz andere, mit dieser Eigenschaft nicht selten verbundene thatsächliche Voraussetzung geknüpft ist. [1]) Dagegen ist es in Ansehung der Retorsion gleichgiltig, ob der fremde Staat die nachtheilige Rechtsfolge gegen alle Ausländer oder nur gegen die Oesterreicher in Anwendung bringt.

Die zweite Voraussetzung der Retorsion besteht darin, dass die Angehörigen unseres Staates in Folge der fremden Gesetzgebung ein Nachtheil treffen muss. Die Entscheidung der Frage, ob eine legislative Massregel die Bürger des österreichischen Staates benachtheiligt, ist oft ganz unzweifelhaft, z. B. wenn zahlreiche Processordnungen die Fremden, welche als Kläger auftreten, zur Bestellung einer Caution für die Gerichtskosten verpflichten, während die Bürger des eigenen Staates von dieser Sicherheitsleistung befreit sind. [2]) In zahlreichen Fällen ist es

---

[1]) Dagegen wäre unter der Herrschaft des französischen Gesetzes vom 17. April 1832 Art. 14 die Retorsion in einem analogen Falle allerdings zulässig gewesen. Diese Gesetzesstelle lautet nämlich: Tout jugement qui interviendra au profit d'un Français contre un étranger non domicilié en France, emportera la contrainte par corps, à moins que la somme principale de la condamnation ne soit inférieure à cent cinquante francs, sans distinction entre les dettes civiles et les dettes commerciales. Denn durch dieses Gesetz wird die allgemeine Anwendbarkeit der Personalhaft gegen Fremde — gegen Franzosen war dieselbe nach dem damaligen Rechte nur ausnahmsweise zulässig — gerade an das Merkmal der Staatsangehörigkeit geknüpft. Die erwähnte Gesetzesbestimmung ist übrigens bekanntlich durch das französische Gesetz vom 22. Juli 1867 Art. 1 aufgehoben worden.

[2]) Code de proc. Art. 166 (dazu Boitard Bd. 1 Nr. 344 und Carré Bd. 2 Nr. 696 ff.), Genf: Art. 67; Hannover: §. 54; Baden: §. 173; Deutsch. E. v. 1866 §. 78; Württemberg: Art. 156; Baiern: Art. 120; Deutsch. E. v. 1874 §. 98. Einzelne unter diesen Gesetzgebungen (z. B. Genf, Württemberg, Deutsch. E. v. 1874) legen jedoch den Angehörigen eines aus-

aber unbestimmt und von den Umständen des einzelnen Falles
abhängig, ob eine Norm des ausländischen Processrechtes eine
Beeinträchtigung der Angehörigen unseres Staates in sich schliesst.
So bestimmt der Art. 69 Z. 9 des Code de proc., dass die Zustellung von Ladungen an Fremde, welche ausserhalb Frankreichs
wohnen, zu Handen des Staatsanwaltes zu erfolgen hat, welcher
für die Behändigung an den Beklagten durch Vermittlung des
Ministeriums des Aeussern zu sorgen hat.[13]) Das österreichische Recht hat die Zustellung gerichtlicher Ladungen in diesen
Fällen bekanntlich in wesentlich abweichender Weise geordnet,[14])

wärtigen Staates die Verpflichtung zur Cautionsbestellung nur dann auf, wenn
dieser von ihren eigenen Angehörigen Caution verlangt — eine Bestimmung, die
sich nach den allgemeinen Grundsätzen über das processualische Vergeltungsrecht von selbst ergiebt. Ganz abweichend und in durchaus abnormer Weise
hat das österreichische Recht (A. G. O. §. 406, W. G. O. §. 539) dieses
Rechtsinstitut geregelt, da nach unseren Gerichtsordnungen Jedermann, welcher
in der Provinz des Processgerichtes nicht hinreichendes Vermögen besitzt (auch
die österreichischen Staatsangehörigen) die Caution leisten muss. Vgl. auch
rücksichtlich des Königreiches Polen das Hofd. v. 18. Mai 1842 Nr. 617
(Frühwald Nr. 299).

[13]) Die im Text erwähnte Zustellungsform wird auf Angehörige fremder Staaten beschränkt v. Fölix a. a. O Bd. 1 Nr. 192 und Merlin bei
Carré Bd. 1 Qu. 373. Andere Schriftsteller halten dagegen lediglich den
Wohnort im Auslande für massgebend, ohne Rücksicht, welchem Staate die
zu ladende Partei angehört, so dass insbesondere auch ein im Auslande
lebender Franzose nach Art. 69 Z. 9 Code de proc. geladen werden kann.
Demangeat zu Fölix a. a. O. Bd. 1 S. 396; Boitard Bd. 1 Nr. 185;
Carré Bd. 1 Qu. 373. Hält man diese letztere Meinung für richtig, so ist
die processualische Vergeltung auch deshalb ausgeschlossen, weil es an dem
Causalnexus zwischen dem processualischen Nachtheile und der Staatsangehörigkeit mangelt (s. oben den Text).

[14]) Für die Form der Ladung ist nach österr. Recht sachgemäss der
Wohnort, nicht die Staatsangehörigkeit massgebend. Das Verfahren, welches
bei Zustellung von Klagen an ausser Landes wohnende Personen zu beobachten ist, wird durch das Hofd. v. 11. Mai 1833 Nr. 2612 (Wessely 1366)
normirt. Danach ist in dem Falle, wenn sich der Beklagte an einem bekannten Orte im Auslande befindet, immer von dem Processgerichte der Versuch
zu machen, die Zustellung durch das Gericht des Wohnorts des Beklagten
oder durch Vermittlung höherer Behörden zu bewirken; zugleich ist aber
ein Curator für den Geklagten zu bestellen. Erst wenn auf diesem Wege die
Zustellung innerhalb einer angemessenen Frist nicht gelingt, kann die Edictalcitation eingeleitet werden.

ohne dass jedoch in der Anwendung der französischen Formen auf die österreichischen Staatsbürger ein Nachtheil erblickt werden kann. Bleibt es nun in Ansehung einer auswärtigen Processnorm zweifelhaft, ob sie eine Beeinträchtigung der Inländer in sich schliesst, so hat die Retorsion regelmässig zu unterbleiben.

Die Anwendung des Vergeltungsrechtes ist endlich ausgeschlossen, wenn die erforderlichen thatsächlichen Voraussetzungen, insbesondere auch die zu diesem Ende nothwendigen gerichtlichen Einrichtungen fehlen. So ist die Retorsion in Betreff der oberwähnten Bestimmung des Art. 69 Z. 9 des Code de proc. auch schon deshalb unmöglich, weil dem österr. Rechte gegenwärtig die Mitwirkung der Staatsanwaltschaft in Civilsachen überhaupt fremd ist. [16]) Ebenso können die Bestimmungen der baierischen Processordnung über die Vollziehung auswärtiger Urtheile von den österreichischen Gerichten nur in begränztem Masse angewendet werden, obgleich die M. V. v. 20. Dec. 1870 Nr. 142 die Geltendmachung der Retorsion ohne alle Einschränkung angeordnet hat. Nach dem Art. 824 der Baier. P. O. ist nämlich das Gesuch um Vollstreckbarkeitserklärung einer im Auslande ergangenen Entscheidung mittelst einer Klage anzubringen, über welche dann das in der baier. Processordnung normirte Verfahren (insbesondere das schriftliche Vorverfahren, die öffentliche mündliche Verhandlung, die dem französischen Rechte nachgebildeten Rechtsmittel) statt-

---

[16]) Durch die kais. Entschl. v. 14. Juni 1849 Nr. 240 §. 29, 30, dann durch das prov. organische Gesetz über die Staatsanwaltschaft v. 10. Juli 1850 Nr. 266 §. 68 wurde der Staatsanwaltschaft auch in Oesterreich ein bedeutender Wirkungskreis in bürgerlichen Rechtssachen zugewiesen, welcher im Wesentlichen den Bestimmungen des französischen Rechtes entsprach (Art. 83 Code de proc.; vgl. auch §. 91—93 des Genfer Gesetzes über die Gerichtsorganisation v. 5. Dec. 1832 und die Art. 96, 256, 295, 322, 376, 409 der Genfer P. O.) Eine Mitwirkung des Staatsanwaltes bei Ladungen von Personen, welche ausserhalb Landes wohnen, wie sie der Art. 69 Nr. 9 des Code de proc. den französischen Staatsanwälten vorschreibt, ist jedoch in den citirten Gesetzen nicht angeordnet. Später wurde die Staatsanwaltschaft durch die kaiserliche Verordnung vom 20. Jänner 1852 Nr. 27 auf die Strafrechtspflege beschränkt und dieser Rechtszustand bisher aufrecht erhalten.

findet. [16]) Da jedoch diese Processformen im österreichischen
Rechte zum Theil gar nicht, zum Theil nur für ein beschränktes
Gebiet des Verfahrens (nämlich blos für das Bagatellverfahren) angenommen sind, so werden sich die österreichischen Gerichte bei
der Anwendung des Vergeltungsrechtes darauf beschränken müssen,
den Inhaber eines baierischen Urtheiles, welcher dessen Vollstreckung im Inlande ansucht, zur Einbringung einer förmlichen
Klage anzuweisen, über welche das Verfahren nach österreichischem Processrecht einzuleiten ist.

Sind die dargestellten Voraussetzungen des Vergeltungsrechtes vorhanden, so ist dasselbe auszuüben ohne Rücksicht, ob
unser Processrecht dessen Anwendung in dem betreffenden Falle
ausdrücklich angeordnet hat [17]) oder nicht. [18]) Eine allgemeine
Bestimmung über die Retorsion ist zwar in den Quellen unseres
Processrechtes nicht zu finden, doch ist dessenungeachtet die Anwendbarkeit des Vergeltungsrechtes kraft völkerrechtlicher Grund-

---

[16]) Vgl. über die Art. 823—825 der Baierischen Processordnung Wernz,
Commentar zu dieser P. O. S. 677, 678.

[17]) Die Anwendbarkeit des Vergeltungsrechtes ist in unseren Gesetzen,
namentlich in folgenden Fällen ausdrücklich anerkannt: 1) Die Gerichtsstände, welche ein auswärtiger Staat gegen die österreichischen Staatsbürger
gewährt, sind in Oesterreich auch gegen seine Unterthanen eröffnet (§. 29,
lit. d. J. N.) 2) Den Büchern auswärtiger Handelsleute wird die Beweiskraft
von den österreichischen Gerichten nur so lang zugestanden, als ihr Heimats-
staat die Handlungsbücher österreichischer Kaufleute für beweiskräftig ansieht
(Hofd. v. 4. Mai 1787 Nr. 676 [Wessely Nr. 634]). 3) Urtheile auswärtiger Gerichte werden nur dann vollstreckt, wenn der fremde Staat auch auf
Grundlage österreichischer Urtheile die Hilfe leistet (Hofd. v. 18. Mai 1792
Nr. 16 [Wessely 1174]). 4) Im Concursverfahren wird ganz allgemein Retorsion geübt (§. 51 C. O.) u. s. f.

[18]) Die Anwendung des Vergeltungsrechtes ist z. B. nicht ausdrücklich
angeordnet rücksichtlich der Caution für die Gerichtskosten, welche die österreichischen Staatsbürger in zahlreichen Staaten in Folge ihrer Staatsangehörigkeit leisten müssen. Vgl. oben Note 12. Ebenso findet sich keine gesetzliche Bestimmung, dass die österreichischen Gerichte kraft des Vergeltungsrechtes Rechtsstreite zwischen zwei Franzosen von Amtswegen, ferner Processe zwischen einem Franzosen und einem anderen Ausländer auf Verlangen
dieses Letzteren zurückzuweisen haben (vgl. unten Note 34) u. s. f. Eine
durchgreifende gesetzliche Normirung aller Fälle des Vergeltungsrechtes ist
auch schlechterdings unmöglich, weil die wechselnde Gesetzgebung der fremden Staaten fortwährend neue Formen desselben hervorruft.

sätze keinem Zweifel unterworfen. [19]) Da jedoch die gehörige
Würdigung der Voraussetzungen des Vergeltungsrechtes nicht
selten von einem tieferen Eindringen in den Zusammenhang der
fremden Institutionen abhängt, so ist es zweckmässig, wenn die
oberste Justiz-Administrativbehörde den Eintritt und den Umfang
der processualischen Retorsion in den wichtigeren Fällen im Verordnungswege feststellt. In den Thätigkeitskreis der gesetzgebenden Gewalt gehören Anordnungen dieser Art wohl nicht, weil
durch dieselben nicht das Handeln der Staatsbürger bestimmt,
sondern nur eine gewisse Beschaffenheit des fremden Rechtes beurkundet werden soll. [20])

[19]) Das Recht der Retorsion ist in der völkerrechtlichen Literatur allgemein anerkannt. Vgl. oben Note 7. Zweifelhaft ist dagegen, ob zur Anwendung dieses Rechtes eine besondere Willenserklärung des Souveräns
erforderlich ist, dass das Vergeltungsrecht angewendet werden solle, oder ob
der Richter auch ohne eine solche Anweisung Retorsion üben kann. Beide
Auffassungen führen zu wesentlich verschiedenen Resultaten, da jede Gesetzgebung (über die österr. Note 17, 18) naturgemäss nur einzelne Fälle der
Retorsion ausdrücklich statuiren kann, so dass nach der ersten Auffassung die
Anwendung der Retorsion die Ausnahme, nach der zweiten die Regel bildet.
In der völkerrechtlichen Literatur ist die Ansicht überwiegend, dass die Anwendung des Vergeltungsrechtes einen Befehl der obersten Staatsgewalt voraussetzt. Vattel, Le droit des gens II. Nr. 341; Struben, Rechtliche Bedenken. V, Nr. 47, 2. Aufl 5. Bd. (1786) S. 106 (welcher Schriftsteller auch
viel ältere Literatur anführt); Heffter, Völkerrecht, §. 110. Vgl. auch Bar
a. a. O. S. 468. Für das österreichische Civilprocessrecht ist dagegen gewiss
die zweite Meinung die richtige, wornach der Richter das processualische Vergeltungsrecht auch ohne eine besondere Anweisung zu üben hat. Denn in
zahlreichen processualischen Gesetzen wird das Recht der Vergeltung oder
der Reciprocität als ein höheres Princip vorausgesetzt, welches eine selb-
ständige Geltung besitzt und dessen einzelne Consequenzen blos um der
grösseren Sicherheit willen durch den Ausspruch des Gesetzgebers noch besonders sanctionirt werden. So bestimmt der §. 29 lit. d, J. N., dass die
Unterthanen auswärtiger Staaten vor den österreichischen Gerichten „in Folge
der Gegenseitigkeit (Reciprocität)" in allen Fällen belangt werden können, in
welchen der Staat, welchem sie angehören, auch Klagen gegen österreichische
Unterthanen zulässt. Eben so untersagt das Hofd. v. 18. Mai 1792 Nr. 16
lit. c, (Wessely Nr. 1174) den österreichischen Richtern die Beobachtung
von auswärtigen processualischen Normen, ausser „wenn es sich um die Anwendung des Reciprocitätsrechtes handelt." Vgl. auch das W. G. B. 1, 2.
§. 55, und Vesque-Püttlingen a. a. O. S. 89.

[20]) Zahlreiche Verlautbarungen der obersten Justiz-Administrativbehörde
über die Anwendung des Vergeltungsrechtes sind bei Wessely Nr. 1173 ff.

Das Vergeltungsrecht ist das einzige Princip, durch welches das fremde Processrecht in erheblichem Umfang — allerdings mit Umkehrung der dadurch benachtheiligten Personen — in das österreichische Civilprocessrecht hinüberspielt. Im Uebrigen ist dagegen für das Gebiet des Civilverfahrens das Territorialprincip auch noch in der neuesten Literatur und Gesetzgebung festgehalten. Nur auf jenen Gebieten, welche sich mit dem System des Privatrechtes berühren (z. B. das Beweisrecht), oder wo der Civilprocess einzelne Rechtssätze des materiellen Civilrechtes sich angeeignet hat (z. B. rücksichtlich der Gerichts- und Processfähigkeit), kann man vielfach ein Schwanken zwischen dem Territorialprincip und den gänzlich heterogenen Auffassungen unseres heutigen internationalen Privatrechtes bemerken, wie sich aus der nunmehr folgenden Darstellung der Detailfragen des internationalen Processrechtes ergeben wird.

Was zuvörderst die Gerichts- [21]) und die Processfähig-

und in der **Manz**'schen Ausgabe 6. Bd, 5. Aufl. (1873), S. 321 ff., abgedruckt.

[21]) Die Gerichtsfähigkeit ist das processualische Corrollar der Rechtsfähigkeit; sie ist die Fähigkeit, in Processrechtsverhältnisse — gleichviel ob durch eigene oder fremde Willensacte oder durch zufällige Ereignisse — einzutreten. Wer also rechtsfähig ist, der ist zugleich gerichtsfähig. Das Nähere unten §. 21 und in der Lehre von den Parteien. Die Frage der Gerichtsfähigkeit wird regelmässig in der Form erhoben, ob Vermögensmassen, dann ob Behörden und Districte eines Staates rechts- und in Folge dessen auch gerichtsfähig sind. So sind z. B. die in Galizien durch das Ges. v. 12. Aug. 1866 Nr. 20 L. G. B. normirten Gutsgebiete nicht als selbstständige Subjecte von privatrechtlichen Befugnissen und Verpflichtungen, wohl aber von öffentlich rechtlichen Verpflichtungen (vgl. §. 17. d. G. v. 12. Aug. 1866) zu betrachten; sie dürfen deshalb auch nicht in einem Privatrechtsstreit als Kläger oder Beklagte auftreten, selbst dann nicht, wenn ihr Eigenthümer oder administrativer Vertreter (§. 8 S. G.) im Namen des Gutsgebietes eine privatrechtliche Verpflichtung übernommen, z. B. einen Wechsel unterzeichnet hätte. Denn das galizische Gemeinderecht, welches nach dem Text für diese Frage entscheidend ist, erkennt wohl die Gemeinden, nicht aber die Gutsgebiete als Subjecte von privatrechtlichen Befugnissen und Verpflichtungen an. — Dagegen sind jene in fremden Rechten etwa noch vorkommenden Beschränkungen der Gerichtsfähigkeit, welche gebietenden Gesetzen widerstreiten (z. B. die der Sclaven L. 107. D. de R. J. 50. 17, der Excommunicirten C. 7. X. 2. 1. u. s. f.) von den österreichischen Gerichten nicht zu beachten, wie denn auch die entsprechenden Einschränkungen der materiellrechtlichen Rechtsfähigkeit nach einer allgemein angenommenen Ansicht in den civilisirten Staa-

keit[21]) der streitenden Parteien betrifft, so ist dieselbe nach
den nämlichen Gesetzen zu beurtheilen wie ihre Rechts- und
Handlungsfähigkeit.[23]) Wenn also eine Processpartei durch

ten nicht anzuwenden sind. Vgl. Savigny, System, Bd. 8, S. 161, 163;
Unger, System, Bd. 1, S. 169 u. A.; Bar, S. 164, ff.; Wharton,
§. 105, ff.

[22]) Die Processfähigkeit ist die Consequenz und das Corrollar der allgemeinen privatrechtlichen Handlungsfähigkeit; sie ist also die Fähigkeit,
durch eigene Willensacte in Processrechtsverhältnisse einzutreten. §. 63
A. G. O., §. 56 W. G. O. Vgl. unten §. 21 und die Lehre von den Parteien.
Die partielle Handlungsfähigkeit, welche das bürgerliche Recht gewissen
Classen von handlungsunfähigen Personen in Ansehung bestimmter Vermögenstheile verleiht (§. 151, 246, 247 B. G. B.), ist für ihre Processfähigkeit selbst
dann ohne Bedeutung, wenn jene Vermögenstheile den Gegenstand des
Rechtsstreites bilden. Nur im Bagatellverfahren (§. 10) fällt die Handlungs-
und die Processfähigkeit auch in diesem Falle zusammen; die Personen,
welche in Ansehung gewisser Vermögensbestandtheile ausnahmsweise hand-
lungsfähig sind, besitzen auch in demselben Umfange ausnahmsweise die Processfähigkeit.

[23]) Ueber den Rechtssatz, dass die Gerichts- und Processfähigkeit
demselben Rechte unterworfen sei, wie die Rechts- und Handlungsfähigkeit,
hat seit jeher grosse Uebereinstimmung geherrscht. Mittermaier im Archiv
f. civ. Praxis, Bd. 13, S. 303—306 (welcher Schriftsteller jedoch rücksichtlich
der Frage, ob eine Ermächtigung zur Processführung erforderlich ist, das
örtliche Recht des Processgerichtes entscheiden lässt). Bar a. a. O. S. 423,
424; Fölix a. a O. Nr. 27 ff.; Wharton, §. 696; Wetzell, §. 43, Note
24 und Text. Nach welchem Rechte aber die Rechts- und Handlungsfähigkeit
einer Person zu beurtheilen ist, insbesondere ob ihr Wohnsitz oder ihr
Staatsbürgerrecht entscheidet, ist freilich unter den Schriftstellern des internationalen Privatrechtes sehr bestritten. Für die Meinung, dass in Ansehung
der Rechts- und Handlungsfähigkeit der Wohnort — ohne Rücksicht auf
die Staatsangehörigkeit — zu entscheiden habe, spricht sich aus: Savigny,
System, Bd. 8, S. 134—141; Demangeat zu Fölix a. a. O. Bd. 1,
S. 58, 59, Note 6; Wharton, §. 84 und ff. (Dieser Schriftsteller fügt
§. 104 a die Beschränkung bei, dass die Gesetze, welche die Rechtsfähigkeit
[capacity] beschränken, keinen Anspruch auf Anerkennung von Seiten der
fremden Staaten besitzen, wogegen diejenigen Rechtssätze, welche die Rechtsfähigkeit beschützen, auch im internationalen Verkehre zu beachten sind. Vgl.
oben Note 21); Windscheid, §. 35, Note 1. Stobbe, Handbuch, Bd. 1,
S. 183—190 (St. hält jedoch in Betreff der Rechtsfähigkeit das Recht des Ortes
für massgebend, welchem das betreffende Rechtsverhältniss unterworfen ist);
Goldschmidt, Handelsrecht, S. 381—383. Die Wirksamkeit des Rechtes jenes
Staates, welchem eine Person in dem entscheidenden Zeitpunkt als Unterthan
angehörte, wird vertheidigt von Fölix a. a. O. Bd. 1, S. 54 ff. (welcher Schriftsteller aber das Domicil und die Staatsangehörigkeit in einer verwirrenden

ihr Staatsbürgerrecht einem fremden Staate angehört, [24]) so wird ihre Gerichts- oder Processfähigkeit durch jene Gesetze bestimmt, denen sie vermöge ihres Wohnsitzes oder in Ermangelung desselben durch ihre Geburt als Unterthan unterliegt

---

Weise zusammenwirkt, was wohl eine Folge der unklaren Behandlung dieses Gegensatzes im französischen Rechte ist; vgl. Demangeat zu Fölix a. a. O. Bd. 1, S. 58, 59; Wharton, §. 94 a); Rosshirt, Beitrag zum internationalen Privatrecht, im Archiv. f. civ. Praxis, Bd. 46 (1863), S. 311—334, bes. 328, 329, und die daselbst zahlreich angeführten Gesetzgebungen; Bluntschli, in der Krit. V. J. S. Bd. 12 (1870), S. 355 ff. Eine Mittelmeinung wird aufgestellt von Bar a. a. O. S. 82—92, bes. 83, 90, 91, indem dieser Schriftsteller annimmt, dass das Recht desjenigen Landes massgebend ist, wo „die Person den Wohnsitz und zugleich Wohnrecht hat." Diese Auffassung wird für jene Staaten, deren öffentliches Recht nicht eine besondere Autorisation der Fremden zum Aufenthalte in dem Lande (vgl. z. B. Art. 13 Code civ.) kennt, mit der zweiten der oben angeführten Meinungen zusammenfallen, da in solchen Staaten ein concretes Wohnungsrecht eben nur dem Inländer zusteht, während Fremde nach völkerrechtlichen Grundsätzen von der Regierung nach ihrem Ermessen ausgewiesen werden können. Bluntschli, Völkerrecht, Nr. 382, 383. Ebenso vermittelt das österr. B. G. B. §. 4, 34. zwischen den beiden oben angeführten Ansichten, indem es vorschreibt, dass für die Rechts- und Handlungsfähigkeit der österreichischen Staatsbürger unbedingt das österreichische Gesetz zu gelten hat, wogegen jene Eigenschaften bei Fremden zunächst nach dem Rechte ihres Wohnsitzes und erst in Ermangelung eines solchen nach dem Rechte ihres Heimatsstaates zu beurtheilen sind. Vgl. darüber Unger, System, Bd. 1, S. 163—169 (wo auch die ältere österreichische Literatur angeführt ist); Kirchstetter, Comm., S. 50, 51; Vesque-Püttlingen a. a. O. S. 32—86; Stubenrauch, Commentar, Bd. 1, S. 92, 93. (Die beiden letzteren Schriftsteller lassen auch über die Rechts- und Handlungsfähigkeit der Fremden das örtliche Recht ihres Heimatsstaates, nicht ihres Wohnsitzes entscheiden.)

[24]) Die Gerichts- und Processfähigkeit der Oesterreicher, d. h. jener Personen, welche nach unseren Gesetzen als österreichische Staatsbürger zu betrachten sind, richtet sich unbedingt nach den österreichischen Gesetzen, auch wenn sie ihren Wohnsitz im Auslande genommen haben. Wenn also z. B. ein österreichischer Staatsbürger im Alter von 22 Jahren, welcher im deutschen Reiche wohnt, ohne Mitwirkung des Vaters oder des Vormundes eine Klage vor einem österreichischen Gerichte anbringt, so ist dieselbe wegen mangelnder Processfähigkeit zurückzuweisen, obgleich nach dem örtlichen Rechte seines Wohnsitzes (Deutsch. Reichsg. v. 17. Febr. 1875) die Handlungs- und Processfähigkeit schon durch den Ablauf des 21. Lebensjahres erlangt wird. Vgl. Note 23.

(Note 23). [25]) Dasselbe örtliche Recht ist ferner auch für die Entscheidung der Frage massgebend, ob in einelnen Fällen eine staatliche Ermächtigung zur Processführung erforderlich ist, weil eine solche eben nichts als eine Einschränkung der processualischen Handelsfähigkeit (Processfähigkeit) ist. [26])

Dagegen sind rein processualische und demgemäss nach dem örtlichen Rechte des Processgerichtes (Lex fori) zu entscheidende Fragen, ob eine Partei ihre Processhandlungen persönlich oder unter Beistand eines Anwaltes vornehmen muss, ferner welche Rechte und Pflichten den streitenden Parteien als solchen obliegen. [27]) Insbesondere ist die Verpflichtung der Parteien zum Gerichtskostenersatze und zur Leistung der Caution für die Gerichtskosten nach inländischem Processrecht zu entscheiden. [28])

---

[25]) Einen entgegengesetzten Standpunkt nimmt der Deutsche Entwurf einer Civilprocessordnung vom Jahre 1874 ein, indem zufolge §. 53 d. E. ein Ausländer, welchem nach dem Rechte seines Landes die Processfähigkeit mangelt, als processfähig gilt, wenn ihm nach dem Rechte des Processgerichtes die Processfähigkeit zusteht. Diese Vorschrift ist (Motive zu dem Entw. einer C. P. O. für das deutsche Reich, Kortkampf [1874], S. 421) dem §. 35 der Einl. zum preuss. A. L. R. und dem Art. 84 W. O. nachgebildet.

[26]) Nach früherem preussischen Rechte musste der Vormund zur Erhebung jeder Klage vom Vormundschaftsgerichte ein decretum ad agendum einholen (A. L. R. II. Th. 20. Tit. §. 301); nur die Zinsen von ausgeliehenen Capitalien durfte er auch ohne Bewilligung eintreiben. (§. 493 d Tit.) Dagegen durfte er als Beklagter den Process auch ohne Ermächtigung des Vormundschaftsgerichtes führen. (§. 504 d. Tit.) Diese Bestimmungen waren auch dann zur Anwendung zu bringen, wenn der Vormund eines in Preussen wohnenden Mündels vor den österreichischen Gerichten Process führte, obgleich das österreichische Recht dem Vormund in Beziehung auf die Processführung eine wesentlich freiere Stellung einräumt. Vgl. §. 233 B. G. B. und die sehr verschiedenen Ansichten über die letztere Frage bei Zeiller, Comm. Bd. 1, S. 482, 483; Winiwarter, Bürg. Recht. Bd. 1. S. 505; Stubenrauch, Comm., Bd. 1. S. 370. 371; Fischer, Handb. d. dil. Einwend. (1825), S. 52; Nippel, Comm. zum B. G. B. Bd. 1, S. 359; Derselbe, Erl. der A. G. O. Bd. 1, S. 205, 206; Kirchstetter, Comm., S. 131. Umgekehrt wird das den Vormündern gegenwärtig durch die preussische Vormundschaftsordnung v. 5. Juli 1875 eingeräumte Recht, ohne Bewilligung des Gerichtes Processe zu führen und Eide aufzutragen (Dernburg. Das Vormundschaftsrecht der preussischen Monarchie [1875], S. 166, 167) auch von den österreichischen Gerichten respectirt werden müssen.

[27]) Bar a. a. O. S. 423, 424; Fölix a. a. O. Nr. 26, S. 278. 279. (Ausg. v. 1866); Mittermaier a. a. O. S. 300; Wharton a. a. O. §. 751.

[28]) Bar a. a. O. S. 423, 424.

Auch das Rechtsverhältniss zwischen der Partei und dem
Anwalt, welcher für dieselbe vor einem österreichischen Gerichte
einen Process führt, ist selbst dann, wenn die Erstere im Auslande ihren Wohnsitz hat, nach dem Rechte des Processgerichtes
zu beurtheilen. Denn wenngleich dem Verhältniss des Advocaten
zu seinem Clienten unverkennbar ein privatrechtliches Element
beigemischt ist, welches auch das bürgerliche Gesetzbuch anerkannt hat [29]), so ist es doch vorherrschend öffentlich-rechtlicher
Natur und es unterwirft sich deshalb die Streitpartei, welche die
Thätigkeit eines solchen Functionärs in Anspruch nimmt, allen
Rechtsnormen, die über die Ausübung dieses öffentlichen Amtes
am Orte des Processgerichtes bestehen. [30]) Umgekehrt werden
aber auch die österreichischen Gerichte die Bestimmungen des
auswärtigen Rechtes über die Liquidirung des Advocatenhonorars,
über das Taxwesen u. s. f. als massgebend anzusehen haben,
wenn ein Oesterreicher einen Rechtsstreit im Auslande geführt

---

[29]) Die gemeinrechtliche Controverse, ob das Rechtsverhältniss zwischen
dem Advocaten und Clienten als eine Dienstmiethe, ein Mandat oder als ein
Innominat-Contract zu betrachten sei (Wetzell, §. 8, Note 35—62 und Text;
Bayer, §. 98; Renaud, §. 64; Endemann, §. 82 u. A.), ist von der
österreichischen Gesetzgebung im Sinne der ersten Auffassung entschieden
worden. §. 1163 B. G. B. §. 17 der Adv. Ord. v. 6. Juli 1868, Nr. 96. Vgl.
auch §. 5 der Notariatsordnung v. 25. Juli 1871, Nr. 75. Doch hat auch
der Gesichtspunkt, dass jenes Rechtsverhältniss als ein Mandat zu betrachten
sei, in zahlreichen österreichischen Gesetzen Anerkennung gefunden §. 1008
B. G. B., §. 416 A. G. O. u. s. f. Eine befriedigende Construction des
Rechtsverhältnisses vom rein privatrechtlichen Standpunkte ist deshalb m. E.
auch auf dem Boden des österreichischen Rechtes unmöglich. Die richtige
Auffassung ist wohl, dass das Verhältniss zwischen dem Rechtsfreund und
Clienten ein Bestandtheil des gesammten Processrechtsverhältnisses ist und
dass es deshalb — ebenso wie das Verhältniss zwischen den Processparteien
und dem Richter mit seinen Gehilfen — wesentlich dem öffentlichen Rechte
angehört, wenngleich es, namentlich in Beziehung auf das Deservit, einzelne privatrechtliche Seiten bietet. Das Nähere in der Lehre von den
Parteien.

[30]) Bar a. a. O. S. 525, 526. Die Form der Processvollmacht richtet
sich ausschliesslich nach dem örtlichen Rechte des Processgerichtes. Das
Vollmachtsverhältniss bleibt in Gemässheit des §. 416 A. G. O. und §. 548
W. G. O. nach dem Tode des Vollmachtgebers bestehen, auch wenn die
Vollmacht unter der Herrschaft eines Rechtes ausgestellt wurde, welches das
Processmandat durch den Tod erlöschen lässt.

hat und aus diesem Verhältnisse vor einem inländischen Gerichte verklagt wird. [31])

Alle Fragen, welche die Organisation der Gerichte, die Abgrenzung ihres Thätigkeitskreises von jenem der Administrativbehörden oder den Umfang ihrer Rechte und Pflichten gegenüber den streitenden Parteien betreffen, gehören wesentlich dem öffentlichen Rechte an und sind deshalb ausschliesslich nach dem örtlichen Rechte des Processgerichtes zu beurtheilen. Dasselbe ist der Fall rücksichtlich der Competenz der Gerichte, welche zwar durch die Willkühr der Parteien vielfach beeinflusst wird, dessenungeachtet aber, wie jede Norm über die Vertheilung der Staatsgewalt, einen Gegenstand des öffentlichen Rechtes bildet. [32])

Wie weit aber hat das österreichische Recht die Geltung der inländischen Normen über die Competenz der Civilgerichte auch auf jene Personen ausgedehnt, welche durch ihr Staatsbürgerrecht dem Auslande angehören? An sich könnte es zweifelhaft erscheinen, ob Ausländer als Kläger oder Beklagte vor die

---

[31]) B a r a. a. O. S. 425, 426. Die meisten Processgesetzgebungen stellen über die Höhe der Advocatengebühren Tarife auf, neben welchen auch die vertragsmässige Festsetzung des Deservits in grösserem oder geringerem Umfange zulässig ist. Preussen: Koch, Der preussische Civilprocess, 2. Aufl. §. 105. Frankreich: Ges. v. 16. Febr. 1807, Boitard, I., Nr. 285. Baierische P. O. Art. 117—118 u. A. Obwohl im österreichischen Rechte ein solcher Gebührentarif vorläufig nicht besteht und die Gebühren der Anwälte in Ermangelung eines Uebereinkommens durch das Ermessen des Gerichtes bestimmt werden (§. 17 der Adv. Ordn. v. 6. Juli 1868, Nr. 96 und Hofd. v. 4. Oct. 1833, Nr. 2633: Wessely, Nr. 1504), so haben doch die österreichischen Gerichte in eine Festsetzung der Gebühren auswärtiger Anwälte, wenn diese in Oesterreich eingeklagt werden, nicht einzugehen, sondern ihren Entscheidungen die Sätze des auswärtigen Tarifs zu Grunde zu legen. Die processualische Geltendmachung des Honoraranspruchs unterliegt dagegen den österreichischen Gesetzen, wonach die Advocatengebühren wie jeder andere Anspruch im ordentlichen Wege einzuklagen sind. Insbesondere kann dem auswärtigen Anwalt nicht ohne vorhergehenden Rechtsstreit sofort eine vollstreckbare Ausfertigung (Gemeines Recht: Wetzell, §. 8, Note 56—62; vgl. auch Renaud, §. 64, Note 15—22; Bayer, S. 310, 311; Baierisches Recht, Baier. P. O. Art. 118, Abs. 2, 3 u. A.), oder ein Zahlungsmandat (Preussen: Verord. v. 1. Juni 1833, §. 1, Z. 4 bei Koch, Die Preussische Processordnung, 6. Aufl., S. 796) gewährt werden.

[32]) B a r a. a. O. S. 426, 427; Wharton, §. 704; Fölix a. a. O. Bd. 1, Nr. 126.

österreichischen Gerichten geladen werden können, da der Gerichtszwang ein Ausfluss der allgemeinen staatlichen Hoheit ist,
welche dem einzelnen Staate gegenüber den Bürgern des Auslandes mangelt. In der That hat auch die Rechtsübung einzelner
Länder (z. B. Frankreichs) den Grundsatz angenommen, dass
Streitigkeiten, in welchen sowohl der Kläger als auch der Beklagte Ausländer sind, regelmässig vor die inländischen Gerichte
nicht gehören. [24]) Dem österreichischen Rechte ist diese Beschrän-

---

[24]) Dieser von der äussersten nationalen Einseitigkeit eingegebene
Rechtssatz ist in den gegenwärtig geltenden französischen Rechtsquellen
nirgends mit Deutlichkeit ausgesprochen, sondern hat sich — ohne Zweifel
im Anschluss an das ältere germanische Recht (Meibom, Deutsches Pfandrecht, S. 159, 160) — aus der Praxis der vorrevolutionären Epoche bis auf
die gegenwärtige Zeit in der Uebung erhalten. Fölix a. a. O. Bd. 1, Nr.
149, 150; Zachariae, Handbuch des französischen Civilrechtes, Bd. 1, §.
Nr. 6. Vgl. auch Bar a. a. O. S. 428—431; Wharton a. a. O. §. 706. Der
erstgenannte Schriftsteller formulirt jene Beschränkung der Fremden dahin:
Que deux étrangers, qui ont contracté, soit en France, soit à l'étranger, et
dont ni l'un ni l'autre n'a acquis un domicile en France, ne peuvent se tra-
duire l'un l'autre devant les tribunaux français. Fölix a. a. O. Nr. 151.
Auf den ersten Blick könnte man glauben, dass durch diese Formel bei
Rechtsstreiten zwischen Fremden blos die Benützung der in Frankreich wenig
zahlreichen besonderen Gerichtsstände ausgeschlossen, dagegen der allgemeine Gerichtsstand des Wohnsitzes im Wesentlichen aufrecht erhalten bleiben
soll, da eben, wenn ein fremder Staatsbürger einen anderen in Frankreich
wohnenden Fremden verklagt, — der praktisch wichtigste Fall — nicht mehr
beide Processparteien des Domicils in Frankreich entbehren. Allein der Wohnsitz
der Fremden ist nach französischem Rechte eine wesentlich staatsrechtliche
Institution, indem zu dessen natürlichen, auch in den deutschen Gesetzgebungen
anerkannten Elementen (dauernder Aufenthalt an einem bestimmten Orte und
die Absicht eines solchen) noch die Bewilligung der Staatsregierung hinzu-
treten muss. Art. 13 des code civil und dazu Zachariae, Handbuch des
französischen Civilrechtes, 6. Aufl. (herausg. v. Puchelt), Bd. 1, §. 71, Note
9—11; Aubry & Rau, Cours de droit civil français, 4. Aufl., Bd. 1 (1869),
§. 79, Note 5—8; Marcadé, Explication du code civil, 7. Aufl., Bd. 1 (1873),
S. 112—114. Einzelne Schriftsteller lassen zwar neben diesem vorherrschend
staatsrechtlichen Wohnsitz der Fremden auch noch einen rein civilrechtlichen
und processualischen Wohnsitz im Sinne der deutschen Auffassung zu, doch
hat diese Ansicht in der Theorie und Praxis nur wenig Anhänger gefunden.
Vgl. Fölix a. a. O. Bd. 1, Nr. 152; Demangeat zu Fölix a. a. O.
Bd. 1, (4. Aufl.), S. 317, Note 4; Delvincourt bei Marcadé a. a. O.
Bd. 1, S. 113, 114. In den zahlreichen Fällen, wo keiner der beiden Frem-

Menger, Syst. d. österr. Civilprocessr. I.   10

kung fremd, vielmehr leihen die österreichischen Gerichte ihre Hülfe, insofern nur der Gerichtsstand des Wohnsitzes oder ein anderer Competenzgrund vorhanden ist, auch wenn beide Streittheile durch ihr Bürgerrecht dem Auslande angehören. Die österreichische wie auch die deutschen Gesetzgebungen betrachten eben den Schutz der Privatrechte als eine Pflicht, welche der Staat nicht blos zum einseitigen Vortheil seiner Unterthanen, sondern im Interesse des gesammten menschlichen Verkehrs zu üben hat. [34])

Mit diesem Grundsatz stehen zwei Gerichtsstände im Widerspruch, welche das österreichische Recht zum Vortheile derjenigen, welche bei den österreichischen Gerichten Recht suchen, gegen Unterthanen auswärtiger Staaten neben den für Inländer geltenden Ge-

---

den die polizeiliche Bewilligung der französischen Regierung zum Aufenthalte in Frankreich erhalten hat, müssen folglich die französischen Gerichte ihre Rechtsstreitigkeiten zurückweisen, auch wenn z. B. der Beklagte seinen natürlichen Wohnsitz seit Decennien in Frankreich aufgeschlagen hätte. Hat dagegen auch nur eine der Processparteien die im Art. 13 des Code erwähnte Autorisation erhalten, so kann der Rechtsstreit, mag jene polizeiliche Bewilligung dem Kläger oder Beklagten ertheilt worden sein, in Gemässheit der Art. 14 und 15 des Code vor den französischen Gerichten verhandelt werden.

[34]) §. 29 lit. a. b. J. N. Vgl. Bar a. a. O. S. 427; Vesque-Püttlingen a. a. O. S. 228. Die neuere deutsche Gesetzgebung stimmt mit dieser Auffassung wohl ausnahmslos überein. Preuss. A. G. O. Tit. 2, §. 26, 27; Koch, Der Preuss. C. P. §. 60; Badische P. O. §. 58—61; Württembergsche P. O. Art. 55, 62, Abs. 2; Baier. P. O. Art. 19, 823, Abs. 2. Vgl. auch Wharton a. a. O. §. 705 (Englisches und Nordamerikanisches Recht). Doch ist die Klageführung von Ausländern gegen Ausländer auch nach den citirten Processrechten manchen Einschränkungen unterworfen. Zweifelhaft ist, ob die österreichischen Gerichte gegen die französischen Unterthanen das Vergeltungsrecht auszuüben haben. Diese Frage möchte ich bejahen, da in diesem Falle augenscheinlich ein in der Staatsangehörigkeit der österreichischen Unterthanen begründeter processualischer Nachtheil vorliegt und die Anwendung des Vergeltungsrechtes nicht an das Vorhandensein bestimmter öffentlicher Institutionen geknüpft ist (vgl. oben S. 138—137). Die österreichischen Gerichte haben folglich Rechtsstreite zwischen Franzosen von Amtswegen, solche aber zwischen einem Franzosen und einem anderen Ausländer dann zurückzuweisen, wenn dieser Letztere es verlangt. Diese Form des Vergeltungsrechtes findet jedoch naturgemäss in jenen Fällen keine Anwendung, wo das französische Recht ausnahmsweise den Gerichten die Annahme von Rechtsstreitigkeiten der Ausländer gestattet. Vgl. Fölix a. a. O. Bd. 1, Nr. 161—165; Bar a. a. O. S. 430, 431.

richtsständen zulässt. [35]) Es setzt nämlich zuvörderst fest, dass
Bürger auswärtiger Staaten in allen Fällen vor den inländischen
Gerichten verklagt werden können, in welchen auch ihr Heimats-
staat gegen österreichische Unterthanen einen Gerichtsstand eröffnet. [36]) Kraft des Vergeltungsrechtes (s. oben) werden also die
Rechtsnormen des auswärtigen Staates, welche den Gerichtstand
der österreichischen Unterthanen in Folge ihrer Staatsangehörigkeit zu ihrem Nachtheile bestimmen, rücksichtlich der Bürger
dieser Staaten als Bestandtheile des österreichischen Processrechtes erklärt. Doch gilt diese Reception des fremden Processrechtes nur in Betreff der Frage, ob der Bürger des auswärtigen
Staates überhaupt vor den österreichischen Gerichten verklagt
werden kann; vor welchem österreichischen Gerichte aber der
einzelne Rechtsfall zu erörtern ist, wird lediglich nach den österreichischen Competenzgesetzen bestimmt. Auch bei diesem Ge-

---

[35]) Dass Fremde vor dem allgemeinen Gerichtsstand des Wohnsitzes,
ferner vor allen für die Inländer geltenden Gerichtsständen Recht nehmen
müssen, ist im §. 29 lit. a und b, J. N. ausgesprochen. Vgl. Glaser-Unger-
Walther Nr. 1719 (Competenz der inländischen Gerichte in Betreff von
Ausländern im Erbrechtsstreit: §. 37 J. N. und §. 125 des Pat. v. 9. Aug.
1854); Dieselben, Nr. 2697 (Gerichtsstand der Widerklage). Ebenso auch
Nr. 2693, 2698. Der §. 29 lit. b, J. N. spricht nur von den besonderen Gerichtsständen in Gemässheit des §. 31 ff. J. N.; allein es unterliegt wohl
keinem gegründeten Zweifel, dass die im §. 14, 15 J. N. enthaltenen besonderen Gerichtstände, welche in die Lehre vom Gerichtsstand des Wohnsitzes gar nicht gehören (oben §. 5, Note 11), auch gegen Ausländer benützt
werden können. A. A., wie es scheint, ist die Entsch. bei Glaser-Unger-
Walther Nr. 3101. Insofern einzelne besondere Gerichtstände durch internationale Verträge in Ansehung der Angehörigen eines Staates ausgeschlossen
oder eingeschränkt sind, behält es dabei sein Bewenden. K. M. P. der J. N.
Art. XIII und die Entsch. bei Glaser-Unger-Walther Nr. 1430.

[36]) §. 29 lit d. J. N. Diese Gesetzesstelle ist jedoch sehr ungenau
gefasst, da man z. B. nach ihrem Wortlaute annehmen konnte, dass der Gerichtsstand der Reciprocität gegen die Unterthanen des auswärtigen Staates
auch dann gewährt wird, wenn in Letzterem die Einheimischen und die
Fremden in Ansehung des betreffenden Gerichtsstandes gleich behandelt werden. Dies ist aber gewiss nicht die Absicht des Gesetzes, da eine solche
Auffassung zu einer ganz ungemessenen Ausdehnung des Gerichtsstandes der
Reciprocität führen würde. Vielmehr müssen alle für die Anwendung des
Vergeltungsrechtes oben (S. 133—137) angeführten Voraussetzungen auch in
diesem Falle vorhanden sein.

10*

richtsstand macht es wohl keinen Unterschied, ob der Kläger, der einen Ausländer kraft des Grundsatzes der Gegenseitigkeit verklagt, ein inländischer oder ausländischer Staatsbürger ist, weil die Retorsion nicht im Interesse des einzelnen Klägers, sondern in jenem des gesammten Staates geübt wird.

Eine weitere Abweichung von dem Grundsatze, dass die für Inländer geltenden Competenzgesetze auch für Angehörige auswärtiger Staaten gelten, besteht in einer namhaften Erweiterung des Gerichtsstandes des Vertrags. Bekanntlich ist dieser Gerichtsstand nach österreichischem Rechte nur dann begründet, wenn der Erfüllungsort in einem Vertrage ausdrücklich bestimmt worden ist, ohne dass es jedoch in diesem Falle auf die Anwesenheit des Beklagten zur Zeit der Klagestellung ankommt. [17])

Nach der älteren gemeinrechtlichen Theorie ist dagegen für diesen Gerichtsstand der Ort des Vertragsabschlusses entscheidend, an welchem jedoch nur geklagt werden kann, wenn der Verklagte sich zur Zeit der Klage am Gerichtsorte aufhält oder daselbst

---

[17]) §. 43 J. N. (dazu Haimerl, Darstellung der neuesten Competenz-Vorschriften, 3. Aufl. [1856], S. 75, 76). Eine ähnliche Bestimmung findet sich schon in den josefinischen Jurisdictionsnormen, z. B. §. 16 der J. N. für Oesterr. unter der Enns. (Vgl. auch Stubenrauch, Handbuch der Jurisdictionsnormen, [1843], S. 167, 168 und Helfert, Versuch einer systematischen Darstellung der Jurisdictionsnorm, 2. Aufl. [1828], S. 70—74). Eine ziemlich constante Praxis des obersten Gerichtshofes fasst den Rechtssatz des §. 43 J. N., dass der Erfüllungsort in einem Vertrage „ausdrücklich bestimmt" sein müsse, in dem Sinne auf, dass der Erfüllungsort durch Vereinbarung der Parteien namentlich festgestellt sein muss, ohne Rücksicht, ob dieses Uebereinkommen durch ausdrückliche oder stillschweigende Willenserklärung (z. B. durch Annahme einer den Vermerk „Zahlbar in Wien" enthaltenden Waarenfactur) abgeschlossen worden ist. Glaser-Unger-Walther Nr. 446, 503, 579, 658, 1077, 1260, 1302, 1563, 2255, 2516, 2764, 2840, 3088, 3585, 3978. Eine Anzahl von Entscheidungen hält sogar die namentliche Bezeichnung des Erfüllungsortes nicht für nothwendig, sondern hält es für genügend, wenn dieser sich aus der Beschaffenheit des Geschäftes und der dabei getroffenen Verabredungen ergiebt. Glaser-Unger-Walther Nr. 641, 762, 847, 942, 1359, 1371, 2043, 2458, 2488. Diese Entscheidungen nähern sich der gegenwärtig in der gemeinrechtlichen Literatur herrschenden Ansicht von dem Gerichtsstand des Vertrages (unten Note 39), welche wohl schon früher in der Jurisdictionsnorm v. 18. Juni 1850 §. 45 adoptirt worden war. (Blaschke, Die österr. J. N. in bürgerl. Rechtssachen v. 18. Juni 1850 etc. S. 45).

Vermögen besitzt. [38]) Diese ältere Theorie erscheint jedoch in
der neueren Zeit allgemein aufgegeben und ist an ihre Stelle die
Ansicht getreten, dass für den Gerichtsstand des Vertrages nicht
der Ort des Abschlusses, sondern der ausdrücklich vereinbarte
oder stillschweigend vorausgesetzte Erfüllungsort massgebend ist. [39])

Das österreichische Recht gewährt nun den Gerichtsstand des
Vertrages gegen Ausländer subsidiär in der grössten Ausdehnung,
indem es für solche Fälle, wo der Bürger des auswärtigen Staates nicht schon kraft der für Inländer geltenden Competenzgründe verklagt werden kann, an jedem Orte, wo derselbe getroffen
wird, einen Gerichtsstand wegen aller Verbindlichkeiten eröffnet,
welche in dem österreichischen Staate entstanden oder daselbst
zu erfüllen sind. [40]) Augenscheinlich sind von der österreichischen

[38]) Diese Ansicht stützt sich auf L. 19, §. 2. L. 20, L. 24. D. de iud.
5, 1, L. 9, D. de reb. auct. iud. poss. 42, 5, Nov. 69, cp. 1, §. 1, c. 1
de foro comp. in sexto 2, 1. Vgl. Danz, Grundsätze des ordentlichen Processes, 4. Aufl. (1806), §. 31; Martin, Lehrb., §. 52 und Vorl. S. 333—341;
Bethmann, Vers. S. 16—53, bes. 50. 51; Bayer, Vorl. S. 196, 197. S.
darüber auch Mühlenbruch im Archiv für civil. Praxis Bd. 19 (1836), S. 337 ff.

[39]) Diese Ansicht wurde in besonders wirksamer Weise v. Savigny,
System, Bd. 8, S. 205—246 begründet, so dass sie seither zur herrschenden
geworden ist. Wetzell, §. 41, Note 11—18; Renaud, §. 36, Note 1—7;
Endemann, §. 61, Note 21—26; Bayer, Vorträge, S. 197—202; Heffter,
System des röm. Civilprocessrechtes, §. 155. Auch in die meisten
neueren deutschen Gesetzgebungen ist der Gerichtsstand des Vertrages in
dieser Auffassung übergangen. Baden, §. 81 (dazu die Regierungsmotive bei
Freydorf, Processordn. für das Grossherzogthum Baden [1865—1867]
S. 378); Preuss. Entw. v. 1864, §. 19; Deutsch. Entw. v. 1866, §. 20 (vgl.
auch Winter, Erl. S. 12, 13); Württemberg, §. 42; Deutsch. Entw. v. 1874,
§. 29 (Motive S. 413).

[40]) In einzelnen Gesetzgebungen ist der Gerichtsstand des Vertrages gleichfalls in der Weise ausgebildet, dass die Klage entweder am Orte des Contracts-
Abschlusses, oder am Erfüllungsorte angebracht werden kann — eine Auffassung, welche von Linde, Lehrb. §. 91 und Purgold, im Archiv für civ.
Praxis, Bd. 43 (1860), S. 103—109, auch für das gemeine Recht vertheidigt
worden ist. Vgl. z. B. Cod. jur. bav. jud. Erstes Cap. §. 7 und dazu Kreitt-
mayer, Anm. Ausg. v. 1842, S. 27, 28 und Seuffert, Comm. über die
baier. Gerichtsordnung, Bd. 1 (1836), S. 46—53. (Vgl. auch das IIkzd. vom
7. Juli 1842, Z. 19876; Wessely, Nr. 1181). A. Preuss. G. O. Th. I, Tit. 2,
§. 148—152 (die Concurrenz des Contracts- und des Erfüllungsortes ist nach
diesem Gesetz nicht eine elective sondern eine successive, indem erst in Er-
manglung eines vereinbarten Erfüllungsortes am Orte des Vertragsabschlusses

Gesetzgebung in dieser Bestimmung jene beiden Ansichten von dem Wesen des forum contractus zu einem erweiterten Gerichtsstand vereinigt worden, welcher jedoch immer nur in Ermangelung der allgemein geltenden Gerichtsstände einzutreten hat. In der That ist auch ein ausgedehnter Schutz der vertragsmässigen Rechte gegen Fremde von besonderer Wichtigkeit, da sich der internationale Verkehr vorherrschend in den verschiedenen Formen des Vertrages vollzieht. Dagegen ist der Umstand, dass der Beklagte ein Fremder ist, nach österreichischem Recht an sich noch kein genügender Grund, um die Gewährung eines Arrestes auf die Person oder das Vermögen des Fremden zu rechtfertigen.

---

geklagt werden kann, vgl. Savigny Br. 8, S. 245. 246; Koch, Preuss. Civilprocess, §. 62); Hannover'sche P. O. §. 10. Es ist bemerkenswerth, dass die ältere baierische P. O. den Gerichtsstand des Vertrages, soweit dieser dem Forum des §. 29 lit. c, J. N. entspricht, gleichfalls nur gegen Ausländer gewährt. Ich halte es deshalb für wahrscheinlich, dass die Bestimmung des §. 29 lit. c, J. N., welche den früheren Jurisdictionsgesetzen fremd war (Helfert a. a. O. S. 73, J. N. v. 18. Juni 1850, §. 18, und dazu Stubenrauch, Die J. N. v. 18. Juni 1850, S. 70, 71, 80; Blaschke a. a. O. S. 22), der älteren baierischen Gerichtsordnung nachgebildet ist. Die baier. P. O. v. 1869, §. 23, gewährt im Anschlusse an den §. 43 der österreichischen J. N. den Gerichtsstand des Vertrages nur dann, wenn die Erfüllung dieses letzteren blos an einem bestimmten Orte möglich oder der Ort derselben in dem Vertrage ausdrücklich bestimmt worden ist, ohne jedoch das forum contractus auf Klagen gegen Ausländer zu beschränken. (Vgl. Wernz, Comm. zur baier. P. O. v. 1869, S. 61).

§. 13.

Die örtlichen Grenzen der Civilprocessnormen.

(Fortsetzung.) [1]

Wie im Beginn, so findet auch in dem weiteren Verlaufe des Rechtsstreites der Grundsatz durchgreifende Anwendung, dass jeder vor den österreichischen Gerichten geführte Process ein inländisches Rechtsverhältniss ist und deshalb nach den inländischen Civilprocessnormen zu beurtheilen ist, selbst wenn das materielle Rechtsverhältniss seinen Sitz im Auslande hat. Eine der wichtigsten Consequenzen dieses Satzes ist, dass auch alle Beweisfragen lediglich nach dem österreichischen Rechte zu beurtheilen sind, auch wenn die zu erweisenden Thatsachen sich im Auslande zugetragen haben. [2] Ohne Zweifel kann diese aus-

---

[1] Ueber die Collision der Gesetze, welche sich auf das Beweisrecht beziehen, vgl. Bar a. a. O. S. 452—456; Fölix a. a. O. Bd. 1, Nr. 223—238; Wharton a. a. O. §. 752—782 a; Vesque-Püttlingen a. a. O. S. 268—275; Horack, in seinem Aufsatz: „Einige Bemerkungen über die Erfordernisse zu der Beweiseskraft ausländischer Handelsbücher" in der Zeitschrift für österreichische Rechtsgelehrsamkeit (1834), Bd. 2, S. 289—305, welche Abhandlung ausser dem in der Ueberschrift angedeuteten Gegenstande auch das ganze internationale Beweisrecht, freilich ziemlich dürftig und oberflächlich, behandelt.

[2] Bei der Entscheidung der Frage, ob für den Beweis der Thatsachen im Allgemeinen die lex fori oder die lex loci zu gelten hat, müssen die Förmlichkeiten, welche eine Bedingung der materiellrechtlichen Giltigkeit und jene, die eine Bedingung der processualischen Erweisbarkeit eines Rechtsgeschäftes sind, genau unterschieden werden; die erste Gruppe kann man als Solennitäts-förmlichkeiten, die zweite als Beweisförmlichkeiten bezeichnen. Die Unterscheidung dieser beiden Arten von Förmlichkeiten eines Rechtsgeschäftes ist namentlich bei Urkunden nicht selten mit Schwierigkeiten verbunden, weil

schliessliche Anwendung des inländischen Beweisrechtes in der Rechtsanwendung zu grossen Härten führen. Die Frage, wie ein Rechtsverhältniss im Falle des Streites zu erweisen ist, wird nämlich sehr häufig schon bei Abschluss des Rechtsgeschäftes von den betheiligten Parteien berücksichtigt und dabei regelmässig die Anwendung eines bestimmten Processrechtes vorausgesetzt. [3] Wenn nun das Rechtsverhältniss in einem anderen Staate geltend gemacht wird, dessen Beweisrecht vielleicht durchgreifend verschieden ist, so kann die processualische Durchsetzung der Rechte ohne Verschulden des Berechtigten durch den Mangel an hinreichendem Beweismateriale scheitern. Dieser Fall kann namentlich dann sehr leicht eintreten, wenn Rechtsverhältnisse aus Ländern, deren Processrecht die freie Beweiswürdigung anerkennt, in dem Gebiete eines Civilverfahrens mit formaler Beweistheorie oder umgekehrt Rechtsverhältnisse dieser Gebiete in Ländern mit freier Beweiswürdigung geltend gemacht werden. [4] Diese unläug-

---

sowohl die Solennitäts- als die Beweisformalitäten sich gleichmässig als Voraussetzungen der praktischen Brauchbarkeit einer Urkunde darstellen und deshalb namentlich in Gesetzen nicht gehörig gesondert werden. Eine Solennitätsförmlichkeit ist es z. B., wenn das Gesetz vom 25. Juli 1871, Nr. 76 die Aufnahme eines Notariatsactes als Bedingung der Giltigkeit von Ehepakten und einer Anzahl anderer Rechtsgeschäfte erklärt, wogegen die im §. 1001 B. G. B. und §. 114 A. G. O. enthaltenen Requisite eines Schuldscheines durchgreifend als Beweisförmlichkeiten zu betrachten sind. Der Satz: Locus regit actum ist immer nur auf die Solennitätsförmlichkeiten anzuwenden; das Dasein und der Umfang der Beweisförmlichkeiten ist dagegen lediglich nach der Lex fori zu beurtheilen. Vgl. Bar a. a. O. S. 452, welcher Schriftsteller jedoch zahlreiche Beweisförmlichkeiten als Solennitätsförmlichkeiten ansieht und deshalb praktisch zu etwas abweichenden Resultaten gelangt (s. unten Note 7). Ebenso Phillimore und Wharton a. a. O. §. 755, 764. Fölix, welcher die Solennitäts- und die Beweisförmlichkeiten nicht unterscheidet, dehnt deshalb auch den Satz Locus regit actum in der umfassendsten Weise auf die Beweisfragen aus. Fölix a. a. O. Bd. 1, Nr. 226, 231.

[3] Das Beweisrecht, welches die Parteien in solchen Fällen vor Augen haben, wird regelmässig das Processrecht jenes Ortes sein, an welchem das Rechtsgeschäft abgeschlossen wird. Unter Umständen (z. B. wenn zwei Unterthanen eines fremden Staates contrahiren) können jedoch die betheiligten Personen auch auf ein fremdes Processrecht Rücksicht nehmen. Vgl. §. 36, 37 B. G. B.

[4] So können sich z. B. die Betheiligten in einem Lande, dessen Processrecht das Princip der freien Beweiswürdigung angenommen hat, mit der

bare Härte muss jedoch als eine unvermeidliche Folge der eigenthümlichen Natur des Civilverfahrens hingenommen werden, da
jede andere Auffassung die Einheit des Processes und die Folge-
richtigkeit in dem Handeln der bei dem Rechtsstreite betheiligten
Personen vernichtet. [5])

Zuziehung eines einzigen verlässlichen Zeugen begnügen, während in Oesterreich vorsichtige Parteien regelmässig zwei unverdächtige Zeugen berufen
werden, weil ein einziger Zeuge in den Fällen, wo der Erfüllungseid wegfällt,
zum Beweise einer Thatsache nicht benützt werden kann.

[5]) Die Unhaltbarkeit der Ansicht, dass die Beweisfragen regelmässig
nach der Lex loci zu beurtheilen sind, zeigt sich namentlich bei dem Zeugen-
beweise, welchen Fölix a. a. O. Bd. 1. S. 448—458 nur sehr unvollständig
behandelt. Fölix a. a. O. sieht das ausländische Beweisrecht als massgebend
an für die Entscheidung der Frage, ob die Thatsache, welche sich im Auslande ereignet hat, überhaupt durch Zeugen erwiesen, dann ob der Zeugenbeweis gegen den Inhalt von öffentlichen und Privaturkunden zugelassen
werden kann; sogar die Fähigkeit einer Person, als Zeuge in dem Rechtsstreit
aufzutreten, soll nach der Lex loci beurtheilt werden. Consequent müsste
Fölix auch annehmen, dass die Beweiskraft der Zeugenaussagen nach dem
örtlichen Rechte des Landes, in welchem sich die zu erweisende Thatsache
ereignet hat, zu beurtheilen ist, insbesondere auch dass die Depositionen der
Zeugen, wenn am Ereignungsorte freie Beweiswürdigung herrscht, in ihrer Tragweite von dem Processrichter nach seinem freien Ermessen zu würdigen sind.
Selbst die Consequenz könnte Fölix kaum ablehnen, dass auch die Aufnahme des Zeugenbeweises in einem solchen Falle nach ausländischem Rechte
durchzuführen ist, weil die Rechtsnormen über die Zulässigkeit und die Kraft
des Zeugenbeweises von dem Gesetzgeber immer auch mit Rücksicht auf die
Art und Weise seiner Aufnahme gegeben werden. Welche Verwirrung müsste
aber aus einer solchen Vereinigung verschiedener Processrechte in dem
Rahmen des nämlichen Rechtsstreites nothwendig entstehen! Bei Thatsachen,
welche sich (z. B. auf einer Reise) durch mehrere Länder hindurchziehen,
wäre es möglich, dass der nämliche Zeuge nach den verschiedenen örtlichen
Rechten als absolut und relativ untüchtig, als verdächtig oder classisch erscheinen könnte. Ein Kläger, der sich auf Thatsachen stützt, die sich in
einem Staate mit freier Beweiswürdigung ereignet haben, könnte den Klagegrund durch einen Zeugen beweisen, wogegen der Beklagte das Einrede-
factum, wenn sich dieses z. B. in Oesterreich ereignet hat, durch zwei clas-
sische Zeugen darthun müsste. Vom Standpunkte der bekämpften Auffassung wird eben ganz inconsequent ein Stück des fremden Processrechtes: das
Beweisrecht in den inländischen Process hinübergenommen, obgleich dieses
mit dem Systeme des ganzen Civilverfahrens im innigsten Zusammenhang
steht. Zu dieser irrigen Meinung mag der zufällige Umstand nicht wenig
beigetragen haben, dass ein grosser Theil der Beweislehre im Code civil

Nach dem inländischen Processrechte ist demnach in allen
Fällen die Beweislast [5]) die Zulässigkeit der producirten Beweismittel [7]) und ihre Beweiskraft [8]), die Statthaftigkeit des Gegenbeweises [9]), endlich auch das Vorhandensein von Präsumtio-

aufgenommen erscheint und dadurch sich äusserlich als ein Theil des materiellen Civilrechtes darstellt.

[5]) Diese fast allgemein angenommene Ansicht ist deshalb vollständig
begründet, weil die Beweislast doch nichts anderes ist, als die Verpflichtung
zur Vollziehung jener processualischen Handlungen, welche eine Partei zur
Durchführung des Beweises vornehmen muss. (d. i. die Anbietung und Antretung
der Beweismittel, dann die Mitwirkung bei der Aufnahme und der Würdigung
des Beweises; vgl. unten §. 24). Diese Verpflichtung ist aber ein Element
des Processrechtsverhältnisses, welches nach dem inländischen Processrechte
zu beurtheilen ist. Vgl. Bar a. a. O. S. 452 und die daselbst Note 1 Citt.

[7]) Wenn z. B. wegen einer im Auslande erfolgten Störung des factischen Besitzes einer beweglichen Sache, die sich gegenwärtig im Inlande
befindet (§. 55 J. N.), die summarische Besitzstörungsklage vor einem österreichischen Gerichte angebracht wird, so sind in dem Rechtsstreit alle Gattungen des Eides ausgeschlossen (§. 14 der R. V. v. 27. Oct. 1849, Nr. 12),
mögen auch die zu erweisenden Thatsachen sich in einem Staate ereignet
haben, welcher den Eid im possessorium summariissimum zulässt. Ebenso ist
das österreichische Processrecht massgebend, wenn umgekehrt das Processrecht des auswärtigen Staates ein Beweismittel ausschliest, welches nach
inländischem Recht zulässig erscheint. Vgl. über einen wichtigen Fall dieser
Art unten Note 11. Mit Unrecht vertheidigt Bar a. a. O. S. 453 die Meinung,
dass solche Beschränkungen der Benützung bestimmter Beweismittel als eine
partielle Ungiltigerklärung des Rechtsgeschäftes anzusehen und demgemäss
wie die übrigen materiellrechtlichen Bestimmungen über die Solennitätsförmlichkeiten nach dem Satze Locus regit actum zu beurtheilen sind.

[8]) In Oesterreich werden deshalb z. B. die Rechtssätze über die Beweiskraft von Zeugenaussagen nach Verschiedenheit der eingeleiteten Processart (§. 137 A. G. O., §. 211 W. G. O., §. 33 Bg. V.) anzuwenden sein, ohne
Rücksicht auf die Bestimmungen des Beweisrechtes, unter dessen Herrschaft
die zu erweisende Thatsache sich zugetragen hat. Vgl. Bar a. a. O. S. 452,
Wharton, §. 769; Renaud, §. 9, Note 6; Endemann, §. 14; Koch,
§. 24, Note 33.

[9]) Der Art. 1341 des Code civil schliesst den Gegenbeweis gegen den
Inhalt von öffentlichen und Privaturkunden, sofern er durch Zeugen geführt
werden soll, ohne Rücksicht auf den Werth des Vertragsgegenstandes vollständig aus. Wird jedoch auf Grundlage einer in Frankreich errichteten Urkunde vor den österreichischen Gerichten geklagt, so ist der Gegenbeweis
durch Zeugen, soweit derselbe nicht durch §. 887 B. G. B. ausgeschlossen ist,
unbedenklich zuzulassen. Wharton a. a. O. §. 768; A. A. Fölix a. a. O.

nen [10]) zu beurtheilen. Wenn also z. B. ein ausländisches Processrecht festsetzt, dass gewisse Rechtsverhältnisse nicht durch den Zeugenbeweis erwiesen werden dürfen, so ist diese Vorschrift, welche nicht die Materie des Rechtsverhältnisses, sondern lediglich dessen formale Geltendmachung berührt, von den österreichischen Gerichten auch in Anschung solcher Rechtsverhältnisse nicht zu beachten, welche in Beziehung auf das materielle Recht den Rechtsnormen des auswärtigen Staates unterliegen. [11]) Dasselbe ist in Ansehung der Präsumtionen der Fall. Rechtsvermuthungen, welche das ausländische Processrecht aufstellt, befreien die beweispflichtige Partei nicht von dem Beweise, wenn sie von dem inländischen Recht nicht zugelassen werden und die Präsumtiönen

---

Bd. 1, Nr. 234, welcher Schriftsteller Nr. 232 eine Zusammenstellung der verschiedenen Gesetzgebungen über die Zulässigkeit des Zeugenbeweises gegen den Inhalt von Privaturkunden giebt und wohl auch Bar a. a. O. S. 453.

[10]) Diese Regel gilt rücksichtlich aller Vermuthungen, mögen diese zu den gemeinen oder zu den Rechtsvermuthungen, und im letzteren Falle zu den einfachen (præsumtiones juris) oder zu den qualificirten (præsumtiones juris et de jure) gehören. Vgl. Unger, Bd. 2, S. 577—585. Denn durch die Vermuthungen werden niemals die thatsächlichen Voraussetzungen der Rechtsverhältnisse (die Thatbestände), sondern nur die Form des Beweises derselben geändert, indem das Gesetz feststellt, dass die beweispflichtige Partei nach ihrem Ermessen an Stelle des eigentlichen Beweissatzes eine andere Thatsache mit gleicher Rechtswirkung beweisen kann. Vgl. auch oben S. 124, 125. Die Rechtssätze, welche Präsumtionen aufstellen, gehören demnach durchgreifend dem Processrechte an, auch wenn sie in den Quellen des materiellen Privatrechtes enthalten sind; das Dasein und die Rechtswirkungen derselben sind folglich nach dem örtlichen Rechte des Processgerichtes zu beurtheilen. A. A. Bar a. a. O. S. 455; Fölix a. a. O. Bd. 1, Nr. 237. Dem Civilrechte vindicirt im Wesentlichen die Lehre von den Präsumtionen Unger, Bd. 2, S. 480, bes. Note 9 a.

[11]) So schliesst das französische Recht (Code civ. art. 1341) den Zeugenbeweis rücksichtlich aller Verträge über Gegenstände von mehr als 150 Francs an Werth aus, wogegen dieselben durch alle übrigen Beweismittel: den Eid (art. 1358), das gerichtliche Geständniss (art. 1355) und durch Urkunden dargethan werden können. Dessenungeachtet wird der österreichische Richter zum Nachweise eines solchen Vertrages, wenn er vor den österreichischen Gerichten geltend gemacht wird, den Zeugenbeweis zulassen, auch wenn der Vertrag in materiellrechtlicher Beziehung (Unger, Bd. 1, S. 181, 182) nach französischem Rechte zu beurtheilen ist. Vgl. Mittermaier im Archiv f. civ. Praxis Bd. 13, S. 315, 316; A. A. Bar a. a. O. S. 453; Fölix a. a. O. Bd. 1, Nr. 233.

des inländischen Rechtes sind bei den dem Auslande angehörenden Rechtsverhältnissen auch dann in Anwendung zu bringen, wenn sie dem ausländischen Rechte unbekannt sind. [12])

Eine vollständig consequente Durchführung dieser Grundsätze würde jedoch namentlich rücksichtlich des Beweises durch öffentliche Urkunden mit erheblichen Schwierigkeiten verbunden sein. Ein grosser Theil der rechtlich bedeutsamen Thatsachen, z. B. die Standesverhältnisse, ferner die Handlungen der öffentlichen Behörden, insbesondere Urtheile und andere Entscheidungen lassen sich ohne grosse Schwierigkeiten nicht anders als durch öffentliche Urkunden erweisen. Ueberdiess sind auch Urkunden — insbesondere die öffentlichen — schon zufolge ihrer äusseren Form am besten geeignet, die Vermittlung des Beweismateriales von Land zu Land zu bewirken. Deshalb setzen die Gerichtsordnungen [13]) im Anschlusse an ein allgemeines Gewohnheitsrecht der civilisirten Staaten [14]) fest, dass die im Auslande errichteten öffent-

---

[12]) Der Code civil (art. 1353) und zahlreiche neuere Gesetzgebungen (Bad. L. R. S. 1349—1353, Württemberg'sche P. O. Art. 406, Baier. P. O. Art. 322 u. A.) lassen den Beweis durch gemeine Vermuthungen in sehr weitem Umfange zu, während die österr. Civilprocessordnungen (§. 105 A. G. O., §. 171 W. G. O.; vgl. jedoch §. 34 Bg. V.) diese Beweisform ausschliessen. Demgemäss wird der österreichische Richter den Beweis durch gemeine Vermuthungen auch dann nicht zulassen, wenn es sich um eine Thatsache handelt, welche sich unter der Herrschaft des französischen oder eines der übrigen oben erwähnten Rechte zugetragen hat. Derselbe Gesichtspunkt ist auch rücksichtlich der Rechtsvermuthungen massgebend. Wenn die Priorität des Todes ungewiss ist, so stellt bekanntlich das Römische Recht (L. 9. §. 1, 4. L. 22. 23. D. de rebus dub. 34, 5) die Präsumtion auf, dass im Falle eines gemeinsamen Todes das unmündige Kind vor seinem Ascendenten, das mündige nach demselben gestorben sei. Arndts, Pand. §. 27; Windscheid, Pand. §. 53 u. A. Diese Vermuthung ist von dem österreichischen Richter mit Rücksicht auf die Norm des §. 25 B. G. B. selbst dann nicht zu beachten, wenn der gemeinsame Tod des Ascendenten und des Descendenten in einem Gebiete des gemeinen Rechtes erfolgt ist. Umgekehrt wird die Präsumtion des §. 1429 B. G. B., wonach bei gewissen Verbindlichkeiten zu fortlaufenden Zahlungen eine Quittung über eine bestimmte Rate die Vermuthung begründet, dass auch die früheren Raten getilgt sind, von den österreichischen Gerichten auch dann anzuwenden sein, wenn die Quittung unter der Herrschaft eines Rechtes ausgestellt wurde, dem jene Präsumtion unbekannt ist.

[13]) §. 112. lit. c, A. G. O.; §. 180, lit. c, W. G. O.

[14]) Vgl. Bar a. a. O. S. 117—123; Fölix a. a. O. Bd. 2, Nr. 454 bis 470; Wharton a. a. O. Nr. 699—703. Dieses Gewohnheitsrecht, welches

lichen Urkunden vollen Beweis machen, wenn sie mit der gehörigen Legalisirung durch die österreichische Vertretung im Auslande oder durch die in Oesterreich accreditirte Vertretung des
fremden Landes versehen sind. [16]) Eine nothwendige Consequenz
dieser Bestimmung ist, dass die Frage, ob in dem einzelnen Falle
eine öffentliche Urkunde vorhanden ist, nach dem ausländischen
Rechte zu beurtheilen ist. Doch hat die Beglaubigung der Urkunden durch die diplomatischen Missionen und die anderen in den
Verträgen oder in den Gesetzen bezeichneten Behörden blos die
Rechtswirkung, dass solche öffentliche Urkunden gleich den inländischen die Präsumtion der Echtheit und Gesetzmässigkeit schon
vermöge ihrer äusseren Form für sich haben. Die Rechtsfolgen
der im Auslande ausgefertigten, mit der gehörigen Beglaubigung
versehenen Urkunden, insbesondere ihre Beweiskraft und ihre Voll-

---

von den Schriftstellern über das internationale Processrecht übereinstimmend
bezeugt wird, gründet sich auf die Annahme, dass der fremde Staat dafür
Sorge trage, dass seine Beamten und die übrigen öffentlichen Functionäre die
Thatsachen richtig und innerhalb der Grenzen ihrer Zuständigkeit beurkunden.
Bar a. a. O. S. 420, 421. Der Grundsatz, dass die öffentlichen Urkunden
der auswärtigen Behörden — vorbehaltlich der etwa erforderlichen Beglaubigung — den im Inlande aufgenommenen gleichgestellt sind, ist ein selbstständiger Rechtssatz, der mit dem bekannten Rechtssprichwort Locus regit actum
keineswegs identisch ist. Denn wenn man auch diesen Satz auf die Solennitäts-
und Beweisförmlichkeiten gleichmässig beziehen wollte (vgl. jedoch oben Note 2),
so würde derselbe doch nur zur Folge haben, dass die Förmlichkeiten der öffentlichen Urkunden nach dem Rechte ihres Ausstellungsortes zu beurtheilen wären;
dagegen könnte jene Rechtsparömie in keiner Weise die Präsumtion der
Legalität solcher Urkunden begründen. Gerade die Ausdehnung dieser Präsumtion auf die öffentlichen Urkunden des Auslandes ist es aber, was diese
zu einem so tauglichen Mittel des internationalen Verkehres macht.

[16]) Das Erforderniss der diplomatischen Beglaubigung der öffentlichen
Urkunden des Auslandes wird jedoch in der neuesten Zeit immer mehr fallen
gelassen. Namentlich hat Oesterreich mit einer Reihe von deutschen Staaten
Verträge geschlossen, wonach die öffentlichen Urkunden dieser Länder ent-
weder gar nicht beglaubigt zu werden brauchen oder doch von den Behörden
des fremden Staates selbst legalisirt werden können. Vgl. z. B. den Vertrag
Oesterreichs mit Preussen vom 4. Sept. 1865, Nr. 94 R. G. B., welcher im
Wesentlichen bestimmt, dass die öffentlichen Urkunden der preussischen
Gerichte überhaupt keiner Beglaubigung bedürfen, wogegen die Urkunden der
preussischen Notare von den an ihrem Wohnort befindlichen Gerichten erster
Instanz, die Urkunden der Verwaltungsbehörden von den preussischen Admi-
nistrativ-Oberbehörden zu legalisiren sind.

streckbarkeit werden dagegen lediglich nach den inländischen Gesetzen beurtheilt. [16])

Dasselbe ist wohl nach der richtigeren Ansicht auch in Ansehung der im Auslande geführten Handlungsbücher anzunehmen. Das Handlungsbuch steht in Beziehung auf seine Beweiskraft als Mittelbildung zwischen der öffentlichen und Privaturkunde, indem es in Ansehung der dem Aussteller günstigen Thatsachen, welche durch öffentliche Urkunden vollständig (§. 111 A. G. O., §. 179 W. G. O.), durch Privaturkunden überhaupt nicht (§. 118 A. G. O. §. 187 W. G. O.) erwiesen werden können, wenigstens einen unvollständigen Beweis liefert. Historisch hängt diese beschränkte Beweiskraft der Handelsbücher auch mit der Auffassung der älteren Doctrin [17]) zusammen, dass der mercator und bancherius ein den Notaren und anderen öffentlichen Functionären analoges officium publicum ausübe. [18]) Die Rechtsnormen, welche oben in Ansehung der öffentlichen Urkunden dargestellt wurden, können demnach analog auch auf die Handlungsbücher angewendet werden. Demgemäss gilt auch in Beziehung auf unsere Frage die Regel, dass die Form der Handlungsbücher nach dem Rechte des Ortes beurtheilt wird, wo die Bücher geführt werden [19]) während

---

[16]) So wird z. B. trotz dem Vertrage vom 4. Sept. 1865, Nr. 94 (s. vorige Note) der Gegenbeweis durch Zeugen auch gegen rheinpreussische öffentliche und Privaturkunden zulässig sein, obgleich in den preussischen Rheinlanden der Art. 1341 des Code civil in Wirksamkeit steht. (Note 9.)

[17]) Vgl. darüber Endemann, Die Beweislehre des Civilprocesses (1860), S. 312, 313 und in Goldschmidt's Zeitschrift für das gesammte Handelsrecht, Bd. 2, S. 338 und Bd. 5, S. 390. Vgl. auch Endemann, Handelsrecht, 2. Aufl. (1868), §. 22; Ebeling, Die Beweiskraft der Handelsbücher (1815), §. 10, 44 und Pemsel, Die Fassung des Bucheides (1866), S. 3, 4.

[18]) Für den Rechtssatz, dass die Erfordernisse der Handlungsbücher nicht nach der Lex fori, sondern nach der Lex loci zu beurtheilen sind, spricht auch das praktische Bedürfniss, weil das Handlungsbuch seiner Natur nach die Rechtsverhältnisse von zahlreichen, oft den verschiedensten Staaten angehörigen Kunden constatiren soll, während es doch, wenn nicht die Einheit der Buchführung zerstört werden soll, nicht den Anforderungen zahlreicher Gesetzgebungen zugleich entsprechen kann. Dieses Moment ist namentlich in Hinblick auf den internationalen Charakter des Handels von bedeutendem Gewicht.

[19]) Dieser Rechtssatz ist im §. 190 W. G. O. ausdrücklich ausgesprochen. Die zu der A. G. O. erflossenen nachträglichen Verordnungen gehen dagegen von dem Gesichtspunkte aus, dass über die Erfordernisse der Handlungsbücher das örtliche Recht des Processgerichtes entscheiden soll. Hofl.

die Beweiskraft ordnungsmässig geführter Handlungsbücher nach inländischem Rechte zu beurtheilen ist. [19]) Doch findet auch hier

v. 4. Mai 1787, Nr. 676 (Wessely, 634); Hofd. v. 20. März 1794, Nr. 164 (Wessely, 642). Jedoch wurde für Triest durch das Hofd. v. 6. Juni 1791 Nr. 161, Abs. 6 (Wessely, 635), ausnahmsweise festgesetzt, dass die in Triest nicht ansässigen fremden Handelsleute den unvollständigen Beweis durch ihre Handelsbücher erbringen können, wenn diese nach den Gesetzen des auswärtigen Staates geführt sind. Trotz dieser sehr klaren Gesetzesstellen hat die überwiegende Anzahl der österreichischen Schriftsteller auch für das Gebiet der A. G. O. fast ausnahmslos die Meinung vertheidigt, dass die Erfordernisse des Handlungsbuches nach dem am Orte der Buchführung geltenden Rechte zu beurtheilen sind: Pratobevera in den Mater. Bd. 4, S. 103; Horack a. a. O. S. 290 ff; Heidemann, Die österreichischen Civilgerichtsordnungen in ihren Parallelstellen (1842), S. 144, 145 und dazu Kalessa in der Zeitsch. f. österr. Rechtsg. (1842), Bd. 8, S. 546—547; Wildner-Maithstein, der Beweis durch Handelsbücher, S. 80; Nippel, Erläut., Bd. 1, S. 344, 345; Haimerl in der Vierteljahrschrift für Rechts- und Staatswissenschaft, Bd. 9, S. 37; Beidtel, Handbuch, Bd. 1, §. 170. Vgl. auch die Ung. C. P. O. §. 192 und dazu Schuster, Commentar, S. 420. Durch den §. 22 des Einf. Ges. zum H. G. B. sind jedoch jene Bestimmungen wohl auch für das Gebiet der josefinischen G. O. aufgehoben worden. Vgl. zu dieser Stelle die in Betreff unserer Frage unklaren Ausführungen von Brix, Das allg. Handelsgesetzb. (1864), S. 57, 58. Auch die nichtösterreichischen Schriftsteller sind überwiegend für die Ansicht, dass die Beschaffenheit der Handelsbücher nach dem örtlichen Rechte jenes Landes zu beurtheilen ist, wo die Handlungsbücher geführt werden. Vgl. Savigny, System, Bd. 8, S. 355; Fölix a. a. O. Bd. 1, Nr. 238; Keyssner in Busch's Arch. Bd. 2, S. 318, 319; Anschütz und Völderndorff, Commentar zum Handelsgesetzbuch, Bd. 1 (1868), S. 250, Note 1; Wharton a. a. O. §. 766. Eine Mittelmeinung verficht Bar a. a. O. S. 456. — Wenn also nach dem gegenwärtigen Stande der österreichischen Gesetzgebung die Ansicht die richtigere ist, dass in den Gebieten der josefinischen und der westgalizischen Gerichtsordnung gleichmässig das Recht am Orte der Buchführung entscheidet, so ist doch diese Bestimmung als eine Ausnahme von dem Princip der unbedingten Herrschaft der Lex fori anzuerkennen und durch analoge Anwendung nicht auszudehnen. Insbesondere werden auch die Erfordernisse der von Handwerkern geführten Bücher, auch wenn dieselben im Auslande verfasst worden sind, von den österreichischen Gerichten beider Processgebiete nach den Bestimmungen des §. 121 A. G. O. und §. 191 W. G. O. zu beurtheilen sein, da die Rücksichten für die internationale Giltigkeit der Handlungsbücher (Note 18) hier nicht eintreffen und selbst die W. G. O. durch die Stellung des §. 190 (nach den Bestimmungen über die Handelsbücher und vor jenen über die Gewerbebücher) eine verschiedene Behandlung dieser Aufzeichnungen andeutet.

[20]) Einzelne österreichische Schriftsteller sind der Ansicht, dass auch das Mass der den Handlungsbüchern zukommenden Beweiskraft nach der Lex loci

das Vergeltungsrecht Anwendung, wenn die oben (§. 12) dargelegten Voraussetzungen desselben vorhanden sind. Versagt also
ein fremder Staat den Handlungsbüchern der österreichischen
Kaufleute die Beweiskraft, während er sie den Handlungsbüchern
seiner eigenen Unterthanen zuerkennt, oder lässt er dieselbe in
dem ersten Falle früher erlöschen als in dem zweiten, so sind
diese Rechtssätze kraft der Reciprocität auch gegen die Staatsbürger jenes Landes anzuwenden.[21]) Dagegen findet die Retorsion wohl nicht statt, wenn die Gesetzgebung eines fremden Staates die Handlungsbücher überhaupt nicht als ein Beweismittel
anerkennt, ohne Rücksicht, ob diese von Einheimischen oder von
Fremden geführt werden [22]), ferner wenn dieselbe die Beweiskraft
der (in- und ausländischen) Handlungsbücher nur in beschränk-
terem Masse als das österreichische Recht zulässt. Umgekehrt
sind aber die Bücher auswärtiger Kaufleute in Beziehung auf das
Mass und die Dauer der Beweiskraft niemals günstiger als jene
der Inländer zu beurtheilen, mag auch der fremde Staat dem
Beweis durch Handlungsbücher eine grössere Bedeutung ein-

---

zu beurtheilen ist. Pratobevera a. a. O. S. 102, 103; Wildner-Maithstein, Der Beweis durch in- und ausländische Handlungsbücher, S. 138, 139.
Vgl. auch Savigny, System, Bd. 8, S. 355 und Keyssner a. a. O. S. 319.
Dagegen gewähren Nippel Comm., Bd. 1, S. 343; Beidtel, §. 170 und
wohl auch Horack a. a. O. den Handlungsbüchern der auswärtigen Kaufleute
immer nur die Kraft eines unvollständigen (halben) Beweises, sie halten also
in Ansehung des Masses der Beweiskraft die österreichische Gesetzgebung
in allen Fällen für entscheidend. Vgl. auch Unger, System, Bd. 1, S. 209,
Note 193. Diese letztere Ansicht ist nicht nur im §. 190 W. G. O. begründet,
sondern sie ist auch principiell als die allein richtige zu betrachten. Vgl. oben
Note 8.

[21]) Diese Rechtssätze ergeben sich aus den allgemeinen Grundsätzen
über das processualische Vergeltungsrecht (oben §. 12). Dieselben haben
jedoch, da die Retorsion von der österreichischen Gesetzgebung ziemlich unklar aufgefasst wird, in unseren Gesetzen nur einen sehr mangelhaften Ausdruck erhalten. Vgl. Note 23.

[22]) So werden z. B. die Bücher der englischen Kaufleute vor den
österreichischen Gerichten die in unseren Gesetzen bestimmte Beweiskraft
besitzen, obgleich dem englischen Rechte der Beweis durch Handlungsbücher
überhaupt fremd ist und in Folge dessen auch die österreichischen Kaufleute
in England nicht den Beweis durch die Handlungsbücher führen können.
Rüttimann, der englische Civilprocess, S. 200; Wharton a. a. O.
§. 753.

räumen und dabei die Bücher der Oesterreicher und seiner eige-'
nen Unterthanen gleichstellen. **³³**)

Während unsere Gesetze in Ansehung der öffentlichen Urkunden und der Handelsbücher, welche im Auslande ausgefertigt
worden sind, die Anwendung des ausländischen Rechtes ausdrücklich zulassen, fehlt es in Ansehung der übrigen Privaturkunden
an einer ähnlichen Bestimmung. Als Consequenz des oben aufgestellten Princips, dass das Processrechtsverhältniss ein inländisches ist, ergiebt sich demnach, dass die Form und die Beweiskraft der im Auslande errichteten Privaturkunden nach dem
inländischen Rechte zu beurtheilen ist. **³⁴**) Doch ist gerade in

---

³³) Zahlreiche österreichische Schriftsteller vertheidigen die Ansicht,
dass die Handelsbücher von Unterthanen solcher Länder, welche den Büchern
österreichischer Staatsbürger intensiv oder extensiv eine grössere Beweiskraft
beimessen als die österreichische Gesetzgebung, kraft des Reciprocitätsrechtes
auch von den österreichischen Gerichten nach denselben günstigeren Bestimmungen zu beurtheilen sind. Vgl. Pratobevera a. a. O. S. 102, 103;
Wildner a. a. O. S. 187, 188; Beidtel, §. 170; Unger, System, Bd. 1,
S. 209. Abweichend Nippel, Erl., Bd. 1, S. 342, 343. Diese Ansicht stützt
sich vorzüglich auf das Hofd. v. 4. Mai 1787, Nr. 676 (Wessely, Nr. 634),
welches bestimmt, dass „das Handlungsbuch des fremden Handelmannes, wenn
es nur nach Vorschrift des §. 119 d. G. O. geführt ist, gegen einen hierländigen Handelsfreund in so lang die Kraft eines halben Beweises behält
als der fremde Handelsmann darthun kann, dass in dem Lande, zu welchem
er gehört, den hierländigen Handlungsbüchern die Beweiskraft eingeräumt sei".
Dass jedoch die Anwendung des auswärtigen Rechtes auch in Betreff der
Handlungsbücher auf die Fälle des Vergeltungsrechtes eingeschränkt ist, folglich nur dann stattfinden kann, wenn die Oesterreicher in dem fremden Lande
in Beziehung auf die Beweiskraft ihrer Handelsbücher in Folge ihrer Staatsangehörigkeit gegen die Einheimischen zurückgesetzt werden (oben §. 12),
ergiebt sich aus dem citirten Gesetze selbst, da dieses den angeführten
Rechtssatz blos als eine Folge der Reciprocität hinstellt. Eine ähnliche einschränkende Auslegung musste aus dem gleichen Grunde oben (§. 12, Note
36) in Ansehung des Gerichtsstandes der Reciprocität eintreten. Eine gewisse
Unvollständigkeit in der Feststellung der thatsächlichen Requisite der Reciprocität für den einzelnen Fall ist durch den Umstand zu erklären, dass das
Princip der Vergeltung einestheils mehr ein völkerrechtliches als ein civili-
stisches ist und dass andererseits dieser Grundsatz im österreichischen Rechte
kraft einer allgemeinen Regel gilt (§. 12. Note 19), so dass die österreichische
Gesetzgebung es ganz wohl unterlassen konnte, die Voraussetzungen seiner
Anwendung in jedem einzelnen Falle besonders anzuführen.

³⁴) Die Mittelbildungen, welche die gemeinrechtliche Doctrin zwischen
den öffentlichen und den Privaturkunden noch unterscheidet, insbesondere archi-

Ansehung der Privaturkunden der oben (Note 2) aufgestellte Unterschied zwischen Beweis- und Solennitätsförmlichkeiten von besonderer Wichtigkeit ; nur bei der Beurtheilung der ersteren gilt durchgreifend das örtliche Recht des Processgerichtes [25]), wogegen die Solennitätsförmlichkeiten dem materiellen Civilrechte angehören und demgemäss unter die Herrschaft des Lex loci fallen. [26]) [27])

---

valische und alte Urkunden (E n d e m a n n, Die Beweislehre des Civilproces-ses, [1860], §. 76, 77 und Lehrb. S. 752, 753 ; S p a n g e n b e r g, Die Lehre von dem Urkundenbeweise, [1827], 2. Abth. S. 3—61 u. A.) sind dem öster-reichischen Rechte fremd. Derartige ausländische Urkunden sind, je nachdem sie sich als öffentliche oder Privaturkunden darstellen, nach den im Texte für die beiden Urkundengattungen dargestellten Rechtsnormen zu beurtheilen.

[25]) So muss z. B. nach dem Art. 1326 des Code civil ein Schuldschein entweder von dem Aussteller eigenhändig geschrieben und unterschrieben sein, oder dieser muss zum Mindesten dem von einer fremden Hand geschrie-benen Texte des Schuldscheines seine Unterschrift und die Worte bon oder approuvé unter Hinzufügung der Schuldsumme in Buchstaben beigesetzt haben. Dessenungeachtet wird ein in Paris ausgestellter Schuldschein, welcher von dem Aussteller und zwei Zeugen unterschrieben ist (§. 114 A. G. O., §. 182 W. G. O.) von den österreichischen Gerichten als beweiskräftig anzusehen sein, auch wenn der Aussteller die eigenhändige Beisetzung jener Worte oder der Schuldsumme in Buchstaben unterlassen hätte. Umgekehrt wird ein in Frankreich unter Beobachtung der französischen Normen ausgefertigter Schuld-schein der Beweiskraft entbehren, wenn die im §. 114 und §. 182 cit. gefor-derte Unterschrift zweier Zeugen fehlt.

[26]) Zu den Solennitätsförmlichkeiten gehören wohl ausnahmslos die Förmlichkeiten schriftlicher Testamente, weshalb auch zufolge des Hofd. vom 22. Juli 1812, Nr. 997, lit. b, über diesen Punkt die Lex loci entscheiden soll. Nicht selten wird es übrigens zweifelhaft sein, ob ein von dem Gesetze aufgestelltes Urkundenrequisit als Solennitäts- oder blos als Beweisförmlichkeit zu betrachten sei. So bestimmt z. B. der Art. 1325 des Code civil, dass Privaturkunden über zweiseitige Verträge ungiltig sind (Les actes ne sont pas valables), wenn sie nicht in so viel Exemplaren ausgefertigt werden, als Contrahenten mit einem verschiedenen Interesse (ayant un intérét distinct) vorhanden sind, und wenn nicht überdies die Zahl der ausgefertigten Exem-plare in der Urkunde ausdrücklich erwähnt wird. Das Gesetz spricht sich nicht klar aus, ob blos die Urkunde oder auch der Vertrag selbst durch den Abgang jener Förmlichkeiten ungiltig wird, weshalb diese Frage auch in der französischen Praxis sehr bestritten ist. Vgl. M a r c a d é, Explication théorique et pratique etc. zu dem Art. 1325 des Code, Bd. 5, 7. Aufl. (1873), S. 45, 46. Im Allgemeinen wird wohl anzunehmen sein, dass der Gesetzgeber, wenn er auf die Nichtbeobachtung einer Förmlichkeit die Ungiltigkeit der

Urkunde gesetzt hat, damit blos eine Beweisförmlichkeit anordnen wollte.

[17]) Die österreichischen Schriftsteller unterscheiden nicht die Solennitäts- und die Beweisförmlichkeiten und wenden demgemäss den Satz Locus regit actum, welcher gewiss nur auf die Förmlichkeiten der ersteren Art passt, unbedenklich auch auf die Beweisförmlichkeiten der Privaturkunden an. Horack a. a. O. S. 291, 292; Haimerl, in seinem Magazin für Rechts- und Staatswissenschaft, Bd. 9, S. 37; Vesque-Püttlingen a. a. O. §. 18, 118; Ung. C. P. O. v. 1852, §. 132, und dazu Schuster, Comm. 432, 433. Die Gesetzesstellen, auf welche sich diese Ansicht stützt, berühren unsere Frage zum Theile überhaupt nicht (z. B. der §. 37 B. G. B., welcher mit grösstem Unrecht als Beleg für die Regel: Locus regit actum angeführt zu werden pflegt; s. Unger Bd. 1, S. 207, Note 182), theils beziehen sie sich auf Solennitätsförmlichkeiten wie z. B. das Hofd. vom 22. Juli 1812 Nr. 997, lit. b, wonach in dem Falle, dass die Giltigkeit eines letzten Willens (nicht dessen Beweiskraft) von der äusseren Form abhängt, auf Grund der Lex loci zu entscheiden ist. Unger Bd. 1, S. 208, Note 193 unterscheidet zwar sehr richtig die Beweis- und Solennitätsförmlichkeiten, ohne jedoch diese Unterscheidung auf den Urkundenbeweis anzuwenden. Für die im Text vertheidigte Ansicht spricht namentlich das Hofd. v. 19. Juli 1816, Nr. 1266 (Wessely Nr. 269), welches ausnahmsweise eine von einem Ausländer zu Gunsten eines österreichischen Unterthanen ausgefertigte, einseitig verbindende Schrift in jüdischer Sprache für giltig und das Hofd. vom 22. Octb. 1814, Nr. 1106 (Wessely Nr. 268) für nicht anwendbar erklärt, ohne zu unterscheiden, ob die Urkunde im Ausland oder im Inland ausgestellt wurde. Aus dieser augenscheinlich exceptionellen Vorschrift kann man a contrario schliessen, dass die in dem Hofkzld. vom 22. Octb. 1814 angeordnete Beweisformalität (Ausschluss der jüdischen Sprache und Schrift in Urkunden) regelmässig auch auf die Ausländern (im In- oder Auslande) ausgefertigten Urkunden anwendbar ist. Vgl. §§. 36, 37 B. G. B. Auch von den nichtösterreichischen Schriftstellern wird der Rechtssatz Locus regit actum gleichmässig auf die Beweis- und die Solennitätsförmlichkeiten angewendet. Wächter im Archiv für civil. Praxis Bd. 25 (1842) S. 405—408. Savigny, System, Bd. 8, S. 348—867 (vgl. aber auch S. 131), Bar, a. a. O. S. 112—131 (daselbst eine dogmengeschichtliche Darstellung S. 115 ff.), Fölix, a. a. O. Wharton §. 676—708. Windscheid, §. 35, Note 13, Stobbe, Deutsches Privatrecht, Bd. 1, §. 31, Förster, Preussisches Privatrecht, Bd. 1, S. 55, 56 u. A. Es lässt sich auch nicht verkennen, dass die Anwendung jenes Grundsatzes auf die Beweisförmlichkeiten der Privaturkunden verhältnissmässig von den geringsten Schwierigkeiten begleitet ist, weil die wesentlichen Beweisförmlichkeiten der Privaturkunden sich in den europäischen Legislationen mit grosser Gleichförmigkeit ausgebildet haben und das Beweisverfahren beim Urkundenbeweise regelmässig mit der Vorlage der Urkunden abschliesst. Dessenungeachtet halte ich es für richtiger und consequenter auch für die Beweisförmlichkeiten der Privaturkunden dort, wo die Gesetzgebung nicht ausdrücklich ein Anderes angeordnet hat, an dem Territorial-

11*

princip festzuhalten. Will man nicht in die äusserste Inconsequenz verfallen, so muss man sich für eine der beiden Alternativen entscheiden. Entweder muss man annehmen, dass die Parteien beim Abschlusse eines Rechtsgeschäftes neben den materiellrechtlichen Befugnissen zugleich auch ein processualisches Beweisrecht nach Massgabe des Lex loci actus, d. h. den Anspruch erworben haben, dass der Beweis über die rechtsbegründenden Thatsachen nach dem örtlichen Rechte des Geschäftsabschlusses beurtheilt werde. Dass diese Auffassung unhaltbar ist, wurde oben (Note 5) nachgewiesen. Oder man stellt sich auf den in dieser Schrift vertretenen Standpunkt; dann muss man aus der Gesammtheit der formellen Erfordernisse welche die Lex loci actus für die Privaturkunden vorschreibt, jene Förmlichkeiten ausscheiden, welche sich nicht als Voraussetzungen der Giltigkeit des Rechtsgeschäfts darstellen, sondern blos die Beweiskraft der darüber aufgenommenen Urkunde bedingen (Beweisförmlichkeiten) und diese letzteren — ungeachtet des Grundsatzes Locus regit actum — der Herrschaft des Lex fori unterwerfen.

§. 14.

Oertliche Grenzen des Civilprocessrechtes.

(Fortsetzung.)

Der Grundsatz, dass das Processrechtsverhältniss ein inländisches und nach inländischem Gesetze zu beurtheilen ist, bezieht sich nur auf das Verfahren, soweit dieses im Inlande stattfindet Dagegen schliesst jenes Princip nicht die Möglichkeit aus, dass processualische Handlungen, welche im Auslande vorgenommen werden, auch für das Processverfahren des Inlandes von Bedeutung sind. Im Gegentheile: je unbedingter eine Gesetzgebung die Herrschaft über das gerichtliche Verfahren in Anspruch nimmt, soweit dieses sich in dem eigenen Lande vollzieht, desto mehr ist dieselbe veranlasst, die gleiche Berechtigung fremder Staaten über die in ihren Gebieten sich entwickelnden Processrechtsverhältnisse anzuerkennen. In der That sehen wir auch, dass das österreichische Recht ungeachtet jenes principiellen Standpunktes in erheblichem Umfange eine Rückwirkung des ausländischen Processverfahrens auf das Inland zulässt.

Zunächst ist wohl unzweifelhaft, dass das österreichische Recht auch in Ansehung der im Auslande geführten Rechtsstreite jene processualischen Mittel zulässt, welche einer unnützen Vervielfachung der Processe vorbeugen sollen. Wenn also der Kläger den Beklagten im Auslande verklagt hat, so kann dieser, falls gegen ihn vor den österreichischen Gerichten nochmals Klage erhoben wird, die Einrede der Litispendenz entgegensetzen. [1]

---

[1] Vgl. hierüber Bar a. a. O. S. 451. Die französische Praxis ist schwankend, doch neigt sie sich mehr zur Ansicht, dass auch ein im Auslande eingeleiteter Rechtsstreit die Einrede der Litispendenz begründet. (Fölix. Bd. 1. Nr. 182. 183). Die englische und nordamerikanische Rechtsübung ist der Einrede der Litispendenz im Allgemeinen ungünstig und gestattet wenig-

Es macht keinen Unterschied, ob die Urtheile jenes auswärtigen Staates im Inlande vollstreckt werden oder nicht, da die Möglichkeit vorhanden ist, dass der Beklagte nur eine rechtliche Entscheidung über das streitige Rechtsverhältniss hervorrufen will und dann dem rechtskräftigen Urtheile auch ohne Zwangsvollstreckung Folge leisten wird. [2]) Dagegen kann der Beklagte, falls die Rechtssache im Auslande bereits rechtskräftig entschieden ist, nur unter der Voraussetzung die exceptio rei iudicatae erheben, dass das ausländische Urtheil im Inlande, wenngleich vielleicht erst nach einer Prüfung, vollstreckt werden kann. Ist also die Execution des ausländischen Urtheiles von den inländischen Gerichten bereits abgelehnt worden oder steht es sonst gesetzlich

---

stens in dem Falle, dass beide Streitparteien englische Unterthanen oder Angehörige des betreffenden nordamerikanischen Staates sind, die Erneuerung des Rechtsstreites vor den inländischen Gerichten. W h a r t o n §. 784. In Betreff Baiern's vgl. W e r n z a. a. O. S. 678, wornach ausländische Rechtsstreite in Baiern keine Litispendenz und ausländische Urtheile keine Rechtskraft begründen.

[2]) Neben der Einrede der Litispendenz, deren Geltendmachung den streitenden P a r t e i e n zusteht, kennt das österreichische Recht noch ein eigenthümliches Verfahren, durch das ein fremdes G e r i c h t seine Jurisdiction gegenüber den österreichischen Gerichten geltend machen kann. Nach dem §. 4. J. N., (welcher dem §. 27 der Jurisdictionsnormen für das lombardisch-venetianische Königreich vom 29. Sept. 1819 und für Dalmatien vom 10. Sept. 1827 Nr. 2303 bei S t u b e n r a u c h a. a. O. Nr. 120 und dem §. 117 der J. N. vom 18. Juli 1850 entspricht.) hat nämlich der inländische Richter, wenn seine Zuständigkeit in Bezug auf einen fremden Staatsangehörigen oder fremdes Vermögen von dem auswärtigen Gerichte bestritten wird, das Verfahren regelmässig abzubrechen und den Rechtsfall durch Vermittlung der oberen Instanzen dem Justizministerium vorzulegen. Nur ausnahmsweise dürfen die österreichischen Gerichte das Verfahren fortsetzen, „soweit es aus öffentlichen Rücksichten oder zur Sicherung der Privatrechte erforderlich ist", z. B. wenn es sich um eine Zwangsvollstreckung wegen öffentlicher Abgaben handelt oder wenn die Sequestration einer Sache angesucht wird, welche der Beklagte leicht in das Ausland verschleppen kann. Die Entscheidung in diesem Verfahren ist zwischen den Gerichten und dem Justizministerium wol so vertheilt, dass die ersteren zu erkennen haben, ob die Voraussetzungen dieses prozessualischen Mittels (ein fremder Staatsbürger oder fremdes Vermögen, dann die Bestreitung durch ein competentes auswärtiges Gericht) vorhanden sind, wogegen die oberste Justizadministrativbehörde, wenn durch die Gerichte dieses Verfahren eingeleitet ist, die Gränzen der Gerichtsbarkeit des inländischen Gerichtes endgiltig bestimmt.

fest, dass die Vollstreckung nicht stattfinden kann, [*]) so ist der

[*]) Ueber die Frage, ob Urtheile österreichischer Gerichte in den fremden Ländern vollstreckt werden, ist eine bedeutende Zahl von Verlautbarungen der obersten österr. Justizadministrativbehörde erschienen. Vgl. Wesselÿ Nr. 1178 und die Anmerkungen zu §. 298 A. G. O. in der Manz'-schen Gesetzesausgabe. Doch steht es selbstverständlich den Parteien frei, gegen den Inhalt solcher Verlautbarungen den Gegenbeweis in der Richtung zu führen, dass in denselben der Inhalt des fremden Rechtes entweder schon ursprünglich unrichtig wiedergegeben wurde oder dass doch die betreffenden Angaben wenigstens durch die spätere Entwicklung der Gesetzgebung des fremden Staates ihre Richtigkeit verloren haben. Ein solches Correctiv ist unbedingt nothwendig, weil die meisten Verlautbarungen dieser Art entweder unrichtig oder doch wenigstens ungenau sind. So liegt dem Hofd. vom 31. Jan. 1842 Nr. 595 J. G. S. trotz seiner unklaren Ausdrucksweise wol die Ansicht zu Grunde, dass die Urtheile österreichischer Gerichte in Grossbritannien nicht vollzogen werden und in dieser Weise wird m. W. jene Verlautbarung auch in der Praxis aufgefasst, welche demgemäss die Vollziehung englischer Urtheile kraft des Vergeltungsrechts verweigert. Diese Auffassung ist aber entschieden irrig, da Urtheile fremder Gerichte, insofern diese nach internationalen Grundsätzen kompetent sind, und ein betrügerischer Vorgang nicht vorliegt, in England vollstreckt werden, und zwar selbst ohne Rücksicht, ob der fremde Staat Reciprocität übt. Der Inhaber eines solchen Urtheils muss freilich vor den englischen Gerichten eine neue Klage anbringen; allein das Erkenntniss des fremden Gerichtes macht für das dadurch festgestellte Rechtsverhältniss vollen Beweis und der condemnirte Beklagte kann sich dagegen nur durch den Nachweis der Incompetenz des fremden Gerichtes oder eines betrügerischen Vorganges bei der Schöpfung desselben schützen. Dagegen darf er auf Vertheidigungsmittel, welche sich auf das streitige Rechtsverhältniss selbst beziehen, in dem Verfahren vor den englischen Gerichten nicht mehr zurückgreifen. Das englische Verfahren hat folglich im Wesentlichen dieselbe processualische Natur wie unser contradictorisches Delibationsverfahren, nur wird in diesem überdies auch noch die Frage der Reciprocität untersucht. Vgl. Fölix a. a. O. Bd. 2. Nr. 403. 404. Wharton §§. 815. 824. — Nach der J. M. V. vom 19. April 1865 Nr. 27 soll ferner die kaiserlich-russische Regierung erklärt haben, dass die kaiserlich-russischen Behörden auswärtige Urtheile unter keiner Bedingung vollstrecken, während in Wirklichkeit nach der russischen P. O. vom 20. Nov. 1864. §§. 1273—1281 die Erkenntnisse fremder Gerichte gegenwärtig in der liberalsten Weise vollzogen werden. — Die M. V. vom 22. Jan. 1853 Nr. 249, betreffend die Vollziehung der von den sardinischen Gerichten gefällten Urtheile (Frühwald Nr. 249), welche durch die M. V. vom 29. Febr. 1860 Nr. 55 und vom 4. Juni 1868 Nr. 58 auch auf die Urtheile der lombardischen und venetianischen Gerichte ausgedehnt wurde, hat gleichfalls das frühere sardinische Prozessrecht im Auge, während die Vollstreckbarkeit auswärtiger Urtheile in den genannten Gebieten doch gegenwärtig in Folge der Dekrete vom 25. Juni 1865 u. 25. Juni 1871 (Mattei Annotazioni al Cod. di proc. civ. 1869.

Kläger berechtigt, die Klage vor den österreichischen Gerichten neuerdings zu erheben. [4]

Ein fernerer wichtiger Fall der Rückwirkung des auswärtigen Processes auf das Verfahren des Inlandes besteht in der Hilfe, welche die österreichischen Gerichte für einzelne Akte des Erkenntnissverfahrens der auswärtigen Processbehörde auf ihre Requisition leihen. Kraft einer wohl in allen civilisirten Staaten geltenden Uebung, [5] welche auch in der österreichischen Gesetz-

---

S. 5. 6. und Suppl. S. 1309) durch die italienische Processordnung, Art. 941—95 normirt wird. Die Vorschriften der italienischen Processordnung unterscheiden sich aber von den Bestimmungen des sardinischen Rechtes, auf welches sich die M. V. vom 22. Jänner 1853 bezieht, namentlich dadurch, dass in dem Prüfungsverfahren (giudizio di delibazione) des heutigen italienischen Prozessrechts nicht untersucht wird, ob das Urtheil ein offenbar ungerechtes ist, sondern blos ob dessen Inhalt nicht der öffentlichen Ordnung und dem öffentlichen Rechte des Königreiches widerstreitet. (It. P. O. Art. 991. Z. 4 und dazu Mattei Anm. S. 1162 und 1163.) Dagegen hat sich nach dem neueren italienischen Rechte das Delibationsverfahren auch auf die Frage zu erstrecken, ob in dem Prozesse, welcher dem auswärtigen Urtheile zu Grunde liegt, der Grundsatz des wechselseitigen Gehörs beobachtet worden sei. (Ital. P. O. 941 Z. 2. 3.) — Diese Ungenauigkeiten in den officiellen Verlautbarungen über die Vollstreckbarkeit der österreichischen Urtheile in fremden Staaten, welche sehr leicht noch bedeutend vermehrt werden könnten, lassen es als wünschenswerth erscheinen, dass dieselben von Zeit zu Zeit einer Revision unterzogen werden.

[4] Dieser Unterschied muss nothwendig gemacht werden, weil sonst einem vollkommen begründeten Anspruch, welchen der Berechtigte bei einem auswärtigen Gerichte geltend gemacht hat, die Möglichkeit der Realisirung sowohl im Auslande als im Inlande entzogen werden könnte; im Auslande, weil dort die Vollstreckung vielleicht wegen der Abwesenheit des Beklagten oder wegen Mangels an Vermögen unmöglich ist, im Inlande, weil hier der Erlangung eines vollstreckbaren Urtheiles die Einrede der Rechtskraft entgegensteht. Es ist desshalb gewiss unrichtig, wenn Wetzell S. 418 dem Beklagten aus jedem Urtheile eines fremden Gerichtes ohne Rücksicht auf seine Vollstreckbarkeit im Inlande die Einrede der Rechtskraft gewährt. Vgl. auch Bar a. a. O. S. 468 ff., Wharton §. 835—837.

[5] Bar a. a. O. S. 456—462, Fölix a. a. O. Bd. 1. Nr. 239—249, Wharton §§. 722—731. Vgl. auch Preuss. A. G. I. Tit. 7 §. 7—11. Tit. 10. §§. 107. 223. 225 lit. b., Genfer P. O. Art. 211—213, Hann. P. O. §. 29. Abs. 2 (dazu Leonhardt die bürgerliche P. O. 3. Aufl. S. 35, 36.), Ital. P. O. Art. 947, Deutsch. Entw. v. 1866 §. 45. (dazu Winter Einl. S. 21 22.), Württemberg'sche P. O. Art. 11. (Fecht, Commentar, Bd. 1. S. 69—78), Baierische P. O. Art. 55. (Wernz, Commentar, S. 82.83) Vgl. auch das norddeutsche, jetzt deutsche Gesetz über die Rechtshilfe vom 21. Juni 1869. §. 1

gebung Anerkennung gefunden hat, werden nämlich einzelne Akte
des Processverfahrens, z. B. Klagebehändigungen, Eidesabnahmen,
Einvernehmungen von Zeugen und Sachverständigen, die Aufnahme eines Augenscheines auf Verlangen des Processgerichtes
vollzogen. [6]) Eine Prüfung der Competenz des Processgerichtes
zur Einleitung des Processverfahrens, von welchem der erbetene
Akt einen Bestandtheil bildet, kommt dem requirirten Gerichte
nicht zu, eben so wenig hat dieses die Berechtigung des Processgerichtes zur Veranlassung des einzelnen Processaktes auch in
anderen Richtungen zu untersuchen. [7]) Doch wird andererseits

---

bis 6 und dazu Endemann, Commentar, S. 22—28. Der Code de proc.
erwähnt diese Frage nicht, doch wird auch von den französischen Gerichten
zur Vollziehung einzelner Processakte die Hilfe gewährt. Fölix a. a. O. Bd.
1. Nr. 243. Dem englischen und nordamerikanischen Processrecht waren Er-
suchungschreiben an fremde Gerichte um die Vornahme bestimmter Processhandlungen bis in die neueste Zeit unbekannt; das praktische Bedürfniss wurde
dadurch befriedigt, dass die englischen Gerichte einzelne ihrer Mitglieder,
englische Consularbehörden und sonstige diplomatische Agenten, ja sogar
Privatpersonen, (namentlich britische und nordamerikanische Staatsangehörige)
mit Vollziehung des processualischen Aktes in dem fremden Lande beauftragten. Da jedoch solchen Personen der Gerichtszwang an dem betreffenden
Orte mangelt, so konnten diese Aufträge sehr häufig von den Beauftragten
nicht durchgeführt werden und hat sich desshalb das englisch-nordamerika-
nische Recht seit etwa einem Jahrzehnt für die auf dem Continent übliche
Form der Ersuchungsschreiben entschieden. Wharton §§. 721. 731. Fölix
Bd. 1, Nr. 241.

[6]) Ueber die Vollziehung der Requisitionen besteht eine grosse Anzahl
von Verordnungen, welche meist die äussere Form des Verkehrs zwischen
den in- und ausländischen Gerichten festsetzen und die bei Wessely 1394
bis 1418 und in den Anmerkungen zu §. 202 der G. I. in der Manz'schen
Gesetzesausgabe gesammelt sind.

[7]) Bar a. a. O. S. 459. 460. Anders Wetzell S. 419. 420. (vgl. auch
Endemann, Deutsch. Civilprozessr. §.46. Note 18, 21.), welcher der Ansicht ist,
dass das ersuchte Gericht die Competenz des Processgerichtes zwar in allen Fällen
zu untersuchen habe, dass aber eine genauere Prüfung nur bei der Insinuation von Klagen und bei der Exekution von Contumazialurtheilen erforderlich
sei, da in den übrigen Fällen die Einlassung stillschweigende Prorogation
begründe. Da jedoch der prorogirte Gerichtsstand auf internationale Giltigkeit keinen Anspruch machen kann (s. unten), so müsste der Richter
in Wirklichkeit die Competenz des requirirenden Gerichts auch bei der
geringfügigsten processualischen Handlung einer Prüfung unterziehen, was
praktisch wohl kaum durchführbar ist. Auch das österreichische Recht (M.
V. 14. Aug. 1857. Nr. 153) bestimmt, jedoch nur als Retorsionsmassregel,

durch den Vollzug der Requisition die Befugniss des Processgerichtes zu dem gestellten Ersuchen nicht anerkannt, insbesondere entsteht dadurch für die österreichischen Gerichte nicht die
Verbindlichkeit, das von dem Processgerichte auf Grundlage der
im Inlande aufgenommenen Processakte gefällte Urtheil zu vollziehen. Wird in Folge der zwischen Oesterreich und dem auswärtigen Staate bestehenden Verhältnisse eine Wiederholung des
Processverfahrens vor den österreichischen Gerichten erforderlich, so muss die processualische Handlung, insoferne der Lauf
des Rechtsstreites dieselbe mit sich bringt, neuerdings wiederholt werden. [*)]

Nach welchen Gesetzen sind aber die einzelnen im Inlande
vorzunehmenden Processakte von dem ersuchten Gerichte durchzuführen? Soll auch hier das örtliche Recht des requirirten Gerichtes oder jenes des Processgerichtes angewendet werden? Auch
hier ist festzuhalten, dass das Processrechtsverhältniss, mag der
Rechtsstreit sich auch nur zu einem Theile im Inlande vollziehen, doch ein inländisches ist und dass desshalb dieser Bestandtheil des Processes den inländischen Gesetzen unterliegt. Nur bei
Zeugenverhören ist es den österreichischen Gerichten durch ein
~~Hofd.~~ vom 17. Juli 1816 freigestellt, wenn sie dieselben auf Ersuchen ausländischer Behörden vornehmen, die in den Gesetzen
des Landes, wo die Rechtssache anhängig ist, vorgeschriebenen
Förmlichkeiten auf ausdrückliches Ansinnen des fremden Gerichtes

dass die Zustellung solcher Klagen, welche auf Grund des forum contractus bei
preussischen Gerichten angebracht worden sind, von den österreichischen Gerichten zu verweigern ist, so dass also unsere Gerichte in diesem speciellen Falle
auch bei einer blossen Klagebehändigung die Competenz des requirirenden
Gerichts zu prüfen haben. Dieselbe Bestimmung besteht rücksichtlich Sachsen's
zufolge der M. V. vom 14. Nov. 1856. Nr. 215. In allen übrigen Fällen ist
dagegen der im Texte formulirte Grundsatz anzuwenden.

[*)] Dies ergiebt sich daraus, dass solche processualische Handlungen, wenn dieselben auch von den inländischen Gerichten vorgenommen
werden, sich doch als Elemente eines im Auslande geführten Rechtsstreites
darstellen, was insbesondere auch zur Folge haben wird, dass die Parteien
sich in der Darlegung ihrer processualischen Mittel von den Normen des auswärtigen Rechtes bestimmen lassen und vielleicht sehr wichtige Angriffs- und
Vertheidigungsgründe, die ihnen nach österreichischem Rechte zustehen
würden, nicht zur Anwendung bringen. Vgl. auch die Ital. P. O. Art 948.

zu beobachten. [9]) In allen übrigen Fällen bleibt aber jenes Princip der ausschliesslichen Geltung der inländischen Processgesetze in Kraft. [10]) So wird z. B. das Attest über die erfolgte Klagebehändigung von den Organen der österreichischen Gerichte in den einfachen Formen ausgestellt werden, welche die österrei-

---

[9]) Auch bei der Aufnahme des Beweises durch Zeugen werden übrigens alle Akte mit Ausnahme des Verhörs nach österreichischen Gesetzen zu beurtheilen sein. Die Vorladung der Zeugen und die Erzwingung ihres Erscheinens (§. 160 A. G. O., §. 232. W. G. O.), ihr Anspruch auf die Zeugengebühren, (§. 167. A. G. O. §. 239. W. G. O.), die Ausschliessung gewisser Zeugen von Amtswegen (Hofd. vom 8. März 1791. Nr. 123 und IHd. vom 20. Nov. 1808. Z. 38084 bei Wessely, Nr. 658. 659) u. s. f. werden folglich den Normen des österreichischen Processrechtes unterliegen.

[10]) Dieser Grundsatz ist in der Literatur und in der Gesetzgebung in überwiegendem Masse anerkannt. Bar a. a. O. S. 457. Fölix, Bd. 1. Nr. 243 Note 3 (vergl. jedoch Nr. 246) Wharton, §. 724. 725., Endemann, Commentar zum D. R.-H.-G.S. 24. 25, Mittermaier im Archiv f. civ. Praxis, Bd. 13. S. 308 ff.; Renaud §. 9. Note 12. Doch werden von demselben vielfach Ausnahmen zugelassen, welche in der praktischen Anwendung das Princip wieder illusorisch machen. So soll nach Bar a. a. O. S. 457. 458 das requirirte Gericht berechtigt sein, „Formen, die ohne Verletzung absolut gebietender Gesetze oder der herrschenden Begriffe des Anstandes und ohne Zwang gegen eine Person z. B. gegen den zu vernehmenden Zeugen, sowie ohne übermässige Belästigung des Gerichtes beobachtet werden können, unter Innehaltung der nach seinen Gesetzen zur Giltigkeit erforderlichen Formen auf besonderes Verlangen des requirirenden Gerichts zur Anwendung zu bringen." Ebenso Endemann a. a. O. S. 24. 25 und wohl auch Wharton, §. 724. Dass aber durch diese Einschränkung des Territorialprincips nothwendig ein Verfahren entstehen muss, welches nichts als eine willkürliche Combination der Lex fori und der Lex loci ist, und weder dieser noch auch jener entspricht, liegt auf der Hand. Das praktische Bedürfniss, welches diese Auffassung hervorgerufen hat, ist m. E. dadurch zu befriedigen, dass das Processgericht für solche processualische Handlungen, welche im Auslande vorgenommen müssen, sich nöthigenfalls mit den nach der Lex loci dafür eintretenden Aequivalenten zu begnügen hat. So ist z. B. die Vernehmung der Parteien als Zeugen (§§. 53—65 Bg. V.) dem gemeinen und preussischen Rechte unbekannt und es wird desshalb, wenn dieses Beweismittel in einem Gebiete des gemeinen oder des preussischen Rechtes aufzunehmen ist (§. 59. Abs. 3 Bg. V.), an dessen Stelle die entsprechende Form des Parteieneides (§. 65. Bg. V.) treten. Demgemäss wird auch der Beweissatz im Requisitionsschreiben so zu formuliren sein, dass derselbe ohne Veränderung auch den Gegenstand eines Parteieneides bilden kann. Dieser Vorgang ist gewiss zweckmässiger, als wenn der fremde Richter ohne genauere Kenntniss des ganzen Rechtsinstituts die Parteien als Zeugen vernimmt.

chischen Civilprocessordnungen zulassen, auch wenn das örtliche
Recht des Processgerichtes für die Giltigkeit von Behändigungs-
urkunden strengere Förmlichkeiten vorschreibt. [11] Parteieneide
sind immer mit Beobachtung der österreichischen Gesetze abzunehmen, auch wenn das örtliche Recht des requirirenden Processgerichtes andere Formen vorschreibt. [12] Gestattet das österreichische Recht die Vornahme eines Processaktes in mehrfacher
Art, wie dies z. B. bei der Aufnahme von Beweismitteln im
ordentlichen, summarischen und Bagatellverfahren der Fall ist,
so kann der requirirte Richter zwischen den verschiedenen zulässigen Formen frei wählen.

Der wichtigste Fall der Rückwirkung eines ausländischen
Processverfahrens auf das Inland ist endlich die Vollstreckung
der von Behörden auswärtiger Staaten gefällten Urtheile durch
die inländischen Gerichte. [13] Ueber den legislativen Grund der

---

[11] Vgl. z. B. die Formen der Klagebehändigung auf Grund der §§. 385.
395 A. G. O. und 505, 517 W. G. O. mit jenen, welche die Art. 71 ff. des
Code de proc. vorschreiben.

[12] Dieser Fall war seit jeher am meisten bestritten. Für die Leistung
der Parteieneide nach dem örtlichen Rechte des requirirten Gerichtes Bar,
a. a. O., S. 461, 462. Wharton, §. 730. Dagegen ist Fölix, a. a. O.
Bd. 1, Nr. 249, der Ansicht, dass das requirirte Gericht die Parteieneide
auch nach der Formel, welche dem örtlichen Rechte des Processgerichtes
entspricht, aufnehmen kann. Vgl. jedoch Demangeat zu Fölix, Bd. 1,
S. 482, Note a. Nach der im Text vertheidigten Meinung werden folglich
die Parteieneide mit Berücksichtigung der im §. 1 d. G. vom 3. Mai 1868,
Nr. 33 vorgeschriebenen Form abzulegen sein, auch wenn die Eidesabnahme
auf Requisition eines französischen oder preussischen Gerichtes erfolgt, obwohl die französische Eidesformel (Vous jurez que..... Je le jure) und die
preussische, (diese z. B. durch den Schlussabsatz des Eides der evangelischen
und katholischen Christen: „So wahr mir Gott helfe durch Jesum Christum
zur Seligkeit", „So wahr mir Gott helfe und sein Evangelium") von den
österreichischen Eidesnormen beträchtlich abweichen. Vgl. Boitard Leçons,
Bd. 1, Nr. 255; Fölix, Bd. 1, Nr. 248 ff.; Koch, Preussisches Processrecht, §. 260—264 a und das preussische Gesetz vom 15. März 1869 (G. S.
S. 484) betreffend die Eide der Juden.

[13] Vgl. hierüber Bar, das internationale Privat- und Strafrecht, S.
463—464; Wetzell, S. 417—422; Renaud, S. 56; Endemann, Deutsches Rechtshilfegesetz vom 21. Juni 1869, §. 7—12 und dazu Endemann
a. a. O., S. 38—62. Asser in der Revue de droit international etc.
Bd. 1 (1869), V, XXVI und XXX; Brocher, ebenda, Bd. 5 (1873),
S. 406—417. Von den österreichischen Schriftstellern ist hervorzuheben

wechselseitigen Vollstreckung von auswärtigen Erkenntnissen sind zahlreiche Theorien aufgestellt worden, doch verdient wohl jene Ansicht Billigung, welche als die Ursache derselben die Erleichterung des internationalen Verkehrs und die Beförderung des gemeinen Nutzens ansieht. [13]) Auch das österreichische Recht

Georg Holzgethan in seiner Abhandlung „Ueber die Vollstreckung auswärtiger Civilurtheile im österreichischen Kaiserstaate" in Wagners Zeitschrift 1833, Bd. 1, S. 103—135; Stubenrauch, Die Jurisdictionsnormen vom 18. Juli 1850 (1850), S. 165, 166. Johann Vesque v. Püttlingen, Handbuch des in Oesterreich geltenden internationalen Privatrechtes, 1860, S. 284—288. Ferner für Frankreich: Art. 546 des Code de proc. und Art. 2123, 2128 Code civil und dazu Fölix, a. a. O., Bd. 2, Nr. 314 bis 404, bes. Nr. 347—376; Boitard, Leçons de proc. civ. Bd. 2, Nr. 802; Carré, Lois de proc. civ., Bd. 2, Qu. 1899—1901 und 7. Bd. (Suppl.) 2. Aufl. (1872) S. 576—579; England und Nordamerika: Wharton, §§. 789 bis 838; Preussen: A. G. O. Th. 1, Tit. 24, §. 30 und dazu Koch, Processordnung, 6. Aufl. S. 673, Note 58 a; Genf, Art. 376 (vgl. jedoch auch Art. 61 der schweiz. Bundesverfassung v. 29. Mai 1874); Hannover: §§. 29, 533 (Leonhardt, S. 35, 36, 353); Baden: §§. 846—848; Russische P. O. §§. 1273 bis 1281; Italienische P. O. Art. 941—950 (Mattei, S. 1161—1173); Deutscher Entw. von 1866, §§. 45, 46 (Winter, S. 21, 22); Württemberg: Art. 11, 12 (Fecht, Bd. 1, S. 69—73); Ungarische C. P. O. von 1868, §§. 62, 63; Baiern: Art. 823, 824 (Wernz, Comm., S. 678); Deutscher Entw. von 1874, §§. 610, 611 (dazu die Motive, S. 558—559). Eine übersichtliche, aber gegenwärtig schon sehr veraltete Zusammenstellung der Gesetzgebungen über die Vollstreckung auswärtiger Urtheile gibt Fölix, a. a. O. Bd. 2, Nr. 331 ff.

[14]) Die mittelalterlichen Juristen, welche von dem Gedanken der Oberherrschaft des Kaisers und des Pabstes über alle Völker geleitet wurden, glaubten die Stellen des Römischen Rechtes, welche die römischen Gerichte zu gegenseitiger Hilfeleistung verpflichten, auf das Verhältniss der Gerichte unabhängiger Staaten unmittelbar anwenden zu können. Als die Idee einer alle christlichen Völker umfassenden Rechtsgemeinschaft am Ende des Mittelalters unterging, suchten einzelne Schriftsteller die Vollstreckung der auswärtigen Urtheile auf den Gesichtspunkt zurückzuführen, dass der Rechtsstreit einen Vertrag in sich schliesse, durch welchen sich die Parteien eventuell auch der Hilfsvollstreckung unterwerfen. Andere Bearbeiter dieser Lehre suchten den Grund der Vollstreckung auswärtiger Urtheile in dem Umstande, dass das entgegengesetzte Verfahren einen Eingriff in das Jurisdictionsrecht des fremden Staates enthalten würde. Doch hat die im Texte angenommene Ansicht, stets die überwiegende Anzahl von Schriftstellern für sich gehabt. Vgl. Bar, S. 463—465; Fölix, Bd. 2, Nr. 319; Wharton, §. 797—801; Wetzell, S. 418, Note 31. Auch Holzgethan in seiner ziemlich verworrenen, rechtsphilosophischen Deduction der Vollstreckbarkeit auswärtiger Urtheile, (a. a. O. S. 105—108) scheint das gegenseitige Interesse als den legislativen Grund des ganzen Rechtsinstitutes anzusehen.

hat sich wohl diesen Gesichtspunkt angeeignet, indem es die Execution auswärtiger Urtheile unter Bedingungen zulässt, welche im Wesentlichen mit den Vorschriften des gemeinen Rechtes übereinstimmen.

Die erste Voraussetzung der Zwangsvollstreckung auswärtiger Urtheile ist die Reciprocität, d. h. die Execution der auswärtigen Urtheile findet nur dann statt, wenn von dem fremden Staate, dessen Gerichte das zu vollziehende Erkenntnis gefällt haben, auch den Urtheilen der österreichischen Gerichte die richterliche Hilfe geliehen wird. [15]) Dieser Rechtssatz ist mit Rücksicht auf die oben (S. 133—137) gegebene Darstellung richtiger negativ zu fassen, indem man die Vollstreckbarkeit der Urtheile auswärtiger Gerichte in allen Fällen ausschliesst, in welchen die Anwendung des Vergeltungsrechtes eintritt. [16]) Erfolgt

---

. [15]) Die Reciprocität, beziehungsweise der Mangel der thatsächlichen Voraussetzungen des Vergeltungsrechtes (s. die folgende Note) wird von den deutschen Schriftstellern übereinstimmend als Bedingung der Vollstreckbarkeit auswärtiger Urtheile aufgestellt. Bar, a. a. O., S. 468, Wetzell, S. 418, Renaud, §. 18, Note 24, Endemann, §. 46, Note 11, Linde, §. 180, Note 5. Ebenso die überwiegende Zahl der deutschen und fremden Gesetzgebungen: Oesterreich: Hofd. vom 18. Mai 1792, Nr. 16 (Wessely, 1174) und Hofd. vom 15. Februar 1805, Nr. 711, (Wessely 1176) K. P. vom 28. Juni 1850, Nr. 254 §. 4 und Holzgethan, a. a. O. S. 108—116, Nippel. Erl. Bd. 2, S. 162, 163, Beidtel, §. 323, Vesque-Püttlingen, S. 287, 288. Hannover: §. 29, 533 (Leonhardt, S. 35, Note 1). Baden: §. 848. Italien: Mattei. Ann. S. 1165, 1166. Deutscher Entw. von 1866, §. 45. Württemberg: Art. 11. Abs. 2, Ungarische P. O. von 1868, §. 61, 62. Dagegen ist die Gegenseitigkeit nicht Voraussetzung der Vollstreckbarkeit auswärtiger Urtheile in Preussen: A. G. O., Th. 1, Tit. 23, §. 30 und dazu Koch, Processrecht, §. 147, Note 3. Heffter, Preuss. Civilprocess. Nr. 274, Note 6; ferner in England und Nordamerika: Wharton, §. 824. In jenen Gesetzgebungen, welche (wie z. B. die baierische und die französische) die Vollstreckung auswärtiger Urtheile ohne eine neuerliche Verhandlung des Rechtsstreites in allen seinen Beziehungen verweigern, kommt selbstverständlich auch das Requisit der Gegenseitigkeit nicht in Betracht, da eben diese Behandlung der Entscheidungen fremder Gerichte die denkbar ungünstigste ist, so dass die Zufügung eines grösseren Nachtheils in Folge der Retorsion von selbst ausgeschlossen erscheint. In den deutschen Entw. von 1874, §§. 610, 611, ist die Reciprocität nicht ausdrücklich erwähnt, doch wird die Anwendung des Vergeltungsrechtes in den Motiven S. 559 besonderen gesetzlichen Bestimmungen vorbehalten.

[16]) Die oben (S. 133—137) festgestellten Voraussetzungen des Vergeltungsrechtes müssen folglich auch dann vorhanden sein, wenn die Vollstreckung eines auswärtigen Urtheils wegen mangelnder Gegenseitigkeit versagt

die Hilfsvollstreckung nur unter gewissen Voraussetzungen oder nur nach Erfüllung von bestimmten Förmlichkeiten, so haben die österreichischen Gerichte gleichfalls die processualische Vergeltung zu üben, soweit dies mit Rücksicht auf die Eigenthümlichkeiten des österreichischen und des fremden Verfahrens überhaupt möglich erscheint. [17]) Die Frage, ob in dem auswärtigen Staate die Urtheile österreichischer Gerichte vollstreckt werden, ist eine Frage des fremden Rechts und diejenige Partei, welche die Hilfsvollstreckung von einem österreichischen Gerichte auf Grundlage eines auswärtigen Urtheiles verlangt, hat in Ansehung des Beweises dieselben Verpflichtungen wie in Betreff jeder anderen Norm des fremden Rechts. Die österreichischen Gerichte sind daher nicht verpflichtet, wohl aber berechtigt, die Vorschriften des fremden Rechts über die Vollstreckbarkeit österreichischer Urtheile zu untersuchen und festzustellen. Die Partei, welche auf Vollziehung eines auswärtigen Urtheils anträgt, wird also regelmässig den Beweis jener Normen des auswärtigen Rechtes zu

---

werden soll. Eine Benachtheiligung der österreichischen Staatsgenossen (S. 133. 134) wird wohl immer vorliegen, wenn ein fremder Staat die Vollstreckung österreichischer Erkenntnisse verweigert, mag auch der Inhaber eines solchen in dem einzelnen Falle ein Nichtösterreicher sein. Dagegen wird der Mangel des dritten der oben aufgestellten Erfordernisse (das Vorhandensein der zur Retorsion nothwendigen äusseren Einrichtungen) nicht selten eine Modification in der Ausübung des Vergeltungsrechtes herbeiführen. Vgl. d. folg. Note.

[17]) Vgl. über diese Einschränkung der processualischen Retorsion oben S. 136. 137. So bestimmt z. B. das Hofd. vom 4. Aug. 1840 Nr. 460 (Wessely 1187), dass die Urtheile rheinpreussischer Gerichte nur dann vollstreckt werden dürfen, wenn vorher bei einem österr. Gerichte über die Exekution verhandelt und erkannt worden ist. Dagegen erklärt dieses Gesetz nicht die Beisetzung der exekutorischen Klausel auf dem rheinpreussischen Urtheile durch die österreichischen Gerichte für nothwendig, obgleich die Beifügung dieser Klausel in Rheinpreussen die Voraussetzung der Vollstreckbarkeit eines auswärtigen Urtheiles ist, weil eben das österreichische Processrecht gegenwärtig das Rechtsinstitut der exekutorischen Klausel überhaupt nicht kennt. (Anders hätte diese Frage unter der Herrschaft der J. N. vom 18. Juni 1850 entschieden werden müssen; vgl. das K. Pat. vom 28. Juni 1850 Nr. 254 [Frühwald Nr. 236]). Ebenso können zahlreiche andere Abweichungen des auswärtigen Rechtes z. B. die Oeffentlichkeit und Mündlichkeit des Verfahrens, die freie Beweiswürdigung u. s. f. von den österreichischen Richtern nicht nachgeahmt werden, auch wenn sie das fremde Gericht bei Prüfung der österreichischen Urtheile in Anwendung bringt, weil eben diese Institutionen dem österreichischen Rechte, wenigstens nach seinem vorherrschenden Charakter, fremd sind.

führen haben, die sich auf die Uebung der Gegenseitigkeit beziehen. [18]) Dieser Nachweis erscheint überflüssig, wenn die österreichische Regierung selbst die Rechtsnormen des auswärtigen Staates über die Vollstreckung österreichischer Urtheile kundgemacht hat, doch bleibt auch in diesem Falle der Gegenbeweis den Parteien vorbehalten. (Note 3.) In allen übrigen Fällen wird der Nachweis des auswärtigen Rechtes am besten durch ein amtliches Zeugniss der obersten Justizbehörden des auswärtigen Staates (Justizministerium oder oberster Gerichtshof) geführt werden, weil diese Behörde regelmässig die gründlichste Fachkenntniss und die grösste Glaubwürdigkeit besitzen. Es kann aber jener Nachweis auch durch Atteste untergeordneter Justizbehörden,

---

[18]) Vgl. über den Beweis von Sätzen des fremden Rechtes Bar, a. a. O., S. 105—107; Unger, System des österreichischen Privatrechtes, Bd. 1, S. 306, 307; Planck, die Lehre von dem Beweisurtheil, S. 253—257; Goldschmidt, Handbuch, §. 35, Note 38; Wetzell, §. 20, Note 8 und der dazu gehörige Text; Renaud, §. 98, Note 16; Endemann §. 179; Note 3, Bayer, §. 219, welche übereinstimmend die Analogie des Beweises von gewohnheitsrechtlichen Rechtsnormen anführen und demgemäss den Richter und die Parteien von den beschränkenden Formen entbinden, welchen der Beweis von Thatsachen nach manchen Civilprocessordnungen unterliegt. Ebenso die neuern Gesetzgebungen: Württemberg, Art. 405 (Fecht, Bd. 2, S. 180, 181); Baiern, Art. 321 (Wernz. S. 330); Deutscher Entw. von 1874, §. 255 und dazu die Motive S. 477. Vgl. auch die oben §. 8, Note 21 in Betreff des Beweises gewohnheitsrechtlicher Normen angeführte Literatur. Nicht zu billigen ist jedoch, wenn Bar, a. a. O., die Herbeischaffung von Beweisen ausländischer Gesetze an die Beweisfrist binden will, so dass der Richter die Verpflichtung hätte, einen verspäteten Beweis dieser Art ohne weitere Prüfung zurückzuweisen. Denn da die Stellung des Richters zu solchen Beweisfragen eine ganz freie ist, und er sogar seine Privatkenntniss benützen kann, so ist nicht recht abzusehen, warum er das von den Parteien verspätet gebotene Beweismaterial nicht benützen sollte. Vgl. hierüber Puchta, Gewohnheitsrecht, Bd. 2, S. 173, 174. Ganz verfehlt sind die Ausführungen von Haimerl in seinem Aufsatz über den Beweis ausländischer Gesetze als Beitrag zur Erklärung des §. 104 A. G. O. in Wagners Zeitsch. 1833, Bd. 2, S. 281—292, welcher den Beweis von ausländischen Rechtssätzen und von Thatsachen vollständig gleichstellt (a. a. O. S. 283, 291), aber gleichwohl genöthigt ist, eine Anzahl von Beweismitteln ganz willkührlich als zum Beweise des fremden Rechtes nicht geeignet zu erklären. Diese Gleichstellung von ganz heterogenen Beweisobjecten, welche durch das Hofd. vom 23. October 1801, Nr. 542 (Wessely 487) eher widerlegt als unterstützt wird, ist von allen spätern österreichischen Schriftstellern gebilligt worden. z. B.

durch Vorlage eines Abdrucks der Gesetze, durch ein Gutachten von Rechtsverständigen oder durch andere Beweismittel geführt werden. Der Richter ist bei Beurtheilung der Beweiskraft dieser Urkunden an die Beweistheorie ebenso wenig gebunden, wie bei dem Nachweise eines andern fremden Rechtssatzes, vielmehr entscheidet er lediglich nach seinem durch die Erwägung aller Umstände geleiteten Ermessen. [19])

Die zweite Voraussetzung der Vollstreckung auswärtiger Urtheile ist die Competenz des Gerichtes, welches das zu vollziehende Erkenntniss gefällt hat. [20]) Dieses Erforderniss kann aber

---

Nippel Erl. I, S. 256, Kitka, Beweislehre, S. 158 und Haimerl selbst im Magazin, Bd. 7, S. 37—40. Unter den gemeinrechtlichen Schriftstellern hat sich dieser Auffassung Langenbeck „Beiträge zur Lehre von dem Beweise fremder Rechte vor den inländischen Gerichten im Arch. f. civ. Prax. Bd. 41 (1858), S. 129—160 angeschlossen. Die genannten Schriftsteller übersehen aber dabei, dass sich wohl die rechtserzeugenden Thatsachen isoliren und in dieser Isolirung beweisen lassen, dass aber jeder Rechtssatz nur im Zusammenhange mit dem ganzen Rechtssystem in seiner Wahrheit erfasst werden kann. Die eng begränzten Mittel zur Erforschung von Thatsachen, welche uns unsere civilprocessordnungsmässigen Beweisarten bieten, sind aber nur geeignet, einzelne Rechtssätze, nicht aber das ganze Rechtssystem einer Nation dem Richter zum Bewusstsein zu bringen. In der Praxis des preussischen (Bar S. 102, Note 2) und des anglo-amerikanischen Rechtes (Wharton §§. 771, 772) sind übrigens ähnliche Ansichten wie in der österr. Literatur massgebend.

[19]) Mit Unrecht wollen Holzgethan a. a. O. S. 111—113 und Nippel Erl. Bd. 2 S. 163 die Ausstellung von Bescheinigungen über die Vollstreckung österreichischer Urtheile im Auslande lediglich als ein Recht der Obergerichte darstellen. Vielmehr ist es ein sehr gewöhnlicher Fall, dass das auswärtige Gericht, welches die Vollziehung eines Urtheils ansucht, mit diesem Ersuchen zugleich das Versprechen gleicher Willfährigkeit verbindet (sub assertione reciproci). Eine solche Versicherung wird, insofern kein besonderer Grund zum Zweifel vorhanden ist, zum Nachweis der Reciprocität genügen. Wetzell S. 418.

[20]) Hofd. vom 18. Mai 1792, Nr. 16 lit. a (Wessely 1774), Hofd. vom 15. Febr. 1805 Nr. 711 (Wessely 1176). Auch rücksichtlich der Frage, ob die Competenz des fremden Gerichts nach internationalen Rechtsgrundsätzen (vgl. unten S. 180 ff.) begründet ist, hat der Richter dasselbe Recht der freien Beweiswürdigung wie in Ansehung der Rechtssätze über die Reciprocität. Eine Entscheidung über die Competenz in dem zu vollziehenden Urtheil ist für den inländischen Richter nicht bindend. Vgl. die E. d. oberst. G. H. Glaser-Unger-Walther Nr. 1552.

in dreifacher Weise aufgefasst werden. Man kann nämlich entweder blos verlangen, dass das auswärtige Gericht nach dem örtlichen Processrechte seines Landes competent gewesen sei oder dass es nach österreichischen Gesetzen die Zuständigkeit zur Urtheilsschöpfung besessen habe [21]) oder endlich, dass das Erkenntnissgericht nach allgemeinen, völkerrechtlichen Grundsätzen zur Entscheidung der Rechtssache befugt gewesen sei. Die erste Auffassung des Erfordernisses der Zuständigkeit [22]) ist deshalb zu verwerfen, weil dadurch die oft ausserordentlich drückenden und

---

[21]) Eine Combination der beiden ersten im Text angeführten Meinungen vertheidigt Asser, a. a. O. Bd. 1, S. 412—414, indem er das Erforderniss der Competenz in dem Sinne auffasst, dass das Erkenntnissgericht sowohl nach dem Rechte des Executionsgerichtes als auch nach dem Rechte seines eigenen Landes competent gewesen sein müsse. Ebenso Leonhardt, Commentar zur Hannover'schen P. O. §. 29, Note 1.

[22]) Diese Auffassung des Erfordernisses der Competenz wird von Holzgethan a. a. O. S. 117—119 vertheidigt. Da jedoch die ausländische Gesetzgebung nach dieser Theorie die Rechtsverhältnisse des Inlandes nach ihrem Ermessen normiren, folglich in die Justizhoheit des Inlandes in beliebigem Umfang eingreifen könnte, so hat diese Meinung unter den theoretischen Schriftstellern nur wenig Beifall gefunden. Bar a. a. O. 468—469, Asser a. a. O. Bd. 1, S. 412. Als zweckmässig kann diese Lösung der Frage nur zwischen solchen Staaten betrachtet werden, welche in einem gegenseitigen Vertrauensverhältnisse stehen und wo desshalb ein Missbrauch der dem auswärtigen Staate dadurch eingeräumten Macht nicht zu besorgen ist. So setzt die M. V. vom 27. Juli 1856 Nr. 136 R. G. B., welche die Vollstreckbarkeit der von den grossherzoglich-badischen Gerichten gefällten Urtheile verfügt, zugleich auch fest, dass die Frage, ob das badische Erkenntnissgericht zur Urtheilsschöpfung zuständig war, nach den badischen Competenzgesetzen zu beurtheilen ist. Diese Verordnung hat durch die Erlassung der badischen Processordnung von 1864 §§. 846—848, insbesondere auch durch den §. 846, Z. 2 derselben, welcher sich in Betreff der Competenzfrage für die zweite der im Texte bezeichneten Ansichten (Note 24) entscheidet, wohl keine Abänderung erlitten, weil der §. 846 der badischen P. O. die von der badischen Regierung auf Grund der Gegenseitigkeit erlassene Vorschriften, folglich auch die dem Hofd. vom 14. Mai 1819 Nr. 1461, dem Hofd. vom 28. Mai 1838 Z. 3032 §. 1 (Wessely 1178, 1179) und der M. V. vom 27. Juli 1856 Nr. 136 zu Grunde liegenden internationalen Verträge als fortdauernd giltig erklärt. Auch das deutsche Rechtshilfegesetz vom 21. Juni 1869 §. 1 legt dem ersuchten Gerichte selbst dann die Verpflichtung zur Vollstreckung der in einem deutschen Bundesstaate geschöpften Urtheile auf, wenn es die Competenz des Erkenntnissgerichtes nicht für begründet hält.

. ungerechten Competenz-Bestimmungen der auswärtigen Processrechte in ihrer Totalität als für das österreichische Verfahren
massgebend anerkannt würden. [21] Ebensowenig kann die Zustän-

---

[21]) Bekanntlich bestimmt der Art. 14 des Code civil, dass die Fremden
vor den französischen Gerichten wegen aller Verpflichtungen verklagt werden
können, welche sie gegen einen Franzosen in Frankreich oder im Ausland
übernommen haben, ohne Rücksicht, ob sie sich in Frankreich aufhalten oder
nicht. Vgl. über diesen abnormen Gerichtsstand, welcher weit über die Grenzen der J. N. §. 29, lit. a—c hinausgeht, die Ausführungen von Fölix, Bd. 1,
Nr. 168—186, Aubry & Rau, Cours de droit civil franç. §§. 77, 79, Note
12, §. 748, Note 24—26, Marcadé, Explic. théor. et prat. du code civil,
I. Bd., 7. Aufl. (1873). S. 115—118, Zachariae, Handb. des franz. Civil
rechts, §§. 77, 6. Hält man für die Beurtheilung der Competenz des fremden
Gerichtes das heimische Processrecht dieses Letzteren für massgebend, so
müssten die österreichischen Gerichte bei der Vollstreckung auswärtiger Urtheile auch solche exorbitante Gerichtsstände anerkennen. Uebrigens mag hier
noch bemerkt werden, dass die Urtheile französischer Gerichte, auch wenn
diese nach völkerrechtlichen Grundsätzen competent sein sollten (unten S. 181 fl.)
in Oesterreich kraft des Vergeltungsrechtes nicht vollstreckt werden dürfen, weil
die französische Theorie und Praxis wenigstens in überwiegendem Masse die
Vollstreckung der von fremden Gerichten gefällten Urtheile nur nach einer
neuen Verhandlung des ganzen Rechtsstreites gewährt, was einer völligen
Verweigerung der Execution auswärtiger Urtheile gleichkommt. J. H. D. vom
I. März 1809 (Wessely 1182). Vgl. auch das Schreiben der österr. Gesandt-
schaft in Paris vom 7. Februar 1862, Z. 1551 in der J. G. Manz'schen Ausgabe der A. G. O. zu §. 298 und der W. G. O. zu §. 396. Doch ist diese
Auffassung unter den französischen Juristen durchaus nicht so entschieden,
wie nach den beiden citirten Verlautbarungen scheinen könnte. Zur Zeit der
Erlassung des Hofd. vom 1. März 1809 war in der französischen Theorie
und Praxis vielmehr die Ansicht vorherrschend, dass nur jene Urtheile fremder Gerichte nicht zu vollstrecken seien, welche gegen einen Franzosen erflossen waren, wogegen Erkenntnisse gegen Ausländer allerdings nach einem
Verfahren exequirt wurden, in welchem nicht die Richtigkeit der Entscheidung, sondern lediglich die Frage geprüft wurde, ob das Erkenntnis nicht
dem öffentlichen Interesse des französischen Staates widerspreche. Vgl. Fölix,
a. a. O., Bd. 2, Nr. 352 und die daselbst zahlreich citirten Schriftsteller
und Erkenntnisse. Erst durch eine Entscheidung des Cassationshofes vom 19. April
1819 wurde festgestellt, dass Urtheile fremder Gerichte in Frankreich ohne
Rücksicht auf die Staatsangehörigkeit der Parteien nicht zu vollziehen seien.
Fölix, a. a. O. Bd. 2, Nr. 354. Doch hat sich in der Theorie und Praxis
vielfach die ältere Auffassung erhalten, ja einzelne französische Schriftsteller
halten sogar die gegen Franzosen ergangenen Urtheile fremder Gerichte in
Frankreich für vollstreckbar. Vgl. Fölix, Bd. 2, Nr. 352, Boitard Leçons
Bd. II., Nr. 802 und Colmet-Daage, a. a. O., S. 175, Note. Carré, Lois

digkeit des auswärtigen Gerichtes nach den österreichischen Gesetzen beurtheilt werden [24]), weil die österreichischen Competenzgesetze, wie dies in der Natur der Sache begründet ist, die österreichische Gerichtsverfassung zur Grundlage haben, folglich zur Beurtheilung der Competenz eines auswärtigen Gerichtes nur mit sehr willkürlichen Abänderungen benützt werden können. Die richtige Ansicht ist also, dass jene Frage als eine internationale Rechtsfrage zu betrachten und deshalb nicht nach dem positiven Processrecht der betheiligten Staaten, sondern nach allgemeinen völkerrechtlichen Principien zu beurtheilen ist. [25]) Welche

de proc. civ. Qu. 1899 (4. Aufl. Bd. 4, S. 501—510) und Suppl. zu Qu. 1899 (Bd. 7, S. 576—579). Aus den Darstellungen dieser Schriftsteller geht hervor, dass auch zahlreiche französische Gerichtshöfe erster und zweiter Instanz sich in grösserem oder geringerem Umfange für die Vollstreckbarkeit fremder Urtheile in Frankreich erklärt haben. Da die Frage jedoch immerhin eine zweifelhafte ist, so werden die österreichischen Gerichte wohl am zweckmässigsten handeln, wenn sie die beiden oben erwähnten Verlautbarungen der österreichischen Regierung über die Executionsfähigkeit österreichischer Urtheile in Frankreich als richtig annehmen, obgleich dieselben, wenigstens in ihrer absoluten Fassung, gewiss nicht der wirklichen Sachlage entsprechen.

[24]) Auf diesem Standpunkte, welcher den inländischen Competenzgesetzen ein vollständig fremdes Gebiet unterwirft, stehen mehrere deutsche Gesetze und Entwürfe der neuesten Zeit, z. B. Württemberg'sche P. O. §. 11, Nordd. Entw. §. 898, Deutscher Entw. v. J. 1874 §. 611, und wohl auch die preuss. A. G. O. I, 24, §. 30. (Vgl. die Motive zum Deutschen Entw. von 1874, S. 559.) Dem österreichischen Rechte ist diese Auffassung des Erfordernisses der Competenz an sich fremd, doch kommt dieselbe in Gemässheit des Hofd. v. 4. Aug. 1840, Nr. 460 in Folge der Gegenseitigkeit gegenüber den Urtheilen der preussischen Gerichte zur Anwendung. Ebenso gegenüber Dänemark. Vgl. Asser a. a. O. S. 411, 412.

[25]) Dieses ist die Ansicht von Bar a. a. O. S. 431—435 und 469. Auch unsere österreichischen Schriftsteller vertheidigen in überwiegender Zahl die Meinung, dass die Competenz des auswärtigen Gerichtes nach internationalen Rechtsgrundsätzen zu beurtheilen sei. Vgl. Wessely, Handbuch, Bd. 1, S. 441, Note; Nippel, Erl. Bd. 2, S. 162; Füger-Wessely, Bd. 2, S. 35; Vesque-Puttlingen a. a. O. S. 285. Die Entscheidung des obersten Gerichtshofes vom 2. Juli 1857 Nr. 5143 (Glaser-Unger-Walther Nr. 405) nimmt gleichfalls „die allgemeinen Grundsätze über die Gerichtsbarkeit" als Entscheidungsquelle für internationale Competenzstreitigkeiten an, scheint aber auch dem Gerichtsstande des Vertrages (s. die folgende Note) einen internationalen Charakter zuzusprechen. Hieher dürften wohl auch jene Gesetzgebungen gehören, welche das Erforderniss der Competenz im Allgemeinen aufstellen, ohne anzugeben, nach welchem Rechte die Competenz zu beurthei-

Gerichtsstände sind aber als internationale in dem Sinne zu betrachten, dass die österreichischen Gerichte die auf Grundlage derselben geschöpften Erkenntnisse zu vollziehen haben? Diese Frage kann, eben weil für die Lösung der völkerrechtlichen Fragen eine allgemein anerkannte Rechtsquelle fehlt, nicht mit voller Bestimmtheit beantwortet werden. [26]) Unzweifelhaft ist wohl, dass alle Gerichtsstände, welche auf dem Wohnsitz beruhen, von den österreichischen Gerichten auch im internationalen Verkehre zu beachten sind. Es macht keinen Unterschied, ob der Rechtsstreit in Folge des Wohnsitzes vor den ordentlichen Gerichten des auswärtigen Staates oder vor einem besonderen, z. B. dem Handelsgericht, in dessen Sprengel der Beklagte sein Domicil hatte, verhandelt worden ist. Denn nur die örtliche Verknüpfung eines Rechtsstreites mit dem Sprengel eines auswärtigen Gerichtes (örtliche Competenz) hat der österreichische Richter vor der Vollziehung des Urtheils zu prüfen; die Vertheilung der Rechtsstreite unter die verschiedenen Gerichte, welche einen bestimmten

---

len ist, z. B. die Ital. P. O. Art. 941, Z. 1. Ebenso nach dem anglo-amerikanischen Recht: Wharton, §§. 792—796. Die Civilprocessordnungen Ungarns (§§. 61—69), und Russlands (Art. 1273—1281) erwähnen das Requisit der Competenz überall nicht; nur die Russische P. O. Art. 1281 erklärt solche Erkenntnisse fremder Gerichte für unvollstreckbar, welche über Liegenschaften im Russischen Reiche entscheiden.

[26]) Bar sieht a. a. O. S. 430—450 als internationale Gerichtsstände an: Das forum domicilii, rei sitæ, delicti commissi, contractus und das forum prorogatum. Im Wesentlichen übereinstimmend Wharton, §§. 793—796. Unsere Schriftsteller a. a. O. (s. vorige Note) erkennen in Hinblick auf das Hofd. v. 7. Nov. 1812 Nr. 1010 (Wessely Nr. 1180) nur die Gerichtsstände des Wohnortes. der gelegenen Sache, des Arrestes oder der Contractes oder der geführten Verwaltung als solche an, welche auch im internationalen Verkehre zu beachten sind. Allein jenes Hofd. v. 7. Nov. 1812, welches schon ursprünglich nur als ein Specialgesetz für das Verhältniss zu Baiern erlassen wurde, ist mit Rücksicht auf die durch die neue baierische Processordnung eingetretenen Veränderungen vermittelst der M. V. v. 20. Dec. 1870 Nr. 142 ausser Wirksamkeit gesetzt worden und kann wohl jetzt auch nicht mehr analog angewendet werden. Aber auch sachlich lässt sich die Abgränzung der internationalen Gerichtsstände im Hofd. v. 7. Nov. 1812 in keiner Weise empfehlen, da die Gerichtsstände des Vertrages und des Arrestes in den verschiedenen Gesetzgebungen sehr verschieden ausgebildet sind und sich schon deshalb zu internationalen Gerichtsständen nicht eignen. Vgl. z. B. über den Gerichtstand des Vertrages oben §. 12, Note 37—40.

Sprengel beherrschen (sachliche Competenz) [17]), ist dagegen lediglich dem Ermessen des auswärtigen Staates überlassen. Wann der Gerichtsstand des Domicils thatsächlich begründet erscheint, ist von den österreichischen Gerichten nach der Natur dieses Verhältnisses zu beurtheilen, doch können hiebei die Bestimmungen unserer Jurisdictionsnorm, da sie zum grössten Theile eben nur der Ausdruck allgemein anerkannter Rechtssätze sind, für das Ermessen des Richters als Leitfaden dienen. [18]) Ausgeschlossen sind dagegen die rein positiven Erweiterungen jenes Gerichtsstandes, welche, wie z. B. der Gerichtsstand der Garnison, nicht

---

[17]) Vgl. über die örtliche und die sachliche Competenz oben §. 5, Note 11.

[18]) Insbesondere werden von den Vorschriften der §§. 13—26 J. N. folgende auf internationale Giltigkeit Anspruch haben: 1) Die §§. 13, 16, 17 J. N., welche den Begriff und die wesentlichen Rechtsfolgen des Wohnsitzes festsetzen und mit den übrigen europäischen Gesetzgebungen über diesen Gegenstand übereinstimmen; 2) der §. 18, Abs. 2, wonach die Zuständigkeit über Personen, welche nirgends einen beständigen Aufenthalt haben, sich nach dem Orte ihres zeitweiligen Aufenthaltes richtet. Bar a. a. O. S. 435. Aehnlich die neueren Gesetzgebungen A. Preuss. G. O. I, 2, §. 22 ff, und Koch, Processrecht, §. 60; Code de proc. Art. 59; Hannover, §. 5; Baden, §. 25; Russland, Art. 206; Württemberg, Art. 34; Baiern, Art. 12; Deutscher Entwurf von 1874, §. 18. Anders das gemeine Recht, welches diesen Gerichtsstand nicht anerkennt. Wetzell, S. 440, 441; Renaud, S. 76; Bayer, S. 186; 3) die §§. 18—21 J. N., doch wohl nur in dem Umfang, dass Ehegattinnen und eheliche Kinder, welche in der väterlichen Gewalt stehen, dem Gerichtsstande des Mannes und des Vaters so lange folgen, als sie noch zum Hausstande desselben gehören, während uneheliche Kinder unter derselben Voraussetzung vor dem Gerichtsstande der Mutter Recht zu nehmen haben. Alle übrigen Bestimmungen der citirten §§. 18—21 J. N. sind wohl lediglich positiver Natur und deshalb im internationalen Verkehr nicht zu beachten. Vgl. Wetzell, S. 439, 440; Bayer, S. 184, 185; ferner Code civ. Art 108 und dazu Marcadé, Expl. Bd. 1, S. 260, Schlink, Comm. Bd. 1, S. 392; Hannover, §. 7; Württemberg. Art. 33; Baiern, Art. 14; Deutscher Entwurf von 1874, §. 17; 4) die Vorschriften der §§. 23—26 mit der Massgabe, dass juristische Personen dort zu belangen sind, wo der Sitz ihrer Verwaltung ist. Vgl. Wetzell, S. 938; Renaud, S. 77 und Code de proc. Art. 59; Russland, Art. 220; Italien, Art. 19; Württemberg, Art. 36; Baiern, 16; Deutscher Entwurf v. 1874, §. 19. — Doch lässt sich nicht verkennen, dass die Befreiung eines positiven Rechtes von allen Bestimmungen, die einen blos particulären Charakter an sich tragen, immer bis zu einem gewissen Grade der subjectiven Auffassung unterliegt.

auf dem natürlichen, sondern auf einem fingirten Wohnsitz beruhen. [29])

Als ein weiteres Forum, welches wohl auch im internationalen Verkehre zu beachten ist, kann der Gerichtsstand der belegenen Sache gelten, jedoch nur soweit, als sich derselbe auf
unbewegliche Sachen bezieht. Denn die örtliche Verknüpfung
eines Rechtsstreites mit einem bestimmten Gerichtssprengel durch
die Lage des Streitgegenstandes ist so nahe liegend und in der
Natur der Verhältnisse begründet, dass wohl alle modernen Processrechte diesen Gerichtsstand zum Mindesten in electiver Concurrenz mit dem Gerichtsstand des Wohnsitzes, regelmässig aber
als einen ausschliesslichen anerkannt haben. [30]) Mit den beiden

---

[29]) Der Gerichtsstand der Garnison für Soldaten und der des Amtsortes für
Beamte ist in den positiven Processrechten aus Gründen des öffentlichen Interesses
sehr verbreitet. Vgl. §. 10 des Ges. v. 20. Mai 1869 Nr. 78, ferner Wetzell
S. 439; Bayer, S. 184; Code civ. Art. 107; Russland, Art. 264;
Württemberg, Art. 41; Baiern, Art. 18; Deutscher Entw. v. 1874, §. 14—16.
Doch kann dessenungeachtet dieser Gerichtsstand, eben weil er vorherrschend
mit den öffentlich-rechtlichen Verhältnissen des betreffenden Staates zusam-
menhängt, als ein internationaler wohl nicht betrachtet werden.

[30]) Nach dem römischen Rechte hat der Kläger die freie Wahl zwischen dem Gerichtsstande des Wohnsitzes und jenem der belegenen Sache.
L. 3 C. ubi in rem (3, 19); Bethmann-Hollweg, Vers. S. 53—77;
Wetzell, S. 447; Endemann, §. 60; Renaud, §. 33, Note 4; Bayer,
Vortr. S. 192, 193; Linde, §. 90. Ebenso nach einzelnen neueren Gesetzgebungen. Hannover'sche P. O. §. 8; Badische P. O. §. 26 (doch erklärt
das letztere Gesetz den dinglichen Gerichtsstand ausländischen Gerichten
gegenüber für ausschliesslich; vgl. Freydorf, Comm. S. 370, 395).
Die meisten neueren Gesetzgebungen fassen diesen Gerichtsstand im Anschluss an das canonische (c. 3, 20 X. de for. comp. 2. 2) und an
das ältere deutsche Recht als einen ausschliesslichen auf, soweit er sich auf
Liegenschaften bezieht; ein besonderer dinglicher Gerichtsstand für Mobiliarklagen wird dagegen in den neueren Gesetzgebungen — mit Ausnahme der österreichischen (§. 54 J. N.) — überall nicht mehr anerkannt, vielmehr werden diese Klagen vor den allgemeinen Gerichtsstand des Wohnsitzes
gewiesen. Vgl. §. 52—55 der J. N. und dazu Haimerl, Die Competenzvorschriften, S. 115 ff.; Preussische A. G. O. I, 2, §§. 107, 116; Heffter,
Preuss. Civilprocess, §. 35, Note 1; (vgl. jedoch Koch, Preuss. Civilprocess,
§. 61, Note 14 und Processordnung, 6. Aufl. S. 61, Note 32 a, welcher für
das heutige Preussische Recht elective Concurrenz des forum domicilii und
rei sitæ auch in Ansehung von Liegenschaften annimmt); Code de proc. Art.
59 und dazu Carré, Lois de proc. civ. Bd. 1, Nr. 258; Boitard, Leçons,
Bd. 1, Nr. 130, 131; Schlink, Commentar, Bd. 1, S. 367, 386; Russland,

Gerichtsständen des Wohnsitzes und der belegenen Sache, welche durch die Beziehung des Processsubjectes (des Beklagten) und des Processobjectes (des Streitgegenstandes) zum Raume gegeben werden, scheint mir aber auch die Zahl der im internationalen Verkehre anzuerkennenden Gerichtsstände abgeschlossen, da die übrigen thatsächlichen Momente des Rechtsstreites keine so allgemein gültige Grundlage für dessen räumliche Verknüpfung bieten. Alle anderen Gerichtsstände, welche sonst noch von einzelnen Schriftstellern als international bezeichnet werden: der Gerichtsstand des Arrestes, des Vertrages, der geführten Verwaltung sind vorherrschend positiver Natur und deshalb auch nicht allgemein anerkannt, sie können daher auch nicht die internationale Competenz des auswärtigen Gerichtes begründen, insofern sie nicht im Verhältniss zu einzelnen Staaten durch besondere Rechtsvorschrift zu diesem Zwecke für genügend erklärt worden sind.

Als drittes Requisit der Vollstreckung auswärtiger Urtheile wird von den Gesetzen und österreichischen Schriftstellern auch noch die Rechtskraft des Erkenntnisses bezeichnet. [1]) Eine besondere Eigenthümlichkeit der Vollziehung auswärtiger Erkenntnisse kann darin nicht erblickt werden, da die Rechtskraft auch bei den Urtheilen inländischer Gerichte die regelmässige

---

§§. 212—214; Italien, Art. 93. 90 (Mattei, S. 69—74); Deutscher Entw. v. 1866, §. 17, 18 (dazu die Discussion bei Winter, S. 10); Württemberg, Art. 45 (Fecht, Comm. Bd. 1. S. 124), Ungarische C. P. O. v. 1868, §. 18; Baiern, Art. 21 (Wernz, Comm. S. 57, Z. 5); Deutsch. Entw. v. 1874. §. 25—27. Der dingliche Gerichtsstand hat folglich auf internationale Geltung auch nur so weit Anspruch, als er sich auf Liegenschaften bezieht; ein besonderes forum rei sitæ für Mobiliarklagen etwa im Sinne des §. 54 J. N. ist im Verhältniss zu fremden Staaten nicht anzuerkennen. Auch für Immobiliarklagen ist m. E. der dingliche Gerichtsstand mit internationaler Rechtswirkung nur dann begründet, wenn durch dieselben die dinglichen Rechte oder der Besitz geltend gemacht werden. Für persönliche Klagen, auch wenn sie sich (wie z. B. die Grenzscheidungs- und Theilungsklagen, dann die Klagen aus Verträgen auf Einräumung des Besitzes) auf Liegenschaften beziehen, ist dagegen das Gericht der belegenen Sache im internationalen Sinne nicht competent, weil in der processualischen Literatur und in der europäischen Gesetzgebung über die Frage, ob auch solche Klagen vor den dinglichen Gerichtsstand gehören, dermalen noch zu wenig Uebereinstimmung herrscht.

[1]) Hofd. v. 15. Fehr. 1805 Nr. 711 (Wessely, 1176) Abs. 1.

Voraussetzung ihrer Vollstreckbarkeit ist. [32]) Wohl aber kann aus jenem Grundsatze durch ein argumentum a contrario die Folgerung gezogen werden, dass die Vollstreckungsmassregeln, welche das auswärtige Recht während der Dauer des Verfahrens (z. B. in Folge einer Vollstreckbarkeitserklärung des in erster Instanz gefällten Urtheiles) zulässt, von den inländischen Gerichten in keinem Falle vollzogen werden dürfen. [33]) Auch findet wohl die Execution nur auf Grund von Erkenntnissen der auswärtigen Gerichte statt, nicht aber auf Grund von anderen executionsfähigen Schuldtiteln, insbesondere auch nicht auf Grund von vollstreckbaren Notariatsacten [34]) und von Entscheidungen administrativer Behörden,

---

[32]) Hofd. v. 13. Oct. 1783 Nr. 199 und Hofd. v. 10. Nov. 1801 Nr. 702 (Wessely, 1116, 1117).

[33]) Die neueren deutschen Processgesetzgebungen verleihen im Anschluss an das französische Recht dem Richter unter gewissen Voraussetzungen die Befugnis, ein noch nicht rechtskräftiges Urtheil provisorisch für vollstreckbar zu erklären. Hannover, §. 409; Württemberg, Art. 684; Baiern, Art. 827; Deutsch. Entw. v. 1874, §. 600 u. A. Ueberdies können auch ohne besondere Vollstreckbarkeitserklärung in gewissen Processgattungen, z. B. im Wechsel- und Urkundenprocess, die noch nicht rechtskräftigen Urtheile vollstreckt werden. Hannover, §§. 485, 490; Baden, §. 653, 654; Württemberg, Art. 865; Baiern, Art. 549; Deutscher Entw. v. 1874, § 601 u. A. Besonders zahlreich sind im österreichischen Rechte die Fälle, wo auf Grund von Schuldtiteln, welche einem rechtskräftigen Urtheil an Concludenz nachstehen, die Execution zur Sicherstellung gewährt wird. Vgl. oben S. 39 ff. Derartige Vollstreckungsmassregeln von bedingter Rechtswirkung haben im internationalen Verkehre keinen Anspruch auf Anerkennung. Dasselbe ist der Fall rücksichtlich aller Arrestverfügungen (oben §. 7, Note 31), dann der sog. provisorischen Verfügungen, welche der Richter zur Abwendung eines bevorstehenden Schadens im Laufe des Rechtsstreites anordnen kann. Vgl. z. B. die §§. 8—10 Bs. V. und §. 14 Bst. V.; Hannover, §§. 519—527 u. A.

[34]) Eine besondere Bestimmung über die Frage der Vollstreckbarkeit auswärtiger Notariatsacte ist in der österreichischen Gesetzgebung nicht enthalten. Doch kann wohl die Analogie des Hofd. v. 18. Juli 1815 Nr. 1124 (Wessely, Nr. 1149) angewendet werden, welches bestimmt, dass auf Grund der executionsfähigen Notariatsacte, welche in einzelnen Provinzen unter der Herrschaft des französischen Rechtes ausgestellt worden waren, nach Einführung des österreichischen Processverfahrens die Execution nicht mehr stattfinden dürfe. Es ist anzunehmen, dass das österreichische Recht in dieser Richtung in Ansehung der örtlichen Grenzen dieselben Principien wie in Ansehung der zeitlichen befolgt. Manche Gesetzgebungen setzen übrigens ausdrücklich fest, dass die Hilfsvollstreckung nur auf Grund von inländischen Notariats-Urkunden stattfindet. Hannover, §. 528; Baiern, Art. 825.

obgleich das österreichische Processrecht auf inländische Titel dieser Art unmittelbar die Hilfsvollstreckung gewährt.

Aus dieser Darstellung ergiebt sich, dass das österreichische Recht bei Beantwortung der Frage, unter welchen Voraussetzungen die Urtheile auswärtiger Gerichtsbehörden zu vollziehen sind, dem fremden und dem internationalen Rechte ein weites Gebiet der Anwendung eröffnet hat. Wird aber diese Frage in dem einzelnen Falle bejaht, so wird die Hilfsvollstreckung ausschliesslich nach den Normen des österreichischen Rechtes durchgeführt. [35]) Auch hier wird also der Grundsatz wirksam, dass das Processrechtsverhältniss ein inländisches ist und dass deshalb die Processhandlungen der österreichischen Gerichte in Gemässheit des österreichischen Rechtes vorzunehmen sind.

Die Rechtssätze über die Vollstreckbarkeit fremder Urtheile gelten nicht in Ansehung jener Erkenntnisse, welche von den Gerichten der ungarischen Krone geschöpft sind. Denn obwohl die im österreichischen Reichsrath vertretenen Länder und Ungarn in Beziehung auf die Civilrechtspflege als zwei völlig unabhängige Staaten zu betrachten sind, so werden doch die Urtheile der ungarischen Gerichte in Oesterreich sowie die Erkenntnisse der inländischen Behörden ohne weitere Prüfung vollstreckt. [36]) Ueberhaupt ist die gegenseitige Abschliessung der Nationen in Beziehung

---

825. Nach italienischem Processrecht (Art. 944) können in Italien auch auswärtige Notariats-Urkunden für vollstreckbar erklärt werden.

[35]) Hofd. v. 18. Jan. 1799 Nr. 452 (Wessely, 1175) und Hofd. v. 15. Febr. 1805 Nr. 711 (Wessely, 1176). Wenn also z. B. am Orte des Erkenntnissgerichtes der Personalarrest als Vollstreckungsmittel zugelassen ist, so darf derselbe doch in Oesterreich nicht angewendet werden. Ebenso wird die Frage, welche Sachen bedingt oder unbedingt von der Hilfsvollstreckung auszunehmen sind, nach dem örtlichen Rechte des Vollstreckungsgerichtes beurtheilt. Bar a. a. O. S. 487, 488; Wetzell, S. 420, Note 42; ferner Holzgethan a. a. O. S. 128—135; Nippel, Erl. Bd. 2, S. 163, 164; Füger-Wessely, Bd. 2, S. 36 u. A.

[36]) Die Vollstreckbarkeit der österreichischen Urtheile in Ungarn und umgekehrt der ungarischen Urtheile in Oesterreich wurde bei Beseitigung der österreichischen Gesetzgebung in Ungarn aufrechterhalten. Vgl. J. M. E. v. 23. Sept. 1862, Z. 9627 in der Manz'schen Gesetzesausgabe 6. Bd. 5. Aufl. S. 317, 318. Ebenso unzweifelhaft ist, dass Urtheile, welche unter der Herrschaft einer der beiden in Oesterreich geltenden Gerichtsordnungen geschöpft werden, auch in dem Gebiete der anderen Civilprocessordnung ohne Prüfung vollstreckt werden müssen.

auf die Vollstreckbarkeit der Urtheile als eine Unvollkommenheit unseres Rechtszustandes zu betrachten, welche allmählig einer höheren Auffassung des Verhältnisses der civilisirten Staaten unter einander weichen wird. Zwischen Oesterreich und Deutschland, welche eine grosse Aehnlichkeit ihrer Institutionen und uralte historische Traditionen verbinden, ist ein Vertrag über die Gewährung gegenseitiger Rechtshilfe bereits in Vorbereitung, welcher wohl die Grundlage zu Verhandlungen auch mit den übrigen civilisirten Staaten bieten wird. Voraussetzung des Gelingens solcher Verhandlungen ist freilich, dass die Staaten alle Rechtsnormen, durch welche ihren eigenen Unterthanen in der Rechtsverfolgung einseitig ein Vortheil zugewendet werden soll, aus ihren Gesetzbüchern entfernen, in welcher Beziehung für alle Staaten auch noch gegenwärtig sehr viel zu thun übrig bleibt.

Zeitliche Grenzen der Civilprocessnormen. [1]

Wenn zwei verschiedene Civilprocessgesetze in der Zeit aufeinanderfolgen, so entsteht die wichtige Frage, welchem von
beiden die gerichtliche Geltendmachung der streitigen Privat-
rechtsverhältnisse zu unterwerfen ist. Zu den bereits oben
(§. 12—14) erörterten Fragen, wie weit sich die Wirksamkeit
der Civilprocessnormen räumlich zu erstrecken hat, tritt nunmehr die weitere Frage nach ihrer zeitlichen Begrenzung.

Auch auf diesem Gebiete ist als Grundsatz festzuhalten,
dass für die Lösung unserer Frage lediglich der erkennbare
Wille des Gesetzgebers massgebend ist. Sowie der Gesetzgeber
den Inhalt der Rechtssätze bestimmen kann, so ist er auch berechtigt, den zeitlichen Umfang ihrer Wirksamkeit nach seinem
Ermessen festzusetzen. Wenn also der Gesetzgeber über die
zeitliche Wirksamkeit der aufeinanderfolgenden Civilprocessgesetze
ausdrückliche Anordnungen (sog. transitorische Gesetze) erlassen hat, so sind diese von dem Richter, auch wenn sie seinen

---

[1] Weber, Ueber die Rückanwendung positiver Gesetze u. s. f. (1811)
Nr. 58—63; Mittermaier, Ueber die Anwendung neuer Processgesetze
auf anhängige Rechtsstreitigkeiten im Arch. f. civ. Prax., Bd. 10 (1827),
S. 118—143; Meyer, Principes sur les questions transitoires, S. 29 ff. (diese
Schrift lag mir nicht vor); Struve, Ueber das positive Rechtsgesetz in seiner
Ausdehnung in der Zeit (1831), S. 26—28, 257—269; Renaud, Lehrbuch,
§. 8; Endemann, Deutsches Civilprocessrecht, § 13; Bayer, Vorträge,
10. Aufl. S. 30, 31; Schuster, Commentar zur ungarischen C. P. O., 3. Aufl.
(1859), S. 70, 71; Koch, Preuss. Civilprocess, §. 23; Boitard, Leçons,
Bd. 2, Nr. 1224; Carré, Lois de proc. civ., Bd. 6, Qu. 3432 — 3434;
Leonhardt, Hannover'sche P. O. 3. Aufl. S. 475—478; · Mattei, Ann. al
cod. di proc. It. (1869), S. 1317 ff.

theoretischen Auffassungen widerstreben, doch in der Rechtsübung unbedingt in Anwendung zu bringen. [2])

Solche ausdrückliche transitorische Verordnungen sind in Oesterreich bei der Einführung der allgemeinen und der westgalizischen Gerichtsordnung in bedeutender Anzahl erlassen worden. Als die allgemeine Gerichtsordnung kundgemacht wurde, so erfloss ein Hofd. vom 11. April 1782 Nr. 42, in welchem das Verhältniss der neuen Codification zu den bereits anhängigen Rechtssachen in ziemlich umfassender Weise geordnet wurde. [3]) Dagegen beschränkte sich das Kundmachungspatent zur west-

---

[2]) Es ist deshalb gewiss ein Irrthum, wenn einzelne civilistische Schriftsteller den Grundsatz aufstellen, dass die rückwirkende Kraft eines Gesetzes absolutes Unrecht und dass deshalb eine solche Bestimmung für den Richter nicht verbindlich sei. Vgl. Struve a. a. O. S. 32—35; Böcking, Pänd., §. 95, Note 6—11; Lassalle, System der erworbenen Rechte, Bd. 1, S. 57. Dagegen Windscheid, §. 32, Note 4. Vgl. die analogen Ansichten rücksichtlich der räumlichen Begrenzung der Rechtsnormen, oben §. 12, Note 8. Auf dem Gebiete der Civilprocesstheorie konnten ähnliche Meinungen schon deshalb nicht entstehen, weil den Civilprocessgesetzen durch die transitorischen Gesetze sehr häufig eine rückwirkende Kraft beigelegt wird. Vgl. die zweite und dritte Gesetzgebungsgruppe in Note 8 mit dem Text zu Note 18 und 19.

[3]) Dieses transitorische Gesetz steht im Allgemeinen auf dem in dieser Schrift eingenommenen Standpunkt (s. unten), dass durch die Erhebung des processualischen Angriffs und nur durch diese ein Recht auf Fortsetzung des Verfahrens nach den bisherigen Civilprocessnormen erworben wird und bestimmt demgemäss, dass bei den schon vor dem 1. Mai 1782 anhängig gewesenen Rechtssachen das frühere Civilprocessrecht zu beobachten sei. Doch wurden auch bei diesen einzelne processualische Acte der Herrschaft des neuen Gesetzes ausnahmsweise unterworfen. So sollten die Tagsatzungen (lit. a), die Recognoscirung der Urkunden (lit. b), die Ausfertigung der Urtheile (lit. d), die Zustellungen (lit. i), selbst in jenen Rechtssachen nach den Normen des neuen Processgesetzes durchgeführt werden, welche in den übrigen Beziehungen nach dem älteren Civilprocessrechte zu behandeln waren. Dasselbe ist der Fall bei dem Zeugen- und Sachverständigen-Beweise, insofern dieser nicht bereits angetreten ist (lit. c). Die verschiedenen Gattungen der Rechtsmittel (Appellation, Revision, Restitution und wohl auch die Nichtigkeitsbeschwerde und der Recurs) betrachtet das Gesetz als selbstständige Processabschnitte (s. unten Note 9) und unterwirft sie deshalb den Normen des neuen Processrechtes (lit. c, h). Dasselbe ist unzweifelhaft die Absicht des Gesetzes in Anschung der Execution, obgleich sich in demselben über diese Frage nur eine wenig erhebliche Detailbestimmung über die Dauer des Personalarrestes vorfindet (lit. f).

galizischen Gerichtsordnung v. 19. Dec. 1796 Nr. 329 auf die Bestimmung, dass bei jenen Rechtshändeln, die vor dem 1. Mai 1797 anhängig werden, in der Verhandlung die früheren Gesetze zu beobachten, bei den Rechtsmitteln und beim Arreste aber die neue Gerichtsordnung anzuwenden sei. Auch in dem Patent vom 15. Jan. 1807 Nr. 797, durch welches die westgalizische Gerichtsordnung in Ostgalizien eingeführt wurde, findet sich in Ansehung der zeitlichen Grenzen ihrer Wirksamkeit lediglich diese kurze, durchaus ungenügende Anordnung. Etwas ausführlichere Bestimmungen enthalten die Gesetze, durch welche die westgalizische Gerichtsordnung in den durch den Pariser Frieden wieder erworbenen Landestheilen publicirt wurde, z. B. das Hofd. vom 20. Juli 1816 Nr. 1267, welches das erwähnte Gesetz für einzelne Theile Tirols einführte. [1]) Dessenungeachtet sind auch diese Gesetze ausserordentlich lückenhaft und lassen die wichtigsten Fragen über das gegenseitige Verhältniss der älteren und der neueren Gesetze ungelöst. [2]) Auch die neueren Gesetze, durch welche einzelne Gebiete des österreichischen Civilprocesses reformirt wurden, enthalten über die transitorischen Fragen theils gar keine, theils doch sehr dürftige Bestimmungen, indem sich die-

---

[1]) Das Hofd. v. 20. Juli 1816 Nr. 1267 schliesst im Allgemeinen die Anwendbarkeit der neueingeführten westgalizischen Gerichtsordnung auf die bereits anhängigen Rechtsstreite aus und stellt es nur den Parteien frei, in Civilrechtsfällen, welche zum Spruche noch nicht reif sind, von dem bisherigen Verfahren in beiderseitigem Einverständniss abzustehen und ein neues Verfahren in Gemässheit der W. G. O. zu beginnen. Nur das Rechtsmittel- und Executionsverfahren, welche das Gesetz als selbstständige Processabschnitte betrachtet (Note 8), soll sich auch in anhängigen Processen nach der neuen Civilprocessordnung vollziehen. Im Vergleich mit dem Hofd. v. 11. April 1782 Nr. 42 (s. Note 3) erscheint in diesem transitorischen Gesetz der Grundsatz, dass die Parteien durch Erhebung des processualischen Angriffs ein Recht auf Fortführung des Rechtsstreites im bisherigen Verfahren erwerben, viel strenger und consequenter durchgeführt.

[2]) Sehr ausführliche und vollständige transitorische Bestimmungen, welche dem neueingeführten Gesetze ein sehr weites Gebiet der Anwendung auch auf bereits anhängige Rechtssachen einräumen, enthält das Kundmachungspatent zu der ungarischen Civilprocessordnung v. 16. Sept. 1852, Art. I—IX. Doch kommen diese Vorschriften, wie das ganze ungarische Civilprocessrecht jener Zeit, nach dem Plane der vorliegenden Schrift hier nicht in Betracht.

selben zumeist nur mit der Frage beschäftigen, ob das neue Verfahren auch auf die bereits anhängigen Civilrechtssachen Anwendung zu finden hat und diese Frage regelmässig verneinen. [6] Desto wichtiger erscheint der Versuch, wenigstens die Hauptfragen auf diesem Gebiete in der Theorie zur Lösung zu bringen.

Bei dieser Untersuchung müssen jedoch die zwei möglichen Standpunkte, von welchen aus man unsere Frage betrachten kann, nämlich der legislativ-politische und der positiv-rechtliche, scharf von einander gesondert werden. Die Prüfung unserer Frage wird zu wesentlich verschiedenen Resultaten führen, je nachdem man feststellen will, ob der Gesetzgeber eine Bestimmung über die zeitliche Begrenzung der Gesetze treffen soll oder ob er sie in einem bestimmten positiven Rechte ausdrücklich oder stillschweigend wirklich getroffen hat. Die Vermischung dieser beiden Fragen hat bei den Schriftstellern, welche unseren Gegenstand behandelt haben, nicht wenig zu der Unklarheit beigetragen, welche die Darstellung der Lehre über die zeitliche Begrenzung der Gesetze unläugbar beherrscht. [7] Hier soll, der Aufgabe dieser Schrift gemäss, nur untersucht werden, wie nach dem positiven österreichischen Rechte die transitorischen Fragen zu beantworten sind. Nur diese Bemerkung mag vom Standpunkte der legislativen Politik erlaubt sein, dass der Gesetzgeber in Ansehung der transitorischen Fragen auf dem Gebiete des Civilprocesses freiere Hand hat als auf dem Gebiete des Civilrechtes. Die Privatrechte haben ihrer Natur nach die Bestimmung, zunächst den Sonderzwecken

---

[6] §. 21 Bst. V. §. 87 Bg. V. Die letztangeführte Gesetzesstelle räumt den Parteien auch das Recht ein, in anhängigen Rechtssachen durch beiderseitiges Uebereinkommen von dem bisherigen Processverfahren abzustehen und eine neue Verhandlung des Rechtsstreites in den Formen des Bagatellprocesses zu beginnen (vgl. oben Note 4). Das Hofd. v. 24. Oct. 1845 Nr. 906 enthält, obgleich es für die weit überwiegende Mehrzahl der Civilrechtsstreitigkeiten ein neues Processsystem eingeführt hat, über die transitorischen Fragen merkwürdigerweise gar keine Bestimmung.

[7] Besonders sichtbar tritt diese Vermischung von zwei ganz heterogenen Untersuchungen in dem oben (Note 1) citirten Aufsatze von Mittermaier hervor, — eine Erscheinung, die sich aus dem Mangel präciser Bestimmungen über unsere Frage innerhalb des gemeinrechtlichen Quellenkreises erklärt.

des Einzelnen und nur folgeweise den Interessen des Staates zu
dienen (oben §. 2, Note 1), sie können deshalb auch, wenn sie
von dem einzelnen Genossen der Staatsgemeinschaft einmal erworben worden sind, aus Rücksichten des öffentlichen Wohls durch
rückwirkende Gesetze nur ausnahmsweise in ihrem Dasein oder
in ihrem Inhalt beeinträchtigt werden. Die Rechte dagegen, welche
das Processrechtsverhältniss zwischen den streitenden Parteien
und dem Richter hervorbringt, sind öffentliche Rechte und werden
von ihren Inhabern als öffentliche Rechte besessen, sie können
deshalb den Berechtigten aus Gründen des öffentlichen Wohls
jederzeit entzogen oder doch in ihrem Bestande modificirt werden,
wenngleich eine vorsichtige Gesetzgebung auch auf diesem Gebiete die Stabilität der Rechtsverhältnisse nach Möglichkeit wahren wird. [8])

---

[8]) Der Gesetzgeber kann bei Ordnung der transitorischen Frage im
Civilprocesse von drei verschiedenen Gesichtspunkten ausgehen. Er kann nämlich erstens den Civilrechtsstreit in seiner Totalität als eine untrennbare
Einheit auffassen und demgemäss bestimmen, dass alle Civilrechtsstreite,
welche bei eintretender Wirksamkeit des neuen Processgesetzes durch Erhebung des processualischen Angriffs bereits anhängig geworden sind, nach
den früheren Gesetzen zu beendigen sind (Princip der Processeinheit). Oder
der Gesetzgeber kann zweitens von der Ansicht ausgehen, dass der Process
in einzelne selbstständige Processabschnitte zerfällt, welche eben wegen dieser
Selbstständigkeit auch der Herrschaft verschiedener Gesetze unterworfen werden können (Princip der Processabschnitte). Als selbstständige Processabschnitte im Sinne dieser letzteren Auffassung ergeben sich von selbst die
grossen Gruppen processualischer Handlungen: das Instructions-, Beweis-,
Rechtsmittel- und Executionsverfahren, es kann aber auch der Gesetzgeber
grössere oder kleinere Gruppen bilden (Mittermaier a. a. O. S. 118—119).
Das Princip der Processeinheit haben adoptirt: der Code de procédure,
Art. 1041; das Einführungsgesetz zur Genfer P. O. Art. 1, 2 (Bellot,
Loi sur la procédure civile, 3. A. S. 526), die oben Note 6 angeführten
österreichischen Gesetze und das E. G. zum deutschen Entw. v. 1874,
§. 15 (vgl. jedoch §. 18). Bemerkenswerth ist übrigens, dass ein Gutachten
des Staatsrathes die Bestimmung des C. d. p. Art. 1041 so interpretirte,
dass die Berufung gegen ein vor dem 1. Januar 1807 ergangenes Urtheil
oder die Hilfsvollstreckung eines solchen als eine neue Klage anzusehen
und demgemäss der Herrschaft des Code de procédure zu unterwerfen sei.
Vgl. Boitard, Leçons de procédure civile, 10. Aufl. (1868), Bd. 2, S. 649;
Carré, Lois de proc. civ., Bd. 6, Qu. 3432; Weber a. a. O. Nr. 60.
Das Princip der Processabschnitte ist durchgeführt in dem E. G. zur
Hannover'schen P. O. v. 4. Mai 1852, §. 5, 6 (Leonhardt, Die bürgerliche

In welcher Weise sind nun aber die Grenzen zwischen der Wirksamkeit von zwei aufeinanderfolgenden Civilprocessgesetzen in den zahlreichen Fällen festzusetzen, wo der Gesetzgeber es unterlassen hat, über diese Frage in Gestalt eines transitorischen Gesetzes eine ausdrückliche Vorschrift zu ertheilen? Auch hier ist wie bei ausdrücklichen transitorischen Bestimmungen lediglich der Wille des Gesetzgebers massgebend, nur dass er dort sich in einem besonderen Gesetze äusserlich kundgibt, während er hier erst aus dem ganzen Gesetzesmateriale durch Auslegung gefunden werden muss. Die Lösung unserer Frage ist demnach vorherrschend Interpretationssache und es können zu diesem Zwecke alle Hilfsmittel benützt werden, welche auf anderen Gebieten der Auslegung dazu dienen, das Dasein und den Inhalt des gesetzgeberischen Willens festzustellen. Der wörtliche Inhalt der civilprocessualischen Rechtsnormen, ihr logisches und systematisches Verhältniss, die historischen Momente, welche auf die Entstehung der Civilprocessgesetze Einfluss genommen haben (oben §. 10), werden uns darüber belehren, wie die zeitlichen Grenzen ihrer Wirksamkeit zu ziehen sind. Die Grundsätze, welche die Theorie über diesen Gegenstand aufstellt, sind daher nicht als Rechtsnormen zu betrachten, welche in der Rechtsübung unter allen Umständen zu beobachten sind, sondern als Klugheitsregeln, welche den wahrscheinlichen Inhalt des gesetzgeberischen Willens

---

P. O. 3. A. [1861], S. 481, 482); Badische P. O. Schlussb. Art. II; Württemberg'sche P. O. Schlussb. Art. II; E. G. zur baier. P. O. Art. 14, 15. Als Processabschnitte fasst das hannover'sche und das baierische Processrecht im Allgemeinen die oben angegebenen vier grossen Gruppen des Verfahrens auf, während das badische Recht das ganze Verfahren vor einer Instanz als einen Processabschnitt ansieht. Der Gesetzgeber kann aber drittens das Processverfahren weder in seiner Totalität noch auch in seinen grösseren Abschnitten als eine Einheit auffassen, sondern dasselbe als ein Aggregat von einzelnen Processhandlungen ansehen, von welchen jede isolirt und nach verschiedenen Processnormen behandelt werden kann (Princip der Isolirung der einzelnen Processacte). Die Consequenz dieses Standpunktes erheischt, dass der Gesetzgeber die Rechtsstreite, welche zur Zeit der eintretenden Wirksamkeit des neuen Processgesetzes bereits anhängig sind, sofort der Herrschaft dieses letzteren unterwirft. Diese Auffassung ist in der Verordnung des Königs v. Italien v. 25. Juni 1871, Art. 47—71, durch welche die italienische Civilprocessordnung in Venetien eingeführt wurde, angenommen und mit grosser Consequenz durchgeführt.

ins Auge fassen und sich durch eine lange Erfahrung als richtig erprobt haben.

Was aber ist als der gewöhnliche Inhalt des gesetzgeberischen Willens über die transitorischen Fragen vorauszusetzen, insofern dieser Wille sich nicht in einer Rechtsnorm äusserlich kundgegeben hat? Diese Frage lässt sich im Allgemeinen so beantworten, dass die Principien des Civilrechtes über die Nichtrückwirkung der Gesetze auch auf den Civilprocess Anwendung finden. [9]) Es ist daher der Wille des Gesetzgebers im Zweifel in der Weise auszulegen, dass er wohlerworbene processualische Rechte durch ein neues Gesetz nicht beeinträchtigen will, wogegen er blosse Erwartungen, welche sich noch nicht in concrete processualische Rechte verwandelt haben, bei der Ordnung der transitorischen Fragen regelmässig nicht beachten wird. [10]) In Be-

---

[9]) Die bekannte Stelle des Codex, welche das Verbot der Rückwirkung ganz allgemein in Ansehung aller Gesetze ausspricht, kann nach ihrer Fassung auch auf die Civilprocessgesetze bezogen werden. L. 7, C. de leg. (1, 14) Leges et constitutiones futuris certum est dare formam negotiis, non ad facta praeterita revocari, nisi nominatim et de praeterito tempore et adhuc pendentibus negotiis cautum est. Vgl. auch Nov. 115, cp. 1, welche bestimmt, dass für den Appellationsrichter bei Beurtheilung der Appellation lediglich jene (formellen und materiellen) Gesetze massgebend sind, welche zur Zeit des angefochtenen Endurtheils in Wirksamkeit waren. Dagegen kann der §. 5 B. G. B., welcher der L. 7 cit. entspricht, für die Lösung unserer Frage nicht verwendet werden, weil die in der Einleitung zum B. G. B. enthaltenen Rechtsnormen sich lediglich auf das materielle Civilrecht beziehen (s. oben §. 8, Note 6). Doch ergiebt sich aus den oben Note 3—6 angeführten Gesetzen, dass auch die österreichische Civilprocessgesetzgebung den Grundsatz der Nichtrückwirkung der Civilprocessnormen in überwiegendem Umfang angenommen hat.

[10]) Vgl. hierüber Savigny, System, Bd. 8, S. 381—391; Unger, System, Bd. 1, S. 113—129; Windscheid, Lehrbuch, §. 31—33. Die im Texte angenommene Ansicht wird vertheidigt von Meyer, Principes sur les questions transitoires, p. 29 ff. Die gemeinrechtlichen Processualisten sind im Allgemeinen für eine umfangreichere Anwendung des neuen Processrechtes auf anhängige Rechtsstreite, wobei freilich rücksichtlich des Ausdehnung dieser Anwendbarkeit nichts weniger als Uebereinstimmung vorhanden ist. Am weitesten geht in dieser Beziehung Renaud, §. 8, welcher das Verfahren principiell den verschiedenen successiven Processordnungen unterwirft, dessenungeachtet aber eine Ausnahme in dem Falle behauptet, wenn durch Anwendung des neuen Gesetzes den Parteien bereits erworbene Rechte entzogen

ziehung auf die zeitliche Begrenzung der Gesetze besteht also zwischen den Civilprocessgesetzen und dem materiellen Civilrechte durchaus kein Unterschied und die Schwierigkeit besteht auf beiden Gebieten vorzüglich darin, in dem einzelnen Fall zu entscheiden, ob ein wohlerworbenes Recht oder eine blosse Erwartung vorhanden ist.

Wenn im Gegensatze zu der hier vertheidigten Auffassung nicht selten die Behauptung aufgestellt wird, dass die Civilprocessgesetze regelmässig eine rückwirkende Kraft besitzen und dadurch in Widerspruch zu den Civilgesetzen treten [11]), so liegt dieser Auffassung folgender Irrthum zu Grund. In jedem Rechtsstreite werden zwei Rechtsverhältnisse erörtert: das materielle Rechtsverhältniss, welches immer der Vergangenheit und oft einer sehr fernen Zeit angehört, und das Processrechtsverhältniss, welches sich zwischen dem Richter und den Parteien als ein

---

würden. Da R. den Begriff der wohl erworbenen Rechte nicht näher bestimmt, so bleibt doch trotz jenes Princips unklar, wie weit dieser Schriftsteller das neue Processrecht auf die bereits anhängigen Rechtsstreite einwirken lassen will. Auch Bayer, S. 30, 31 ist für die Anwendbarkeit des neuen Processgesetzes auf die laufenden Civilprocesse, fügt aber so unbestimmte Ausnahmen bei — das neue Processrecht soll z. B. nicht angewendet werden, wenn dadurch der organische Zusammenhang des bisherigen Processsystems zerstört würde — dass sein Princip alle praktische Brauchbarkeit verliert. Gar keine Regel stellt Endemann §. 13 auf, welcher die Meinung vertheidigt, dass die transitorischen Fragen lediglich nach dem Charakter des speciellen Processrechtes entschieden werden können, da nur aus diesem ersehen werden kann, ob die einzelnen processualischen Gruppen als selbstständige Processabschnitte betrachtet und behandelt werden können. Auch Mittermaier a. a. O. S. 128—143 vermeidet es, die Frage grundsätzlich zu lösen und begnügt sich, eine grosse Zahl der wichtigsten Specialfälle zu prüfen und ohne strenge Consequenz zu entscheiden. — Die Judicatur des obersten Gerichtshofes folgt im Allgemeinen den Ansichten Renaud's, indem sie das Verfahren unbedingt dem neuen Processrechte unterordnet und zwar selbst dann, wenn das neue Processgesetz nach Abschluss des Verfahrens in der ersten oder zweiten Instanz erlassen wurde. Glaser-Unger-Walther, Nr. 3089, 3196. Dagegen Nr. 3178 (?).

[11]) Diese irrige Auffassung ist auch in mehreren Entscheidungen des obersten Gerichtshofes ausgesprochen. Vgl. die Entscheidungen bei Glaser-Unger-Walther Nr. 1850, 2887 oben §. 8, Note 6. S. auch Schuster Comm., S. 70, 71.

13*

gegenwärtiges Rechtsverhältniss entwickelt. [13]) Aus der Natur der Sache folgt also, dass auf das materielle Rechtsverhältniss die Rechtsnormen aus der Zeit seiner Entstehung, auf das Process-verhältniss dagegen die gegenwärtig geltenden Rechtsregeln an-gewendet werden, ohne dass jedoch in dem letzteren Falle die Anwendung des gegenwärtigen Rechtes auf ein gegenwärtiges Rechtsverhältniss als eine Rückwirkung der Processgesetze ange-sehen werden kann. Da jedoch in Folge dieses Gegensatzes zwischen den materiellen und den formellen Elementen des Rechtsstreites bei Veränderungen in der Gesetzgebung das ältere Civilrecht sehr häufig, das ältere Processrecht dagegen verhältnissmässig selten zur Anwendung kommt [13]), so ist daraus der Irrthum entstanden, dass die Normen des Processrechtes regelmässig eine rückwir-kende Kraft besitzen.

Wenn also der Gesetzgeber festsetzt, dass ein Civilprocess-gesetz an einem bestimmten Tage in Wirksamkeit treten solle, so ist diese Anordnung so auszulegen, dass alle Rechtsstreite, welche von jenem Tage anhängig werden, nach dem neuen Pro-cessgesetze durchgeführt werden sollen, ohne Rücksicht, ob die materiell-rechtlichen und die processualischen Thatbestände der Zeit vor oder nach der Wirksamkeit des Gesetzes angehören. [14])

---

[13]) Vgl. oben §. 12, Note 6.

[13]) Selbst nach der im Texte (S. 199 ff.) vertheidigten Ansicht, welche dem älteren Processrecht ein sehr weites Gebiet der Anwendung vindicirt, dauert doch seine Wirksamkeit nur so lange, bis die anhängigen Rechtsstreite erledigt sind. Das frühere materielle Recht kann dagegen noch lange Zeit nach der Wirksamkeit des neuen Gesetzes in allen Processen zur Anwendung gelangen, in welchen es sich um Rechtsverhältnisse handelt, welche unter der Herr-schaft des älteren Rechtes entstanden sind.

[14]) Die Frage, ob eine Rechtsnorm dem formellen oder dem materiel-len Rechte angehört, ist aus ihrem Inhalte zu entscheiden, ohne Rücksicht, ob sie in einem Privat- oder in einem Processrechtsgesetze enthalten ist, da in den Processcodificationen bekanntlich viel materielles Recht aufgenom-men ist und umgekehrt. Auch eine genaue Prüfung der Natur des Rechts-satzes wird es übrigens nicht selten zweifelhaft lassen, ob eine Norm des materiellen oder formellen Rechtes vorliegt. Sind z. B. die materiell-recht-lichen oder die processualischen Grundsätze über die zeitliche Begrenzung der Rechtsnormen anzuwenden, wenn ein neues Gesetz die gerichtliche Geltend-machung eines Anspruches überhaupt untersagt oder doch an erschwerende Formen knüpft? Da durch solche Vorschriften nicht das Recht selbst, son-

Wenn also Jemand unter den älteren Processgesetzen ein Rechtsverhältniss begründet hat, welches unter einem neuen Processgesetze zu einem Rechtsstreit Anlass gibt, so kommt lediglich
dieses letztere zur Anwendung. [16]) Denn wenn der Berechtigte
auch bei Begründung des Rechtsverhältnisses das geltende Processrecht ins Auge gefasst haben sollte, so fehlt doch eine Thatsache, durch welche für ihn ein wohlerworbenes Recht auf die
Anwendung dieses Processverfahrens entstanden wäre, vielmehr
liegt blos eine Erwartung vor, welche der Gesetzgeber regelmässig
nicht beachten wird. Dasselbe ist auch rücksichtlich jener processualischen Thatbestände der Fall, welche, wie z. B. die Errichtung einer Urkunde, in aussergerichtlichen Handlungen bestehen; ihre Bedeutung für den demnächst eingeleiteten Civilrechtsstreit wird ausschliesslich nach dem Processrecht gewürdigt,
welches zur Zeit der Durchführung des Processes in Wirksamkeit
steht. Es kann folglich in dem neuen Verfahren ein processualischer Thatbestand eine Rechtswirkung ausüben, welche ihm nach
dem älteren Processrecht versagt war und umgekehrt die Rechts-

---

dem nur seine processualische Geltendmachung berührt wird, so sind wohl
die im Text für das Processrecht festgestellten Grundsätze auch auf diese
Fragen anzuwenden. Vgl. auch Weber a. a. O. Nr. 61—63. Wenn also der
§. 9 des Ges. v. 24. April 1874 Nr. 48 die dem früheren Rechte fremde Bestimmung trifft, dass in Angelegenheiten, welche gemeinsame Rechte der Besitzer von Theilschuldverschreibungen betreffen, die einzelnen Besitzer ihre
Rechte selbstständig nicht geltend machen können, so werden die transitorischen Fragen wohl so zu entscheiden sein, dass Klagen der Besitzer von
solchen Schuldverschreibungen, welche bis zur Wirksamkeit des Ges. vom
24. April 1874 bereits eingebracht waren, in der bisherigen Weise fortzufüh-
ren (s. unten S. 199 ff.), alle nach diesem Zeitpunkt erhobenen (selbstständigen) Klagen derselben aber zurückzuweisen sind. Vgl. die Motive zu dem
§. 9 cit. in Kaserer's Sammlung, Bd. 17, S. 26, 27.

[16]) Darüber herrscht unter den Schriftstellern vollständige Uebereinstimmung. Weber a. a. O. Nr. 58; Renaud, §. 8; Bayer, S. 30;
Endemann, §. 13, Note 2, 3; Koch, §. 23. Auch alle Gesetzgebungen
haben den im Text enthaltenen Rechtssatz angenommen, ohne Rücksicht, ob
sie dem Princip der Processeinheit oder jenem der Processabschnitte oder
endlich dem der Isolirung der einzelnen Processhandlungen huldigen (vgl. oben
Note 8). Die bedeutenden Differenzen der verschiedenen Legislationen in der
Lösung der transitorischen Fragen beziehen sich ausschliesslich auf das Mass
der Einwirkung, welches dem neuen Processrechte auf die bereits anhängigen Rechtssachen eingeräumt wird.

folgen, welche das frühere Processgesetz gewissen thatsächlichen
Voraussetzungen einräumte, treten nicht ein, wenn das neue Verfahren dieselben nicht mehr anerkennt.

Zur Veranschaulichung dieser scheinbaren Rückwirkung der
Processgesetze, welche aber in Wahrheit nichts als die Anwendung des gegenwärtigen Rechtes auf ein in der Gegenwart sich
entwickelndes Rechtsverhältniss ist, können folgende Beispiele
dienen. Das ältere Processrecht gewährt den Ansprüchen, welche
sich auf Notariatsurkunden gründen, kein besonders begünstigtes
Verfahren und nun führt der Gesetzgeber eine neue Processart
ein, welche solchen Ansprüchen eine beschleunigte Durchsetzung
sichert; das begünstigte Verfahren wird auch auf Grund solcher
Notariatsurkunden eingeleitet werden können, welche vor der
Wirksamkeit des neuen Gesetzes ausgefertigt worden sind. [16]) Ein
älteres Processgesetz weist die Cognition über gewisse privatrechtliche Ansprüche den Administrativbehörden zu, während ein
neues Gesetz die Entscheidung unbedingt oder doch unter gewissen Voraussetzungen den Gerichten überträgt; hier werden auch
jene Rechtssachen, welche unter der Herrschaft des älteren Gesetzes entstanden sind, zur Competenz der Gerichte gehören. [17])

---

[16]) Dies bestimmt mit Recht der §. 9 der K. V. v. 21. Mai 1855
Nr. 95, welche zur Durchsetzung von solchen persönlichen Verbindlichkeiten,
die der Kläger durch einen mit allen gesetzlichen Erfordernissen versehenen
Notariatsact erweisen kann, das Mandatsverfahren eingeführt hat. (Vgl. oben
§. 7, Note 25—27). Umgekehrt, aber in Folge derselben principiellen Auffassung, wurde durch das Hofd. v. 18. Jan. 1815 Nr. 1124 (Wessely Nr. 1149)
festgesetzt, dass auf Grundlage von executionsfähigen Notariatsacten, welche
unter der Herrschaft des französischen Rechtes in den an Frankreich abge-
tretenen, aber in Folge des Pariser Friedens wiedergewonnenen Provinzen
ausgefertigt worden waren, vom Beginne der Wirksamkeit des österreichischen
Processrechtes die Execution nicht mehr bewilligt werden dürfe. Der damaligen österreichischen Processgesetzgebung war nämlich das Institut der executionsfähigen Notariatsacte noch fremd, indem dieses erst durch die §§. 3, 4
der Notariatsordnung v. 25. Juli 1871 Nr. 75 in Oesterreich eingeführt wurde.

[17]) Dieser Fall ist durch den §. 15 des Staatsgrundgesetzes über die
richt. Gew. v. 21. Dec. 1867 Nr. 144 (oben S. 25, 26 u. unten S. 217) in bedeutender
Ausdehnung eingetreten. Da in dem Staatsgrundgesetze eine transitorische
Verfügung nicht enthalten ist (vgl. z. B. den §. 49 des Gesetzes über den
Verwaltungsgerichtshof), so können m. E. auch solche administrative Ent-

Oder der umgekehrte Fall. Das Gesetz hat bisher für Wechselforderungen jeder Art ein besonderes Verfahren zugelassen und dieser Zustand wird nun durch eine Verordnung abgeändert, welche Wechselerklärungen, die nicht von dem Aussteller, sondern mit dessen Namen von einem Anderen unterschrieben sind, nur unter gewissen Voraussetzungen die Geltendmachung im Wechselverfahren zugesteht. (Ges. v. 19. Juni 1872, Nr. 88.) In diesem Falle werden derartige Wechselerklärungen, welche nicht die im Gesetze vorgeschriebene Beschaffenheit besitzen, der Vortheile des Wechselverfahrens selbst dann entbehren, wenn sie vor der Wirksamkeit des neuen Gesetzes abgegeben worden sind.

Von dem Grundsatze, dass auf den Rechtsstreit als ein gegenwärtiges Rechtsverhältniss regelmässig das gegenwärtige Recht anzuwenden sei, machen jene Fälle eine Ausnahme, wo der Anwendung dieser Regel wohlerworbene processualische Rechte entgegenstehen. Sind solche Rechte vorhanden, so ist im Zweifel anzunehmen, dass der Gesetzgeber sie durch das neue Gesetz in ihrem Dasein und Inhalt unberührt lassen wollte. Die unleugbaren Schwierigkeiten, welche diese Frage bietet, bestehen vorzüglich darin, zu bestimmen, welche Thatsachen vorliegen müssen, um die Existenz eines wohlerworbenen Rechtes anzunehmen.

In dieser Richtung ist nun wohl als Grundsatz festzuhalten, dass sowohl der Kläger als der Beklagte durch Ueberreichung des Klaglibells oder überhaupt durch Eröffnung des processualischen Angriffs [18]) das Recht erwerben, ihren Streit nach den bisherigen Processgesetzen zu Ende geführt zu sehen. [19]) Jene

---

scheidungen über Privatrechtsstreitigkeiten der Prüfung durch den Civilrichter unterzogen werden, welche vor der Wirksamkeit des cit. Gesetzes bereits rechtskräftig geworden sind.

[18]) Als processualischer Angriff wird z. B. die Ueberreichung des Gesuches, welches im Mahnverfahren die Stelle des Klaglibells vertritt (oben § 7, Note 30), zu betrachten sein, dagegen wohl nicht die Bitte um Erlassung einer Verbots-, Arrest- oder Sequestrations-Verfügung, oder um Einleitung des Beweises zum ewigen Gedächtniss, weil eine solche Bitte sich bloss auf processualische Massregeln bezieht, während durch das Gesuch im Mahnverfahren das materielle Rechtsverhältniss geltend gemacht, folglich der Civilrechtsstreit selbst begonnen wird.

[19]) Der Zeitpunkt, in welchen die beiden Parteien das Recht auf Fortsetzung des Verfahrens erwerben, ist die Anstellung der Klage, nicht deren

Civilrechtsstreitigkeiten, welche bei der beginnenden Wirksamkeit eines neuen Processgesetzes anhängig sind, müssen daher, insofern nicht eine entgegengesetzte Absicht des Gesetzgebers erkennbar ist, nach den bisherigen Gesetzen durchgeführt werden. Es macht in dieser Beziehung keinen Unterschied, ob die Processabschnitte, welche dadurch der Herrschaft des neuen Gesetzes entzogen werden, an sich einer selbstständigen, von dem bisherigen Rechtsstreit unabhängigen Gestaltung fähig sind, was z. B. bei den Rechtsmittel- und Executionsverfahren regelmässig der Fall sein wird. [10]) Durch ausdrückliche Gesetzesbestimmung werden freilich diese in sich geschlossenen Bestandtheile des Rechtsstreites sehr häufig der Herrschaft des neuen Processgesetzes unterworfen. [11])

Insinuation an den Beklagten oder wohl gar die Litiscontestation. Die Mehrzahl der materiell-rechtlichen Wirkungen ist im österreichischen Rechte freilich an die Zustellung der Klage geknüpft (Unger, System, Bd. 2, S. 531—533, 536—549), allein das materielle Rechtsverhältniss besteht eben lediglich zwischen den Parteien und es ist deshalb begreiflich, dass die Veränderungen, welche der Streitbeginn in demselben hervorruft, regelmässig erst dann erfolgen, wenn durch Empfangnahme des Klaglibells auch der Beklagte in den Streit eingetreten ist. Das Processrechtsverhältniss dagegen ist vorherrschend ein Rechtsverhältniss zwischen dem Richter und den Parteien, es muss folglich zum Eintritt der processualischen Rechtswirkungen regelmässig genügen, wenn der Kläger dem Richter durch Anstellung der Klage die Absicht des Streites bekanntgegeben hat. Doch ist hier darauf hinzuweisen, dass die Rechtsprechung des obersten Gerichtshofes der hier vertheidigten Auffassung nicht günstig ist, da derselbe wohlerworbene processuale Rechte überhaupt nicht anzuerkennen scheint (vgl. oben Note 10), und sie jedenfalls erst durch die richterliche Entscheidung entstehen lässt. (Glaser-Unger-Walther, Nr. 3178.)

[10]) Vgl. die oben Note 8 angeführte zweite Gruppe von Gesetzgebungen, welche auf dem Systeme der Processabschnitte beruht.

[11]) Eine eigenthümliche Schwierigkeit bei der Anwendung der im Text aufgestellten Principien entsteht dadurch, dass das ältere Processrecht nicht selten Einrichtungen voraussetzt, welche durch das neue Gesetz abgeschafft und auch nicht zum Behuf der Erledigung der laufenden Processe aufrechterhalten werden. Dieser Fall trat z. B. ein, als im Jahre 1815 in einzelnen wiedergewonnenen Provinzen das französische Processrecht, welches die Mitwirkung der Staatsanwaltschaft und der Huissiers in Civilsachen voraussetzt, durch die österreichische Gerichtsordnung verdrängt wurde, der diese Institutionen vollständig unbekannt sind. In solchen Fällen müssen die processualischen Handlungen des älteren Processrechtes von jenen Organen vollzo-

Die Erhebung der Klage oder überhaupt die Eröffnung des processualischen Angriffs ist das einzige Mittel, um auf dem Gebiete des Processrechtes wohlerworbene Rechte zu begründen. Das Processrechtsverhältniss zwischen dem Richter, den streitenden Parteien und dritten Personen entsteht eben nur in dem Zeitpunkte, wo der Rechtsstreit durch den processualischen Angriff thatsächlich begonnen hat. Alle übrigen Handlungen, möge ihre Beziehung auf einen künftigen Rechtsstreit auch noch so nahe und unmittelbar sein, begründen lediglich Erwartungen, von welchen im Zweifel nicht anzunehmen ist, dass der Gesetzgeber sie der Herrschaft des neuen Processgesetzes entziehen wollte. Wenn z. B. das ältere Processgesetz eine cautio indiscreta für beweiskräftig erklärt, während eine neue Processordnung zu diesem Ende die Angabe des Schuldgrundes verlangt, so werden Urkunden, welchen dieses Erforderniss mangelt, im neuen Processverfahren selbst dann keine Beweiskraft besitzen, wenn sie noch unter der Herrschaft des älteren Processrechtes ausgestellt worden sind. [11]) Unleugbar liegt in der Anwendung des neuen Processgesetzes auf Handlungen, welche zu einer Zeit vorgenommen wurden, wo die Parteien dasselbe vielleicht noch gar nicht kannten, eine empfindliche Härte, welche aber nicht vermieden werden

---

gen werden, welche den nach der früheren Gerichtsverfassung dazu Berufenen am nächsten stehen (z. B. von den Amtsdienern statt der Huissiers). Ist auch eine solche Uebertragung nicht möglich, so hat die betreffende Handlung überhaupt zu entfallen.

[11]) Der oberste Gerichtshof hat in scheinbarem Gegensatz zu seiner sonst so consequent durchgeführten Ansicht, dass jedes neue Processgesetz sofort alle noch nicht definitiv erledigten Processrechtsverhältnisse ergreift, in der Entscheidung bei Glaser-Unger-Walther Nr. 211 erkannt, dass die Beweiskraft einer Urkunde nach dem Gesetze, welches zur Zeit ihrer Ausfertigung galt, zu beurtheilen sei. Doch hat diese Entscheidung keinerlei principielle Bedeutung, weil die §§. 115, 122 der ung. C. P. O. (welche dem Rechtsfall zu Grunde zu legen war) diesen Rechtssatz ausdrücklich in Ansehung aller Urkunden sanctioniren. Aehnlich auch die Baierische P. O. im E. G. Art. 24. Auch hier ist, wie bei der analogen Frage rücksichtlich der örtlichen Grenzen des Processrechtes (oben §. 13, Note 2 u. 27) zwischen den Solennitäts- und den Beweisförmlichkeiten zu unterscheiden; nur auf jene findet die Regel: tempus regit actum Anwendung, während diese nach dem Processrechte, welches zur Zeit der Erhebung der Klage gilt, zu beurtheilen sind.

kann, wenn das neue Verfahren nicht durch willkürliche Vermischung mit einzelnen Elementen des älteren in die äusserste Verwirrung gestürzt werden soll. Diesem Uebelstand kann jedoch sehr leicht dadurch abgeholfen werden, dass der Gesetzgeber durch klare transitorische Gesetze bestimmt, welche ausserprocessualische Handlungen auch in dem Rahmen des neuen Processes nach dem älteren Gesetze beurtheilt werden sollen.

Fünfter Abschnitt.

Das System und die Principien des österreichischen Civilprocessrechtes.

§. 16.

Das System des österreichischen Civilprocessrechtes.

Jedes wissenschaftliche System verfolgt seiner Natur nach einen doppelten Zweck. Es soll zunächst ein getreues Abbild des darzustellenden Stoffes sein und deshalb. die Aehnlichkeit und die Verschiedenheit der Dinge, wie sie in der Wirklichkeit nebeneinander existiren, durch das Nacheinander der systematischen Darstellung veranschaulichen. Insofern schliesst sich die Gruppirung und die Reihenfolge des Systems dem Wesen der Dinge an und man kann deshalb diese Richtung auch das objective oder theoretische Element der systematischen Anordnung nennen. Dann aber hat das System zweitens auch die Bestimmung, für eine Anzahl von Personen die Kenntniss des Stoffes zu vermitteln, ihnen als Mittheilung zu dienen und durch seine übersichtliche Gliederung die geistige Aneignung des Stoffes zu erleichtern. Diese Richtung der systematischen Darstellung kann als das subjective oder praktische Element des Systems bezeichnet werden, weil hiebei in erster Reihe die Personen, welche den behandelten Stoff in ihren Geist aufnehmen sollen und der praktische Zweck der Darstellung, welcher in der Mittheilung besteht, in Betracht gezogen werden müssen.

Unter allen Formen der systematischen Darstellung (in der weitesten Auffassung des Wortes) tritt diese praktische

Richtung am meisten hervor in dem Gesetzes-Commentar. Soll
der Commentar als eine Gesammtdarstellung des betreffenden Rechtsgebietes gelten, so setzt er umfassende Codificationen · voraus, an deren systematische Reihenfolge sich die
Darlegung des Stoffes anschliesst, ohne Rücksicht, ob diese Anordnung dem darzustellenden Inhalte entspricht oder nicht. Bei
der Wahl dieser Darstellungsform leitet den Ausleger vorzüglich
der Gesichtspunkt, dass der Gesetzestext und seine systematische
Anordnung der Rechtsanwendung ohnedies bekannt sein muss und
dass deshalb die Anknüpfung des wissenschaftlichen Stoffes an
ersteren dessen geistige Aneignung wesentlich erleichtert. Die
Literatur des österreichischen Civilprocesses in ihrer durchgreifend
praktischen, blos auf die Erleichterung des juristischen Hand-
werks gerichteten Tendenz ist über diese Form der systematischen
Darstellung fast gar nicht hinweggekommen. [1]

Auf einem entgegengesetzten, nämlich auf einem einseitig logischen Standpunkt stehen einzelne hervorragende Systeme der neuesten
Zeit, insbesondere jene Wetzell's und Renaud's. Wetzell[2] theilt
den ganzen Stoff der Civilprocesstheorie in drei grosse Gruppen
ein, von welchen die erste die Parteien und die Parteihandlungen, die zweite die Gerichtsbarkeit und die gerichtlichen Handlungen, endlich die dritte die Form des Verfahrens umfasst. Diese
Dreitheilung ist zwar, wie sich unten ergeben wird, in der Natur
des darzustellenden Stoffes vollkommen begründet, allein die Vertheilung dieses Letzteren unter jene drei Kategorien ist bei
Wetzell sehr willkürlich. Der dritte Theil, in welchem man
eine Darstellung des gesammten Verfahrens erwarten könnte,
enthält nur die allgemeinen Principien des Verfahrens und einzelne Materien, für welche sich in den beiden anderen Gruppen
kein passender Platz finden liess (z. B. die Lehre von den Acten,
dem Contumacial- und dem Executionsverfahren). [3] Der

---

[1] Die Form eines Commentars wird in den Schriften von Kees,
Scheidlin, Nippel, Füger - Wessely - Damianitsch und zahlreichen anderen Schriftstellern beobachtet. Systematische Darstellungen
geben die Schriften von Gustermann, Beidtel und Haimerl. Vgl.
oben §. 9.

[2] Wetzell, System, §. 4 (3. Aufl. S. 35—37).

[3] Da der dritte Theil nach der Absicht W.'s nur die Lehre von der
Form des Verfahrens enthalten soll, so mussten aus demselben die materiel-

überwiegende Theil der Civilprocesstheorie ist demgemäss in dem Systeme Wetzell's auf die zwei ersten Gruppen vertheilt, welche die Lehre von den Parteien und den Parteihandlungen, dann die Lehre von der Gerichtsbarkeit und den gerichtlichen Handlungen darstellen sollen. Insbesondere mangelt eine zusammenhängende Darstellung des Civilprocesses von der Anbringung der Klage bis zur Vollstreckung des Urtheils, vielmehr werden die einzelnen Bestandtheile dieses Zusammenhanges ohne hinreichende Begründung der einen oder der anderen der beiden vorerwähnten Gruppen zugewiesen. So behandelt z. B. Wetzell die Theorie des Beweises und der einzelnen Beweismittel in der Lehre von den Parteien und den Parteihandlungen [1], die Lehre von den Rechtsmitteln dagegen in der zweiten Gruppe (von der Gerichtsbarkeit und den gerichtlichen Handlungen) [2]: beides offenbar ganz willkürlich, weil der Richter und die Parteien bei dem Beweise und den Rechtsmitteln gleichmässig zusammenwirken, so dass diese nicht einseitig als Handlungen der Parteien oder des Richters aufgefasst werden dürfen.

Auch das System Renaud's leidet an demselben Mangel einer anschaulichen, die praktischen Bedürfnisse der Auffassung berücksichtigenden Darstellung. Renaud giebt zwar in dem zweiten Theile seines Systems ("Der Processgang") eine zusam-

---

len Bestandtheile des Contumacial- und Executionsrechtes (die Lehre von den Contumacial-Nachtheilen und den Executionsmitteln) verwiesen werden. Dieselben werden in der That von Wetzell abgesondert im zweiten Theile (von der Gerichtsbarkeit und den gerichtlichen Handlungen) dargestellt, obgleich dadurch der Ueberblick über die beiden Lehren wesentlich erschwert und manche Wiederholung nothwendig gemacht wird. Vgl. Wetzell, System, §. 49, 50, 72, 73.

[1] Wetzell, System, §. 20—29 (3. Aufl. S. 176—309). Die äussere Form des Beweisverfahrens wird, jedoch ziemlich unvollständig, im dritten Theil, §. 71 ("Das Eventualprincip") dargestellt.

[2] Wetzell, System, §. 52—61. Die Einreihung der Rechtsmittel in den zweiten Theil erfolgt von dem Gesichtspunkte, dass die Rechtsmittel als Beschränkungen der richterlichen Gewalt erscheinen. Doch ist diese Auffassung nur für den index a quo richtig, während die Macht des iudex ad quem durch die Interposition der Rechtsmittel gewiss nicht eingeschränkt, sondern vielmehr erst begründet wird. Vgl. über diese Frage wie im Allgemeinen über das von Wetzell beobachtete System: Muther, in der Krit. Vierteljahrsch. Bd. 7 (1865), S. 611—618.

menhängende Darstellung des gesammten Processverlaufes, doch
beschränkt sich diese auf die äussere Form und Reihenfolge der
processualischen Handlungen, während der Inhalt dieser Handlungen (z. B. die gesammte Beweislehre, die Theorie der Contumacial-
Nachtheile und der Rechtsmittel u. s. f.) in einem allgemeinen
Theile (dem ersten Theil des Systems) behandelt wird, ohne dass
jedoch das Princip, welches der systematischen Zusammenstellung
so heterogener Materien in dem allgemeinen Theil zu Grunde
liegt, vollkommen klar ersichtlich ist. [*)]

Das System, welches der vorliegenden Schrift zu Grunde
gelegt werden soll, beruht in seiner obersten Eintheilung auf dem
für jede wissenschaftliche Darstellung so wichtigen Gegensatz
zwischen Stoff und Form. Zunächst wird nämlich in dem System der
Civilprocesstheorie festzustellen sein, was der Gegenstand des
Civilrechtsstreites ist, dann in welcher Form sich der Civilrechtsstreit vollzieht. Die Darstellung des O b j e c t e s des Civilprocesses
wird folglich die Aufgabe der ersten grossen Gruppe der Civilprocesstheorie, die Darstellung des P r o c e s s v e r f a h r e n s selbst
dagegen die Aufgabe der zweiten Gruppe bilden.

Die erste dieser zwei Gruppen ist von geringem Umfang und
bietet zu wichtigeren Unterabtheilungen keinen Anlass. In der
zweiten Gruppe, welche den grössten Theil der Civilprocesstheorie
enthält, lassen sich dagegen drei grosse Complexe von Rechtsregeln von sehr verschiedenem Charakter unterscheiden. Jeder
Civilprocess ist ein Streit der Processparteien um Privatrechte,
welcher von einem Dritten (dem Richter) in gewissen Formen geschlichtet wird. Die Theorie des streitigen Civilverfahrens selbst
wird daher nach den drei Hauptmomenten des Civilprocesses (die
Parteien, der Richter, die Formen des streitigen Civilverfahrens)
am richtigsten in drei grossen Unterabtheilungen dargestellt werden. Die e r s t e Unterabtheilung wird die Rechtssätze darstellen,
welche sich auf die streitenden Parteien und ihre Vertreter beziehen, die z w e i t e die Rechtsnormen über die Gerichte und

---

[*)] R e n a u d, Lehrb. (2. Aufl.), S. IV, hat auf den bedeutenden Umfang des allgemeinen Theiles in seinem System selbst hingewiesen, ohne
jedoch die Zusammenfassung von so zahlreichen, ganz speciellen Materien
näher zu begründen. Vgl. darüber H e r m a n n S e u f f e r t in der Krit. Vierteljahrschrift, Bd. 17 (1875), S. 502, 503.

ihre Verfassung, die dritte endlich wird das Verfahren in der engeren Bedeutung dieses Wortes behandeln. In diesem letzten Theile der Civilprocesstheorie werden die einzelnen Materien am richtigsten in derselben Ordnung darzustellen sein, wie in dem Civilverfahren selbst die einzelnen processualischen Handlungen, welche den Gegenstand der Darstellung bilden, zeitlich aufeinander folgen. [7]

Das vorliegende System wird demnach in folgende vier Unterabtheilungen zerfallen:

I. Die Lehre von dem Gegenstande des Civilprocesses;
II. die Lehre von den Streitparteien;
III. die Lehre von dem Gerichte;
IV. endlich die Darstellung des Verfahrens selbst. [8]

Diese vier Abtheilungen sollen jedoch die gesammten Normen des Civilprocessrechtes enthalten, ohne Rücksicht, ob diese sich auf den ordentlichen oder auf den summarischen Process in seinen mannigfaltigen Formen beziehen. Eine äusserliche Trennung der Darstellung des ordentlichen und der summarischen Processe, wie sie in der gemeinrechtlichen Doctrin üblich ist, mag für das ge-

---

[7] Die systematische Anordnung der vorliegenden Schrift schliesst sich im Wesentlichen jener von Martin in seinem Lehrbuch des deutschen gemeinen bürgerlichen Processes, 13. Aufl., 1862, (§. 6) und Bayer in seinen Vorträgen über den deutschen gemeinen ordentlichen Civilprocess, 10. Aufl. (1869), an. Auch Linde in seinem Lehrbuch des deutschen gemeinen Civilprocesses, (7. Aufl. 1850) und Endemann, Das deutsche Civilprocessrecht, (1868), §. 15, haben dieses System mit unerheblichen Abweichungen angenommen. Doch lässt sich in Hinblick auf die Versuche Wetzell's und Renaud's (s. den Text) nicht verkennen, dass das Civilprocessrecht ein so allgemein adoptirtes System wie jenes, welches das Civilrecht in dem Hugo-Heise'schen besitzt, bisher noch nicht gefunden hat.
[8] Die neueren Processcodificationen behandeln nur den letzten (vierten) Theil der Civilprocesstheorie (das Civilverfahren selbst), während die drei anderen Theile besonderen Gesetzen vorbehalten sind. Nur einzelne Rechtssätze über die Parteien und über die Competenz werden von den neueren Codificationen aus den drei ersten Theilen der Processtheorie übernommen. Vgl. oben §. 5, Note 11. Auch unsere Gerichtsordnungen beschränken sich im Wesentlichen auf das Verfahren, wogegen die Lehre vom Object des Civilprocesses gar nicht, die Lehren von den Parteien und ihren Vertretern, dann von dem Gerichte nur in ihren wichtigsten Grundsätzen behandelt werden. A. G. O. §§. 63, 64, 410—429, 230—437; W. G. O. §§. 56—60, 541—565, 566—575

meine Recht zweckmässig erscheinen, weil sie das eigenthümliche
Wesen der beiden grossen Processgebiete durch die Zusammenfassung der Rechtsnormen, welche jede einzelne Processart beherrschen, mit grösserer Klarheit und Anschaulichkeit hervortreten
lässt. ') In dem österreichischen Rechte sind dagegen die Rechtsregeln, welche den summarischen Processarten eigenthümlich
sind, für jede Form des Verfahrens in besonderen Gesetzen codi-
ficirt (oben §. 7) und können deshalb — im Gegensatze zu dem
gemeinen Recht — aus diesen Codificationen sehr leicht in ihrem
Zusammenhang aufgefasst werden; die Verbindung des ordentlichen und summarischen Processes in der Darstellung hat dagegen für das österreichische Recht den erheblichen Vortheil, dass
zahlreiche lästige Wiederholungen vermieden werden können,
welche sonst bei der Trennung beider Gebiete unvermeidlich erscheinen.

Ehe ich jedoch zur Darstellung der vier systematischen
Hauptgruppen übergehe, in welche die Civilprocesstheorie zer-
fällt, sind noch die sogenannten Processprincipien zu behandeln.
Die Civilprocesstheorie entbehrt eines allgemeinen Theils von dem
Umfang und der Bedeutung, welche der allgemeine Theil in dem
materiellen Civilrecht besitzt, wenn man nicht mit einzelnen
Schriftstellern als solchen die Darstellung der ersten drei Hauptgruppen (Gegenstand des Civilverfahrens, Parteien und Gericht)
betrachten will. Desto nothwendiger erscheint es, die obersten
Grundsätze: die geistigen Elemente, welche die wirre Masse der
Civilprocessnormen beleben, in einer zusammenfassenden Darstellung zu gruppiren. Wie weit diese Abstraction der leitenden Principien aus den concreten Rechtsregeln zu gehen hat, ist freilich
zum grossen Theile in das Ermessen des Darstellers gelegt, doch
hat sich in dieser Beziehung in der gemeinrechtlichen Civilprocesstheorie eine ziemliche Uebereinstimmung herausgebildet. Darnach wird mit Ausnahme der Lehre vom Gegenstande des Civil-

---

') Die Trennung der Darstellung des ordentlichen und der summarischen Processe ist in den Schriften von Wetzell, Renaud, Endemann,
Bayer, Linde, Martin, Gönner u. A. durchgeführt. Die Systeme
Wetzell's und Renaud's erstrecken sich überhaupt blos auf den ordentlichen Civilprocess.

processes, welche von nicht bedeutendem Umfange ist und deren Bestandtheile eine geringe Mannigfaltigkeit bieten, jede der oben dargestellten Hauptgruppen von besonderen Principien beherrscht. Die Darstellung dieser Letzteren wird daher in drei Gruppen zerfallen, nämlich in Grundsätze, welche

A) die Stellung des Richters im Civilverfahren ;

B) die Stellung der Processparteien ; endlich

C) das Verfahren selbst betreffen.

§. 17.

A. Die Stellung des Richters zu dem Civilrechts-streit. (Die Unabhängigkeit der Civilrechtspflege.)

Die erste der oben (§. 16) aufgestellten principiellen Fragen betraf die Stellung des Richters zu dem Civilrechtsstreit im österreichischen Recht. Da das Verhältniss des Richters zu der bürgerlichen Rechtsprechung im Wesentlichen dasselbe ist wie jenes zu den übrigen Gebieten der richterlichen Thätigkeit, so kann man die Frage auch so formuliren: Welches ist die Stellung des österreichischen Richters zu dem Wirkungskreise, welcher ihm nach unserem Rechte zugewiesen ist?

Die Stellung des Richters nach dem geltenden österreichischen Rechte lässt sich nun dahin bestimmen, dass die Rechtspflege überhaupt und die Civilrechtspflege insbesondere von unabhängigen Personen (Richtern) lediglich nach dem Gesetze auszuüben ist. Die Verwirklichung dieses Grundsatzes ist aber an zwei Voraussetzungen geknüpft. Zunächst ist nämlich zu diesem Ende erforderlich, dass der Staat eine hinreichende Anzahl solcher unabhängiger Personen bestellt und ihnen die ausschliessliche Befugniss zur Rechtsprechung verleiht. Dann aber müssen auch Einrichtungen getroffen werden, welche es den Richtern ermöglichen, lediglich auf Grundlage des Gesetzes Recht zu sprechen, was nach dem gewöhnlichen Lauf der Dinge nur dann zu erwarten ist, wenn deren persönliche Lebensinteressen durch ein solches gesetzmässiges Handeln nicht gefährdet werden. Jenes Princip lässt sich also in folgende zwei untergeordnete Grundsätze auflösen:

Nur der gesetzmässige Richter soll Recht sprechen.

Der gesetzmässige Richter soll aber ohne Gefährdung seiner persönlichen Interessen lediglich nach dem Gesetze Recht sprechen können.

Der erste dieser beiden Grundsätze führt zunächst zu der Consequenz, dass die Rechtspflege in Oesterreich nur von R i c h - t e r n ausgeübt wird. Innerhalb der Gesammtheit der staatlichen Organe bildet also der Richterstand eine geschlossene Körper- schaft, deren Wirken, wie sich unten ergeben wird, unter dem Schutze besonderer Garantieen steht. Alle übrigen Inhaber der Staatsgewalt, wie bedeutsam auch sonst deren Stellung im Staats- leben sein mag, sind doch von der Ausübung der Civilrechts- pflege ausgeschlossen. Dies gilt vor Allem von der Person des Monarchen, in dessen Namen zwar die Civilrechtspflege ebenso wie die Rechtspflege überhaupt ausgeübt wird (Art. 1 des Staats- grundgesetzes über die richterliche Gewalt v. 21. Dec. 1867, Nr. 144) [1], der aber weder persönlich noch auch durch die Organe seines persönlichen Willens an der Verwaltung der Gerechtigkeit theilnimmt. (Verbot der Cabinetsjustiz.) [2] Diesen dem Wesen

---

[1] Vor der im Jahre 1848 eingetretenen Umgestaltung wurde bei den landesfürstlichen Gerichten im Namen des Kaisers, bei den Patrimonialgerich- ten dagegen im Namen des Gutsherrn oder der Stadtgemeinde Recht gespro- chen. Haimerl a. a. O. Bd. 1, S. 52, 53. Die Reichsverfassung vom 4. März 1849, §. 100, bestimmte, dass alle Gerichtsbarkeit vom Reiche aus- gehen und in Hinkunft keine Patrimonialgerichte mehr bestehen sollen. Die wirkliche Aufhebung der Patrimonialgerichte erfolgte dann durch Art. VII des K. P. v. 18. Juni 1850 Nr. 237. Vgl. Blaschke, Die österreichische Jurisdictionsnorm in bürg. Rechtssachen v. 18. Juni 1850 (1850), S. XX, XXI; Stubenrauch, Die neue Jurisdictionsnorm v. 18. Juni 1850 (1850), S. 1, 27, 28. Der in der Reichsverfassung ausgesprochene Gedanke wurde bei den späteren Organisationen im Wesentlichen festgehalten. Die bedeu- tendste Ausnahme von dem exclusiv staatlichen Charakter aller Gerichtsbar- keit bildeten die durch Art. X des Concordates v. 5. Nov. 1855 Nr. 195 wieder eingeführten geistlichen Ehegerichte, welche im Namen des Bischofs Recht sprachen. Auch diese Anomalie wurde jedoch durch das Gesetz vom 25. Mai 1868 Nr. 47, Art. III, beseitigt, welches die staatliche Gerichtsbarkeit in Ehesachen wieder herstellte.

[2] Die Ausschliessung des Monarchen von der Ausübung der Civil- rechtspflege ist wesentlich modernen Ursprungs. Die Römischen Kaiser und ihre Hofbeamten nahmen an der Rechtsprechung in sehr ausgedehntem Umfange theil und eine lebhafte Bethätigung in dieser Richtung wurde ihnen von ihren Zeitgenossen zum besonderen Ruhme gerechnet. Vgl. Bethmann-

14*

der Civilrechtspflege in ihrer gegenwärtigen Gestalt allein angemessenen Standpunkt hat das österreichische Recht von Altersher
festgehalten. Schon ein Hofd. vom 8. Jan. 1795, Nr. 212. (We s-
s ely, 879) bestimmt, dass in den blossen Privatjustizsachen keine
andere Erledigung als durch die ordentlichen, von dem Landesfürsten durch seine Gesetze aufgestellten Gerichtsbehörden statt-
haben kann, weshalb ein auf was immer für einem anderen Wege
erhaltenes Erkenntniss für erschlichen und daher keiner Rücksicht
würdig zu achten sei. [2]) Diesen Rechtssatz hat auch das

H ollweg, Bd. 2, S. 42—49, Bd. 3, S. 88—103. Auch die deutschen Könige
wirkten bis ins 15. Jahrhundert bei der Rechtsprechung persönlich mit, ja
diese wurde sogar in der Volksansicht als die Hauptaufgabe des königlichen
Amtes betrachtet. S. T o m a s c h e k, Die höchste Gerichtsbarkeit des deutschen
Königs und Reiches im 15. Jahrhundert, (1865), S. 7—28, und F r a n k l i n.
Das Reichshofgericht im Mittelalter, Bd. 1, (1869), S. 1—7 und passim. Die
Theilnahme des Monarchen an der Verwaltung der Gerechtigkeit wurde be-
günstigt durch den nationalen Charakter, welchen das Römische Recht bis
zum Abschluss seiner Entwicklung, das deutsche dagegen bis zur Reception
der fremden Codificationen bewahrt hat. Die in Folge der Reception eingetretene
Umwandlung der Jurisprudenz in eine gelehrte Fachwissenschaft, dann die fort-
schreitende Theilung der Arbeit auf dem Gebiete der staatlichen Thätigkeit
hat die Souveräne in Deutschland wie in anderen europäischen Ländern von
der Theilnahme an der Civilrechtspflege immer mehr verdrängt. Gegenwärtig
kann das Verbot der Cabinetsjustiz als einer der unbestrittensten Grundsätze
des deutschen Civilprocessrechtes gelten. Wetzell. §. 34; Renaud, §. 20;
En d'e m a n n, §. 23; B a y e r, S. 17—19. Osterloh, §. 6. Auch von den
Schriftstellern über Staatsrecht wird jenes Princip allgemein anerkannt.
M o n t e s q u i e u, Esprit des lois, VI, 6; H ä b e r l i n, Deutsches Staatsrecht,
2. Bd. (1797), S. 468—473; G ö n n e r, Deutsches Staatsrecht, (1804), §. 801;
Pfeiffer, Die Selbstständigkeit und Unabhängigkeit des Richteramtes (1851).
S. 302 ff.; B l u n t s c h l i, Allgemeines Staatsrecht, 4. Aufl, Bd. 2 (1868),
S. 101—107; Z ö p f l, Grunds. des gem. deutsch. Staatsrechtes, Bd. 2, 5. Aufl.
(1863), §. 448, Abs. IV und Note 6; P ö z l, Baierisches Verfassungsrecht,
3. Aufl. (1860), §. 151, Note 7; Gerber, Grundzüge eines Systems des
deutschen Staatsrechtes, §. 55; R ö n n e, Das Staatsrecht der preussischen
Monarchie, 3. Aufl. I. 1, S. 247—250.

[2]) Jede Verfügung des Monarchen in Civilsachen ist daher ungiltig,
insbesondere sind auch Aufträge an die Gerichte, in einer anderen als in der
gesetzmässigen Weise vorzugehen oder ihre gesetzmässige Thätigkeit zu unterlassen, ohne jede Rechtswirksamkeit. Pfeiffer a. a. O. S. 307, 308; Ende-
m a n n. §. 23, Note 20 und die daselbst Cit. Mit Unrecht ist Wetzell
§. 84, Note 17 a. A. in Betreff jener Befehle, durch welche der Monarch
die gesetzmässige Thätigkeit der Gerichte sistirt; vielmehr hat das Gericht

Staatsgrundgesetz über die richterliche Gewalt neuerlich sanctionirt, indem es (Art. 2) die Gesetze über die Competenz der Gerichte ausdrücklich aufrecht erhält. [4])

Eine weitere Consequenz des ersten Princips besteht darin,
dass nur der gesetzmässige Richter in Oesterreich Recht

ohne Rücksicht auf einen solchen Auftrag den Parteien die gesetzliche Hilfe
zu gewähren. Noch weniger darf der Richter, wie Linde §. 103 annimmt, einen
Machtspruch des Regenten in einer Civilsache den Parteien mittheilen und
diesem dadurch den Schein eines rechtmässig geschöpften Urtheils verleihen.

[4]) Durch das Verbot der Cabinetsjustiz ist die Beaufsichtigung der
Gerichtsbehörden durch den Kaiser und seine Administrativ-Organe nicht ausgeschlossen. Als administrative Aufsichtsorgane fungiren gegenwärtig die
Präsidenten der Gerichtshöfe erster Instanz und der Oberlandesgerichte,
dann das Justizministerium. (§. 6 des Ges. vom 11. Juni 1868, Nr. 59, §. 90,
des Ges. vom 3. Mai 1853, Nr. 81; vgl. auch Haimerl, Darstellung der
Bestimmungen über die innere Einrichtung und Geschäftsordnung der Civil-
gerichte, S. 67, 68 und S. 225—229). Kraft dieses Aufsichtsrechtes kann die
Aufsichtsbehörde bei den ihr unterstehenden Gerichten jederzeit Visitationen
vornehmen, Berichte abverlangen, Aufträge zur prompten Erledigung der
Geschäfte ertheilen und überhaupt alle zur Beseitigung der äusseren Hindernisse einer gesetzmässigen Geschäftsführung dienlichen Massregeln treffen.
Wetzell, S. 352, 353; Renaud, §. 20; Endemann, S. 80—83; Bayer,
S. 17, 18; Häberlin, Deutsches Staatsrecht, Bd. 2 (1797), S. 471 bis
473; Bluntschli a. a. O. Bd. 2, S. 101—107; Rönne, I, 1, S. 323
bis 325 u. A. Die im gemeinen Rechte anerkannte Befugniss des Monarchen zur Ertheilung von Moratorien (Quinquennellen) an einzelne Schuldner
— gleichsam ein privatrechtliches Begnadigungsrecht — wurde schon durch
§. 353 A. G. O. aufgehoben. S. Nippel, Erl., Bd. 2, S. 333, 344. Vgl. über
das Institut der Moratorien, welches durch die neuere Entwicklung des
deutschen Staatsrechtes immer mehr verdrängt wird, L. 2, L. 4, C. de prec.
imp. off. 1. 19; Renaud, §. 222, Note 3; Endemann, §. 251, Note 15, 16;
Häberlin, Deutsches Staatsrecht, Bd. 3, §. 364; Bluntschli a. a. O.
Bd. 2, S. 106; Gerber a. a. O. §. 55, Note 5. Die Ausschliessung der
Moratorien durch Verfügung des Monarchen in einzelnen Fällen verhindert
selbstverständlich nicht, dass den Schuldnern im Kriege und in anderen Noth-
ständen durch einen Act der Gesetzgebung Fristen zur Zahlung und zur
Erfüllung anderer Verbindlichkeiten gewährt werden. Solche allgemeine Moratorien sind in Oesterreich zu wiederholten Malen ertheilt worden, z. B. durch
das Patent vom 11. Dec. 1810 für das ganze Reich (Goutta's Ges. Samml.
Bd. 28, S. 523 ff.), durch ein Hofkanzleidecret vom 14. Mai 1819 für die
Gemeinden von Tirol (Wessely, II, 104), durch die kais. Entschl. vom
3. Nov. 1849 und den Art. IX des Pat. vom 29. Nov. 1852, Nr. 246, (Einführungsgesetz zum bürgerlichen Gesetzbuch) für das Königreich Ungarn.

sprechen kann. Denn ebenso wie das Object der richterlichen Thätigkeit durch allgemeine, zum Voraus gegebene Regeln beherrscht wird, muss auch das Subject derselben lediglich durch Rechtsnormen bestimmt werden. Die Zahl und die innere Einrichtung der Gerichte, dann die Vertheilung der richterlichen Macht unter denselben wird also durch die Gesetze festgestellt (Art. 2 des St. G. G. über die richterliche Gewalt). Die Existenz des höchsten Organes der Civil- und Strafjustiz: des obersten Gerichts- und Cassationshofes mit dem Geltungsgebiete für die sämmtlichen im Reichsrathe vertretenen Königreiche und Länder ist unter den Schutz der Staatsgrundgesetze gestellt (Art. 12 des St. G. G. über die richterliche Gewalt). Auch die Zahl, die innere Einrichtung und die Competenz der Oberlandesgerichte und der Gerichte erster Instanz ist, wie sich unten in der Lehre vom Gerichte ergeben wird, durch Rechtsnormen festgestellt. Doch ist schon hier zu erwähnen, dass das Justizministerium zufolge des Gesetzes vom 26. April 1873 Nr. 62 u. des Ges. v. 11. Juni 1868 Nr. 59, §. 2, nach Einholung des Gutachtens jener Landesvertretung, in deren Gebiet die Veränderung erfolgen soll, im Verordnungswege neue Gerichte erster Instanz schaffen oder bereits bestehende beseitigen und in Betreff ihres Amtssitzes oder Amtssprengels Veränderungen vornehmen kann.

Der Grundsatz, dass die Rechtspflege nur von dem gesetzmässigen Richter auszuüben sei, hat zur nothwendigen Folge, dass auch alle Administrativ-Organe von der Entscheidung der Rechtsstreitigkeiten, wenigstens soweit diese eine unanfechtbare sein soll, durch das heutige österreichische Recht ausgeschlossen sind (s. unten S. 216). Um die Vermischung der beiden grossen Gebiete der staatlichen Thätigkeit wirksam hintanzuhalten, bestimmt überdies das Staatsgrundgesetz über die richterliche Gewalt (Art. 14), dass die Rechtspflege von der Verwaltung in allen Instanzen zu trennen ist.[5] Diese Bestimmung wurde auch in dem Gesetze vom

---

[5] Die Trennung der Justiz von der Administration wurde in Oesterreich ebenso wie in anderen Ländern seit jeher mit dem grössten Unrecht nicht als eine technisch-juristische Frage, sondern vorwiegend als ein Punkt des liberalen Programmes in Betracht gezogen und theilte deshalb auch die wechselvollen Geschicke, welche dem Liberalismus in Oesterreich beschieden waren. In der obersten (dritten) Instanz wurde die Trennung der Justiz

11. Juni 1868, Nr. 59, vollständig durchgeführt, indem durch dasselbe die Verbindung der Administration und der Justiz, so

---

von der Verwa'tung durch Maria Theresia bewirkt, welche im Jahre 1749 die oberste Justizstelle gründete. Doch hatte diese Behörde neben der Civil- und Strafrechtspflege in dritter Instanz auch noch die administrativen Geschäfte eines Justizministeriums für die deutsch-slavischen Provinzen zu versehen. Domin-Petrushevecz, Neuere österreichische Rechtsgeschichte, (1869), S. 33—85; Hock, Der österreichische Staatsrath, (1868 ff.), S. 7. Schon während der Regierung Maria Theresia's und Josef's II. wurden Versuche gemacht, die Justiz und die Verwaltung in der obersten Instanz wieder zu vereinigen. Hock, a. a. O. S. 14 ff., 112 ff. Erst unter Franz II. hatten diese Bestrebungen für kurze Zeit einen Erfolg, indem die oberste Justizstelle mit der obersten Leitung der Administration (der böhmisch-österreichischen und der galizischen Hofkanzlei) durch die Patente v. 20. Nov. 1797 Nr. 387 und 23. Nov. 1797 Nr. 388 verschmolzen wurde, doch wurde bereits mittelst des Hofd. v. 24. Aug. 1802 Nr. 573 die oberste Justizstelle für die deutschen und böhmischen Kronländer und für Galizien und Italien wieder hergestellt. Domin-Petrushevecz a. a. S. 213. Seither fungirte diese Behörde in der doppelten Eigenschaft, als oberster Gerichtshof und als Justizministerium bis zum Jahre 1848, in welchem die administrativen Angelegenheiten derselben entzogen und dem neugebildeten Justizministerium übertragen wurden (M. E. v. 17. März 1848 Nr. 1127 und J. M. E. v. 21. August 1848 Nr. 1176, J. G. S.). Diese Organisation wurde auch durch die spätere Gesetzgebung im Wesentlichen aufrechterhalten. Vgl. Stubenrauch, Verwaltungsgesetzkunde, 3. Aufl. Bd. 1 (861), S. 37, 38. — Was die zweite Instanz betrifft, so arbeitete Maria Theresia den späteren Organisationen auch in dieser Richtung dadurch vor, dass sie bei den Administrativbehörden II. Instanz (Regierungen) besondere Justizsenate zur Erledigung der Justizangelegenheiten einführte. Domin-Petrushevecz a. a. O. S. 35 ff. Die vollständige Trennung der Justiz und der Administration in der zweiten Instanz erfolgte unter Josef II., welcher durch die Pat. 11. April 1782, 12. April 1782 und 18. April 1782 Nr. 43—45, J. G. S., die Thätigkeit der Regierungen auf dem Gebiete der Rechtspflege beseitigte, selbstständige Gerichtshöfe II. Instanz (Appellationsgerichte) schuf und denselben im Wesentlichen ihren gegenwärtigen judiciellen und administrativen Wirkungskreis zuwies. Dieser Theil der josefinischen Justizorganisation blieb auch in der Folge unberührt und wurde sogar auf die neuerworbenen Territorien ausgedehnt. Haimerl a. a. O. Bd. 2, S. 42—45. — In der ersten Instanz war vor den Reformen des Jahres 1848 und der neuesten Zeit die Justiz und die Verwaltung in überwiegendem Masse vereinigt, indem die ordentlichen Gerichte in den meisten Kronländern (Stadtmagistrate und Ortsgerichte) zugleich auch in grossem Umfange Verwaltungsgeschäfte versahen, während die besonderen Gerichte zumeist reine Justizbehörden waren. Haimerl a. a. O. Bd. 2, S. 1 ff. Die Reichsverfassung vom 4. März 1849, Nr. 149, §. 102 sprach principiell die Trennung

weit diese noch in der untersten Instanz (in den sog. gemischten Bezirksämtern) bestand, aufgehoben und zur Besorgung der von den gemischten Bezirksämtern bisher versehenen Justizgeschäfte selbstständige Bezirksgerichte eingeführt wurden.

Der Grundsatz, dass jeder Rechtsstreit seine endgiltige Ordnung durch Richter und in den Formen des gerichtlichen Verfahrens erhält, verhindert nicht, dass die Administrativ-Organe auch bei der Entscheidung von Rechtsstreitigkeiten eine — oft sehr umfangreiche — vorbereitende Thätigkeit entwickeln. Bei einer grossen Zahl von Streitigkeiten des Privat- und des öffentlichen Rechtes schreibt das österreichische Recht vielmehr vor, dass diese vorbereitende Untersuchung der Verwaltungsbehörden in den Formen des Administrativprocesses der gerichtlichen Cognition vorherzugehen habe. Durch jenen Grundsatz wird folglich nur dem Gedanken Ausdruck gegeben, dass nach unserem gegenwärtigen Verfassungsrechte jeder Rechtsstreit durch Anwendung der gesetzlichen Mittel vor ein in den Formen des gerichtlichen Verfahrens erkennendes Gericht zur endgiltigen Entscheidung gebracht werden kann.

Am reinsten kommt der Grundsatz, dass die Rechtssachen von dem gesetzmässigen Richter zu entscheiden sind, in der Civil- und Strafrechtspflege zum Ausdruck. Auf desen Gebieten der staatlichen Thätigkeit geht dem gerichtlichen Verfahren keine vorbe-

---

der Justiz von der Administration aus und demgemäss wurde mit kais. Entschl. v. 14. Juni 1849 Nr. 278 die Ausübung der gesammten Civilrechtspflege den neuorganisirten Bezirks- und Landesgerichten überwiesen. Das A. h. Cabinetsschreiben v. J. 31. Dec. 1851 Nr. 4 f. d. J. 1852, Abs. 19, verfügte jedoch wieder die Vereinigung der Einzelgerichte mt den landesfürstlichen Verwaltungsbehörden erster Instanz, während die Collegialgerichte erster Instanz als selbstständige Gerichtsbehörden erhalten werden. Während der Dauer dieser Organisation, welche durch die M. V. v. 9. Jänner 1853 Nr. 10 ihre Durchführung erhielt, wurde daher die Gerichtsbakeit in den grösseren Städten durch selbstständige Gerichte, jene auf dem Lande dagegen im Wesentlichen durch die sog. gemischten Bezirksämter ausgeübt. Nach der Wiedereinführung des constitutionellen Lebens wurde die Trennung der Justiz und der Verwaltung sofort ins Auge gefasst, aber erst unter der Sistirungsära im Wege der Octroyirung durch mehrere Ministerialverordnungen (oben S. 50, Note 8) zunächst für Salzburg, Krain und Galizien durchgeführt. Die vollständige Realisirung des Principes der Trennung der Justiz und der Administration ist erst durch die December-Verfassung erfolgt.

reitende Cognition anderer Organe vor, jede Einwirkung der Verwaltungsbehörden ist ausgeschlossen. [6])

Eine zweite Gruppe von Rechtssachen, welche man die privatrechtlichen Verwaltungsrechtssachen nennen kann, wurde schon oben (S. 25, 26) erwähnt. In den privatrechtlichen Verwaltungsrechtssachen muss der Cognition der Gerichte jene der Administrativorgane vorhergehen, doch brauchen die Mittel, welche der administrative Rechtsgang bietet (z. B. die Berufung oder der Recurs an höhere Administrativbehörden), nicht vollständig erschöpft zu werden. Vielmehr kann die Rechtssache, auch wenn nur ein Enderkenntniss der Administrativinstanz vorliegt, sogleich an den Civilrichter zur definitiven Entscheidung gebracht werden. [7])

---

[6]) Als eine Ausnahme von dem im Texte angeführten Grundsatz könnte die Thätigkeit der durch das Gesetz über die grundsätzlichen Bestimmungen des Gemeindewesens v. 5. März 1862 Nr. 18, Art. V, Z. 11, und das Ges. v. 21. Sept. 1869 Nr. 150 eingeführten Vermittlungsämter betrachtet werden. Nach diesen Gesetzen, dann nach einer Anzahl von Landesgesetzen (Dalmat. L. G. v. 10. Febr. 1873 Nr. 16, krain. L. G. v. 11. Mai 1873 Nr. 24 und niederösterr. L. G. v. 14. April 1874 Nr. 23) haben die (administrativen) Gemeindebehörden das Recht, Vermittlungsämter zu errichten, vor welchen die Parteien executionsfähige Vergleiche in Civilrechtssachen schliessen können. Die Parteien dürfen jedoch zum Erscheinen vor dem Vermittlungsamte nicht gezwungen werden (§. 2 d. Ges. v. 21. Sept. 1869 Nr. 150), auch ist die Vornahme eines solchen Vergleichversuches nicht die nothwendige Voraussetzung der Einleitung des streitigen Civilverfahrens. Obwohl diese vermittelnde Thätigkeit in den modernen Gesetzgebungen vielfach (vgl. z. B. Art. 48 Code de proc. und A. G. O. §§. 268. 269; W. G. O. §§. 356—358) richterlichen Organen übertragen erscheint, so ist die Ausübung derselben durch die administrativen Vermittlungsämter doch nicht einer Mitwirkung an der streitigen Civilrechtspflege gleichzuachten, weil das Verfahren vor den letzteren nicht einen repressiven, sondern einen präventiven Charakter an sich trägt. Vgl. oben §. 3.

[7]) Art. 15, Abs. 1 des St. G. G. über die richt. Gew. v. 21. Dec. 1867 Nr. 144. Es ist gleichgiltig, ob das administrative Erkenntniss die Entscheidung über einen privatrechtlichen Anspruch ausschliesslich bezweckt (z. B. bei den administrativen Erkenntnissen über Lohnstreitigkeiten zwischen dem Arbeitgeber und Arbeitnehmer) oder ob sich die Entscheidung über die privatrechtliche Befugniss nur als einzelnes Element der administrativen Verfügung darstellt. Dieses ist z. B. der Fall, wenn die Gemeindebehörde die Anlegung eines Gemeindeweges über ein Grundstück anordnet, dessen Eigenthum zwischen der Gemeinde und einer Privatperson streitig ist. Solche

Am eingreifendsten ist im österreichischen Rechte die Mitwirkung der Verwaltungsorgane bei der Entscheidung der öffent-

---

administrative Entscheidungen können zwar von den Verwaltungsbehörden, sofern das Gesetz im einzelnen Fall nicht eine entgegengesetzte Bestimmung trifft, provisorisch exequirt werden, doch steht dem in seinen Privatrechten Verletzten dagegen der Rechtsweg vor den Civilgerichten (nicht vor dem Verwaltungsgerichtshof) offen. A. A. Heyssler in den Jur. Bl. (1873), S. 90. Nur dürfen von dem Berechtigten zu diesem Ende nicht solche privatrechliche Klagen benützt werden, welche, wie z. B. die Besitzklagen, den Civilpunkt selbst nur provisorisch ordnen, da in diesem Falle eben der provisorischen Entscheidung der Verwaltungsbehörde blos eine gleich provisorische Entscheidung des Gerichtes entgegenstehen würde. In dem erwähnten Falle wäre also von dem Eigenthümer des Grundstückes gegen die Gemeindebehörde nach Umständen die rei vindicatio oder die actio negatoria (wohl auch die Publicana), nicht aber das possessorium ordinarium oder summariissimum anzustellen. Dies ist der Sinn des Satzes, dass gegen Entscheidungen der Verwaltungsbehörden nicht possessorisch geklagt werden dürfe. So gemeinrechtliche Praxis: Seuffert, Archiv, Bd. 1, Nr. 105, Bd. 14, Nr. 96, 236 (?). Den possessorischen Schutz gegenüber Verfügungen der Verwaltungsbehörden hält dagegen für zulässig die Entscheidung in Seuffert's Archiv, Bd. 23, Nr. 229 und Pfeiffer, Die Selbstständigkeit und Unabhängigkeit des Richteramtes. S. 208, 327, 328; Zöpfl, §. 453, Note 8; Bähr, Der Rechtsstaat, S. 65. Die österreichische Praxis versagt consequent gegen Anordnungen der Administrativorgane die possessorischen Klagen, ja einzelne Entscheidungen scheinen von der — mit dem cit. Art. 15 des St. G. G. über die richterliche Gewalt in offenbarstem Widerspruch stehenden — Ansicht auszugehen, dass gegen administrative Verfügungen, welche eine Entscheidung über Privatrechte in sich schliessen, der Rechtsweg vor den Civilgerichten (auch die Benützung von petitorischen Klagen) verschlossen sei. Glaser-Unger-Walther, Nr. 735, 2555, 2557 (vor dem St. G. G. über die richterliche Gewalt), Nr. 3699, 3872, 4003 (nach dem Staatsgrundgesetz). Vgl. jedoch auch die Entsch. Nr. 3038, welche auf Grund des Art. 7. der St. G. G. über die richt. Gewalt (unten §. 18, Note 28) den possessorischen Schutz gegen Verfügungen der Gemeindeorgane für zulässig erklärt. Das Staatsgrundgesetz über die richterliche Gewalt Art. 15, Abs. 1, spricht allerdings von Entscheidungen über einander widerstreitende Ansprüche „von Privatpersonen"; allein es ist klar, dass der Staat oder die Gemeinde, wenn sie sich das Eigenthum eines Grundstückes indirect, etwa durch Anlegung einer Staats- oder Gemeindestrasse, zusprechen, in einer doppelten Eigenschaft auftreten: als Privatpersonen (als Staats- oder Gemeindefiscus), indem sie das Eigenthum des Grundstückes beanspruchen und als Staatsbehörden, indem sie eine administrative Entscheidung fällen. Widerstreitende Ansprüche von Privatpersonen sind folglich in diesen Fällen wirklich vorhanden; die Eigenthümlichkeit eines solchen Verhältnisses besteht lediglich darin, dass eine der beiden „Pri-

lich - rechtlichen Verwaltungsrechtssachen gestaltet.
Die Verwaltungsstreitigkeiten, welche sich auf Fragen des öffentlichen Wohls beziehen, sind entweder blosse Interessenconflicte,
welche nicht nach vorausbestimmten Regeln (Rechtsnormen), sondern lediglich nach Zweckmässigkeitsgründen zu entscheiden sind [8]);
diese Conflicte werden von den Verwaltungsbehörden in dem
gesetzlichen Instanzenzuge unter Ausschluss jeder Einwirkung der
administrativen Gerichtshöfe [7]) erledigt. Oder die öffentlich-recht-

---

vatpersonen" in ihrer Eigenschaft als Träger der Staatsgewalt zugleich eine
vorläufige Entscheidung über das streitige Privatrecht zu treffen in der
Lage ist.

[8]) Dem Gebiet der reinen Interessenconflicte gehören namentlich Streitigkeiten an, welche sich auf die Führung der auswärtigen Angelegenheiten,
auf die Armeeleitung und auf die Volkswirthschaftspflege beziehen. Denn da es
an Rechtsnormen über diese Fragen in der überwiegenden Anzahl von Fällen
mangelt, so haben die verschiedenen Individuen und Gruppen der Nation
regelmässig nur ein Interesse, nicht aber ein Recht, dass z. B. der
Krieg oder die auswärtigen Angelegenheiten in einer bestimmten Weise geführt,
dass ein bestimmter Fluss auf Kosten des Staates regulirt werde u. s. f. Die
Entscheidung dieser Conflicte kann deshalb nur nach Zweckmässigkeitsgründen, nicht nach Rechtsnormen erfolgen. Auch wenn es übrigens feststeht, dass
ein Fall dieser Art nicht durch die im positiven Rechte enthaltenen Rechtsnormen geregelt ist, wird es doch nicht selten zweifelhaft bleiben, ob er als
ein reiner Interessenconflict zu behandeln oder ob für denselben aus dem vorhandenen Vorrathe von Rechtsnormen durch Anwendung der Analogie eine
Rechtsnorm zu ermitteln ist. Vgl. oben §. 11, Note 2, 3.

[7]) Vgl. §. 3, lit. e des Gesetzes über den Verwaltungsgerichtshof, wonach „Angelegenheiten, in denen und insoweit die Verwaltungsbehörden nach
freiem Ermessen vorzugehen berechtigt sind", nicht zur Zuständigkeit des
Verwaltungsgerichtshofes gehören. Das Corrollar dieses Rechtssatzes ist die
Bestimmung des §. 2, Abs. 1 d. cit. G., dass der Verwaltungsgerichtshof in
allen Fällen zu erkennen habe, „in denen Jemand durch eine gesetzwidrige
Entscheidung oder Verfügung einer Verwaltungsbehörde in seinen Rechten
verletzt zu sein behauptet." Auch in dem St. G. G. über das Reichsgericht,
Art. 3, ist der Grundsatz, dass zur Cognition dieses Tribunals nur Rechts-,
nicht blosse Interessenconflicte gehören, sehr deutlich ausgesprochen, indem
diese Gesetzesstelle dem Reichsgericht nur die Entscheidung über gewisse
Ansprüche (= Rechtsansprüche) an Reich und Land, ferner über Beschwerden der Staatsbürger wegen Verletzung der ihnen durch die Verfassung gewährleisteten Rechte, also lediglich die Schlichtung gewisser Gruppen
von Rechtsconflicten zuweist. Die Entscheidung der Frage, ob die Verwaltungsbehörden einen Interessenconflict vom Standpunkte der Zweckmässigkeit
richtig gelöst haben, ist folglich von der Cognition des Reichsgerichtes und

lichen Verwaltungsstreitigkeiten sind wahre Rechtssachen, welche ähnlich wie die Privatrechtsstreitigkeiten durch Rechtsnormen bestimmt werden (z. B. die Frage, ob Jemand nach den geltenden Gesetzen zur Entrichtung der Grundsteuer in einem bestimmten Betrage verpflichtet ist); diese Verwaltungsrechtsstreitigkeiten werden gegenwärtig in der Regel durch das Zusammenwirken von administrativen und gerichtlichen Organen entschieden. [19]) Und

---

des Verwaltungsgerichtshofes gleichmässig ausgeschlossen. Sehr häufig wird es übrigens zweifelhaft sein, ob unsere Gesetze eine Verwaltungssache als Rechts- oder als Zweckmässigkeitsfrage behandelt wissen wollen, was sich vorzugsweise daraus erklärt, dass diese Bestimmungen noch eine Organisation der Verwaltung im Auge haben, in welcher die Administrativorgane sowohl über die Rechts- als auch über die Zweckmässigkeitsfrage endgiltig entschieden (s. d. folg. Note) und wo deshalb eine scharfe Sonderung der beiden Elemente nicht nothwendig war. So bestimmt z. B. der §. 6 des Ges. v. 15. Nov. 1867 Nr. 134, dass die Landesstelle die Bildung eines Vereines untersagen kann, wenn derselbe nach seinem Zwecke oder nach seiner Einrichtung gesetz- oder rechtswidrig oder „staatsgefährlich" ist. In ähnlicher Weise ist die Administrativbehörde nach §. 6 des Ges. v. 15. Nov. 1867 Nr. 135 berechtigt, Versammlungen zu verbieten, deren Zweck den Strafgesetzen zuwiderläuft oder deren Abhaltung „die öffentliche Sicherheit oder das öffentliche Wohl gefährdet". Wie weit der Gesetzgeber durch solche Bestimmungen die Entscheidung der Administrativorgane rechtlich binden oder dieselbe in ihr Ermessen legen wollte, ist Sache der Auslegung. Im Allgemeinen wird die Grenzlinie zwischen der Rechts- und Zweckmässigkeitsfrage in ähnlichen Fällen wohl so zu ziehen sein, dass die administrativen Gerichte als eine Rechtsfrage zu untersuchen haben, ob die Verwaltung zur Begründung ihrer Entscheidung Thatsachen anzuführen vermag, welche die gesetzliche Qualification als möglich erscheinen lassen, wogegen die Entscheidung der Frage, ob diese Qualification in dem einzelnen Falle wirklich vorhanden ist, lediglich dem Ermessen der Administrativorgane vorbehalten bleibt. Vgl. Bähr, Der Rechtsstaat, (1864), S. 60 und die Entscheidungen des Reichsgerichtes in Hye's Sammlung (1874—1876), Nr. 57, 70, 73. Die Folge dieser Auffassung wird sein, dass Beschwerden gegen Verfügungen der Verwaltungsbehörden auf Grundlage ähnlicher Gesetzesbestimmungen von dem administrativen Gerichtshof zwar nicht a limine judicii zurückzuweisen sind, dass sie aber nur selten von praktischem Erfolg begleitet sein werden. Vgl. jedoch Hye's Sammlung Nr. 5. S. auch die folgende Note.

[19]) Ueber das Verhältniss der Verwaltungsbehörden zu den Gerichten (Note 11) haben sich drei wesentlich verschiedene Grundansichten geltend gemacht, welche wieder im Detail manche Abweichungen bieten. Die erste Gruppe von Schriftstellern und Gesetzgebungen will die Entscheidungen der Verwaltungsbehörden weder in Beziehung auf die Rechts-, noch auch auf die Zweckmässigkeitsfrage einer gerichtlichen Ueberprüfung unterwerfen.

zwar gilt hier im Gegensatz zu den privatrechtlichen Verwaltungsrechtssachen der Grundsatz, dass dem gerichtlichen Verfahren

---

Nach dieser Auffassung entscheiden die Verwaltungs- und die Justizorgane in
den ihnen zugewiesenen Gebieten mit gleicher Selbstständigkeit und Unabhängigkeit. Hieher gehören zahlreiche Schriftsteller aus der ersten Hälfte dieses
Jahrhunderts und die österreichische Gesetzgebung bis zur Erlassung der
December-Verfassung. Vgl. Büff, Das Verhältniss der Gerichte zu Staats- und
Regierungssachen in Linde's Zeitsch. N. F. Bd. 11, S. 305—396; Stahl, Rechts-
und Staatslehre, 2. Abth., S. 608 (vgl. jedoch auch S. 617); Bluntschli,
Allgemeines Staatsrecht. 4. Aufl., 2. Bd. (1868), S. 247—263, bes. 250, 251
(vgl. jedoch auch 244—247). — Eine zweite Ansicht unterwirft die Verfügungen der Verwaltungsbehörden der richterlichen Controle nur in Beziehung auf ihre Recht-, nicht aber auf ihre Zweckmässigkeit. Hieher
gehören die meisten neueren Schriftsteller und die österreichische Gesetzgebung, wie sich dieselbe auf Grund der December-Verfassung in der neuesten
Zeit ausgebildet hat (Note 9). S. Mohl, Geschichte und Literatur der
Staatswissenschaften, Bd. 3 (1858), S. 204; Derselbe, Die Polizeiwissenschaft nach den Grundsätzen des Rechtsstaates. 3. Aufl., Bd. 1, S. 63—70;
Pfeiffer a. a. O. (oben Note 2), S. 309—310; Zöpfl, Grundsätze des
gemeinen deutschen Staatsrechtes, Bd. 2, §§. 453, 454; Bähr, (1864), Der
Rechtsstaat. S. 45—47. Harrasowsky, in der G. Z. 1869 Nr. 37—40 (bes.
S. 154); Lemayer, ebenda, 1872 Nr. 62, S. 246; Heyssler, in den Jur.
Blättern (1873), Nr. 7, 8, 9; Kissling, Beiträge zur Theorie des Verwaltungsrechtes, (1876), S. 21. Einzelne Schriftsteller, welche im Allgemeinen
dieser Ansicht huldigen, wollen den Rechtsweg (die administrative Klage) nur
dann zulassen, wenn durch einen Act der Regierung ein Gesetz (nicht eine
blosse Verordnung) verletzt wird, wogegen in allen übrigen Fällen nur die Beschwerde im administrativen Instanzenzug gestattet sein soll. Der Gesichtspunkt,
auf dem diese Unterscheidung beruht, ist die eigenthümliche Natur der Verordnung, welche als ein einseitiger Act der vollziehenden Gewalt von dieser
beliebig aufgehoben, modificirt und auch interpretirt werden kann. Stein,
Verwaltungslehre, Bd. 1 (1865), S. 113—148. Diese Ansicht ist, soweit sie der
Administration die Befugniss ertheilt, ihre eigenen Verordnungen nach ihrem
Ermessen zu interpretiren und zu vollziehen, gewiss unrichtig. vielmehr haben
die Staatsbürger ein unbestreitbares Recht, dass die Verwaltung ihre Verordnungen, so lang diese bestehen, ebenso wie die Gesetze befolge. — Eine dritte
Auffassung, welche namentlich von Gneist vertreten wird, will eine controlirende
Judicatur der Verwaltungsgerichte über die Administrativverfügungen sowohl
in Betreff ihrer Recht- als auch in Ansehung ihrer Zweckmässigkeit
zulassen. Gneist will nämlich die Beschwerde an die Verwaltungsgerichte
nicht nur gegen rechtswidrige Entscheidungen der Administrativbehörden zulassen, sondern auch gegen „die parteimässige Massbestimmung in Ertheilung
oder Versagung der zahlreichen Gewerbeconcessionen, der obrigkeitlichen
Consense, parteimässige Handhabung der Ordnungspolizei, parteiische Ein-

eine erschöpende administrative Cognition vorangehen muss, d. h. es müssen alle processualischen Mittel, welche der administrativo Rechtsgang bietet, benützt worden sein, ehe die Verwaltungsrechtssache der gerichtlichen Prüfung unterzogen werden kann. Die endgiltige Entscheidung der Verwaltungsrechtsstreitig-

---

schätzung zur Einkommen- und Gewerbesteuer, parteimässige Berücksichtigung im Militärdienste". S. die Verhandlungen des 12. deutschen Juristentages (1875), Bd. 3, S. 235. Vgl. auch Gneist (1872), Der Rechtsstaat, S. 27, 30, 31, 153, 157, 169. Demgemäss stellte Gneist in der vierten Abtheilung des zwölften deutschen Juristentages den Antrag, dass derselbe seine Ueberzeugung dahin aussprechen möge: „Es bedarf neben den ordentlichen Gerichten einer ergänzenden Verwaltungsjurisdiction für Fälle einer rechtswidrigen oder parteiischen Anwendung der Staatsgewalt in Entscheidungen und Verfügungen der Verwaltungsbehörden." Verh. d. 12. J. T. Bd. 3, S. 245. (Etwas abweichend a. a. O. S. 241.) Dieser Antrag wurde von der Abtheilung einstimmig angenommen (a. a. O. S. 251) und die Annahme dem Plenum des Juristentages zur Kenntniss gebracht (a. a. O. S. 325—331). Die Ansichten Gneist's sind im Wesentlichen adoptirt von Dr. Rudolf Korb in seinem Aufsatz „Der Gesetzentwurf über den Verwaltungsgerichtshof" in der Zeitsch. f. Verw. (1873), Nr. 15 ff. Dass diese Auffassung die Grenzen der Verwaltungsjurisdiction weit über das Mass des Nützlichen ausdehnt, scheint mir unzweifelhaft. Die von Gneist angeführten Fälle einer parteiischen Anwendung der Staatsgewalt sind weitaus nicht die wichtigsten; viel öfter kommen Parteilichkeiten oder unrichtige „Massbestimmungen" erfahrungsgemäss auf anderen Gebieten vor, z. B. bei der Besetzung der Staatsämter, bei der Ertheilung von Eisenbahnconcessionen, beim Abschluss von Lieferungscontracten, bei Fluss- und Strassenbauten, bei der Dislocation der Truppen u. s. f. Ueberhaupt können, wenn man der Verwaltungsjustiz das Recht ertheilt, gegen jede „parteiische" Anwendung der Staatsgewalt Hilfe zu gewähren, alle von den Verwaltungsbehörden entschiedenen Fragen des öffentlichen Wohls vor die administrativen Gerichte gebracht werden, da die Parteilichkeit, soweit sie nicht rechtswidrig ist, eben in der Zurücksetzung eines Interesses zu Gunsten eines minder bedeutsamen Interesses besteht. Es wäre nun gewiss ein augenscheinlicher Widerspruch, wenn zur Verhinderung von einzelnen minder wichtigen Parteilichkeiten die Verwaltungsjustiz dienen würde, während die Entscheidung von zahllosen ungleich wichtigeren Interessenconflicten dieser Controle entbehren soll und wohl für alle Zukunft entbehren wird! Wollte man aber, was allerdings in der Consequenz der hier bekämpften Auffassung liegt, den Verwaltungsgerichten die Cognition über alle Parteilichkeiten der Verwaltungsorgane einräumen, so würden diese Gerichtshöfe als die wahren Träger der gesammten vollziehenden Gewalt erscheinen, ein Resultat, welches gewiss nicht wünschenswerth, ja kaum als durchführbar erscheint.

keiten ruht nach Verschiedenheit der Fälle beim Reichsgericht oder dem Verwaltungsgerichtshof. [11])

Folgende Tabelle wird einen Ueberblick über die Wirksamkeit der Gerichte in den verschiedenen Gebieten der Rechtspflege bieten:

---

[11]) Die österreichische Gesetzgebung hat die Handhabung der Administrativjustiz nicht den ordentlichen Civil-, sondern besonderen Verwaltungsgerichten übertragen. Ebenso die Gesetzgebungen von Frankreich, Baden und Preussen. Frankreich: Chauveau, Procédure administrative, 4. Aufl. (1873), Nr. 6—16; Block, Dictionnaire de l'administration française, 2. Aufl. (1875), Art. Administration Nr. 93—101; Gneist, Der Rechtsstaat, S. 83, 89—95. — Baden: Wielandt, Die Verwaltungsrechtspflege in Baden, in Hartmann's Zeitschrift für das öffentliche Recht, Bd. 1 (1875), S. 372—376. — Preussen: Ges. v. 3. Juli 1875, §§. 8—30. Auch die überwiegende Anzahl von Schriftstellern hat sich für das System der selbstständigen Verwaltungsgerichte ausgesprochen. Mohl, Die Polizeiwissenschaft, 3. Aufl., Bd. 1 (1866), S. 68, 69; Bluntschli, Allgemeines Staatsrecht, Bd. 2, S. 244—247; Gneist (1872), Der Rechtsstaat, S. 167—172; Kissling, Beiträge zur Theorie des Verwaltungsrechtes, (1876), S. 11—15 u. A. Dagegen wird die Verwaltungsjurisdiction in Italien, Russland und in gewissem Grade auch in England von den ordentlichen Civilgerichten gehandhabt. Italien: Ges. v. 20. März 1865, Art. 2. (Die wesentlichen Bestimmungen dieses Gesetzes sind bei Grünwald, Der österreichische Verwaltungsgerichtshof, [1875], S. 41 bis 44, abgedruckt). Vgl. auch Art. 84, Abs. 1 der Ital. C. P. O. und dazu Mattei, Annotazioni al Cod. di proc., S. 65—68; ferner Koller, in der Krit. Vierteljahrschr. Bd. 17 (1875), S. 525—528. — Russland: Art. 2 der Russ. C. P. O. — In England wird die Verwaltungsgerichtsbarkeit in erster Instanz regelmässig von den Friedensrichtern ausgeübt, welche weder als reine Administrativbeamte, noch auch blos als Richter betrachtet werden können, weil sie sowohl administrative als auch richterliche Functionen in grossem Umfange vereinigen. Stephen, Comm. on English Law, 7. Aufl., Bd. 2 (1874), S. 642—651. In zweiter Instanz fungirt das in den Quartalsitzungen vereinigte Gesammtcollegium der Friedensrichter jeder Grafschaft, in dritter Instanz der durch die neueste Gesetzgebung (36 und 37 Vict. c. 66 vom Jahre 1873) gebildete Centralgerichtshof (Supreme Court of Judicature), welcher in seiner Eigenschaft als High Court die Verwaltungsgerichtsbarkeit in dritter Instanz ausübt. Nach englischem Rechte wird folglich wenigstens in der höchsten Instanz die ordentliche Civil- und die Verwaltungsjurisdiction von demselben Tribunal gehandhabt. Stephen a. a. O. Bd. 3 (1874), S. 318—357, bes. S. 356; Gneist, Verwaltung, Justiz, Rechtsweg, (1869) S. 148—154; Derselbe, Der Rechtsstaat, S. 25—34. Ueber die ältere deutsche Literatur vgl. Mohl, Geschichte und Literatur der Staatswissenschaften, Bd. 2, S. 329 ff.; über die ältere französische Literatur, Bd. 3, S. 214 ff.

I. Der gerichtliche Rechtsstreit.	*a)* Der Civilprocess (die entscheidende Instanz: das Civilgericht).
	b) Der Strafprocess (die entscheidende Instanz: das Strafgericht).
II. Der administrative Rechtsstreit.	*a)* Der privatrechtliche Verwaltungsrechtsstreit (die entscheidenden Instanzen: die Administrativbehörde und eventuell das Civilgericht).
	b) Der öffentlichrechtliche Verwaltungsrechtsstreit (die entscheidenden Instanzen: die Administrativbehörde und eventuell das Reichsgericht oder der Verwaltungsgerichtshof).

Wie sich aus dieser Zusammenstellung ergiebt, ist der Grundsatz, dass die Rechtssachen von Richtern zu entscheiden sind, im österreichischen Rechte mit geringfügigen Ausnahmen (§. 3 d. Ges. üb. d. V. G. H.) durchgeführt. Nur in den Civil- und Strafsachen erfolgt zwar die Entscheidung nothwendig durch Richter in der Form des gerichtlichen Verfahrens, in Betreff der übrigen Rechtssachen ist aber wenigstens den Betheiligten die Möglichkeit eröffnet, sie nach ihrem Ermessen zur gerichtlichen Entscheidung zu bringen. [12])

---

[12]) Ohne Bedeutung für die Geltung des Grundsatzes, dass jede Rechtssache an den Richter zur endgiltigen Entscheidung gebracht werden kann, ist die Form, in welcher dieser seine Entscheidungen abgibt. Nach der Intensität, mit welcher sich der Ausspruch des Richters gegen das Unrecht kehrt, ist diese Entscheidungsform im österreichischen Rechte eine dreifache. Die Civil- und Strafgerichte, dann das Reichsgericht, wenn es über die im Art. 3 lit. a des St. G. G. über d. R. G. bezeichneten Ansprüche an Reich und Land erkennt, stellen in ihren Urtheilen das Dasein des Unrechtes fest, heben es so weit möglich auf und bezeichnen zugleich die Handlungen, welche die condemnirte Partei zur Wiederherstellung des gestörten Rechtszustandes zu vollziehen hat. Am anschaulichsten treten diese drei Elemente in den Urtheilen der Strafgerichte hervor, welche das Verbrechen des Verurtheilten constatiren, dasselbe dadurch, dass es als solches bezeichnen, aufheben und zugleich die Handlungen, welche der Verbrecher zur Sühne seines Verbrechens vornehmen soll (die Strafe), feststellen. Implicite sind aber jene drei Bestandtheile auch in jedem Urtheil des Reichsgerichtes auf Grund des cit. Art. 3 lit. a d. St. G. G., dann in allen Erkenntnissen der Civil-

Den Gegensatz zu diesen gesetzmässigen Gerichten bildet das Ausnahmsgericht. Ein solches ist zunächst dann vorhanden, wenn durch Verfügung des Monarchen oder einer anderen staatlichen Macht ein Gericht ausserhalb des gesetzlichen Organismus gebildet (sog. Justizcommission) oder einem an sich gesetzmässigen Gericht ein mit den allgemeinen Competenzvorschriften in Widerspruch stehender Wirkungskreis eingeräumt wird. Die Einsetzung von solchen aussergesetzlichen Gerichten ist durch die Bestimmung des Staatsgrundgesetzes über die richterliche Gewalt, wonach die Organisation und die Competenz der Gerichte durch Gesetze bestimmt wird (Art. 2. S. St. G. G.), schlechterdings ausgeschlossen; alle Verfügungen solcher Gerichte, namentlich auch in Civilrechtssachen, sind absolut nichtig und brauchen von den Unterthanen nicht befolgt zu werden. [13]) Dann aber versteht man zweitens unter jener Bezeichnung auch solche Gerichte, welche zwar in den Gesetzen vorgesehen sind, aber doch ausserhalb der normalen Organisation der Rechtspflege stehen. Zu dieser Gruppe gehören insbesondere die Standgerichte, welche zufolge der Strafprocess-

---

gerichte enthalten. In minder intensiver Weise erfolgt die Zurückdrängung des Unrechtes durch den Verwaltungsgerichtshof; dieser bezeichnet lediglich das Unrecht, welches durch die Entscheidung oder Verfügung der Verwaltungsbehörde eingetreten ist und hebt dasselbe auf, indem er den Act der Administrativbehörde cassirt, er enthält sich aber einer positiven Ordnung des gestörten Rechtsverhältnisses (§. 7 d. Ges. über d. V. G. H.). Die Urtheile des Reichsgerichtes endlich, soweit dieses über Beschwerden der Staatsbürger wegen Verletzung der ihnen durch die Verfassung gewährleisteten politischen Rechte erkennt (Art. 3 lit. b des St. G. G. über d. R. G.) enthalten nur das erste der drei oben erwähnten Elemente, da dieselben blos auszusprechen haben, ob und in welchem Umfange die behauptete Verletzung eines politischen Rechtes des Beschwerdeführers durch die Administrativbehörde erfolgt ist, ohne dass doch die Verfügung dieser Letzteren aufgehoben oder ihr die Vornahme der zur Wiederherstellung des gestörten Rechtszustandes erforderlichen Handlungen aufgetragen werden darf. Vgl. oben S. 9—11 und Hye in seiner Sammlung der Erk. des R. G. 2. Th. (1876), S. V, VI. Note. Auch bei der zweiten und dritten Entscheidungsform ist aber die von dem Verwaltungsgerichtshof (§. 7, Abs. 2 d. Ges. über d. V. G. H.) und dem Reichsgerichte (in dem Urtheil oder seinen Gründen) geäusserte Auffassung für die Administrativbehörde bindend; die endgiltige Entscheidung liegt folglich auch in diesen Fällen in der Hand des Richters.

[13]) Die Ausschliessung der Justizcommissionen hängt mit dem Verbot der Cabinetsjustiz (Note 2) zusammen und ist, ebenso wie dieses, gegenwärtig wohl

ordnung (§§. 429, 430) nur eingesetzt werden können, wenn die übrigen gesetzlichen Mittel zur Unterdrückung eines Aufruhrs nicht ausreichen, dann wenn in einzelnen oder mehreren Bezirken Mord, Raub, Brandlegung oder das im §. 85 St. G. B. vorgesehene Verbrechen der öffentlichen Gewaltthätigkeit in besonders gefahrdrohender Weise um sich greifen. Solche innerhalb des Rahmens der Gesetze stehende Ausnahmsgerichte sind zwar durch den Art. 2 d. St. G. G. über d. r. G. nicht ausgeschlossen; da jedoch die Civilrechtspflege sich auf Rechtsverhältnisse bezieht, deren Verletzung das Staatsinteresse nur mittelbar berührt (oben S. 12 bis 14), so hat die österreichische ebenso wie die fremden Gesetzgebungen solche Ausnahmsgerichte nur auf dem Gebiete des Strafprocesses zugelassen. Immerhin bleibt es aber fraglich, ob der Gedanke, welcher den Ausnahmsgerichten in der Criminaljustiz zu Grunde liegt, nicht auch auf die Civilrechtspflege (durch Einführung einer Art von „privatrechtlichen Standgerichten“ in ausserordentlichen Fällen) eine nützliche Ausdehnung finden könnte. Denn es unterliegt wohl keinem Zweifel, dass grosse volkswirthschaftliche Krisen durch den mangelhaften Rechtsschutz, welchen unsere ordentliche Civilrechtspflege gegen aussergewöhnlich vermehrte Privatrechtsverletzungen blos zu bieten vermag, erheblich verschärft zu werden pflegen.

---

allgemein anerkannt. Gönner, Handb. des gem. deutsch. Processes, Bd. 1, 2. Aufl. (1804), 1, §. 9—13 und Deutsches Staatsrecht, (1804), §. 303. (Dieser Schriftsteller lässt aber noch manche Ausnahmen zu; so soll z. B. der Monarch auf Verlangen beider Theile berechtigt sein, eine Justizcommission einzusetzen); Zöpfl, Deutsch. Staatsrecht, Bd. 2, 5. Aufl. (1863), §. 290, Note 4, §. 296, Note 2, §. 448, Note 12 und die daselbst zahlreich angeführten deutschen Verfassungsgesetze; Wetzell, §. 35, Note 13—17; Endemann, §. 23. 41; Renaud, §. 20. Die Uebertragung der Jurisdiction kann nach österreichischem Rechte nur durch das Processgericht (§. 11 J. N.) oder durch ein vorgesetztes Gericht (§. 7, 8 J. N.), niemals aber durch eine ausserhalb des Justizorganismus stehende Macht erfolgen.

18

A. Die Stellung des Richters zu dem Civilrechts-streit. (Die Unabhängigkeit der Civilrechtspflege.)

Zur Sicherung einer dem Gesetze entsprechenden Rechtspflege genügt es nicht, dass nur der gesetzmässige Richter Recht spreche, es muss dieser vielmehr auch in die Lage versetzt werden, die Rechtspflege nach dem Gesetze und nur nach dem Gesetze zu verwalten. Die Massregeln, welche das constitutionelle Staatsrecht zu diesem Zwecke getroffen hat, sind vielfach ungenügend und bedürfen in manchen Richtungen einer Erweiterung und Ausbildung. Im österreichischen Rechte zeigt sich die Tendenz, dem Richter die gesetzmässige Ausübung der Rechtspflege zu ermöglichen, in einer doppelten Richtung wirksam. Zunächst dadurch, dass der Richter von positiven Nachtheilen, die ihm aus der gesetzmässigen Erfüllung seiner Amtspflicht widerfahren könnten, von Gesetzeswegen geschützt wird. Dann aber hat zweitens der Richter innerhalb bestimmter Schranken das Recht und die Pflicht, die Befehle der staatlichen Organe, welche sich formell als Rechtsnormen darstellen, in ihrer Rechtsbeständigkeit zu prüfen und nur jene im Rechtsleben zur Anwendung zu bringen, welche sich mit Rücksicht auf die verfassungsmässige Ordnung als giltige Normen des Handelns der Staatsgenossen darstellen. Man kann jenen Schutz des Richters vor Nachtheilen als die subjective Garantie, dieses Prüfungsrecht dagegen als die objective Garantie einer gesetzmässigen Rechtssprechung bezeichnen.

Die subjectiven Garantieen einer gesetzmässigen Ausübung der Rechtspflege bestehen vorzüglich in der selbstständigen,

15*

unantastbaren Lebensstellung, welche gegenwärtig das österreichische Recht [1] dem Richterstande [2] anweist; weder die Ausübung seines Amtes, noch auch der Genuss der damit verbundenen materiellen Vortheile kann dem Richter durch Willküracte

---

[1] Vor dem Jahre 1848 hatten die Richter der landesfürstlichen und der städtischen Patrimonialgerichte eine ähnliche staatsrechtliche Stellung wie gegenwärtig die Administrativbeamten, dagegen konnten die gutsherrlichen Patrimonialrichter — der weit überwiegende Theil des gesammten Richterpersonals — von dem Gerichtsherrn jederzeit ihres Amtes entsetzt werden. Haimerl-Wagner, Die Lehre von den Civilgerichtsstellen, (1834), Bd. 1, S. 56. Der erste Schritt zu einer Besserung dieser precären Lage der richterlichen Beamten erfolgte durch §. 7 des J. M. E. vom 21. Aug. 1848, Nr. 1176, welcher zur Cassirung eines Justizbeamten ein Erkenntniss des obersten Gerichtshofes für nothwendig erklärte. Die Reichsverfassung vom 4. März 1849, §. 101, enthielt über die Unabsetzbarkeit und die Unversetzbarkeit der Richter ganz analoge Bestimmungen wie gegenwärtig das St. G. G. über die richterliche Gewalt, welche in den §§. 60—118 des org. Ges. über die Gerichtsstellen vom 28. Juni 1850 Nr. 258, ihre Ausführung erhielten. Der wesentliche Unterschied zwischen dem Ges. vom 28 Juni 1850 und dem gegenwärtig geltenden Disciplinargesetz vom 21. Mai 1868 Nr. 46 besteht darin, dass nach dem ersteren die Disciplinarstrafen gegen selbstständige Richter nur von einem Disciplinargerichte nach einem gerichtlichen Verfahren, gegen die Hilfsrichter und das Kanzlei- und Dienerpersonale dagegen durch die Justizverwaltungsbehörden im administrativen Wege verhängt werden konnten, während gegenwärtig ein solches administratives Disciplinarverfahren nur gegen das Kanzlei- und Dienerpersonale, (aber nicht gegen die Hilfsrichter) zulässig ist. §. 65, 66, 72, 73 des Ges. v. 28. Juni 1850; §. 1, 7 des Ges. v. 21. Mai 1868, vgl. mit §§. 75—89 der Ger. Inst. v. 3. Mai 1853 Nr. 81. Das A. h. Cabinetsschreiben v. 31. Dec. 1851 Nr. 4, R. G. B. vom Jahre 1852, Abs. 18, stellte jedoch die richterlichen und die Administrativbeamten in Absicht auf ihre persönlichen Dienstbeziehungen wieder gleich und demgemäss wurde auch dem Disciplinarverfahren gegen richterliche Beamte durch die §§. 75—89 d. K. P. vom 3. Mai 1853 Nr. 81 ein vorherrschend administrativer Charakter verliehen. Der gegenwärtig in Folge des Ges. vom 21. Mai 1868 geltende Rechtszustand entspricht den Traditionen des deutschen Staatsrechtes. Vgl. unten Note 3.

[2] Das österreichische Recht unterscheidet in Beziehung auf die Garantieen der richterlichen Berufsstellung drei Kategorieen von richterlichen Beamten: 1) Die selbstständigen Richter, zu welcher Classe das Ges. vom 21. Mai 1868, Nr. 46, §. 1, die Präsidenten, die Vicepräsidenten, die Räthe und Referenten der Gerichtshöfe, dann die Bezirksrichter zählt; 2) die Hilfsrichter, d. i. die Secretäre, Adjuncten und Auscultanten (§. 1 cit.); 3) das Kanzlei- und Dienerpersonal. Rücksichtlich der ersten Gruppe vgl. Note 3—7, rücksichtlich der zweiten und dritten Note 8.

der Regierung entzogen werden. [3]) Dies zeigt sich schon in der Art, wie die Besetzung der Richterstellen erfolgt, indem die Richter vom Kaiser oder in dessen Namen definitiv und auf Lebensdauer ernannt werden. (Artikel 5 des Staatsgrundgesetzes.) [4]) Noch mehr tritt aber die bevorzugte Stellung des Richterstandes dadurch hervor, dass die totale [5]) oder par-

---

[3]) Dass die Stellung des Richterpersonales eine besonders gesicherte sein müsse, kann als ein allgemein adoptirtes Princip des Staatsrechtes betrachtet werden, wenngleich das Mass der gewährten Garantieen in den einzelnen Staaten ein verschiedenes ist. Zöpfl a. a. O. §. 455, Note 3; Bluntschli a. a. O. Bd. 2, S. 149; Gerber a. a. O. §. 55, Note 4; Wetzell, §. 34, Note 7; Endemann, §. 32, Abs. 1. Der wesentliche Inhalt dieser besonderen Garantien des Richteramtes besteht nach österr. Rechte darin, dass dem Richter durch die Ernennung ein Theil der staatlichen Macht endgiltig übertragen wird, während die Administrativbeamten jederzeit durch einen blossen Willensact der Regierung aus ihrem Wirkungskreise entsetzt und entweder aus dem Staatsdienste ganz entfernt oder doch auf einen anderen Dienstposten versetzt werden können. Der Anspruch des Administrativbeamten auf den Gehalt oder die Pension kann ihm dagegen nicht durch den blossen Willen der Regierung entzogen werden.

[4]) Die Uebertragung der richterlichen Gewalt darf also in Oesterreich weder auf eine bestimmte Zeit, noch auch auf Widerruf oder unter einer Suspensiv- oder Resolutivbedingung erfolgen. Dagegen halte ich die Ernennung von einem bestimmten Zeitpunkte an für zulässig, da diese sofort eine definitive ist und nur der Beginn ihrer Wirksamkeit aufgeschoben wird. Sehr belehrend sind über diese Frage die englischen Verfassungskämpfe, welche zur Folge hatten, dass die Ernennung der Richter auf Widerruf (during pleasure) allmählig durch die definitive Ernennung (during good behaviour) verdrängt wurde. S. Ernst Meier in seinem Aufsatze „Ueber das Verhältniss von Justiz und Verwaltung in England" in Aegidi's Zeitschrift für deutsches Staatsrecht, Bd. 1, S. 329—332. Eine ähnliche Entwicklung hat in Oesterreich stattgefunden. Vgl. Note 1.

[5]) Nach §. 7 des Ges. vom 21. Mai 1868 Nr. 46 kann eine Disciplinarstrafe gegen einen richterlichen Beamten nur durch Erkenntniss des zuständigen Disciplinargerichtes nach vorausgegangener mündlicher Verhandlung verhängt werden. Zu den Disciplinarstrafen gehört selbstverständlich auch die vollständige Entziehung der dem richterlichen Beamten verliehenen Macht und der damit verbundenen Vortheile. (Dienstesentlassung) §. 6, lit. c, des Ges. v. 21. Mai 1868. Die Dienstesentlassung darf über einen selbstständigen Richter nur als Disciplinarstrafe verhängt werden, als administrative Massregel ist dieselbe unbedingt unzulässig. Insbesondere kann sie — im Gegensatze zu der Pensionirung und Uebersetzung (Note 6, 7) — auch bei Veränderungen in der Organisation nicht im administrativen Wege verhängt

tielle [6]) Entziehung des einmal 'übertragenen Richteramtes und
der damit verbundenen materiellen Vortheile, ja selbst erheblichere
Modificationen in der Ausübung desselben (z. B. die Versetzung
an einen anderen Amtsort), [7]) gegen den Willen des betroffenen
Richters nur in Folge einer Entscheidung richterlicher Standes-
genossen (judicio parium) erfolgen können (Art. 6 St. G. G.).
Doch sind diese Begünstigungen, durch welche der Richterstand
zu einem geschlossenen, blos von seinen eigenen sittlichen Auffassungen beherrschten Lebenskreise erhoben wird, lediglich auf
jene Mitglieder desselben beschränkt, welche an der Verwaltung
der Rechtspflege selbstständig und unter eigener Verantwortlichkeit theilnehmen, während die Hilfsrichter und das Kanzlei- und
Dienerpersonale (Note 2) eine den Administrativbeamten analoge
Stellung einnehmen. [8])

werden. Art. 6, Abs. 2 des St. G. G. über die richt. Gew. Vgl. auch Pfeiffer, Die Selbstständigkeit des Richteramtes, S. 319, 320.

[6]) Eine particielle Entziehung des Staatsamtes ist die Pensionirung, durch
welche dem Staatsdiener die ihm anvertraute staatliche Macht vollständig,
die damit verbundenen Vortheile, insbesondere der Gehalt und die Neben-
bezüge, nur theilweise entzogen werden. Sie kann gegen selbstständige Richter (Note 2) niemals durch eine Verfügung der Justiz-Administrativbehörden,
sondern nur durch eine Entscheidnng des Disciplinargerichtes ausgesprochen
werden, ohne Rücksicht, ob sie als Disciplinarstrafe (§. 6, lit. b, d. Ges. v.
21. Mai 1868) oder wegen geistiger oder körperlicher Gebrechen (§. 50 d.
cit. Ges.) erfolgt. Nur bei Veränderungen in der Organisation der Gerichte
ist auch eine Pensionirung selbstständiger Richter durch einen blossen Willensact der Administrativorgane (als blosse administrative Massregel) zulässig.
Art. 6, Abs. 2 d. St. G. G. über die richt. Gew., Ges. vom 26. April 1873,
Nr. 62. Ueber die Pensionirung der Hilfsrichter, dann des Kanzlei- und
Dienerpersonales vgl. unten Note 8.

[7]) Die Versetzung eines selbstständigen Richters kann im Wesentlichen
nur unter denselben formellen Voraussetzungen, wie dessen Pensionirung, erfolgen. Vgl. die vorige Note und §. 43, 45, 46 d. Ges. v. 21. Mai 1868.

[8]) Die Hilfsrichter (Note 2) können durch eine blosse Verfügung der
Justiz-Administrativbehörden pensionirt und versetzt werden §§. 55, 48 des
Ges. v. 21. Mai 1868. Ebenso das Kanzlei- und Dienerpersonale, auf welches
die Privilegien des Richterstandes überhaupt nicht ausgedehnt worden sind
(Art. 6 des St. G. G. über die richt. Gew.). Ein wichtiger Unterschied in
der Lebensstellung der Hilfsrichter und des Kanzlei- und Dienerpersonales
besteht jedoch darin, dass Disciplinarstrafen gegen die ersteren nur von dem
Disciplinargerichte in den gerichtlichen Formen verhängt werden dürfen (§. 7
des Ges. v. 21. Mai 1868), wogegen die Disciplinarverhandlung gegen das

Eine wichtige Garantie der gesetzmässigen Rechtsprechung liegt ferner auch in der Befugniss des Richters, die vorhandenen Rechtsnormen in ihrer Rechtsbeständigkeit zu prüfen. Der Umfang dieses Prüfungsrechtes hängt von der Form ab, in welcher sich die Rechtsnormen dem erkennenden Richter darstellen. Mit Rücksicht auf die formelle Beschaffenheit lassen sich nach dem heutigen österreichischen Staatsrechte [9]) drei Arten von Rechtsnormen unterscheiden: das Gesetz, die Nothverordnung, die Verordnung. [10])
Ein Gesetz ist vorhanden, wenn eine Rechtsnorm vom Kaiser

richterliche Kanzlei- und Dienerpersonale von den Justiz-Administrativbehörden in den Formen des administrativen Verfahrens durchgeführt wird (§. 75–89 der Ger. Instr. v. 3. Mai 1853, Nr. 81). Soweit also die Pensionirung und die Versetzung sich nicht als blosse administrative Massregeln. sondern als Disciplinarstrafen darstellen (§. 6, lit. a und b des Ges. v. 21. Mai 1868, §. 58 Ger. Inst.; M. V. v. 5. Sept. 1859, Nr. 171), können sie gegen Hilfsrichter nur im gerichtlichen, gegen das Kanzlei- und Dienerpersonale im administrativen Wege verfügt werden.

[9]) Während der absolutistischen Epoche unterschied man zwar nach unwesentlichen formellen Merkmalen als besondere Gattungen der Rechtsnormen die Patente, Cabinetsschreiben, kaiserl. Verordnungen u. s. f., allein irgend eine erhebliche Rechtswirkung war an diese Unterscheidung nicht geknüpft. Unger, System, Bd. 1, S. 25–28. Die März-Verfassung §. 17, 37, 87, 88, 120, unterschied die drei im Texte angeführten Kategorieen (Gesetz, Nothverordnung, Verordnung), ohne jedoch bestimmte formelle Merkmale aufzustellen, an welchen die Parteien oder der Richter den staatsrechtlichen Charakter einer gegebenen Rechtsnorm erkennen konnten. Unter der Herrschaft dieser Verfassung hätten deshalb nothwendig dieselben Zweifel über das Verhältniss des Richters zu den gegebenen Rechtsnormen entstehen müssen, welche eine so weitläufige und wenig lehrreiche Literatur über unsere Frage erzeugt haben. Es ist ein wesentliches Verdienst der December-Verfassung, dass der publicistische Charakter jeder Rechtsnorm durch die im Texte angegebenen formellen Merkmale mit grosser Leichtigkeit festgestellt werden kann.

[10]) Die im Texte gegebene Eintheilung der Rechtsnormen nach ihrem publicistischen Charakter in Gesetze, Nothverordnungen (Nothgesetze) und Verordnungen ist wohl dem öffentlichen Rechte aller constitutionell-monarchischen Staaten eigenthümlich. Vgl. darüber Gerber, Grundzüge, §. 45—48; Rönne, Preuss. Staatsrecht, I, 1, S. 172. Eine Sammlung der Bestimmungen, welche die deutschen Verfassungen über diese Classification und deren thatsächliche Voraussetzungen enthalten, hat G. Planck als Anhang zu seinem Aufsatze „Die verbindliche Kraft der auf nicht verfassungsmässigem Wege entstandenen Gesetze und Verordnungen" in Ihering's Jahrbüchern, Bd. 9, S. 380—415, gegeben.

mit Berufung auf die Zustimmung der verfassungsmässigen Vertretungskörper und unter Mitfertigung eines verantwortlichen
Ministers verkündet ist (Art. 10 d. St. G. G. über die Ausübung
der R. u. V. G. v. 21. Dec. 1867, Nr. 145). Unter einer Nothverordnung versteht das österreichische Staatsrecht eine vom
Kaiser kundgemachte Rechtsnorm, welche von sämmtlichen Ministern
unterzeichnet und mit ausdrücklicher Beziehung auf den §. 14
des Ges. vom 21. Dec. 1867, Nr. 141 (über das Nothverordnungs-
recht des Monarchen) publicirt wird (§. 14 cit.). Jede andere
Rechtsnorm, welche nicht unter jene beiden Kategorieen fällt, ist
eine Verordnung, mag dieselbe von dem Kaiser selbst unter
Contrasignatur eines Ministers oder von den staatlichen und
autonomen Administrativ- oder von den Justizbehörden ausgehen. [1])

---

[1]) Fehlt es einer als Gesetz, Nothverordnung oder Verordnung bezeichneten Rechtsnorm an einem der staatsrechtlich nothwendigen Requisite,
so ist sie ungiltig und darf von dem Richter nicht in Anwendung gebracht
werden. Wird also z. B. in einer Rechtsvorschrift, welche sich als „Gesetz"
darstellt, der Zustimmung des Reichsrathes nicht erwähnt oder fehlt bei einer
kaiserlichen Verordnung. welche unter Hinweisung auf den §. 14 des Ges. v.
21. Dec. 1867, Nr. 141 erlassen wird (Nothverordnung) auch nur die Unterschrift eines einzigen Ministers, so darf der Richter sie selbst dann nicht
beachten, wenn er der Ansicht ist, dass der Inhalt der Rechtsnorm im Wege
einer blossen Verordnung hätte festgesetzt werden können. Zahlreiche deutsche
Verfassungen, insbesondere auch die preussische vom 31. Jan. 1850, Art. 44,
45, 62, 63, 106, begnügen sich damit, im Allgemeinen festzusetzen, dass jeder
Regierungserlass von einem Minister unterzeichnet sein müsse, ohne bei
Gesetzen die Erwähnung der erfolgten ständischen Zustimmung, bei Nothverordnungen die Beziehung auf die betreffende Verfassungsbestimmung als formelle Erfordernisse der Giltigkeit dieser Regierungsacte aufzustellen. Dessenungeachtet wird auch für das preussische Recht die Beobachtung jener Förmlichkeiten ganz richtig als eine unentbehrliche Voraussetzung der Giltigkeit solcher
Rechtsnormen betrachtet von Rönne in seinem Aufsatz „Ueber das richterliche Prüfungsrecht bezüglich der Rechtsgiltigkeit von Gesetzen und Verordnungen nach Preussischem Staatsrecht" in Aegidi's Zeitschrift, Bd. 1, S. 402
und im „Staatsrecht der preussischen Monarchie" Bd. 1, Abth. 1, S. 199, 200.
Ebenso auch Zachariae. D. St. und B. R. §. 161; Gerber, Grundzüge,
§. 49. A. A, jedoch mit ganz ungenügender Begründung: E. A. Chr. in
Aegidi's Zeitschrift, Bd. 1, S. 188. Auch in Oesterreich hätte die Frage
unter der Herrschaft des St. G. G. vom 26. Febr. 1861, welches in den
§§. 12, 13 ähnliche Bestimmungen wie die preussische Verfassung enthielt,
nur in diesem Sinne gelöst werden können.

Für die Ausübung des richterlichen Prüfungsrechtes ist also lediglich die **Form** von entscheidender Bedeutung, in welcher die anzuwendende Rechtsnorm erscheint. Ob auch die **materiellen Voraussetzungen**, welche die Verfassung für die Anwendung dieser Formen festsetzt, bei den einzelnen Rechtsnormen vorhanden sind, insbesondere ob die Zustimmung der Vertretungskörper zu dem Gesetze wirklich in der verfassungsmässigen Form erfolgt ist, ferner ob sich in der That die dringende Nothwendigkeit der Erlassung einer Nothverordnung zu einer Zeit herausgestellt hat, wo der Reichsrath nicht versammelt war — diese Fragen sind dem richterlichen Prüfungsrechte entzogen. Für den Richter genügt es vielmehr, dass eine Rechtsnorm die oben näher bezeichneten formellen Merkmale aufweist, um sie als ein Gesetz, als eine Nothverordnung oder als eine Verordnung anzuerkennen.[14])

Dadurch aber, dass es in das Ermessen des Monarchen und seiner Organe gestellt ist, den staatsrechtlichen Charakter der Rechtsnormen durch ihr einseitiges **Ermessen** ohne Rücksicht

---

[14]) Dass der Richter nach österreichischem Rechte nur die formelle, nicht aber die materielle Verfassungsmässigkeit einer Rechtsnorm zu prüfen hat, geht aus den legislativen Materialien zu dem Art. 7 d. St. G. über die richt. Gew. mit grosser Bestimmtheit hervor. In dem Berichte des Verfassungsausschusses über das citirte Staatsgrundgesetz wird der cit. Art 7 folgendermassen begründet: „Wenn auch die gerichtlichen Organe bei Ausübung richterlicher Functionen nur dem Gesetze unterworfen sind, so darf ihnen doch das Recht nicht eingeräumt werden, über den rechtsgiltigen Inhalt der Gesetze und insbesondere darüber zu entscheiden, ob die Gesetze nach ihrem Inhalt und ihrer Entstehung verfassungsmässige sind. Dieses Prüfungs- und Entscheidungsrecht würde den Richter über das Gesetz stellen (?) und die Rechtsanwendung verwirren; es würde dem Richter ein nur den legislativen Factoren zustehendes Befugniss einräumen und hiemit die richterliche mit der gesetzgebenden Gewalt vermengen". Vgl. „Die neue Gesetzgebung Oesterreichs" (1868), Bd. 1, S. 426. Da das St. G. G. über die richt. Gew. von dem Verfassungsausschusse vorgeschlagen wurde (oben §. 5, Note 2) und der Reichsrath in der Discussion desselben nicht weiter auf den Art. 7 zurückkam, so ist die Bedeutung dieser Gesetzesstelle durch die angeführte Aeusserung aus dem Motivenbericht ausser allem Zweifel gestellt. Erwägt man, dass unsere Verfassung dem Richter die Prüfung der materiellen Voraussetzungen der Gesetze entzieht, so ist es selbstverständlich, dass der Richter auch bei Nothverordnungen nur das Vorhandensein der formellen Requisite festzustellen hat. Vgl. auch Dr. F. K., Prüfung der Giltigkeit der Gesetze und Verordnungen nach österr. Staatsrecht in den Jur. Blättern 1873, Nr. 5, 9, 11 und unten Note 14.

auf die materiellen Voraussetzungen festzustellen [13]), ist noch keineswegs über die Rechtsbeständigkeit dieser Normen entschieden. Diese unterliegt vielmehr noch immer der richterlichen Prüfung, welche freilich einen grösseren oder geringeren Umfang besitzt oder auch vollständig beseitigt ist, je nachdem das Staatsoberhaupt und seine Organe der einzelnen Rechtsnorm den Charakter eines Gesetzes, einer Nothverordnung oder einer Verordnung verliehen haben.

Gänzlich ausgeschlossen ist jene richterliche Prüfung bei Rechtsnormen, welche mit den formellen Merkmalen eines Gesetzes verkündet worden sind (Art. 7 des St. G. G. über die richterliche Gewalt). [14]) Der Richter hat demnach, falls eine solche Rechts-

---

[13]) Dieses Recht ist eine Consequenz der dem Monarchen im Art. 10 des St. G. G. vom 21. Dec. 1867 Nr. 145 verliehenen Befugniss zur Kundmachung der Gesetze. Die Minister aber, welche ein Gesetz, eine Nothverordnung oder eine Verordnung unterzeichnen, ohne dass die materiellen Voraussetzungen dieser Regierungsacte vorliegen, sind dafür nach Massgabe des Gesetzes v. 25. Juli 1867 Nr. 101. §§. 1—4, verantwortlich. Der Staatsgerichtshof ist deshalb m. E. an die Bestimmungen des Art. 7 des St. G. G. über die richt. Gew. nicht gebunden, vielmehr hat er zufolge §. 3, lit. a und b des Ges. vom 25. Juli 1867 die Verfassungsmässigkeit der Gesetze, Nothverordnungen und Verordnungen ohne Unterschied zu prüfen und, falls dieselben auf verfassungswidrigem Wege zu Stande gekommen sind, die Verantwortlichkeit der Minister festzustellen. Erklärt der Staatsgerichtshof einen Minister deshalb für schuldig, weil er an der Kundmachung einer Rechtsnorm als Gesetz, Nothverordnung oder Verordnung verfassungswidrig mitgewirkt hat, so treten wohl diese sofort ausser Kraft, ohne dass es einer ausdrücklichen Rücknahme bedarf. Dass übrigens diese Garantie der Verfassungsmässigkeit der Rechtsnormen unter Umständen eine ungenügende ist, wird von Gneist in seinem Gutachten für den vierten deutschen Juristentag über die Frage: „Soll der Richter auch über die Frage zu befinden haben, ob ein Gesetz verfassungsmässig zu Stande gekommen ist?" Separatabdruck, Berlin 1863, S. 19—22 und von Planck in dem oben (Note 10) citirten Aufsatz, S. 335—338 mit Recht hervorgehoben.

[14]) Die im Text für das österreichische Recht entschiedenen Fragen sind in der Theorie wie in der Praxis ausnehmend bestritten. Für das Recht der Gerichte, auch die Entstehung der Gesetze in Betreff ihrer Verfassungsmässigkeit zu prüfen, hat sich der vierte deutsche Juristentag ausgesprochen, welcher in seiner Sitzung vom 25. August 1863 folgende Beschlüsse fasste: a) Der Richter hat im gegebenen Falle über das verfassungsmässige Zustandekommen der Gesetze und Verordnungen zu entscheiden. b) Der Richter hat ein Gesetz nur insoweit zur Anwendung zu bringen, als sein Inhalt die Zustimmung der

norm vorliegt, nicht weiter zu untersuchen, ob die Vertretungskörper, welche derselben ihre Zustimmung ertheilt haben, verfassungsmässig constituirt waren, insbesondere auch, ob die einzelnen
Mitglieder gesetzmässig gewählt und bei der Annahme des Gesetzes in der verfassungsmässigen Anzahl versammelt waren (§. 15
des St. G. G. über die Reichsvertretung). Ebenso fällt ausserhalb
der Grenzen der richterlichen Prüfung, ob die Vertretungskörper
zu der Rechtsnorm ihre Zustimmung in gehöriger Form ertheilt

---

verfassungsmässigen Stände erhalten hat. c) Dringend zu wünschen ist, dass,
sofern Zweifel über diese Zustimmung entstehen, endgiltig ein unabhängiger
Cassationshof auf Antrag eines bei dem Processe Betheiligten oder der Staats-
behörde über die Frage zu b zu entscheiden hat. d) Werden die Verfassungen oder Wahlgesetze durch einen Act der Staatsregierung einseitig geändert
und auf Grund dieser Aenderung mit Zustimmung der hiernach zusammen-
gesetzten Stände Gesetze erlassen, so sollte jeder Betheiligte das Recht haben,
gegen solche Gesetze ein unabhängiges Reichsgericht anzugehen, welches über
die Anwendbarkeit der betreffenden Gesetze zu entscheiden hat. (Vgl. die
Verhandlungen des vierten deutschen Juristentages, Bd. 1, S. 201—257 und
Bd. 2, S. 11—69.) Auch die hervorragendsten Schriftsteller haben sich für
die Berechtigung des Richters zur Prüfung der Giltigkeit von Gesetzen in
materieller und formeller Beziehung ausgesprochen. Wächter, Ueber die
Collision der Privatrechtsgesetze verschiedener Staaten, Archiv für civilist.
Praxis. Bd. 24, S. 238, Note 1, 2; Puchta, Pand., §. 15, Note 0; Vorle-
sungen, 5. Aufl. Bd. 1, S. 35—37; Gneist a. a. O. S. 19—22; Windscheid, Pand. §. 14, Note 2; G. Planck a. a. O. S. 357—361; Bluntschli,
Allgemeines Staatsrecht, 4. Aufl. Bd. 1, S. 557; Gerber, Grundzüge, §. 49.
Dagegen schränken den Richter auf die Prüfung der formellen Erfordernisse
eines Gesetzes ein: Linde im Archiv für civil. Praxis, XVI, S. 305—382;
Dr. Hermann Bischof in seinem Aufsatz: „Verfassung, Gesetz, Verordnung und richterliches Prüfungsrecht der Verfassung landesfürstlicher Gesetze
und Verordnungen" in Linde's Zeitschrift, Bd. 16, S. 235—294, 385—422,
Bd. 17, S. 104—144, 253—304, 448—464, Bd. 18, S. 129—160, 302—320,
393—420 (eine Abhandlung, welche in Bd. 16, S. 245—294, 385—422 eine
reichhaltige, aber wenig lichtvolle und geordnete Dogmengeschichte dieser
Frage enthält); Stubenrauch in den Verhandlungen des vierten deutschen
Juristentages (1863), Bd. 1, S. 201—211; Martin, Der Umfang des landes-
richterlichen Prüfungsrechtes hinsichtlich des Entstehens giltiger Gesetze und
Verordnungen in den constitutionellen deutschen Bundesstaaten, 1865. Vgl.
auch unten Note 17. Diese letztere Auffassung liegt auch dem Art. 7 des
St. G. G. zu Grunde. S. oben Note 12. Vgl. ferner für das positive preussische
Staatsrecht (welches in Ansehung der Gesetze ähnliche Bestimmungen auf-
stellt wie der Art. 7 cit.) Rönne, Preuss. Staatsrecht, I, 1, S. 207, 208; für
England: Gneist a. a. O. S. 8—12; für Frankreich: Gneist S. 12, 13, 16, 17.

haben, z. B. ob die bei Verfassungsänderungen erforderliche Zwei-
drittelmehrheit in den beiden Häusern des Reichsrathes erreicht
worden ist (§. 15 ebenda). Endlich entzieht sich der richterlichen
Beurtheilung auch der Inhalt der Gesetze, welcher von dem
Richter selbst dann anzuwenden ist, wenn derselbe nach seiner
Ueberzeugung den internationalen Verpflichtungen der Monarchie
gegenüber fremden Staaten [15]) oder den Verbindlichkeiten der
deutschen Erbländer gegen die ungarische Monarchie [16]) oder dem
Inhalte der Verfassung widerstreitet. [17]) Ebensowenig darf der

---

[15]) Bekanntlich war es zur Zeit der Erlassung der Gesetze vom
25. Mai 1868 Nr. 47, 48, 49 R. G. B. (Ehe-, Schul- und interconfessionelle
Gesetze), von einzelnen Parteien bestritten, ob der österreichische Staat mit
Rücksicht auf die im Concordate vom 5. Nov. 1855 Nr. 195 übernommenen
Verpflichtungen berechtigt sei, die angeführten Gesetze zu erlassen, da die-
selben mit jener in den Formen eines internationalen Vertrages zwischen
Oesterreich und dem heiligen Stuhle abgeschlossenen Vereinbarung in einem
augenscheinlichen Widerspruche standen. In Folge des Art. 7. d. St. G. G.
über die richt. Gew. hatten die österreichischen Richter, auch wenn einzelne
Mitglieder diese Auffassung getheilt haben sollten, doch die Pflicht, die drei
Gesetze zur Anwendung zu bringen. Dasselbe ist selbstverständlich auch in
Ansehung des Ges. vom 7. Mai 1874 Nr. 50 R. G. B. der Fall, welches
(Art. 2) das Concordat seinem vollen Inhalt nach aufhebt.

[16]) So sollen z. B. nach dem §. 2 des Ges. vom 21. Dec. 1867 Nr. 46
R. G. B. gewisse Angelegenheiten zwar nicht gemeinsam verwaltet, jedoch
nach gleichen, von Zeit zu Zeit zu vereinbarenden Grundsätzen behandelt werden,
wofür das Verfahren im §. 36 des Ges. vorgeschrieben ist. Wenn nun die
Gesetzgebung der deutsch-slavischen Länder ein Gesetz, welches zu den im
§. 2 cit. bezeichneten Angelegenheiten gehört, selbstständig und ohne eine
Vereinbarung mit Ungarn erlassen würde, so wäre dasselbe doch für die Gerichte der Erblande vollständig rechtsverbindlich.

[17]) Ueber den wichtigsten Fall dieser Art, wenn eine Rechtsnorm unter
Mitwirkung eines Vertretungskörpers zu Stande gebracht wird, in dessen
Wirkungskreis die Votirung eines solchen Gesetzes nicht liegt s. unten S. 239. Nach
dem Staatsrecht der Vereinigten Staaten von Nordamerika haben bekanntlich
die Gerichte das Recht, einem Gesetze, welches mit der Verfassung oder den
Staatsverträgen im Widerspruch steht, die Anerkennung zu versagen und die
Vollziehung desselben zu hemmen. Nordamer. Bundesverfassung, Art. III,
sect. 2, und dazu G. Matile, Organisation et jurisdiction des cours fédérales
des États Unis in der Revue de droit international, Bd. 6, S. 89—100;
Rüttimann, Das nordamerikanische Bundesstaatsrecht, verglichen mit den
politischen Einrichtungen der Schweiz, Bd. 1 (1867), S. 344—349. Der Grundgedanke, auf welchem diese ausgedehnte Macht der nordamerikanischen Gerichte beruht, ist, dass die Verfassung das Werk des Volkes ist und lediglich

Richter einem gehörig kundgemachten Gesetze deshalb seinen Gehorsam versagen, weil dessen Inhalt angeblich mit göttlichen Geboten oder mit absoluten Grundsätzen der Vernunft im Widerspruch steht [18]) oder weil dadurch wohlerworbene Rechte verletzt werden. [19])

durch dieses, nicht aber durch eine gesetzgebende Versammlung geändert werden könne. Rüttimann a. a. O. S. 344, 345. Vgl. ferner Bluntschli, Allgem. Staatsrecht, Bd. 1, S. 559—563; Pözl, Baierisches Verfassungsrecht, §. 147, Note 1; Gneist a. a. O. S. 23 (welche Schriftsteller sich gegen die Befugniss des Richters zur Prüfung der Frage aussprechen, ob ein Gesetz seinem Inhalte nach verfassungsmässig ist). Dagegen schreibt Robert v. Mohl in dem Aufsatz „Ueber die richterliche Bedeutung verfassungswidriger Gesetze" in seinem „Staatsrecht, Völkerrecht und Politik", Bd. 1, S. 66—95 den Gerichten ganz allgemein das Recht zu, die Verfassungsmässigkeit des Inhaltes der Gesetze zu prüfen (a. a. O. S. 81—90), wogegen die Verwaltungsbehörden nach der Ansicht M.'s auch materiell verfassungswidrige Gesetze zu vollziehen haben (a. a. O. S. 90—93). Ebenso Jaques in den Verhandlungen des vierten deutschen Juristentages (1863), Bd. 1, S. 240—257, bes. S. 246. Auch Planck a. a. O. S. 359—361 gesteht den Gerichten ein Prüfungsrecht zu, doch macht er einen Unterschied zwischen solchen Gesetzen, welche blos Grundsätze für die künftige Gesetzgebung aufstellen (z. B. die Vorschrift, dass das Processverfahren nach den Grundsätzen der Oeffentlichkeit und Mündlichkeit geregelt werden solle) und solchen, die wirklich der unmittelbaren Anwendung fähig sind und dazu bestimmte Rechtssätze aufstellen (z. B. das Verbot der Censur im Art. XII des St. G. G. über d. allg. R. der Staatsbürger). Gesetze, welche mit verfassungsmässigen Grundsätzen der letzteren Art im Widerspruch stehen, ohne dass die zur Abänderung der Verfassung erforderlichen Formalitäten beobachtet worden sind, hat der Richter nach der Auffassung P.'s nicht zur Anwendung zu bringen.

[18]) Von diesem Gesichtspunkte ist namentlich die Giltigkeit solcher Gesetze bekämpft worden, welche die Rechtsverhältnisse religiöser Genossenschaften zu regeln bestimmt waren. (Man muss Gott mehr gehorchen als den Menschen.) Vgl. darüber Mohl a. a. O. S. 68; Gneist a. a. O. S. 6, 23.

[19]) Dies war der Standpunkt des deutschen Reichsstaatsrechtes, indem die deutschen Reichsgerichte das Recht besassen, auch Gesetzen der Territorialstaaten die Anerkennung zu versagen, wenn durch dieselben wohlerworbene Rechte verletzt wurden. Dagegen war auch den deutschen Reichsgerichten die Prüfung der landesherrlichen Gesetze und Verordnungen in Beziehung auf ihre Zweckmässigkeit entzogen. Häberlin, Handbuch des deutschen Staatsrechtes, Bd. 2 (1797), S. 457—460; Gönner, Teutsches Staatsrecht, (1804), §. 303, Note m. Als Beispiele einer solchen Verletzung führt Häberlin (a. a. O. S. 459) den Fall an, dass ein landesherrliches Gesetz die bisherigen Münzsorten unter ihren inneren Werth herabsetzt oder ein bisher anerkanntes Steuerprivilegium aufhebt. Der modernen Auf-

Bei oberflächlicher Betrachtung könnte es scheinen, dass
dieses Recht des Monarchen, bei Gesetzen die Beobachtung der
in der Verfassung vorgeschriebenen Formen durch sein Zeugniss
mit Ausschluss jedes Gegenbeweises festzustellen, den verfassungsmässigen Rechtszustand in erheblichem Masse gefährden könnte.
In Wirklichkeit ist diese Gefahr nicht hoch anzuschlagen. Bei
normaler Entwicklung des Verfassungslebens ist es wohl undenk-
bar, dass der Monarch und seine Minister in einem Gesetze eine
leicht nachweisbare Unwahrheit bezeugen sollten. Nur in den seltensten Ausnahmsfällen, z. B. wenn es zweifelhaft ist, ob zu einer
bestimmten Rechtsnorm die Zustimmung einer Zweidrittelmajorität des Reichsrathes erforderlich ist [20]) oder wenn bei heftigen
Verfassungskrisen das Subject der Rechte, welche den Vertretungskörpern durch die verfassungsmässige Ordnung zugewiesen sind,
selbst nicht mehr unzweifelhaft feststeht (z. B. bei einem gesetz-
widrig oder auf Grund eines octroyirten Wahlgesetzes gewählten
Abgeordnetenhaus) [21]), könnte eine unrichtige Angabe über jenen

---

fassung der staatsrechtlichen Verhältnisse ist eine solche Befugniss der
Gerichte, die einmal erworbenen subjectiven Rechte auch gegen die gesetzgebende Gewalt aufrecht zu erhalten, vollkommen fremd; hat sich doch unser
gegenwärtiger Rechtszustand aus der Aufhebung zahlloser öffentlicher und
Privatrechte (z. B. durch die Grundentlastung u. s. f.) herausgebildet.

[20]) Ein solcher Zweifel wurde im Abgeordnetenhause des österreichischen
Reichsrathes bei der Berathung der vier Staatsgrundgesetze über die allgemeinen Rechte der Staatsbürger, über die Einsetzung eines Reichsgerichtes,
über die richterliche Gewalt und über die Ausübung der Regierungs- und
Vollzugsgewalt von einer Seite des Hauses erhoben und damit begründet, dass diese
Gesetze Verfassungsgesetze seien und deshalb den Bestimmungen des §. 14
des Ges. über die Reichsvertretung vom 26. Febr. 1861 rücksichtlich der
Zweidrittelmajorität unterliegen. Die andere Seite des Abgeordnetenhauses
erklärte jedoch die einfache Majorität für genügend, weil sich der cit. §. 14
nur auf Abänderungen im Grundgesetze über die Reichsvertretung beziehe.
während die vier Staatsgrundgesetze Bestimmungen über die Reichsvertretung
überhaupt nicht enthielten. Diese letztere Auffassung erlangte im Abgeordnetenhause die Majorität und demgemäss wurde bei der Votirung jener Gesetze die Zweidrittelmajorität nicht constatirt. Vgl. Die neue Gesetzgebung Oesterreichs, Bd. 1, S. 429—440. Für die Zukunft wurde dagegen
(§. 15 des St. G. G. vom 21. Dec. 1867 Nr. 141) allerdings zu einer Abänderung
jener vier Gesetze eine Zweidrittelmajorität als nothwendig erklärt.

[21]) Ein Fall dieser Art wäre eingetreten, wenn die durch das kaiserl.
Patent vom 2. Jänner 1867 Nr. 1 R. G. B. zusammenberufene „ausserordent-

Umstand in einem Gesetze vorkommen. Damit nun die Einheit
des Staatswillens und dessen allgemeine Anerkennung wenigstens
in seinem wichtigsten Bestandtheile: dem Gesetzesrechte nicht gefährdet werde, hat die österreichische Verfassung festgestellt, dass
das Zeugniss des Monarchen für die Beobachtung der verfassungsmässigen Form von entscheidender Beweiskraft sein soll. [22])

Eine besondere Schwierigkeit bietet die Anwendung des
Satzes, dass der Richter die Giltigkeit der Gesetze nicht zu prüfen hat, durch den Umstand, dass in Oesterreich die Gesetzgebung des Reiches und jene der Länder vielfach auf demselben
oder doch auf nahe verwandten Gebieten concurriren. Hat der
Richter zu prüfen, ob der Reichsrath und die Landtage bei der
Votirung von Gesetzen den ihnen in der Verfassung vorgeschriebenen Wirkungskreis nicht überschritten haben? Und wie hat
sich insbesondere der Richter dann zu verhalten, wenn über denselben Gegenstand reichs- und landesgesetzliche Normen widersprechenden Inhalts bestehen, ohne dass man doch (etwa mit
Rücksicht auf eine inzwischen verfassungsmässig eingetretene Erweiterung der Competenz des betreffenden Vertretungskörpers)
dem Reichs- oder Landesgesetze verfassungsmässig eine derogirende
Kraft gegenüber dem früheren Landes- oder Reichsgesetze zuschrei-
ben kann? Unser positives österreichisches Staatsrecht giebt uns
über diese Frage keinen Aufschluss, da eine Bestimmung, wie
die der deutschen Reichsverfassung (Art. 2), wonach die Reichsgesetze den Landesgesetzen vorausgehen, in den österreichischen
Verfassungsgesetzen nicht vorkommt.

liche Reichsrathsversammlung" wirklich zu Stande gekommen wäre, ja der Zweck
des ganzen Patentes bestand augenscheinlich darin, der Verfassungspartei die
ausserordentliche Reichsrathsversammlung als den verfassungsmässigen Reichsrath darzustellen und dadurch ihren Beschlüssen die verfassungsmässige Geltung
zu sichern, während diese Körperschaft den föderalistischen Parteien als ein
freier Congress zur Berathung der Verfassungsfrage erscheinen sollte. Die
Regierung hätte deshalb wohl auch kein Bedenken getragen, die von der
ausserordentlichen Reichsrathsversammlung votirten Gesetze unter Berufung
auf die angeblich erfolgte Zustimmung des Reichsrathes zu verkünden. Ein
anderer Fall dieser Art ist in den kurhessischen Wirren (1850) vorgekommen. Pfeiffer a. a. O. S. 334, 335.

[22]) Es ist übrigens unverkennbar, dass diese Fragen weit über den
rein juristischen Ideenkreis hinausgreifen, da sie viel mehr Macht- als Rechtsfragen sind. S. oben S. 6, 7. Vgl. auch Gneist a. a. O. S. 30—32 und
Windscheid, §. 14, Note 2.

Was zunächst die erste Frage betrifft, so ist wohl festzuhalten, dass dem Richter im Allgemeinen jene Prüfung der Competenz des Vertretungskörpers nicht zusteht. Ist also über eine Rechtsfrage blos e i n e Norm in der Reichs- oder Landesgesetzgebung vorhanden, so hat sie der Richter unbedenklich anzuwenden, auch wenn er der Ueberzeugung ist, dass deren Votirung ausserhalb des verfassungsmässigen Wirkungskreises jener Vertretung gelegen war, welche die Zustimmung zu derselben ertheilt hat. Denn eine solche Prüfung der Competenz würde unzweifelhaft eine Prüfung der Giltigkeit eines gehörig kundgemachten Gesetzes in sich schliessen. [23])

Dieselbe Auffassung ist wohl auch dann berechtigt, wenn über den nämlichen Gegenstand eine reichs- und eine landesgesetzliche Rechtsnorm entgegengesetzten Inhalts mit dem gleichen verfassungsmässigen Anspruch auf fortdauernde Giltigkeit bestehen. Hier sind von dem Richter jene Methoden anzuwenden, welche oben (S. 126, 127) für die Beseitigung widersprechender Elemente aus dem Rechtssystem überhaupt aufgestellt worden sind. Das ältere Gesetz ist daher immer durch das neuere Gesetz als aufgehoben zu betrachten, mögen auch beide einem verschiedenen Zweige der Gesetzgebungsgewalt ihren Ursprung verdanken. [24])

---

[23]) Zweifelhaft ist, wie Competenz-Ueberschreitungen, welche sich die Delegationen des österreichischen Reichsrathes und des ungarischen Landtages in Ansehung ihres gesetzlichen Wirkungskreises (§. 1. 13 des Gesetzes vom 21. Dec. 1867 Nr. 46) zu Schulden kommen lassen, in Beziehung auf unsere Frage zu behandeln sind. Da die Delegationen ein selbstständiges Gesetzgebungsrecht nicht besitzen, sondern die Gesetzgebung in den gemeinsamen Angelegenheiten nur in Vertretung des Reichsrathes und des ungarischen Landtages ausüben (§. 6 d. Ges. vom 21. Dec. 1867), so muss, falls die von dem Reichsrathe und den Delegationen votirten Rechtsnormen im Widerspruch stehen, in der Rechtsanwendung die Gesetzgebung des Ersteren (als des Auftraggebers) den Vorzug haben. Ist dagegen ein solcher Widerspruch nicht vorhanden, so ist die von den Delegationen votirte Norm von dem Richter unbedingt zu beobachten, weil dann anzunehmen ist, dass die beauftragte Körperschaft innerhalb ihres Wirkungskreises gehandelt hat. Vgl. auch §. 13, Abs. 2 des Ges. vom 21. Dec. 1867.

[24]) Dieser Fall ist in Oesterreich namentlich durch den Art. IV, Abs. 2 des St. G. G. über die allgemeinen Rechte der Staatsbürger v. 21. Dec. 1867 Nr. 142 praktisch geworden. Die cit. Gesetzesstelle bestimmte nämlich — im Widerspruch zu dem damals geltenden Gemeinderecht — dass allen

Erfolgt aber die Erlassung des Reichs- und des Landesgesetzes
gleichzeitig — was namentlich dann der Fall ist, wenn dem
Reichsrathe in einem Zweige der Gesetzgebung blos die Feststellung der Grundzüge vorbehalten ist und diese in das Landesgesetz
ihrem Wortlaute nach aufgenommen worden sind [25]) — so ist ein
etwaiger Widerspruch eben so wie jeder andere durch Einschränkung der widersprechenden Rechtsregeln zu beseitigen.

Weit umfangreicher als bei den Gesetzen ist das Prüfungsrecht bei jenen Rechtsnormen, welche oben als Nothverordnungen bezeichnet worden sind. [26]) Zwar hat der Richter, wie bereits

Staatsbürgern, welche in einer Gemeinde wohnen und daselbst von ihrem
Realbesitze, Erwerbe oder Einkommen Steuer entrichten, das active und pas-
sive Wahlrecht zur Gemeindevertretung unter denselben Bedingungen wie den
Gemeindeangehörigen gebührt. Es handelte sich nun darum, ob diese Bestim-
mung auch in jenen Ländern gelte, in welchen sie nicht als Landesgesetz
kundgemacht worden war. Diese Frage hat das Reichsgericht in wiederholten
Entscheidungen bejaht und zwar sowohl wegen der Eigenschaft des cit.
Art. IV als einer Lex posterior, als auch wegen seines staatsgrundgesetzlichen
Charakters. Hye, Sammlung, Nr. 42, 90.

[25]) Beispiele dieser Art liefert die österreichische Gemeinde- und Was-
serrechtsgesetzgebung, indem das Reichsgemeindegesetz v. 5. März 1862, Nr. 18
und das Reichswassergesetz v. 30. Mai 1869 Nr. 93 nur die grundsätzlichen
Bestimmungen über das betreffende Rechtsgebiet enthalten, während die
Ordnung des Details der Landesgesetzgebung vorbehalten blieb. Bei der Redaction der Landesgesetze wurden die Bestimmungen der Reichsgesetze wörtlich aufgenommen, so dass also der Gesetzgeber die Normen des Reichsgesetzes und der Landesgesetze sich als coexistirend gedacht hat.

[26]) Aus den Materialien des Ges. vom 16. Juli 1867 Nr. 96, welches
den §. 13 des Grundgesetzes über die Reichsvertretung vom 26. Febr. 1861
abänderte und gegenwärtig als §. 14 des Ges. vom 21. Dec. 1867 Nr. 141
erscheint, ferner aus den Vorarbeiten des §. 7 des St. G. G. über d. richt.
Gew. ist über das richterliche Prüfungsrecht in Betreff der Nothverordnungen
nichts zu entnehmen. Vgl. „die neue Gesetzgebung Oesterreichs", Bd. 1, S. 31
bis 54, 207, 426, 427. Das österreichische Verfassungsrecht (§. 14 des Ges.
vom 21. Dec. 1867 Nr. 141) fasst jedoch unzweifelhaft die Nothverordnungen
als blosse Verordnungen (nicht als Gesetze) auf, der Richter hat folglich nach
dem St. G. G. über d. richt. Gew. das Recht, ihre Giltigkeit zu prüfen. Doch
ist dieses Prüfungsrecht auf die formellen Requisite und auf die im Text
angegebenen materiellen Momente beschränkt. A. A. ist für das preussische
Recht Rönne a. a. O. S. 207, welcher den Behörden nur die Prüfung der
zur Entstehung einer Nothverordnung erforderlichen formellen Voraussetzungen zuspricht, so dass diese z. B. auch offenbar verfassungswidrige Nothverordnungen in Vollzug zu setzen hätten.

früher hervorgehoben wurde, nur die formellen Voraussetzungen (Kundmachung durch den Kaiser, Contrasignatur sämmtlicher Minister, Berufung auf §. 14 des St. G. G. vom 21. Dec. 1867 Nr. 141), nicht aber die materiellen Requisite (Dringlichkeit, Abwesenheit des Reichsrathes) zu prüfen; dagegen sind diese Nothverordnungen der richterlichen Beurtheilung in Ansehung ihres Inhalts und der Dauer ihrer Wirksamkeit unterworfen. Denn solche kaiserliche Verordnungen mit provisorischer Gesetzeskraft dürfen einestheils keine Abänderung des Staatsgrundgesetzes bezwecken, keine dauernde Belastung des Staatsschatzes und keine Veräusserung von Staatsgut betreffen. Zweitens aber erlischt ihre Gesetzeskraft, wenn dieselben nicht dem Abgeordnetenhause vier Wochen nach Beginn der nächsten Session vorgelegt werden oder wenn sie die Genehmigung eines der beiden Häuser des Reichsrathes nicht erhalten. Insoferne der Inhalt der Nothverordnung jenen verfassungsmässigen Voraussetzungen widerspricht oder deren Wirksamkeit durch Eintritt der angeführten Erlöschungsgründe aufgehört hat, darf der Richter dieselbe nicht zur Anwendung bringen. Denn nur die Prüfung der Gesetze, also der vom Kaiser und den competenten Vertretungskörpern genehmigten Rechtsnormen, nicht aber die Prüfung der kaiserlichen Verordnungen mit provisorischer Gesetzeskraft ist dem Wirkungskreise des Richters durch den Art. 7 des St. G. G. u. d. richt. G. entzogen. Dagegen hat der Richter auch bei dieser Gattung von Rechtsnormen nicht zu untersuchen, ob der Monarch mit Rücksicht auf die internationalen Verpflichtungen der österreichischen Monarchie oder auf das Verhältniss der deutsch-slavischen Provinzen zu der ungarischen Monarchie zur Erlassung der Nothverordnung berechtigt war.

Am weitesten geht das Prüfungsrecht des Richters bei den Verordnungen, d. h. bei jenen Rechtsnormen, welche vom Kaiser allein unter Gegenzeichnung eines Ministers oder von den Administrativ- und Justizbehörden erlassen werden. [27]) Denn

---

[27]) Die österreichische Verfassung macht in Beziehung auf das richterliche Prüfungsrecht keinen Unterschied zwischen den Verordnungen des Monarchen und seiner Organe. Die preussische Verfassung (§. 106) beschränkt die Gerichte in Ansehung der königlichen Verordnungen auf die Prüfung der formellen Erfordernisse, wogegen die Verordnungen aller übrigen Staats-

zufolge Art. 7 des Staatsgrundgesetzes über die richterliche Gewalt
haben die Gerichte über die Giltigkeit von Verordnungen im
gesetzlichen Instanzenzuge zu entscheiden, sie haben folglich nicht
nur über die formellen Erfordernisse, wie bei den Gesetzen oder
über einzelne materielle Momente wie bei den Nothverordnungen,
sondern über die gesammten materiellen Voraussetzungen der
anzuwendenden Verordnungen zu erkennen. [18]) Für die Rechtsanwendung ist daher die Frage von grosser Wichtigkeit: Wie
weit kann die Staatsgewalt ohne Zuziehung der gesetzgebenden
Körper allgemein verbindliche Rechtsnormen mit definitiver Giltigkeit erlassen ? [19])

---

organe uneingeschränkt der Beurtheilung der Gerichte unterliegen. R ö n n e,
Bd. 1, S. 207 ff.; Z ö p f l, §. 451, Note 11 (wo auch zahlreiche andere
deutsche Verfassungen angeführt sind, welche die gleiche Einschränkung wie
der Art. 106 enthalten).

[18]) Unter einer „Verordnung" im Sinne des Art. 7 d. St. G. G. über
die richt. Gew. ist eine Rechtsnorm, nicht eine Entscheidung des Monarchen oder seiner Administrativorgane über e i n e e i n z e l n e Verwal-
t u n g s s a c h e zu verstehen, obgleich in der österr. Gesetzessprache — namentlich
der älteren Zeit — sehr häufig auch solche Einzelverfügungen als Verordnungen
bezeichnet werden. Vgl. z. B. A. G. O. §§. 385, 386, 387, 388, 389 u. s. f.
Dies verkennt die Entsch. des obersten Gerichtshofes bei U n g e r - G l a s e r -
W a l t h e r Nr. 3037, welche die Zulässigkeit des possessorischen Schutzes
gegen eine Verfügung der Gemeindeorgane (oben §. 17, Note 7) behauptet,
weil „nach Art. 7 des Grundgesetzes über die richterliche Gewalt die Gerichte
nunmehr über die Giltigkeit auch der von administrativen Behörden erlassenen Verordnungen zu entscheiden haben, und demnach dem Gerichte auch im
vorliegenden Falle die Entscheidung darüber zusteht, ob der Geklagte im
Verein mit anderen Gemeindeorganen, jedoch ohne Intervention des Gemeinde-
vorstandes, den Abbruch der vom Kläger errichteten Mauer giltig verfügen
konnte." Vgl. über die Fälle, in welchen die Ueberprüfung administrativer
Entscheidungen durch die Civilgerichte zulässig ist, oben §. 17, Note 7.

[19]) Ueber das Wesen und den Umfang des Verordnungsrechtes vgl.
ausser den oben (Note 14, 17) angeführten Schriftstellern noch für das D e u t s c h e
R e i c h: Robert v. M o h l, Das deutsche Reichsstaatsrecht, (1873), S. 257,
258; S e y d e l in H i r t h's Annalen, (1874), Sp. 1143—1146 und ebenda (1876)
Sp. 11—20; R ö n n e, Das Staatsrecht des Deutschen Reiches, (1876), S. 213
bis 215, 231. — P r e u s s e n: R ö n n e, Das Staatsrecht der preussischen
Monarchie, 3. Aufl. Bd. 1, (1869), S. 72 ff., 88, 185—187, 337—338. —
E n g l a n d: G n e i s t, Verwaltung, Justiz und Rechtsweg, (1869), S. 62—70,
D e r s e l b e, Der Rechtsstaat, (1872), S. 23—24. — S c h w e i z und N o r d -

Die Staatsgrundgesetze geben über diese Frage trotz den ungemein wichtigen Rechtsfolgen, welche sie an den Unterschied zwische Gesetz und Verordnung knüpfen, keinen befriedigenden Aufschluss. Der Art. 11 des Staatsgrundgesetzes über die Ausübung der Regierungs- und Vollzugsgewalt bestimmt zwar, dass die Staatsbehörden innerhalb ihres amtlichen Wirkungskreises befugt sind, auf Grund der Gesetze Verordnungen zu erlassen. Wie weit dieses Verordnungsrecht der Staatsbehörden sich erstrecken darf, ist aber in dieser Gesetzesstelle nicht angedeutet.

Am einfachsten ist die Lösung dieser Frage, wenn ein Gesetz selbst die Regelung gewisser Gebiete einer Verordnung des Kaisers oder, was die Regel ist, der Minister vorbehält. Hier ist es lediglich Interpretationsfrage, wie weit das Gesetz das Verordnungsrecht der Regierungsgewalt über den betreffenden Gegenstand ausdehnen wollte. Regelmässig ist wohl anzunehmen, dass der Gesetzgeber das von ihm nicht berührte Gebiet der Regelung der Regierungsorgane auch in jenen Punkten vorbehalten wollte, welche sonst im Wege der Gesetzgebung hätten geregelt werden müssen. [30])

Fehlt es an einer solchen gesetzlichen Bestimmung, so ist für die Giltigkeit einer Verordnung ein negatives und ein positives Merkmal entscheidend. Ein negatives, indem keine Verordnung einer Norm des Gesetzesrechtes widersprechen darf. Ein positives, indem sich jede Verordnung als ein Ausfluss der Vollzugsgewalt darstellen muss, welche die Verfassung den staatlichen Organen eingeräumt hat.

Das erste (n e g a t i v e) Erforderniss ist schon im Art. 11 des St. G. G. über die Regierungs- und Vollzugsgewalt festgestellt,

---

Amerika: Rüttimann, Das nordamerikanische Bundesstaatsrecht verglichen mit den politischen Einrichtungen der Schweiz, Th. 1, (1867), S. 174, 175. S. auch Stein, Verwaltungslehre, Bd. 1, S. 128 ff.

[30]) Auf den Fall einer ausdrücklichen Ermächtigung ist das Verordnungsrecht der Regierung im Wesentlichen nach dem Staatsrecht der Schweiz und der nordamerikanischen Freistaaten beschränkt. Rüttimann a. a. O. S. 175 schreibt den Regierungen dieser Republiken zwar auch ein selbstständiges Verordnungsrecht über einzelne beschränkte Gebiete (z. B. über die Geschäftsbehandlung bei den Behörden, über die Benützung öffentlicher Anstalten) zu; allein auch in diesem Umfange scheint jenes Recht nicht unzweifelhaft anerkannt zu sein.

da nach diesem die Verordnungen auf Grund der Gesetze zu erlassen sind, folglich mit diesen niemals in Widerspruch treten sollen. Die Rechtsnormen, welche seit Einführung des constitutionellen Systems in der Form von Gesetzen erlassen worden sind, können daher nur durch Gesetze abgeändert oder aufgehoben werden, auch wenn sie Gegenstände behandeln, welche an sich der Regelung im Verordnungswege fähig wären. Von den Rechtsnormen, welche unter der absoluten Monarchie in Wirksamkeit traten, sind jene Vorschriften, welche auf kaiserlichen Entschliessungen beruhen, den Gesetzen im Sinne unserer Verfassung wohl gleich zu achten. [31])

Als positives Merkmal der staatsrechtlichen Giltigkeit von Verordnungen habe ich oben bezeichnet, dass sie sich als ein Ausfluss der Vollzugsgewalt darstellen müssen, welche die Verfassung den staatlichen Organen eingeräumt hat. Die vollziehende Gewalt befindet sich in den Händen des Kaisers, der sich zu diesem Zwecke der Minister und zahlreicher untergeordneter Beamten bedient, welche dieselbe nach den Anordnungen des Monarchen oder der übergeordneten staatlichen Organe auszuüben haben. Werden diese Anordnungen nicht in der Form specieller Befehle an die untergeordneten Vollzugsbeamten, sondern als allgemeine Normen ihres Handelns erlassen, so ist eine Verord-

---

[31]) Dass Verordnungen, welche mit Gesetzen im Widerspruch stehen, von den österreichischen Gerichten nicht zur Anwendung gebracht werden dürfen, kann wohl als unbestritten gelten. Vgl. Hye, Sammlung, Nr. 18, 51. Zweifelhaft ist dagegen, in welcher Weise der Widerspruch zwischen Verordnungen zweier Administrativbehörden zu behandeln ist. Diese Frage ist in Oesterreich von grosser Bedeutung, weil nach unserem öffentlichen Recht nicht nur alle Staatsbehörden (§. 11 des St. G. G. über d. R. und V. G.), sondern auch die autonomen Organe, selbst jene der untersten Ordnung, ein Verordnungsrecht besitzen. S. z. B. §. 43 der Landesverf. f. N.-Oest., §. 58, 59 des n.-ö. Gemeindegesetzes. Vgl. auch die Manz'sche Ausgabe der Gemeindegesetze, 5. Aufl. (1875), S. 45. Die Frage ist wohl so zu beantworten, dass innerhalb des staatlichen und des autonomen Verwaltungsorganismus die Verordnung der niedrigeren Behörde nicht gilt, wenn sie mit jener einer höheren Instanz im Widerspruch steht. Tritt dagegen ein solcher Widerstreit zwischen den Verordnungen staatlicher und autonomer Behörden ein, so ist aus dem Gesetz die Zuständigkeit zur Erlassung der Verordnungen und demgemäss deren Giltigkeit festzustellen. Vgl. auch Art. 2, lit. b des St. G. G. über d. R. G.

nung im Sinne unserer Verfassung vorhanden. [12]) Die Verordnung muss daher, insofern sie sich in den verfassungsmässigen Grenzen hält, immer in erster Reihe den Zweck haben, das Handeln der staatlichen Organe zu bestimmen, sie können deshalb als Instructionen der obersten Inhaber der Vollzugsgewalt an ihre Beamten über die Ordnung des öffentlichen Dienstes im weitesten Sinne betrachtet werden. [13]) Rechte und Pflichten der Staatsgenossen

---

[12]) Zu den natürlichen Objecten des Verordnungsrechtes gehört namentlich auch die Organisation, die Competenz und die innere Geschäftseinrichtung der Behörden, soweit diese Gebiete nicht durch die Verfassung der Gesetzgebung ausdrücklich vorbehalten sind oder auch ohne eine Verfassungsbestimmung durch bereits erlassene Gesetze normirt sind. Durch die Verfassung ist der Gesetzgebung vorbehalten, die Feststellung der Organisation und Competenz der Gerichte (Art. 2 des St. G. G. über die richt. Gew.), dann die Organisation der Verwaltungsbehörden in ihren Grundzügen (§. 11 lit. l des St. G. G. über die Reichsvertretung). Die Organisation und Competenz der Gerichte kann folglich durch Verordnungen regelmässig (vgl. jedoch oben S. 214) nicht bestimmt werden, wogegen diese Fragen, soweit dieselben die Administrativbehörden betreffen, der Regelung durch Verordnung immer dann entziehen, wenn die bestehende Ordnung in ihren Grundlagen geändert, z. B. ganz neue Arten von Behörden eingeführt werden sollen. Zu der zweiten Kategorie gehört die innere Geschäftseinrichtung der Gerichte, welche durch eine Reihe von Gesetzen normirt wird und deshalb im Verordnungswege nicht abgeändert werden kann. Vgl. oben S. 52. Die staatsrechtliche Praxis ist übrigens in Betreff dieser Fragen noch sehr schwankend.

[13]) Nach dem im Text Gesagten ist das Gebiet der Verordnungsgewalt und jenes der Auslegung im weitesten Sinne (oben §§. 10, 11) wesentlich identisch. Jene Rechtsgebiete, in welchen (wie z. B. in dem heutigen Civil- und Strafrecht und Process) die Fiction der Vollständigkeit gilt (oben §. 11, Note 2), sollten überhaupt durch Verordnungen nicht geregelt werden, weil hier die Beschaffenheit der Rechtsquellen und die Handhabung derselben durch die Gerichte eine ergänzende Normirung durch die vollziehende Gewalt entbehrlich macht. Mit dieser Auffassung stimmt auch die staatsrechtliche Praxis der meisten europäischen Staaten überein; insbesondere sind auch in Oesterreich seit der Einführung des constitutionellen Systems auf den bezeichneten Gebieten regelmässig nur dann Verordnungen gegeben worden, wenn das Gesetz deren Erlassung ausdrücklich vorgesehen hatte. Vgl. auch Bluntschli, Allg. Staatsrecht. Bd. 1, S. 522, 523. Auf allen anderen Gebieten der Gesetzgebung steht der vollziehenden Gewalt die Auslegung der Gesetze vermittelst allgemeiner Normen (Verordnungen) im weitesten Umfang zu. Da jedoch den Gerichten die Auslegung der Gesetze (oben §§. 10, 11) gleichfalls ohne Einschränkung zusteht, so müssen sie auch das Recht haben, zu untersuchen, ob die durch administrative Verordnungen kundgegebene Auffassung der Gesetze ihrem wahren Inhalt entspricht. Dies ist der tiefere

untereinander, dann die Rechtsverhältnisse zwischen den Unterthanen und dem Staate, insofern es sich nicht ausschliesslich um
die Thätigkeit der staatlichen Organe handelt, sind dagegen ein
Gegenstand der Gesetzgebung und sollten niemals durch blosse
Verordnungen geregelt werden. [84])

Grund, weshalb die Gerichte zur Prüfung der Rechtsgiltigkeit von administrativen Verordnungen berechtigt sind.

[84]) Manche Gesetzgebungen und Schriftsteller grenzen das Gebiet der
Gesetzgebung und der Verordnungsgewalt nach den Gegenständen ab,
welche durch die beiden Rechtsquellen normirt werden sollen, so dass z. B.
Rechtsnormen, welche die Freiheit der Person oder das Eigenthum der Unterthanen oder die Verfassung betreffen, nur durch ein Gesetz erlassen werden
können, wogegen die übrigen Rechtsgebiete der Regulirung durch Verordnung
anheimfallen können. Zöpfl, §. 440, Note 3; Bluntschli, Allgemeines
Staatsrecht, Bd. 1, S. 522, 533; Pözl, Baierisches Staatsrecht, §. 143. Dem
österreichischen Verfassungsrechte ist diese Unterscheidung fremd.

19

B. Das Verhältniss der Parteien zu dem Civilrechtsstreit. (Die Verhandlungsmaxime und das Princip des wechselseitigen Gehörs.)

Die zweite Frage, welche in der oben gegebenen vorläufigen Uebersicht der Processprincipien aufgeworfen wurde, bezieht sich auf das Verhältniss der Parteien zu dem Civilrechtsstreite. Als leitender Grundsatz in dieser Frage kann gelten, dass der Civilprocess in weit überwiegendem Masse seine Gestalt von den streitenden Parteien empfängt, dass der Richter zwar an der Entwicklung des Rechtsstreites thätigen Antheil nimmt, dass aber dennoch seine Thätigkeit gegen jene der Parteien merklich zurücktritt. Denn der Streit, welcher zwischen den Parteien über Dasein und Umfang der Privatrechte besteht, ist wohl ein öffentlich-rechtliches Rechtsverhältniss, welches, eben weil es ein Element der Oeffentlichkeit in sich birgt, die Theilnahme des Staates in hohem Grade hervorruft; allein dessenungeachtet ist doch immer sein Endzweck, gestörte Privatrechte, über welche der Berechtigte nach dem Grundgedanken unserer privatrechtlichen Rechtsordnung beliebig verfügen kann, festzustellen und nöthigenfalls zwangsweise zu realisiren.

Jener Grundsatz, dass der Civilrechtsstreit seine Gestalt vorherrschend von den streitenden Parteien empfängt, lässt sich aber in zwei Elemente auflösen. Zunächst ist nämlich in diesem Princip der Grundsatz ausgesprochen, dass der Beginn und der Lauf des Processes regelmässig von dem Willen der Parteien abhängt und dass diese Willkür nur in einem beschränkten Umfang, welcher in der nachfolgenden Untersuchung festzustellen ist, durch die Thätigkeit des Richters begrenzt wird. Dies ist das sog. Ver-

handlungsprincip oder die Verhandlungsmaxime, welche
von Gönner deshalb so benannt wurde, weil sich danach die
Gestalt des Processes als das Resultat der Verhandlung der Parteien, d. h. ihrer processualischen Thätigkeit ergiebt. ¹) Dann aber
fliesst zweitens aus jenem Princip die weitere Folge, dass der
Rechtsstreit seine Gestalt durch den Willen beider Parteien, nicht
blos durch jenen des Klägers oder des Beklagten empfängt, dass
also bei den processualischen Handlungen regelmässig beide Streittheile mitwirken müssen. Dieses letztere Princip ist der in der
gemeinrechtlichen Doctrin sogenannte Grundsatz des wechselseitigen Gehörs. Die Geltung dieser beiden Maximen: der
Verhandlungsmaxime und des Grundsatzes des wechselseitigen
Gehörs soll nunmehr in Beziehung auf den österreichischen Process im Einzelnen festgestellt werden.

---

¹) Gönner's Handbuch des gemeinen deutschen Processes, VIII, §. 4
a. E. (2. Aufl. [1804], Bd. 1, S. 188). Gönner a. a. O. S. 175—276 setzt
der Verhandlungsmaxime die in der preussischen Allg. G. O. herrschende
Untersuchungsmaxime (oben §. 2 und unten §. 21, Note 1) entgegen.

§. 20.

Die Verhandlungsmaxime [1]): Ihre Wirksamkeit beim Beginn des Civilrechtsstreites.

Das Wesen des Verhandlungsprincips habe ich oben (§. 19) dahin präcisirt, dass der Beginn und der Lauf des Processes

---

[1]) Vgl. über die Verhandlungsmaxime Gönner, Handbuch des deutschen gemeinen Processes, 1. Bd. 2. Aufl. (1804), Abh. VIII, S. 175—216 (Verhandlungs- und Untersuchungsmaxime) und Abh. X a. a. O. S. 234—279 (Was kann der Richter von Amtswegen bei einem Process?); Mittermaier, Der gemeine deutsche bürgerl. Process, Bd. 1, 2. Aufl. (1822), S. 70—97; Sintenis, Erläuterungen, Heft 2 und 3 (1840), S. 365—638; Wetzell, System, §. 13, 43 (2. Aufl. S. 463—469); Renaud, Lehrbuch, §. 78; Endemann, §. 99, 102; Martin, Lehrbuch, §. 16; Linde, §. 29, 143; Bayer, Vorträge, S. 33—37 u. A. — Römisches Recht: Endemann, Das Princip der Rechtskraft, (1860), S. 8, 9; Bethmann-Hollweg, Römischer Civilprocess, Bd. 2, S. 602, 603. — Aelteres deutsches Recht: Planck, Das Beweisurtheil, S. 27—32; Homeyer, Der Richtsteig Landrechts u. s. f., (1857), S. 430—434; Franklin, Das Reichshofgericht im Mittelalter, Bd. 2 (1869), S. 192, 193, 262—265. — Oesterreichisches Recht: Nippel. Erl., Bd. 1, S. 13 ff.; Haimerl, „Allgemeine Betrachtungen über die Reform des Civilprocesses" in seinem Magazin, Bd. 1 (1850), S. 25—44; Schuster. Die Civilprocessordnung für die Königreiche Ungarn etc. 3. Aufl. (1860), S. 20 bis 22, 86. — Preussisches Recht; Abegg, Versuch einer Geschichte der Preussischen Civilprocessgesetzgebung, (1848), S. 126 ff. (Diese Schrift enthält eine sehr lichtvolle Darstellung des älteren Preussischen Rechts, welches wegen der consequenten Durchführung des Officialprincips in dem Civilverfahren historisch denkwürdig ist, sammt der geschichtlichen Entwicklung bis zum Jahre 1846, in welchem die preussische Gesetzgebung die Officialmaxime für den Civilprocess im Wesentlichen wieder aufgegeben hat); Koch, Der Preussische Civilprocess, 2. Aufl. (1855), §. 119. Vgl. auch Wach, Der Entwurf einer deutschen Civilprocessordnung in der Krit. Vierteljahrsch., Bd. 14 (1872), S. 330—356.

regelmässig von dem Willen der Parteien abhängt und dass diese Willkür nur in einem beschränkten Umfang durch die Thätigkeit des Richters begrenzt wird. Die Verhandlungsmaxime übt also in doppelter Richtung ihre Wirksamkeit aus: Einestheils hat der Richter auf die Einleitung der Rechtsstreite von Amtswegen keinen Einfluss zu nehmen, vielmehr ist die Erhebung der Klage lediglich dem Ermessen der Streitparteien, in diesem Falle also des Klägers überlassen. Zweitens ist aber auch dann, wenn von dem Berechtigten die Klage bereits eingebracht worden ist und in Folge dessen die Mitwirkung des Richters begonnen hat, der Verlauf des Rechtsstreites vorherrschend in die Hände der Parteien gegeben, von diesen und nicht von dem Richter empfängt der Civilprocess seinen wesentlichen Inhalt. Die Bedeutung des Verhandlungsprincips nach beiden Richtungen sowie auch die Ausnahmen, welche dessen Geltung in einzelnen Fällen erleidet, sind nun hier näher zu bestimmen.

Der Grundsatz, dass die Vertheidigung verletzter Privatrechte durch die Erhebung einer Klage dem Ermessen des Berechtigten zu überlassen sei, ist als eine der wichtigsten Consequenzen unserer privatrechtlichen Rechtsordnung zu betrachten.[1] Denn das Wesen der Privatrechte besteht eben darin, dass sie

---

[1] L. un. C. ut nemo invitus (3, 7): Invitus agere vel accusare nemo cogitur. Ebenso im canonischen Recht: München, Das can. Gerichtsverfahren etc. 1. Aufl. 1. Bd. (1865), S. 82, 83. Der Satz ist auch in dem gemeinen deutschen Process unbestritten und wird durch das Rechtssprichwort: „Nemo iudex sine actore", „Wo kein Kläger ist, da ist kein Richter", ausgedrückt. Gönner a. a. O. VIII, §. 3; Mittermaier a. a. O. S. 70; Wetzell, §. 18, Note 1—5 und Text; Renaud, §. 78, Note 1, 2; Endemann, §. 102. Auch in dem Verfahren der A. preuss. G. O. nach welcher der einmal eingeleitete Process durchgreifend von der Officialmaxime beherrscht wird, ist doch die Einleitung des Civilrechtsstreites von der Erhebung der Klage oder der Klagsanmeldung durch den Berechtigten abhängig. Koch, §. 119, Note 1. Dieses Princip ist auch in allen neueren Processordnungen theils ausdrücklich ausgesprochen, theils doch als giltig vorausgesetzt. Genfer P. O. Art. 1 und dazu Bellot, Exposé u. s. f. 3. Aufl. (1870), S. 19; Hannover'sche P. O. §. 92; Badische P. O. §. 673; Ital. P. O. Art. 35; Württemberg'sche P. O. Art. 317; Baier. P. O. Art. 224; Deutsch. Entw. v. 1874, §. 222. Auch die österreichischen Gerichtsordnungen (A. G. O. §. 1, 65, W. G. O. §. 1, 60, Ung. C. P. O. v. 1852 §. 1) haben denselben Grundsatz adoptirt. Ebenso der österr. Entw. v. 1876, §. 123.

dem Berechtigten ein Gebiet selbstständiger Herrschaft eröffnen, innerhalb dessen er nach seinem Ermessen zu schalten befugt ist. Zu dem eigenthümlichen Charakter der Privatrechte gehört es also, dass der Berechtigte sie zu seinen Zwecken beliebig gebrauchen, ja auf dieselben verzichten kann und wenn dieser Grundsatz bei einzelnen Privatrechten eine Ausnahme erleidet, so ist dies eine Consequenz des öffentlich-rechtlichen Elementes, welches so zahlreichen civilrechtlichen Befugnissen beigemischt ist. Jene unbedingte Herrschaft, welche der Berechtigte über seine Privatrechte regelmässig ausübt, bringt es nun auch mit sich, dass die gerichtliche Geltendmachung derselben durch Erhebung der Klage oder eines anderen processualischen Angriffs in der überwiegenden Anzahl von Fällen von der Willkür des Klägers abhängt. [1])

Dieser Grundsatz, dass der Richter zur Einleitung des streitigen Civilverfahrens die Klage des Berechtigten abzuwarten hat, erleidet erhebliche Ausnahmen in doppelter Richtung. Zunächst so, dass der Richter in einzelnen Fällen die Einleitung des Rechtsstreites von Amtswegen veranlasst, ohne dass er von irgend einem Betheiligten zu dieser Thätigkeit aufgefordert worden ist. Dann aber auch zweitens in der Weise, dass der Berechtigte von dem Richter in gewissen Fällen auf Antrag von Personen, die an dem Beginne des Rechtsstreites ein rechtliches Interesse haben, zur Erhebung der Klage selbst gegen seinen Willen genöthigt werden kann.

In die erste Kategorie gehört, wenn man mit der herrschenden Auffassung das gesammte Eheverfahren dem Gebiete der civilrechtlichen Repressivjustiz zuweist (oben S. 80—82), eine Anzahl von Fällen der Ungiltigkeit einer Ehe, indem zufolge §. 94 B. G. B. die Ungiltigkeit von Ehen, welchen eines der in den §§. 56, 62—68, 75 und 119 angeführten Hindernisse (impedimenta iuris publici) im Wege steht, von Amtswegen zu untersuchen ist. [4]) Diese Untersuchung von Amtswegen bezieht sich

---

[1]) Vgl. über den Gegensatz des Civilprocesses zu denjenigen Processformen, durch welche die Repression von Verletzungen öffentlicher Rechte bewirkt wird, oben S. 12—19.

[4]) Das Ehepatent vom. 16. Jan. 1783 und das josefinische bürgerliche Gesetzbuch setzten für das Eheverfahren keine besonderen Normen fest, wes-

nicht nur auf den Lauf des Rechtsstreites, sondern auch auf den Beginn desselben, wie schon daraus hervorgeht, dass nach der Vorschrift des §. 94 bei allen übrigen Ehehindernissen das Ansuchen derjenigen, welche durch die mit einem Hindernisse geschlossene Ehe in ihren Rechten gekränkt worden sind, abgewartet werden muss. Die in den angeführten Gesetzesstellen enthaltenen Fälle der Ungiltigkeit einer Ehe bilden daher ebensoviel Ausnahmen von jener ersten Consequenz des Verhandlungsprincips, da hier die Existenz eines privatrechtlichen Rechtsverhältnisses von Amtswegen zum Gegenstande eines Rechtsstreites gemacht wird. Allerdings gelangt die Natur des Rechtsstreites über die Giltigkeit der Ehe nicht mit voller Klarheit zur Erscheinung, da das Gericht in Gemässheit der Hofdkr. Reskr. v. 30. Aug. 1837, H. 799 und des Justizbofd. v. 25. Nov. 1839 Nr. 757 (Wessely, Nr. 1803, 1804) zur Bestreitung der Ehe nicht, wie an sich der Sachlage am besten entsprechen würde, einen besonderen Kläger bestellen darf, sondern den Rechtsstreit in der Form einer officiösen Untersuchung zu pflegen hat. ⁶)

---

halb auf die Ehestreitigkeiten der ordentliche Process der allgemeinen Gerichtsordnung vom 1. Mai 1781 angewendet werden musste. Doch wurde der Untersuchungsprocess des canonischen Rechtes sehr bald durch eine Reihe von Verordnungen mit unwesentlichen Abweichungen wieder eingeführt. Dolliner, Handbuch des österreichischen Eherechtes, Bd. 3, 2. Aufl. (1848), S. 366—371; Michel, Beitr. zur Gesch. des österr. Eher., (1870), S. 33, 54, 82, und den tüchtigen Aufsatz von Chorinsky, „Der Eheprocess in Oesterreich", in den Jur. Bl. (1875), Nr. 3—4, 8—11, bes. Nr. 4.

⁶) Die Untersuchung der öffentlichen Ehehindernisse wird, wie sich schon aus der Natur derselben ergiebt (vgl. auch oben S. 81, 82), in den Gesetzgebungen durchgreifend von der Officialmaxime beherrscht. Und zwar treten auch hier wie im Strafverfahren (oben S. 16) die zwei Formen des Officialverfahrens hervor, nämlich der Untersuchungsprocess und der Anklageprocess. In dem Untersuchungsprocess leitet der Richter das Nullitätsverfahren von Amtswegen ein, im Anklageprocess ist mit der Anfechtung der Ehe ein öffentlicher Kläger (gewöhnlich der Staatsanwalt) beauftragt. Mit dem Wesen beider Processformen ist es aber (ähnlich wie bei den analogen Gestaltungen des Strafprocesses) sehr wohl vereinbar, dass diejenigen, welche an der Anfechtung der Ehe ein Interesse haben, sich an dem Nullitätsverfahren in grösserem oder geringerem Umfange betheiligen dürfen. Den Charakter einer Untersuchung von Amtswegen, jedoch unter Mitwirkung der Betheiligten, trägt das Nullitätsverfahren in dem canonischen Recht: c. 3. X. de divort. 4. 19. Praeterea de II., qui cognatam suam duxit uxorem, respondemus, quod

Wichtiger als diese vereinzelte Ausnahme, wo der Richter
auch ohne Antrag einer betheiligten Partei die gerichtliche

---

non apparentibus accusatoribus et parentela manifesta seu publica exis-
tente, quod credibile non est, nisi essent in primo gradu vel secundo, tui
officii interest, matrimonia illa adhibita gravitate dissolvere, quae
illicite contracta noscuntur. Schulte, Handbuch des katholischen Eherechtes, S. 448; Dolliner, Handb. des österr. Eherechtes, Bd. 3, 2. Aufl.
(1848), S. 362. Ein Element des Anklageprocesses wurde in den can. Eheprocess
durch die Constitution Benedict's XIV. „Dei miseratione" vom J. 1741, §. 5
bis 10 (Schulte a. a. O. S. 465—471) getragen, indem diese die Aufstellung eines öffentlichen Vertheidigers der Ehen (matrimoniorum defensor) anordnete. In ganz analoger Weise wie das canonische Recht hat auch die
österreichische Gesetzgebung den Eheprocess geordnet B. G. B §. 94, 97;
M. V. vom 2. Oct. 1851 N. 251; §. 4, 13. Ehev. vom 23. Aug. 1819 Nr. 1595.
Dagegen ist in folgenden Processrechten der Staatsanwalt bei öffentlichen
Ehehindernissen als Ankläger bestellt, ohne dass jedoch die betheiligten
Parteien dadurch von der Mitwirkung bei der Anfechtung ausgeschlossen
werden: Frankreich: Code civ. Art. 184, 190 und dazu Zachariae, Hand-
buch, Bd. 3, §. 466; Aubry und Rau, Bd. 5, §. 461; Marcadé, Expl.,
Bd. 1 (1873), S. 516, 517. — Preussen: §. 4, 5 der V. vom 28. Juni 1844
über das Verfahren in Ehesachen (Koch, Processordnung, S. 931 ff. und
Processrecht, §. 56 a, §. 413; Förster, Theorie und Praxis, Bd. 3, §. 210,
Note 4). — Baden: L. R. S. 184, 189, 190 und P. O. §. 1050, 1052. —
Italien: Cod. civ. art. 104 und dazu Mattei, Il cod. civ. Ital. comm. Bd. 1
(1873), S. 199, 200. — Baiern: Art. 160, Z. 6, 672, 678, 679. — Deutsch. Entw.
v. 1874. §. 561 (Motive S. 540, 541) — Oesterr. Entw. v. 1876, §. 643. Vgl. auch die
Verh. des 5. deutschen Juristentages, dessen 4. Abth. auf Grundlage eines Gutach-
tens von Heimsoeth den Beschluss fasste: „Der Staatsanwaltschaft sei der
Beruf zu überweisen 1. in den Fällen, wo nach dem bisherigen Verfahren ohne
Antrag einer Privatpartei von Amtswegen durch ein Civilprocessverfahren (zur
Feststellung, Aenderung oder Aufhebung eines den Gegenstand des Verfahrens
bildenden Privatrechtsverhältnisses) einzuschreiten ist, als Principalpartei das
Verfahren bei den Gerichten anhängig zu machen und unter Beibringung der
Thatsachen mit den Processmitteln einer Partei durchzuführen; 2. in den
Fällen, in welchen im Civilprocessverfahren (über die Feststellung, Aenderung
oder Aufhebung eines den Gegenstand des Verfahrens bildenden Privatrechtsverhältnisses) zwar auf die Anträge einer oder mehrerer Parteien zu entscheiden, dabei jedoch die Thatsachen (welche die Voraussetzung der Entscheidung bilden) nicht lediglich nach Lage der Behauptungen, Beweise und
Zugeständnisse der Parteien sich bestimmen, sondern von Amtswegen darauf
zu halten ist, dass der wirkliche Thatbestand der Entscheidung zu Grunde
gelegt werde, als Principalpartei an dem Verfahren betheiligt zu sein und
selbstständig im geeigneten Falle unter Beibringung des Thatbestandes mit
den Processmitteln und Rechtsmitteln einer Partei mitzuwirken. Dieser Beschluss wurde im Plenum des Juristentages zur Kenntniss gebracht. Vgl. Verh.

Prüfung eines Privatrechtsverhältnisses veranlasst [*]), sind die zahlreichen Fälle, in welchen das Gericht auf Begehren solcher Personen, die an der Vornahme eines processualischen Angriffes ein rechtliches Interesse haben, den Berechtigten zur Erhebung der Klage oder der vorbereitenden Schritte durch richterlichen Befehl nöthigt. Und zwar lassen sich innerhalb dieser Gruppe zwei Kategorien von Fällen unterscheiden : solche, wo jenes Gebot des Richters zur Erhebung der Klage oder eines die Klage vorbereitenden processualischen Angriffs gegen eine bestimmte Person (individuelle Provocationen) und solche, wo dasselbe an eine unbestimmte Mehrheit von Personen gerichtet wird (öffentliche Provocationen).

Zu der ersten Gattung gehören die zahlreichen Fälle des Aufforderungsprocesses, welche das österreichische Recht ausgebildet hat. Die Darstellung dieser Fälle im Detail gehört in den speciellen Theil der Civilprocesstheorie ; doch kann schon hier darauf hingewiesen werden, dass die individuellen Provocationen des österreichischen Rechtes sich auf zwei Gesichtspunkte zurückführen lassen. Zunächst ist nämlich eine bedeutende Zahl von Provocationen in dem österreichischen Processe zugelassen, deren

---

des 4. deutschen Juristentages, Bd. 1, S. 279—310, Verh. des 5. Juristentages Bd. 1, S. 165, Bd. 2, S. 70, 78, 210 ff.

[*]) Manche Schriftsteller zählen zu den im Text bezeichneten Ausnahmen auch den ursprünglichen Fall des possessorium summariissimum, indem der Richter in diesem Verfahren, wenn der Besitz einer Sache streitig und Gewaltthätigkeiten zwischen den Parteien zu befürchten waren (timor armorum). das Recht hatte, die streitige Sache von Amtswegen zu sequestriren und einen der Streittheile zur Erhebung der Klage anzuweisen, auch wenn er um seine Intervention von keiner Seite angerufen worden war. Bruns, Recht des Besitzes, S. 232 ff. 261 ff. Für das österreichische Recht kommt dieser Fall nicht in Betracht, weil die in den §§. 8—10 Bs. V. erwähnten Decrete, welche historisch jenen richterlichen Verfügungen im poss. summ. des gemeinen Rechtes entsprechen, jedenfalls nur von einem Richter erlassen werden können, der bereits mit der summarischen Besitzklage befasst ist (§. 8 „auf Ansuchen des Klägers“, §. 9 „dem Beklagten“. §. 10 „während der Verhandlung“). Die Officialthätigkeit, welche der Richter im gemeinrechtlichen poss. summ. zur Aufrechthaltung der öffentlichen Ruhe und Ordnung ausübt, ist im österreichischen Recht der Administrativbehörde zugewiesen (§. 343, 344 B. G. B., V. der Min. des Innern, der Justiz und der Finanzen v. 19. Jan. 1853 Nr. 10, Beil. A. §. 26: Michel, Handbuch des allgemeinen Privatrechtes, Nr. 569). Vgl. auch den österr. Entw. v. 1876, §. 623.

gemeinsame Voraussetzung darin besteht, dass Jemand (der Aufgeforderte) sich eines Rechtes gegen einen Anderen (den Aufforderer) berühmt, d. h. seine Ueberzeugung von der Existenz eines Rechtes an den Aufforderer äusserlich kundgiebt. [1]) Eine solche Aeusserung ist, wenn sie der Wahrheit nicht entspricht, in hohem Masse geeignet, den wirklich bestehenden Rechtszustand zu gefährden und zu verwirren, und es ist deshalb ein Mittel nothwendig, durch welches die getrübte Sachlage sofort geklärt wird. Der wichtigste Fall dieser Art ist die Diffamationsklage, (§§. 66—67 A. G. O., §§. 61—67 W. G. O.) [2]), an welche sich

---

[1]) Die zahlreichen Fälle der individuellen Provocation, welche sich auf eine Berühmung gründen, lassen sich im österreichischen Recht auf zwei Hauptkategorien zurückführen. Erstens ist nämlich die individuelle Provocation zulässig, wenn sich Jemand gerühmt hat, dass ihm gegen einen Dritten ein Recht gebühre. A. G. O. §. 66, W. G. O. §. 61, Ung. C. P. O. §. 596 lit. b. Analoge Fälle enthalten §. 48 des Ges. vom 25. Juli 1871 Nr. 95 (Grundbuchsg.) und §. 71 des Gesetzes vom 14. Mai 1869 Nr. 63. (Vergl. die folgende Note). — Zweitens haben die staatlichen Behörden das Recht, gegen solche Personen, welchen Theile des Staatsvermögens anvertraut worden sind, etwaige Ersatzansprüche aus diesem Verhältnisse durch eine administrative Verfügung (Defecten-Resolut, Buchhalterei-Erledigung oder Liquidation etc.) festzustellen, welche gleich einem Urtheile vollstreckt wird, insofern der im administrativen Wege Condemnirte dagegen nicht innerhalb einer bestimmten Frist den Rechtsweg ergreift. Die Beschreitung des Rechtsweges erfolgt aber nach österreichischem Recht dadurch, dass der Condemnirte die Administrativbehörde zum Nachweise ihrer Ersatzforderung vermittelst einer Klage vor dem zuständigen Civilgericht auffordert. W. G. O. §. 70; Pat. vom 16. Jänner 1786 Nr. 516 (zum Theil bei Wessely, I, Nr. 477); Pat. vom 31. Dec. 1800 Nr. 514, §. 1, 2, 7, 8 (Wessely, 433); Hofd. v. 28. März 1804 §. 1, 9, 10, 15 (Wessely, 435); Hofkzd. vom 23. Oct. 1843, Z. 34595, Abs. 5 und das beigefügte Formular (Wessely, 483). Ein analoger Fall: Hofd. vom 6. März 1789 (Wessely, 430). Ein Gesetz, welches die zahlreichen, aber sehr verworrenen Gesetze über diese Frage zusammenfasst, ist mittelst der V. vom 19. Dec. 1856 Nr. 230 für die ungarischen Länder erlassen worden. Vgl. auch §. 71 des Ges. über die Errichtung von Gewerbegerichten vom 14. Mai 1869 Nr. 63. — Ein ganz ähnliches Verfahren ist in den §§. 134—148, 153 des deutschen Reichsbeamtengesetzes vom 21. März 1873 festgestellt, doch ist es nach diesem Gesetze nicht nothwendig, dass die Civilklagen gegen die Defecten-Resolute der Reichsbehörden in der Form des Aufforderungsprocesses erhoben werden. Vgl. auch Gönner, Handb., Bd. 4, Abh. 75, §. 18, 19.

[2]) Dem Römischen Rechte ist die Diffamationsklage unbekannt, doch hat eine Stelle des Codex den äusseren Anhaltspunkt für das Rechtsinstitut

jedoch in dem österreichischen Recht einzelne Nebenbildungen
angeschlossen haben, welche aus dem Verhältnisse zwischen dem

---

und dessen — noch in den Rubriken des 7. Capitels der A. und W. G. O.
beibehaltene — Bezeichnung (provocatio ex lege Diffamari) gegeben. Diese
Stelle lautet: L. 5. C. de ingenuis manum. 7, 14. Diffamari statum ingenuo-
rum seu errore seu malignitate quorundam, periniquum est, praesertim quum
affirmes, diu praesidem unum atque alterum interpellatum a te vocitasse di-
versam partem, ut contradictionem faceret, si defensionibus suis confideret.
Unde constat, merito rectorem provinciae commotum allegationibus tuis sen-
tentiam dedisse, ne de cetero inquietudinem sustineres. Si igitur adhuc diversa
pars asseverat in eadem obstinatione, aditus praeses provinciae ab iniuria
temperari praecipiet. Obwohl dieses Rescript von einem bereits begonnenen
Rechtsstreit spricht, welcher nur durch die Nachlässigkeit der Gegenpartei
verzögert wurde, so haben doch die älteren italienischen Juristen unter dem
Einfluss germanischer Rechtsideen in demselben den Rechtssatz ausgesprochen
gefunden, dass derjenige, welcher sich gegen einen Anderen in benachtheili-
gender Weise eines Anspruchs rühmt (denselben diffamirt), zur klageweisen
Geltendmachung seines Rechtes gezwungen werden kann. Wetzell.
System, §. 13, Note 27 ff. und Text, vorzüglich aber Muther in seinen
und Bekker's Jahrbüchern, Bd. 2 (1858), S. 56—109, welcher Schriftsteller die ältere Literatur über die Voraussetzungen der Diffamationsklage
in umfassender Weise zusammengestellt hat. Diese Auffassung ist auch
in die Theorie und Praxis des canonischen Processes (München, Bd. 1,
S. 356—359), in die deutsche Reichsgesetzgebung und in das gemeine
deutsche Processrecht übergegangen. Gönner, Handbuch, Bd. IV, Abh.
LXXIII, §. 1—9, (der den Provocationen ein fast unbegrenztes Gebiet
einräumt und aus der „Vernunft" herleitet, dass eine Provocation, worin der
Provocant sagt, „ihm liege daran, über sein Rechtsverhältniss zu dem N. N. im
Reinen zu sein", ohne jede Bescheinigung einer Diffamation begründet sei);
Mittermaier, Der gem. deutsche Process etc., Bd. 4 (1826), S. 167—194;
Linde, Lehrb., §. 335; Bayer, Summ. Proc., §. 52—54; Endemann, §. 275 I.
Aus dem gemeinen deutschen Processrecht haben die meisten deutschen Particular-
Gesetzgebungen diese Processform übernommen. Allgem. Preuss. G. O. 33 Tit.
§. 1 I, §. 2—33; Hannover'sche P. O. §. 492—496; Badische P. O. §. 674,
676—681; Württemberg'sche P. O. Art. 799—807; Baier. P. O. Art. 569, 1,
570—578. Oesterr. Entw. v. 1876, §. 652. Dem französischen Recht ist die prov.
ex lege Diff. wohl unbekannt. Vgl. Mittermaier a. a. O. S. 170, 171; Demangeat zu Fölix, Bd. 1, 4. Aufl. (1866), S. 390, 391, Note 1. A. A.
Fölix a. a. O. S. 390. Auch der deutsche Entw. v. 1874 hat dieselbe nicht
aufgenommen. Als Grund der Beseitigung dieses Instituts wird angegeben
(Motive ed. Kortkampf, 2. Aufl. [1874], S. 465, 582), dass durch §. 223
d. Entw. Klagen auf Feststellung des Bestehens oder des Nichtbestehens
eines Rechtsverhältnisses im weitesten Umfange zugelassen seien und dass

Staate und einer Kategorie von Staatsdienern hervorgegangen sind (Note 7). Dann aber lässt unsere Gerichtsordnung eine Aufforderung zur Klageführung gegen individuell bestimmte Personen auch dann zu (A. G. O. und W. G. O. §. 72), wenn Jemand einen Bau beabsichtigt und sich gegen privatrechtliche Ansprüche der Nachbarn und Anrainer, welche dem Baue etwa entgegenstehen könnten, sicherstellen will.[9] In diesem Falle wird von dem Bauführer eine wichtige Veränderung des factischen Zustandes beabsichtigt, welche gegen nachträgliche Anfechtung dadurch gesichert werden soll, dass die Berechtigten gezwungen werden, ihre Rechte noch vor Beginn des Baues geltend zu machen.[10]

---

daher der Diffamirte durch dieses Processmittel den Rechtsbestand des Anspruches, dessen sich der Diffamant gerühmt hat, sofort gerichtlich feststellen lassen könne. Doch ist dieser Grund nur in Betreff der Diffamationsklagen (Note 7) zutreffend, dagegen nicht in Ansehung der Aufforderungsklage zur Sicherung eines Baues (Note 9), da der Bauherr in solchen Fällen die Rechtsansprüche, welche seine Nachbarn erheben, oft gar nicht kennt, so dass er auch deren Nichtexistenz nicht durch eine Anerkennungsklage festzustellen in der Lage ist.

[9] Dem gemeinen deutschen Processrecht ist die individuelle Provocation zur Sicherung eines Baues unbekannt, doch ist dieselbe in viele neuere Gesetzgebungen aufgenommen worden. Mittermaier a. a. O. S. 170; Endemann, §. 103, Note 4. Vgl. ferner die Hannover'sche P. O. §. 497 und dazu Leonhardt, Die bürgerliche P. O., 3. Aufl. (1861), S. 324; Badische P. O. §. 682, 683; Württemberg'sche P. O. Art. 808, 809; Deutsch. Entw. v. 1866, §. 516, 517; Oesterr. Entw. v. 1876, §§. 659, 660. Die neueren Baupolizeiordnungen, welche vor dem Beginne des Baues zum Zweck des polizeilichen Bauconsenses eine administrative Untersuchung unter Beiladung der Nachbarn vorschreiben, haben die Anwendung dieses Provocationsfalles auf ein enges Gebiet beschränkt, weil bei jener administrativen Untersuchung von den Nachbarn regelmässig auch die privatrechtlichen Einwendungen vorgebracht werden und in Folge dessen der erste Provocationsfall (die Berühmung) eintritt.

[10] Im gemeinen Processrecht ist noch ein anderer Provocationsfall anerkannt, wenn der Kläger mit seiner Klage so lange zurückhält, dass zu besorgen steht, es möchte durch Veränderung der Umstände dem Verpflichteten eine die Sache selbst betreffende Einrede verloren gehen (Provocatio ex lege si contendat: L. 28 D. de fidej. 46. 1). Ein Fall dieser Art wäre z. B. nach österreichischem Recht vorhanden, wenn der Bürge befürchtet, dass der Hauptschuldner bei längerer Verzögerung der Klage in Concurs verfallen und er in Folge dessen die exceptio ordinis (§. 1355, 1356 B. G. B.) verlieren werde. Hier könnte der Bürge den Gläubiger zur Klage gegen sich selbst und — da Letzterem in diesem Rechtsstreite die Einrede der Vorausklage

Noch bedeutsamer als die individuellen Provocationen sind
die Aufforderungen zur Erhebung der Klage oder eines die Klage
vorbereitenden Angriffes, welche das Gericht in einzelnen Fällen
an eine unbestimmte Mehrheit von Personen unter Androhung
von bestimmten Rechtsnachtheilen ergehen lässt (öffentliche Provocationen). Diese Aufforderung erfolgt, eben weil sie an einen
noch nicht genau bekannten Inbegriff von Personen gerichtet ist,
in der Form einer öffentlichen Verlautbarung, welche den Provocaten die Geltendmachung ihrer Privatrechte, regelmässig unter
ausdrücklicher Androhung der gesetzlichen Rechtsnachtheile,

---

entgegenstehen würde — indirect auch zur Klage gegen den Hauptschuldner
oder wenigstens zur aussergerichtlichen Einmahnung desselben veranlassen.
Dieser Provocationsfall, welchen das gemeine deutsche Processrecht auf
Grundlage einer Gewohnheit angenommen hat (Mittermaier a. a. O. S. 186
bis 194; Linde, §. 384; Bayer, Summ. Proc. §. 58—61; Endemann,
§. 103) und welcher aus diesem in die meisten deutschen Particular-Gesetzgebungen übergegangen ist (Allg. Preuss. G. O. Tit. 32, §. 1, 34, 35, wo
dieser Provocationsfall als der Provocationsprocess „im genauen Verstand"
bezeichnet wird; Hannover'sche P. O. §. 492; Baden, §. 675; Baiern, Art. 569), .
ist dem österreichischen wie auch dem württemberg'schen Rechte (Württemberg, Art. 799—807) unbekannt. Ebensowenig hat der deutsche Entw. v.
1866 (Winter, Erl. [1867], S. 210) und der deutsche Entw. v. 1874 (Motive, S. 465) das Rechtsinstitut aufgenommen. Dem französischen Rechte
und seinen Nachbildungen ist die prov. ex lege si cont. gleichfalls fremd. — Auch
der österr. Entw. v. 1876 kennt neben den Aufforderungen wegen einer Berühmung und zur Sicherung eines Baues (oben Note 8, 9) noch einen dritten
Provocationsfall, da der Rechnungsleger nach §§. 653, 655 d. E. berechtigt
sein soll, den Geschäftsherrn aufzufordern, die gelegte Rechnung in der
Form einer Klage zu bemängeln. Obwohl diese Auffassung in dem geltenden österr. Recht (vgl. jedoch auch A. G. O. §. 65) einige Anhaltspunkte
besitzt, so ist dieselbe doch m. E. vom legislativen Standpunkte nicht' zu
rechtfertigen. Die „Bemänglung" einer Rechnung hat augenscheinlich den
juristischen Character einer Exceptionalhandlung, da dieselbe theils aus
negativen Einlassungen, theils aus Einreden besteht. Wenn man also im Anschluss an unsere Gerichtsordnungen (A. G. O. §§. 100—103; W. G. O.
§. 165—169) überhaupt noch einen besonderen „Rechnungsprocess" aufrecht
erhalten will, so wäre dem Rechnungsleger (nicht dem Geschäftsherrn) die
Anstellung einer Präjudicialklage auf Anerkennung der Richtigkeit der ge-
legten Rechnung im Sinne des §. 276 d. E. aufzugeben, worauf der Geschäfts-
herr seine Bemänglung als Exceptionalhandlung vorzubringen hätte. Die im
Entwurf vorgeschlagene Form würde in der Praxis gewiss zu den verkehr-
testen Consequenzen, namentlich rücksichtlich der Vertheilung der Beweislast, führen.

17*

gebietet (Edictalladungen). Es ergiebt sich von selbst, dass solche öffentliche Provocationen die Sicherheit der Privatrechte in weit höherem Masse gefährden, als jene erste Gruppe von Aufforderungen, weil niemals sicher ist, ob die Provocaten von dem Aufbot Kenntniss erlangt haben. Es ist deshalb der Natur der Sache vollkommen entsprechend, dass das österreichische Recht solche öffentliche Provocationen nur in einzelnen, vom Gesetze zum Voraus bestimmten Fällen zulässt. [11])

Der wichtigste Fall einer solchen öffentlichen Aufforderung

---

[11]) Auch nach gemeinem Recht findet die öffentliche Provocation nur in bestimmten Fällen (im Concurs und beim gerichtlichen Verkauf unbeweglicher Pfandobjecte) statt. Wetzell, §. 13, Note 10—20 sammt Text. Ebenso die gemeinrechtliche Praxis Seuffert, Archiv, III, 278; XI, 258 und bes. 179 (Wolfenbüttel). Diese Auffassung ist auch in eine Anzahl von neueren Gesetzen übergangen, welche allerdings die Zahl der Fälle, in welchen die öffentliche Provocation gesetzlich zulässig ist, regelmässig bedeutend vermehren. A. Peuss. G. O. Tit. 51, §. 1, 98 und dazu Koch, Preuss. Civilprocess, §. 494, 495; Württemberg'sche P. O. Art. 810; Baier. Einf. Ges. zur P. O. Art. 30, 31, 57, 58, 60—62. Deutsch. Entw. v. 1874, §. 768 und dazu die Motive S. 582. Die Hannover'sche P. O. §. 498 gestattet dagegen die öffentliche Provocation (Edictalladung) ganz allgemein, „wenn der Provocant hinsichtlich eines bestimmten Gegenstandes ein rechtsbegründetes Interesse hat. gegen etwaige Ansprüche oder Rechte, deren Vorhandensein ungewiss ist, sich sichern zu können" und führt nur überdies noch einzelne Fälle an (§. 501), in welche die Edictalladung insbesondere für zulässig erklärt wird. Aehnlich auch die Badische P. O. §. 684—687. Auch das ältere österreichische Recht hatte die Tendenz, öffentliche Provocationen in fast unbegrenztem Masse zu gestatten, da ein altes Gewohnheitsrecht es in den innerösterreichischen Landen zuliess, „dass Jemand vor Gericht seine Bereitwilligkeit zur Begleichung aller Forderungen, welche bei bestimmten Tagfahrten etwa gegen ihn (oder eine andere genannte Person) geltend gemacht würden, mit der Absicht und Wirkung öffentlich verkünden lassen durfte, damit schliesslich die nicht angemeldeten Ansprüche durch Gerichtserkenntniss für erloschen erklärt werden konnten." Luschin in seiner Abhandlung „Das Berufen von Brief und Siegel" in der Zeitschr. für Rechtsgesch., Bd. 12, S. 46—80, bes. S. 46, 56, ferner Bischoff, Steiermärkisches Landrecht, (1875), S. 184—190. Durch das Hofd. vom 28. Dec. 1791 Nr. 234 (Wessely, Nr. 416) wurden aber die Provocationen auf die in den Gesetzen zum Voraus bestimmten Fälle beschränkt. Vgl. über die älteste Gestalt dieser generellen öffentlichen Provocation auch Ficker, Forschungen zur deutschen Reichs- und Rechtsgeschichte, Bd. 1, (1868), S. 50—52 und Bethmann-Hollweg, Civilprocess, Bd. 5, S. 122, 338—340; Meibom, Deutsches Pfandrecht, (1867), S. 83, 84, 107, 108. S. auch Heusler, Gewere, (1872), S. 203 ff.

zur gerichtlichen Geltendmachung von Privatrechten ist der Concurs. [12]) Das Edict, welches die Eröffnung des Concurses verlautbart, hat nämlich (§. 67, Z. 5 C. O.) neben anderen Bestimmungen auch die Aufforderung an alle diejenigen zu enthalten, welche gegen die gemeinsame Concursmasse einen Anspruch als Concursgläubiger erheben wollen, ihre Forderungen innerhalb der bestimmten Frist bei Vermeidung der in der Concursordnung angedrohten Nachtheile zur Anmeldung und in der Liquidirungstagfahrt zur Liquidirung und Rangbestimmung zu bringen. Die Folge dieser Aufforderung ist nun zwar nach dem gegenwärtig geltenden Concursrechte nicht die Erhebung einer Klage in der formellen Bedeutung dieses Wortes, vielmehr ist der Anspruch von Seite des Concursgläubigers dem Gerichte mittelst einer Anmeldung vorläufig blos bekannt zu geben (§. 109, 110 C. O.). Allein diese Anmeldung trägt jedenfalls den Charakter eines die Klage vorbereitenden processualischen Angriffs, da der Gläubiger, wenn sein Anspruch oder die von ihm begehrte Rangordnung bei der Liquidirungstagfahrt bestritten wird, sein Recht durch Erhebung einer förmliche Klage geltend zu machen hat. (§. 124 C. O.) [13])

---

[12]) In der Universal-Execution des älteren Römischen Rechtes (Menger, im Archiv für civil. Praxis, Bd. 55, [1873], S. 433 ff.) kam eine ähnliche Verlautbarung des eingetretenen Vermögensverfalls vor wie in dem heutigen Concurs, doch enthielt dieselbe nicht eine ausdrückliche Aufforderung an die Gläubiger zur Geltendmachung ihrer Forderungen. Bethmann-Hollweg, Röm. Civilprocess, Bd. 2, S. 677, 678. Auch diese einfache Bekanntmachung scheint später fortgefallen zu sein, wenigstens erwähnen die justinianischen Rechtsquellen derselben nicht mehr. Bethmann-Hollweg, Bd. 3, S. 319, 320. Die öffentliche Provocation der Gläubiger, welche einen wesentlichen Bestandtheil unseres modernen Concursverfahrens bildet, hat sich auf deutsch-rechtlichen Grundlagen durch den Gerichtsgebrauch und die Particular-Gesetzgebung entwickelt (Fuchs, Das Concursverfahren, [1863] S. 10—30) und ist in das gemeine deutsche Processrecht übergangen. Fuchs a. a. O. S. 103 bis 105; Bayer, Theorie des Concursprocesses nach gem. Recht, 4. Aufl. (1868), §. 18, Note 3 und §. 49 (welcher unser heutiges Concursverfahren, insbesondere die Edictalcitation a. a. O. §. 18 irrig auf spanische Quellen zurückführt). Wetzell, §. 13, Note 19, 20; Endemann, §. 297. Auch die modernen Rechte haben die Edictalladung der Concursgläubiger wohl ausnahmslos angenommen. Code de comm. art. 492; Hann. P. O. §. 626; Preuss. C. O. v. 8. Mai 1855, §. 164; Badische P. O. §. 745; Württemberg'sche P. O. Art. 915; Baierische P. O. Art. 1253.

[13]) Weitere Fälle der öffentlichen Aufforderung zur Geltendmachung von Privat- und processualischen Rechten sind in den §§. 67 Z. 4, 6. 144,

Eine zweite Gruppe von Fällen der öffentlichen Provocation lässt sich so charakterisiren, dass das Gericht über eine
Liegenschaft eine Verfügung trifft, in Betreff deren den Berechtigten das Recht des Widerspruchs vorbehalten bleiben soll, ohne
dass dieselben aber individuell provocirt werden können, sei es,
weil ein Grundbuch über die Liegenschaft überhaupt nicht vorhanden ist, sei es, weil die Berechtigten nach der besonderen
Natur der richterlichen Verfügung aus dem Grundbuch nicht
ersehen werden können. In diesen Fällen, welche gleichfalls
schon im gemeinen Recht (Note 11) ihren Ausgangspunkt
besitzen, erübrigt nichts als die Berechtigten durch öffentliche
Verlautbarung zur Geltendmachung ihrer Rechte zu provo-
ciren. Eine solche Aufforderung ist zulässig: 1. Wenn eine
Liegenschaft, über welche kein Grundbuch vorhanden ist, gerichtlich feilgeboten wird. [14]) Die Provocation wird in diesem Falle
an die Pfandgläubiger zur Wahrnehmung ihrer Pfandforderungen

148, 149, 161, 176, 214 C. O. enthalten. Das allgemeine Präjudiz, welches
die Nichtbeachtung dieser Provocationen zur Folge hat, ist im §. 256 C. O.
bestimmt.

[14]) Dieser Provocationsfall wurde, jedoch irrig, seit den Glossatoren
auf L. 6, C. de rem. pign. (8, 26) gestützt: Si eo tempore, quo praedium
distrahebatur, programmate admoniti creditores, quum praesentes essent,
ius suum executi non sunt, possunt videri obligationem pignoris amisisse. cf.
L. 8 eod. Denn gerade eine wesentliche Eigenschaft der öffentlichen Provocation, dass sie auch gegen solche Personen wirkt, welche von derselben ohne
Verschulden keine Kenntniss erlangt haben, ist im Falle der L. 6 gewiss
nicht vorhanden („quum praesentes essent"). Vgl. über diese Stelle Wetzell
§. 13, Note 15; dag. Dernburg, Pfandrecht, Bd. 2, S. 551, 552. Auch die
Grundlage dieses Provocationsfalles ist im germanischen Recht zu suchen.
Meibom, Deutsches Pfandrecht, (1867), S. 107, 108; Endemann, §. 257,
Note 14—18. In den Executionsordnungen jener Länder, welche nicht ein
Grundbuchsystem auf der Grundlage des Princips der Specialität besitzen
oder in welchen wenigstens einzelne Liegenschaften nicht in das Grundbuch
eingetragen sind, ist die öffentliche Aufforderung der Personen, die an der
Liegenschaft ein Anrecht behaupten, entweder allgemein oder doch beim Verkaufe von nicht eingetragenen Grundstücken vorgeschrieben, Hannover:
§. 561; §. 7 der preuss. V. ll. v. 4. März 1834, und dazu Koch, Processordnung, 6. Aufl., (1871), S. 1371, Note 24; vgl. auch §. 13 Z. 7 der
preuss. Subh. Ordnung vom 15. März 1869 (G. S. S. 421). Nach manchen
Executions-Ordnungen tritt übrigens die Präclusion der Anspruchsberechtigten
im Falle der Feilbietung einer Liegenschaft von Gesetzes wegen ein, ohne
dass es einer Provocation in der Verlautbarung über die Versteigerung bedarf.

gerichtet. [16]) 2. Wenn über eine Liegenschaft ein Grundbuch neu angelegt oder ein bereits angelegtes so wesentlich verändert wird, dass die Identität der grundbücherlichen Einlagen in dem alten und dem neuen Grundbuch und in Folge dessen das Dasein und Umfang der in die Einlagen des neuen Grundbuchs einzutragenden Rechte nicht feststeht. Die Provocation richtet sich in diesem Falle an alle Personen, die solche bücherliche Rechte an der Liegenschaft beanspruchen, die in dem neuen Grundbuch nicht eingetragen sind. [16]) Ferner sind 3. analoge Aufforderungen bei der Anlegung der Eisenbahngrundbücher [17]) und bei der Löschung alter Grundbucheinträge zulässig. [18])

Ausser diesen beiden Gruppen ist im österreichischen Recht noch eine Anzahl von öffentlichen Provocationen zur Geltendmachung von Privatrechten anerkannt, welche sich unter keinen allgemeinen Gesichtspunkt bringen lassen. Solche Edictalladungen finden nämlich noch statt: 1. bei der Amortisation von Urkunden [19]); 2. bei der Einberufung von unbekannten Erben [20]) dann

---

[15]) §. 2 des Hofd. vom 19. Nov. 1839 Nr. 388. Dieses Hofd. ist zunächst blos für Tirol und Vorarlberg erlassen worden, deren Grundbuchsystem (Verfachbücher) nicht auf dem Princip der Specialität beruht. Doch findet diese Provocation auch in den übrigen Kronländern in Betreff jener Liegenschaften, welche 'in keinem Grundbuch eingetragen sind, analoge Anwendung. Vgl. auch den österr. Entw. einer Exec.-Ordn. v. 1876, §. 30.

[16]) Das Detail s. §. 6, 7, 14, 20—22 d. Ges. v. 25. Juli 1871 Nr. 96, §. 34 d. Ges. v. 20. Juni 1874 Nr. 88 und 89, v. 24. Juni 1874 Nr. 90, 91 und v. 27. Juni 1874 Nr. 97, 98.

[17]) §. 16, 22 d. Ges. v. 19. Mai 1874 Nr. 70.

[18]) §. 120 G. G. vom 25. Juli 1871 Nr. 95; §. 2 d. Ges. vom 28. März 1875 Nr. 37. Vgl. Hannover'sche P. O. §. 501, Z. 6.

[19]) Die Amortisation der Urkunden, welche dem römischen Rechte fremd ist, wird in der deutschen Praxis und Territorial-Gesetzgebung ziemlich allgemein anerkannt. Koch, Processrecht, §. 499 ff.; Hannover, §. 501 Z. 5; Württemberg, Art. 812—814; Deutsch. Entw. v. 1874, §. 782; Oesterr. bürg. Gesetzb. §. 1428; W. G. O. §. 201—203; Oesterr. Entw. von 1876 §. 661 ff.; Albert v. Hess in Wagner's Zeitschrift (1830), Bd. 1, S. 102 bis 118; Ellinger, ebenda (1843), Bd. 1, S. 226—232. Die oben (Note 11) erwähnte allgemeine Edictalladung wurde auch schon sehr zeitlich zum Zweck der Amortisation von Urkunden gebraucht. Luschin a. a. O. S. 62.

[20]) Diese und die in der folgenden Note behandelte Provocation wird regelmässig in den Lehrbüchern des Civilrechtes dargestellt. Die Edictalladung unbekannten Erben ist zwar dem römischen Rechte unbekannt, doch ist sie in

der Verlassenschaftsgläubiger [21]) durch das Gericht; 3. im Verfahren, welches der Einziehung alter Depositen durch den Staat voranzugehen hat. [22])

---

der Praxis des gemeinen Rechtes vielfach angenommen worden. Vgl. Unger, Die Verlassenschaftsabhandlung in Oesterreich, S. 12—24; Randa, Der Erwerb der Erbschaft, S. 62, 63; Harrasowsky, Grundzüge der Verlassenschaftsabhandlung, S. 21, 22. Die neuere gemeinrechtliche Praxis hat sich im Allgemeinen gegen diesen Provocationsfall ausgesprochen. Seuffert, Archiv III, 278 (wo aber die entgegengesetzte Uebung vieler Gerichte anerkannt wird), IX, 258. Aus der — freilich sehr bestrittenen — Praxis ist dieser Provocationsfall in die neueren Gesetzbücher (Preuss. L. R. Th. I, Tit. 9, §. 465, 465, 477, 481; Sächs. B. G. B. §. 2619; Hannover'sche P. O. §. 501, Z. 2), insbesondere auch in das österreichische Recht (§. 128 des Pat. v. 9. Aug. 1854 Nr. 206) übergangen. Dem französischen Recht ist dieser Fall der öffentlichen Aufforderung unbekannt. Code civ. art. 811—814, Code de proc. art. 998—1002.

[21]) Die Convocation der Erbschaftsgläubiger ist — ohne eine gesetzliche Grundlage in den Quellen des gemeinen Rechtes — durch die Praxis ausgebildet worden. Puchta, Handb. der freiwill. Gerichtsbarkeit, Bd. 2, S. 337, 338; Seuffert, IV, 155, V, 312. Auch die meisten Particular-Gesetzgebungen haben dieses Rechtsinstitut angenommen. Hannover'sche P. O. §. 501, Z. 4; Preuss. C. O. §. 347, 348 (vgl. dazu Koch, Processordnung, 6. Aufl. S. 1262, Note 1); Badische P. O. §. 690; §. 813—815 österr. B. G. B. und §. 133—135 des Pat. v. 9. Aug. 1854, Nr. 208. Vgl. über die Convocation der Verlassenschaftsgläubiger. Unger, Die Verlassenschaftsabh. S. 165, 166; Harrasowsky, S. 31—40. Die historische Grundlage dieses Rechtsinstitutes war in Oesterreich wohl die oben (Note 11) erwähnte öffentliche Provocation, welche vorzüglich von den Erben des Schuldners in Anwendung gebracht wurde. Luschin a. a. O. Anhang S. 63—80, Nr. 1, 4, 7, 8, 9, 14, 21, 24, u. A.

[22]) Hofd. v. 30. Oct. 1802 Nr. 582 (Wessely, Bd. 2, Nr. 586); Hofd. v. 6. Jan. 1842, Z. 39758 (Wessely, II, Nr. 592); ausserdem die bei Wessely unter Nr. 585, 587—591 angeführten Verordnungen. Vgl. den Anhang zur preuss. A. G. O. §. 392 und A. G. O. I, 51, §. 171 a bis 171 c und das preuss. Ges. v. 19. Juli 1875, §. 7; Hannover'sche P. O. §. 501, Z. 7.

Die Verhandlungsmaxime: Ihre Wirksamkeit während der Dauer des Civilrechtsstreites.

In dem vorhergehenden Abschnitte wurde gezeigt, dass es regelmässig dem Ermessen des Berechtigten überlassen ist, den Rechtsstreit durch Erhebung der Klage oder eines anderen processualischen Angriffes zu beginnen; es wurde aber zugleich eine Reihe von Ausnahmsfällen dargelegt, in welchen der Richter den Berechtigten durch sein Gebot zur Einleitnng eines Civilprocesses zu nöthigen berechtigt ist. Die zweite Frage geht nun dahin: Wie weit hängt der bereits begonnene Rechtsstreit von dem Willen der streitenden Parteien ab und in welchem Masse hat der Richter auf die Gestaltung desselben einen bestimmenden Einfluss zu üben?

Auch in dieser Richtung bewährt sich die Verhandlungsmaxime als eines der Grundprincipien des österreichischen Civilprocessrechtes. Die Gestaltung des bereits begonnenen Rechtsstreites ist ebenso wie die Einleitung desselben im Wesentlichen in die Hände der Parteien gelegt; nur ausnahmsweise und in geringem Umfange werden dem Civilprocesse die Impulse von dem Richter ertheilt. [1]

---

[1] Den Gegensatz gegen den gemeinrechtlichen und den österreichischen Civilprocess bildet, in Beziehung auf unsere Frage, das Verfahren der Allgemeinen Preussischen Gerichtsordnung v. 6. Juli 1793, welches während der Dauer des einmal begonnenen Rechtsstreites durchgreifend von der Officialmaxime beherrscht wird. Einl. zur A. Preuss. G. O. §. 7 „Der Richter ist befugt und schuldig, den Grund oder Ungrund der in einem Processe vorkommenden Thatsachen selbst und unmittelbar zu untersuchen und so weit es zur richtigen Anwendung der Gesetze auf den vorliegenden Fall erforder-

Indem ich nunmehr daran gehe, die Geltung dieser Principien in den einzelnen Gestaltungen des österreichischen Civilprocesses darzulegen, ist zunächst eine verhältnissmässig begrenzte Anzahl von Processformen auszuscheiden, welche nicht nur in einzelnen Punkten, sondern in ihrer Totalität von dem der Verhandlungsmaxime entgegengesetzten Officialprincip beherrscht werden. Ich sehe hier von dem Disciplinarverfahren gegen Richter und Advocaten ab, obgleich in diesen Processarten gleichfalls eine Cognition von Amtswegen eintritt [1]), weil dieselben nicht dem Gebiete des Civilverfahrens angehören, sondern sich als eine Nebenbildung des Strafprocesses darstellen. [2]) Allein auch auf dem

---

lich ist, ins Licht zu setzen", §. 17. „Der Richter ist an die Angaben der beweispflichtigen Partei nicht gebunden, sondern er hat das Recht und die Pflicht, auch andere Mittel, die aus dem Vortrage der Parteien und aus dem Zusammenhange ihrer Verhandlungen sich ergeben, selbst ohne das ausdrückliche Verlangen der Parteien anzuwenden." — Durch die Verordnungen vom 3. Juni 1833 und vom 21. Juli 1846 wurde der Untersuchungsprocess für die überwiegende Anzahl von Civilrechtsstreitigkeiten beseitigt und nur für das Verfahren in Vormundschaftsachen, bei Todeserklärungen, bei Blödsinnigkeits- und Wahnsinnigkeits-Erklärungen, ferner im Auswanderungsprocesse gegen Wehrpflichtige, im General-, Moratorien-, Concurs- und Liquidationsprocesse, endlich im Processe wegen Vermögensabtretung und in der Behandlung der Gläubiger aufrechterhalten (§. 29 d. V. v. 21. Juli 1846). Vgl. Abegg, Versuch einer Geschichte der preussischen Civilprocessgesetzgebung, (1848), S. 267—270; Koch, Der preussische Civilprocess, §. 119; Heffter, Preussische Civilp. §. 3, 66. Es ist bemerkenswerth, dass der Untersuchungsprocess durch diese Bestimmung auf jene Formen des Civilverfahrens beschränkt wurde, welche auch im österreichischen Rechte von der Officialmaxime beherrscht werden. Vgl. die betreffenden Verfahrensarten im Gesetze über das Verfahren ausser Streitsachen und im bürgerl. Gesetzbuch, das Auswanderungspatent und die Concursordnung.

[1]) §§. 2, 13—18, 24 d. Ges. vom 21. Mai 1868, Nr. 46; §. 23, 24, 29, 33 d. Ges. vom 1. April 1872, Nr. 40. Sowohl im Disciplinarverfahren gegen Richter als auch in jenem gegen Advocaten ist ein öffentlicher Ankläger (Oberstaatsanwalt, bez. der Generalprocurator oder der Kammeranwalt) bestellt; dessenungeachtet vollzieht sich das Disciplinarverfahren in beiden Fällen vorherrschend in den Formen des Untersuchungsprocesses. Vgl. oben S. 16, 17.

[2]) Die Eigenthümlichkeiten des Disciplinarverfahrens lassen sich so bestimmen, dass es ein Strafverfahren ist, welches sich ebenso wie das materielle Disciplinarstrafrecht lediglich auf das Amt des öffentlichen Functionärs bezieht. Denn die Disciplinardelicte sind durchgreifend Handlungen, welche

Gebiete des reinen Civilprocesses bietet das Eheverfahren in seinen mannigfaltigen Anwendungen das Beispiel einer Processart dar, welche das Untersuchungsprincip in allen einzelnen Stadien des Rechtsstreites verwirklicht. In dieser Richtung ergiebt es sich zuvörderst von selbst, dass die richterliche Cognition in jenen Fällen, wo der Rechtsstreit über die Ungiltigkeit einer Ehe von Amtswegen eingeleitet wird (§. 94 B. G. B. und oben §. 20, Note 5), auch während der Dauer des Verfahrens von Amtswegen geführt wird. [1] Allein auch dann, wenn der Process über die Ungiltigkeit der Ehe nur auf Ansuchen des Betheiligten eingeleitet wird (nämlich bei den privaten Ehehindernissen), [5] ferner in dem Verfahren über die Trennung der Ehe [6] und über die Scheidung von Tisch und Bett [7], (in welchen Fällen die Einleitung des Rechtsstreites niemals von Amtswegen stattfindet), wird doch der

---

entweder in dem Amte selbst vollzogen oder doch in ihrer Beziehung auf dieses aufgefasst werden, z. B. ein Privatleben, welches die Würde des öffentlichen Amtes beeinträchtigt. §. 2 d. Ges. vom 21. Mai 1868 Nr. 46, §. 2 d. Ges. vom 1. April 1872 Nr. 40. Ebenso bestehen die Disciplinarstrafen ausschliesslich in Nachtheilen, welche dem Schuldigen in seinem Amte zugefügt werden (§. 3—6 d. Ges. vom 21. Mai 1868, §. 12 d. Ges. vom 1. April 1872); selbst die Geldstrafen, welche im Disciplinarverfahren gegen Advocaten verhängt werden können (§. 12, lit. b d. Ges. v. 1. April 1872) sind als eine Schmälerung des Amtseinkommens zu betrachten. Das Disciplinarverfahren hat deshalb auch die natürliche Tendenz, sich innerhalb des Kreises der Amtsgenossen zu vollziehen. Vgl. auch das deutsche Reichsbeamtengesetz vom 31. März 1873, §. 72 ff. Wahlberg in Holtzendorf's Handbuch, Bd. 2, S. 529 und Meves, ebenda, Bd. 3, S. 939—946, ferner die Lehrbücher des Strafrechtes von Berner, §. 226; Meyer, §. 197, Note 6; Schütze, §. 22, Note 3, §. 105, Note 2.

[4] §. 13 und §. 1 des Hofd. vom 23. Aug. 1819 Nr. 1595. Dass die Untersuchung der öffentlichen Ehehindernisse überhaupt keinen Theil des streitigen Civilverfahrens bildet, wurde oben S. 81, 82 nachgewiesen.

[5] §. 94 B. G. B.: „In allen übrigen Fällen (d. h. wenn nur ein impedimentum dirimens privatum vorliegt) muss das Ansuchen derjenigen, welche durch die mit einem Hinderniss geschlossene Ehe in ihren Rechten gekränkt worden sind, abgewartet werden." Vgl. auch Dolliner, Handbuch des österr. Eherechtes, Bd. 3, 2. Aufl. (1848), §. 84—86. S. auch oben §. 20, Note 4 und 5.

[6] §. 115 B. G. B. „Nichtkatholischen christlichen Religionsverwandten gestattet das Gesetz . . . die Trennung der Ehe zu fordern."

[7] §. 107 B. B. G. „ . . . . das Begehren um Scheidung . . . . ist bei dem ordentlichen Gerichte einzureichen." S. ferner auch §. 103 B. G. B. und §. 4 E. V.

auf Antrag des Berechtigten eingeleitete Process in der Form einer officiösen Untersuchung geführt.[5]) Insbesondere in dem Verfahren über die Ungiltigkeit und Trennung der Ehe hat der Richter, entsprechend dem bedeutenden Interesse, welches der Staat an dem Ausgange solcher Rechtsstreite nimmt, die entscheidenden Thatsachen von Amtswegen vollständig aufzuklären,

---

[5]) Die allgemeine Geltung der Officialmaxime auch in jenen Formen des Eheverfahrens, in welchen der Rechtsstreit nicht durch den Richter von Amtswegen eingeleitet wird (oben §. 20, Note 5) ist in den §. 1. 13 E. V. ausgesprochen. Vgl. ferner §§. 97, 107, 115 B. G. G. Auch nach canonischem Rechte wird das einmal eingeleitete Eheverfahren von der Officialmaxime beherrscht. Schulte, Eherecht, S. 446 ff. Nach beiden Processrechten wird aber das Officialprincip durch den Richter in den Formen des Untersuchungsprocesses (oben S. 16) verwirklicht; nur ausnahmsweise wird im canonischen und österreichischen Processe das öffentliche Interesse dadurch gewahrt, dass eine Person im öffentlichen Auftrag an dem Rechtsstreit als Processpartei (nämlich als Vertheidiger des Ehebandes) theilnimmt und in dieser Eigenschaft das öffentliche Interesse vertritt. S. unten Note 10. In jenen Processgesetzgebungen dagegen, in welchen der Staatsanwalt die Nichtigkeitsklage wegen öffentlicher Ehehindernisse anzustellen berechtigt ist, erhält auch in den übrigen Formen des Eheverfahrens das Officialprincip vorherrschend dadurch seine Realisirung, dass eben dieser öffentlich bestellte Functionär als Partei auftritt, an allen Verhandlungen in Ehesachen theilnimmt und für deren Gesetzmässigkeit Sorge trägt. Frankreich: Code civ: Art. 234 bis 266, 275—294; vgl. jedoch auch das Ges. vom 8. Mai 1816; Code de proc. Art. 83, 879, 881. S. dazu Boitard, Bd. 1, Nr. 209, Bd. 2, Nr. 1117; Carré-Chauveau, Bd. 1, Qu. 401; Aubry und Rau, Bd. 5, §. 493, Note 14. — Preussen: §. 4 d. V. vom 28. Juni 1844 (G. S. S. 184 ff.); Baden: §§. 1038, 1051; Italien: Art. 346, Z. 4; Baiern: Art. 672, 674, 679; Deutsch. Entw. v. 1874, §. 545. Auch nach dem österr. Entw. v. 1876 findet die Mitwirkung der Staatsanwaltschaft nicht nur in den Processen auf Ungiltigkeit der Ehe wegen öffentlicher (oben §. 20, Note 5), sondern auch wegen privater Ehehindernisse, dann auch im Verfahren wegen Trennung der Ehe statt, wogegen im contentiösen Verfahren auf Scheidung von Tisch und Bett der Untersuchungsprocess beibehalten ist. Oesterr. Entw. von 1876, §§. 642—644, 633—640. Vgl. auch den Beschluss des fünften deutschen Juristentages, oben §. 20, Note 5. — Der Umstand, dass die Wahrung der öffentlichen Interessen in die Hände einer Processpartei gelegt ist, hat die vortheilhafte Folge, dass die Stellung des Richters zu den Eheprocessen in dieser zweiten Gruppe von Gesetzgebungen im Wesentlichen die nämliche ist wie zu den übrigen Gebieten des streitigen Civilverfahrens und dass dadurch namentlich die Formlosigkeit vermieden wird, welche dem Untersuchungsprocess erfahrungsgemäss meistens anhaftet.

die nöthigen Actenstücke und Urkunden von den Parteien abzufordern oder selbst herbeizuschaffen und Zeugen und Kunstverständige von Amtswegen zu vernehmen. [9] Ueberdies hat der Richter in allen Rechtsstreiten über die Ungiltigkeit und Trennung einer Ehe einen Vertheidiger der Ehe zu bestellen, welcher den Richter in seiner Thätigkeit als Processpartei zu unterstützen hat. [10] Insbesondere muss auch der Vertheidiger der Ehe, wenn das Urtheil auf Ungiltigkeit und Trennung der Ehe lautet, dagegen ordentliche und ausserordentliche Rechtsmittel ergreifen. [11] Das Eheverfahren des österreichischen Rechtes wird daher, obgleich es nach Zweck und Beschaffenheit zum grossen Theile dem Gebiete des Civilprocesses angehört, doch in seinem ganzen Laufe von dem Untersuchungsprincip beherrscht und es bildet deshalb den Uebergang zu den Formen des inquisitorischen Strafprocesses und des Administrativ-Verfahrens.

Abstrahirt man von diesem verhältnissmässig sehr begrenzten Gebiete des Civilprocesses, in welchem das Verhandlungsmaxime keine Anwendung leidet, so kann man sagen, dass jenes Princip in allen übrigen Formen des Civilverfahrens eine fast unbedingte Herrschaft übt. Principiell wird diese Anwendung der Verhandlungsmaxime in einer schon früher (vgl. oben S. 18, 19) benützten Gesetzesstelle [12] ausgesprochen, wonach der Richter

---

[9] §. 14. d. Hofd. v. 23. Aug. 1819, Nr. 1595.

[10] §. 97, 115 B. G. B.; §. 17 d. Hofd. v. 23. Aug. 1819. Vgl. auch den österreichischen Entw. v. 1876, §. 645. Der Gedanke, dass das öffentliche Interesse in Ehestreitigkeiten nicht blos durch die Officialthätigkeit des Richters, sondern auch durch öffentliche Bestellung einer Processpartei zu schützen sei, wurde in das canonische Eheverfahren durch die Constitution Benedict's XIV.: Dei miseratione v. J. 1741 eingeführt, welche bei Nichtigkeitsklagen die Zuziehung eines defensor matrimonii anordnet. Schulte, Eherecht, S. 451—453, 465—471. Dieser Gesichtspunkt hat in den neueren Gesetzgebungen (§. 20, Note 5; §. 21, Note 8) eine bedeutende Fortbildung erhalten.

[11] §. 18 d. Hofd. v. 23. Aug. 1819.

[12] §. 1 A. G. O. Ebenso §. 1 W. G. O., welche Gesetzesstelle einige Fälle anführt, in denen der Richter von Amtswegen zu verfahren hat. Vgl. Nippel, Erl., Bd. 1, S. 14 ff.; Bd. 2, S. 585. S. auch Ung. C. P. O. §. 2 und dazu Schuster, S. 89 ff. und den österreichischen Entw. von 1876, §. 123.

niemals von Amtswegen verfahren soll, ausgenommen in jenen Fällen, wo er von den Gesetzen hiezu angewiesen wird. Wie weit aber der Richter in der Gestaltung des bereits begonnenen Rechtsstreites von dem Willen der Parteien abhängt und wie weit er hiebei eigenen Impulsen gehorchen kann, soll nunmehr im Einzelnen untersucht werden.

Betrachtet man die Gesammtheit der Handlungen, durch welche sich der Richter an dem Laufe des Rechtsstreites betheiligt, so lassen sich in dieser Thätigkeit zwei wesentlich verschiedene Elemente unterscheiden. Zunächst ein vorherrschend formales, indem der Richter in dem Rechtsstreite eine grosse Anzahl von Handlungen vollzieht, welche mit dem Endzwecke des Civilprocesses: der definitiven Ordnung des Rechtsverhältnisses in dem Urtheil und der Realisirung des Rechtes vermittelst der Zwangsvollstreckung in keinem unmittelbaren Zusammenhange stehen, sondern lediglich die äussere Form des Rechtsstreites, die Gestaltung des Processbetriebs zum Gegenstande haben. Zu dieser Gattung von richterlichen Handlungen gehört die Mittheilung der überreichten Processschriften an die Parteien im schriftlichen Verfahren und die Festsetzung der Fristen zu ihrer Beantwortung [13]), die Controle über die gesetzmässige Form dieser Schriften [14]), die Festsetzung der Tagfahrten zur mündlichen Verhandlung und die formale Gestaltung des von den Parteien mündlich vorgebrachten Verhandlungsstoffes in dem Gerichtsprotocolle [15]), die formelle Leitung der mündlichen Verhandlung im (pseudo mündlichen) Protocollar- und im Bagatellverfahren [16]), endlich die Entscheidung über den Schluss der mündlichen oder schriftlichen Verhandlung. [17]) Diese und zahlreiche andere Handlungen der-

---

[13]) §§. 34, 35, 43, 44, 51, 55 A. G. O.; §. 30, 36, 41, 46 W. G. O.

[14]) Res. vom 31. Oct. 1785 Nr. 489 (Wessely, Nr. 249), Hofd. vom 27. Sept. 1792 Nr. 53 lit. a (Wessely, Nr. 250); §. 1 lit. c W. G. O. Vgl. auch Ung. C. P. O. §. 2, lit. d.

[15]) §. 19 A. G. O., §. 16 W. G. O., §. 16 S. V., §. 14 By. V.; Hofd. vom 7. Mai 1795 Nr. 226 (Wessely, Nr. 304), §. 25 S. V., §. 193 G. Inst. vom 3. Mai 1853.

[16]) §. 190—192 G. I., §. 19, 20 By. V. Vgl. Haimerl, Allgemeine Betrachtungen über die Reform des Civilprocesses, in seinem Magazin, Bd. 1 (1850), S. 25—44, bes. S. 28—30.

[17]) §. 238, 243 A. G. O., §. 313, 319 W. G. O., §. 25 S. V., §. 66, Bg. V.

selben Art tragen das gemeinsame Merkmal an sich, dass durch
dieselben jenes organische Zusammenwirken von richterlichen und
Parteienhandlungen, welches wir den Civilprocess nennen, formell
erst möglich wird. Da also diese richterlichen Handlungen nicht
nur ein Element, sondern wesentliche Voraussetzungen eines
geordneten Civilverfahrens sind, so kann deren Vollziehung nicht
von dem Befinden der Parteien abhängen, vielmehr muss der
Richter berechtigt und verpflichtet sein, jene Thätigkeit, welche
die formale Ordnung der Processführung sichern soll, von Amtswegen auszuüben. [18])

<hr>

[18]) Die Leitung des Civilverfahrens (die Processleitung oder die Processdirection) kann sich verschieden gestalten, je nachdem die einzelnen processualischen Acte auf ein unmittelbares Zusammenwirken des Richters und
der Parteien berechnet sind (z. B. bei Tagfahrten) oder aus einseitigen Handlungen der Parteien bestehen, auf die eine Handlung des Richters oder der
Gegenpartei zeitlich folgen soll (z. B. die Ueberreichung eines Schriftsatzes
bei Gericht, auf welche zunächst das Decret des Richters und dann die Antwort der Gegenpartei erfolgt). Bei Handlungen der ersten Art ist die richterliche Leitung von Amtswegen unbedingt erforderlich, weil nur auf diese
Weise ein würdiger und zweckmässiger Gang des Gerichtsverfahrens gesichert
werden kann und zwar ohne Rücksicht, ob bei dem Termin mündlich oder
protocollarisch (pseudo-mündlich) verhandelt wird. Oesterreich : (oben Note 16);
Preussen : A. G. O. Tit. 12, §. 12, 18, Inst. vom 24. Juli 1833, §. 36, K. O.
vom 24. Oct. 1834 Nr. 1—5, bei Koch, Der Preuss. Civilpr. §. 282; Frankreich : Code de proc. art. 10—13, 88—92; Genf: Loi, sur l'organ. jud. vom
15. Febr. 1816, resp. 5. Dec. 1832 art. 38, 43; Hannover : §. 115; Baden :
§. 999—1001; Russland : Art. 338; Italien : Art. 354; Württemberg : Art. 176,
199 ff.; Baiern : Art. 151—153; Deutsch. Entw. v. 1874, §. 123 ff.; Oester,
Entw. v. 1876, §. 213, 214. Besteht dagegen das Verfahren ganz oder theilweise aus einseitigen Handlungen, z. B. aus Schriftsätzen, so ist eine Vermittlung erforderlich, durch welche die einzelnen Acte der Parteien zu dem
Gesammtverfahren zusammengefügt werden. Diese Vermittlung kann dem
Gerichte anvertraut sein, indem dasselbe die Schriftsätze in Beziehung auf
die gesetzlichen Förmlichkeiten prüft, sie der Gegenpartei übermittelt und
diese zur entsprechenden Handlung auffordert. Diese ausgedehnte Processleitung steht den Gerichten zu nach gemeinem Recht (Puchta, Das Pro-
cessleitungsamt des deutschen Richters, [1836], S. 55 ff.; Wetzell, §. 43,
Note 29 ff.; Renaud, §. 150; Endemann. §. 53, Note 9, §. 114), nach
österreichischem (oben Note 13), nach preussischem (Koch, Civilpr. §. 39)
und nach russischem Recht (Russische P. O. Art. 259, 265, 266, 269, 270,
275, 277, 313, 317, 318). Ebenso, wenn auch in weit geringerem Umfang,
haben die Gerichte die Processleitung von Amtswegen in dem die mündliche
Verhandlung vorbereitenden schriftlichen Vorverfahren jener Gesetzgebungen

Neben dieser formalen Thätigkeit übt der Richter in dem Rechtsstreite auch noch eine materielle aus, welche sich auf das gestörte materielle Rechtsverhältniss und auf das Processrechtsverhältniss selbst, nicht blos auf die äussere Form des Processbetriebes bezieht. Hieher gehören die richterlichen Entscheidungen jeder Art, mögen dieselben nun den Civilrechtsstreit endgiltig entscheiden (Endurtheil) oder diese Entscheidung vorbereiten (Zwischen-Entscheidungen), oder endlich das festgestellte Recht mit Zwang durchzusetzen bestimmt sein (Executions-Verfügungen). In Beziehung auf diese materielle Thätigkeit, welche der Richter in dem Rechtsstreite ausübt, ist er regelmässig an den Willen der streitenden Parteien gebunden und kann nur in geringem Masse eine spontane Thätigkeit entwickeln.

Um die Grenze der spontanen und der von dem Willen der Parteien abhängigen Thätigkeit des Richters auch auf diesem

auszuüben, welche nach dem Vorbilde der Genfer Processordnung (Art. 62, 63 der Genfer P. O. und dazu Bellot a. a. O. S. 27—31) im ordentlichen Verfahren sogleich über die Klage einen Termin zur mündlichen Verhandlung der Rechtssache anberaumen lassen und demgemäss das weitere schriftliche Vorverfahren der Controle des Gerichtes unterwerfen. Hannover'sche P. O. §. 184, 191 (dazu Leonhardt, Die bürg. P. O. 3. Aufl. 1861, S. 257, 263, 992, 993, 334—348; Deutsch. Entw. v. 1866, §. 231, 233, 238 und die Darstellung der über diese Stellen in der Bundescommission geführten Debatten bei Winter, Erl. zu dem Entw. einer allg. C. P. O. für die deutschen Bundesstaaten, (1867), S. 91—96; Oesterr. Entw. von 1866, §. 231, 233, 238 und die Motive S. 44, 45; Württemberg'sche P. O. Art. 333—336; Deutsch. Entw. von 1874, §. 222, 225, 235, 236; Oesterr. Entw. von 1876, §. 277, 284. Vgl. auch für das englische Recht die Supreme Court Judicature Act v. 1875 Shed. I, Ord. XIX. Nach dem französischen Recht dagegen findet im ordentlichen Verfahren der vorbereitende Schriftenwechsel (bis zur Replik) ohne jede gerichtliche Leitung lediglich zwischen den Processparteien statt und erst nach Abschluss desselben erlangt das Gericht durch Anmeldung des Rechtsstreites zur mündlichen Verhandlung die Processdirection (s. oben). Während der Dauer des schriftlichen Verfahrens wird die oben erwähnte Vermittlung lediglich durch die Gerichtsvollzieher und Anwälte besorgt. Code de proc. Art. 60, 75, 77—80, vgl. auch Decr. v. 30. März 1808, Art. 70; Italienische P. O. Art. 162 ff.; Baierische P. O. Art. 224—234. Die Processleitung des Gerichtes im ordentlichen Processe erstreckt sich folglich in der ersten Gruppe von Gesetzgebungen auf das schriftliche Vorverfahren und auf das mündliche Hauptverfahren, während das französische, italienische und baierische Processrecht erst im mündlichen Hauptverfahren die richterliche Processdirection eintreten lässt. Vgl. auch Harrasowsky, Die Vorbereitung der mündlichen Verhandlung. 1875.

Gebiete genau zu bestimmen, ist es zuvörderst nothwendig, den ganzen Umfang des Processmateriales zu überblicken, welches dem Richter bei Ausübung seiner materiellen Thätigkeit zur Grundlage dient. Folgende Tabelle wird für das Erkenntnissverfahren — denn dieses kommt hier vorzugsweise in Betracht — eine vorläufige Uebersicht über den gesammten Processstoff bieten, welchen der Kläger und der Beklagte dem Richter in dem Civilrechtsstreite vorlegen und auf Grund dessen der Letztere seine entscheidende Thätigkeit zu üben hat.

A. Die Begründung der von dem Kläger und dem Beklagten gestellten Begehren.

a) Die thatsächliche Begründung.

   1. α) Die thatsächlichen Voraussetzungen der von dem Kläger und dem Geklagten gestellten materiellen Ansprüche, d. i. alle Thatsachen, welche der Kläger anführt, um seine Bitte um Condemnation, der Beklagte um seine Bitte um Absolution zu begründen (die materiell-rechtlichen Thatbestände).

     β) Die für diese Thatsachen angebotenen Beweise.

   2. α) Die thatsächlichen Voraussetzungen der von dem Kläger und dem Beklagten erhobenen processualischen Ansprüche, d. i. die Thatsachen, welche dieselben zur Begründung der von ihnen im Laufe des Verfahrens gestellten processualischen Ansprüche anführen (die processualischen Thatbestände).

     β) Die für diese Thatsache angebotenen Beweise.

b) Die rechtliche Begründung, d. h. jene Rechtsnormen, welche der Kläger oder der Beklagte zur Begründung ihrer (materiellrechtlichen o. processualischen) Ansprüche anführen.

B. Die Begehren des Klägers und des Beklagten.

a) Die Sachbitten des Klägers und des Beklagten, d. h. jene Gesuche der Processparteien, welche sich auf das materielle Rechtsverhältniss beziehen.

b) Die Processbitten des Klägers und des Beklagten, d. h. jene Gesuche, welche sich auf die processualische Gestaltung des Rechtsstreites beziehen.

Zu jeder dieser zahlreichen Kategorien des gesammten Processmateriales ist die Stellung des Richters wesentlich verschieden und es muss deshalb unsere Frage nach jeder Richtung besonders untersucht und gelöst werden. Es verdient daher auch keine Billigung, wenn die gemeinrechtlichen Processualisten das Verhandlungsprincip ohne Rücksicht auf diese Verschiedenheit des Processmateriales im Anschluss an drei alte Gedächtnissregeln darstellen (iudex ne procedat ex officio, ne eat ultra petita partium, quod non est in actis non est in mundo), welche einestheils in mancher Beziehung unrichtig sind und andererseits die vielfachen Probleme, welche hier zu lösen sind, in keiner Weise erschöpfen.

Was zuvörderst die thatsächlichen Voraussetzungen der von dem Kläger und dem Beklagten gestellten materiellen Ansprüche: die materiellrechtlichen Thatbestände betrifft, so kommt in dieser Beziehung das Verhandlungsprincip in seiner Reinheit zur Erscheinung: der Richter darf bei der Entscheidung über die Klage und Einredebitten nur solche Thatsachen berücksichtigen, welche der Kläger zur Unterstützung seines processualischen Angriffes, der Beklagte zu seiner Vertheidigung im Laufe der Verhandlung behauptet hat. Dieser Grundsatz führt zu einer doppelten Consequenz: Einestheils ist dem Richter untersagt [19]), die

---

[19]) Im römischen und canonischen Process hatte der Richter, eben weil beide in ihren früheren Epochen rein mündlich, in den späteren aber protocollarisch waren, ein sehr ausgedehntes Fragerecht. L. 9. C. de iud. 3, 1. Iudices oportet inprimis rei qualitatem plena inquisitione discutere et tunc utramque partem saepius interrogare, num quid novi addere desideret . . . . Ebenso C. 10 X. de fide inst. 2, 20 und Clem. Saepe de V. S. 5, 11 (welche Stellen an die Aussprüche der A. Pr. G. O. in Note 1 erinnern). Vgl. Endemann, Das Princip der Rechtskraft, (1860). §. 2, 11. Für das heutige gemeine Recht ist das Fragerecht, wenn die Parteien dem Gerichte Schriftsätze überreichen, wohl auszuschliessen, im Protocollarverfahren, dagegen ähnlich wie im österreichischen Recht zu bestimmen (siehe die folgende Note). Wetzell, §. 46, Note 44 ff.; Endemann, Deutsch. Civilprocessr. §. 136; A. A. Bayer, S. 35. Im französischen Recht hat das Gericht ein sehr weitgehendes Fragerecht (Code de proc. art. 119 und dazu Boitard, Leçons, 10. Aufl., Bd. 1. S. 208, 209) und auch die Parteien können sich gegenseitig in jedem Stadium des Verfahrens über Thatsachen des Rechtsstreites durch den Richter befragen lassen (Code de proc. art. 324 und Boitard, Bd. 1, S. 484—487). Die gegenseitige Befragung der Parteien (interrogatoire sur faits et articles) ist in der eigenthümlichen processualischen

Parteien im Laufe des Verfahrens zur Behauptung von Thatsachen aufzufordern [20]), zweitens aber darf er bei seinen Entscheidungen nur solche Thatsachen berücksichtigen, welche im

Ausbildung, welche dieses Rechtsinstitut im französischen Process erlangt hat,
(vgl. Boitard a. a. O. S. 486) in die neueren Processordnungen nicht übergangen, wohl aber wird dem Richter und mit seiner Zustimmung der Gegenpartei allgemein das Fragerecht eingeräumt, welches nach einzelnen Processgesetzen (z. B. Baden, §. 279, 280) auch durch ein besonderes Incidenzverfahren ausgeübt werden kann. Hannover, §. 111; Baden, §. 276—281; Württemberg. §. 201—203, 212; Baiern, Art. 153—156; Deutsch. Entw. von 1874.
§. 126; Oesterr. Entw. von 1876, §. 214. Auch im Preussischen Process hat
sich, obgleich die Untersuchungsmaxime für den überwiegenden Theil des
Verfahrens beseitigt wurde (oben Note 1), das richterliche Fragerecht im
weitesten Umfange erhalten. Koch, Das preuss. Processrecht, §. 274 a.

[20]) Das österreichische Recht kennt nicht die gegenseitige Befragung
der Processparteien als ein besonderes Rechtsinstitut (s. vorige Note), weil
nach unserem Contumacialsystem jede Processpartei durch die blosse Erzäh-
lung einer Thatsache in einer Processschrift den Gegner zwingen kann, sich
über dieselbe bei Vermeidung der Fiction des Eingeständnisses zu erklären.
Anders z. B. nach französischem Recht (Code de proc. art. 150 und Boitard,
Bd. 1, S. 278—280, bes. S. 279 Note 1 von Colmet Daage), in welchem
selbst die vollständige Verweigerung der Klagebeantwortung von Seite des
Beklagten nicht das Zugeständniss der Klagethatsachen in sich schliesst. Auch
das richterliche Fragerecht findet im schriftlichen Verfahren gar nicht, im
Protocollarverfahren nur soweit statt, dass der Richter 1. eine ungenügende
Darstellung der von einer Processpartei vorgebrachten Thatsachen durch
Fragen aufzuklären und 2. die Parteien über die Rechtsnormen in Betreff der
Klage und Einredegründe zu belehren hat. Dagegen hat der Richter nach
Thatsachen, welche von den Parteien überall nicht angeführt worden sind, auch
nicht zu fragen. §. 20 A. G. O., §. 21 W. G. O. („ins Klare setzen"),
Hofd. vom 6. Oct. 1783 Nr. 621 lit. b (Wessely, Nr. 16), Res. vom
11. Sept. 1784 Nr. 336 lit. f (Wessely, Nr. 309). Ebenso wohl auch §. 25
S. V. und §. 19 Bg. V. („ungenügende Angaben geltend gemachter
Thatsachen"). Vgl. die Motive zu den Bg. V. bei Kaserer, Bd. 8, S. 56
und Ullmann, Das Bagatellverfahren, 2. Aufl. (1873), S. 30. Einen weiteren
Spielraum räumen, doch im Widerspruch mit der ganzen Natur des österreichischen Processes, die meisten österreichischen Schriftsteller dem richterlichen Fragerecht im pseudomündlichen Verfahren ein. Nippel, Erl., Bd. 1,
S. 95—97 und Erl. des Summarverfahrens (1848), S. 102; Beidtel a. a. O.
§. 79. Auch die Discussion des §. 25 S. V. war von dem Gesichtspunkt beherrscht, dass dem Richter in diesem Verfahren eine inquisitorische Stellung
gegeben werden müsse, doch hat diese Auffassung in dem Gesetze keinen
klaren Ausdruck gefunden. Vgl. Schenk, S. V., S. 169 und den Vortrag
der obersten Justizstelle vom 31. Mai 1845. ebenda S. 83, 84.

18*

Laufe des Rechtsstreites vorgekommen sind, während jene Facta, welche ihm auf einem anderen Wege bekannt werden, sich seiner Beachtung entziehen [21]). (Iudex iudicet secundum allegata et probata partium, non secundum conscientiam) [22]). Diese Beschränkung geht so weit, dass der Richter von den thatsächlichen Anführungen der Parteien selbst dann abhängig ist, wenn solche Personen als Processtheile auftreten, welchen der Richter, wie z. B. den Bevormundeten, sonst kraft seiner Amtspflicht eine besondere Fürsorge zuzuwenden hat und ihm die betreffende Thatsache eben in Ausübung dieser richterlichen Amtspflicht bekannt geworden ist [23]).

---

[21]) Hofd. vom 15. Jan. 1787 Nr. 621 lit. i i (Wessely, 1606), §. 67, Abs. 2, Rg. V.

[22]) Vgl. Wetzell, §. 43, Note 40; Endemann, §. 99, Note 26—29 und Text. In Hinblick auf das schriftliche Verfahren wurde der Satz auch durch das bekannte Rechtssprichwort „quod non est in actis, non est in mundo" ausgedrückt. Einen sehr ausgedehnten Spielraum gewährt der Privatkenntniss des Richters Sintenis, Erl., S. 528—544, nach dessen Ansicht der Richter seine Entscheidungen „zu treffen hat, nach Lage und Inhalt der Acten und seiner sonstigen amtlichen Kenntniss und dem, was über factische Fragen, die dabei zur Sprache kommen, notorisch ist" (a. a. O. S. 534).

[23]) Die ältere gemeinrechtliche Doctrin hat mit Rücksicht auf die L. 1, §. 5 D. de ed. 2, 13 und L. 2, §. 1 D. ne de statu def. 40, 15 angenommen, dass der Richter in Rechtssachen der Bauern und der Pflegebefohlenen auch in Civilsachen von Amtswegen verfahren dürfe. J. H. Böhmer, Diss. de iudice procedente ex officio in causa civili in den Exerc. ad. Pand. Tom II, (1747), S. 623 und Gönner, Handbuch, X, §. 38. In Betreff der Bauern hat sich diese Auffassung bis zu einem gewissen Grade noch im heutigen österreichischen Recht erhalten, weil die Vorschriften des §. 20 A. G. O. und §. 21 W. G. O., welche dem Richter eine ziemlich weitgehende Officialthätigkeit vorschreiben (Note 20), zufolge der Resol. vom 11. Sept. 1784 Nr. 336 lit. f. vorzüglich „das Landvolk" im Auge haben. Dagegen wurde in Ansehung der bevormundeten Personen durch das Hofd. vom 15. Jan. 1787 (Note 21) das Verfahren von Amtswegen für unzulässig erklärt. Auch in Preussen findet in den Rechtssachen der Pflegebefohlenen das gewöhnliche Verfahren statt. Koch, Das Preussische Processrecht, §. 84, 156 a; Dernburg, Das Vormundschaftsrecht der preussischen Monarchie nach der V. O. vom 5. Juli 1875, S. 166, 167. Sehr ausgebildet erscheint dagegen der Gesichtspunkt, dass in den Civilrechtssachen der Pflegebefohlenen die Officialmaxime herrschen soll, in dem französischen Recht, wonach in allen Civilprocessen, welche solche Personen betreffen, auch die Staatsanwaltschaft zu laden ist, welche sich an der Processverhandlung zu betheiligen und ihre An-

Etwas weiter ist das Gebiet der spontanen richterlichen Thätigkeit in Ansehung der Beweise, welche der Kläger und der Beklagte zur Begründung ihrer Ansprüche im Laufe der Instructionsverhandlung anzubieten haben (§. 12 A. G. O.). Zwar gilt auch hier die Regel, dass der Richter nur solche Beweise berücksichtigen darf, welche die Parteien ausdrücklich angeboten haben. Allein von dieser Regel bestehen doch mehrere Ausnahmen, indem das Gericht in den summarischen Processen auf den Erfüllungs- und Schätzungseid [14]), dann im Bagatellverfahren auf den Augenschein, den Sachverständigenbeweis [15]) und die Abhörung der

_____

träge zu stellen hat. Code de proc. art. 83 und Boitard, Bd. 1, Nr. 215. Ebenso Genf: Loi sur l'organisation judiciaire vom 5. Dec. 1832, art. 91 (Bellot a. a. O. S. 657); Hannover: §. 81—85, bes. §. 82, Z. 4; Italien: Art. 346, Z. 5; Deutsch. Entw. von 1866, §. 110; Baiern: Art. 160, Z. 3. Vgl. die analogen Einrichtungen im Eheprocess, oben Note 8.

[14]) §. 35 S. V. Das gemeine Recht gestattet dem Richter ganz allgemein, den Parteien den „nothwendigen" Eid aufzulegen. Vgl. Endemann, Die Beweislehre des Civilprocesses, S. 582—584; Derselbe, Civilprocessr., §. 204; Wetzell, §. 26, bes. Note 17, 18 und Text; Renaud, §. 142, Note 28 (vgl. jedoch auch Note 24—27 und §. 140, Note 11). Ebenso die Ung. C. P. O. von 1852, §. 271, 276 (dazu Schuster, S. 573, 578). Nach dem Processe der A. G. O. (§. 212, 213, Hofd. vom 11. Mai 1784 Nr. 287 bei Wessely Nr. 750; §. 214 und Hofd. vom 15. Jan. 1787 Nr. 620, bei Wessely Nr. 753) und nach jenem der W. G. O. (§. 286, 287, 288—292 und d. cit. Hofd.) müssen die nothwendigen Eide von dem Beweispflichtigen wie jedes andere Beweismittel angeboten werden. Das Nähere im speciellen Theile.

[15]) Nach dem gemeinen Recht kann der Richter den Beweis durch Augenschein und Sachverständige von Amtswegen zulassen. Endemann Beweislehre, S. 84, 247—249; Derselbe, Civilprocessr., §. 185, Note 6 a bis 12 u. A.; Wetzell, §. 44. Note 5 a, 17; Renaud, §. 109, Note 4. Doch ist das Detail sehr bestritten (vgl. Renaud a. a. O.); das Nähere im speciellen Theil. Auch die neueren Processordnungen schliessen sich dem gemeinen Recht an, doch mit zahlreichen Modificationen im Detail. Preussen: Koch, Processrecht, §. 266, Note 2, 3, §. 277 I; Code de proc. art. 295 und dazu Boitard, Bd. 1, Nr. 511; Carré, Bd. 3, Qu. 1137; Schlink, Commentar, Bd. 3, S. 401, 402 (vgl. auch Code de proc. art. 254); Hannover: §. 280, 281; Baden: §. 488, 507; Württemberg: Art. 205; Baiern: Art. 396, 433; Deutscher Entw. von 1874, §. 129. Das österreichische Recht verlangte bisher Anbietung jener beiden Beweisarten durch die Parteien, wie bei den übrigen Beweismitteln (A. G. O. §. 187, 188 „auf Ansuchen eines oder des anderen Theiles", §. 202; W. G. O. §. 259, 260, 274); das Bg. V. dagegen

Parteien als Zeugen [26]) auch ohne Antrag der Parteien zu erkennen
berechtigt ist. Auch im Syndicatsverfahren braucht der Kläger
die Beweismittel für die Thatsachen, auf Grund deren er seine
Ansprüche gegen den Geklagten erhebt, nur nach Thunlichkeit
beizubringen und zu bezeichnen. und es hat deshalb das Processgericht, insofern der Kläger dies unterlassen hat, für die Herbeischaffung der erforderlichen Beweismittel Sorge zu tragen, was
durch Vermittlung der zur Disciplinaramtshandlung berufenen
Behörde geschieht [27]).

Welches ist die Stellung des Richters zu den Thatsachen,
welche ich in der oben gegebenen Tabelle als die thatsächlichen
Voraussetzungen der von dem Kläger und dem Beklagten erhobenen processualischen Ansprüche oder als die processualischen Thatbestände bezeichnet habe? Das wesentlich abweichende Verhältniss des Richters zu dieser Gruppe· von Thatsachen wird durch zwei Momente bestimmt, welche sich zum
Theile geradezu entgegenwirken. Das Processrechtsverhältniss
gehört nämlich erstens dem öffentlichen Rechte an, die Aufrechterhaltung der processualischen Ordnung — wenigstens in ihren
Grundzügen — nimmt deshalb das Interesse des Staates unmittelbar in Anspruch. Zweitens die Erörterung des materiellen
Rechtsverhältnisses und des Processrechtsverhältnisses ist in
unseren positiven Processrechten in dem Rahmen eines Verfahrens vereinigt, es wird z. B. die Processverhandlung über den
materiellen Klageanspruch durch Behändigung des Klaglibells
an den Beklagten zu einer Zeit eröffnet, wo es noch ungewiss
ist, ob der Kläger den processualischen Anspruch auf Ein-

---

hat (§. 49, 52) die Auffassung des gemeinen Rechtes und der neueren Gesetzgebungen angenommen. A. A. rücksichtlich des Sachverständigen-Beweises
(§. 49 Bg. V.): Ullmann a. a. O. S. 63, Note 1, S. 85, Note 1, doch wohl
irrig, weil der §. 49 Bg. V. dem Gerichte die Zulassung des Sachverständigenbeweises anheimgibt, „wenn derselbe nothwendig wird“ und das Gesetz die
Sachverständigen als Gehilfen des Richters auffasst (Motive bei Kaserer,
VIII, S. 69), deren Benützung consequent auch seinem Ermessen überlassen
sein muss.
[26]) §. 53, Bg. V. Vgl. Ullmann a. a. O. S. 90.
[27]) §. 12 des Ges. vom 12. Juli 1872 Nr. 112.

leitung des Verfahrens (den Ladungsanspruch) überall zu stellen berechtigt ist. Jenes öffentliche Interesse des Staates an den Grundlagen der processualischen Ordnung bewirkt, dass gewisse Mängel der Processführung durch den Richter von Amtswegen untersucht werden. Diese Zusammendrängung der Verhandlungen über das materielle und über das processualische Rechtsverhältniss in ein Verfahren hat dagegen zur Folge, dass die Feststellung der processualischen Gesuchs- und Einredegründe zum Theil in einer sehr summarischen Weise erfolgt, weil eben die volle Erörterung derselben eine gesonderte contradictorische Verhandlung erheischen würde. Daraus ergiebt sich, dass die spontane Thätigkeit des Richters in Ansehung der wichtigsten thatsächlichen Grundlagen des Processrechtsverhältnisses eine grössere, bei einer anderen Gruppe von processualischen Thatbeständen dagegen eine erheblich geringere ist, als in Betreff jener Thatsachen, auf welchen das in Streit befangene materielle Rechtsverhältniss beruht. In der Mitte zwischen diesen zwei Gruppen von processualischen Thatbeständen steht endlich eine dritte Kategorie von processualischen Gesuchs- und Einredegründen, welche von dem Richter in derselben Weise untersucht und festgestellt werden, wie die thatsächlichen Voraussetzungen der materiellen Rechtsansprüche. Während also das Verhältniss des Richters zu den materiellrechtlichen Thatbeständen mit unwesentlichen Ausnahmen (Note 10 ff.) immer das nämliche ist, erscheint es in Ansehung der processualischen Thatbestände in sehr mannigfaltiger Weise ausgebildet.

Von Amtswegen werden nach österreichischem Rechte folgende Thatsachen untersucht und festgestellt: 1. Mängel in der gehörigen Besetzung des erkennenden Gerichtes [29]), dann die

---

[29]) Wenn also für gewisse Gegenstände eine grössere Anzahl von Richtern erforderlich erscheint als regelmässig vorgeschrieben ist (z. B. wenn der oberste Gerichtshof, der regelmässig in Senaten von 7 Richtern erkennt, die Zulassung einer ausserordentlichen Revision aussprechen oder über eine Ehe-Ungiltigkeitserklärung entscheiden soll, für welche Rechtssachen ein Senat von 11 Richtern nothwendig ist: §. 17, 18 des Pat. vom 7. Aug. 1850 Nr. 325), so hat das Gericht die thatsächlichen Voraussetzungen einer solchen stärkeren Besetzung von Amtswegen festzustellen. Ebenso hat das Gericht von Amtswegen die Thatsachen festzustellen, welche bewirken, dass ein Richter an der Entscheidung über einen Rechtsstreit nicht theilnehmen darf

Fälle der absoluten Incompetenz [29]); 2. die Thatsachen, aus welchen hervorgeht, dass einer Rechtssache die Eigenschaft einer

---

(Unfähigkeit und Verdächtigkeit des Richters). Während nach gemeinem Recht die Feststellung der Unfähigkeits- und Verdächtigkeitsgründe im Wesentlichen von der Verhandlungsmaxime beherrscht wird (Wetzell, S. 370 f; Renaud, §. 13, 14; Endemann, §. 27—30), wird in den neueren Gesetzen die Cognition von Amtswegen in immer steigendem Masse vorgeschrieben (Endemann, §. 31). Preussen: Koch, §. 54; Frankreich: Code de proc. art. 380, 382—384; Genf: Ges. vom 5. Dec. 1832 Art. 109, 113, 114; Hannover: §. 22, 24; Baden: §. 69, 70, 82; Russland: §. 668; Württemberg: Art. 68, 69, 76; Baiern: Art. 41, 42; Deutsch. Entw. von 1874, §. 41, 42; Oesterreich: §. 52, 53, 156, G. J. Oesterr. Entw. von 1876, §. 77. Die Gesetze drücken sich zumeist so aus, dass der Richter, gegen welchen ein vom Gesetze zum Voraus bestimmten Unfähigkeits- (Ausschliessungs-, Behinderungs-) Grund vorliegt, diesen von Amtswegen anzeigen müsse, wogegen er bei den blossen Verdächtigkeits- (Ablehnungs-) Gründen den Antrag der Parteien abwarten kann. Es ergibt sich aber von selbst, dass das Gericht, auch wenn der Richter trotz des Vorhandenseins von Unfähigkeitsgründen die Anzeige nicht erstattet, doch das Recht und die Pflicht hat, die betreffenden Thatsachen von Amtswegen festzustellen. Bei den Verdächtigkeitsgründen verlangen zwar die Processordnungen einen Ablehnungsantrag der Partei, ferner die Angabe und die Bescheinigung der Ablehnungsgründe; allein die Feststellung dieser letzteren muss, wenn durch die Bescheinigung eine genügende Grundlage für die Officialthätigkeit des Gerichtes geboten ist, gewiss von Amtswegen erfolgen. Vgl. Heyssler, Die Lehre von den Processvoraussetzungen nach österreichischem Recht, in Grünhut's Zeitsch. Bd. 1 (1874) S. 134—136.

[29]) Preussen: Der Rechtszustand ist nicht ganz klar, doch muss die Incompetenz (nicht blos die Fälle der absoluten Incompetenz) wohl auch jetzt nach Beseitigung der Officialmaxime im Laufe des Rechtsstreites von Amtswegen festgestellt werden. A. Pr. G. O. Th. I, Tit. 5, §. 4; Tit. 9, §. 2. Ist es dagegen zu einem rechtskräftigen Urtheil gekommen, so haben Privatparteien selbst im Falle der absoluten Imcompetenz (Tit. 2, §. 161, K. O. vom 25. Febr. 1833) kein Recht, das Erkenntniss anzufechten; nur der Fiscus kann unter Umständen auf Annullirung eines rechtskräftigen Urtheiles wegen Incompetenz antragen (A. G. O. Tit. 16, §. 7; vgl. jedoch Tit. 2, §. 165). — Frankreich: Code de proc. art. 170 und dazu Boitard, Bd. 1, Nr. 351 ff.; Genf: Art. 745, Z. 1; Hannover: § 19; Russland: §. 584; Württemberg: Art. 64; Ungarn: §. 14. 53. Nach österreichischem Recht findet eine Untersuchung der Competenzgründe von Amtswegen nur dann statt, wenn sich Zweifel ergeben, ob eine Verhandlung über die Ungiltigkeit oder Trennung einer Ehe vor einem Gerichte gepflogen wurde, dem eine solche Gerichtsbarkeit überall nicht zusteht oder ob der Fall sich nicht als Civilstreitsache qualificirt (§. 48 J. N.). In allen übrigen Fällen bildet lediglich die Darstellung

Civilstreitsache zukommt oder nicht zukommt [30]); 3. die Ge-
richts- [31]) und Processfähigkeit der Parteien [32]) und die Legitima-

des Klägers die Grundlage der Entscheidung des Richters (§. 1. 2, J. N.) und
die Cognition der Competenz unterscheidet sich von den übrigen Gebieten des
anticipativen Contumacialsystems (s. unten) nur dadurch, dass der Richter
auch seine Privatkenntniss benützen kann (§. 2 J. N.). Vgl. auch Heyssler a. a. O. S. 130—134. Durch die Jurisdictionsnorm §. 1, 2, 48 sind die
Controversen, welche über die Geltendmachung der exceptio fori überhaupt
und der absoluten Incompetenz insbesondere unter der Herrschaft der älteren
Jurisdictionsnormen entstanden waren, in einer sachgemässen Weise gelöst
worden, obgleich die Fälle der absoluten Incompetenz nach der J. N. wohl
zu eng begrenzt sind. Vgl. Wessely, Abhandlung über die Einwendung
des unbefugten Gerichtsstandes etc. in der Themis, 6. Heft (1843), S. 1—42,
(dessen Ansichten im Wesentlichen mit dem Inhalte der §§. 1, 2, 48 der
jetzigen J. N. übereinstimmen: vgl. S. 1—10, 24—27); Porth in der Zeitschrift für österreichische Rechtsgelehrsamkeit, (1843), Bd. 2, S. 281—315
(welcher der Ansicht zu sein scheint, dass der Richter auch in den Fällen
der absoluten Incompetenz, wenn er einmal die Klage angenommen hat, an
sein Decret gebunden ist und dass nur der höhere Richter auf Grund eines
Recurses das Verfahren beseitigen kann; vgl. a. a. O. S. 288, 289). Dagegen
Wessely in der Themis, 8. Heft (1844), S. 24 ff. — Durch den österr.
Entw. von 1876 sind die Fälle der absoluten Incompetenz beträchtlich vermehrt und für dieselben gleichfalls die Cognition von Amtswegen vorgeschrieben. Vgl. §. 60, 277 d. E.

[30]) Die Qualification eines Rechtsfalles als Civilstreitsache, bez. der
Mangel derselben, wird von den modernen Gesetzgebungen vorzüglich in ihrer
Beziehung zu der richterlichen Thätigkeit aufgefasst und fällt demgemäss
unter dem Gesichtspunkt der absoluten Incompetenz. S. die vorige Note und
Heyssler a. a. O. 129, 130. Der österr. Entw. von 1876, §. 60, 285 hat in
Anschluss an neuere deutsche Gesetzgebungen die Fälle der Incompetenz und
der mangelnden Qualification als Civilstreitsache mit Recht getrennt, aber doch
diese letztere und die absolute Incompetenz processualisch gleich gestaltet.

[31]) Die Gerichtsfähigkeit (legitima persona standi in iudicio) ist die
processualische Rechtsfähigkeit und muss von der processualischen Handlungsfähigkeit (der Processfähigkeit) wohl unterschieden werden. Vgl. oben §. 12,
Note 21—28 und die folgende Note. S. auch Renaud §. 49; Wetzell,
System, 3. Aufl. S. 91, 92. Die Untersuchung der Gerichtsfähigkeit ist dadurch
erheblich erleichtert, dass im modernen Rechte jede natürliche Person rechtsfähig, folglich auch gerichtsfähig ist. Zu einer Cognition von Amtswegen wird
also regelmässig nur dann Anlass vorhanden sein, wenn dem Gerichte die
Existenz einer Processpartei zweifelhaft wird (wenn z. B. von einem fingirten
Kläger eine Klage überreicht wird), ferner wenn solche Personen- oder Sachen-
inbegriffe als Processparteien auftreten, welchen die Rechtsfähigkeit mangelt.
Dieser letztere Fall tritt ein, wenn z. B. ein verbotener oder aufgelöster

tion ihrer Verteter; 4. die gehörige Bekanntmachung der processualischen Schriftsätze und Decrete, insbesondere auch die Behändigung des Klaglibells an den Beklagten. [33])

Verein (§. 26 B. G. B.), ein ausgeschiedenes Gutsgebiet (welchem wohl nach dem galizischen Ges. vom 12. Aug. 1866 Nr. 20 L. G. B. und nach dem bukowinaer Ges. vom 14. Nov. 1863 Nr. 10 L. G. B. die privatrechtliche Rechtsfähigkeit abzusprechen ist) oder eine nicht in das Handelsregister eingetragene Gesellschaft (Art. 110 II. G. B.) klagt oder verklagt wird. In den modernen Gesetzbüchern wird die Gerichtsfähigkeit nicht besonders erwähnt, es sind daher die Rechtsregeln über die Processfähigkeit analog anzuwenden.

[33]) Die Processfähigkeit ist die processuale Handlungsfähigkeit, sie ist also die Fähigkeit, durch eigene Willensacte in Processrechtsverhältnisse einzutreten, während die Gerichtsfähigkeit die einer Person vom objectiven Recht gewährte Möglichkeit ist, processuale Rechte zu erwerben und processuale Pflichten zu übernehmen, gleichviel ob diese Rechte und Pflichten durch eigene oder durch fremde Willensacte oder durch zufällige Ereignisse begründet werden. Der Minderjährige und der Wahnsinnige sind nach österreichischem Rechte zwar gerichts-, nicht aber processfähig, weil ihre Processrechtsverhältnisse nicht durch ihre eigenen Willensbestimmungen, sondern durch jene ihres Vormundes oder Curators begründet und modificirt werden. Dagegen ist derjenige processfähig, welcher sich in gewissen Civilrechtsstreitigkeiten (den Anwaltssachen) eines Advocaten bedienen muss, weil auch in solchen Rechtssachen die Processhandlungen im rechtlichen Sinne ausschliesslich auf Willensbestimmungen der vertretenen Processpartei beruhen, welchen der Processbevollmächtigte nur Form und Ausdruck verleiht. Das Nähere über diese auch in der gemeinrechtlichen Literatur vielfach unbefriedigend behandelte Lehre in dem Abschnitt über die Parteien und die Parteienhandlungen. — Dass der Richter die Thatsachen, welche auf die Processfähigkeit der Parteien Einfluss haben, von Amtswegen festzustellen habe, ist allgemein anerkannt. Gemeines Recht: Wetzell §. 12, Note 33; Renaud §. 49. Note 22, 23; Endemann §. 71, Note 35—38; Preussen: Koch §. 89; Hannover, §. 32; Baden, §. 94 (?); Württemberg, Art. 81; Baiern, Art. 62 (Wernz S. 88—90); Deutsch. E. v. 1874, §. 54. Das österr. Recht enthält über die Processfähigkeit zahlreiche Gesetzesstellen, welche die Cognition von Amtswegen vorschreiben § 64 A. G. O., §. 57—59 W. G. O. Hofd. v. 4. Juni 1789 Nr. 1015 lit. f. (Wessely, 375) und Hofd. v. 14. Oct. 1803 Nr. 629 (Wessely, Nr. 376) und dazu Heyssler a. a. O. S. 136—139. Ebenso der österr. Entw. v. 1876, §. 86. 277, 286, 287. Im französischen Processe scheint der Mangel der Processfähigkeit keinen Gegenstand einer amtlichen Nachforschung zu bilden, sondern muss wohl von der Gegenpartei ausdrücklich gerügt werden. Art. 1125 Code civ. Vgl. Aubry und Rau, Cours, Bd. 1, §. 109, Note 12; Schlink, Comm., Bd. 1, S. 414, 415; Carré, Lois de proc., Bd. 6, Qu. 3067.

[34]) Die gehörige Bekanntmachung der Parteienvorträge und der richterlichen Decrete an die Processparteien wird zwar von den Gesetzgebungen

Regelmässig erfolgt sowohl die Einleitung als auch die Durchführung der Untersuchung von Amtswegen, doch muss in einzelnen Fällen (z. B. Note 28) dem Beginne derselben ein Antrag vorhergehen. Auch ist selbstverständlich nicht ausgeschlossen, dass jene officiöse Thätigkeit des Richters durch die Parteien in irgend einer Weise angeregt wird. [34]) Bei der Untersuchung von Amtswegen ist das Gericht an die Normen des Civilprocessrechtes über die Vertheilung der Beweislast und über die Form und Zulässigkeit der Beweismittel nicht gebunden, vielmehr herrscht auf diesem Gebiete des Beweisverfahrens das freieste richterliche Ermessen. Insbesondere ist es ein sehr häufig angewendetes Mittel der amtlichen Nachforschung, die Parteien und dritte Personen (z. B. den Gerichtsboten, welcher die Zustellung eines richterlichen Decretes zu besorgen hatte) ohne Beeidigung zu Protocoll zu vernehmen, während dem Civilverfahren diese Beweisform sonst vollständig fremd ist. [35])

Während die Thätigkeit des Richters in Ansehung der erwähnten vier Punkte (vgl. auch oben S. 270, 271) entschieden aus

---

nirgends ausdrücklich als ein Gegenstand der Cognition von Amtswegen bezeichnet, es ist aber dessenungeachtet unzweifelhaft, dass z. B. der Richter, bevor er die Contumacial-Nachtheile über die nichterschienene Processpartei verhängt, die gehörige Ladung von Amtswegen zu untersuchen habe. Hannover, §. 369, Z. 1; Württemberg, Art. 892; Deutsch. E. v. 1874, §. 290, Z. 2. Auch nach österr. Recht ist die gehörige Bekanntmachung der Schriftsätze und richterlichen Decrete, sofern diese zum Thatbestand eines processualischen Anspruchs gehört, von Amtswegen zu untersuchen. Vgl. jetzt auch den österr. Entw. v. 1876, § 302.

[34]) Diese Anregung der richterlichen Officialthätigkeit durch die betheiligten Parteien ist von der Stellung dieser letzteren im anticipativen Contumacialsystem (s. unten) wesentlich verschieden, wenngleich die äussere Erscheinung beider Processformen in solchen Fällen viele Aehnlichkeiten bietet. Denn dort kann der Richter zur Untersuchung des processualischen Thatbestandes auch ohne Impuls von Seite der Parteien schreiten, hier ist der Widerspruch der Partei unentbehrliche Voraussetzung der richterlichen Thätigkeit. dort ist der Richter in der Benützung der von den Parteien erhaltenen Anregung von ihrem Willen unabhängig, hier gibt die Erklärung der Partei der richterlichen Thätigkeit Ziel und Begränzung. Vgl. auch den österreichischen Entw. von 1876, §. 305.

[35]) Vgl. die analogen Rechtssätze über die amtliche Feststellung von Normen des fremden und des Gewohnheitsrechtes, oben S. 95—97, 176, 177.

dem Rahmen der Passivität heraustritt, welche dieselbe
regelmässig gegenüber den thatsächlichen Grundlagen der materiellen Ansprüche kennzeichnet, ist sie umgekehrt in Ansehung der zweiten Kategorie von processualischen Thatbeständen (s. oben S. 279) im Vergleich mit der materiellrechtlichen Cognition viel minder intensiv und eingreifend. Ein bedeutender Theil der Thatsachen, auf welchen die processualischen
Ansprüche und Gegenansprüche beruhen, bedarf freilich nicht der
Untersuchung und Feststellung durch den Richter, weil sich dieselben vor Gericht selbst vollziehen. Soweit z. B. der processualische Anspruch des Klägers auf Einleitung des Civilverfahrens
(der Ladungsanspruch) von der Form und dem Inhalte des Klaglibells abhängt, ist jede Erforschung des Thatsächlichen überflüssig, da eben die Klageschrift selbst dem Gerichte vorliegt. Alle
übrigen processualischen Thatbestände, welche dem Richter nicht
aus eigener Warnehmung bekannt sind, könnten dagegen an sich
denselben Grundsätzen unterworfen werden, wie die Thatsachen,
auf welchen die materiellrechtlichen Klage- und Einrederechte
beruhen. Da jedoch das moderne Processrecht den grössten Theil
der Cognition über das Processrechtsverhältniss und seine einzelnen Bestandtheile zu einem untergeordneten Beiwerk der Verhandlung über die materiellrechtlichen Ansprüche herabgedrückt
hat, so bietet die Feststellung jener zweiten Kategorie von processualischen Thatbeständen manche Eigenthümlichkeiten dar,
welche sich im Allgemeinen dahin zusammenfassen lassen, dass
die Untersuchung des Processrechtsverhältnisses regelmässig gegen
jene des streitigen materiellrechtlichen Anspruchs an Gründlichkeit
merklich zurücksteht.

Der wichtigste Gegensatz zwischen den beiden Zweigen der
richterlichen Cognition besteht darin, dass die zweite Gruppe
der processualischen Thatbestände (s. oben S. 279)
bis auf Widerspruch der Gegenpartei durch die blosse
Behauptung des Gesuchstellers festgestellt wird
und dass der Richter diesem letzteren regelmässig
lediglich in Folge seiner Anführungen das ange-
sprochene processualische Recht provisorisch zuerkennt. Der Gegenpartei steht frei, gegen diese Verfügung des
Richters Einsprache zu erheben, worauf der processualische Thatbestand entweder in einer sofort stattfindenden, den Hauptprocess

regelmässig hemmenden Verhandlung (processhindernde Einreden) [16])
oder in Verbindung mit der Cognition über das streitige materielle

---

[16]) Der Hauptmangel, in welchen die neueren Gesetzgebungen bei der
Behandlung der processhindernden Einreden verfallen, besteht in der ganz
ungehörigen Vermischung der Cognition von Amtswegen mit dem anticipativen
Contumacialsystem, obgleich diese beiden Congnitionsformen (s. unten) in
den meisten Punkten sich als diametrale Gegensätze darstellen. So führt
z. B. der Deutsche Entw. v. 1874 §. 238 als processhindernde Einreden auf:
1. Die Einrede der Unzuständigkeit des Gerichtes; 2. die Einrede der Unzulässigkeit des Rechtsweges; 3. die Einrede der Rechtshängigkeit; 4. Die Einrede der mangelnden Sicherheit für die Gerichtskosten; 5. die Einrede, dass
die zur Erneuerung des Rechtsstreites erforderliche Erstattung der Kosten
des früheren Verfahrens noch nicht erfolgt sei; 6. die Einrede der mangelnden Processfähigkeit oder der mangelnden gesetzlichen Vertretung. Ebenso
der österreichische Entw. von 1876, §§. 284, 264. 265. Aehnlich auch, wenngleich mit Modificationen im Detail Hannover, § 196 (dazu die trefflichen
Ausführungen bei Leonhardt, Die bürg. P. O., S. 146—148); Baden,
§. 317, 318. 344 (welche beiden Gesetze die processhindernden Einreden nicht
speciell anführen); Russland, §. 571; Württemberg, Art. 344. Unter den
angeführten processhindernden Einreden sind die Einreden der Unzuständigkeit,
soweit sich diese auf die Fälle der absoluten Incompetenz bezieht, ferner die
Einrede der Unzulässigkeit des Rechtsweges, der mangelnden Processfähigkeit
und der mangelnden gesetzlichen Vertretung ein Gegenstand der Cognition
von Amtswegen (s. oben) und unterliegen deshalb auch ganz anderen Bestimmungen als die processhindernden Einreden. Vgl. oben S. 283. Der Deutsche
Entw. von 1874, §. 238, Abs. 3 und der österreichische Entw. von 1876,
§. 287 (vgl. auch §. 307, 462, 465) sind deshalb auch — ebenso wie alle
anderen Processordnungen — genöthigt, den wichtigsten Rechtssatz, welchen
dieselben bezüglich der processhindernden Einreden aufstellen, dass sie nämlich
gleichzeitig und vor der Verhandlung des Beklagten zur Hauptsache vorzubringen sind, für die Fälle der Cognition von Amtswegen aufzugeben. In dem
Code de proc. (art. 166—172, vgl. jedoch art. 170), namentlich aber in der
Genfer P. O. Art. 65—70 und in der Baierischen P. O. 184—189 sind deshalb ganz richtig die gerichtsablehnenden Einreden besonders behandelt und
mit den Fällen der Cognition von Amtswegen in keiner Weise vermischt.
Auch im österr. Recht werden im ordentlichen Verfahren nur die Einrede
des nicht gehörigen Gerichtsstandes, der Litispendenz (§. 40 A. G. O., §. 32,
33 W. G. O. und Hofd. vom 7. Nov. 1820 Nr. 1714), der mangelnden
Sicherheit für die Gerichtskosten (§. 406 A. G. O., §. 539 W. G. O.), endlich
die Einrede der Rechtskraft in ihrer processualischen Function (vgl. unten
§. 27) als processhindernde Einreden zu betrachten sein, wogegen die Fälle
der Cognition von Amtswegen am richtigsten in einer besonderen Gruppe dargestellt werden.

Rechtsverhältniss (einfache Processeinreden) [37]) untersucht wird.
Dieses Verfahren, welchem auf dem Gebiete der materiellrecht-

---

[37]) Diese Form des anticipativen Contumacialsystems weicht von der
materiellrechtlichen Cognition noch viel weiter ab als die processhindernden Einreden. Denn die provisorische Entscheidung des Richters über den
processualischen Anspruch (oben S. 284) behält in diesen Fällen während der
ganzen Dauer des Rechtsstreites, ja in manchen Fällen sogar definitive Wirksamkeit. Es entsteht nämlich hier die wichtige Frage: Sind alle Rechtsfolgen
eines processualischen Thatbestandes, welchen der Richter in Folge des anticipativen Contumacialsystems vorläufig angenommen hat, von ihm zu beseitigen, wenn sich jene Voraussetzung im Laufe oder nach Abschluss der Verhandlung als irrig erwiesen hat? Muss z. B. der Richter das von ihm
eingeleitete summarische, Executiv- oder Mandatsverfahren ohne meritorische
Urtheilschöpfung aufheben, wenn sich am Schlusse der Verhandlung ergibt,
dass die thatsächlichen Voraussetzungen dieser begünstigten Processarten in
Wirklichkeit nicht vorhanden waren? Ich glaube, dass zu unterscheiden ist,
ob durch jene irrige Annahme die Thätigkeit der Parteien und des Richters
in Bezug auf ihre Vollständigkeit und Gründlichkeit beeinträchtigt werden
konnte oder nicht: nur im ersten, nicht aber im zweiten Falle ist auch die
Aufhebung der Rechtsfolgen des irrig angenommenen processualischen Thatbestandes auszusprechen. So wird z. B. der Richter ein irrig eingeleitetes
Besitzstörungsverfahren und regelmässig (§. 16 Bst. V.) auch das Bestandverfahren aufheben, weil die Angriffs- und Vertheidigungsmittel in diesen Processarten (oben S. 37—39) erheblich beschränkt sind. Ebenso im Bagatellverfahren zufolge der formellen Vorschrift des §. 30 Bg. V. Dagegen wird
er das summarische, Executiv- und Mandatsverfahren aufrechterhalten, auch
wenn sich im Laufe oder nach Abschluss des Verfahrens der Mangel der gesetzlichen Voraussetzungen herausstellt, weil das Erkenntnissverfahren dieser
Processarten sich im österreichischen Rechte auf das gesammte Processmaterial erstreckt. Vgl. oben S. 37, Note 16. Derselbe Unterschied wird wohl
auch nach dem österr. Entw. von 1876 zwischen dem Besitz- und Bestand-
process (§. 612, Abs. 6, §. 623, Abs. 2) einerseits und dem Mandats- und Wechselprocess (§. 598, 605) andererseits gemacht werden müssen, obgleich die eidliche
Vernehmung der Parteien nach dem Entwurf (§. 625) auch im Besitzstörungsverfahren zulässig sein soll. Der Deutsche Entwurf §. 536 (dazu die Mot.
S. 537) bestimmt im Gegensatz zu unserem gegenwärtigen österr. Recht, aber
auf Grundlage derselben principiellen Auffassung, dass die Klage im Executivprocess, wenn sich dessen Unzulässigkeit später herausstellt, als in der
gewählten Processart unstatthaft zurückzuweisen ist, weil eben die Angriffs-
und Vertheidigungsmittel der Parteien im deutschen Executivprocess durch
das Requisit sofortiger Liquidität sehr erheblich beschränkt sind (oben S. 37).
Die Badische P. O. §. 646 gestattet dagegen, die Unzulässigkeit des Executivprocesses in der Form einer processhindernden Einrede geltend zu machen, es
erfolgt also die Feststellung dieses processualischen Thatbestandes in der
ersten Form des anticipativen Contumacialsystems (s. die vorige Note).

lichen Cognition das Mahn- und das Kündigungsverfahren als
analoge Rechtsbildungen zur Seite stehen, beruht auf dem Grundgedanken, dass die Gegenpartei den betreffenden processualischen
Thatbestand nicht bestreiten und gegen die Zuerkennung des
processualischen Anspruchs keinen Widerspruch erheben werde.
Man kann es als das anticipative Contumacialsystem
bezeichnen, im Gegensatz zu dem declarativen Contumacialsystem
der materiellrechtlichen Cognition, welches die Versäumung erst
dann annimmt, wenn dieselbe wirklich eingetreten und erwiesen ist. [18])

Folgende Beispiele einer processhindernden und einer einfachen Processeinrede werden zur Veranschaulichung des Gesagten
dienen:

Erster Fall. Jemand begründet in seiner Klage die Competenz des Gerichtes durch die Behauptung, dass der Beklagte

---

[18]) Das anticipative Contumacialsystem könnte in unseren Civilprocessgesetzgebungen noch eine erheblich ausgedehntere Anwendung finden und
den grössten Theil der contradictorischen Incidenzstreite über processualische
Ansprüche (s. unten S. 292, 293) entbehrlich machen. Beispiele dieser Art bietet
die neuere deutsche Processgesetzgebung. Die meisten Processordnungen
setzen fest, dass derjenige, welcher einem Rechtsstreite als Nebenintervenient
beitreten will, ein ausdrückliches — schriftliches oder mündliches — Gesuch
stellen muss, über welches eine selbstständige Incidenzverhandlung abgeführt
wird. Code de proc. art. 339, 340; Genfer P. O. Art. 267—270; Hannover.
§. 37; Russland, §. 663, 664; Württemberg, Art. 100, 101; Ungarn, §. 72, 73;
Baiern, Art. 68, vgl. jedoch Art. 510 (Wernz, Comm. S. 486; Schmitt,
Der baierische Civilprocess, Bd. 1, §. 190, Note 5, 69). Dagegen tritt der
Intervenient nach preussischem Recht (A. G. O. Tit. 18, §. 7—11 und V. v.
1. Juni 1833, §. 58 und dazu Koch, §. 80, Note 4) und nach dem deutschen
Entw. von 1874, §. 67 (vgl. auch Baden, §. 109—113) dem Rechtsstreite ohne
eine richterliche Zulassungsverfügung bei, ein contradictorisches Verfahren
und eine Entscheidung des Richters sind nur dann erforderlich, wenn die
Parteien gegen den Beitritt des Nebenintervenienten Widerspruch erheben.
Ebenso der österr. Entw. von 1876, §. 93. Auch im gegenwärtigen österreichischen Recht tritt der Nebenintervenient in den Rechtsstreit ein, ohne dass
ein Zulassungsverfahren vorhergeht, und es ist der Gegenpartei nicht einmal
die Möglichkeit eröffnet, durch ihren Widerspruch sofort ein selbstständi-
diges Incidenzverfahren herbeizuführen, vielmehr muss sie sich die Theilnahme des Intervenienten bis zum Abschluss des Rechtsstreites gefallen lassen.
Dagegen mit Recht Heyssler in seinem Aufsatz: „Die Gegenwart und die
Zukunft der accessorischen Intervention im österr. Civilprocess" in Grünhut's Zeitschrift, Bd. 2, S. 121.

im Bezirke desselben seinen ordentlichen Wohnsitz habe. Obgleich
er den Grund seines processualischen Anspruchs auf Einleitung des
Verfahrens durch dieses bestimmte Gericht in keiner Weise erwiesen
hat, so ordnet dasselbe doch den Beginn des Rechtsstreites vorläufig an, indem es den Beklagten (im ordentlichen schriftlichen
Verfahren) zur Ueberreichung der Exceptionsschrift auffordert. [19])
Erhebt der Beklagte — was die überwiegende Regel bildet —

---

[19]) Nach dem österreichischen Recht hat der Richter die thatsächlichen
Voraussetzungen des Ladungsanspruchs, soweit nicht die Cognition von Amtswegen eintritt — insbesondere auch die Competenzgründe — regelmässig auf
Grundlage der Angaben des Klägers in der Klageschrift zu prüfen und nach
dem Ergebniss dieser Prüfung die Ladung zu gewähren oder zu verweigern.
Nur bei einzelnen summarischen Processen, z. B. beim Mandats- und Wechselprocess genügt das einseitige Vorbringen des Klägers nicht, um den qualificirten Ladungsanspruch anzuerkennen. Die neueren Processgesetzgebungen
haben im Allgemeinen die Tendenz, das anticipative Contumacialsystem dadurch noch schärfer zum Ausdruck zu bringen, dass sie dem Gerichte die
Prüfung der thatsächlichen Voraussetzungen des Ladungsanspruchs, soweit
diese nicht ein Gegenstand der Cognition von Amtswegen sind, ganz oder doch
in überwiegendem Masse entziehen und die Geltendmachung etwaiger Mängel
dem Beklagten in der mündlichen Verhandlung vorbehalten. Diese Einschränkung
kann der Gesetzgeber i n d i r e c t bewirken, indem er anordnet, dass der Präsident
die Tagfahrt zur mündlichen Verhandlung, nachdem die Klage oder die gesammten Acten des schriftlichen Vorverfahrens bei Gericht überreicht worden
sind, innerhalb einer sehr kurzen Frist (meistens in 24 Stunden) festzusetzen
hat. Der legislative Gedanke, welcher einer solchen Bestimmung zu Grunde liegt,
ist wohl, dass der Vorsitzende sich bei Erlassung der Ladung auf eine zweckmässige Vertheilung der Geschäfte des Gerichtshofes zu beschränken und in
eine formelle oder materielle Prüfung des Klaglibells und der übrigen vorbereitenden Schriften einzugehen habe. Eine zweite Gruppe von Gesetzgebungen beschränkt die richterliche Prüfung des Ladungsanspruchs d i r e c t
in der Weise, dass sie dem Richter die Zurückweisung der Klage nur wegen
bestimmter Mängel ausnahmsweise gestattet, während alle übrigen erst in der
mündlichen Verhandlung von dem Beklagten geltend zu machen sind. Hannover, §. 143, 187 (L e o n h a r d t, S. 142); Deutsch. Entw. v. 1866, §. 176, 233;
Württemberg, Art. 317, 322—325 (F e c h t, Bd. 2, S. 9—14); Baiern, Art.
241, 245 (S c h m i t t, Bd. 1, S. 606, Bd. 2, S. 57); Deutsch. Entw. v. 1874,
§. 186, 225 (dazu die Motive S. 454), vgl. jedoch auch §. 546, 769 d. E.;
Oesterr. Entw. v. 1876, Arg. §. 277. — Nach diesen Processgesetzgebungen
wird folglich der Ladungsanspruch des Beklagten provisorisch anerkannt,
obgleich der Richter die Voraussetzungen desselben (oder wenigstens den
überwiegenden Theil derselben) in keiner Weise — auch nicht auf Grund der
einseitigen Behauptungen des Klägers — festgestellt hat.

dagegen in den gesetzlichen Formen und Fristen keinen Widerspruch, so erlangt die provisorische Entscheidung des Richters
über den processualischen Anspruch des Klägers sofort definitive
Giltigkeit. Bringt dagegen der Beklagte die Einrede des nicht
gehörigen Gerichtsstandes vor, so werden nunmehr die thatsächlichen Voraussetzungen des vom Kläger erhobenen Ladungsanspruches, soweit diese sich auf die Competenz beziehen, in einem
besonderen, den Hauptprocess hemmenden Incidenzstreite nach
den Regeln des contradictorischen Verfahrens untersucht. Das
Resultat dieser Untersuchung ist, dass entweder die vorläufige
Entscheidung über die Competenz in eine definitive verwandelt
wird oder dass der Richter die Nichtexistenz des vom Kläger
erhobenen processualischen Anspruchs auf Einleitung des Civilverfahrens vor diesem Gerichte ausspricht.

Z w e i t e r F a l l. Jemand behauptet in der Klage, dass
er in seinem factischen Besitze gestört worden sei und davon vor
weniger als dreissig Tagen Kenntniss erlangt habe (§. 2. Bs. V.)
und verlangt die Einleitung des possessorium summariissimum.
Das summarische Besitzstörungsverfahren wird durch den Richter
provisorisch eröffnet und es treten nunmehr dieselben Möglichkeiten wie in dem früheren Falle ein. Da jedoch nach österreichischem Rechte eine processhindernde Einrede der nicht richtig
gewählten Processart regelmässig nicht stattfindet [40]), so muss der
Widerspruch des Beklagten gegen den klägerischen Anspruch auf
Einleitung des summarischen Besitzstörungsverfahrens mit der Hauptverhandlung verbunden werden. Erst am Schlusse des Verfahrens
wird der Richter über den erwähnten Anspruch erkennen und entweder seine zu Beginn des Rechtsstreites gefällte provisorische
Entscheidung bestätigen oder die Klage — als in der gewählten
Processart nicht durchführbar — zurückweisen. (S. oben S. 286.)

---

[40]) Nach dem früheren österreichischen Rechte fand auf Antrag des
Klägers oder des Beklagten eine — allerdings ausserordentlich beschränkte —
Cognition mit processhindernder Wirkung über die Frage statt, ob in den
zum ordentlichen Process geeigneten Fällen das „mündliche oder das schriftliche Verfahren stattfinden solle. §. 16 A. G. O., §. 17 W. G. O.; Hofd.
v. 20. Juni 1797 Nr. 953, §. 30 Bg. V. Durch §. 1 des Ges. v. 16. Mai 1874
Nr. 69 ist auch diese Cognition in der überwiegenden Anzahl von Fällen
(vgl. unten Note 50) beseitigt worden.

Eine d r i t t e Gruppe von processualischen Thatbeständen (oben S. 279) wird von dem Richter in der nämlichen Weise wie die thatsächlichen Voraussetzungen der materiellen Rechtsverhältnisse geprüft und festgestellt. Diese Art der Cognition von processualischen Gesuchs- und Einredegründen tritt gleichfalls in einer doppelten Form auf, welche das Gegenstück zu den beiden Gattungen des anticipativen Contumacialsystems (Note 36 und 37) bildet. Ein Theil dieser processualischen Ansprüche und der dieselben bedingenden Thatbestände ist nämlich ein Gegenstand besonderer Incidenzprocesse, deren Zweck eben lediglich in der Prüfung des angesprochenen processualischen Rechtes besteht. Beispiele dieser Art sind nach österreichischem Recht das Gesuch um Zulassung von neuen Thatsachen und Beweismitteln in der Replik und Duplik des ordentlichen schriftlichen Verfahrens (der Legungsstreit), die Bitte um Vornahme des Beweises zum ewigen Gedächtniss, endlich nach zahlreichen Processrechten (Note 38) der Anspruch des Nebenintervenienten auf Beitritt zu dem Rechtsstreit als Processpartei. Dann aber kann z w e i t e n s auch bei dieser Form der Cognition — ebenso wie bei den oben (S. 286, 289) erwähnten Processeinreden — die Prüfung des processualischen Anspruchs mit der Untersuchung des materiellen Rechtsverhältnisses verschmolzen werden. Dies ist im österreichischen Process namentlich bei allen Ansprüchen auf Zulassung der angebotenen Beweismittel der Fall, da diese Beweisansprüche in Folge der gesetzlichen Beweisanticipation immer in Verbindung mit den materiellrechtlichen Bestandtheilen des Rechtsverhältnisses untersucht werden. Ein weiteres Beispiel bietet der Legungsstreit im ordentlichen mündlichen Verfahren, welcher gleichfalls mit der Verhandlung der Hauptsache vereinigt werden muss.

Trotz dem Parallelismus, welcher zwischen der processualischen Untersuchung der zweiten und der dritten Gruppe von processualischen Ansprüchen und Thatbeständen unleugbar besteht, darf doch die grosse Verschiedenheit der beiden Cognitionsformen nicht übersehen werden. Die processualischen Ansprüche, deren Feststellung in dem Rahmen des anticipativen Contumacialsystems erfolgt, werden von dem Richter immer zunächst provisorisch anerkannt; die nachfolgende contradictorische Verhandlung, mag diese einen selbstständigen Incidenzstreit bilden oder mit dem

Hauptstreite vereinigt werden, hat lediglich den Zweck, zur Bestätigung oder Beseitigung jener vorläufigen richterlichen Anerkennung zu führen. Die dritte Kategorie von processualischen Ansprüchen wird dagegen vom Richter überhaupt nicht provisorisch festgestellt; die richterliche Anerkennung oder Verwerfung tritt vielmehr in diesem Falle erst dann ein, wenn der Anspruch, sei es nun in einem besonderen Incidenzverfahren oder in Verbindung mit dem Hauptverfahren, zwischen den Parteien contradictorisch verhandelt worden ist. Diese Anerkennung hat aber auch — eben mit Rücksicht auf die vorhergehende contradictorische Verhandlung — definitive Giltigkeit.

In der vorstehenden Darstellung habe ich es vermieden, für die Charakterisirung der processualischen Thatbestände überhaupt oder eines Theils derselben den von Bülow in seiner Schrift: „Die Lehre von den Processeinreden und den Processvoraussetzungen" (1868) vorgeschlagenen Kunstausdruck zu gebrauchen und sie demgemäss als „Processvoraussetzungen" zu bezeichnen. Die wahre Bedeutung der Schrift Bülow's besteht m. E. darin, dass dieselbe das Wesen des Rechtsstreites als eines sich zwischen dem Richter und den Parteien fortentwickelnden Rechtsverhältnisses neuerlich mit Nachdruck hervorgehoben hat [41]) — ein Gesichtspunkt, der schon oben in der Lehre von den örtlichen und zeitlichen Grenzen der Civilprocessnormen in umfassender Weise benützt worden ist. [42]) Dagegen glaube ich, dass der positive Theil der Theorien Bülow's weit weniger richtig und zutreffend ist, als die überlieferte Lehre von den Processeinreden, an deren Stelle derselbe zu treten bestimmt ist.

Unter den „Processvoraussetzungen" versteht Bülow [43])

---

[41]) Bülow irrt übrigens, wenn er S. 1, 2, Note 1 a der Ansicht ist, dass dieser Gedanke vor ihm nur von Bethmann-Hollweg (Röm. Civilprocess, Bd. 1 [1864], S. 22, 103) ausgesprochen worden ist, vielmehr kommt derselbe auch schon bei Wetzell, System, 2. Aufl. (1865), S. 78 und Koch, Preuss. Civilprocess, §. 23 (welcher den Process als Rechtsgeschäft bezeichnet) u. A. vor.

[42]) Vgl. oben S. 131, 132, 195, 196.

[43]) Den Ansichten Bülow's sind im Wesentlichen beigetreten: Wetzell, System, S. 136—142 und Heyssler in seinem oben (Note 28) citirten Aufsatz in Grünhut's Zeitschrift, Bd. 1, S. 114—151. Vgl. auch Planck in der Krit. Vierteljahrschr. Bd. 11 (1869) S. 174, 175.

19*

jene Thatsachen, welche sich als „die Erfordernisse für die Zulässigkeit, als die Vorbedingungen für das Zustandekommen des ganzen Processrechtsverhältnisses“, oder als „die constitutiven Elemente des Processrechtsverhältnisses“ darstellen. [44]) Zu diesen Processvoraussetzungen rechnet B ü l o w vorzüglich 1. die Competenz, Fähigkeit und Unverdächtigkeit des Gerichtes, die Processfähigkeit der Parteien und die Legitimation ihrer Vertreter; 2. die zu einem Civilprocessgegenstand erforderlichen Eigenschaften; 3. die gehörige Abfassung und Mittheilung der Klage und die Verpflichtung des Klägers zu Processcautionen (resp. deren wirkliche Leistung); 4. die Beobachtung der gesetzlichen Vorschriften über die Reihenfolge zwischen mehreren Processen. [45])

Mit der Aufstellung dieses neuen Kunstausdruckes verbindet B ü l o w eine entschiedene Bekämpfung des Begriffes und der Bezeichnung der „Processeinreden“. Diese letzteren seien nichts als „negativ ausgedrückte, in Exceptionsform eingekleidete Processvoraussetzungen“ [46]); „nicht einmal das was vor allem Anderen zum Wesen der Einreden gehört, dulde auf die Processeinreden Anwendung.“ [47])

Der Begriff der Processvoraussetzungen scheint mir nun zunächst schon deshalb verwerflich, weil durch diesen Kunstausdruck ganz willkürlich aus der ungemein grossen Zahl von processualischen Ansprüchen und Thatbeständen eine Gruppe hervorgehoben wird, welche sich in Nichts von den übrigen processualischen Rechten unterscheidet. Denn die Processvoraussetzungen B ü l o w's sind eben nichts als die thatsächlichen Voraussetzungen des processualischen Anspruchs auf Einleitung des Civilverfahrens vor der ersten Instanz mit Ausschluss der Incidenzprocesse (des Ladungsanspruchs in der engsten Bedeutung des Wortes): ein processualisches Recht, welches gewiss von nicht geringer Bedeutung ist, das aber doch im Vergleich zu der fast unbegrenzten Zahl der übrigen in ihrer Structur ganz homogenen processualischen Ansprüche vollständig zurücktritt.

---

[44]) B ü l o w a. a. O. S. 6.

[45]) B ü l o w a. a. O. S. 5. Die wörtliche Bezeichnung der Processvoraussetzungen ist im Text unwesentlich modificirt, weil dieselben bei B ü l o w in einem anderen Zusammenhange vorkommen.

[46]) B ü l o w a. a. O. S. 13.

[47]) B ü l o w a. a. O. S. 300.

Bülow ist eben der irrigen Ansicht, dass „im Processrecht ein einziges Rechtsverhältniss in Frage steht" [48]) und seine Absicht geht dahin, die Voraussetzungen dieses speciellen Rechtsverhältnisses festzustellen. In Wahrheit ist es aber eine charakteristische Eigenthümlichkeit jedes Civilrechtsstreites, dass in demselben regelmässig nur ein, selten mehrere, immer aber nur eine begrenzte Zahl von materiellen Rechtsansprüchen geprüft und festgestellt werden; wogegen sich die processualische Cognition auch in dem einfachsten Civilprocess auf die Thatbestände einer grossen Zahl von selbstständigen processualischen Ansprüchen erstreckt [49]), welche dem Process in seiner Totalität ebenso wie die Voraussetzungen des Ladungsanspruches dienen und die deshalb gleichfalls als Processvoraussetzungen zu betrachten sind. [50])

---

[48]) Bülow a. a. O. S. 6, Note.

[49]) Man denke nur an die ungemein zahlreichen processualischen Ansprüche auf Zulassung der Beweise, auf Fristverlängerung oder Vertagung der Termine, auf Erlassung von provisorischen Verfügungen jeder Art u. s. f., welche in jedem bis zu Ende durchgeführten Rechtsstreit vorkommen. Man kann wohl ohne Uebertreibung sagen, dass in jedem einigermassen complicirten Civilprocess neben der Erörterung des materiellen Rechtsverhältnisses Hunderte von ähnlichen processualischen Ansprüchen geprüft, festgestellt und durchgeführt werden. Es ergibt sich von selbst, dass diese Fülle des Verhandlungsmaterials den engen Rahmen des Civilrechtsstreites schlechterdings sprengen müsste, wenn nicht in dem anticipativen Contumacialsystem ein Mittel zur schleunigsten und einfachsten Erledigung dieser Ansprüche gegeben wäre.

[50]) So ist es z. B. gewiss ohne Grund, wenn Bülow als Processvoraussetzung lediglich „die gehörige Abfassung und Mittheilung der Klage" aufstellt (oben S. 292), während doch die gehörige Abfassung und Zustellung der Einredeschrift (der Vernehmlassung) ganz in demselben Sinne als Processvoraussetzung zu betrachten ist. Denn wenn die Exceptionsschrift von einer gerichts- oder processunfähigen Person überreicht oder den Parteien nicht gehörig zugestellt wurde, so treten die nämlichen Rechtsfolgen ein wie in dem Falle, wenn der Klagehandlung dieselben Mängel anhaften. Allerdings wird die Prüfung des vom Beklagten erhobenen processualischen Anspruchs auf Zulassung dieser bestimmten Einredehandlung regelmässig einen geringeren Umfang besitzen als das Verfahren zur Feststellung des klägerischen Ladungsanspruchs, weil zahlreiche Punkte in den meisten Fällen schon früher erledigt sein werden; allein das Wesen der beiden Cognitionen ist durchaus identisch, wie denn auch in manchen Processrechten sogar processhindernde Einreden des Klägers gegen ·jenen processualischen Anspruch des

Gegen die Zusammenfassung der Voraussetzungen des klägerischen Ladungsanspruches in der engsten Bedeutung dieses Wortes (S. 292), unter einem besonderen Begriff spricht aber auch ferner der Umstand, dass ein solcher gemeinsamer Kunstausdruck unfehlbar zur Annahme verleiten muss, als sei rücksichtlich aller „Processvoraussetzungen" eine gleiche processualische Behandlung geboten. [51]) In Wirklichkeit werden die Voraussetzungen des Ladungsanspruchs ebenso wie alle anderen processualischen Thatbestände in den drei oben (S. 279 ff., 283 ff., 290) erwähnten Cognitionsformen festgestellt; insbesondere wird auch in jenen Processrechten, welche wie der canonische und der ältere kammergerichtliche Process, für die Prüfung jener Voraussetzungen einen besonderen Processabschnitt eröffnen, zu diesem Zweck auch die dritte der oberwähnten Prüfungsarten (die materielle Cognition) verwendet.

Ebenso ungenau ist es, wenn Bülow den wohl in allen europäischen Processrechten überlieferten Begriff der Processeinreden schlechthin als verwerflich erklärt. Der Einredebegriff hat vielmehr eine gute Berechtigung auch in Betreff der processualischen Ansprüche und Thatbestände, wenn man mit Bülow und anderen Schriftstellern die Einrede als das definirt, „was der Beklagte gegenüber der Klage vorbringen und wenn es streitig ist, beweisen muss, wenn er wünscht und sicher darüber sein will, dass es von Seite des Gerichtes Beachtung finde." [52])

Beklagten anerkannt sind. Wenn z. B. beide Parteien ein urkundliches Uebereinkommen auf das mündliche Verfahren (statt des gesetzlichen schriftlichen) geschlossen haben (Ges. vom 16. Mai 1874, Nr. 74, §. 1) und der Kläger dessenungeachtet das schriftliche Verfahren einleiten lässt, so kann der Beklagte in seiner Einrede um Einleitung des mündlichen Verfahrens bitten (§. 16 A. G. O., §. 17 W. G. O.). Der Streit über diese Frage wird vor der Decretirung der Einredeschrift, also mit processhindernder Wirkung ausgetragen.

[51]) Vgl. z. B. Bülow a. a. O. S. 303—304. wo die verschiedenen Cognitionsformen für das moderne Recht nicht gehörig gesondert werden, obgleich Bülow a. a. O. S. 292—294 die fraglichen Gegensätze für das römische Recht zum Theil andeutet.

[52]) Bülow a. a. O. S. 300, 301. Ebenso (obgleich mit beträchtlichen Abänderungen in der Formulirung) Albrecht, Die Exceptionen des gemeinen

In dieser Richtung scheint mir zuvörderst unzweifelhaft, dass die ursprünglich für die materiellrechtlichen Ansprüche gebildeten Begriffe der Klage und Einrede, des Klage- und Einredegrundes auf jene processualischen Thatbestände keine Anwendung leiden, welche den Gegenstand der Cognition von Amtswegen bilden. Denn bei diesen Thatbeständen hat weder derjenige, welcher den processualischen Anspruch erhebt, noch auch sein Gegner die Verpflichtung, die betreffenden Thatsachen ähnlich wie in der materiellrechtlichen Cognition anzuführen (oben S. 283).

Für ebenso gewiss halte ich ferner, dass die Begriffe der Klage und Einrede auf jene processualischen Thatbestände, welche in den Formen der materiellrechtlichen Cognition geprüft werden (S. 290), unbedenklich angewendet werden können. Die Schwierigkeiten, welche bei solchen processualischen Ansprüchen die Vertheilung der Anführungs- und Beweislast zwischen dem Gesuchsteller und seinem Gegner in einzelnen Fällen verursachen mag, sind in gleicher Weise auch auf dem Gebiete der materiellrechtlichen Cognition wahrzunehmen.

Wie verhalten sich aber jene Begriffe zu den processualischen Thatbeständen, welche den Gegenstand des anticipativen Contumacialsystems bilden? Bei einem Theil dieser Thatsachen wird auf den Einspruch der Gegenpartei (oben S. 284, 285) die Bezeichnung „Einrede" oder „Processeinrede" unbedenklich angewendet werden können, weil in Ansehung derselben nicht denjenigen, welcher den processualischen Anspruch erhebt, sondern seinen Gegner die Anführungs- und Beweislast trifft. Wenn z. B. ein Processrecht (oben S. 134) bestimmt, dass Ausländer den Ladungsanspruch nur dann stellen können, wenn sie Caution für die Gerichtskosten leisten, so muss der Beklagte, wenn er diese processhindernde Einrede erheben will, jene Eigenschaft des Klägers gewiss anführen und nöthigenfalls nachweisen. Dasselbe ist der Fall, wenn der Beklagte die Einrede der Rechtskraft nicht in Gestalt einer sachlichen, sondern einer Processeinrede erhebt (vgl. unten §. 27). In diesen und ähnlichen Fällen sind ohne Zweifel Einreden und zwar — da sich dieselben auf

Civilprocesses, (1835), S. 184; Eisele, Ueb. d. materielle Grundl. d. exceptio, (1871), S. 119—129; Wetzell, System, 3. Aufl. S. 156, 157; Renaud, §. 91; Endemann, §. 170, Note 39—42; Bayer, Vorträge, S. 568 u. A.

processualische Thatbestände gründen, — Processeinreden auch nach der strengsten Auffassung dieses Begriffes vorhanden. [55])

, Etwas verschieden gestaltet sich die Frage, wenn im anticipativen Contumacialsystem der Widerspruch der Gegenpartei den Erfolg hat, dass nunmehr der Gesuchsteller die thatsächlichen Voraussetzungen seines processualischen Anspruchs anführen und beweisen muss. Dies ist z. B. der Fall, wenn der Kläger gar keine oder nicht hinreichende Competenzgründe angegeben hat und der Beklagte die Einwendung der Incompetenz erhebt. In diesem Falle liegt es nahe, die Handlung des Beklagten mit der Ableugnung des Klagegrundes in der materiellrechtlichen Cognition zu vergleichen und ihr den Charakter einer Einredehandlung vollständig abzusprechen. Dennoch aber trennt die negative Einlassung der materiellrechtlichen Cognition und die Erhebung des Widerspruchs im anticipativen Contumacialsystem ein tiefgreifender Gegensatz. Mängel in der Darlegung der materiellrechtlichen Thatbestände führen zur Abweisung des materiellen Rechtsanspruchs, auch wenn die Gegenpartei jenen Mangel nicht ausdrücklich gerügt hat. Wenn z. B. der Kläger in einer Eigenthumsklage nur behauptet, dass ihm der Streitgegenstand vom Eigenthümer verkauft, nicht aber auch, dass er ihm tradirt worden sei, so wird er mit seinem Eigenthumsanspruch abgewiesen, mag auch der Beklagte im ganzen Verlaufe des Rechtsstreites auf diesen Mangel nicht aufmerksam gemacht haben. Die processualischen Ansprüche, insbesondere der Ladungsanspruch, werden dagegen von dem Vorhandensein ihrer thatsächlichen Voraussetzungen sofort unabhängig, wenn die Gegenpartei nicht innerhalb der bestimmten Formen und Fristen den Mangel ausdrücklich hervorgehoben hat. Dadurch tritt aber der Einspruch im anticipativen Contumacialsystem zu den Einreden der materiellrechtlichen

---

[55]) Bülow a. a. O. S. 312, 313 giebt selbst zu (was auch wohl ganz unbestreitbar ist), dass rücksichtlich mancher „Processvoraussetzungen" die Anführungs- und eventuell die Beweislast nicht dem Kläger, welcher den Ladungsanspruch erhebt, sondern dem Beklagten obliegt. Da nun nach der Auffassung Bülow's das Wesen der Einrede eben in dieser Anführungs- und Beweislast besteht (Note 52), so kann Bülow jener von ihm allerdings nicht näher bezeichneten Gruppe von „Processvoraussetzungen" den Charakter von Einreden consequent nicht absprechen.

Cognition in eine nahe Beziehung, da auch die materiellrechtlichen Einreden von dem Beklagten ausdrücklich vorgebracht werden müssen, widrigenfalls dieselben von dem Richter bei der Entscheidung nicht beachtet werden. Diese praktisch sehr bedeutsame Aehnlichkeit der beiden Vertheidigungsformen wird für die Rechtsanwendung wohl immer genügen, um dieselben unter einem Begriff zu vereinigen, wie denn auch diese Auffassung von fast allen europäischen Gesetzgebungen getheilt wird. [64])

Noch klarer tritt die Anwendbarkeit des Einredebegriffes auf den Einspruch des anticipativen Contumacialsystems hervor, wenn man die Einrede als ein selbstständiges Gegenrecht des Beklagten auffasst, durch welches das an sich bestehende Recht des Klägers beseitigt wird. [65]) Denn im anticipativen Contumacialsystem hat derjenige, welcher den processualischen Anspruch erhebt, die provisorische Anerkennung desselben bereits erlangt, dieser Anspruch hat volle Rechtswirksamkeit, wenn der Gegner sein processualisches Gegenrecht nicht durch ausdrücklichen Einspruch geltend macht. Wenn der Kläger mich bei einem incompetenten Gericht verklagt, so hat er durch die Decretirung der

---

[64]) Die Gleichartigkeit des Einspruchs im anticipativen Contumacialsystem und der Einreden in der materiellrechtlichen Cognition tritt besonders klar hervor, wenn man aus dem Begriffe der Einrede (oben S. 294) die Beziehung auf die Beweislast entfernt. In der That ist die Anführungspflicht allein das wesentliche Moment; die Beweispflicht ist dagegen etwas durchaus Zufälliges, sie tritt z. B. nicht ein, wenn die Einredethatsachen nicht bestritten werden oder notorisch sind. Auch auf dem Gebiete der rein materiellrechtlichen Cognition machen übrigens die sog. negativen Einreden der älteren Doctrin (z. B. die exceptio non adimpleti contractus etc.) die gleiche Schwierigkeit wie der Einspruch im anticipativen Contumacialsystem. Bei diesen Einreden braucht nämlich der Beklagte gleichfalls nur einen Mangel in den Klagethatsachen zu rügen und wälzt dadurch auf den Kläger die Beweisverbindlichkeit; dessenungeachtet hat man diesen Vertheidigungsgründen den Einredecharakter nicht abgesprochen. Das Nähere über diese ungemein bestrittene Frage im speciellen Theil; vgl. Albrecht, Die Exceptionen des gem. teutschen Civilprocesses, S. 172—176 und die daselbst Note 1—4 zahlreichen Citt.; Vangerow, Pand. §. 651, Note 1; Wetzell, System, §. 17, Note 22—24, u. A.

[65]) Savigny, Bd. 5, S. 160—169, Vangerow, Pand., Bd. 1, 7. Aufl. S. 182—184; Arndts, §. 101, Anm. 1; Unger, Bd. 2, S. 474; Bethmann-Hollweg, Bd. 2. S. 384—399; Windscheid, §. 47 u. A.

Klage den Ladungsanspruch erworben, wenn nicht mein processualisches Gegenrecht, vor dem zuständigen Richter belangt zu
werden, von mir gegenüber der Klage geltend gemacht wird.
Selbst auf die Einreden der materiellrechtlichen Cognition möchte
der Einredebegriff, obgleich er für dieses Gebiet ursprünglich gebildet wurde, nicht eine so sichere Anwendung finden als auf
den Einspruch des anticipativen Contumacialsystems. [66]

Das zweite Element des gesammten Processstoffes ist die
rechtliche Begründung der von den Parteien erhobenen materiellen und processualischen Ansprüche. Dass die richterliche Cognition
auf diesem Gebiete durchgreifend von der Officialmaxime beherrscht
wird, ist schon oben bemerkt worden. [67]

---

[66] Vgl. auch die Abhandlung von Bar „Zur Lehre von den Processeinreden" im Archiv für civ. Praxis, Bd. 52 (1869), S. 431—463, bes. 453—463,
welcher die Ansichten Bülow's vom Standpunkte seiner — m. E. viel zu
wenig gewürdigten — Theorie über den Klage- und Einredegrund und über
die Beweislast bekämpft. Vgl. Bar, Recht und Beweis im Civilprocess, (1867)
S. 104—117. Es genügt auf diese Ausführungen, von welchen im speciellen
Theil noch Gebrauch gemacht werden soll, an diesem Orte hinzuweisen.

[67] Vgl. über die Feststellung der Normen des Gewohnheits- und des
fremden Rechtes oben S. 95—98, 176—177. Zu den oben S. 176 angeführten
Gesetzgebungen tritt nunmehr noch der österr. Entw. von 1876, §. 296:
„Das in einem anderen Staatsgebiete geltende Recht bedarf des Beweises nur
insofern, als dasselbe dem Gerichte unbekannt ist. Der Bestand oder Nicht-
bestand einer Rechtsnorm, von welcher behauptet wird, dass sie in einem
anderen Staatsgebiet gelte, kann das Gericht auch in anderer Weise als durch
die von den Parteien angebotenen Beweise ermitteln und zu diesem Zwecke
nöthigenfalls das Einschreiten des Justizministers in Anspruch nehmen." Die
gleichen Rechtssätze gelten auch für das inländische Gesetzesrecht, nur ist der
Richter verpflichtet, dieses letztere zu kennen (jura novit curia) und er
begeht eine Pflichtverletzung, wenn er es in Folge mangelhafter Kenntniss nicht
oder nicht richtig anwendet. Der Richter hat in zweifelhaften Fällen (z. B.
wenn es in Folge der Abtretung einer Provinz ungewiss ist, ob die von der
früheren oder die von der gegenwärtigen Staatsgewalt erlassenen Rechtsnormen gelten), das Dasein und den Inhalt des inländischen Gesetzesrechtes
von Amtswegen festzustellen, ohne dass er bei dieser Feststellung auf die

Die dritte Frage, welche im Anschlusse an die oben gegebene Uebersicht des Processmaterials zu entscheiden ist, geht dahin: Wie weit ist der Richter von dem Begehren des Klägers oder des Beklagten abhängig? Diese Frage ist für die Sach- und für die Processbitten gesondert zu beantworten.

Was zuvörderst die Sachbitten des Klägers und des Beklagten betrifft, so ist der Richter von denselben durchaus abhängig (judex ne eat ultra petita partium), ja gerade diese Anwendung des Verhandlungsprincipes ist als dessen wichtigste Consequenz zu betrachten. Soweit also die Parteien in der Sachbitte übereinstimmen, hat der Richter unbedingt zu condemniren, auch wenn der von beiden Theilen anerkannte Anspruch nach seiner Auffassung nicht begründet ist. [68]) Sind dagegen die

---

civilprocessordnungsmässigen Beweismittel beschränkt ist. Als inländisches Gesetzesrecht ist auch das Provinzialrecht der im Reichsrathe vertretenen Provinzen, dagegen nicht das Recht der ungarischen Länder zu betrachten.

[68]) Dies ist die in der österr. Gerichtssprache sog. Submission. Sie ist auch im österr. Recht durchgreifend nach Analogie der römischen confessio in iure, und zwar in jener Ausbildung, welche dieses Rechtsinstitut in der classischen Jurisprudenz erlangt hat, zu behandeln und ist demgemäss als ein Ausfluss des Dispositionsrechtes der Parteien über ihre Privatrechte zu betrachten. L. 56. D de re iud. 42. 1. Post.....confessionem in iure factam nihil quaeritur post orationem Divi Marci: quia in iure confessi pro iudicatis habentur. — Savigny, System, VII, S. 15, 39—47; Bethmann-Hollweg, Versuche, S. 261 ff. und Röm. Civilprocess, Bd. 2, S. 548, 549; Wetzell, System, §. 14, Note 6—16; Renaud, §. 104; Endemann, §. 105, Note 12. Für das österreichische Recht Unger, Bd. 2, S. 520—522. Der Richter hat folglich im Falle der Submission das streitige Rechtsverhältniss nicht weiter zu untersuchen (nihil quaeritur), sondern das Verfahren abzubrechen und ein declaratives Urtheil zu erlassen. Hofd. v. 21. Sept. 1792 Nr. 48, lit. b (Wessely, Nr. 1114) und Hofd. vom 17. Jan. 1783 Nr. 118 (Wessely, 782). Diese Auffassung ist auch in den österr. Entw. von 1876 §. 423 übergangen. Nach der Ansicht mancher gemeinrechtlicher Processualisten ist, wenn der Beklagte den Anspruch des Klägers pure zugibt, gar kein Urtheil, sondern lediglich eine die Thatsache des Eingeständnisses feststellende Beurkundung abzufassen, welche Auffassung auch in neuere Processordnungen übergangen ist. Preuss. G. O. Tit. 8, §. 14—16 und dazu Koch, Processrecht, §. 288; Hannover'sche P. O. §. 117, 528, Z. 1; Deutsch. Entw. von 1866, §. 645, Z. 7. Nach der Württ. P. O. Art. 305: Baier. P. O. Art. 268;

Sachbitten des Klägers und des Beklagten widersprechend,
so darf er wohl auf Weniger, nicht aber auf Mehr oder auf
Anderes erkennen als der Kläger verlangt hat. [59]) Auch die Accessionen des Klageanspruchs, z. B. Zinsen und Früchte müssen
vom Kläger in der meritorischen Bitte besonders gefordert werden, widrigenfalls sie demselben nicht zuerkannt werden dürfen. [60]) Nur über die Processkosten ist in dem Enderkenntniss
von Amtswegen zu entscheiden, auch wenn ein ausdrück-

Deutsch. Entw. von 1874, §. 601, Z. 2 ist zwar ein Urtheil zu fällen, doch
geniesst dieses von Gesetzeswegen den Vortheil der vorläufigen Vollstreckbarkeit. In Betreff Frankreichs vgl. Schlink, Comm., Bd. 2, S. 431.

[59]) §. 248 A. G. O., §. 325 W. G. O. „Der Spruch soll dem Begehren
der Parteien gemäss sein." Oesterr. Entw. v. 1876. §. 428. „Das Gericht ist nicht
befugt, einer Partei etwas zuzusprechen, was diese nicht angesprochen hat."
Keine Verletzung dieses Grundsatzes ist es, wenn das Gericht, obwohl die Bitte
des Klägers auf Zahlung lautet, den Beklagten zur Deposition bei Gericht verurtheilt, da diese eine Art der Zahlung ist (§. 1412, 1425 B. G. B.), folglich das
Klagebegehren dadurch nicht abgeändert, sondern nur näher bestimmt wird.
Unger-Glaser-Walther, Nr. 592, 677, 2194, 2708, 3149. Ebensowenig
geht das Gericht über das Begehren der Parteien hinaus, wenn es Schreib-
fehler in dem Klagepetit berichtigt und auf diese Weise dem Kläger scheinbar mehr als er begehrt zuerkennt. Unger-Glaser-Walther Nr. 851.

[60]) Im gemeinen Recht ist diese Frage im hohen Grade bestritten, insbesondere soll nach der Ansicht vieler Juristen der Richter wenigstens dann
die Accessionen ungebeten zuerkennen, wenn der Kläger die sog. clausula
salutaris (d. h. eine allgemeine Aufforderung an das Gericht zur Ergänzung
und zur Verbesserung des Klagevortrags) beigefügt hat. Wetzell, §. 43,
Note 35, 45; Renaud, §. 78, Note 8—13; Endemann, §. 99, Note 23, 24
u. A. Die neueren Particulargesetzgebungen haben, weil der Umfang der
Accessionen in zahlreichen Fällen ein unbestimmter ist, mit Recht wenigstens
einen allgemeinen Antrag auf Zuerkennung der einzelnen Nebenforderungen
verlangt. Ohne jeden Antrag der Parteien hat der Richter nur nach der
Preuss. A. G. O. Th. I, Tit. 23, §. 58, 63 auf Erstattung der Zinsen, Früchte
und Abnützungen zu erkennen. Vgl. darüber auch Bruck, Die Wirkung des
rechtskräftigen Erkenntnisses auf den vom Richter übergangenen Zinsenpunkt,
(1873), S. 8, 9. Die entgegengesetzte Auffassung ist adoptirt von dem Code
de proc. art. 480 Nr. 3. 4 (dazu Boitard, 2. Bd. Nr. 734); Hannover,
§. 345; Baden, §. 357; Russland, Art. 706; Württemberg. Art. 361; Baiern,
Art. 262; Deutsch. Entw. von 1874, §. 269 und dazu die Motive S. 469.
Auch nach österr. Recht ist die Nothwendigkeit eines die einzelnen Accessionen genau bezeichnenden Antrags unbestritten. Nippel, Bd. 1, S. 620;
Oesterr. Entw. von 1876, §. 428.

liches Begehren auf Zuerkennung derselben nicht gestellt worden ist. [61]

Wie weit ist der Richter von den Processbitten der Parteien abhängig? Diese Frage kann nur mit einer Unterscheidung beantwortet werden. Alle jene Verfügungen, welche eine geordnete Processleitung mit Nothwendigkeit in sich schliesst, erlässt der Richter, auch wenn die Parteien nicht eine ausdrückliche Bitte gestellt, ja sogar wenn sie ein widersprechendes Begehren vorgebracht haben, da eben die Processleitung durchgreifend eine Thätigkeit von Amtswegen ist. [62] Der Richter hat also das

---

[61] Auch diese Frage ist im gemeinen Recht bestritten, indem einzelne Schriftsteller einen Antrag auf Zuerkennung der Processkosten als nothwendig ansehen, z. B. Wetzell, §. 43, Note 35; Renaud, §. 78, Note 8. Vgl. auch Russland, Art. 706, 868. Für die Zuerkennung von Amtswegen sprechen sich aus: Weber, Ueber die Processkosten. deren Vergütung und Compensation, 5. Aufl., (1810), S. 160; Endemann, §. 99, Note 21; Bayer, §. 134 (S. 407) u. A. Die letztere Meinung ist in die neueren Processgesetzgebungen übergangen, welche dem Richter fast ausnahmslos vorschreiben, über die Processkosten von Amtswegen zu entscheiden. A. Pr. G. O. Tit. 23, §. 1; Code de proc. art. 130 (Bestritten: Boitard, Bd. 1, Nr. 278); Genf, Art. 114; Hannover, §. 345; Baden, §. 357; Württemberg, Art. 361; Baiern, Art. 262; Deutsch. Entw. von 1874, §. 269; Oesterr. Entw. v. 1876, §. 428. Auch in dem geltenden österreichischen Processrecht ist dieser Grundsatz anerkannt (A. G. O. §. 402, W. G. O. §. 535; Hofd. vom 27. Sept. 1792 Nr. 53: Wessely, Nr. 354; Hofd. vom 22. Juni 1835 Nr. 42, §. 5, bei Wessely Nr. 656), doch wird derselbe dadurch eigenthümlich modificirt, dass die Processkosten nach heutigem österreichischen Recht vor Abschluss der Verhandlungen in der betreffenden Instanz bei sonstigem Verlust des Anspruchs liquidirt werden müssen (A. G. O. §. 403, W. G. O. §. 536), so dass also die Processparteien, wenn ihnen der Kostenersatz zugesprochen werden soll, zum Mindesten ein Verzeichniss derselben den Acten beilegen müssen. Alle übrigen richterlichen Verfügungen rücksichtlich der Gerichtskosten, insbesondere die Aberkennung derselben und die Suspension der Entscheidung über den Kostenersatz in den Beiurtheilen auf den Zeugen- und Sachverständigenbeweis, erfolgen dagegen ohne jede ausdrückliche oder stillschweigende Willensäusserung der Parteien.

[62] A. G. O. §. 16, W. G. O. §. 16; §. 3 der K. V. vom 21. Mai 1855, Nr. 95, §. 14 Bg. V. Vgl. die Entsch. bei Unger-Glaser-Walther, Nr. 812, 1342, 2348. Eine andere Frage ist, ob das Gericht, wenn es am Ende der Verhandlung zur Ueberzeugung gelangt, dass die von ihm verfügte Einleitung einer bestimmten Processart nicht berechtigt war, das Verfahren von Amtswegen aufzuheben oder in der Sache selbst zu erkennen habe. Vgl. darüber oben

ordentliche mündliche oder schriftliche Verfahren, dann jene Processarten, welche für gewisse Rechtssachen mit obligatorischer Wirkung an deren Stelle getreten sind, nämlich die regulär-summarischen Processe und das Bagatellverfahren auch ohne besonderes Begehren der Parteien einzuleiten, wenngleich in der Praxis von dem Kläger sehr häufig die Einleitung des gesetzlichen Verfahrens ausdrücklich verlangt wird. [63]) Ebenso sind alle anderen Handlungen, welche ich oben (S. 270, 271) als Elemente der Processleitung bezeichnet habe, auch ohne Impuls von Seite des Klägers oder des Beklagten von Amtswegen zu vollziehen.

Anders verhält es sich mit jenen das Processverhältniss betreffenden Verfügungen des Richters, welche nicht als die nothwendigen Voraussetzungen eines geordneten Processbetriebes betrachtet werden können. Hieher gehört die Einleitung von solchen besonderen Processarten, welche nicht mit obligatorischer Wirkung an die Stelle des ordentlichen Processverfahrens getreten sind, z. B. die Eröffnung des Mandats-, Wechsel-, Executiv-, Mahn-, dann des Besitzstörungs- und Bestandverfahrens [64]), die Anmer-

---

Note 37 (S. 286) und Unger-Glaser-Walther, Nr. 121, 252, 365, 460 (Aufrechthaltung des ordnungswidrig eingeleiteten regulär-summarischen und des Mandatsverfahrens).

[63]) In den §§. 1, 2 S. V. und §. 1 Bg. V. ist die Einleitung dieser abgekürzten Verfahrensarten imperativ vorgeschrieben. Aehnlich auch im Bst. V. §. 12 und Bs. V. §. 2, 3. Da jedoch diese Verfahrensarten regelmässig grosse Einschränkungen in der Beweisführung (oben §. 4, 7) zur Folge haben, so sind dieselben nur auf Verlangen des Klägers einzuleiten, welches jedoch nicht blos ausdrücklich, sondern auch durch concludente Handlungen (z. B. durch Beifügung der Worte „Dringend wegen gestörten Besitzes" zufolge §. 3 Bs. V. oder des im §. 13 Bst. V. vorgeschriebenen Vermerkes : „In Bestandsachen") gestellt werden kann. In dem österreichischen Entw. von 1876 §§. 607. 621 ist die Einleitung des Kündigungs- und des Besitzstörungsverfahrens ausdrücklich von dem Willen des Berechtigten abhängig gemacht, wogegen das Verfahren vor den Bezirksgerichten, welches von dem Entwurf als eine Abart des ordentlichen Verfahrens aufgefasst wird (vgl. oben S. 72, 73, Note 15 a. E.), auch ohne besonderen Antrag einzuleiten ist.

[64]) Mandatsverfahren: Erlassung des Zahlungsauftrages „auf Verlangen des Klägers" §. 1 K. V. vom 21. Mai 1855 Nr. 95; — Wechselverfahren: Erlassung des wechselrechtlichen Mandates „auf Verlangen des Klägers" §. 5 W. V.; Einleitung des mündlichen Verfahrens nach Wechsel-

kung der Hypothekarklage, der Löschungsklage und der Streitan-
hängigkeit [65]), ferner Arrest- und Verbotsverfügungen [66]) und
ähnliche Decrete des Richters, welche die Erreichung des Process-
zweckes zwar befördern, aber nicht erst möglich machen sollen.
In Betreff dieser Verfügungen ist der Richter von dem Begehren
der Parteien abhängig, er kann sie nur auf eine ausdrücklich
oder stillschweigend gestellte Processbitte erlassen.

Weit einfacher als im Instructionsverfahren, welches überhaupt in allen Richtungen eine grosse Fülle und Mannigfaltigkeit
der Formen aufweist, gestalten sich die Probleme, welche das Verhandlungsprincip hervorruft, in den weiteren Stadien des Civilprocesses: in dem Beweis-, in dem Rechtsmittel- und in dem Executionsverfahren. Was zuvörderst das Beweisverfahren betrifft, so
herrscht auf diesem Gebiete die spontane, von den Impulsen der
Parteien unabhängige Thätigkeit des Richters vor. Zwar erhält
diese auch hier durch den Willen der Parteien ihre Richtung,
indem die Streittheile, selbst nachdem die Beweismittel von dem
Richter zugelassen worden sind, regelmässig durch den Beweisantritt zu entscheiden haben, welche Beweise von dem Richter
erhoben werden sollen. [67]) Allein der wichtigste Act des Beweisverfahrens: die Beweisaufnahme, wird durch den Richter von

---

recht wenn „der Kläger nur die Einleitung des wechselrechtlichen Verfahrens
verlangt" § 9 W. V.; — Executivverfahren: „Der Kläger ist befugt",
um Einleitung dieses Verfahrens zu bitten. Hofd. vom 7. Mai 1839 Nr. 358;
Unger-Glaser-Walther, Nr. 70; — Mahnverfahren: „Der Gläubiger
kann die Erlassung eines bedingten Zahlungsbefehles begehren". Auch in
diesen Fällen wird übrigens die Bitte des Klägers oft durch concludente
Handlungen gestellt werden. Wenn z. B. der Kläger im Wechselprocess die
Erlassung eines Mandates begehrt und diesem Ansuchen nicht Folge gegeben
werden kann, so ist doch das wechselrechtliche Verfahren einzuleiten. W. V.
§. 9. — Auch nach dem österreichischen Entw. von 1876 §§. 489, 602,
603, 574 muss der Kläger einen Antrag auf Einleitung des Mandats-, Wech-
sel- und Mahnverfahrens stellen.

[65]) §. 59, 61, 66, 69, 70 G. G. vom 25. Juli 1871 Nr. 95. In allen
angeführten Gesetzesstellen wird ein Antrag der Processpartei vorausgesetzt.

[66]) §. 275—277 A. G. O., §. 366—368 W. G. O. („Arrestwerber");
§. 283 A. G. O., §. 374 W. G. O.

[67]) Ueber den Unterschied zwischen der Beweisanerbietung und der
Beweisantretung vgl. unten §. 24, Note 13 (S. 337).

Amtswegen ohne bestimmende Mitwirkung der Parteien vollzogen. ⁶⁸)

Aehnliche Grundsätze wie im Instructionsverfahren vor der
ersten Instanz herrschen in dem Rechtsmittelverfahren,
welches sich überhaupt blos als eine Wiederholung des Verfahrens
vor der ersten Instanz mit begrenztem Inhalte darstellt. Die Cognition
des Gerichtes, welches über das Rechtsmittel zu erkennen hat,
ist also regelmässig von dem Willen der verletzten Partei abhängig, sie tritt blos dann ein, wenn diese gegen die verletzende
Entscheidung der Vorinstanz das Rechtsmittel ergreift. ⁶⁹) Nur die
Nichtigkeitsbeschwerde, dann die Vorstellung im Bagatellverfahren
machen von dieser Regel eine Ausnahme, indem der Richter die
Verletzungen, welche den Gegenstand dieser Rechtsmittel bilden,
von Amtswegen beseitigen kann. ⁷⁰) Ueberdies liegt sowohl dem
Richter erster als jenem zweiter Instanz die Processleitung ob,
welche in dem Rechtsmittelverfahren des österreichischen Rechtes
einen sehr weiten Umfang besitzt.

Was endlich das Executionsverfahren betrifft, so ist zwischen der Execution von Geldforderungen und den übrigen Executionsarten zu unterscheiden. Die Vollstreckung von Ansprüchen, welche
nicht in Geldforderungen bestehen, ist sowohl in Ansehung der
Einleitung als auch der Durchführung des Executionsverfahrens

---

⁶⁸) §. 150—159, 191—194, 230 A. G. O.; §. 222—231, 263—266, 304
W. G. O.; §. 39. 40, 42, 43, S. V.; §. 31 Bg. V. Das Nähere in der Beweislehre.

⁶⁹) §. 259 A. G. O.; §. 339 W. G. O.; §. 44 S. V.; — §. 373 A. G. O.
§. 492 W. G. O.; §. 19 S. V. — Etwas abweichend der Recurs: §. 267
A. G. O.; §. 349 W. G. O.; §. 45 S. V.; §. 84 Bg. V. Vgl. auch den österr.
Entw. von 1876, §§. 479, Z. 2, 488, 490, 504 (Berufung).

⁷⁰) §. 265 A. G. O.; §. 364 W. G. O.; §. 49 S. V. Wohl auch im
Bagatellverfahren giltig trotz des Wortlautes des §. 81 Bg. V. Wenn z. B.
eine Partei das Urtheil wegen Ausschliessung der Oeffentlichkeit angefochten
hat (§. 78, Z. 4 Bg. V.) und das Obergericht findet, dass die betreffende
Rechtssache ſgar nicht auf den Rechtsweg, sondern vor die Administrativbehörde gehört (§. 78, Z. 2, §. 1 Bg. V.), so tritt gewiss die Cognition von
Amtswegen ein. Vgl. auch Ullmann, S. 120, 121. — §. 85, 27 Bg. V. Vgl.
auch den österreichischen Entw. von 1876, §. 509, 519. und wohl auch
§. 542, 548.

an den Willen der Parteien gebunden [71]), nur in sehr beschränktem Masse ist bei diesen Vollstreckungsformen eine richterliche Thätigkeit von Amtswegen bemerkbar. [72]) Der Grund dieser Erscheinung liegt in dem Umstande, dass in jenen Fällen regelmässig blos das isolirte Recht des Exequenten zu vollstrecken ist und dass nicht wie bei der Vollstreckung von Geldforderungen eine Concurrenz anderer Berechtigten vorhanden ist.

Dasselbe ist auch der Fall bei der Execution von Geldforderungen, insofern als diese durch Einantwortung von Forderungen des exequirten Schuldners geführt wird. Dagegen sind bei der Execution durch Feilbietung beweglicher und unbeweglicher Sachen in Ansehung unserer Frage zwei wesentlich verschiedene Stadien zu unterscheiden: das Realisirungsverfahren, welches den Zweck hat, dem Gerichte die freie Verfügung über die Sachen des Schuldners zu verschaffen und diese durch Feilbietung in eine zur Befriedigung des Gläubigers taugliche Form, also in baares Geld umzusetzen, dann das Befriedigungsverfahren (Kaufpreisvertheilung), durch welches die gewonnenen Zahlungsmittel zur Befriedigung der Gläubiger wirklich verwendet werden. [73]) In dem ersten Stadium ist der Richter im Wesentlichen an die Anträge des Executionsführers gebunden, er hat die Executionsgrade: die Pfändung und ihre Nebenformen die Transferirung und die enge Sperre, ferner die Schätzung und die Feilbietung nur auf Begehren des Letzteren zu bewilligen und zu vollziehen; die Vertheilung des realisirten Kaufpreises wird dagegen durch ein Verfahren bewirkt, welches

---

[71]) §. 302—310 A. G. O., §. 402—410 W. G. O. Aehnlich auch alle anderen Processgesetze. Die Befugniss des Klägers, die Execution eines vollstreckbaren Anspruchs nach seinem Ermessen durchzuführen oder zu unterlassen, ist ein nothwendiges Corrollar des Satzes Nemo invitus agere compellitur, ja die Geltung jener Befugniss reicht in unseren Processrechten noch weiter, da dieselbe nicht (wie das Recht zur Klageführung) durch zahlreiche Provocationen beschränkt ist.

[72]) Wenn z. B. der Richter die Leistung einer nicht vertretbaren Handlung durch Geld- oder Arreststrafen erzwingt (A. G. O. §. 310, W. G. O. §. 410), so erfolgt die Durchführung der Strafverfügungen von Amtswegen.

[73]) §. 314 A. G. O., §. 415 W. G. O. Vgl. Menger im Archiv für civ. Praxis, Bd. 55 (1873), S. 410, 411.

der Richter von Amtswegen einzuleiten und durchzuführen hat. [14])

---

[14]) Ob die Vertheilung des Kaufpreises bei der pignoris capio nach römischem Recht von Amtswegen oder nur auf Antrag eingeleitet und durchgeführt wurde, lässt sich aus unseren Quellen (L. 15, 31 D. de re iud. 42, 1) nicht mit Bestimmtheit ersehen. In den neueren Gesetzgebungen erscheint deshalb auch das Vertheilungsverfahren zum Theil von der Verhandlungs- zum Theil von der Officialmaxime beherrscht. Nur auf Antrag eines Berechtigten wird das Distributionsverfahren eingeleitet nach dem Code de proc. art. 658, 659, 750, 753 (Ges. vom 21. Mai 1858, art. 750—753) und nach der baierischen P. O. 942, 943, 1094. In dem weiteren Verlauf des Vertheilungsverfahrens tritt freilich auch nach diesen Gesetzen die richterliche Officialthätigkeit in ziemlich umfassendem Masse ein. Dagegen wird in der überwiegenden Anzahl von Gesetzgebungen das Distributionsverfahren von Amtswegen eingeleitet und im Wesentlichen auch von Amtswegen durchgeführt. Preussen, §. 367 Conc. Ordn. vom 8. Mai 1855 und §. 62 Subh. Ordn. vom 15. Mai 1869; Genf, Art. 458 (dazu Bellot, S. 214, 215); Hannover, §. 595, 596 (?); Oesterr. Entw. von 1866, §. 894, 895, 934 und dazu die Motive S. 126; Deutscher Entwurf von 1874, §. 705, 706 und die Motive S. 574, 575. Nach dem geltenden österreichischen Recht wird die Kaufpreisvertheilung durch den Richter gleichfalls von Amtswegen eingeleitet und auch im weiteren Verlaufe als eine Officialsache behandelt. §. 4 Hofd. vom 19. Nov. 1839 Nr. 388. Gspan, Abhandlung über die gesetzmässige Befriedigung concurrirender Gläubiger, Bd. 2, S. 12, 27—29; Nippel, Bd. 2, S. 269, 278, 279. Vgl. jedoch oben S. 92. Der vom österreichischen Abgeordnetenhause ausgearbeitete Entw. einer Executionsordnung von 1876 hat diese Auffassung gleichfalls festgehalten und weiter ausgebildet. §. 63 „Sobald der Zuschlag der versteigerten Liegenschaft rechtskräftig geworden ist, hat der Gerichtsabgeordnete von Amtswegen das Verfahren zur Vertheilung des Kaufpreises einzuleiten.“

Das Princip des wechselseitigen Gehörs. [1]

Das Princip des wechselseitigen Gehörs habe ich oben so präcisirt, dass der Rechtsstreit seine Gestalt durch den Willen beider Parteien empfängt, dass also bei den processualischen Handlungen regelmässig beide Theile mitwirken müssen. Die Geltung dieses Grundsatzes im österreichischen Processrecht soll nunmehr im Einzelnen festgestellt werden.

In dieser Richtung ist nun zuvörderst darauf hinzuweisen, dass der Grundsatz des wechselseitigen Gehörs keineswegs eine thätige Mitwirkung beider Parteien an den processualischen Handlungen erheischt. Denn da nach österreichischem Rechte ein physischer Zwang zur Vornahme civilprocessualischer Handlungen nicht zulässig ist [2] und es sehr häufig im Interesse eines der

---

[1] Briegleb, Einl. in d. summ. Proc. S. 178—182; Wetzell, System, (2. Aufl.) S. 468, 469; Renaud, §. 77; Endemann, §. 98; Gönner, Handb., Bd. 1, 2. Aufl. (1804), S. 130—174; Bayer, §. 12; Osterloh, §. 32 u. A. Vgl. auch Homeyer, Der Richtsteig Landrechts, (1857), S. 452.

[2] Anders verhält sich dies bekanntlich im Strafprocess, in welchem (vgl. z. B. österr. St. P. O. §. 174—176) die Mitwirkung des Beschuldigten zu gewissen processualischen Handlungen nöthigenfalls durch physischen Zwang herbeigeführt wird. Auch das römische Civilverfahren, selbst in seiner neuesten Gestalt, kennt die Realcitation, indem der Beklagte, wenn er dem Executor des Gerichtes nicht bei Behändigung des Klaglibells die gesetzliche Caution in Betreff seiner Mitwirkung bei dem Processe leistet, sofort verhaftet und unter öffentliche Beaufsichtigung gestellt wird. §. 2. J. de satisd. (4, 11), L. 1 C. de sport. (3, 2). Vgl. auch Bethmann-Hollweg, Civilpr. Bd. 3.

Streittheile, insbesondere des Beklagten. liegt, den Lauf des Rechtsstreites zu hemmen, so würde eine so strenge Auffassung jenes Princips die Beendigung der meisten Civilprocesse unmöglich machen. Durch den Grundsatz des wechselseitigen Gehörs soll vielmehr nur ausgedrückt werden, dass der Gesetzgeber die Pflicht hat, dem Civilprocess eine Gestalt zu geben, welche nach dem gewöhnlichen Laufe der Dinge beiden Parteien die processualische Mitwirkung m ö g l i c h macht.

Allein auch mit dieser eingeschränkten Wirkung durchdringt der Grundsatz des wechselseitigen Gehörs nicht das gesammte Civilverfahren, vielmehr muss aus diesem ein weites und wichtiges Gebiet ausgeschieden werden, in welchem das entgegengesetzte Princip, nämlich das der richterlichen Verfügung auf einseitiges Anbringen einer Partei vorherrscht. In dem ersten Stadium des Executionsverfahrens, welches ich oben (S. 305) als das Realisirungsverfahren bezeichnet habe, werden nämlich die Executionsverfügungen regelmässig auf Begehren des Executionsführers ohne Gehör des exequirten Schuldners erlassen [3]); nur dann, wenn

---

S. 351 A. A. M u t h e r, Sequestration und Arrest im Römischen Recht. (1856) S. 336—360, bes. 347, 348, 360. welcher die Zulässigkeit der Realcitation und der Arrestanlegung auf den Fall beschränkt, wenn der Beklagte flüchtig oder der Flucht verdächtig ist, so dass also nach M u t h e r das Römische Recht im Wesentlichen dieselben Voraussetzungen des persönlichen Arrestes aufstellen würde, wie der Arrestprocess des germanischen Rechtes. Den neueren Processgesetzgebungen ist die Realcitation in Civilsachen fremd, an ihre Stelle ist ein sorfältig ausgebildetes Contumacialsystem getreten. Nur soweit in Civilsachen die Cognition von Amtswegen reicht, möchte sich die Anwendung directen Zwanges — etwa durch Geld- und Arreststrafen — auch wohl noch nach den neueren Processordnungen rechtfertigen lassen. Vgl. §. 185, 192 G. I.

[*]) Es ist zweifelhaft, ob die Execution schon im Römischen Recht mittelst einer einfachen Imploration des Executionsführers oder nur vermittelst einer besonderen Klage (actio iudicati) erwirkt werden konnte, jedenfalls ist aber das einseitige Verfahren im gemeinen deutschen Process zulässig. Vgl. P u c h t a, Inst. Bd. 2, §. 176, Note o; K e l l e r, Röm. Civilp. §. 81, Note 974; B e t h m a n n - H o l l w e g, II, S. 657, III. S. 297; W e t z e l l, §. 47, Note 116, 117. Dies ist auch der Standpunkt des österreichischen Rechtes. A. G. O. §. 301 ff.; W. G. O. §. 401 ff.; U n g e r, System, II. S. 685. Vgl. auch den Entw. einer Executionsordnung von 1876, §§. 14, 91. Auch mehrere neuere Processrechte haben die Bewilligung der Execution durch den Richter auf

entweder die Rechtswirksamkeit des zu vollstreckenden Schuld-
titels noch nicht vollständig feststeht [4]) oder wenn jene Voll-
streckungsfähigkeit von Bedingungen abhängig ist [5]), wird nach
österreichischem Recht ein contradictorisches Verfahren angeordnet.
In dem Befriedigungsverfahren dagegen, soweit ein solches im
Executionsverfahren überhaupt stattfindet, ist die Anwendbarkeit
unseres Princips keinem Zweifel unterworfen. [6])

Auf den übrigen Gebieten des Civilprocesses: in dem Instruc-
tions-, Beweis- und Rechtsmittelverfahren kann es dagegen als
Regel gelten, dass jede processualische Handlung, welche nicht
ihrer Natur nach den einseitigen Act einer einzelnen Partei in
sich schliesst, unter Mitwirkung beider Parteien zu vollziehen ist.
Insbesondere werden die thatsächlichen und die rechtlichen Momente
des gestörten materiellen Rechtsverhältnisses [7]) vor der ersten Instanz
in der Form einer contradictorischen Verhandlung, also im schriftlichen
Verfahren in der Form von Schriften und Gegenschriften [8]), im

---

einseitiges Anbringen des Executionsführers beibehalten. Preussen: A. G. O.
Th. I, Tit. 24, §. 24 (Koch, Preuss. Civilprocess, §. 298). — England:
Supreme Court of Judicature Act. von 1875, Shed. A Order 42, R. 8 ff.;
Rüttimann, Engl. Civilprocess. §. 434; Stephen, Commentaries, Bd. 3,
S. 581 ff. Im französischen Recht und den Nachbildungen desselben ist die Gewährung mancher Executionsmittel, namentlich jener, welche bewegliche Sachen
zum Gegenstande haben, überhaupt nicht Aufgabe des Richters, sondern diese
werden, wenn ein vollstreckbarer Titel vorliegt, durch den Gerichtsvollzieher
auf einseitiges Ansuchen der Processpartei in Anwendung gebracht.

[4]) Fälle dieser Art sind z. B., wenn die Execution auf Grundlage von
auswärtigen Urtheilen (oben S. 172 ff.) oder von schiedsrichterlichen Erkenntnissen angesucht wird. In dem letzteren Falle ist m. E. immer vor der Bewilligung der Hilfsvollstreckung ein contradictorisches Verfahren zwischen den
Parteien einzuleiten.

[5]) Hofd. v. 10. Febr. 1785 Nr. 387 (Wessely, Nr. 1204).

[6]) §. 2 des Hofd. v. 19. Nov. 1839 Nr. 988; Oesterr. Entw. einer Executionsordnung v. 1876, §. 63, 115, 116 (vgl. auch §. 110).

[7]) Auch ein Theil der processualischen Ansprüche wird in der im Text
bezeichneten contradictorischen Form festgestellt. Vgl. oben S. 290. Da diese
Cognitionsform jedoch in allen Civilprocessgesetzgebungen vorherrschend auf
die Feststellung der materiellen Rechtsverhältnisse angewendet wird, so habe
ich dieselbe in dieser Schrift als die materiellrechtliche Cognition bezeichnet.

[8]) A. G. O. §. 34, 43, 50, 55; W. G. O. §. 30, 36, 41, 46.

mündlichen Verfahren in der Form von Rede und Gegenrede [9]) erörtert. Erst wenn diese Erörterung vollständig beendigt [10]) oder durch Versäumniss einer Partei abgebrochen [11]) worden ist, kann regelmässig zur Entscheidung des Rechtsstreites geschritten werden.

Von dieser allgemeinen Regel sind jedoch im österreichischen Processrechte mehrere sehr wichtige Ausnahmen zugelassen. So ist es zunächst in allen Fällen, in welchen der Richter von Amtswegen seine Thätigkeit ausübt, der Natur der Sache gemäss in das Ermessen des Richters gestellt, ob er vor seiner Entscheidung die Parteien vernehmen will. Soweit sich die richterliche Officialthätigkeit auf die Processleitung bezieht (oben S. 270, 271), wird der Richter regelmässig einseitig ohne Mitwirkung der Streittheile vorgehen, weil seine processleitenden Verfügungen nicht die Rechte der Parteien selbst, sonden lediglich die äussere Form ihrer Geltendmachung berühren. Dagegen wird bei der Cognition von Amtswegen (S. 279—283), welche die richterliche Entscheidung über die Grundlagen des Rechtsstreites und die wichtigsten processualischen Rechte vorbereiten soll, die Mitwirkung beider Parteien regelmässig nicht zu entbehren sein. Eine allgemeine Regel lässt sich jedoch füglich nicht aufstellen, weil diese Gebiete eben der spontanen Thätigkeit des Richters unterworfen sind.

Eine zweite wichtige Gruppe von Ausnahmen bilden die Fälle des anticipativen Contumacialsystems. Soweit durch dieses processuale Thatbestände festgestellt werden, ist davon schon oben (S. 283 ff.) ausführlich die Rede gewesen. Auf dem Ge-

---

[9]) A. G. O. §. 17, 22, 26, 27; W. G. O. §. 18, 21; S. V. §. 12. 25; Bg. V. §. 12, 20.

[10]) A. G. O. §. 238; W. G. O. §. 313; S. V. §. 25; Bg. V. §. 66.

[11]) A. G. O. §. 239; W. G. O. §. 314; S. V. §. 18; Bg. V. §. 28. Die in den Noten 8—11 enthaltenen Fälle der Anwendbarkeit des contradictorischen Verfahrens sind in allen Processgesetzgebungen als Regel anerkannt. Die ausserordentliche Mannigfaltigkeit der processualischen Formen, welche wir in den positiven Processsystemen wahrnehmen, hat ihren Grund nicht sowohl in der Verschiedenheit der materiellrechtlichen Cognition, sondern in der sehr heterogenen Art und Weise, in welcher die processualischen Ansprüche festgestellt und durchgeführt werden.

biete der materiellrechtlichen Cognition kommt jenes System in dem Mahn- und in dem Kündigungsverfahren des Bestandverfahrens [12]) zur Anwendung. Der legislative Grundgedanke dieser Processformen besteht darin, dass der Richter über einen processualen oder materiellrechtlichen Anspruch auf einseitiges Anbringen einer Partei vorläufig eine Entscheidung trifft, jedoch nur von dem Gesichtspunkte aus, dass diese dem wahren Willen der Gegenpartei entspricht. Erhebt daher die letztere Widerspruch, so muss die richterliche Verfügung entweder sofort ohne weitere Untersuchung mit allen ihren Rechtsfolgen beseitigt oder doch in einem contradictorischen Verfahren in Bezug auf ihre Rechtsbeständigkeit geprüft werden (ob. S. 284 ff.). In den Fällen des anticipativen Contumacialsystems wird also das Princip des wechselseitigen Gehörs verletzt, doch immer mit stillschweigender Zulassung jener Processpartei, deren Anspruch auf richterliches Gehör beeinträchtigt wird.

Eine dritte Gruppe von Ausnahmen besteht darin, dass im Mandats- und im Wechselverfahren auf die blosse Klage von dem Richter sofort über den Klageanspruch meritorisch erkannt [13]) oder sogar, wie im Arrest- und Verbotsprocess [14]), dann bei gewissen einstweiligen

---

[12]) Auch der österreichische Entwurf von 1876, §. 574—588 und §. 606—612 hat das Mahn- und das Bestandverfahren des bisherigen Rechtes aufgenommen und zwar das erstere ohne wesentliche Abweichung, während von dem letzteren mit Recht nur das unserem Processe eigenthümliche Kündigungsverfahren beibehalten wurde. (§. 606, 610 d. E.) Vgl. über diese Processformen oben S. 70, Note 18 und S. 78 Note 30.

[13]) Vgl. über diese Processformen oben §. 7, Note 22, 23 (S. 75), Note 27 (S. 77). Auch der österreichische Entw. von 1876, §. 589—605 hat den Mandats- und Wechselprocess unseres heutigen Rechtes ohne wesentliche Abweichungen adoptirt. Nur fehlen in dem Entwurf die Bestimmungen über die Execution zur Sicherstellung, welche wohl dem — noch nicht veröffentlichten — Abschnitt über die Execution vorbehalten bleiben sollen; doch ist nicht zu zweifeln, dass auch in dieser Beziehung der bisherige Rechtszustand aufrechterhalten bleiben soll.

[14]) A. G. O. §. 275, 283; W. G. O. §. 366, 374 (Arrest und Verbot). Vgl. auch §. 6 d. Ges. vom 16. Mai 1874 Nr. 69 (Sequestration). Doch unterscheiden sich der Arrest und das Verbot einestheils und die provisorische Sequestration andererseits dadurch, dass die ersteren regelmässig auf einseitiges Anbringen des Imploranten bewilligt werden, wogegen die provisorische Sequestration ohne Gehör des Gegners wohl nur ausnahmsweise in den

Vorkehrungen im Besitzstörungs- [15]) und Bestandverfahren [16]), ohne Anhörung der Gegenpartei sofort eine executive Massregel bewilligt wird. Allerdings ist im Mandats- und Wechselverfahren dem Beklagten gestattet, gegen den Zahlungsbefehl Einwendungen zu erheben und dadurch eine Erörterung des Rechtsstreites in der Form von Rede und Gegenrede herbeizuführen; allein da der Zahlungsbefehl dessenungeachtet noch bedeutende Rechtswirkungen äussert, welche bis zur Entscheidung über die Einwendungen, fortdauern, so wird auch in diesem Falle unleugbar eine Summe von Rechtswirkungen, wenngleich mit einer zeitlichen Begrenzung, ohne Gehör des Verklagten endgiltig ausgesprochen.

---

gesetzlich bestimmten Fällen (§. 14 Bst. V. und wohl auch §. 10 Bs. V.) gewährt werden kann. Hofd. vom 31. Oct. 1800 Nr. 512 (Wessely Nr. 1091). Der cit. §. 6 scheint dagegen von der Ansicht auszugehen, dass der Richter in den Fällen des §. 292 A. G. O. die Sequestration ohne Gehör des Gegners verfügen kann, da bei den Sequestrationen des §. 14 Bst. V. und §. 10 Bs. V. eine besondere Rechtfertigungsklage gewiss nicht zulässig ist. S. auch §. 46 J. N. und die V. vom 19. Juni 1855 Nr. 106. Nippel, Erl., Bd. 2, S. 142. Vgl. über diese drei Processformen (Arrest, Verbot, Sequestration) oben §. 7, Note 31 (S. 78).

[15]) §§. 8—10 Bs. V. S. oben §. 7, Note 6, 7. Der österreichische Entw. von 1876 §. 623 gestattet im Besitzstörungsverfahren dem Richter, zur Abwendung von Gewaltthätigkeiten die gesetzlichen Sicherungsmittel von Amtswegen anzuwenden, selbst wenn im Uebrigen die allgemeinen Voraussetzungen derselben nicht vorhanden sind. Obwohl der Abschnitt über die Sicherungsmittel dermalen noch nicht veröffentlicht ist, so ist wohl aus dieser Bestimmung („von Amtswegen") zu schliessen, dass die einstweiligen Vorkehrungen im Besitzstörungsverfahren nach der Auffassung des Entwurfes unter Umständen auch ohne Gehör der Gegenpartei bewilligt werden können. Uebrigens ist hier noch zu bemerken, dass die oben S. 68, 69 gegebenen Ausführungen auch auf das Besitzstörungsverfahren des österr. Entw. von 1876 (§. 621—626) Anwendung leiden. Da der Entwurf (§. 625) die eidliche Vernehmung der Parteien mit einer nicht wesentlichen Abweichung auch im Besitzprocesse zulassen will, so fehlt diesem nunmehr jedes individuelle Gepräge und es wäre gewiss das Richtigste, das gesonderte Besitzverfahren als solches aufzugeben.

[16]) Im Bestandverfahren (§. 15) kann bei dringender bescheinigter Gefahr die Vornahme einzelner Vorkehrungen zur Erhaltung des Bestandgegenstandes oder bei Pachtungen zur Fortsetzung des ordentlichen Wirthschaftsbetriebes, ferner die Unterlassung einzelner nachtheiliger Handlungen von dem Richter ohne Anhörung der Gegenpartei verfügt werden.

Noch schroffer tritt die Abweichung von dem Princip des wechselseitigen Gehörs im Arrest- und Verbotsprocess hervor, weil hier auch eine nachträgliche Prüfung der betreffenden processualischen Thatbestände überall nicht stattfindet, vielmehr die Rechtfertigung jener Massregeln lediglich davon abhängt, ob der Kläger die Forderung, zu deren Sicherstellung er den dinglichen oder persönlichen Arrest erwirkt hat, in dem Justificirungsverfahren zu liquidiren vermag. [17]) Auch die Mandate des Besitz- und

---

[17]) In Beziehung auf die processualische Behandlung des Arrestes im Sinne des gemeinen Rechtes (oben S. 78, 79) lassen sich zwei Systeme denken. Entweder wird die Frage, ob die processualen Voraussetzungen der einseitig erlassenen Arrestverfügung vorhanden gewesen sind, in einer von dem Hauptprocess gesonderten summarischenVerhandlung erörtert, welche der Richter von Amtswegen oder blos auf Verlangen des Arrestaten einzuleiten hat. In einem solchen Verfahren fällt die Arrestverfügung vollständig unter den Gesichtspunkt des anticipativen Contumacialsystems. Oder es kann zweitens die Frage der Zulässigkeit des Arrestes gar nicht in einem besonderen Verfahren erörtert, vielmehr dieses mit dem Hauptprocess verbunden werden, sei es, dass in dem Hauptverfahren die processualen Voraussetzungendes Arrestes unter Mitwirkung beider Parteien nachträglich geprüft werden, sei es, dass in demselben überhaupt nicht mehr die Zulässigkeit des Arrestes, sondern lediglich die Liquidität des Anspruchs, zu dessen Sicherstellung der Arrest dienen soll, erörtert und festgestellt wird. Vgl. W a c h, Der Arrestprocess, S. 167. Das gemeine Recht und in überwiegendem Masse die neueren Processgesetzgebungen haben das erste System adoptirt, wonach der Arrestat die processualen Voraussetzungen des einseitig verfügten Arrestes in einem lediglich zur Erörterung dieser Frage bestimmten Verfahren wenigstens nachträglich anfechten kann. W a c h a. a. O. S. 166—176; B a y e r, Summ. Processe, §. 33, 84; E n d e m a n n, §. 269. — Ebenso Code de proc. art. 563 und dazu B o i t a r d, Leçons, Bd. 2, Nr. 563; C a r r é, Lois de proc., Bd. 4, Nr. 1945 sepl.; S c h l i n k, Comm., Bd. 4., S. 50 ff.; Genfer P. O. Art. 7 bis 13, 22, 28—31; Hannover, §. 515, 516; Baden, §. 610—612; Württemberg, Art. 828, 829, 831. 833; Baiern, 619—621; Deutscher Entwurf von 1874, §. 747, 749. Nach der Preussischen A. G. O. sind die Arreste „in schleunigen und dringenden Fällen" (Tit. 29, §. 30—46) und die „ordentlichen und gewöhnlichen Arreste" (§. 47 ff. ebend.) zu unterscheiden. In schleunigen Fällen findet immer ein besonderes Verfahren zur Justification oder Impugnation des Arrestes statt (§. 36. 39. 42, 43 d. Tit.), während bei den gewöhnlichen Arresten der Justifications- und der Hauptprocess unter Umständen verbunden werden (§. 53, 58, 63, 64, 70, 71 d. T.). — Dagegen hat das österreichische Recht für den Arrest auf die Person und auf Forderungen des Schuldners (Verbot) durchgreifend das zweite der beiden oben angeführ-

Bestandverfahrens müssen wohl in analoger Weise behandelt werden. [18])

Auch der zweite Theil des Erkenntnissverfahrens: das Beweisverfahren, wird in überwiegendem Masse von dem Princip des wechselseitigen Gehörs beherrscht. [19]) Der Antritt der Beweise ist zwar ein seiner Natur nach einseitiger Act des Beweisführers, bei welchem der Gegenpartei eine Mitwirkung nicht gewährt werden kann [20]); allein an allen processualischen Hand-

---

ten Systeme angenommen. Beide Formen des Arrestes werden auf einseitige Imploration des Gläubigers bewilligt, eine gesonderte Justification oder Impugnation der Arrestverfügung findet nicht statt. Der Impetrant hat jedoch bei Vermeidung der Relaxation des Arrestes binnen 14 Tagen mittelst Klage den Hauptprocess einzuleiten, in welchem aber lediglich die Richtigkeit des Anspruches, nicht die Berechtigung der Arrestverfügung erörtert wird. (A. G. O. §. 275, 281, 282, 283, 290, 291; W. G. O. §. 366, 372, 373, 374, 385, 386). Vgl. auch Nippel, Erl, Bd. 2, S. 101, Nr. 4. Die einseitig erlassene Arrestverfügung behält also im offenbaren Widerspruch mit dem Princip des wechselseitigen Gehörs während der — oft sehr langen — Dauer des Hauptprocesses unanfechtbare Wirksamkeit. da dem Arrestaten dagegen nur das regelmässig unwirksame Mittel des Recurses an das höhere Gericht offen steht. Der Arrest auf solche Sachen, welche sich in den Händen des Schuldners selbst befinden (A. G. O. §. 293. W. G. O. §. 388), wird dagegen immer nur nach vorhergegangener Einvernehmung des Arrestaten bewilligt, ein Unterschied, der gewiss ohne Berechtigung ist. Hofd. vom 31. Oct. 1800 Nr. 512, Z. 1 (Wessely, 1091). Vgl. auch §. 418 Ung. C. P. von 1852. Auch nach der Ung. C. P. O. von 1852 §. 402 (dazu Schuster, S. 712, 713) und §. 413, 416—418, 421; ferner nach der Russischen P. O. §. 596, 598, 599, 601 (vgl. 606, 613 615), hängt die Aufrechterhaltung der Arrestverfügung lediglich von dem Ausgange des Hauptprocesses ab, welcher sich ähnlich wie nach österr. Recht nur auf die Liquidität der Forderung bezieht.

[18]) Die im Text erwähnten Mandate sind folglich, wenn das Urtheil auf Absolution lautet, aufzuheben, sonst sind sie nach Inhalt der Entscheidung entweder zu bestätigen oder zu modificiren. Bis dahin bleiben diese einstweiligen Verfügungen in Kraft, auch wenn sie die Gegenpartei im Hauptverfahren anficht.

[19]) Eine rechtsvergleichende Darstellung kann bei den Rechtssätzen in Note 20 ff. nicht gegeben werden, weil dieselben zu sehr das Detail vieler erst im speciellen Theil darzustellenden Rechtsinstitute berühren. Im Grossen und Ganzen stimmen die modernen Gesetzgebungen in Beziehung auf diese Rechtssätze mit dem österreichischen Rechte überein.

[20]) A. G. O. §. 145, 146, 224; W. G. O. §. 220, 298.

lungen des Beweisverfahrens, welche auf die Beweisantretung folgen, hat auch der Gegner des Beweisführers mitzuwirken. So wird zu der Aufnahme des Zeugen- und Sachverständigenbeweises auch die Gegenpartei des Beweisführers geladen und sie kann durch Stellung von Fragen vor und während des Verhörs der Zeugen und Sachverständigen an diesem letzteren mitwirken. [21]) Ebenso ist der Gegner der schwurpflichtigen Partei zur Abschwörung des Eides zu laden und er ist berechtigt, die gehörige Aufnahme des Eidesbeweises zu controliren. [22]) Auch die Würdigung der durch die Beweisaufnahme gewonnenen Resultate, insofern eine solche, wie beim Zeugen- und Sachverständigenbeweise des ordentlichen Verfahrens, überhaupt stattfindet, erfolgt in einem Verfahren, welches sich in der Form von Aeusserung und Gegenäusserung vollzieht. [23])

Dieselbe überwiegende Geltung wie im Beweisverfahren besitzt der Grundsatz des wechselseitigen Gehörs in dem österreichischen Rechtsmittelverfahren. Die Appellation [24]) und die Revision [25]), die Nichtigkeitsbeschwerde [26]), die Wiedereinsetzung in den vorigen Stand [27]) und die Vorstellung [28]) sind Rechtsmittel, welche regelmässig in contradictorischer Form erörtert werden. Von dieser allgemeinen Regel macht nur der Recurs, d. h. das Rechtsmittel, gegen solche Entscheidungen des Richters, welche

---

[21]) A. G. O. §. 151, 156, 158, 195; W. G. O. §. 223, 228, 267; S. V. §. 40, 42; Ges. vom 16. Mai 1874, Nr. 169, §. 19. 20; Bg. V. §. 32.

[22]) A. G. O. §. 226, 230; W. G. O. §. 300, 304; Bg. V. §. 32, 53, 65.

[23]) A. G. O. §. 173; W. G. O. §. 245; Hofd. vom 25. Aug. 1783 Nr. 179 (Wessely, 720) und Hofd. vom 2. Aug. 1833 Nr. 2624 (Wessely, Bd. 1, S. 266); Hofd. vom 22. Juni 1835 Nr. 42, §. 3.

[24]) A. G. O. §. 253, 255; W. G. O. §. 332, 335.

[25]) A. G. O. §. 260; W. G. O. §. 340; Hofd. vom 20. Dec. 1782 Nr. 108 (Wessely, 858); Hofd. vom 2. Oct. 1794, Nr. 196 (Wessely, 884).

[26]) A. G. O. §. 263; W. G. O. §. 343.

[27]) A. G. O. §. 375; W. G. O. §. 493, 494; Pat. vom 1. Juli 1790 Nr. 31, Abs. 1 (Wessely, 1359); Res. vom 11. Sept. 1784 Nr. 335, lit. t. (Wessely, 3356); Hofd. vom 30. Sept. 1785 Nr. 475 (Wessely, 1357). — A. G. O. §. 33; W. G. O. §. 29; S. V. §. 19; Bg. V. §. 86.

[28]) Bg. V. §. 85. Das Gesetz spricht sich nicht klar aus, doch halte ich es für unzweifelhaft, dass der Richter über jede Vorstellung auch die Gegenpartei zu vernehmen hat. Vgl. auch oben §. 21, Note 70.

in der Form eines Bescheides erlassen werden, für das ganze Gebiet des Civilverfahrens eine Ausnahme, indem derselbe immer
nur in einer einseitigen Beschwerde der verletzten Partei besteht
und der Gegner zu einer Gegenäusserung niemals aufgefordert oder zugelassen wird. [29]) Ferner ist die Appellation und
Revision im summarischen Process ein blos einseitiges Rechtsmittel, welches dem Recurse des ordentlichen und des summarischen Verfahrens sehr nahesteht, da der Gegner des Interponenten in diesem abgekürzten Verfahren nicht zum Worte kommt. [30])
Endlich wird die Nichtigkeitsbeschwerde des Bagatellverfahrens
regelmässig nicht in einer contradictorischen Verhandlung der Parteien erörtert, vielmehr erfolgt die Interposition durch einen einseitigen Act des Beschwerdeführers [31]), während alle weiteren
Handlungen von dem Gerichte ohne Zuziehung der Parteien vorgenommen werden. [32]) Nur wenn das Obergericht zufolge des
§. 81 B. V. vor der Entscheidung über die vorgebrachten Nullitätsgründe Erhebungen einleitet, werden wohl beide Theile an
den dadurch hervorgerufenen Verhandlungen mitzuwirken haben. [33])

---

[29]) A. G. O. §. 267; W. G. O. §. 349; Hofd. vom 15. Jan. 1787
Nr. 619, lit. g (Wessely. 893); S. V. §. 45; Bg. V. §. 84.

[30]) S. V. §. 44, 50.

[31]) Bg. V. §. 79. Vgl. Ullmann, Bag. V., S. 123, Note 2.

[32]) Bg. V. §. 80, 81. Ullmann, S. 123, 124.

[33]) Wenn das Obergericht z. B. den Bagatellrichter über Thatsachen
vernimmt, welche es für die Entscheidung als erheblich erachtet, so wird der
betreffende Bericht beiden Parteien zur Aeusserung und eventuell zur Ergänzung mitzutheilen sein. Ebenso werden die Processparteien, wenn das Obergericht dritte Personen (z. B. den mit der Zustellung der Klage beauftragten
Gerichtsboten) verhören lässt, zu diesen Verhandlungen zuzuziehen sein.

23

C. Die Form des Civilprocesses. Das Verhältniss der Processhandlungen zu einander: Das Princip der formalen und arbiträren Ordnung. [1]

Der Civilprocess ist, wie oben (S. 29 ff.) dargelegt wurde, ein Inbegriff von Handlungen, welche der Richter, die Parteien, und in einzelnen Fällen auch dritte, am Streite unbetheiligte Personen zum Zwecke der Realisirung von gestörten Privatrechten vollziehen. An sich könnte es nun scheinen, dass dieser Zweck am leichtesten zu erreichen wäre, wenn das Gesetz Form und Inhalt dieser Handlungen in das Ermessen des Richters und der Parteien stellen würde. Die tägliche Erfahrung lehrt aber, dass eine Mehrheit von Personen, welche sich zu gemeinsamem Handeln vereinigt, ihren Zweck nur dann zu erreichen vermag, wenn ihre Thätigkeit von bestimmten Regeln beherrscht und geleitet wird. Am augenfälligsten tritt diese Nothwendigkeit bei dem Zusammenwirken des Richters, der Parteien, und dritter, am Streite unbetheiligten Personen im Civilrechtsstreite hervor, da von allen praktischen Problemen, welche eine Mehrheit von Personen zu

---

[1] Vgl. über das Princip der Ordnung oder Reihenfolge Albrecht, Die Ausbildung des Eventualprincips im gemeinen Civilprocess, (1837), S. 12 ff.; Wetzell, System, S. 879 ff.; Endemann, §. 152 ff. Doch wird von den genannten Schriftstellern der wichtige Punkt nicht hervorgehoben, dass das Princip der Ordnung und das Eventualprincip (unten §. 26—28) nichts als die negative und die positive Fassung desselben Grundsatzes sind, was sich wieder aus der unrichtigen Auffassung des Begriffes der Conditionalhandlungen erklärt. S. unten §. 24, Note 1.

gemeinsamem Handeln bestimmen können, die Feststellung und Durchsetzung gestörter Privatrechte wohl zu den schwierigsten und verwickeltsten gehört. In jedem gesellschaftlichen Zustande, welcher die Epochen der frühesten Kindheit überwunden hat, drängt sich daher dem Gesetzgeber die Nothwendigkeit auf, Form und Inhalt jener Handlungen, welche die Realisirung verletzter Privatrechte vorbereiten und bewirken sollen, zum Voraus durch allgemeine Normen zu bestimmen.

Der Inhalt der Handlungen, welche der Schutz verletzter Privatrechte nothwendig macht, lässt sich nun auf kein allgemeines Princip zurückführen. In der That ist die Mannigfaltigkeit dieser Handlungen zu gross, als dass es rathsam erscheinen könnte, sie in einer abstracten Formel zu definiren, vielmehr ist es Aufgabe der Civilprocesstheorie, die zahlreichen Thätigkeiten, welche der Lauf des Processes mit sich bringt, im Einzelnen darzustellen.

Dagegen ist die Form der Processhandlungen einer solchen Auffassung und Formulirung allerdings fähig. In dieser Richtung kommt zunächst das zeitliche und causale Verhältniss in Betracht, in welchem die einzelnen Processhandlungen zu einander stehen. Eine bestimmte Ausbildung dieses zeitlichen und causalen Verhältnisses, welche auch dem österreichischen Processrecht zu Grunde liegt, wird durch das „Princip der formalen Ordnung" und das „Eventualprincip" ausgedrückt, welche deshalb mit ihren Gegensätzen in den folgenden Paragraphen (das Princip der Ordnung, §. 23—25; das Eventualprincip, §. 26—28) dargestellt werden sollen. Dann aber kann auch zweitens die Form einer Processhandlung für sich, — ohne Rücksicht auf ihre Beziehungen zu anderen Processhandlungen, — in Betracht gezogen werden. Von den zahlreichen Gegensätzen, welche die Form der Processhandlungen bietet, wenn man diese letzteren isolirt aufzufassen sucht, sollen hier nur die Fragen der Mündlichkeit oder der Schriftlichkeit, dann der Mittelbarkeit oder der Unmittelbarkeit des Processverfahrens erörtert werden (§. 29), weil nur diese für das Civilverfahren eine allgemeine principielle Bedeutung besitzen.

Das zeitliche und causale Verhältniss der Handlungen, aus welchen sich der Civilrechtsstreit zusammensetzt, — die Ordnung der Processhandlungen — kann von dem Gesetzgeber in einer doppelten Weise geregelt werden. Zunächst so, dass der Gesetzgeber schon zum Voraus die Reihenfolge der einzelnen Processhandlungen durch allgemeine Gesetze ohne Rücksicht auf den Willen des Richters und der Parteien und auf die Individualität der einzelnen Rechtsfälle feststellt. In einem solchen Processsysteme vollzieht sich demnach jeder Rechtsstreit nach einem gesetzlich feststehenden Plane, der Eigenthümlichkeit des einzelnen Rechtsfalles wird geringe oder gar keine Rechnung getragen. Ein Verfahren, welches von diesem Grundsatze beherrscht wird, macht eine Rechtspflege, die sich den besonderen Verhältnissen anschmiegt, vollständig unmöglich, es hat aber andererseits den bedeutenden Vortheil, dass der Richter und die Parteien die ihnen obliegenden processualischen Pflichten genau kennen, dass bei gehöriger Umsicht keine Ueberraschung und kein Versehen stattfinden wird. Man kann dies auch kurz so ausdrücken, dass ein Processsystem, welches jene Eigenthümlichkeiten aufweist, von dem Principe der formalen Ordnung beherrscht wird.

Die Frage, in welcher Weise die Processhandlungen aneinanderzureihen sind, kann jedoch auch von einem entgegengesetzten Gesichtspunkte gelöst werden. Der Gesetzgeber kann nämlich von der Ansicht ausgehen, dass die Reihenfolge der Processhandlungen durch die Besonderheiten der einzelnen Rechtsfälle bestimmt werden soll, dass also, da jene Besonderheiten von dem Gesetze nicht zum Voraus gewürdigt werden können, regelmässig der Richter über die Ordnung der Processhandlungen zu befinden hat. In einem solchen Processsysteme wird also der äussere Lauf des Processes durch den erkennenden Richter unter Mitwirkung der Parteien geregelt, das Verfahren kann sich den Bedürfnissen des einzelnen Falles anschmiegen, es entbehrt aber auch die processualische Stellung des Richters und der Parteien jener Bestimmtheit und Klarheit, welche das Princip der formalen Ordnung über die ganze Processführung verbreitet.

Man kann diese Eigenthümlichkeiten als das Princip d e r a r b i -
t r ä r e n O r d n u n g bezeichnen. ¹)

Aus dieser Darstellung ergiebt sich, dass in Beziehung auf
das Princip der Ordnung zwischen den Gesetzgebungen ein ähnlicher Gegensatz besteht wie in Ansehung des Beweises streitiger
Thatsachen. Auch in dieser Richtung stehen sich zwei Systeme
gegenüber: das Princip der formalen Beweiswürdigung, wonach
der Umfang und die Beschaffenheit der Thatsachen, welche vorhanden sein müssen, wenn ein Factum für wahr gehalten werden
soll, vom Gesetze zum Voraus allgemein bestimmt ist und das
Princip der freien Beweiswürdigung, welches auch bei der Feststellung der Kraft processualischer Beweise das richterliche Ermessen walten lässt. Beide Fragen stehen auch insofern in
einem unverkennbaren inneren Zusammenhang, als der formalen

---

¹) Das Princip d e r Ordnung bezieht sich nach der im Text gegebenen
Auffassung nur auf das Verhältniss der einzelnen Processhandlungen eines
Rechtsstreites untereinander, nicht aber auf das Verhältniss, in welchem
mehrere s e l b s t s t ä n d i g e Rechtsstreite zu einander stehen können. Dieses
letztere kann übrigens gleichfalls von dem formellen oder dem arbiträren
Princip beherrscht werden. So z. B. bestimmt das Hofd. vom 6. März 1821
Nr. 1743 (W e s s e l y, 34) im Anschlusse an die ältere Doctrin ganz allgemein.
dass in dem Falle, wenn ein Civilanspruch von der Feststellung eines Delictes abhängt, die Criminalsache der Civilsache voranzugehen habe, mag diese Reihenfolge
im einzelnen Falle auch noch so unzweckmässig sein. Vgl. P l a n c k, Mehrheit
der Rechtsstreitigkeiten, S. 525 ff.; B r u c k, Die präjudicielle Wirkung des
rechtskräftigen Criminalurtheils auf die connexe Civilsache, (1875), S. 28 ff.,
38 ff.; W e t z e l l, S. 804—816; E n d e m a n n, §. 153, 154; R e n a u d, §. 152;
O s t e r l o h, §. 14, Note 6 u. A. Die Auffassung des österreichischen Rechtes
wird getheilt von dem Code d'instr. crim. art. 3 (B r u c k a. a. O. S. 46. 47.
Württemberg, Art. 6. Dagegen ist in der neueren gemeinrechtlichen Doctrin
und in zahlreichen Gesetzgebungen die Auffassung vorherrschend, dass die
Festsetzung der Reihenfolge zwischen der Civil- und Criminalsache dem Ermessen des Richters zu überlassen sei, dass dieser insbesondere auch das
Recht habe, die Civilsache ohne Rücksicht auf die Strafsache einzuleiten und
durchzuführen. So nach Römischen Recht. P l a n c k, Mehrheit der Rechtsstreitigkeiten, S. 238; B ü l o w, Processeinreden, S. 152, 153. Ebenso Baden,
§. 297; Deutsch. Entw. von 1866, §. 146; Baiern, Art. 191; Deutsch. Entw.
von 1874, §. 134; O e s t e r r. Entw. von 1876, §. 229. Die Lehre von der
Reihenfolge selbstständiger Rechtsstreite wird in der Darstellung des Processverfahrens behandelt werden.

Lösung die Absicht des Gesetzgebers zu Grunde liegt, die Thätigkeit des Richters durch positive Rechtsnormen zu leiten und zu beschränken, während die entgegengesetzte Auffassung die freie, durch Rechtsvorschriften ungehemmte Thätigkeit des Richters in den Vordergrund stellt. Wir sehen deshalb auch, dass das österreichische Processrecht bis in die neueste Zeit von den Principien der formalen Beweiswürdigung und der formalen Ordnung gleichmässig beherrscht wurde, dass es aber in dem auf völlig neuen Grundlagen beruhenden Bagatellverfahren beide Grundsätze zu gleicher Zeit durchbrochen und an deren Stelle die freie Beweiswürdigung und die arbiträre Ordnung des Processverfahrens gesetzt hat. [*)]

Das Verhältniss, in dem die Principien der formalen und arbiträren Ordnung in dem geltenden österreichischen Process-

---

[*)] Der Gegensatz zwischen der formalen und arbiträren Ordnung der Processhandlungen steht in naher Beziehung zu der Schriftlichkeit und Mündlichkeit des Processes, indem das Civilverfahren, soweit es ein schriftliches oder protocollarisches ist, regelmässig von dem Princip der formalen Ordnung beherrscht wird, wogegen der mündliche Process eine entschiedene Tendenz zum entgegengesetzten Grundsatz zeigt. Diese Thatsache ist auch leicht erklärlich, weil der Richter nur im mündlichen Verfahren die Gestaltung des Processes und die daraus für die Ordnung der Processhandlung sich ergebenden Zweckmässigkeitsgründe unmittelbar wahrnimmt und beherrscht. Doch fallen die Gegensätze der Mündlichkeit und der Schriftlichkeit, dann der formalen und arbiträren Ordnung keineswegs vollständig zusammen. So vollzieht sich z. B. die oben (S. 279—283) dargestellte Cognition von Amtswegen in der Form des protocollarischen — also schriftlichen Verfahrens; dessenungeachtet ist dem Richter der Gang seiner Untersuchung in keiner Weise vorgeschrieben. Ebenso im Vorverfahren des reichs- und verwaltungsgerichtlichen Processes. §. 21 des Ges. vom 18. April 1869 Nr. 44 und §. 26 des Ges. über d. V. G. H. Umgekehrt wird die Reihenfolge der mündlichen Processhandlungen in manchen Richtungen durch formale Vorschriften festgestellt. Dass ein wichtiger Theil der legis actiones aus Wechselreden des Prätors und der Parteien bestand, welche nach Inhalt und Reihenfolge zum Voraus genau bestimmt waren, ist bekannt. Vgl. z. B. Gaius. IV, 16; Bethmann, Römischer Civilpr., Bd. 1, S. 126 ff. Auch die neueren Gesetzgebungen haben über die Ordnung der mündlichen Vorträge vor Gericht manche formelle Vorschriften aufgenommen, z. B. dass der Kläger das erste, der Beklagte das letzte Wort habe, dass die Verhandlung in gewissen Fällen mit dem Vortrage eines Referenten beginnen soll u. s. f.

recht stehen, lässt sich daher so bestimmen, dass der ordentliche (schriftliche und pseudo - mündliche), dann die bisherigen
summarischen Processe in überwiegendem Masse von dem Grundsatze der formalen Ordnung beherrscht werden, während das
Bagatellverfahren nach seinem vorherrschenden Charakter den
Typus der entgegengesetzten Auffassung trägt. Die Darstellung
dieses Gegensatzes soll in den beiden folgenden Paragraphen
(§. 24, 25) versucht werden.

Die formale Ordnung der Processhandlungen. (Das bisherige österreichische Recht.)

Der Zweck jedes Civilverfahrens, mag dasselbe nun von dem Princip der formalen oder der arbiträren Ordnung beherrscht sein, besteht darin, dass es die Realisirung gestörter Privatrechte im wirklichen Leben herbeiführen soll. Die Eigenthümlichkeit jener Processsysteme, denen das formale Princip zu Grunde liegt, lässt sich nun so präcisiren, dass sie jenen allgemeinen Process-zweck in eine Reihe von untergeordneten Zwecken auflösen und dass jedes einzelne Glied dieser Zweckreihe vorerst erledigt sein muss, bevor der Richter und die Parteien die processualischen Handlungen vollziehen dürfen, welche sich auf ein späteres Glied in jener Kette beziehen. Die Gesammtheit der processualischen Handlungen löst sich auf diese Weise in eine Anzahl von grösseren oder kleineren Gruppen auf, welche durch die Gemeinsamkeit ihres Zweckes zusammengehalten werden und sich dadurch von den übrigen ähnlichen Gruppen unterscheiden. [1] Diese Abschnitte und

---

[1] Die im Texte versuchte Fassung des Princips der Reihenfolge ist jener Wetzell's a. a. O. S. 880 wohl vorzuziehen. Wetzell drückt jenes Princip so aus, dass die bedingende Handlung der bedingten vorausgehen, die bedingte der bedingenden nachfolgen und die hieraus sich ergebende Stufen-reihe für die richterliche Processleitung wenigstens im ordentlichen Verfahren den leitenden Gesichtspunkt bilden muss. Allein diese Formel ist nicht viel mehr als ein identisches Urtheil, indem die bedingende Handlung eben jene ist, welche in der Causalfolge der processualischen Handlungen voranzugehen, die bedingte, welche in dieser Causalreihe zu folgen hat. Das Princip der Reihenfolge in der Fassung Wetzell's sagt also im Wesentlichen nichts als

deren Reihenfolge sind nunmehr in Ansehung des ordentlichen und der summarischen Processe des österreichischen Rechtes näher zu bestimmen. [2])

---

dass die processualischen Handlungen, welche in der Causalreihe vorangehen sollen, auch wirklich vorangehen müssen und ebenso dass die Handlungen, welche in jener Kette zu folgen haben, zeitlich und causal folgen müssen — ein unzweifelhaft richtiger, aber durchaus nichtssagender Satz. Vgl. auch Albrecht a. a. O. S. 13. Durch die Fassung des Textes wird dieser Fehler vermieden und zugleich der Grund des Causalverhältnisses der bedingenden und bedingten Handlungen angedeutet. Ueberdies wird erst durch jene Fassung der nahe Zusammenhang zwischen dem Princip der Reihenfolge und dem Eventualprincip in sein wahres Licht gestellt.

[2]) Die fast absolute Herrschaft des Princips der formalen Ordnung in dem bisherigen österreichischen Rechte findet ihre Erklärung in der noch nirgends hervorgehobenen Thatsache, dass das geltende österreichische Civilverfahren in Beziehung auf das Verhältniss der Processhandlungen zu einander — ebenso wie in zahlreichen anderen Richtungen — die Principien des älteren germanischen Processes im Wesentlichen festgehalten hat. Der altdeutsche Process bewegte sich nämlich in bestimmten Abschnitten von Schritt zu Schritt vorwärts, in jedem dieser Abschnitte konnte nur der specielle Processzweck erledigt werden. Jede Entscheidung der Gerichtsversammlung, mochte sie das materielle Rechtsverhältniss oder eine processualische Frage betreffen, war unwiderruflich und diente dem ganzen folgenden Verfahren zur Richtschnur, sie konnte deshalb aber auch gescholten und dadurch der streitige Punkt zur Cognition des höheren Richters gebracht werden. Planck, Das Beweisurtheil, S. 3—87; Homeyer, Richtsteig Landrechtes, (1857), S. 430—432 und Sachsenspiegel. II, 1 (1842), S. 581, 582; Hänel, Beweissystem (1858) S. 2 ff., S. 15 ff.; Franklin, Reichshofgericht, Bd. 2, S. 192—195 u. A. Alle diese Sätze gelten noch gegenwärtig fast unverändert im österreichischen Recht. Jede Entscheidung des Richters ist — mit einzelnen Ausnahmen — durch Appellation oder Recurs anfechtbar, jede Entscheidung, mag sie auch die unbedeutendste Frage der Processleitung betreffen, mag sie ferner auf einseitiges Anbringen einer Partei oder nach Einvernehmung beider Streittheile erflossen sein, ist der Rechtskraft fähig und kann von dem erkennenden Richter weder abgeändert noch auch modificirt werden. Diese wichtigen Rechtssätze sind nirgends mit vollständiger Deutlichkeit ausgesprochen (vgl. §. 267 A. G. O., §. 849 bis 355 W. G. O.), doch ergiebt sich deren Richtigkeit theils aus dem Gesammtcharakter des österreichischen Processes, theils aus einer Reihe von Ausnahmsbestimmungen, welche in augenscheinlichem Gegensatze zu jenem Princip für gewisse richterliche Entscheidungen die Wirkungen der Rechtskraft entweder beschränken oder ganz beseitigen. §. 2 des Hofd. vom 22. Juni 1835 Nr. 42 (Beschränkung der Rechtskraft von Beweisinterlocuten auf ihre negative Function), §. 9—11 Pat. vom 9. Aug. 1854 Nr. 208 (Wider-

Als allgemeinen Zweck des Civilverfahrens habe ich oben die Durchsetzung gestörter Privatrechte im wirklichen Leben bestimmt.

---

ruflichkeit der Entscheidungen im Verfahren ausser Streitsachen). Auch in dem österreichischen Entw. von 1876 ist diese Auffassung bis zu einem gewissen Grade noch festgehalten. Der Entwurf theilt die richterlichen Entscheidungen in Urtheile, Beschlüsse und Bescheide ein; dieselben sind jedoch ohne Rücksicht auf ihre Form regelmässig für den Richter bindend. Nur processleitende Beschlüsse und Bescheide, ferner einzelne in der Form eines Bescheides erlassene Verfügungen kann der erkennende Richter selbst wieder abändern oder zurücknehmen. Oesterr. Entw. von 1876, §§. 439, 446, 546. — Ganz abweichend ist dieses Verhältniss im gemeinen Recht und den neueren Processgesetzgebungen geordnet. Nach römischem und im Wesentlichen auch nach canonischem Recht ist nur das Endurtheil unwiderruflich L. 14. D. de re iud. 42, 1: Quod iussit vetuitve Praetor contrario imperio tollere et remittere potest; de sententiis contra. L. 55 eod. Planck a. a. O. S. 99—111. In der gemeinrechtlichen Doctrin werden dem Endurtheil jene richterlichen Entscheidungen gleichgestellt, welche nach Einvernehmung beider Parteien erlassen worden sind. Gönner, Handbuch, Bd. 1, Abh. VII, §. 22 bis 26; Wetzell, S. 592—597; Renaud, §. 158, vgl. auch §. 175; Endemann, §. 140; Bayer, S. 431—434. Vgl. auch Planck a. a. O. S. 127 bis 137 und S. 159, welcher Schriftsteller den Gegensatz zwischen widerruflichen und unwiderruflichen Entscheidungen S. 163 ff. etwas abweichend formulirt. Die neueren Gesetzgebungen binden den Richter nur an das Endurtheil und an gewisse, nicht sehr zahlreiche Zwischen-Entscheidungen, wogegen er alle übrigen Verfügungen auf Antrag oder von Amtswegen abzuändern oder aufzuheben berechtigt ist. Frankreich: Schlink. Comm., Bd. 2, S. 435—438; vgl. jedoch auch Boitard, Leçons, Bd. 2, Nr. 690 und Carré. Lois de proc. Bd. 4, Qu. 1616, Abs. V; Genf, Art. 151; Russland, §. 891; Deutsch. Entw. von 1866, §. 273; Württemberg, Art. 363; Baiern, Art. 296 (Wernz, Comm., S. 308, 309; vgl. auch Schmitt, Bd. 2, S. 324, 325); Deutsch. Entw. von 1874. §. 279, 315 und dazu die Motive S. 481. Preussen: Koch, §. 140, Note 11. Auch das österreichische Bagatellverfahren §. 85 hat im Gegensatz zu dem bisherigen österreichischen Process die Widerruflichkeit aller richterlichen Entscheidungen mit Ausnahme des Endurtheils und einzelner speciellen Verfügungen ausgesprochen. Diese abweichende Bestimmung steht auch in vollständigem Einklang mit dem Wesen des vom Princip der arbiträren Ordnung beherrschten Bagatellverfahrens. In einem Processsystem, welches die Parteien an eine bestimmte formale Ordnung der Processhandlungen bindet, darf consequent auch der Richter nicht befugt sein, das Verfahren durch Zurückziehung oder Modificirung einer Entscheidung in ein früheres Stadium zurückzuwerfen; in einem Verfahren dagegen, welches bis zum Abschluss der Verhandlung als ein Ganzes zu betrachten ist, innerhalb dessen die Parteien die Ordnung bis zu einem gewissen

Damit jedoch die gestörten Privatrechte nöthigenfalls mit Zwang realisirt werden können, ist es nothwendig, dass der wirklichen Durchsetzung eine Untersuchung des gestörten Rechtsverhältnisses vorausgehe, dass also die im Streite befangenen Rechte in ihrem Dasein und Umfang geprüft werden. Jener allgemeine Processzweck zerfällt demnach in zwei untergeordnete Zwecke; der Civilprocess wird nicht nur die Bestimmung haben, verletzte Rechte zu verwirklichen, sondern auch dieselben zunächst festzustellen. Das Princip der formalen Ordnung erheischt nun, dass den beiden erwähnten Zwecken gesonderte Stadien des Verfahrens: das Erkenntniss- und das Executionsverfahren entsprechen und dass das erstere dem letzteren in der zeitlichen Reihenfolge der processualischen Handlungen vorangehe. [3] In der That bestimmt

---

Grade frei bestimmen und Versäumtes jederzeit nachholen können (§. 67 Bg. V.), darf zweckmässigerweise auch dem Richter die gleiche Freiheit nicht versagt werden.

[3] Eine wichtige Ausnahme von dem oben angegebenen Grundsatz bildet in den modernen Processgesetzgebungen das Institut der vollstreckbaren öffentlichen (namentlich Notariats-) Urkunden, da auf Grundlage derselben sofort die Hilfsvollstreckung angesucht werden kann, so dass also der Richter die Cognition über den zu vollstreckenden Anspruch und jene über die Execution in einem Acte vereinigt. Dieses Institut hat bekanntlich seinen Ursprung im französischen Recht, welches den Executivprocess der älteren Italiener in seiner strengsten Form in eigenthümlicher Weise ausgebildet und bis auf den heutigen Tag festgehalten·hat. Vgl. Briegleb, Geschichte des Executivprocesses, 2. Aufl. 1. Bd. (1845), S. 83—88 und 181—208, bes. 205—207; Code de proc. art. 545 und dazu Boitard, Bd. 2, Nr. 800, 801. Aus dem französischen Recht ist diese Form des Executivprocesses in zahlreiche neuere Gesetzgebungen übergangen. Genf: Art. 368—372, 374, Z. 3 (Bellot, S. 154); Hannover, §. 528, Z. 2 (Leonhardt, S. 343); Italien, Art. 554, Abs. 3; Deutsch. Entw. von 1866, §. 645, Z. 8; Württemberg, Art. 903; Baiern, Art. 822; Deutsch. Entw. von 1874, §. 651, Z. 4. Dem bisherigen Rechte von Preussen (Koch, Processr., §. 293, Mot. z. dem d. E. von 1874, S. 552); Russland, Art. 924; Baden, §. 837, 839, 866 ist das Rechtsinstitut fremd. In Oesterreich wurde dasselbe durch die Notariatsordnung vom 25. Juli 1871 Nr. 75, §. 3, 4 aufgenommen, doch hat es sich bisher in dem praktischen Rechtsleben nur geringe Geltung verschafft. Der Grund dieser Erscheinung liegt in den zahlreichen Formen der Execution zur Sicherstellung (s. d. folg. Note), welche zum grossen Theile auf Grundlage von blossen Privaturkunden sofort nach Beginn des Verfahrens erwirkt werden kann und in Folge dessen dem Kläger die wesentlichen Vortheile des (mit

auch das österreichische Civilprocessrecht, dass regelmässig vor der Entscheidung des Processes keine Execution ertheilt werde (§. 275 A. G. O.) und dass dieselbe nur auf Grundlage eines richterlichen Spruches oder eines gerichtlichen Vergleiches, also nach Abschluss des Erkenntnissverfahrens stattfinden solle (§. 298 A. G. O.). [*]

---

erheblichen Kosten und Weiterungen verbundenen) französischen Institutes gewährt.

[*] Von dem Grundsatze, dass das Executionsverfahren erst nach Abschluss des Erkenntnissverfahrens eröffnet wird, sind in dem österreichischen Processrechte aus praktischen Gründen sehr erhebliche Ausnahmen anerkannt. Die wichtigsten Fälle dieser Art sind: 1) Der Arrestprocess; 2) der Verbotsprocess. In dem Arrest- und Verbotsprocess wird das Executionsverfahren gleichzeitig oder sogar vor dem Erkenntnissverfahren eröffnet. Vgl. über diese beiden Processformen oben S. 78—81; 3) der Wechselprocess, §. 8, 13, 16 W. V. und §. 3, 5 der J. M. V. vom 18. Juli 1859 Nr. 132; 4) der Mandatsprocess: §. 7 M. V.; 5) der Executivprocess: .§. 298 A. G. O. und Hofd. v. 7. Mai 1839 Nr. 358 und §. 55 S. V. Die Fälle 3—5 kommen darin überein, dass dem Kläger die Execution im Laufe der Processverhandlung gewährt wird, dass also das Erkenntniss- und das Executionsverfahren nebeneinanderlaufen. Endlich wird dem Kläger 6) im ordentlichen Verfahren §. 259 A. G. O., 7) im Summarverfahren §. 56 S. V., 8) im Wechselverfahren §. 14, 16 W. V., §. 6 J. M. V. vom 18. Juli 1859 Nr. 132, 9) im Bagatellverfahren §. 82 Bg. V. und 10) im Besitzstörungsverfahren §. 18 Bs. V. unter gewissen Voraussetzungen die Vollstreckung der Entscheidung erster Instanz gewährt, ungeachtet gegen dieselbe Rechtsmittel offen stehen. In den Fällen 6—10 concurrirt also das Executionsverfahren mit .dem Rechtsmittelverfahren. Den modernen Gesetzgebungen ist die Execution während der Dauer des Instructions- und Beweisverfahrens (3—5), welche im österreichischen Process eine so ungemein wichtige Rolle spielt, fast vollständig fremd (vgl. oben S. 40 ff.), dagegen ist das Institut der provisorischen Vollstreckbarkeit der von der ersten Instanz gefällten Urtheile (6—10) aus dem französischen Recht in die meisten neueren Processordnungen in der Weise übergangen, dass das Gericht gewisse Kategorien seiner Entscheidungen als provisorisch vollstreckbar erklären muss und andere unter gewissen Bedingungen als provisorisch vollstreckbar erklären kann. Code de proc. art. 135—137; Genf, Art. 142, 143, 315, 316; Hannover, §. 409, 459, 485, 490, 516—517, 522, 527, 610, 612; Russland, §. 924; Württemberg, Art. 684; Baiern, Art. 268, 512, 549, 639; Deutsch. Entw. von 1874, §. 601—603. Aehnliche Rechtsbildungen wie im österreichischen Recht (ob. 3—5) finden sich im russischen Recht (§. 595) vor, welches dem Kläger, der sich auf eine öffentlich beglaubigte Urkunde stützt, die Execution ohne Rücksicht auf das Vorhandensein einer Gefahr gewährt. Abweichend die Ung. P. O. von 1868, §§. 338—344.

Allein auch die Zwecke, welchen das Erkenntniss- und das Executionsverfahren zu dienen bestimmt sind, lassen heterogene Elemente erkennen, welche nach dem Princip der formalen Ordnung zur Bildung von besonderen processualischen Abschnitten den Anlass geben. Zunächst tritt in dieser Richtung die Instanzenordnung in den Vordergrund, welche sich sowohl auf das Erkenntniss- als auch auf das Executionsverfahren bezieht, obgleich sie ohne Zweifel für das erstere von erhöhter Bedeutung ist. Das Princip der formalen Ordnung bringt es mit sich, dass jeder processualische Antrag zunächst von der ersten, dann von der zweiten und erst in letzter Reihe von der dritten Instanz zu prüfen ist (§. 93 J. N., §. 7 des St. G. G. über die richterliche Gewalt vom 21. Dec. 1867, Nr. 144). Jener Grundsatz gestattet nicht, dass die streitenden Parteien die Unterinstanzen überspringen, wenngleich sich aus der Natur des einzelnen Falles, z. B. aus der Bedeutung des Streitgegenstandes klar erkennen lässt, dass die Streittheile sich bei der Entscheidung des unteren Richters nicht beruhigen werden. [5]) Selbst jene

---

[5]) Die Anwendung des Principes der Ordnung auf das Instanzenwesen ist erst der neueren Zeit eigenthümlich; in dem römischen und dem älteren deutschen Recht hat insbesondere die höchste richterliche Autorität das Recht. ihre Cognition in jedem einzelnen Falle an die Stelle der ersten Instanz zu setzen und auf diese Weise einen Rechtsfall sogleich definitiv zu entscheiden. So kann der Kaiser nach römischem Recht jeden Rechtsstreit an sich ziehen und denselben entweder selbst durch Urtheil erledigen oder der Entscheidung durch einen Commissär zuweisen. Cod. tot. tit. de prec. imper. offer. 1, 19. Nur wenn der Process bei einem anderen Richter bereits anhängig ist. greift der Kaiser in den ordentlichen Rechtsgang nicht ein. L. 1, 2, 3 C. ut lite pendente 1, 21. Ein ähnliches Verhältniss des Königs zu den Gerichten ist im älteren deutschen Rechte anerkannt. Sachsensp. III. 60, §. 2 . . . . In svelke lant he (der König) kumt, dar is ime ledich dat gerichte, dat he wol richten mut alle die klage, die vor gerichte moht begunt noch moht gelent ne sin. Cfr. Schwabensp. (Gengler) 111. S. darüber Tomaschek a. a. O. S. 42; Wetzell, (2. Aufl.) S. 327; Franklin a. a. O. Bd. 2, S. 3 ff.; Nach den modernen Processrechten müssen sowohl der Richter als auch die Processparteien die gesetzliche Instanzenordnung beobachten, wobei nicht übersehen werden darf, dass diese gesetzliche Instanzenordnung für einzelne Rechtssachen von der allgemein festgesetzten abweichen kann. So sind z. B. in manchen deutschen Staaten die höheren Gerichte, (die Appellationsgerichte, der oberste Gerichtshof), die erste Instanz für Klagen gegen die Mitglieder

Fälle, in denen das österreichische Processrecht die Gelten-l-machung eines Anspruches vor einem Gerichte vorschreibt, welches regelmässig die Functionen einer höheren Instanz ausübt, sind nicht als eine Ausnahme von dem im österreichischen Recht in Ansehung der Instanzen streng durchgeführten Grundsatz der formalen Ordnung zu betrachten, da das Gesetz eben in diesen Fällen das höhere Gericht als erste Instanz obligatorich vorschreibt, also die Reihenfolge der processualischen Handlungen der Willkür der Streitparteien entzieht. [6])

Allein nicht nur die Ordnung der Instanzen, auch die Reihenfolge der processualischen Handlungen, welche sich vor jeder einzelnen Instanz vollziehen, ist im ordentlichen und in den summarischen Processen des österreichischen Rechtes durch allgemeine Rechtsnormen genau festgesetzt. Um allzugrosse Weitläufigkeit zu vermeiden, soll hier nur die zeitliche Folge der Processacte vor der ersten Instanz sowohl in Ansehung des Erkenntniss- als auch des Executionsverfahrens in Betracht gezogen werden.

---

der landesherrlichen Familien, in Oesterreich fungiren die höheren Gerichte als erste Instanzen für Syndicats- und gewisse Nullitätsklagen (s. d. folgende Note) u. s. f. Aber auch in diesen Fällen ist der Instanzenzug durch formale Vorschrift zum Voraus bestimmt. Vgl. z. B. die österreichische J N. §. 93; Oesterr. Entw. von 1876. §. 4. — Frankreich: Boitard, Leçons, Bd. 1. Nr. 16 ff. — Preussen: Koch, Preuss. Civilpr., S. 115—119. — Hannover: §. 4, 8, 9, 10 d. Ges. vom 31. März 1859. — Baden: §. 1. 7 ff. (vgl. jedoch §. 47 und dazu die Motive bei Freydorf, S. 388). — Italien: 70 ff., 87, 88. — Deutscher Entw. von 1866, §. 4, 6, 27, 28 (vgl. Winter, zu § 28, Z. 3). — Württemberg: Art. 15, 16, 23. 24. — Baiern: Art. 2 ff., Art. 33, Z. 8 (Schmitt, Bd. 1, S. 41 ff.). — Deutsch. Entw. eines Gerichtsverfassungsges. von 1874, §. 1, 2, 12. 50. 51, 83, 95, 106; Deutsch. Entw. einer C. P. O. von 1874. §. 38.

[6]) Fälle, in welchen ein höheres Gericht als erste Instanz in einem Civilrechtsstreite entscheidet, sind z. B. die Syndicatsklage, welche beim Gerichtshof zweiter Instanz anzubringen ist §. 8, 19 des Ges. vom 12. Juli 1872 Nr. 112; die Nullitätsbeschwerde, wenn diese eine Folge der mangelnden Processfähigkeit ist und das Urtheil einer höheren Instanz angegriffen wird. Hofd. vom 14. Oct. 1803. Nr. 629 (Wessely, Nr. 376). Beide Fälle kommen darin überein, dass eben das höhere Gericht für den einzelnen Rechtsstreit gesetzlich als erste Instanz bestimmt ist, weshalb die ordentlichen ersten Instanzen in Ansehung solcher Rechtsfälle aus der Instanzenordnung einfach herausfallen.

Was zunächst das Erkenntnissverfahren betrifft, so ist der allgemeine Zweck desselben, den Richter in die Lage zu versetzen, die gestörten Privatrechte nach Dasein und Umfang zu erkennen und festzustellen. Diese abstracte Bestimmung jedes Erkenntnissverfahrens lässt sich aber nach den mannigfaltigsten Gesichtspunkten in untergeordnete Zwecke auflösen; welche dann nach dem Princip der formalen Ordnung die Gesammtheit des Erkenntnissverfahrens in die verschiedenartigsten Abschnitte trennen können. Ein solcher Gesichtspunkt ist zunächst der Gegensatz zwischen dem Begehren der streitenden Parteien und der thatsächlichen und rechtlichen Begründung, durch welche sie ihre Ansprüche zu stützen suchen — ein Verhältniss, welches der Anordnung des römischen Formularprocesses zu Grunde liegt. Das Verfahren vor dem Prätor (in iure) hat im Wesentlichen den Zweck, die Ansprüche beider Parteien festzustellen und in der vom Prätor ertheilten Formel zusammenzufassen, während das Verfahren vor dem Judex (in iudicio) zur genaueren thatsächlichen Begründung dieser Ansprüche und zur Aufnahme der erforderlichen Beweise bestimmt ist. [1]) Eine solche Scheidung des Verfahrens in zwei Abschnitte, von welchen der erste zur juristischen Formulirung des streitigen Rechtsverhältnisses, der zweite aber

---

[1]) So wird der Grund der Scheidung des ordentlichen römischen Civilprocesses in das Verfahren in iure und in iudicio formulirt von Planck, Beweisurtheil, S. 116—118; Puchta, Institutionen, 7. Aufl. Bd. 2, S. 7; Keller, Der römische Civilprocess und die Actionen, §. 1; Wieding, Der Justinianische Libellprocess, (1865), S. 4 ff. und S. 137 ff. Eine von den bisherigen Erklärungsversuchen dieses wichtigen Gegensatzes vollständig abweichende Auffassung wird von Bülow, Die Lehre von den Processeinreden und die Processvoraussetzungen, (1868), S. 289, vertheidigt. Danach gründet sich jene Scheidung des Processes in das Verfahren in iure und in iudicio auf den Gegensatz, in welchem die eine Hälfte des Processmaterials: der Thatbestand des Processverhältnisses zu der anderen: dem Thatbestand des materiellen Streitverhältnisses steht. Die erste Hälfte: die Processvoraussetzungen (siehe oben S. 291 ff.) bildete nach der Ansicht Bülow's den ausschliesslichen Gegenstand des in iure stattfindenden Vorbereitungsverfahrens und wurde hier ohne jede Ausnahme vollständig und endgiltig absolvirt. Für das Hauptverfahren in iudicio blieb nach Bülow blos die Verhandlung und Entscheidung über das materielle Streitverhältniss übrig.

zur processualischen Begründung desselben dienen soll, ist den modernen Gesetzgebungen unbekannt. [8])

---

[8]) Einen interessanten Vorschlag zur Benützung der römischen Formula in unserem heutigen Verfahren hat Bar in seiner Schrift, Recht und Beweis im Civilproc., (1867), S. 98—125 u. Anhang (S. 249) §. 1—11, gemacht. Danach soll das erste Verfahren ebenso wie im gemeinen deutschen Process lediglich zur Anführung der Thatsachen bestimmt sein, wogegen die Beweisanerbietung in diesem Abschnitt regelmässig nicht stattfinden soll. Das Instructionsverfahren wird durch ein Beweisurtheil abgeschlossen, welches jedoch weder einen factischen Beweissatz, noch auch eine Vertheilung der Beweislast enthält, sondern nur im Allgemeinen bestimmt, dass die Entstehung oder Erlöschung des behaupteten Rechtes zu erweisen sei. Die in das Beweisurtheil aufgenommenen Thatsachen hätten lediglich den Zweck, die Rechte, auf welche sich das Beweisurtheil bezieht, genau zu individualisiren und die Einführung völlig neuer Klage- und Einredegründe in dem Beweisverfahren unmöglich zu machen. Ein Beweisurtheil dieser Art wäre z. B. (Bar a. a. O. S. 102) bei einer Klage auf Zahlung eines Kaufpreises: es sei zu erweisen, dass der Kläger aus einem mit dem Beklagten am 10. Dec. 1866 abgeschlossenen Kaufvertrage über 25 von ihm zu liefernde Fass Oel der fraglichen Sorte das Recht auf Zahlung von 500 Thalern erworben habe. In ähnlicher Weise wäre der Beweis einer Einrede gegen eine Darlehensklage dahin zu fassen: es sei zu erweisen, dass der Beklagte mit dem Kläger am 3. März 1866 im X.'schen Gasthaus zu Y. eine Abrechnung über das eingeklagte Darlehen gehabt und durch diesen Vorgang das Darlehen getilgt sei. Gegen diesen Vorschlag aber wäre Folgendes einzuwenden. Der ausschliessliche Grund, weshalb das moderne Processrecht mit grosser Uebereinstimmung das Beweisverfahren erst nach Abschluss des Instructionsverfahrens beginnen lässt, besteht in dem Umstand, dass der Richter erst in diesem Zeitpunkt genau zu bestimmen vermag, welche Thatsachen jede der beiden Parteien zu erweisen hat und dass nur auf dieser Weise unnöthige Beweise vermieden werden können. Es ist in dieser Richtung ganz gleichgiltig, ob man an der gegenwärtig herrschenden formalen Theorie von der Vertheilung der Beweislast festhält oder diese von dem Richter nach Wahrscheinlichkeitsgründen in jedem einzelnen Falle bestimmen lassen will. Ueberlässt man es dagegen den Parteien ganz oder zum grössten Theile, das Beweisthema aus dem Inhalt des Processes selbst herauszuziehen, so ist es am zweckmässigsten, das Instructions- und das Beweisverfahren ähnlich wie im romanischen und reichskammergerichtlichen Verfahren nebeneinander laufen zu lassen. Nach dem Vorschlage Bar's werden nun zwar den Parteien in dem Beweisurtheil dürftige Andeutungen über den Beweissatz und die Beweislast gegeben, allein im Wesentlichen haben dieselben doch ihr Beweisthema selbst aufzufinden. Augenscheinlich aber bietet eine solche Regulirung der Beweislast keinen Ersatz für die bedeutende Verzögerung, welche durch ein besonderes

Hier ist es vielmehr der Gegensatz zwischen den beiden Elementen der thatsächlichen Begründung streitiger Rechtsverhältnisse: der Behauptung von rechtsbegründenden Thatsachen und dem Beweise derselben, welcher der Sonderung des Erkenntnissverfahrens in zwei selbstständige Stadien, in das Instructions- und in das Beweisverfahren, zu Grunde liegt.[*]

Instructionsverfahren in Verbindung mit der Appellabilität des Beweisurtheils hervorgebracht würde.

[*] Ein dritter Abschnitt wird noch dadurch hervorgebracht, dass die Erörterung der processhindernden Einreden vielfach in einem besonderen, dem Hauptprocess vorhergehenden Verfahren stattfindet, welches man im Gegensatz zu dem Instructions- und Beweisverfahren (s. den Text) als das Vorverfahren bezeichnen kann. Das Nähere über die processhindernden Einreden oben S. 285, 287 ff. — Hier ist nur noch zu bemerken, dass das Verhältniss dieses Abschnittes zu dem Hauptprocess gleichfalls entweder von dem Princip der formalen oder arbiträren Ordnung beherrscht sein kann. Nach zahlreichen Gesetzgebungen müssen nämlich die processhindernden Einreden auf Verlangen des Beklagten vor dem Hauptprocess erledigt werden. So nach dem gemeinen Recht: §. 37 J. R. A. und Wetzell, S. 902 ff.; Renaud, §. 202, Abs. I; Endemann, §. 173 III; ferner nach der Gesetzgebung von Frankreich: Code de proc. art. 166, 169, 172, 173, 186, 187; Boitard, Bd. 1, Nr. 368, 406 ff.; Genf: Art. 65, 67, 69 (vgl. jedoch Art. 70); Hannover, §. 197, Abs. 1 (vgl. §. 197. Abs. 3 und 196 Abs. 2 und dazu Leonhardt a. a. O. S. 146—148); Russland. §. 585; Deutsch. Entw. von 1866, §. 244; Württemberg, Art. 345. 346; Baiern, Art. 185. 186; Deutsch. Entw. von 1874, §. 239. Auch das österreichische Recht hat im ordentlichen Verfahren einen besonderen Abschnitt für die processhindernden Einreden eröffnet. A. G. O. §. 40. 406. Hofd. vom 15. Jan. 1787, Nr. 621, lit. aa (Wessely, 17); W. G. O. §. 33—35. Ebenso der österr. Entw. von 1876, §. 293. Im Gegensatze zu dieser formalen Trennung der processualischen Cognition über die processhindernden Einreden von dem Hauptverfahren setzt das österreichische Processrecht für die summarischen Processe die obligatorische Verbindung des Hauptverfahrens mit der Erörterung der wichtigsten processhindernden Einreden (Einrede der Incompetenz, der Litispendenz und der Rechtskraft) mittelst formaler Rechtsvorschrift fest (§. 26 S. V., §. 30 Bg. V.). Da die Stellung des Vorverfahrens nach beiden Systemen eine durch Rechtsnormen zum Voraus bestimmte ist, so liegt denselben gleichmässig das Princip der formalen Ordnung zu Grunde. Dagegen ist es nach manchen Gesetzgebungen entweder allgemein oder nur für gewisse Processarten in das Ermessen des Richters gestellt, ob die processhindernden Einreden in einen besonderen Abschnitt verwiesen oder deren Erörterung mit dem Hauptverfahren verbunden werden soll; Preussische V. v. 21. Juli 1846 §. 5, 6 (für das Verfahren überhaupt); Preussischer Entwurf von 1864, §. 333, 334 und dazu die Motive S. 73 (Ebenso); Nordd. Entw. von 1870,

Allein auch der Gegensatz zwischen der Behauptung und dem Beweise der rechtsbegründenden Thatsachen kann von der Gesetzgebung in sehr verschiedener Weise aufgefasst und zur Gliederung des Erkenntnissverfahrens benützt werden. Am consequentesten wird jener Gegensatz durchgeführt, wenn der Gesetzgeber das Erkenntnissverfahren in zwei gesonderte Abschnitte trennt, von welchen der eine die Bestimmung hat, den streitenden Parteien Gelegenheit zur Anführung aller thatsächlichen Behauptungen zu geben, während ein zweiter Abschnitt zur Bezeichnung (Anbietung) und zur Aufnahme der Beweise bestimmt ist. Diese Auffassung ist dem gemeinen Processe eigenthümlich, in welchem das Stadium der thatsächlichen Behauptungen von jenem der Beweise durch das Beweisinterlocut in einer äusserlich leicht erkennbaren Weise geschieden ist. [10])

§. 414 (Ebenso); — Code de proc. art. 425 (Im Verfahren vor den Handelsgerichten). Hannover, §. 481 (vgl. Leonhardt. S. 316, Note 1), 506; Württemberg, §. 637, 833, 857, 881; Deutsch. Entw. von 1874, §. 446, 533, 541; Oest. Entw. v. 1876 §. 465, 595, 605, 629. (In den summarischen Processen insbesondere im Besitz-, Urkunden- und Wechselprocess, dann im Verfahren vor Einzel- und Handelsgerichten). Aehnliche Bestimmungen enthalten schon die Statuten italienischer Städte im Mittelalter. Wach, Arrestprocess, S. 196. In diesen Processsystemen wird folglich das Verhältniss des Vor- und des Hauptverfahrens von dem Princip der arbiträren Ordnung beherrscht.

[10]) Die im gemeinen Recht übliche Cäsur des Processes in das Behauptungs- und Beweisverfahren ist aus dem altdeutschen Process übernommen. In dem älteren deutschen Verfahren mussten die Processparteien im Instructionsverfahren sowohl die Thatsachen anführen als auch die Beweise anbieten, worauf ein Beweisurtheil den Beweissatz, den Beweisführer und die Beweismittel bezeichnete. Planck, Beweisurtheil. S. 44—58; Homeyer, Der Richtsteig Landrechtes, S. 453—455; Franklin, Reichshofgericht, Bd. 2, S. 241—244; Bar, Beweisurtheil, S. 46, 47. Für die älteste Zeit vgl. Siegel, S. 115 ff. bes. 120. 121. Die äussere Anordnung des Erkenntnissverfahrens war folglich die nämliche, wie noch im heutigen österreichischen Process, wie denn dieser überhaupt in Beziehung auf die ganze Form des Verfahrens die Grundsätze des älteren deutschen Rechtes unter allen deutschen Particulargesetzgebungen am treuesten bewahrt hat. Vgl. auch Planck a. a. O. S. 225, Note 2. Im Laufe der späteren Entwicklung des gemeinen deutschen Processes wurde unter dem Einfluss des sächsischen Verfahrens die Beweisanerbietung aus dem Instructions- (dem ersten) Verfahren ausgeschieden und in das Beweisverfahren gewiesen. Planck, S. 184 ff. In ähnlicher Weise hat das Instructionsverfahren des modernen englischen Processes lediglich den Zweck, die Thatsachen festzustellen, wogegen die Bezeichnung und die Auf-

Auf dem entgegengesetzten Standpunkte steht der reichs-
kammergerichtliche Process. In dem Verfahren des Reichskammer-

nahme der Beweise erst in dem Beweisverfahren stattfindet. Nur werden die
beiden Stadien des Rechtsstreites nicht wie im gemeinen Recht durch ein
Beweisurtheil getrennt. Supr. Court of Jud. Act. von 1875, Shed. I, Ord. XIX,
Rule 4. Rüttimann, §. 323 ff. Dem römischen, canonischen und romanischen
Process ist die Theilung des Processes in ein Instructions- und Beweisverfahren
überhaupt fremd. Planck, Beweisurtheil, 116—127 (Röm. Proc.), S. 139—
147 (Roman., insb. canon. Proc); Bethmann-Hollweg, der röm. Civil-
proc., Bd. 1, S. 186; Wieding, Libellproc. S. 703—705; Wetzell (2. Aufl.)
S. 891. Bayer S. 522, 523. Endemann, §. 157. Vgl. jedoch über den älte-
ren italien. Territorialproc. jetzt noch Wach, Arrestverfahren S. 197—199.
Von den neueren deutschen Gesetzgebungen folgt dem gemeinrechtl. System insbesondere die Hannover'sche P. O. §. 184, Z. 1, §. 215, 216, 220. 221 und die
Badische P. O. §. 321, 323. 1020—1022. Vertheidigt wird die gemeinrechtliche
Cäsur des Verfahrens vorzüglich von Waldeck in den Verhandl. des ersten
deutschen Juristentages (1860), S. 18—23; Sternenfels, Verh. des zweiten
Juristentages, Bd. 1 (1861), S. 3—9; André, ebenda, S. 52 ff.; Leonhardt, Zur Reform des Civilprocesses in Deutschland, (1865), S. 10—74. Vgl.
auch Bar, Recht und Beweis, S. 48—67 und Anhang S. 2, 8, 9, 13. Unter
den österreichischen Schriftstellern haben sich für die gemeinrechtliche Cäsur
Glaser, Grundlagen des öffentlich-mündlichen Civilprocesses (1860, 1861) in
den kleinen Schriften, Bd. 2, S. 367—374 und bis zu einem gewissen Grade
auch Pratobevera in seinen Materialien, Bd. 2, S. 81—86 ausgesprochen. Die
im österreichischen Recht adoptirte Trennung des Vorbringungs- und
Beweisverfahrens wird vertheidigt von Haimerl, Allgemeine Betrachtungen
über die Reform des Civilprocesses in seinem Magazin, Bd. 1 (1850), S. 178,
179, und von Planck, Die Lehre von dem Beweisurtheil, S. 367—388, und in
den Verhandlungen des zweiten deutschen Juristentages, Bd. 1 (1861) S. 81
bis 83; Harrasowsky, Einige Bemerkungen zum Entwurf einer allgemeinen
deutschen C. P. O. in Haimerl's Vierteljahrschr. Bd. 15 (1865), S. 297 ff.
Vgl. auch die unten Note 14 angeführten Gesetzgebungen. Eine Mittelmeinung wird verfochten von During in den Verhandlungen des sechsten
deutschen Juristentages (1865), Bd. 1, S. 24—34 und Barth, ebenda, S. 35
bis 39, welche die obligatorische Beweisanticipation für einen Civilprocess mit
dem gemeinrechtlichen Beweisinterlocut verwerfen, dagegen für ein Verfahren
mit nicht bindender Beweisverfügung als zweckmässig empfehlen. Der
zweite deutsche Juristentag nahm auch einen Antrag Waldeck's an, wonach
„die Angabe der Beweismittel für die Behauptungen der Parteien in der Regel erst nach ergangenem Beweisinterlocut zu geschehen braucht." (Verhandl.
des zweiten deutschen Juristentages, Bd. 2, S. 509, 614, 621). Eine eigenthümliche Modification der gemeinrechtlichen Scheidung des Processes in
erstes und Beweisverfahren hat Perthaler in der Zeitschr. für österr.
Rechtsgel. (1845), Bd. 1, S. 231—288 und besonders (1846) Bd. 2, S. 468 ff.

gerichtes laufen die Stadien der Behauptung und des Beweises nebeneinander, jede Streitpartei hat, nachdem es durch den Widerspruch des Gegners gewiss geworden, dass über eine Thatsache ein Beweis aufzunehmen ist, den Beweis dieser Thatsache noch im Laufe des Behauptungsstadiums anzutreten und durchzuführen. [11]) Erfolgt also die Aufnahme der Beweise mit der erforderlichen Raschheit und Umsicht, so können, wenn das Stadium der Behauptungen abgeschlossen wird, auch schon die Beweise der streitigen Thatsachen vorliegen und der Richter ist

---

vorgeschlagen. Danach soll der gesammte Civilprocess in das Begründungs- und das Beweisverfahren zerfallen. Das Erstere soll den Zweck haben festzustellen, ob die Klage und die Einredethatsachen die von beiden Parteien gestellten Begehren begründen; die Aufgabe des Beweisverfahrens ist dagegen die „Streitfeststellung rücksichtlich der Thatfrage, die Beweisantretung, die Beweisausführung, die Verhandlung über das Resultat der geführten Beweise." In dem Begründungsverfahren soll folglich lediglich die Relevanz der Thatsachen untersucht werden (Planck, Die Lehre von dem Beweisurtheil, S. 262—268). Alles übrige soll dem Beweisverfahren überlassen bleiben, welches demnach einen grossen Theil des gemeinrechtlichen „ersten Verfahrens" in sich aufzunehmen hatte. Vgl. gegen diesen Vorschlag die trefflichen Ausführungen Heyssler's in der Zeitschr. (1845) Bd. 2, S. 266 ff. und (1847) Bd. 1, S. 20 ff. S. auch über einen ähnlichen Vorschlag Bar's oben Note 8 und über das Verhältniss der neueren Gesetzgebung zu der ganzen Frage unten §. 26, Note 3.

[11]) Auch im österreichischen Processrecht haben sich einzelne Spuren dieses Verfahrens, welches nach dem vorjosefinischen Processrecht in Oesterreich Geltung hatte (vgl. Suttinger, Obs. XLIX), in der W. G. O. §. 22 erhalten. Der Richter hat nämlich im mündlichen Verfahren. wenn sich die Processparteien auf Zeugen berufen, diese zur Tagfahrt zu ziehen und sie um ihr Wissen zu befragen. Es kann folglich nach der W. G. O. schon während der Processverhandlung eine vorläufige Vernehmung der Zeugen stattfinden, wenn dieselbe gleich von keiner grossen praktischen Bedeutung ist, da sie ohne Beeidigung stattfindet und beide Parteien deshalb nach der richtigeren Ansicht die Schöpfung eines Beweisinterlocutes und die Abhörung des Zeugen in den gewöhnlichen Formen verlangen können. Vgl. auch §. 255 W. G. O. und Nippel, Erläuterungen, Bd. 2, S. 597—599, 658—659. Die Bestimmung des §. 22 W. G. O. gilt nicht in den Ländern der josefinischen G. O., doch ist dieselbe im Eheverfahren (Hofd. vom 23. Aug. 1819 Nr. 1595, §. 1) und wohl auch im Besitzstörungsverfahren (§. 6 Bs. V.) für den ganzen Umfang der Monarchie recipirt. Auch der österr. Entw. von 1876 §. 291 bestimmt, dass der Gerichtsvorsteher mit Zustimmung beider Theile Beweise, welche sich zur Aufnahme vor dem Gerichte nicht eignen, mit Ausnahme des Beweises durch Vernehmung der Parteien als Zeugen, durch einen beauftrag-

in diesem Falle in der Lage, sofort das Endurtheil zu fällen. Nach diesem Systeme vollzieht sich also die Anführung und der Beweis streitiger Thatsachen nicht in zwei zeitlich gesonderten Abschnitten, sondern der Rechtsstreit beginnt mit den thatsächlichen Behauptungen in der Klage und in der Vernehmlassung, von der Replik an laufen aber beide Processstadien nebeneinander.[14])

Einen Mittelweg zwischen diesen beiden Systemen, welche man in gewissem Sinne als die Extreme betrachten kann, hat das österreichische Recht eingeschlagen. Im österreichischen Process ist das erste Verfahren dazu bestimmt, den Parteien nicht

ten oder ersuchten Richter vor der zur Streitverhandlung bestimmten Tagfahrt aufnehmen lassen kann.

[14]) Die im Text erwähnte Anordnung des reichskammergerichtlichen Verfahrens, deren wesentliche Eigenthümlichkeit in der Beseitigung jeder Cäsur zwischen Instructions- und Beweisverfahren besteht, beruht auf römischen Rechtsansichten, welche jedoch in der deutschen Reichsgesetzgebung unter dem Einfluss des den deutschen Process beherrschenden Princips der formalen Ordnung einen wesentlich veränderten Charakter angenommen haben. In dem römischen Process war die Ordnung des Verfahrens überhaupt und die Stellung des Beweisverfahrens insbesondere wesentlich in das Ermessen des Richters gestellt, welcher sich dabei von den Bedürfnissen des einzelnen Falles leiten liess (s. unten §. 25). Das Regelmässige mochte sein, dass der Richter zunächst die Anführung und den Beweis der Klagethatsachen anordnete und erst wenn dieser durchgeführt und gelungen war, zu der Erörterung und dem Beweise der Exceptionen überging. Arg. L. 19 C. de prob. (4, 19). Vgl. Bethmann-Hollweg, Röm. Civilprocess, Bd. 2, S. 593, 594, Bd. 3, S. 273, 274; Planck, Beweisurtheil, S. 120, 121. Dieser Rechtszustand blieb im romanischen Process im Wesentlichen erhalten, obgleich sich in dem älteren italienischen Territorialprocess vielfach die Cäsur des älteren deutschen Processes vorfindet. Planck a. a. O. S. 139—147; Wach, Arrestverfahren, S. 198, 199. In dem Process des Reichskammergerichtes wurde die in der L. 19 cit. vorausgesetzte Reihenfolge der Processhandlungen ohne Rücksicht auf das Bedürfniss des einzelnen Falles mittelst formaler Rechtsvorschrift festgestellt, so dass in der Ordnung des Verfahrens zunächst die Klagebehauptungen, die Antwort des Beklagten und der Beweis der Klagebehauptungen, dann die peremtorischen Exceptionen des Beklagten, die Antwort des Klägers und der Beweis der Exceptionen kamen u. s. f. Erst in Folge der fortschreitenden Concentration des Vertheidigungsmateriales, insbesondere auch in Folge der durch die Kammergerichtsordnungen von 1521 und 1523 eingeführten Zusammenfassung der Klagebeantwortung und der Vorbringung der peremtorischen Exceptionen in einer Handlung wurde der im Text dargestellte Rechtszustand begründet. J. R. A. §. 34, 37, 45, 47, 48. Planck, Beweisurtheil, S. 176—184; Albrecht, Das Eventualprincip, S. 41—47.

nur zur Anführung ihrer thatsächlichen Behauptungen, sondern auch zur Bezeichnung ihrer Beweismittel (zur Beweisanerbietung) [13]) Gelegenheit zu geben. Aus praktischen Rücksichten wird also aus der Totalität des Beweisverfahrens ein Element: die Anbietung der Beweismittel losgelöst und mit dem Stadium der Behauptungen vereinigt. [14])

Der Zweck des Instructions- (des ersten) Verfahrens ist also nach österreichischem Recht, dem Richter bekannt zu machen, welche Thatsachen und welche Beweise den streitenden Parteien

---

[13]) In der österreichischen Gerichtssprache pflegt man die Beweisanerbietung und die Beweisantretung sorgfältig zu unterscheiden. Unter der ersteren versteht man die Bezeichnung der Beweismittel im Laufe des Instructionsverfahrens, welche regelmässig mit der Behauptung der zu beweisenden Thatsache unmittelbar verbunden wird (vgl. auch Baiern, Art. 324, 326); mit dem Worte „Beweisantretung" bezeichnet man dagegen die Erklärung des Beweisführers, dass er ein vom Richter nach Abschluss des Instructionsverfahrens in dem Beweisinterlocut oder in dem bedingten Endurtheile zugelassenes Beweismittel, z. B. einen Beweis durch Zeugen oder durch den Eid in der von dem Richter festgestellten Form wirklich benützen wolle. (S. unten S. 341.) In der Terminologie der deutschen Gesetze und der civilprocessualischen Schriftsteller wird auch die Beweisanerbietung des österreichischen Rechtes als Beweisantritt bezeichnet. Ich habe die österreichische Terminologie beibehalten, weil sie zur Unterscheidung der beiden im österreichischen Process wesentlich verschiedenen processualischen Handlungen zweckmässig ist.

[14]) Ueber den historischen Ursprung dieser Anordnung des Verfahrens vgl. oben Note 10. Die neueren Gesetzgebungen haben die Verbindung der thatsächlichen Behauptungen mit der Beweisanerbietung fast ausnahmslos angenommen; doch ist dieser ausserordentlich wichtige Grundsatz in vielen Gesetzgebungen, eben weil derselbe als selbstverständlich gelten mochte, zu keinem klaren Ausdruck gelangt. Preussen: A. G. O. I, 5, §. 17, Nr. 2; I, 9, §. 6. (Vgl. Koch, Processrecht, §. 162, II, §. 183, 185, 200); Frankreich: Code de proc. art. 61, 77, 78, 252 und dazu Schlink, Comm, Bd. 2, S. 19, 332; Zink, Ermittlung des Sachverhaltes, (1860), S. 312—334, bes. S. 331—334; Genf: Art. 101, 150; Russland: §. 257, Abs. 5, 263, 264, 315, 316, 319; Preuss. Entw. §. 310, 313, 315, 324 (Motive S. 70—72). Deutsch. Entw. von 1866, §. 120, Abs. 4, 137 (vgl. Winter, S. X, XI, S. 52, 53); Württemberg: Art. 411—413; Baiern: Art. 230, 324, 326, 327 (Wernz, S. 245, 333, 334); Deutsch. Entw. von 1874, §. 117, Abs. 4, 126 (Motive S. 400). Auch in Oesterreich ist dieses System von Alters her Rechtens. A. G. O. §. 12; W. G. O. §. 12; S. V. §. 25. Ebenso der österr. Entw. von 1876, §. 128, 203.

zu Gebote stehen; der Zweck des Beweisverfahrens ist dagegen, die angebotenen Beweise, soweit sich diese für die Entscheidung des Rechtsstreites als erheblich darstellen, zu den Zwecken des Rechtsstreites wirklich nutzbar zu machen. [15]) In allen Fällen ist das Instructionsverfahren von dem Beweisverfahren durch eine richterliche Entscheidung über die Beweisfrage getrennt, welche den Beweissatz, den Beweisführer und die Beweismittel bezeichnet und nach Verschiedenheit dieser letzteren die Form eines End- oder eines Beiurtheils, in den summarischen Processen auch die eines blossen Bescheides besitzt. [16])

---

[15]) Auch von dem Grundsatze, dass das Instructionsverfahren dem Beweisverfahren voranzugehen hat und dass erst nach Abschluss des Erkenntnissverfahrens die Entscheidung zu fällen ist, sind im österreichischen Rechte wichtige Ausnahmen anerkannt (vgl. oben Note 4). Diese Ausnahmen sind: 1) Der Beweis zum ewigen Gedächtniss, welches Rechtsinstitut die Bedeutung hat, dass das Beweisverfahren entweder vor oder doch gleichzeitig mit dem Instructionsverfahren stattfindet (§. 179, 188 A. G. O.); 2) alle Processformen, in welchen sogleich auf Grundlage der Klage oder der eine solche vertretenden Processhandlung ein vorläufiges Erkenntniss gefällt wird (Mandats-, Wechsel-, Bestand- und Mahnverfahren). In diesen Fällen wird also eine (wenngleich nur provisorische) Entscheidung über den Rechtsanspruch vor dem Beweisverfahren, ja sogar sogleich nach Eröffnung des ersten Verfahrens getroffen. Vgl. §. 1 der kaiserl. Verordnung vom 21. Mai 1855, Nr. 95; §. 1 der J. M. V. vom 18. Juli 1859, Nr. 130 (Mandatsprocess); §. 19, Ges. vom 12. Juli 1872, Nr. 112 (Syndicatsklage); §. 1, Ges. vom 27. April 1873, Nr. 67 (Mahnverfahren); §. 5, 13, 14 der V. vom 25. Jan. 1650, Nr. 52 und §. 1 der V. vom 18. Juli 1859, Nr. 132 (Wechsel- und Wechselsicherstellungsprocess); §. 6 des Ges. vom 16. Nov. 1858, Nr. 213, (Bestandverfahren).

[16]) §. 136 A. G. O.; §. 1, Hofd. vom 22. Juni 1835, Nr. 42; §. 187, 205, 224 A. G. O.; — §. 210, 259, 277 W. G. O. Das englische Recht, welches in Beziehung auf die scharfe Sonderung des Instructions- und Beweisverfahrens mit dem bisherigen österreichischen Processrecht vollständig übereinstimmt, unterscheidet sich doch von unserem Verfahren dadurch, dass das Gericht eine Entscheidung über die Beweisfrage überall nicht trifft, dass es vielmehr Sache der Parteien ist, aus dem Inhalte des Instructionsverfahrens (den pleadings) den Beweissatz, die Beweismittel u. s. f. selbst herauszufinden. Der Richter, welcher — regelmässig mit Beihilfe einer Jury — die Beweise aufnimmt, übt lediglich eine negative Thätigkeit aus, indem er unerhebliche oder unzulässige Beweismittel zurückweist. Supr. Court of Jud. Act Shed. I. Ord XXXVI, R. 2 ff. Vgl. jedoch auch Ord. XXVI.

Auch innerhalb der beiden umfassenden Gruppen, in welche das Erkenntnissverfahren zerfällt, ist die Reihenfolge der Handlungen, welche der Richter und die Parteien vorzunehmen haben, nach dem Princip der formalen Ordnung genau bestimmt. Um nicht in eine verwirrende Detailschilderung zu verfallen, soll hier der Gang der Processverhandlungen nur in seinen Grundzügen dargestellt werden. Das Instructionsverfahren wird immer von Seite des Klägers mit der Klagehandlung eröffnet, welche die wesentlichen Elemente des processualischen Angriffes zu enthalten hat. [17]) Auf die Klagehandlung erfolgt in allen Fällen eine Verfügung des Richters, durch welche er den Beklagten auffordert, die Exceptionshandlung vorzunehmen. [18]) Hierauf erfolgt abwechselnd von Seite des Beklagten und des Klägers die Exceptionshandlung, die Replikshandlung, die Duplikshandlung, welcher sich ausnahmsweise noch weitere Handlungen anschliessen können. [19]) Jeder einzelne dieser Processacte wird im schriftlichen Verfahren durch eine richterliche Verfügung veranlasst, so dass also im schriftlichen Verfahren zwischen die Exceptions- und die Replikshandlung, zwischen diese und die Duplikshandlung u. s. f. richterliche Bescheide fallen. [20]) In dem mündlichen Verfahren erfolgt eine richterliche Verfügung nur dann, wenn der Verhandlungstermin vertagt wird [21]), während die Processverhandlung bei der Tagfahrt selbst ohne Dazwischenkunft richterlicher Bescheide in unterbrochener Folge fortläuft. [22])

---

[17]) A. G. O. §. 2, 3, 8; W. G. O. §. 2, 3, 7.

[18]) A. G. O. §. 19, 34; W. G. O. §. 20, 30. Falls der Beklagte processhindernde Einreden vorbringt, so schiebt sich zwischen die Klage- und Exceptionalhandlung das Vorverfahren in die Mitte. Vgl. oben Note 9.

[19]) A. G. O. §. 2, 5—7, 9, 10, 22, 26, 27, 34, 43, 50, 55; W. G. O, §. 2, 5, 6, 9, 10, 21, 30, 36, 42, 46.

[20]) S. vorige Note und oben §. 21, Note 18 (S. 271. 272).

[21]) A. G. O. §. 29, 31, 32; W. G. O. §. 25, 27, 48.

[22]) Das im Text dargestellte Verfahren ist die sog. contradictorische Verhandlung, welche in den positiven Processrechten zur Erörterung fast aller materiellrechtlichen und eines Theils der processualischen Ansprüche dient. Ihr Gegensatz ist das oben (§. 21) behandelte anticipative Contumacialsystem, welches das Verfahren ausser Streitsachen (insbesondere des Grundbuchswesen) fast ausschliesslich beherrscht und auch im streitigen

22*

Innerhalb des Beweisverfahrens, insofern ein solches nach Abschluss des Instructionsverfahrens noch erforderlich ist, lässt sich im österreichischen Processe gleichfalls eine Reihe von gesonderten, durch das Gesetz zum Voraus bestimmten Abschnitten wahrnehmen. Dass die Bezeichnung der Beweise, welche die Parteien für die streitigen Thatsachen anführen wollen, in dem österreichischen Process mit dem Instructionsverfahren zu verbinden ist, also ausserhalb der Grenzen des Beweisverfahrens fällt, wurde schon oben (S. 336, 337) hervorgehoben. Die Handlungen, welche nach Abschluss des Instructionsverfahrens zur Durchführung der Beweise von dem Richter und den Parteien vorzunehmen sind, lassen sich in folgende vier Gruppen ordnen:

1. Die Beweiszulassung, d. h. jene Entscheidung des Richters, durch welche er die Aufnahme der von den Parteien bezeichneten Beweismittel gestattet [21]);

Verfahren zur Liquidirung der meisten processualischen Ansprüche dient. Die letztere Art des Verfahrens kommt in einer zweifachen Form vor, indem entweder durch den Widerspruch des Gegners nachträglich eine contradictorische Verhandlung herbeigeführt wird (§. 21, Note 36, 37) oder blos eine Erörterung im Instanzenzuge mittelst einseitiger Processhandlungen (Recurse, Beschwerden) stattfindet. Das anticipative Contumacialsystem mit der Remedur durch einseitige Beschwerden — wohl die kürzeste aller Processformen — wird in unseren modernen Gesetzgebungen theils zur Prüfung der minder wichtigen processualischen Ansprüche, welche den processleitenden Verfügungen zu Grunde liegen, theils auch zur Feststellung wichtiger materieller Rechte, namentlich im Grundbuchswesen benützt. §. 95, 126 des Grundb. Ges. vom 25. Juli 1871. Nr. 95.

[21]) Vgl. oben Note 16. Wesentlich abweichend von der Form der Beweiszulassung in den modernen Rechten ist die Regulirung des status causae et controversiae, welche im Processe der Allg. Preuss. Gerichtsordnung statt des Beweisinterlocutes die Cäsur zwischen Instructionsverfahren und Beweisverfahren bewirkt. Das Wesen der Regulirung des status causae et controversiae besteht darin, dass der instruirende Richter unter Zuziehung der Parteien die unbestrittenen und die bestrittenen Thatsachen und unter diesen letzteren die processualisch erheblichen, in einer Gesammtdarstellung der thatsächlichen Grundlagen des Rechtsstreites zusammenfasst und auf Grund derselben die zu erweisenden Thatsachen bezeichnet. Erst wenn der Instruent sich mit den Parteien nicht einigen kann, entscheidet das Gericht. Die Cäsur zwischen dem Instructions- und Beweisverfahren wurde folglich im älteren preussischen Process nicht durch ein einseitiges Interlocut des Richters, sondern durch ein Incidenzverfahren gebildet. Das Rechtsinstitut

2. die Beweisantretung, eine Erklärung des Beweisführers, dass er die von dem Richter zugelassenen Beweismittel
und zwar in der vom Letzteren festgesetzten Form benützen
wolle. Eine solche Wiederholung der bereits im Instructionsverfahren gemachten Beweisanerbietung ist im ordentlichen Verfahren
bei allen Beweismitteln erforderlich, welche durch richterliche
Entscheidung zugelassen werden müssen, also bei den verschiedenen Gattungen des Eides [24]), beim Zeugen- und Sachverständigenbeweise [25]): in dem summarischen Processe ist dagegen bei den
beiden zuletzt genannten Beweisarten eine besondere Beweisantretung weder nothwendig noch auch zulässig [26]);

3. die Beweisaufnahme, welche alle jene richterlichen
und Parteienhandlungen umfasst, durch welche das Bewusstsein
der streitigen Thatsachen in dem Richter unmittelbar hervorgerufen werden soll;

4. die Beweiswürdigung, d. h. jener processualische
Act, in welchem die streitenden Parteien das Resultat der aufgenommenen Beweismittel zusammenfassen und einer Kritik unterziehen. Einen regelmässigen Bestandtheil des Beweisverfahrens
bildet die Beweiswürdigung nur bei dem Zeugen- und Sachverständigenbeweise des ordentlichen Processes [27]), bei den verschiedenen Eidesbeweisen kommt dieser Abschnitt im ordentlichen wie
im summarischen Verfahren nur ausnahmsweise vor [28]), beim

---

wurde vielfach belobt, aber in den neueren Gesetzgebungen m. W. nirgends
nachgeahmt und selbst im preussischen Processe bis auf geringfügige Ausnahmen verdrängt. Vgl. A. P. G. O. 10. Tit., §. 20 ff. und dazu Gönner,
Handb., Bd. 1. Abh. VIII, § 24; Abegg. Geschichte der preuss. Civilprocessgesetzgebung, (1848), S. 170—174; Koch, Processrecht, §. 199, 237
Heffter, Preuss. Civilprocess, §. 64, 115.

[24]) A. G. O. §. 224; W. G. O. §. 298.

[25]) A. G. O. §. 145; W. G. O. §. 220; Hofd. vom 22. Juni 1835,
Nr. 43 J. G. S. Form. A. C.

[26]) S. V. §. 39, 42.

[27]) A. G. O. §. 172—175; Hofd. vom 25. Aug. 1683, Nr. 179, lit. e
(Wessely, 720); W. G. O. §. 244—247; Hofd. vom 2. Aug. 1833, Nr. 2624;
Hofd. vom 22. Juni 1835, Nr. 42, §. 3.

[28]) Regelmässig genügt zur Feststellung der Thatsache. dass bei bedingten Endurtheilen, welche die Ablegung von Parteieneiden verordnen, der
vom Richter aufgestellten Bedingung Genüge geleistet worden ist, ein ein-

Zeugen- und Sachverständigenbeweise in den summarischen Processen ist derselbe durch das Gesetz ausdrücklich ausgeschlossen. [19])

Ebenso wie das Erkenntnissverfahren, ist auch das Vollstreckungsverfahren des bisherigen österreichischen Processes von dem Princip der formalen Ordnung beherrscht. Jede Executionsform zerfällt schon ihrer Natur nach in zwei zeitlich aufeinanderfolgende Abschnitte: das Realisirungs- und das Befriedigungsverfahren. Der erste dieser Abschnitte hat den Zweck, die Executionsobjecte in die Gewalt des Richters oder des Gläubigers zu bringen und dieselben demnächst in eine für die Befriedigung des Letzteren passende Form, gewöhnlich also in baares Geld, umzusetzen; durch den zweiten Abschnitt sollen dagegen die Executionsobjecte oder deren Werth zur Befriedigung des Gläubigers thatsächlich verwendet werden. (Vgl. oben S. 305). Obgleich jener Gegensatz zwischen dem Realisirungs- und dem Befriedigungsverfahren bei allen Executionsformen vorhanden ist, so tritt er doch bei der Vollstreckung von Geldforderungen durch Verkauf von beweglichen und unbeweglichen Sachen mit besonderer Klarheit hervor, wie denn überhaupt jene beiden Executionsformen wegen ihrer praktischen Wichtigkeit in allen modernen Processgesetzgebungen am sorgfältigsten ausgebildet sind. Alle Handlungen, welche der Richter und die Parteien bis zu dem Verkaufe der beweglichen oder unbeweglichen Sachen vorzunehmen haben, sind dem Realisirungs-, alle übrigen, insbesondere die Vertheilung des Kaufpreises, dem Befriedigungsverfahren zuzuzählen.

---

faches Zeugniss des Richters über die Leistung des Eides. Nur wenn z. B. die schwurpflichtige Partei den normirten Eid mit Abänderungen schwört oder der Tod der Partei die Ableistung des Eides ersetzen soll (§. 233 A. G. O., §. 307 W. G. O.), ist den Parteien eine contradictorische Verhandlung zur Ausführung des Beweisresultates zu eröffnen. Hofd. vom 15. Dec. 1794, Nr. 207 (Wessely, 749); Hofd. vom 19. Oct. 1792, Nr. 63 (Wessely, 764); Prot. Ausz. vom 21. März und Hofd. vom 26. April 1822 (Wessely, 294). Vgl. auch Fischer in Wagner's Zeitschrift (1829), Bd. 2, S. 105 bis 126, welcher Schriftsteller sich gegen die Zulässigkeit aller Abänderungen einer rechtskräftig normirten Eidesformel, folglich auch gegen die Eröffnung eines zu diesem Zwecke dienenden Verfahrens ausspricht.

[19]) S. V. §. 41, 42.

Auch innerhalb der beiden grossen Abschnitte, in welche das Executionsverfahren zerfällt, ist die Reihenfolge der einzelnen Handlungen nach formalen Principien geordnet. Insbesondere ist hervorzuheben, dass die wichtigste aller Executionsformen: die Vollstreckung von Geldforderungen durch Verkauf von beweglichen und unbeweglichen Sachen, sich nach österreichischem Recht in „Executionsgraden", d. h. in zum Voraus bestimmten Abschnitten vollzieht, welche auf jedesmaliges Ansuchen des Executionsführers durch besondere richterliche Verfügungen eröffnet werden. [30]) Solcher Grade

---

[30]) Die römische pignoris capio, welche mit der Execution von Geldforderungen durch Verkauf von beweglichen und unbeweglichen Sachen die meisten Analogien besitzt, zerfiel nicht in bestimmte, zum Voraus festgesetzte Abschnitte, auch wurden die einzelnen Stadien des Executionsverfahrens nicht durch richterliche Erkenntnisse eröffnet, vielmehr war der Gang der Execution mit einzelnen Ausnahmen (L. 15, §. 2 D. de re iud. 42, 1) dem Ermessen des exequirenden Magistrats überlassen, wenngleich eine gewisse Reihenfolge der Executionshandlungen schon durch die Natur der Hilfsvollstreckung gegeben ist. L. 15, 31 D. de re iud. 42, 1 und Bethmann-Hollweg, Bd. 2, S. 311—315. Das französische Recht hat diesen Gedanken in dem Executionsverfahren, namentlich soweit sich dieses auf Mobilien, Forderungen, Renten und Früchte bezieht, weiter ausgebildet, indem es die Durchführung des Realisirungsverfahrens eigenen Beamten (Huissiers, Gerichtsvollziehern) ohne Dazwischenkunft des Gerichtes überlässt. Dieses System ist von zahlreichen neueren Gesetzgebungen adoptirt worden. Vgl. Menger im Archiv für civil. Praxis, Bd. 55, (1873), S. 448—466 und Schäffner, Geschichte der Rechtsverfassung Frankreichs, Bd. 3, S. 578—580. Den Gegensatz bildet auch hier — ebenso wie im Erkenntnissverfahren — das ältere deutsche Recht. Das altdeutsche Executionsverfahren vollzieht sich in gewissen zum Voraus bestimmten Abschnitten; jeder derselben wird durch ein Ansuchen des Executionsführers (Klage) und durch ein richterliches Urtheil eröffnet. Meibom, Deutsches Pfandrecht, (1867), S. 70—131, bes. 70, 71, 129—131; Franklin, Reichshofgericht, Bd. 2, S. 286, 292—293, 302—304. (Ertheilung der Anleite und der Nutzgewere, beides auf Ansuchen des Exequenten und durch richterliches Urtheil). Laband, Die vermögensrechtlichen Klagen nach den sächsischen Rechtsquellen des Mittelalters, (1869), S. 2, 3; Zöpfl, Deutsche Reichs- und Rechtsgeschichte, Bd. 3, (4. Aufl.), S. 365, 366. Für die älteste Zeit, welche ein formal gegliedertes Executionsverfahren noch nicht gekannt zu haben scheint, Siegel, Geschichte des deutschen Gerichtsverfahrens, (1857), S. 245—252 und Sohm, Process der Salica, (1867), S. 162 ff. Die wesentlichen Eigenthümlichkeiten des älteren deutschen Executionsverfahrens haben sich in zeitgemässer Umbildung in den „Executionsgraden" des österreichischen Processes erhalten.

gibt es im ordentlichen Verfahren drei: die Pfändung mit den
zu ihrer Unterstützung bestimmten Nebenformen (der Transferirung und der engen Sperre), [31]) zweitens die Schätzung [32]), endlich
drittens die Feilbietung. [33]) In den summarischen Processen [34])
können die beiden ersten Grade, wenn die Execution in bewegliche Sachen angesucht wird, zeitlich vereinigt werden. [35]) Auch
im Befriedigungsverfahren herrscht das Princip der formalen
Ordnung, obgleich sich mit Rücksicht auf die Dürftigkeit der Gesetzgebung und das Sahwanken der Rechtsübung die Reihenfolge
der einzelnen Handlungen nicht mit der gleichen Bestimmtheit
wie in Ansehung des Realisirungsverfahrens festsetzen lässt.

Aus dieser Darstellung ergiebt sich, dass der bisherige
österreichische Process (mit Ausschluss des Bagatellverfahrens) in
allen seinen Stadien von dem Princip der formalen Ordnung
durchgreifend beherrscht wird. Das bisherige österreichische Civilverfahren kann man deshalb einer Reise mit gebundener Marsch-
route vergleichen, wo alle Orte, welche der Reisende zu berühren
hat, zum Voraus genau bestimmt sind und Nichts oder fast Nichts
seinem Ermessen überlassen ist. Der wichtige Gegensatz zwischen

---

[31]) A. G. O. §. 320, 322, 340, 341, 343; W. G. O. §. 422, 426, 453,
454, 456.

[32]) A. G. O. §. 223; W. G. O. §. 428.

[33]) A. G. O. §. 326; W. G. O. §. 432.

[34]) S. V. §. 53. Vgl. auch §. 4 der J. M. V. vom 18. Juli 1859,
Nr. 130.

[35]) Der Entwurf einer Executionsordnung, welcher dem österreichischen
Abgeordnetenhause mit dem Bericht vom 28. Jänner 1876 vorgelegt wurde,
hat das Institut der Executionsgrade beim Zwangsverkauf von unbeweglichen
und beweglichen Sachen vollständig beseitigt. Das Gericht hat nämlich auf
das Executionsgesuch sofort den Zwangsverkauf der Liegenschaft oder der
beweglichen Sachen zu bewilligen und zugleich für die Durchführung des
ganzen Realisirungs- und Befriedigungsverfahrens einen Gerichtsabgeordneten
zu bestellen. Entw. der Ex. O. §. 4, 14, 91, 94. Dem bestellten Gerichtsabgeordneten steht die selbstständige Vornahme aller Amtshandlungen zu,
welche die Durchführung des Zwangsverkaufes mit Einschluss der Kaufpreisvertheilung bezwecken; die einzelnen Abschnitte des Executionsverfahrens
werden nicht, wie im bisherigen Verfahren, durch richterliche Entscheidungen
eröffnet. §. 5, 14, Abs. 2, 24, 94, 97.

gesetzlicher Fürsorge und richterlichem Ermessen, auf dessen richtiger Vermittlung ohne Zweifel der Erfolg jedes Civilverfahrens vorzüglich beruht, ist daher in dem bisherigen österreichischen Processe fast ausnahmslos zu Gunsten des ersten jener beiden Elemente entschieden. Ganz anders und in vielfacher Beziehung geradezu entgegengesetzt ist das Verhältniss des Bagatellverfahrens zu unserer Frage, zu dessen Darstellung wir nunmehr übergehen.

25

Die arbiträre Ordnung der Processhandlungen.
(Das Bagatellverfahren.)

Ich habe oben (§. 23) die Stellun; des Bagatellverfahrens zu unserer Frage so charakterisirt, dass diesem nach seinem vorherrschenden Charakter das Princip der arbiträren Ordnung zu Grunde liegt. Dieser Satz hat jedoch keineswegs den Sinn, dass jener Grundsatz auf dem Gebiete des Bagatellverfahrens mit unbedingter und ausschliesslicher Geltung herrsche. Die Reihenfolge der grossen Abschnitte, in welche naturgemäss jedes Verfahren zerfällt, ist vielmehr auch für das Bagatellverfahren von dem Gesetzgeber unveränderlich festgesetzt, wie denn überhaupt ein gewisses Mass formaler Ordnung gleichsam das Knochengerüste bildet, an das sich die schwankenden Formen des nach dem arbiträren Princip construirten Processes anschliessen müssen. So muss auch im Bagatellverfahren das Erkenntnissverfahren dem Vollstreckungsverfahren in der Zeitfolge vorangehen (§. 87 Bg. V.). Im Executionsverfahren selbst kommen im Allgemeinen die Bestimmungen des Gesetzes über das summarische Verfahren zur Anwendung (§. 87 Bg. V.) und es wird deshalb auch das Vollstreckungsverfahren des Bagatellprocesses von denselben formalen Principien wie das des summarischen Processes beherrscht. [1] Endlich ist das Rechtsmittelverfahren im Bagatellprocess ebenso wie in den bisherigen Processarten durch ein Verfahren vor dem ersten Richter bedingt (§. 78 Bg. V.).

---

[1] Vgl. oben §. 24, Note 31—34.

Dagegen ist das Erkenntnissverfahren vor der ersten Instanz im Bagatellprocess das Gebiet, auf welchem das Princip der arbiträren Ordnung eine fast unbedingte Herrschaft übt.

Das Princip der arbiträren Ordnung wird für das Erkenntnissverfahren des Bagatellprocesses durch den §. 19 des Gesetzes über das Bagatellverfahren in der grössten Allgemeinheit ausgesprochen. Darnach eröffnet, leitet und schliesst der Richter die Verhandlung; er ertheilt das Wort und kann es demjenigen entziehen, der seinen Anordnungen nicht Folge leistet. [2]) Nur das Ermessen des Richters, nicht aber eine allgemeine Rechtsvorschrift soll entscheiden, in welcher Reihenfolge die processualischen Acte vorzunehmen sind.

Dieses allgemeine Princip kommt denn auch in der ganzen Structur des Erkenntnissverfahrens im Bagatellprocess zu einem sehr klaren Ausdruck. Zunächst fehlt dem Bagatellprocess die strenge Scheidung zwischen dem Instructions- und dem Beweisverfahren, welche dem bisherigen österreichischen Process einen so eigenthümlichen Charakter verleiht. Das Gesetz bestimmt nur (§. 20 Bg. V.), dass der Richter gleich bei Beginn des Rechtsstreites die Parteien mit ihren Begehren, thatsächlichen Erklärungen und Beweisanerbietungen zu hören und auf die genaue Präcisirung der Thatsachen und der Beweismittel zu dringen ·hat. Eine fernere Bestimmung des Gesetzes, welche noch hieher gehört (§. 31 Bg. V.), setzt fest, dass der Richter die Beweise, welche er für erheblich erachtet, im Laufe der Verhandlung selbst aufzunehmen hat. Ausser diesen ganz allgemein gehaltenen Normen hat das Gesetz über das Verhältniss des Instructions- und des Beweisverfahrens keine weitere Bestimmung getroffen und es ist deshalb kein Hinderniss vorhanden, dass der Richter, sofern er es für zweckmässig erachtet, die Feststellung der Thatsachen

---

[2]) Aehnliche Vorschriften finden sich in allen Processgesetzgebungen vor, welche von dem Princip der arbiträren Ordnung beherrscht werden. Vgl. die oben §. 21, Note 18 (S. 271) über die richterliche Processleitung im mündlichen Verfahren angeführten Gesetzgebungen. Doch ist diese arbiträre Macht des Richters selbst in jenen Processordnungen, welche auf dem Princip der Mündlichkeit beruhen, vielfach durch Rechtssätze beschränkt, welche direct oder indirect eine formale Ordnung des Verfahrens bewirken. Vgl. die folgende Note unter 1. und 2.

und der Beweismittel (§. 20 Bg. V.) unterbricht und einen Beweis aufnimmt und überhaupt das Stadium der Behauptungen und der Beweise nach seinem Ermessen combinirt.

Unabhängig von dem Willen des Richters tritt eine solche Vermischung des Instructions- und des Beweisverfahrens in dem Falle ein, wenn die Processparteien während der Dauer oder nach Beendigung des Beweisverfahrens, jedoch vor der Erklärung des Richters, dass die Processverhandlung geschlossen sei (§. 66, 67 Bg. V.), neue Thatsachen und Beweismittel vorbringen, welche der Richter nach Lage der Sache zulassen muss. [2])

---

[2]) In den neueren Processordnungen, welche auf dem Princip der Mündlichkeit beruhen, lassen sich in Beziehung auf die Ordnung des Instructions- und des Beweisverfahrens drei Systeme unterscheiden: 1. Sowohl der erkennende Richter als auch die Parteien sind an die richterliche Entscheidung gebunden, welche die Beweisfrage normirt, wobei es gleichgiltig ist, ob diese vor einem höheren Richter angefochten werden kann oder nicht. Dieses System bringt die Scheidung zwischen Instructions- und Beweisverfahren am reinsten zum Ausdruck. Die Parteien müssen alle Thatsachen und Beweismittel vor Erlassung der Beweisverfügung anführen; der Richter darf nur eine Entscheidung über die Beweisfrage erlassen und der ganze darauf folgende Theil des Erkenntnissverfahrens hat ausschliesslich den Zweck, die auferlegten oder zugelassenen Beweise für das Endurtheil nutzbar zu machen. Dieses System, welches dem gemeinrechtlichen und dem bisherigen österreichischen Beweisrechte eigenthümlich ist, wurde von der Hann. P. O. §. 215, 218 für das ganze Gebiet des Beweisverfahrens (dazu Leonhardt, S. 159—161) angenommen. Ausserdem haben dieses System für das Gebiet des Beweises durch den Parteieneid jene Processordnungen adoptirt, welche die Auflegung der Parteieneide durch bedingtes Endurtheil vorschreiben oder wenigstens zulassen, da ein solches Urtheil eben nichts Anderes als eine den Richter und die Parteien bindende Entscheidung über die Beweisfrage ist. Baden: §. 360; Deutsch. Entw. von 1866, §. 415; Württemberg: Art. 359, 592; Baiern: Art. 345; Deutsch. Entw. von 1874, §. 407 u. A. 2. Die Parteien, nicht aber der Richter ist an die Beweisverfügung gebunden. Nach diesem System sind die Parteien verpflichtet, die Thatsachen und Beweismittel vor Erlassung der Beweisverfügung vorzubringen; der Richter ist aber an die Entscheidung der Beweisfrage, welche er nach Abschluss des Instructionsverfahrens erlässt, in keiner Weise gebunden, er kann, sofern ihm dies nothwendig erscheint, vor dem Endurtheil noch weitere Beweisverfügungen erlassen, die jedoch nur solche Beweismittel zum Gegenstand haben können, welche von den Parteien im Instructionsverfahren rechtzeitig angeboten worden sind Auch nach

Ebenso wie das Verhältniss des Instructionsverfahrens zu
dem Beweisverfahren, ist auch die Bestimmung der Reihenfolge
der Handlungen, welche diese beiden Abschnitte zusammensetzen,
im Bagatellverfahren durchgreifend in das Ermessen des Richters
gestellt. Was zuvörderst die Handlungen des Instructionsverfahrens betrifft, so ist nirgends gesagt, dass die Exceptionalhandlung, die Replikshandlung, die Duplikshandlung sich nothwendig in
dieser Ordnung folgen müssen, vielmehr ist dem Richter gestattet,
wenn z. B. die Exceptionalhandlung ihm unvollständig erscheint, den
Beklagten zu ihrer Vervollständigung auch vor der Vornahme
der Replikshandlung von Seite des Klägers aufzufordern oder ihm
dieselbe auf seine Bitte zu gestatten. Desgleichen kann der
Richter, ähnlich wie im römischen Process (§. 24, Note 12), sofort nach dem Vortrag der Klage zur Aufnahme der Beweise für
die Klagethatsachen schreiten. Ueberhaupt ist der Richter im
Bagatellverfahren in der Anordnung und Gruppirung der Instructionshandlungen vollständig frei, wenngleich sich nicht verkennen

---

diesem System ist das Instructions- und das Beweisverfahren scharf getrennt;
die Cäsur wird durch die erste vom Richter erlassene Beweisverfügung bewirkt. Baden: §. 376, 388; Deutsch. Entw. von 1866. §. 284, 309; Württemberg: Art. 348, 349, 418—420 (Fecht, Bd. 2, S. 220, 221, 242). —
8. Weder der Richter noch auch die Parteien sind an die Beweisverfügung gebunden. Dies ergiebt das im Text dargestellte System,
welches einestheils die Grenze zwischen dem Instructions- und dem Beweisverfahren aufhebt und andererseits mehrere Beweiverfügungen möglich macht.
Hieher gehört das Processrecht von Frankreich, welches das Beweisverfahren
nicht als einen neben dem Instructionsverfahren bestehenden selbstständigen
Processabschnitt, sondern als ein diesem letzteren unter- und eingeordnetes
Incidenzverfahren auffasst. Vgl. Zink, Ermittlung des Sachverhaltes im
französischen Process, (1860), Bd. 1, S. 328 ff.; Leonhardt, Zur Reform
des Civilprocesses in Deutschland, (1865), S. 19—21; Boitard, Leçons,
Bd. 1, Nr. 526 Wernz, Comm. zum Baier. C. P. S. 263 u. A. Ferner
Genf: Art. 150, 151; Italien: Art. 206 (welches Gesetz geradezu das für die
Erledigung von Incidenzfragen in den Art. 181—186 vorgeschriebene Verfah-
ren auf den Beweis anwendbar erklärt; vgl. Mattei, Annotazioni, S. 196—198);
Baiern: Schmitt, Der baierische Civilprocess, Bd. 2, S. 57, 153; Wernz,
S. 356; Deutsch. Entw. von 1874, §. 241, 279, 310, 315 und das österrei-
chische Bagatellverfahren (s. den Text), welches überdiess die Parteiencide
und in Folge dessen auch die durch das bedingte Endurtheil hervorgebrachte
Cäsur (s. oben Nr. 1) nicht kennt. Diese letztere Auffassung ist auch in dem
österr. Entw. v. 1876, §. 210, 292, 318 festgehalten.

lässt, dass die Vernehmung der Parteien in der Form von Rede und Gegenrede sich regelmässig als die natürlichste und zweckmässigste Form des Instructionsverfahrens darstellen wird. Auch innerhalb des Beweisverfahrens sind die fünf Stadien, in welche dieses im bisherigen Verfahren getrennt ist (Beweisanbietung, Beweiszulassung, Beweisantretung, Beweisaufnahme, Beweiswürdigung) [4] formell durch das Gesetz nicht geschieden, ihr Platz in der Ordnung des gesammten Verfahrens in keiner Weise zum Voraus festgestellt. Ein Theil dieser Processacte: die Beweisantretung und die Beweiswürdigung fallen als besondere Abschnitte im Bagatellverfahren, ähnlich wie in den bisherigen summarischen Processen (§. 24, Note 29), vollständig aus. Die Anbietung, die Zulassung und die Aufnahme der Beweise kommen zwar auch im Bagatellverfahren vor und stehen auch hier in einem causalen Abhängigkeitsverhältniss, so dass regelmässig [5] die Anbietung der Zulassung, die Zulassung der Aufnahme der Beweise vorangehen muss; allein das zeitliche und causale Verhältniss dieser Beweis-

---

[4] Den neueren deutschen Processgesetzgebungen ist von den im Text angegebenen fünf Abschnitten des Beweisverfahrens die Beweisantretung im Sinne der österreichischen Terminologie (oben §. 24, Note 13) fremd, die übrigen vier sind, obgleich zum Theil unter anderen Namen, in die neueren Processgesetzgebungen aufgenommen. Vgl. über die Beweisanerbietung §. 24, Note 14, über die Beweiszulassung §. 24, Note 16 und oben Note 3. Die Beweiswürdigung wird in den deutschen Processordnungen gewöhnlich unter der Bezeichnung „Beweisausführung" als eine für sich bestehende processualische Handlung aufgefasst, welche das Beweisverfahren ähnlich wie im österreichischen Recht abschliesst. Hannover, §. 234—236; Baden, §. 1029 (entfällt im Verfahren vor den Amtsgerichten §. 324); Deutsch. Entw. v. 1866, §. 302 bis 305; Württemberg, Art. 434, 439—442 (Fecht, Bd, 2, S. 242); Baiern, Art. 344, 525, 532; Deutsch. Entw. v. 1874, §. 248, 325. Vgl. auch den österr. Entw. v. 1876, §. 292 „Die Streitverhandlung erfolgt nach den allgemeinen Vorschriften über die mündliche Verhandlung. Dieselbe umfasst auch die Beweisaufnahme und die Erörterung ihrer Ergebnisse." Auch nach dem Entwurf wird folglich der Vorsitzende nach dem Abschluss der Beweisaufnahme einen Processabschnitt zur Würdigung der Beweise zu eröffnen haben, welcher sich übrigens, wenn die Beweisaufnahme vor dem erkennenden Gericht stattgefunden hat, unmittelbar an diese letztere anschliessen kann.

[5] Diese Causalreihe erleidet z. B. eine Modification in den Fällen, wo die Aufnahme eines Beweismittels von Amtswegen angeordnet werden kann (§. 21, Note 25, 26), folglich die Beweisanerbietung entfällt.

acte zu den übrigen Handlungen des Processes ist auch hier von den Gesetzen nicht durch allgemeine Normen festgesetzt, sondern von dem Richter im einzelnen Falle zu bestimmen.

Aus dieser Darstellung ergiebt sich, dass der wichtigste und umfangreichste Theil des Civilprocesses: das Erkenntnissverfahren im Bagatellprocesse von dem Princip der arbiträren Ordnung durchgreifend beherrscht wird. Nur wenige allgemeine Gesichtspunkte werden dem erkennenden Richter in Ansehung der Reihenfolge der processualischen Handlungen von dem Gesetze geliefert; im Uebrigen bildet jeder einzelne Rechtsfall eine Individualität, welche von dem Richter nach ihren besonderen Bedürfnissen gemessen und eigenthümlich gestaltet wird. Bei dieser frei gestaltenden Thätigkeit bildet den Leitstern des Richters der allgemeine Zweck jedes Erkenntnissverfahrens: die vollständige Feststellung der thatsächlichen Grundlagen des Rechtsstreites und der darauf sich gründenden Begehren der Parteien; auf welchem Wege er aber dieses letzte Ziel erreichen soll, insbesondere in welche untergeordnete Processzwecke er jenen allgemeinen Zweck auflösen will, ist im Bagatellprocess im Wesentlichen dem Ermessen des Richters überlassen.

§. 26.

Das Eventualprincip.[1]

In engstem Zusammenhange mit dem Princip der formalen
Ordnung (§. 23, 24), ja nichts als die positive Fassung desselben

---

[1] Mittermaier, Der gemeine deutsche bürgerliche Process etc.,
Bd. 1, 2. Aufl. (1822), S. 139—145; Linde, im Archiv für civil. Praxis,
Bd. 12 (1829), S. 1—15 und Bd. 14 (1831), S. 421—434 (Beide Schriftsteller
geben rechtsvergleichende Darstellungen aus der Particulargesetzgebung ihrer
Zeit); Albrecht, Die Ausbildung des Eventualprincips im gemeinen Civilprocess, (1837). ·(Diese Schrift enthält vorzüglich eine sehr klare Geschichte
der allmähligen Ausbildung des Eventualprincips in der deutschen Reichsgesetzgebung. Die Territorialgesetzgebungen werden nicht berührt); Planck,
Die Lehre vom Beweisurtheil, (1848) passim; Briegleb, Einl. in die Theorie
der summ. Processe, (1859), S. 45 ff.; Bar, Das Beweisurtheil des germanischen Processes, (1865), S. 45, 46; Derselbe in der Zeitschrift für
Rechtsgeschichte, Bd. 10, S. 96 (Dieser Schriftsteller leugnet den Ursprung
des Eventualprincips aus dem germanischen Process); Wach, Der Arrestprocess, (1868), S. 180 ff., bes. 194—199 (Aelterer italienischer Territorialprocess); Wetzell, §. 71; Renaud. §. 79; Endemann, §. 156, 157;
Bayer, S. 37—40; Osterloh, Bd. 1, §. 29; Oesterreich: Haimerl,
Allgemeine Betrachtungen über die Reform des Civilprocesses, Bd. 1, S. 155
bis 187; Preussen: Koch, Preuss. Processrecht, §. 120; Heffter, §. 116;
Baiern: Schmitt a. a. O. Bd. 2, S. 50; Wernz, S. 192 ff. — Die Zusammenfassung zahlreicher Erscheinungen des Civilrechtsstreites unter der gemein-
samen Bezeichnung des Eventualprincips gehört wesentlich der deutschen
Processtheorie an; den ausserdeutschen Processliteraturen ist zwar nicht die
Sache, wohl aber diese zusammenfassende Behandlung fremd. — Legislative
Erörterungen über das Eventualprincip aus der neuesten Zeit: Bar, Recht
und Beweis im Civilprocess, S. 117—120; Kräwel, Die Eventualmaxime in
den deutschen Entwürfen einer Civilprocessordnung im Archiv f. civ. Praxis,
Bd. 55 (1872), S. 284—303; Stahl, Das Mündlichkeitsprincip und die Eventualmaxime im Civilprocess, Bd. 57 (1874), S. 338—399; Motive zu dem
deutschen Entw. von 1874, S. 397 ff. u. A.

ist ein weiterer Grundsatz, welchen man das Eventualprincip genannt hat, weil derselbe die Cumulirung aller Processhandlungen, welche einem bestimmten Processzwecke dienen sollen, selbst dann vorschreibt, wenn auch schon eine einzige dieser Processhandlungen den angestrebten processualischen Zweck zu erreichen vermag, folglich die übrigen nur eventuell zur Erreichung desselben von Nutzen sein können. Denn wenn das Princip der formalen Ordnung so lautete, dass keine Handlung, welche sich auf einen bestimmten untergeordneten Processzweck bezieht, früher vorgenommen werden kann, als bis die in der Causalreihe vorangehenden Zwecke erreicht sind, so geht das Eventualprincip dahin, dass alle Handlungen, welche einzelnen dieser Zwecke zu erreichen bestimmt sind, nur in dem hiezu eröffneten Processabschnitte vollzogen werden dürfen. Während also jenes erste Princip verbietet, dass in einen bestimmten Abschnitt des Rechtsstreites fremde Zwecke störend eingreifen, bestimmt dieses positiv, dass alle Handlungen, welche sich auf einen untergeordneten Processzweck beziehen, in dem entsprechenden Processabschnitte vorgenommen werden müssen.

Aus dieser Darstellung ergibt sich nun, dass das Eventualprincip nichts als die Kehrseite, das nothwendige Corrollar des Princips der formalen Ordnung ist. Jedes Processsystem, welches von dem Princip der formalen Ordnung beherrscht wird, muss desshalb auch in demselben Umfange die Geltung des Eventualprincips anerkennen. Dabei macht es keinen Unterschied, ob der Gesetzgeber die untergeordneten Processzwecke und in Folge dessen auch die entsprechenden Processabschnitte enger auffasst, oder ob er umfassendere Processzwecke bildet und desshalb eine grössere Zahl von processualischen Handlungen in einen einzelnen Processabschnitt zusammendrängt. *) Entscheidend ist nur, dass

---

*) Es ist desshalb durchaus unrichtig, wenn zahlreiche Schriftsteller der Ansicht sind, dass das Eventualprincip dem römischen oder dem französischen Process fremd ist. Allerdings ist richtig, dass das römische und französische Recht die Verhandlung vor der ersten Instanz nicht wie der österreichische oder der gemeine deutsche Process in eine Reihe von einzelnen Abschnitten zertheilen, welche bestimmte untergeordnete Processzwecke erfüllen sollen und desshalb einen zum Voraus bestimmten Inhalt haben (z. B. die Klage-, die Exceptionalhandlung, die im §. 24 dargestellten vier Stadien des

das Gesetz den allgemeinen Processzweck in bestimmte untergeordnete Zwecke auflöst und die Vornahme aller einem solchen dienenden Handlungen in dem entsprechenden Processabschnitt vorschreibt. Demgemäss sehen wir denn auch, dass jene Theile des österreichischen Civilverfahrens, welche auf dem Grundsatze der formalen Ordnung aufgebaut sind, zu gleicher Zeit auch dem Eventualprincip huldigen, während dort, wo die Reihenfolge der processualischen Handlungen eine vorherrschend arbiträre ist, auch jenes zweite Princip nicht zur Anwendung kommt. Das eigenthümliche Geltungsgebiet der Eventualmaxime ist desshalb das bisherige Verfahren: der ordentliche schriftliche und mündliche und die verschiedenen Gattungen des summarischen Processes; in dem Bagatellverfahren dagegen ist für jenen Grundsatz nur insoweit Raum, als dasselbe — und dieses ist, wie ich oben (§. 25) gezeigt habe, nur in begrenztem Masse der Fall — von dem Princip der formalen Ordnung beherrscht wird. Das Verhältniss dieser beiden Processgebiete zu unserem Princip soll nunmehr im Einzelnen untersucht und dargestellt werden.

Beweisverfahrens u. s. f.) Jene Processe halten vielmehr im Grossen und Ganzen an der Auffassung fest, dass die ganze Verhandlung vor der ersten Instanz den allgemeinen Zweck hat, die Rechtsbeständigkeit des Klageanspruches festzustellen (vgl. jedoch auch oben §. 24, Note 9). Die Processabschnitte sind folglich in dem römischen und französischen Rechte umfassender, die Processzwecke allgemeiner, aber dessenungeachtet sind auch diese Processe von dem Eventualprincip beherrscht, weil eben die Parteien ihre Angriffs- und Vertheidigungsmittel bis zur Schöpfung des Endurtheils vorbringen müssen, widrigenfalls dieselben für die Instanz oder unter Umständen vollständig verloren gehen.

§. 27.

Das Eventualprincip im österreichischen Process mit Ausschluss des Bagatellverfahrens.

Ehe ich zur Darstellung des Verhältnisses übergehe, in welchem unser bisheriges Verfahren zu dem Eventualprincip steht, ist es nothwendig, eine Bemerkung allgemeiner Natur vorauszuschicken. Für die Frage, ob ein Verfahren von dem Eventualprincip beherrscht wird, ist lediglich der Umstand massgebend, dass das Gesetz die gleichzeitige Vornahme aller Handlungen, welche einem bestimmten Processzweck dienen, oder mit anderen Worten, die Cumulation der concurrirenden Processhandlungen gebietet. Dagegen ist es von keiner Erheblichkeit, ob das Gesetz auf die Nichtbeachtung dieser Vorschrift grössere oder geringere oder wohl auch gar keine Nachtheile setzt. Für die Lösung unserer Frage ist vielmehr blos die ideale Gestalt des Civilprocesses von Bedeutung, welche der Gesetzgeber bei Schöpfung der Civilprocessgesetze im Auge gehabt hat, ohne Rücksicht auf die Abweichungen und Entartungen, welche eine missbräuchliche Praxis oder die eigene Schlaffheit des Gesetzgebers zugelassen hat. Es kommt daher hier nicht in Betracht, dass die Praxis im ordentlichen Verfahren des österreichischen Processes einen grossen Theil der Consequenzen des Eventualprincips praktisch fast vollständig beseitigt hat und dass diese Uebung in dem summarischen Process sogar die Billigung des Gesetzgebers gefunden hat.

Der Einfluss des Eventualprincips erstreckt sich, ähnlich wie jener des Princips der Ordnung, über die Gesammtheit des

23*

bisherigen österreichischen Verfahrens, über den ganzen ordentlichen und summarischen Process. Am klarsten treten aber die
Wirkungen jenes Grundsatzes in dem Erkenntnissverfahren und
hier wieder in dem Instructionsverfahren hervor. Denn gerade im
Instructionsverfahren sind die Zwecke, welche der Kläger und der
Beklagte verfolgen, von grosser Einfachheit, da sie lediglich in
der Begründung des processualischen Angriffs und in der Abwehr
desselben bestehen, wogegen die Processhandlungen, durch welche
diese Zwecke erreicht werden können, eine sehr grosse Mannigfaltigkeit besitzen. Das Instructionsverfahren ist desshalb auch das
Gebiet, auf welchem der Gesetzgeber am häufigsten in die Lage
kommen kann, die Cumulation von concurrirenden, demselben
Zweck dienenden Processhandlungen vorzuschreiben.

Unter den Handlungen, welche die Parteien in dem Instructionsverfahren vorzunehmen haben, ragt die K l a g e durch
ihre entscheidende Bedeutung als Grundlage des ganzen Processes
hervor. Der Processzweck, welchen die Klagehandlung nach
österr. Recht verfolgt, ist die Präcisirung und Begründung des
vom Kläger erhobenen materiellen Anspruchs. Da der Richter das
positive Recht kraft seiner richterlichen Amtspflicht kennen und
anwenden muss (oben S. 298), so lässt sich als Zweck der Klagehandlung im österreichischen Rechte die Feststellung und die
thatsächliche Begründung des Klageanspruches bezeichnen. Zu
einer Klage genügt also nicht die blosse Bezeichnung des Rechtes,
welches der Kläger geltend macht, ohne Anführung der rechtserzeugenden Thatsachen, noch weniger aber genügt diese ohne
ein daran geknüpftes Begehren. Vielmehr bestimmen die Gerichtsordnungen, dass der Kläger in der Klage das Factum, woraus
er sich ein Recht erwachsen zu sein glaubt, vollständig mit allen
Umständen, welche zur Bewährung seines Rechtes dienlich sein
können (§. 3 A. G. O.) anbringen und sein Begehren so genau
als möglich bestimmen soll.[1]) Auch sind die Beweismittel, durch

---

[1]) Die Ergänzung des Klaglibells mittelst eines sog. Klagenachtrags ist
dem Kläger im schriftlichen Verfahren in Uebereinstimmung mit den im Text
dargestellten Grundsätzen nicht gestattet, dagegen kann der Kläger im mündlichen Verfahren, welches überhaupt in Beziehung auf die Ordnung und
die Concentration der Processhandlungen freieren Principien huldigt, den Inhalt des Klaglibells vervollständigen, bevor noch der Beklagte zur Exceptio-

welche die klagebegründenden Thatsachen im Falle der Ableugnung erwiesen werden sollen, in der Klageschrift anzuführen, obgleich vorläufig noch ungewiss ist, ob der Beklagte dieselben nicht zugestehen und dadurch jeden Beweis derselben unnöthig machen wird (§. 12 A. G. O., §. 12 W. G. O.). [1]

Durch die soeben angeführten Handlungen ist der materielle Klageanspruch nach jeder Richtung vollständig begründet. Dessenungeachtet ist damit die Zahl jener processualischen Acte, welche der Kläger in der Klagehandlung gleichzeitig vorzunehmen hat, keineswegs abgeschlossen. Denn neben dem Gesuch um Anerkennung seines materiellrechtlichen Anspruches (des Klageanspruches) stellt der Kläger auch noch die Bitte, dass von diesem bestimmten Gerichte gegen diesen bestimmten Geklagten in den bestimmten Formen das Processverfahren eröffnet werde (Ladungsanspruch). [2] Die Geltendmachung und die Begründung des Klage- und des Ladungsanspruches erfolgt in manchen Processrechten durch gesonderte processualische Handlungen, [3] indem der Kläger zunächst

---

nalhandlung zugelassen wird. Hofd. v. 15. Jan. 1787 Nr. 620 lit. b (Wesely 312) und dazu Joh. v. R*** „Untersuchung der Frage, ob die bürgerliche Gerichtsordnung sog. Klagsnachträge erlaubt" in Wagner's Ztschrft. (1829) Bd. 2, S. 178—176. Die Praxis gestattet übrigens Klagenachträge sowohl im mündlichen als auch im schriftlichen Verfahren. Glaser-Unger-Walther Nr. 2316, 2526.

[2] Vgl. über die obligatorische Beweisanticipation oben §. 24, Note 10, 14 (S. 333 ff., 337).

[3] Vgl. darüber oben §. 21 (S. 292).

[4] Vollständig fällt die Geltendmachung des Klage- und des Ladungsanspruches in jenen Processrechten auseinander, welche dem Kläger die private Ladung des Beklagten ohne Vorwissen oder Ermächtigung des Richters gestatten. Denn hier vollzieht der Kläger zuerst den Act der Ladung aus eigener Macht, während der Klageanspruch erst später vor dem Richter verhandelt wird. Zu dieser Gruppe gehört die in jus vocatio des älteren römischen (Bethman-Hollweg, Röm. Civilpr., Bd. 1, S. 105—108, B. 2, S. 196 bis 202) und die mannitio des älteren germanischen Rechts (Siegel, Geschichte des deutschen Gerichtsverfahrens. S. 63—77). Auch der libellus conventionis des Justinianischen Rechts ist nicht sowohl eine Klageschrift, als vielmehr ein Gesuch an den Richter, den Beklagten zur Verhandlung des Rechtsstreites zu laden. Bethmann Hollweg, Bd. 3, S. 243; Stintzing, in der Ztschrft. für Rechtsgeschichte, Bd. 5, S. 322, 323, 325; Wieding, der Justinianische Libellprocess, S. 385—393 und passim. Vgl. auch über die processuale Geltendmachung des Ladungs- und des materiellen Klageanspruchs im canonischen und im älteren kammergerichtlichen Process, Mün-

die Bitte um Citation des Beklagten und erst später im weiteren Lauf des Rechtsstreites seinen materiellen Klageanspruch stellt und begründet; nach dem österreichischen

chen, Das canonische Gerichtsverfahren, Bd. 1 (1865) S. 252—256, Müchel, Das Verfahren bis zur Litiscontestation im ordentlichen canonischen Civilprocess (1870), S. 38—40, S. 46—48; Planck, Mehrheit der Rechtsstreitigkeiten, S. 290, 291; Danz, Grundsätze des Reichsgerichtsprocesses (1795), §. 219; Wetzell, S. 912. In ähnlicher Weise wird nach französischem Processrecht der Rechtsstreit durch eine Ladungsurkunde (exploit d'ajournement) eröffnet, welche von dem Gegenstande des Rechtsstreites nur so viel enthält, als nothwendig ist, um den durch die Ladung eingeleiteten Process zu individualisiren. Dazu dient insbesondere die Angabe des Gegenstandes der Klage und die summarische Angabe der Gründe, welche nach Art. 1, 61 Code de proc. in jeder Vorladungsurkunde enthalten sein müssen. Vgl. dazu Boitard, Bd. 1, Nr. 155, und Carré Lois. de proc. civ., Bd. 1, Quest. 312 und Bd. 7 (Supplement) Qu. 312. Ebenso Genf. Art. 50, 51, ferner Italien, Art. 133, 134, wo für geringere Rechtssachen die noch mehr vereinfachte Ladung durch einen blossen Vorladungszettel (biglietto) zugelassen ist, in welchem blos der Gegenstand des Rechtsstreites erwähnt zu sein braucht. Der preussische und englische Process kennen in der „Klageanmeldung" und in dem „Writ of Summons" gleichfalls Formen der Processeinleitung, welche sich auf den processualen Ladungs-, nicht auf den materiellen Klageanspruch beziehen. A. Pr. G. O. Th. I, Tit. 4, §. 2 ff. und dazu Koch, Pr. Civilpr. §. 161; Supreme Court of Judicature Act v. 1875 Shed. I, Ord. II, R. 1 ff. und dazu das gesetzliche Formulare in der Ausgabe dieser Acte von Lely und Foulkes (1875), S. 219 ff. — Die modernen deutschen Processordnungen verlangen dagegen im Anschluss an den neueren kammergerichtlichen Process und an das gemeine deutsche Processrecht regelmässig die Ausführung des Klagegrundes in der Klageschrift, welche folglich den Zweck hat, sowohl den Ladungs- als auch den Klageanspruch geltend zu machen und zu begründen. R. A. v. 1570, §. 88, 89, R. A. v. 1594, §. 63, J. R. A., §. 34, 37 und dazu Danz a. a. O. §. 219; Wetzell, S. 912, 913; Hannover, §. 184; Baden, §. 257, 259; Deutscher Entw. v. 1866, §. 120, 231; Württemberg, Art. 318. 181, 183, 184; Baiern, Art. 225; Deutscher Entw. v. 1874, §. 117, 222; Oesterr. Entw. v. 1876, §. 274, 128, 129. Auch das russische Processrecht (§. 51, 54, 256, 257 und das gesetzliche Formular zu §. 256) hat die deutsche Form der Processeröffnung adoptirt. Ebenso Ungarn, §. 64, 114. In dem Verfahren vor den Handels- und Einzelgerichten kann auch nach den deutschen Gesetzen und Entwürfen der Rechtsstreit durch blosse Vorladungsurkunde eröffnet werden, während der materielle Klageanspruch erst bei der mündlichen Verhandlung gestellt und begründet wird, so dass also die Geltendmachung des Ladungs- und des Klageanspruches zeitlich auseinanderfallen. Hannover, §. 384 (vgl. 379, 380); Deutscher Entw. v. 1866, §. 465; Baiern, Art. 501; Deutscher Entw. v. 1874, §. 441.

Recht müssen beide Acte in der Klageschrift regelmässig [5]) vereinigt werden. [6])

Auf die Klage folgt die Exceptionalhandlung des Beklagten; der untergeordnete Processzweck, den sie verfolgt, ist die
Beseitigung des in der Klage gemachten processualischen Angriffes.
Der Zweck, welcher durch die Exceptionalhandlung erreicht werden soll, ist also ein wesentlich negativer, der Beklagte verlangt
nicht, dass ein Recht auf seiner Seite anerkannt, sondern lediglich, dass das Recht, welches der Kläger in Anspruch genommen
hat, ihm durch öffentlichen Ausspruch aberkannt werde. Während
also der Kläger, um sein Recht zu behaupten, alle materiellen
und formellen Voraussetzungen seines Klageanspruches nachweisen muss, genügt es zur Absolution des Beklagten schon,
wenn auch nur ein einziges jener Requisite fehlt oder vom Beklagten entkräftet wird. Eine gewisse Concentration der Handlungen, welche dem Klagezwecke dienen sollen, ergibt sich folglich
aus der Natur der Sache, wogegen die Cumulation der Verthei-

---

[5]) Eine Ausnahme ist durch die M. V. v. 8. Nov. 1855, Z. 12976,
eingeführt worden, indem es nach diesem Erlasse den Wiener Bezirksgerichten
in den zum summarischen Verfahren geeigneten Rechtsfällen gestattet ist, auf
Anmelden des Klägers ohne vorläufige Aufnahme der Klage beide Theile zum
Amtstage vorzuladen und erst dann, wenn der Geklagte an diesem Tage aus-
bleibt oder kein Vergleich zu Stande kommt, die Klage auf Begehren des
Klägers zu Protocoll zu nehmen. Bei der Prüfung der Bitte um Vorladung
des Beklagten hat sich der Richter der Natur der Sache nach darauf zu beschränken, die thatsächlichen Voraussetzungen des Ladungsanspruches (z. B.
die Bevollmächtigung des Vertreters etc.) festzustellen, ohne auf den Klageanspruch und dessen Begründung einzugehen. In ähnlicher Weise gestattet
das Hofd. v. 15. Jan. 1787, Nr. 620 lit. b (Wessely 320), dass der Kläger
bei der Tagfahrt noch vor der Beantwortung der Klage durch den Beklagten
diese letztere thatsächlich ergänze, was in der Praxis dahin geführt hat, dass
die Klagen, namentlich wenn sie von dem Gerichte zu Protocoll genommen
werden, nicht viel mehr als eine Vorladungsurkunde im Sinne der oben
(Note 4) angeführten Gesetzgebungen enthalten.

[6]) Ueber die Geltendmachung und Begründung des Ladungsanspruches
vgl. oben S. 278, 279. Beispiele, wo die österreichischen Gesetze die Anführung
oder den Nachweis einzelner thatsächlicher Voraussetzungen des Ladungsanspruchs in der Klageschrift ausdrücklich verlangen, sind: §. 12 A. G. O.
und W. G. O. (Beilegung der Processvollmacht); §. 1 des Ges. v. 16. Mai
1874 Nr. 169 (Beilegung des urkundlichen Uebereinkommens in Betreff der
Wahl des mündlichen Verfahrens); §. 1 M. V. v. 21. Mai 1855, Nr. 95 etc.

digungshandlungen des Beklagten schon einen mehr künstlichen, positiven Character an sich trägt. Mit Recht hat man desshalb seit jeher die grössere oder geringere Strenge, mit welcher der Gesetzgeber die Concentration des Vertheidigungsmaterials in der Exceptionalhandlung vorschreibt, als einen Massstab für die Geltung des Eventualprincips in einem bestimmten Processsysteme angesehen.

Aehnlich wie die Klage besteht auch die Exceptionalhandlung aus zwei Elementen: der Bitte um vollständige oder partielle Absolution und der Begründung derselben.

Diese beiden Bestandtheile der Einredehandlung werden in manchen Processrechten in gesonderten Processacten vollzogen, indem der Beklagte zunächst dem Klageanspruch seine Gegenbitte oder seinen Widerspruch entgegenstellt und erst in einem späteren Abschnitte des Rechtsstreites dem Richter die thatsächliche und die rechtliche Begründung desselben vorführt. [*]) In dem

---

[*]) Die Formulirung des Klageanspruches durch den Kläger und dessen totale oder partielle Bestreitung durch den Beklagten (Litiscontestation) bildet im römischen, namentlich aber auch im canonischen und dem älteren Reichsprocess einen gesonderten processualischen Act, welchem die Begründung des Klageanspruchs und die Vorführung des vom Beklagten angeführten Vertheidigungsmaterials zeitlich nachfolgt. L. 1 C. de litis cont. 3, 9, C. un X. de litis cont. 2, 5, R. K. G. O. v. 1508, tit. 1, §. 4 und v· 1555, III. 13, §. 4, 5. Danz a. a. O. §. 224; Wetzell, §. 14, Note 1—36; Unger, II, 523—525; Wetzell, §. 14, Note 17 ff.; Albrecht, Die Exceptionen des gemeinen deutschen C. P. S. 163—168; Pfeiffer in Linde's Ztschrft., N. F. Bd. 12, S. 157 bis 161. Durch die spätere Reichsgesetzgebung (R. A. v. 1570, §. 89 und J. R. A. §. 37) ist die Litiscontestation als eine für sich bestehende Processhandlung beseitigt und die an dieselbe geknüpften Rechtswirkungen sind in den modernen Rechten auf andere processualische Acte (Ueberreichung der Klage bei Gericht, die Behändigung derselben an den Beklagten, die Ueberreichung der Einredeschrift bei Gericht, die Vorlesung der Anträge des Klägers und des Beklagten in der mündlichen Verhandlung etc.) übertragen worden. Vgl. Albrecht, Das Eventualprincip, S. 47, 48. Für das österreichische Recht Unger, II, S. 518 ff. In dem heutigen Processverfahren kann folglich die Absicht der Parteien, einen Civilprocess zu beginnen, nicht aus einer einzelnen Processhandlung, sondern lediglich aus dem Gesammtverhalten derselben im Rechtsstreit gefolgert werden. Nur im modernen englischen Recht kommt ein Processact vor, dessen Zweck lediglich darin besteht, die Streitabsicht der Parteien zu constatiren. Wenn nämlich dem Beklagten das Ladungsrescript (Writ of Summons) zugestellt worden ist (Note 4), so hat der-

österreichischen Process muss die Gegenbitte des Beklagten und deren Begründung in einer Handlung vereinigt werden.[e])

Allein auch die Begründung der Einredebitte wird im österreichischen Rechte von dem Princip der Concentration beherrscht, ja gerade diese Begründung ist in unserem, wie auch im gemeinen Process als der eigentliche Sitz des Eventualprincips zu betrachten. Als leitender Grundsatz kann in dieser Richtung gelten, dass der Beklagte sein gesammtes Vertheidigungsmaterial ohne Rücksicht auf dessen Beschaffenheit und auf das gegenseitige Verhältniss der einzelnen Vertheidigungsgründe in der Einredehandlung gleichzeitig vorbringen muss.

Eine Ausnahme machen nur jene Elemente der Vertheidigung, welche, wie oben (S. 270, 271, 279—283, 298) dargelegt wurde, einen Gegenstand der richterlichen Cognition von Amtswegen bilden. Hieher gehört insbesondere die Anführung der Rechtssätze, durch welche der Beklagte den materiellrechtlichen Klageanspruch oder die processualischen Ansprüche des Klägers zu widerlegen sucht (die rechtliche Gegendeduction), ferner jene fundamentalen Voraussetzungen des Processrechtsverhältnisses, welche der Richter von Amtswegen festzustellen hat. Die Vorführung dieses Vertheidigungsmaterials ist, wie sich schon aus der Natur der Cognition von Amtswegen ergibt, an keinen bestimmten Zeitpunkt des Processverlaufs gebunden.[9])

---

selbe innerhalb einer bestimmten Frist dem Gerichte eine Schrift zu übergeben, in welcher er neben anderen Punkten die Erklärung abgibt, dass er sich wegen des Anspruchs des Klägers vertheidigen wolle (enter his appearance) Supr. Court of J. A. v. 1875, Shed. I, Ord. XII, R. 6. Das Writ of Summons in Verbindung mit dem Memorandum of appearance bilden die Litiscontestation des englischen Processes, auf welche erst die Verhandlung des materiellen Klageanspruchs (die pleadings) folgen.

[8]) A. G. O. §. 5—7, 8; W. G. O. 5—7; Vgl. auch die vorige Note.

[9]) Der im Text vertheidigten Ansicht scheinen die §. 7 A. G. O. und §. 6 W. G. O. entgegenzustehen, wornach die Einwendungen, welche auf einem Factum beruhen, in der Exceptionalhandlung früher als die übrigen Einreden vorzubringen sind. Diese letzteren (die sog. exceptiones juris oder Rechtseinwendungen) sind aber in Wirklichkeit nicht Einreden, sondern rechtliche Gegendeductionen, und es könnte demnach scheinen, als ob das Gesetz auch die Verbindung der rechtlichen Gegendeduction mit der Exceptionalhandlung vorgeschrieben hätte. Dennoch ist es unzweifelhaft, dass der Richter das Gesetz von Amtswegen kennen und anwenden (Hofd. v. 15. Jan. 1787,

Alle übrigen Vertheidigungsmittel des Beklagten müssen in der Exceptionalhandlung vereinigt werden, ohne Rücksicht ob sich dieselben auf das Processrechtsverhältniss oder auf das streitige materielle Rechtsverhältniss beziehen. Den Inhalt der Exceptionalhandlung werden folglich bilden:

A. Die aus dem Processrechtsverhältniss sich ergebenden Vertheidigungsmittel.

Insbesondere sind auch alle Einreden gegen den Ladungsanspruch des Klägers mit der Exceptionalhandlung zu verbinden, soweit nicht das Gesetz eine gesonderte Behandlung dieser Einreden vor der Verhandlung des Klageanspruch gestattet (s. unten S. 363 ff.). Der Beklagte wird folglich die Einwendung, dass das Besitzstörungs- oder das Wechselverfahren von dem Richter mit Unrecht eingeleitet worden sei (oben S. 289), dass die Klage der erforderlichen Klarheit entbehre (exceptiones non rite formati processus et libelli obscuri) mit der Antwort auf den Klageanspruch verbinden müssen, weil jene processrechtlichen Vertheidigungsmittel nach österreichischem Recht eine processhindernde Wirkung nicht besitzen. Auch die Beweiseinreden sind hieher zu zählen, da sie nicht gegen das streitige materielle Rechtsverhältniss selbst, sondern nur gegen die processualische Form seiner Verwirklichung gerichtet sind. (A. G. O. §. 24.) In die Exceptionalhandlung sind ferner aufzunehmen:

Nr. 621, lit. ii, bei Wessely 160⁶) und desshalb derartige „Rechtseinwendungen" auch dann beachten muss, wenn sie nicht in der Exceptionalhandlung vorgebracht werden. — Indem die Gerichtsordnungen den exceptiones juris die exceptiones facti entgegenstellen und unter den ersteren jene Vertheidigungsgründe verstehen, welche sich für den Beklagten aus der Geschichtserzählung des Klägers selbst ergeben, unter den letzteren dagegen jene, welche auf einem neuen thatsächlichen Vorbringen des Beklagten beruhen, folgen sie einem sehr verbreiteten Sprachgebrauch ihrer Entstehungszeit. Vgl. Albrecht, die Exceptionen des gemeinen deutschen Civilprocesses, S. 171 und die Preuss. A. G. O., Th. 1, Tit. 9, §. 11. Jener Gegensatz zwischen den exceptiones juris und facti wurde übrigens, ohne einen genügenden Anhaltspunkt in den Quellen, seit dem Mittelalter in sehr verschiedener Weise formulirt. Albrecht a. a. O. S. 116 ff. 170, 171.

B. Die aus dem streitigen materiellen Rechtsverhältniss sich ergebenden Vertheidigungsmittel.

Das Wesen der materiellrechtlichen Vertheidigung kann erst in der Lehre von der Klage und Einredehandlung eine umfassende Darstellung finden. Hier ist nur zu erwähnen, dass dieselbe aus zwei Elementen besteht: 1. aus der Klagebeantwortung (den Responsionen), welche nach österreichischem Recht in der Weise erfolgen müssen, „dass der Beklagte alle vom Kläger angebrachten Umstände und zwar jeden in der Ordnung, in welcher sie erzählt worden sind, ohne Zweideutigkeit zu beantworten hat"; 2. aus der Vorführung neuen thatsächlichen Materials, durch welches der Klageanspruch als unberechtigt erwiesen werden soll. (§. 5—7, A. G. O. W. G. O. §. 5 und 6.)

Von dem allgemeinen Grundsatz, dass der Beklagte sämmtliche Vertheidigungsmittel in der Exceptionalhandlung zu vereinigen hat, sind im ordentlichen österreichischen Verfahren einzelne p r o c e s s r e c h t l i c h e Vertheidigungsgründe ausgenommen, indem diese von dem Beklagten gesondert vorgebracht und gesondert verhandelt werden müssen (sog. processhindernde Einreden). Diese sind, wie bereits oben (S. 285) gezeigt wurde: 1. die Einrede der Incompetenz, soweit diese nicht von Amtswegen zu untersuchen ist (oben S. 286); 2. die Einrede der durch Urtheil oder gerichtlichen Vergleich rechtskräftig entschiedenen Sache; [10] 3. die Ein-

---

[10] Ich rechne die exceptio rei judicatae vel transactae in ihrer Anwendung als processhindernde Einrede zu den Vertheidigungsgründen, welche aus dem Processrechtsverhältniss entspringen, obgleich die herrschende Meinung seit dem Mittelalter dieselbe als eine peremtorische Einrede mit der Wirkung einer die Verhandlung der Hauptsache hemmenden Processeinrede auffasst. So sagt Innocenz IV. in dem c. 1 de lit. cont. in sexto (2. 3.) Exceptionis peremtoriae seu defensionis cuiuslibet principalis, cognitionem negotii contingentis, ante litem contestatam objectus, nisi de re iudicata, transacta seu finita excipiat litigator, litiscontestationem non impediat nec retardet. Vgl. die Literaturnachweise bei A l b r e c h t, die Exceptionen des gemeinen deutschen Civilprocesses, S. 119—123; W e t z e l l, §. 70, Note 77 ff.; Hugo M ü c h e l, Das Verfahren bis zur Litiscontestation im ordentlichen canonischen Civilprocess (1870), S. 82—94; B a y e r, Vorles., §. 202; F i s c h e r, Handb. der dilatorischen Einwendungen (1825), §. 114 lit. d., u. A. Dennoch beruht jene Ansicht auf einem offenbaren Irrthum. Das rechtskräftige Urtheil und der diesem im österreichischen Recht vollständig gleichgestellte gerichtliche

rede der Litispendenz; 4. die Einrede der mangelnden Sicherstel-

Vergleich haben nämlich, mögen sie als Angriffs- oder als Vertheidigungsmittel
benützt werden, eine doppelte Rechtswirkung: eine materiellrechtliche und eine
processualische. In seiner Function als Angriffsmittel hat das (condemni-
rende) Urtheil die materiellrechtliche Folge, dass dem Sieger nunmehr der unanfechtbare Judicatsanspruch zusteht, ferner die processualische, dass dieser Anspruch mit Hilfe des Richters vollstreckt wird. Umgekehrt können beide Parteien das Urtheil nicht nur als ein materiellrechtliches, sondern auch als ein processualisches Vertheidigungsmittel benützen, wenn gegen sie aus dem
bereits entschiedenen Rechtsverhältniss neuerlich ein Rechtsstreit erhoben wird.
Die materiellrechtliche Defension, welche für die Parteien aus dem Judicat ent-
springt, geht dahin, dass das streitige Rechtsverhältniss durch das Urtheil schon
formalisirt sei und dass der Kläger folglich mit seinem wiederholt erhobenen
Klageanspruch abzuweisen sei. Als processualisches Vertheidigungsmittel hat
aber die Einrede der rechtskräftig entschiedenen Sache den Zweck, dem Richter
darzulegen, dass über das streitige Rechtsverhältniss bereits einmal ein Rechtsstreit abgeführt worden sei, und dass deshalb ein neuerlicher Process nicht
mehr eingeleitet werden dürfe. Die Einrede der rechtskräftig entschiedenen Sache
ist folglich eine Sach- und eine Processeinrede zu gleicher Zeit; in jener Eigenschaft bezieht sie sich auf den Klageanspruch, in dieser auf den Ladungsanspruch:
als materiellrechtliches Vertheidigungsmittel bewirkt dieselbe, falls sie begründet
ist, die Absolution des Beklagten von dem neuerlich erhobenen Klageanspruch,
als processualisches dagegen die Entbindung von der Instanz (d. i. die Absolution
vom Ladungsanspruch). Da nun aber die exceptio rei iudicatae vel transactae,
wenn sie als processhindernde Einrede gebraucht wird, immer nur jene processualische Wirkung bezweckt, folglich in ihrer Function als Processeinrede auftritt,
so kann man augenscheinlich nicht sagen, dass in diesem Falle einer peremtorischen Einrede ausnahmsweise die Wirkung einer Process-, beziehungsweise
einer processhindernden Einrede verliehen worden sei. Es ist desshalb auch
gewiss unrichtig, wenn manche neuere Processordnungen (vgl. z. B. Baden,
§. 344 und den österr. Entw. v. 1867, §. 242) die Vorbringung dieser Einrede mit den übrigen processhindernden Einreden vor Beginn der Hauptverhandlung bei Vermeidung des Ausschlusses vorschreiben und dadurch den
Schein hervorbringen, dass die exceptio rei iudicatae auch in ihrer materiellrechtlichen Function in dem Hauptverfahren nicht mehr benützt werden
könne, während doch die Folge einer solchen Versäumung nur sein kann,
dass der Beklagte nunmehr den Ladungsanspruch des Klägers anerkannt hat
und sich in die Erörterung des Hauptprocesses einlassen muss. Sehr richtig
wird diese Frage in dem geltenden österreichischen Processe aufgefasst. Hier
wird die Einwendung der rechtskräftig entschiedenen Sache durch den sog.
Rückerlag der Klage (Hofd. v. 15. Jan. 1787, Nr. 621, lit. aa. Wessely
Nr. 17) geltend gemacht, d. h. der Beklagte weist die ihm behändigte Klageschrift mit der Begründung zurück, dass er zur Verhandlung des streitigen
Rechtsverhältnisses bereits einmal geladen und letzteres in dieser Verhand-

365 —

lung für die Gerichtskosten. [11]) Werden mehrere dieser processrechtlichen Vertheidigungsgründe geltend gemacht, so sind sie
bei sonstigem Ausschlusse gleichzeitig vorzubringen und zu verhandeln. [12])

---

lung rechtskräftig entschieden worden sei, dass folglich der Ladungsanspruch des
Klägers bereits vorlängst consumirt sei und diesem deshalb gegenwärtig nicht mehr
zustehe. Hat aber der Beklagte den Rückerlag der Klage versäumt und sich
in die Verhandlung des Hauptprocesses eingelassen, so kann er noch immer
die Einrede der Rechtskraft in ihrer peremtorischen Function proponiren.
Unger-Glaser-Walther Nr. 2451. 3212. Die entgegengesetzte Auffassung
liegt der Entsch. Nr. 375 zu Grunde. Der österr. Entw. v. 1876, §. 218, 265
hat die Einrede der Rechtskraft im Anschluss an zahlreiche neuere Gesetzgebungen lediglich als eine materiell-rechtliche (Sach-) Einrede aufgefasst und
sie demgemäss nicht mehr unter den prozesshindernden Einreden aufgeführt.
Cod. civ. 1351. Hannover: §§. 196, 197, 202 und dazu Leonhardt, S. 146,
147, Note 4; Deutsch. Entw. v. 1866, §. 243; Württemberg: Art. 344
(Fecht, Bd. 2. S. 71 ff.); Baiern: Art. 185, 186; Deutsch. Entw. v. 1874,
§. 238 (dazu die Motive S. 469).

[11]) Diese Einrede der mangelnden Sicherheit für die Gerichtskosten
hat prozesshindernde Wirkung nur auf Grundlage eines Gewohnheitsrechtes,
welches sich in einzelnen Ländern der josephinischen Gerichtsordnung auf Grundlage des §. 406 A. G. O. ausgebildet hat. Vgl. oben S. 91, 92. In der W. G. O.
§. 539 ist diesem Vertheidigungsgrund die prozesshindernde Wirkung ausdrücklich abgesprochen, vielmehr geht die Verhandlung dieser Frage mit der
Verhandlung über die Hauptsache parallel und erst dann, wenn der Kläger
zur Leistung der Sicherheit verurtheilt ist und dem condemnirenden Bescheid
nicht nachkommt, wird die Hauptverhandlung gehemmt. Vgl. Nippel, Erl.
Bd. 2, S. 479, 480.

[12]) Der im Text ausgesprochene Rechtssatz ergibt sich nicht nur aus
dem Gesammtcharacter des ordentlichen österr. Processes, welcher durchgreifend von dem Eventualprincip beherrscht wird, sondern namentlich auch aus
dem Umstande, dass in unseren Gesetzen nirgends einer der im Text angeführten vier Processeinreden eine prozesshindernde Einwirkung auf die Verhandlung der übrigen eingeräumt wird. In der Praxis wird freilich nicht selten
die Einrede der mangelnden Sicherheit für die Gerichtskosten gesondert vor
den übrigen prozesshindernden Vertheidigungsgründen verhandelt — ein Miss-
griff, welcher nicht wenig zu der missbräuchlichen Anwendung jener Processeinrede in den Ländern der josephinischen Gerichtsordnung beigetragen hat.
Auch nach dem österr. Entw. v. 1876 §. 265 soll die Verhandlung über jene
Einrede dem Verfahren in Betreff der übrigen prozesshindernden Einreden vorhergehen. Der Grundsatz der gleichzeitigen Verhandlung entspricht auch der
Auffassung, welche das gemeine Recht und die neueren deutschen Processordnungen festgehalten haben. C. 4 X. de except. 2, 25, . . . Decernimus ut

Dieselbe Concentration des Processstoffes, welche das Gesetz
dem Beklagten für seine Einredehandlung vorschreibt, ist im
österreichischen Processe den streitenden Parteien auch in Ansehung der weiteren Processhandlungen: der Replik, der Duplik,
der Schluss- und Gegenschlussschrift und der Schluss- und Ge-
genschlussrede vorgeschrieben. Jede dieser Handlungen hat den
Zweck, den Erfolg des vorhergehenden gegentheiligen Process-
actes zu vereiteln und dadurch die eigenen früheren Handlungen zu bekräftigen. Alle processualischen Mittel, welche diesem
Zwecke dienen, müssen ähnlich wie oben in Ansehung der
Klage- und Exceptionalhandlung dargelegt wurde, in der dafür

---

intra certum tempus a iudice assignandum omnes dilatoriae proponantur,
ita, quod si partes extunc voluerint aliquas opponere, quas non fuerint pro-
testatae, nullatenus audiantur .... K. G. O. von 1500. tit. 15 (Lind. u.
Freib.), §. 1, von 1508. tit. 5, §. 1, 5. J. R. A. §. 38; Wetzell (2. Aufl.),
S. 566, 909, 911; Albrecht. Das Eventualprincip, S. 36; Pfeiffer in
Linde's Ztschr., N. F., Bd. 12, S. 161, 162 u. A. Ferner von den neueren Processordnungen: Preuss. V. v. 21. Juli 1846, §. 5 (Koch, S. 192, 193); Russland: §. 571, 574, 575 (wornach die Einrede der Incompetenz vor allen übrigen processhindernden Einreden vorzuschützen ist); Hannover: §. 196; Deutscher Entw. v. 1866, §. 243; Württemberg: Art. 344; Deutscher Entw. v.
1874. §. 238. Nach dem französischen Recht und dessen unmittelbaren Nachbildungen werden die processhindernden Einreden nicht gleichzeitig vorgebracht, sondern, ähnlich wie in der österreichischen Praxis, in einer bestimmten Reihenfolge verhandelt, doch ist über das Detail viel Streit. Code
de proc. Art. 166, 169, 173. (Für die dilatorischen Einreden in der äusserst
beschränkten Bedeutung, welche der Code de proc. diesem Worte in den Art.
174, 175 beilegt, ist die gleichzeitige Proposition im Art. 186 vorgeschrieben;
vgl. jedoch Art. 187 und Boitard, Bd. 1, Nr. 406, 407). Boitard, Bd. I,
Nr. 368 ist der Ansicht, dass die Verhandlung über die Caution für die Processkosten (Art. 166) jener über die Incompetenz und Litispendenz (Art. 171
Code de proc.) und diese zufolge Art. 173 der Verhandlung über die Nullität
der Vorladungsurkunde und der sonstigen Processacte voranzugehen habe.
Vgl. jedoch auch Carré, Bd. 2, Qu. 704. Aehnliche Bestimmungen in Betreff
der Reihenfolge der Verhandlungen über die processhindernden Einreden finden
sich in Genf: Art. 65, 67, 70; Italien: Art. 187, 190, 191, 195, 197. Es ist
bemerkenswerth, dass das französische Recht, dem das Princip der formalen
Ordnung und das Eventualprincip im Vorbringungs- und Beweisverfahren fast
völlig fremd ist, für das Vorverfahren (oben S. 332) auf einem entgegengesetzten Standpunkt steht.

bestimmten processualischen Handlung von der Processpartei concentrirt werden. [13])

Dasselbe Princip der Concentration, welches im Instructionsverfahren in so vielen Puncten zur Erscheinung kommt, beherrscht auch das Beweisverfahren des bisherigen österr.
Processes. [14]) Von den fünf Stadien, in welche das Beweisverfahren nach dem Princip der Ordnung sich scheidet, fällt die Beweisanerbietung noch in das Instructionsverfahren und ist bei der
Darstellung desselben berücksichtigt worden. Hier ist also nur zu
untersuchen, inwiefern unser Princip in den vier weiteren Stadien des
Beweisverfahrens: in der Zulassung, der Antretung, der Aufnahme
und der Würdigung der Beweise zur Geltung kommt.

Was zuvörderst die Zulassung der Beweise betrifft, so kommen, da bei dem Urkundenbeweise, dann bei dem Beweise durch
Geständniss ein besonderer Zulassungsact des Richters regelmässig
nicht vorkommt, [15]) hier nur die verschiedenen Formen des Eides,

---

[13]) A. G. O. §. 9, 10, 26, 27. 56; W. G. O. §. 9, 10, 47. Auch in den
summarischen Processarten gelten diese Bestimmungen (§. 25 S. V.), nur ist auf
die Versäumung kein Rechtsnachtheil gesetzt (oben S. 355) und es können desshalb
die versäumten Handlungen auch noch im weiteren Verlaufe der Processverhandlung nachgeholt werden, während im ordentlichen Process die Erlaubniss
zur Nachholung erst durch ein besonderes Verfahren (Legungsverfahren) erlangt werden muss. Vgl. übrigens auch rücksichtlich des ordentlichen mündlichen Verfahrens das Hofd. v. 15. Jan. 1787. Nr. 620, lit. a (Wessely
310) und Res. v. 31. Oct. 1785, Nr. 489 (Wessely 732).

[14]) Ueber das Eventualprincip im gemeinrechtlichen Beweisverfahren
vgl. Albrecht a. a. O., S. 50 ff.; Heise und Cropp. Juristische Abhandlungen, Bd. 1, S. 266—282; Endemann, Beweislehre, S. 31, 48;
Langenbeck, Die Beweisführung in bürgerlichen Rechtsstreitigkeiten.
1. Abth. (1858), S. 32—35; ferner die oben Note 1 citirten Abhandlungen v.
Mittermaier und Linde. Doch sind die Ausführungen dieser Schriftsteller
für das österreichische Recht nur in sehr beschränktem Masse brauchbar,
weil das österreichische und das gemeinrechtliche Beweisverfahren wegen der
verschiedenen Stellung der Beweisanerbietung in den beiden Rechtssystemen
nur wenig Berührungspunkte bieten.

[15]) Ein besonderer Zulassungsact findet beim Urkundenbeweise nur
dann statt, wenn die Urkunde von dem Beweisführer nicht vorgelegt wurde,
z. B. wenn sich eine Processpartei im summarischen Verfahren auf Urkunden
beruft, die sich in der Verwahrung einer andern öffentlichen Behörde befinden (§. 30 S. V.).

dann der Zeugen- und Sachverständigenbeweis in Betracht. Das Eventualprincip in seiner vollen Strenge würde nun zur Folge haben, dass der Richter nach Abschluss der Instructions-verhandlung die sämmtlichen Zeugen-, Sachverständigen- und Eidesbeweise, welche beide Parteien angeboten haben, mittelst einer einzigen Verfügung gleichzeitig zulassen müsste, da alle diese Beweisformen trotz ihrer inneren Verschiedenheit dem gleichen processualischen Zwecke; dem Beweise der streitig geblie-benen relevanten Thatsachen dienen. Dieser consequenten Anwen-dung des Eventualprincips steht jedoch ein materielles und ein formelles Hinderniss entgegen, welche die Cumulation der Zulas-sung des Eides- und des Zeugen- oder Sachverständigenbeweises im österreichischen Rechte verhindern. Ein materielles Hinderniss, indem die verschiedenen Formen des Beweises durch den Eid ihrer Natur nach einen subsidiären Charakter an sich tragen, also erst dann zugelassen werden können, wenn die übrigen Be-weismittel zur Bewährung der streitigen Thatsachen nicht hin-reichen. [16]) Ein formelles Hinderniss, weil auf die Eidesbeweise nach österreichischem Rechte mittelst bedingter Endentscheidung, auf den Zeugen- und Sachverständigenbeweis dagegen mittelst einer Zwischenentscheidung erkannt wird, welche von dem Ein-flusse der zugelassenen Beweise auf den Ausgang des Rechts-streites nichts enthalten darf. [17]) Obwohl diese Eigenthümlichkeiten

---

[16]) §. 204, 231 A. G. O.; §. 276 W. G. O. Vgl. über diese Frage Pratobevera, "Ueber das Beweismittel des Eides im österreichischen Civil-process" in seinen Materialien, Bd. 5 (1821), S. 153, 154; Rizy, Der Be-weis durch den Haupteid im österreichischen Civilprocesse (1837), S. 17 bis 19, 63—67 (welcher Schriftsteller richtig hervorhebt, dass der Haupteid nur für den Richter, nicht aber für die Parteien ein subsidiäres Beweis-mittel ist); Haimerl, Betrachtungen über die Beweis- und Bescheinigungs-mittel im Civilprocess, Bd. 11 (1855), S. 11. Auch die Vernehmung der Parteien als Zeugen ist zufolge §. 53 Bg. V. und §. 411 des österr. Entw. v. 1876 ebenso wie die Parteieneide ein subsidiäres Beweismittel.

[17]) Nach der A. G. O. §. 186 und der G. I. v. 9. Sept. 1785 Nr. 464 J. G. S. Th. 1, §. 84 hatte der Richter auf den Zeugen- und Sachverstän-genbeweis — ähnlich wie noch gegenwärtig auf die Parteieneide — mittelst bedingten Endurtheils zu erkennen; die Frage, ob der Beweis gelungen sei. wurde durch ein Purificationsurtheil entschieden. Hofd. v. 10. Febr. 1785, Nr. 387 (Wessely 1204). Durch die W. G. O. §. 210, 213, ferner durch die

des Zeugen- und Sachverständigenbeweises einerseits, dann der
verschiedenen Formen des Eides andererseits die Concentration
sämmtlicher Beweiszulassungsacte in einer einzigen richterlichen Verfügung nicht unbedingt ausschliessen würden, so erschien es doch
der österreichischen Gesetzgebung zweckmässig, die Zulassung
der beiden Beweiskategorien zeitlich zu trennen und in allen
Fällen, wo von den streitenden Parteien für die relevanten Thatsachen Zeugen- oder Sachverständigenbeweise und Eidesbeweise
angeboten werden, zunächst die Zulassung der ersten Gattung
von Beweismitteln mittelst einer Zwischenverfügung und erst
dann, wenn deren Resultat noch nicht das genügende thatsächliche Substrat für die Entscheidung des Rechtsstreites ergeben
hat, [18]) die Zulassung der Eidesbeweise mittelst bedingten Endurtheils anzuordnen.

Hofd. v. 3. Jan. 1800 Nr. 491 und v. 9. Aug. 1833 Nr. 2625 wurde in den
Gebieten der westgalizischen Gerichtsordnung für die Zulassung jener
beiden Beweismittel die Form des Beiurtheils vorgeschrieben, welches die
Entscheidung des Rechtsstreites nicht enthält, sondern lediglich eine processleitende Verfügung ist. Diese Abänderung wurde durch das Hofd. v. 22. Juni
1835 Nr. 42 (Wessely 656) auch in den Gebieten der josephinischen Gerichtsordnung eingeführt. Noch weiter ging das Hofd. v. 24. Oct. 1845 Nr. 906
über das summarische Verfahren, indem es die Zulassung des Zeugen- und
Sachverständigenbeweises in der Form eines einfachen Bescheides anordnete,
welcher durch abgesonderten Recurs nicht anfechtbar ist. S. V. §. 39, 42,
46. Durch das Gesetz v. 16. Mai 1874 Nr. 169 §. 17 wurde die Anfechtbar-
keit der Beweisinterlocute mittelst eines selbstständigen Rechtsmittels auch
für das Gebiet des ordentlichen Verfahrens beseitigt. Der gegenwärtige Rechtszustand in Oesterreich in Ansehung unserer Frage lässt sich also dahin zusammenfassen, dass der Zeugen- und der Sachverständigenbeweis durch ein
in der Form eines Beiurtheils oder eines Bescheides erlassenes Beweisinterlocut zugelassen wird, welches die Entscheidung des Rechtsstreites nicht enthält und nur zugleich mit der Berufung gegen das Endurtheil angefochten
werden kann. (Vgl. Canstein, C. P. N., S. 59—63). Im gemeinen Rechte ist
es dem Ermessen des Richters anheimgestellt, das Beweisinterlocut in der Form
eines bedingten Endurtheils oder einer blossen processleitenden Verfügung zu
erlassen. In beiden Fällen ist aber das Beweisurtheil appellabel und der
Rechtskraft fähig. Planck, Die Lehre von dem Beweisurtheil, §. 34—36,
bes. S. 296, 297; Wetzell, §. 46, Note 8, 9; Bayer, Vorl., §. 230—232.
Ueber den Umfang der Rechtskraft des Beweisinterlocuts im österreichischen
Rechte unten Note 20.

[18]) Die Trennung des richterlichen Beweiszulassungsactes in zwei zeitlich aufeinanderfolgende Abschnitte kann in zwei Hauptfällen eintreten.

Abstrahirt man von dieser durch die Eigenthümlichkeiten des österreichischen Beweisrechtes gebotenen Abweichung, so ist im Uebrigen das Eventualprincip auch in der Gestaltung der Beweiszulassung mit Consequenz durchgeführt. Alle erheblichen Zeugen- und Sachverständigenbeweise sind daher von dem Richter gleichzeitig in demselben Zwischenerkenntnisse, alle erheblichen Eidesbeweise in demselben bedingten Endurtheil zuzulassen. Es macht keinen Unterschied, ob sich die zugelassenen Beweise auf Thatsachen beziehen, welche erst dann zur rechtlichen Bedeutung gelangen, wenn durch ein gleichzeitig zugelassenes Beweismittel zuvor eine bestimmte andere Thatsache dargethan wird. Dies ist z. B. der Fall, wenn der Klage und der Einredegrund gleichzeitig bestritten sind oder wenn ein relevanter Haupt- und Gegenbeweis in Ansehung der nämlichen Thatsache angeboten werden. In diesen Fällen ist augenscheinlich der Beweis des Einredegrundes oder der Gegenbeweis für den Ausgang des Rechtsstreites nur dann von entscheidender Bedeutung, wenn der Beweis des Klagegrundes oder der angebotene Hauptbeweis gelungen sind. Dessenungeachtet sind auch jene nur eventuell erheblichen Beweise, gleichzeitig mit den in erster Reihe relevanten, in demselben Zwischenerkenntniss oder in demselben bedingten Endurtheile zuzulassen.

Dieser wichtige Grundsatz, welcher für das ganze Beweisverfahren des österreichischen Processes von massgebender Bedeutung ist, erscheint doch nirgends in unseren Rechtsquellen

---

Erster Fall. Für die Entscheidung eines Rechtsstreites sind die Thatsachen a) und b) relevant, von welchen die eine (a) durch Zeugen oder Sachverständige, die andere (b) durch Parteieneide erwiesen werden soll. In diesem Falle wird der Richter zunächst mittelst Zwischenerkenntnisses den Beweis der Thatsache a) und dann in einem Endurtheil jenen der Thatsache b) zulassen. Zweiter Fall. Für die erhebliche Thatsache a) hat der Beweisführer den Zeugen- oder Sachverständigenbeweis und überdiess einen Beweis durch Parteieneide angeboten. In diesem Falle wird der Richter gleichfalls zunächst den Zeugen- oder Sachverständigenbeweis und wenn dieser kein hinreichendes Resultat ergeben hat, durch bedingtes Endurtheil den Parteieneid zulassen. Es ist daher (vgl. den ersten Fall) sehr wohl möglich, dass im österreichischen Process zunächst die Beweise für die thatsächlichen Voraussetzungen einer Einrede und erst dann jene für den Klagegrund aufgenommen werden.

deutlich ausgesprochen [19]). Indirect kann derselbe aber aus dem §. 106 der A. G. O. und §. 172 der W. G. O. geschlossen werden, wornach der Richter regelmässig nicht befugt ist, den streitenden Parteien, wenn einmal der Beweis geführt ist, noch „einen mehreren Beweis" aufzuerlegen. Ebenso bestimmen die Hofdecrete vom 9. August 1833, Nr. 2625 und vom 22. Juni 1835, Nr. 42, dass der Richter, welcher das Endurtheil erlässt, zwar an den Inhalt des Beweisinterlocuts auf Zeugen, Augenschein oder Sachverständige nicht gebunden sei, dass er aber keinen neuen Beweis dieser Art mehr zulassen dürfe [20]).

---

[19]) Für einen speciellen Fall ist der im Text ausgesprochene Grundsatz in der A. G. O. §. 169 und Res. v. 14. Juni 1784 Nr. 306, lit. cc (Wessely 690) und in der W. G. O. §. 241 ausgesprochen, welche Gesetzesstellen bestimmen, dass der Richter, wenn sowohl der Beweis als auch der Gegenbeweis durch Zeugen geführt werden soll, beide in dem nämlichen Interlocut zuzulassen hat. Unter dem „Gegenbeweise" des §. 169 und 241 cit. ist nach dem Sprachgebrauch unserer Processgesetze der Gegenbeweis im Sinne der herrschenden Doctrin zu verstehen, wornach dazu nur der Beweis solcher Thatsachen gehört, welche entweder das contradictorische Gegentheil des Hauptbeweissatzes bilden (sog. directer Gegenbeweis) oder auf dieses mit logischer oder erfahrungsmässiger Nothwendigkeit schliessen lassen (indirecter Gegenbeweis). Der Beweis der Einredethatsachen, welcher sich nicht gegen die Existenz der Klagethatsachen, sondern gegen jene des Klagerechts richtet, ist folglich von dem Gebiete des Gegenbeweises ausgeschlossen. Vgl. A. G. O. §. 24, 25, 204, 205, 231 in Verb. mit Hofl. v. 30. Oct. 1788 Nr. 911 (Wessely 766), Abs. 2. lit. a und W. G. O. §. 276, 277, 305; S. V. §. 38. Unsere Processgesetze haben folglich die ältere Terminologie, wornach der ganze Einredebeweis unter den Begriff des (indirecten) Gegenbeweises subsumirt wurde, nicht aufgenommen. Das Nähere in der Lehre vom Beweise. Vgl. Unger, System, Bd. 2, S. 258—261.

[20]) Diese Ausnahme von dem allgemeinen Grundsatze, dass alle richterlichen Entscheidungen im österr. Process der Rechtskraft fähig sind (§. 24 Note 2), ist auch desshalb bemerkenswerth, weil sie einen sehr anschaulichen Beleg zu den verschiedenen Auffassungsweisen der Rechtskraft des Urtheils liefert. Nach der herrschenden (in neuerer Zeit allerdings von Becker in seiner Schrift über die processualische Consumption S. 9 ff. und S. 132 ff. dann über die Actionen des röm. Privatr., Bd. 1, 317—351 bes. 351 lebhaft bestrittenen) Ansicht wurde das Rechtsinstitut der Rechtskraft im römischen Recht zuerst in einer blos negativen und dann erst in der positiven Function anerkannt. Jene erste Function ging dahin, dass eine einmal abgeurtheilte Klage niemals von Neuem vorgebracht werden kann (Bis de eadem re ne sit actio), während die positive die Wirkung hatte, dass der Inhalt des Urtheils als

24*

Da es nun eine unzweifelhafte Amtspflicht des Richters ist,
alle für die Entscheidung des Rechtsstreites erheblichen Beweise
zuzulassen, so muss er dieser seiner Pflicht in dem Erkenntnisse,

---

wahr angenommen und gegen alle Anfechtung gesichert wurde (res judicata
pro veritate accipitur). Der wichtigste Unterschied zwischen beiden Auffassungen der Rechtskraft besteht darin, dass der Kläger, wenn er z. B. gegen
den Beklagten das Eigenthumsrecht in einem Rechtsstreite behauptet und dadurch den Besitz erlangt hat, gegen eine Klage seines unterlegenen Gegners
durch die negative Function der Rechtskraft nicht geschützt wird, weil der
Beklagte eben noch keine Klage eingebracht hat, diese also auch noch
nicht abgeurtheilt werden konnte. Vgl. Keller, Litiscontestation und Urtheil,
S. 221—235 und passim; Savigny, System, Bd. 6, S. 265—284; Bethmann-Hollweg, Röm. Civilp., Bd. 2, S. 631, 632, 636—638; Windscheid, Pand., §. 130, Note 23; Arndts, Pand., §. 116, Note 4; Unger,
II., S. 615—619. Vgl. auch Planck, Mehrheit der Rechtsstreitigkeiten, S. 3
bis 24. Im österreichischen Process bietet nun das Beweisinterlocut, durch
welches auf den Zeugen- oder Sachverständigenbeweis erkannt wird, das Beispiel einer richterlichen Entscheidung dar, der blos die negative Function der
Rechtskraft innewohnt, wogegen das Beweisinterlocut auf Abschwörung eines
Parteieneides (das bedingte Endurtheil) sowohl die positive als auch die negative Function in sich vereinigt. Denn wenn der Richter einen Beweis durch
Augenschein, Sachverständige oder Zeugen mittelst Beiurtheils zulässt, so hat
diess nur zur Folge, dass nunmehr kein weiterer Beweis dieser Kategorie gestattet
werden kann. (Vgl. die Entscheidung bei Glaser-Unger-Walther,
Nr. 2055.) Dagegen wird durch ein solches Beiurtheil weder über die Frage
der Beweislast, noch auch über die Relevanz des Beweissatzes entschieden,
vielmehr kann der Richter, welcher das Endurtheil erlässt, dieses ohne Rücksicht auf den Inhalt des Beweisinterlocuts nach seiner Ueberzeugung ab-
fassen. Man kann diesen Unterschied so formuliren, dass für das Beweisinterlocut auf Zeugen, Augenschein und Sachverständige wohl der Satz: Bis
de eadem re ne sit probatio, nicht aber der zweite Satz: Sententia de proba-
tione pro veritate accipitur, Geltung besitzt. Liegt dagegen ein bedingtes
Endurtheil auf Leistung eines Parteieneides vor, so darf der Richter nicht
nur kein weiteres Beweismittel irgendwelcher Art zulassen, sondern er muss
auch die Entscheidung über den Beweissatz und die Beweislast als bindend
anerkennen. Dieses Verhältniss erhält im österreichischen Rechte dadurch
eine sehr anschauliche Bestätigung, dass der Richter über die Frage, ob der
Eid geleistet und dadurch der im Urtheil gestellten Bedingung entsprochen
worden sei, nicht ein Purificationsurtheil erlässt, sondern den Parteien regelmässig blos einen beurkundenden Bescheid herausgibt. Hofd. v. 19. Oct.
1792 Nr. 63 (Wessely 764) und v. 15. Dec. 1794 Nr. 207 (Wessely 749).
Vgl. auch Rizy, Der Beweis durch den Haupteid (1837), S. 120, 121;
Canstein, Civilprocessnovelle (1875), S. 64.

welches die Zulassung der Beweise ausspricht, sogleich in ihrem
vollen Umfange genügen, weil einer nachträglichen Beweiszulassung
eben das Verbot des citirten §. 106 und 172 entgegensteht.
Die Ausnahmen, welche diese Gesetzesstellen anerkennen, sind
gegenwärtig [21]) auf das Verhältniss des Zeugen- oder Sachverständigenbeweises zu dem Beweise durch die verschiedenen
Gattungen der Parteieneide zu beziehen, über welches schon oben
(S. 368 ff.) das Nöthige bemerkt worden ist.

Weniger durchgreifend ist die Herrschaft des Eventualprincips in den weiteren Stadien des Beweisverfahrens: der
Beweisantretung, der Beweisaufnahme und der Beweiswürdigung.
Auch hier muss zwischen dem Zeugen- und Sachverständigenbeweise und den verschiedenen Formen des Parteieneides unterschieden werden.

In Ansehung des Zeugen- und Sachverständigenbeweises
gilt wohl auch als allgemeiner Grundsatz, dass alle zugelassenen Beweise von dem Beweisführer, insoferne er von denselben überhaupt Gebrauch machen will, gleichzeitig anzutreten, von dem Richter gleichzeitig aufzunehmen, endlich
von den streitenden Parteien in ihren Beweisschriften gleichzeitig zu würdigen seien. Nur in Ansehung des Gegenbeweises durch Zeugen verfügt die A. G. O. §. 169 und die
W. G. O. §. 241, dass derselbe von dem Gegenbeweisführer
erst dann anzutreten ist, wenn diesem der Antritt des Haupt-
beweises durch das Gericht notificirt worden ist. Obwohl also

---

[21]) Die Trennung der Beweiszulassung in zwei gesonderte Acte ist
durch das Hofd. v. 22. Juni 1835 Nr. 42, welches die bedingten Endurtheile
als Form der Zulassung des Zeugen- und Sachverständigenbeweises beseitigte (s. oben Note 17), auch für das Gebiet der josephinischen Gerichtsordnung zu einer sehr gewöhnlichen Erscheinung geworden. Vor diesem Gesetze
konnte, da der Haupteid nach dem damaligen Rechte nicht subsidiär zuge-
schoben werden durfte (Hofd. v. 30. Oct. 1788 Nr. 908, Wessely 733)
jene Trennung namentlich bei dem Erfüllungseide vorkommen, indem zufolge
des Hofd. v. 14. Febr. 1788, Nr. 782 (Wessely 650) zuerst ein Urtheil
auf den Zeugenbeweis erfloss und dann nach Abführung des Zeugenbeweises
noch eine zweite Endentscheidung aussprechen musste, dass die „halbe Probe
beigebracht" und demgemäss der Erfüllungseid zugelassen sei. Vgl. auch das
Hofd. v. 5. Nov. 1787 Nr. 793, Wessely 751 und Pratobevera in
seinen Materialien, Bd. 5, S. 235.

der Hauptbeweis und der Gegenbeweis, wenn beide im Sinne der citirten Gesetzesstellen durch Zeugen geführt werden (Note 19) gewiss den nämlichen processualischen Zweck und zwar sogar in der nämlichen processualischen Form erreichen sollen, so erfolgt doch die Antretung derselben nicht gleichzeitig, sondern es wird das zwischen dem Haupt- und Gegenbeweise bestehende Bedingungsverhältniss auch äusserlich durch die zeitliche Aufeinanderfolge des Beweisantrittes zum Ausdruck gebracht [22]). Alle übrigen Handlungen des Beweisverfahrens: die Beweisaufnahme und die Beweiswürdigung, sowie auch die einzelnen Elemente derselben sind dagegen ohne Rücksicht auf jenes Bedingungsverhältniss in Ansehung des Haupt- und Gegenbeweises gleichzeitig zu vollziehen.

Noch wichtiger sind die Abweichungen, welche das Eventualprincip bei der Antretung und der Aufnahme der Eidesbeweise erleidet. Sind Eide, welche Thatsachen zum Gegenstande haben, die in jenem schon öfter charakterisirten Bedin-

---

[22]) Die Bestimmung des §. 169 A. G. O. ist, obgleich sie auch in die W. G. O. (§. 241) aufgenommen wurde, doch wesentlich auf das Zeugenbeweisverfahren der A. G. O. berechnet. Da nach der josephinischen Processordnung auf den Zeugenbeweis mittelst bedingten Endurtheils erkannt wird, so hat der Nichtantritt desselben den Verlust des Rechtsstreites ebenso zur unmittelbaren Folge, wie gegenwärtig die unterlassene Antretung eines Parteieneides, und der Antritt des Gegenbeweises ist folglich vollständig überflüssig. Dagegen kann der Kläger jetzt, wo der Zeugenbeweis mittelst blossen Beiurtheils zugelassen wird, den Rechtsstreit selbst dann gewinnen, wenn er den zugelassenen Hauptbeweis nicht antritt. Dies ist z. B. der Fall, wenn ein im Processe gemachtes Geständniss, eine Präsumption oder eine Urkunde den Klagegrund nach der Ansicht des Richters nicht hinreichend erweist und er in Folge dessen den Beweis und Gegenbeweis durch Zeugen zulässt, während der Richter, welcher das Endurtheil erlässt, den Klagegrund auch ohne den Zeugenbeweis schon durch jene Beweismittel für hinlänglich bewiesen hält. Hat der Beklagte es in einem solchen Falle unterlassen, den Gegenbeweis anzutreten, so kann er den Rechtsstreit verlieren, obgleich der Gegner den Hauptbeweis nicht benützt hat. Vgl. Nippel, Bd. 1, S. 441—444 (welcher freilich den Exceptionalbeweis zum Gegenbeweise rechnet, vgl. S. 437). In der Praxis wird desshalb m. W. jene Bestimmung nicht beobachtet, sondern sowohl dem Haupt- als auch dem Gegenbeweisführer der nämliche Termin zum Antritt des Zeugenbeweises vorgeschrieben. In den summarischen Processen entfällt diese Schwierigkeit, weil in denselben ein Antritt des Zeugenbeweises überall nicht vorkommt (S 391).

gungsverhältnisse stehen, von den Parteien gleichzeitig anzutreten oder soll sich der Eidespflichtige über die Abschwörung
des eventuellen Eides erst dann erklären, wenn der Eid, welcher
in erster Reihe in Betracht kommt, angetreten und abgelegt
worden ist? Und ferner: können die Eide, welche in einem
Eventualverhältniss stehen, nur in der diesem Verhältniss entsprechenden Reihenfolge oder nach dem Ermessen des Richters
und der Parteien in einer anderen Ordnung, etwa auch gleichzeitig, abgelegt werden? Ueber beide Fragen enthalten unsere
Rechtsquellen keine Entscheidung, doch dürfte es richtiger sein,
dieselben so zu beantworten, dass das Eventualverhältniss der
Eide auch in der Antretung und Ablegung Ausdruck zu finden
hat, dass also das Princip der Concentration aller processualischer
Handlungen in diesem exceptionellen Falle nicht zur Geltung
gelangt, obgleich die im Eventualverhältniss stehenden Eide
unleugbar demselben processualischen Zwecke dienen, folglich im
Sinne unseres Princips concurrirende Handlungen sind. Der
Grund dieser Abweichung liegt vorzüglich in der eigenthümlichen
Form des bedingten Endurtheils, durch welches auf mehrfache
Parteieneide erkannt wird, weil der Richter in diesem die
Rechtsfolgen der im Eventualverhältniss stehenden Eide bestimmen muss und in Folge dessen die natürliche Tendenz hat,
auch die Antretung und Ablegung der Eide in dasselbe Eventualverhältniss zu bringen. Ueberdiess tritt auch noch das
bereits früher erwähnte Moment hinzu, dass der Eid als ein
vielfach prekäres und bedenkliches Beweismittel so wenig als
möglich zu vervielfältigen ist, was aber bei eventuellen Eiden
nur dadurch geschehen kann, dass auch die Antretung und die
Aufnahme der Eide in dasselbe Eventualverhältniss gebracht
und dadurch die Antretung und Ablegung der eventuellen Eide
ohne vorhergehende Abschwörung der primären Eide vermieden
wird [23]).

---

[23]) Die Form des bedingten Endurtheils, welche die meisten europäischen Gesetzgebungen (s. oben S. 348) nach dem Vorbilde des römischen
Rechts für das Beweisurtheil auf Leistung eines Parteieneides adoptirt haben
und die dadurch herbeigeführte Nothwendigkeit, alle Parteieneide, das Eventualverhältniss ihrer Antretung und Ablegung, sowie auch die Rechtsfolgen in
einem Acte zum Voraus zu bestimmen, kann als eines der nachtheiligsten

Mit grösserer Consequenz als in den weiteren Stadien des Beweisverfahrens ist das Eventualprincip in dem Rechtsmittelverfahren ausgeprägt. Als Regel kann bei sämmtlichen Rechtsmitteln gelten, dass der Interponent das gesammte Beschwerdematerial, welches ihm gegen eine richterliche Entscheidung zu Gebote steht, in einer einzigen processualischen Handlung zu vereinigen hat. Dieser Grundsatz kommt in seiner Reinheit in dem Rechtsmittel des Recurses gegen solche richterliche Entscheidungen zum Ausdruck, welche in der Form einer einfachen richterlichen Verfügung (Bescheid) erlassen werden, indem der Recurs im ordentlichen und im summarischen Verfahren sowohl die Erklärung des Interponenten, dass er sich durch den Bescheid beschwert erachte und dagegen das Rechtsmittel des Recurses ergreife, als auch die Begründung dieser Erklärung enthalten muss [24]). Weniger consequent ist das Eventualprincip im ordentlichen Verfahren bei der Appellation und der Revision, dann bei der diesen Rechtsmitteln nachgebildeten (devolutiven) Nichtigkeitsbeschwerde durchgeführt. Denn bei den genannten Rechtsmitteln steht es dem Interponenten frei, die Erklärung, dass er das Rechtsmittel interponire (Appellations- und Revisionsanmeldung) und die Begründung dieser Erklärung (Appellations- und Revisionsbeschwerde) zu trennen und beide in gesonderten Acten zu vollziehen [25]). In den summarischen Processen ist dagegen das

---

Elemente unseres Rechtszustandes betrachtet werden. Sind in einem Rechtsfalle mehrere Klageansprüche, Exceptionen, Repliken etc. vorhanden, deren thatsächliche Voraussetzungen durch Parteieneide erwiesen werden sollen, so ist die Abfassung des Beweisurtheils eine so schwierige Aufgabe, dass der Richter es regelmässig vorziehen wird, aus dem gesammten Processmaterial einzelne, besonders scheinbare Exceptionen, Repliken etc. herauszugreifen und die übrigen durch Scheingründe zu beseitigen. Die Folge davon ist, dass Processe mit etwas verwickelten Thatbeständen, sofern diese durch Parteieneide zu erweisen sind, in der überwiegenden Anzahl von Fällen auf Grundlage eines ungenügenden Beweisverfahrens, also unrichtig entschieden werden. Das österreichische Bagatellverfahren hat desshalb mit Recht die Parteieneide und zugleich das bedingte Endurtheil verworfen und an deren Stelle die Abhörung der Parteien als Zeugen gesetzt.

[24]) A. G. O. §. 267, W. G. O. §. 349. 350.

[25]) A. G. O. §. 253, 254, 260, 262, W. G. O. §. 332, 340, 342. Die Möglichkeit, die Interposition und die Begründung der Appellation in gesonderten Acten zu vollziehen, ist durch §. 6 des Ges. v. 16. Mai 1874 Nr. 169

Eventualprincip auch hier consequent durchgeführt, indem zufolge §. 44 und 53 des Gesetzes über das Summarverfahren bei der Appellation, der Revision und ohne Zweifel auch bei der (devolutiven) Nichtigkeitsbeschwerde die Interposition des Rechtsmittels mit der Begründung desselben verbunden werden muss.

Jene Rechtsmittel, welche nicht die Devolution der Rechtssache an einen höheren Richter bewirken, wie die Restitution und einzelne Fälle der Nichtigkeitsbeschwerde, haben die Natur von Klagen, welche Form für einzelne Kategorien dieser Rechtsmittel auch von dem Gesetze vorgeschrieben ist; sie beruhen zum Theile auf neuen thatsächlichen Elementen, welche der angefochtenen Verhandlung und Entscheidung völlig fremd waren und werden deshalb auch in einem contradictorischen Verfahren vor der ersten Instanz verhandelt. Sie unterliegen daher auch in Anschung des Eventualprincips jenen Rechtsnormen, welche oben für selbstständige processuale Angriffe dargestellt worden sind.

Am wenigsten durchgreifend ist das Eventualprincip in dem Executionsverfahren durchgeführt, obgleich auch dieses von dem Corrollar.dieses Grundsatzes: dem Princip der Ordnung beherrscht wird [26]). Damit das Eventualprincip neben dem Princip der Ordnung in gesonderter Gestalt zur Erscheinung kommen könne, muss nämlich das Gesetz den allgemeinen Processzweck nicht nur in bestimmte untergeordnete Processzwecke auflösen — eine Voraussetzung, die auch im österreichischen Executionsver-

---

nicht beseitigt worden, obgleich eine solche Trennung jetzt auch im Gebiet der josephinischen G. O. verhältnissmässig selten vorkommen wird, weil in Folge dieses Gesetzes beide Handlungen innerhalb der vierzehntägigen Frist stattfinden müssen. Vgl. dazu Canstein, Die österr. Civilprocessnovelle (1875), S. 28, 29.

[26]) Dies ergibt sich namentlich aus dem Umstand, dass der Executionsführer, wenn zur Realisirung eines Anspruches mehrere Executionsmittel zulässig sind (z. B. bei Geldforderungen), dieselben nach seinem Ermessen gleichzeitig oder in einer selbst gewählten Reihenfolge zur Anwendung bringen kann. A. G. O. §. 311, W. G. O. §. 411. Nippel, Erl., Bd. 2, S. 199; Beidtel, §. 313. Auch wenn der Executionsführer zwei Executionsgrade zu gleicher Zeit ansuchen darf (z. B. die Pfändung und Schätzung im summarischen Verfahren, §. 53), so steht es ihm doch immer frei, beide Acte zu trennen oder zu cumuliren.

fahren vorhanden ist — sondern es müssen überdies auch die einzelnen untergeordneten Zwecke durch eine grössere Mannigfaltigkeit von Mitteln erreicht werden können, deren Concentration dann eben durch jenes Princip vorgeschrieben wird. Gerade an dieser Voraussetzung mangelt es aber im Executionsverfahren fast vollständig, da die Executionsgrade, in welchen sich die Zwangsvollstreckung vollzieht, sich als Handlungen von grosser Einfachheit darstellen. Dazu kommt noch, dass ein muthwilliger Verschleif der Processführung im Executionsverfahren nur wenig zu befürchten ist, da die gesammte Executionsführung in dem überwiegenden Masse aus einseitigen Acten des Executionsführers besteht, welcher an einer raschen Realisirung seines Anspruches selbst ein wesentliches Interesse hat und dem deshalb der Gesetzgeber ohne Bedenken gestatten kann, die in jedem Abschnitt der Executionsführung erforderlichen processualischen Handlungen nach seinem Ermessen zu trennen oder zu concentriren [27]).

---

[27]) Manche Gesetzgebungen gehen in der Begünstigung des Schuldners noch weiter, indem sie eine gewisse Reihenfolge der Executionsmittel, namentlich bei der Hilfsvollstreckung von Geldforderungen, sogar vorschreiben. Nach justinianischem Recht (L. 15 §. 2 D. de re iud. 42, 1) muss der Gläubiger zunächst die Execution in die Mobilien, dann in die Liegenschaften und zuletzt in die Forderungen durchführen. Nur bei minderjährigen Schuldnern wurde wohl zuletzt auf die Liegenschaften gegriffen (L. 5, §. 9 D. de reb. eor. 27 9). Das gemeine Recht hat das Princip der obligatorischen Trennung der einzelnen Hauptexecutionsacte gleichfalls adoptirt, jedoch auch für grossjährige Schuldner an zweiter Stelle die Forderungen, an dritter die Liegenschaften gesetzt. Bayer (10. Aufl.), S. 1110; Endemann, S. 995. A. A. Wetzell, §. 50, Note 7—13; Renaud, §. 168 (welche auch für das gemeine Recht an den Bestimmungen der justinianischen Rechtsbücher festhalten). Die neueren Gesetzgebungen haben es überall in das Ermessen des Gläubigers gestellt, die einzelnen Executionsarten gesondert in beliebiger Reihenfolge anzuwenden oder dieselben zu cumuliren. Code civ. 2069, 2207 (nur bei Minderjährigen und Interdicirten muss im Anschluss an L. 5 §. 9 cit. die Mobiliarexecution der Immobiliarexecution vorangehen, Cod. civ. Art. 2206). Genf: Art. 406 (cf. Art. 407) und Bellot, S. 184—186; Preuss. V. v. 4. März 1834, §. 11 (anders nach der A. G. O. Th. 1, Tit. 24, §. 63 bis 141, vgl. Koch, Processr., §. 300, Note 11); Hannover: §. 541; Ungarn: (1852), §. 459; Baden: §. 861, 862, und Bad. Landr: S. 2206 (welcher dem Art. 2206 des Code civ. entspricht); Russland: §. 934, 935; Baiern: Art. 859

In einem ähnlichen Verhältnisse wie die kleinsten Prozess-
abschnitte, welche wir soeben in ihren Beziehungen zu dem Eventualprincip gewürdigt haben, stehen auch die grossen Complexe
von Processhandlungen zu einander: das Instructionsverfahren, das Beweisverfahren, das Rechtsmittelverfahren, das Vollstreckungsverfahren. Die Processzwecke, welche durch diese
Abschnitte erreicht werden sollen, sind weit umfassender als jene
der kleinsten Elemente des Processes, die einzelnen processualischen
Handlungen, aus welchen sie sich zusammensetzen, sind grösser
an Zahl und an Mannigfaltigkeit; allein auch hier gilt der Grundsatz, dass alle Handlungen, welche einem jener umfassenden
Processzwecke dienen, in dem dafür bestimmten Abschnitt des
Rechtsstreites vorgenommen werden müssen.

So hat zuvörderst das Instructionsverfahren den Zweck,
dem Richter die Einsicht in alle Thatsachen und Beweismittel,
welche den streitenden Parteien zu Gebote stehen, dann in die
von ihnen darauf gebauten Ansprüche zu gewähren. Die Handlungen, welche diesem Zwecke dienen, insbesondere die Anführung von Thatsachen und Beweismitteln darf deshalb durch
die Parteien nur in dem Instructionsverfahren, nicht aber in den
weiteren Stadien des Rechtsstreites: in dem Beweisverfahren [28]),
in dem Rechtsmittelverfahren [29]) und in dem Executionsverfahren
vollzogen werden. [29]) Auch die Einrede, dass das Recht des Execu-

---

Wernz, S. 694); Italien: Art. 567 (Mattei, S. 726—729); Oesterreich: vgl.
die vorige Note. Die modernen Executionsrechte haben folglich das Eventualprincip und das Princip der formalen Ordnung gerade in dem wichtigsten
Punkt, nämlich in Beziehung auf das Verhältniss der zur Realisirung von
Geldforderungen bestimmten Executionsarten zu einander beseitigt.

[28]) A. G. O. §. 174, W. G. O. §. 476. Ueber das Verhältniss des
Instructions- und Beweisverfahrens in den verschiedenen Gesetzgebungen, insbesondere auch im österreichischen Recht vgl. oben S. 332 ff.

[29]) A. G. O. §. 257; W. G. O. §. 333. Die Frage, ob in den höheren
Instanzen neues thatsächliches Vorbringen zulässig sein solle, habe ich in
meiner Schrift „Ueber die Zulässigkeit neuen thatsächlichen Vorbringens“,
Wien 1873, ausführlich behandelt und im Anschluss an uralte, bis zum alt-
deutschen Processe (Planck, Beweisurtheil, S. 32, 33) heraufsteigende
Traditionen des österreichischen Rechtes, dann an den königlich preussischen
Justizministerialentwurf einer Civilprocessordnung v. 1871 und den Commis-
sionsentwurf einer deutschen Civilprocessordnung v. 1872 verneint. Vgl. die
Motive zu dem deutschen Entw. v. 1871, S. 239 ff. und die Motive zu dem

tionsführers durch dem Urtheile oder dem gerichtlichen Vergleiche nachgefolgte Thatsachen z. B. Zahlung, Novation, Erlassung der Schuld erloschen sei, welche Einrede auch noch im Executionsverfahren mit Erfolg benützt werden kann (Hofdecret v. 22. Juni 1836 Nr. 145 §. 2), ist nicht als eine Ausnahme von jener Regel zu betrachten, da einestheils das Eventualprincip sich auf solche Thatsachen nicht bezieht, weil dieselben in dem Instructionsverfahren ihrer Natur nach nicht vorgebracht werden konnten und anderntheils diese Einrede nach der Vorschrift des cit. Gesetzes in der Form eines selbstständigen processualischen Angriffs (einer Klage oder eines Gesuches) geltend gemacht werden muss, welche vollständig ausserhalb der Grenzen des Hauptprocesses fällt.

Dieselben Grundsätze, welche für das Verhältniss des Instructionsverfahrens zu den anderen Abschnitten des Rechtsstreites gelten, finden auch auf das Verhältniss dieser Abschnitte untereinander Anwendung, obgleich die geltenden Rechtsquellen, wie sich dies auch aus der Natur der Sache ergibt, jenen ersten Punkt mit besonderem Nachdruck hervorheben. Alle Handlungen, welche in das Beweis-, das Rechtsmittel- oder Executionsverfahren gehören, sind in dem dafür bestimmten Processabschnitt

---

d. E. v. 1872, S. 43 ff. Ich habe den in dieser Schrift vertheidigten Ansichten trotz des lebhaften Widerspruchs, welcher gegen dieselben erhoben wurde, auch jetzt nichts beizufügen. Nur dies mag bemerkt werden, dass der deutsche Bundesrath die „Revision" des deutschen Entwurfes von 1872, welche neues thatsächliches Vorbringen in der zweiten Instanz ausschloss, als Rechtsmittel gegen die in erster Instanz erlassenen Endurtheile der Collegialgerichte beseitigt und dieselbe durch die Berufung im Sinne des römischen und französischen Rechtes ersetzt hat. Vgl. Entw. v. 1874, Motiv. S. 387, 388, 404—406. Der österr. Entw. v. 1876 hat mit Recht das bisherige österreichische Rechtsmittelsystem im Wesentlichen aufrecht erhalten, indem nach d. E. gegen die Urtheile der Collegialgerichte erster Instanz nur die Revision zulässig ist, welche durch neue Thatsachen und Beweismittel regelmässig nicht begründet werden kann. §. 516, 518, 519 d. E. Nur gegen die Urtheile der Einzelgerichte ist das Rechtsmittel der Berufung zulässig, welches sich, ähnlich wie die Appellation des römischen und französischen Rechts, als ein neues judicium darstellt und die desshalb auch auf Nova gestützt werden kann. §. 475, 490, 491 d. E. Auch die neue englische Civilprocessordnung hat das beneficium novorum nur mit bedeutenden Einschränkungen zugelassen. Supr. Court of Jud. Act v. 1875. Shed. 1, Ord. LVIII, R. 5.

— nicht später, aber auch nicht früher — vorzunehmen. Dies ergibt sich schon aus der Erwägung, dass das Eventualprincip, welches die Concentration der einem bestimmten untergeordneten Processzweck dienenden Handlungen in den kleinsten Processabschnitten erheischt, um so mehr auch die Vereinigung der in die grossen Processcomplexe (das Beweis-, Rechtsmittel- und Executionsverfahren) gehörigen Handlungen zur Folge haben muss.

Aus dieser Darstelluug hat sich nun ergeben, dass das Eventualprincip den ordentlichen und summarischen Process des österreichischen Rechtes, wie sich dieser bis zur Einführung des Bagatellverfahrens herausgebildet hat, in allen seinen Gebieten fast unbedingt und ausnahmslos beherrscht. Wohl kein positives Prozessrecht hat jenen Grundsatz mit so grosser Strenge, mit so unbedingter Consequenz durchgeführt, als das österreichische Recht. Die Folge dieser so weit gehenden Zusammendrängung von processualischen Handlungen, welche in anderen Processsystemen zeitlich aufeinanderfolgen, hat freilich zur Folge, dass Rechtsstreite mit einigermassen verwickeltem Thatbestande, namentlich in dem Instructionsverfahren, welches die Grundlage des ganzen Rechtsstreites bildet, einen überaus complicirten Character annehmen. Dagegen bietet wieder jene folgerichtige Durchführung der Concentrationsmaxime die Möglichkeit einer sehr energischen Processführung, eines raschen und befriedigenden Verlaufes der Civilrechtsstreite, ohne dass mit Rücksicht auf die schriftliche Form des Verfahrens die Gründlichkeit Abbruch erleiden muss. Wenn der wirkliche Rechtszustand diesen Voraussetzungen nur in geringem Masse entspricht, so ist dies weit weniger den Mängeln des Gesetzes als der Schlaffheit unserer Praxis zuzuschreiben.

28

Das Eventualprincip im Bagatellverfahren.

Welche Geltung hat das Eventualprincip im Bagatellver-verfahren? Schon der Umstand, dass die Ordnung der Process-handlungen im Bagatellverfahren vorherrschend eine arbiträre ist, lässt bei dem nahen Zusammenhange des Princips der Ordnung und der Eventualmaxime erwarten, dass die Letztere auf diesem fremdartigen Gebiete des österreichischen Civilverfahrens nur einen sehr begrenzten Spielraum findet. Diese Voraussetzung wird denn auch durch eine Prüfung der einzelnen Detailvorschriften des Gesetzes über das Bagatellverfahren vollständig bestätigt.

Der eigenthümliche Charakter des Erkenntnissverfahrens vor der ersten Instanz im Bagatellprocess lässt sich, wie ich schon oben dargelegt habe, so präcisiren, dass in demselben der Zweck jedes Erkenntnissverfahrens: die Feststellung der thatsächlichen Grundlagen des Rechtsstreites und der darauf sich gründenden Parteienbegehren nicht durch allgemeine Rechtsvorschriften zum Voraus in untergeordnete Processzwecke aufgelöst, sondern dass diese Scheidung, welche die begrenzte menschliche Auffassungsfähigkeit allerdings unter allen Umständen nothwendig macht, dem durch die Umstände geleiteten Ermessen des Richters überlassen wird. Das Erkenntnissverfahren des Bagatellprocesses vollzieht sich desshalb auch nicht in bestimmten, vom Gesetze zum Voraus begrenzten Abschnitten, sondern läuft vom Beginne des Rechtsstreites bis zu seiner Entscheidung in ununterbrochenem Flusse fort. Da also im Erkenntnissverfahren die vom Gesetze zum Voraus bestimmten untergeordneten Processzwecke selbst mangeln,

so kann selbstverständlich auch der Gesetzgeber nicht die Concentration aller diesen Zwecken dienenden processualischen Handlungen anordnen. Die Geltung des Eventualprincips auf diesem
Processgebiete ist dadurch von selbst ausgeschlossen.

Zunächst ist im Bagatellverfahren nicht unbedingt erforderlich, dass die Klage das Begehren des Klägers und dessen Begründung in derselben Ausdehnung enthalte, wie dies für die
Klagen im bisherigen Verfahren als Regel festgestellt wurde.
Zwar bestimmt das Gesetz (§. 16 Bg. V.), dass der Richter bei
Aufnahme mündlicher Klagen dem Kläger zu einer zusammen-
hängenden und klaren Darstellung der Thatsachen, worauf sich
sein Anspruch gründet, zur Bezeichnung der Beweismittel und zu
einem sachgemässen, bestimmten Begehren die erforderliche Anleitung geben soll. Das Gesetz selbst weist also den Richter an,
in allen Fällen, wo dem Letzteren ein persönlicher Einfluss auf
den Kläger nach der Sachlage möglich ist, auf die Vereinigung
jener beiden Elemente in der Klagehandlung hinzuwirken. Da
jedoch die Concentration des Begehrens und seiner Begründung
in der Klagehandlung nirgends vorgeschrieben ist, vielmehr dem
Richter auch im Falle der schriftlichen Erhebung der Klage freisteht, die Ergänzung derselben nach seinem Ermessen durch Vorladung der Parteien zu bewirken, so ist anzunehmen, dass der
Kläger den Rechtsstreit im Bagatellverfahren auch durch ein
Klaglibell ohne thatsächliche Begründung eröffnen kann. Es genügt also, wenn der Kläger, wie im römischen, canonischen und
dem älteren Reichsprocesse seinen Anspruch in der Klagehandlung blos mit den zu dessen Individualisirung nothwendigen
Momenten anführt, ohne dass jedoch die Darlegung der rechtsbegründenden Thatsachen und der zu ihrer Bewährung erforderlichen Beweismittel nothwendig ist. Dagegen ist aber allerdings
ein bestimmtes Begehren auch für die Klagehandlung des Bagatellprocesses ein absolutes Erforderniss, da ohne ein solches die
Thätigkeit des Richters und der Parteien, insbesondere auch jene
des Beklagten eines bestimmten Zieles entbehren würde. [1]

---

[1] Vgl. über den Inhalt des Klagelibells im Bagatellverfahren Ullmann, S. 16—18, welcher die Ergänzung des Klagevortrages mittelst eines
Klagenachtrags mit Rücksicht auf den §. 67 Bg. V. ohne Einschränkung
gestattet.

Auch im weiteren Verlaufe des Erkenntnissverfahrens vor
der ersten Instanz bleibt das Eventualprincip auf den Bagatellprocess ohne erkennbaren Einfluss. Das Gesetz (§. 67) bestimmt
vielmehr, dass die Verhandlung bis zur Verkündigung ihres
Schlusses als ein Ganzes anzusehen ist und alles bis zu diesem
Zeitpunkte Vorgebrachte als rechtzeitig vorgebracht gilt. [2]) Damit
ist die Concentration der processualischen Handlungen in gesetzlich
zum Voraus bestimmten Processabschnitten für das Erkenntnissverfahren des Bagatellprocesses principiell aufgegeben. [3])

Dem Bagatellprocess ist also ein gesetzliches Gebot, die
processualischen Angriffs- oder Vertheidigungsmittel in gewissen
Stadien des Rechtsstreites zu vereinigen, soweit das Erkenntnissverfahren in Betracht kommt, vollständig unbekannt. Kann aber
der Richter, ähnlich wie er den Mangel einer gesetzlich vorher-
bestimmten Reihenfolge der Processhandlungen durch sein Gebot
ersetzt (§. 19, 20 B. V.), auch die Concentration der Processhandlungen in bestimmten Abschnitten kraft seiner processleitenden
Gewalt verfügen? Kann er z. B. im einzelnen Falle anordnen,
dass die Exceptionalhandlung des Beklagten jenen Inhalt haben
soll, welchen die §§. 5—7 A. G. O. für die Einrede des bisherigen Processverfahrens vorschreiben? Ich möchte diese Frage bejahen, da das Eventualprincip, wie ich früher ausgeführt habe
(§. 26), nichts als die Kehrseite des Princips der Ordnung, die
positive Fassung desselben ist, folglich die Befugniss zur arbiträren Festsetzung der Reihenfolge processualischer Handlungen

---

[2]) Das Gesetz über das Bagatellverfahren hat das Eventualprincip —
eben weil dieses Princip in den übrigen Theilen des Civilprocesses noch dermalen gilt — für das Erkenntnissverfahren vor der ersten Instanz ausdrücklich aufgehoben. Aehnlich auch Hannover §. 204; Deutscher Entw. v. 1866,
§. 245, 246; Württemberg Art. 348; Deutscher Entw. v. 1874, §. 241;
Oesterr. Entw. v. 1876, §. 210. Der·Code de proc., welcher nicht ein auf
dem Eventualprincip aufgebautes Processverfahren zu beseitigen hatte, enthält desshalb auch über diese Frage keine ausdrückliche Bestimmung. Dagegen fehlt es im französischen Recht nicht an Vorschriften über die Concentration einzelner processualischen Angriffs- oder Vertheidigungsmittel,
welche die Geltung des entgegengesetzten Princips für die übrigen Gebiete
des Civilverfahrens voraussetzen. Code de proc. Art. 186 (Note 12), Art. 338,
Code civ. 1346 u. A.

[3]) Ullmann a. a. O. S. 36—39.

wohl auch das Recht zur arbiträren Concentrirung derselben in sich schliesst. Allerdings wird ein solches Gebot, falls sich die streitenden Parteien demselben nicht freiwillig fügen, einer unmittelbaren praktischen Wirkung [1]) entbehren, weil das Gesetz (§. 67 B. V.) dem säumigen Streittheil die Nachholung des Versäumten bis zum Schlusse der Verhandlung gestattet. Allein auch im bisherigen Verfahren haben die Vorschriften über die Concentration der processualischen Handlungen vielfach den Charakter einer lex imperfecta, indem die nachtheiligen Folgen, welche die Nichtbeobachtung jener Normen zur Folge haben sollte, theils durch die Rechtsübung, theils durch das Gesetz selbst in bedeutendem Umfange ausser Wirksamkeit gesetzt sind (oben S. 355).

In den weiteren Stadien des Rechtsstreites: in dem Rechtsmittel- und dem Executionsverfahren gilt das Eventualprincip im Bagatellprocess in demselben Umfange wie in dem ordentlichen und summarischen Verfahren. Obgleich das Gesetz über diesen Punkt keine besondere Bestimmung trifft, so unterliegt es doch keinem Zweifel, dass in der Nullitätsbeschwerde (§. 78 Bg. V.) und in dem Recurse (§. 84 Bg. V.) sowohl die Erklärung der Partei, dass sie das Rechtsmittel ergreife, als auch die Begründung dieser Erklärung zu vereinigen sei. In Ansehung der Vorstellung (§. 85 Bg. V.) und der Wiedereinsetzung in den vorigen Stand, über welche Rechtsmittel in einem contradictorischen Verfahren zu erkennen ist (oben S. 315), gelten auch im Bagatellverfahren in Beziehung auf das Eventualprincip jene Grundsätze, welche früher für die Klagehandlung in dieser Processart festgestellt worden sind.

In Ansehung des Vollstreckungsverfahrens endlich sind die Normen des summarischen Processes von dem Gesetze (§. 87 Bg. V.) ohne wesentliche Abweichung auch für das Bagatellverfahren recipirt worden. Alle Bemerkungen, welche in dem vorhergehenden Paragraphen über die Geltung des Eventualprincips in dem Executionsverfahren des ordentlichen und des summari-

---

[1]) Eine wichtige mittelbare Wirkung würde darin liegen, dass der Richter der Partei, welche die ihr aufgetragene Concentration des Processmaterials unterlässt und dadurch eine oder mehrere Vertagungen der Verhandlung verursacht, den Ersatz der Kosten auferlegen kann (§. 27 Bg. V.).

schen Processes gemacht wurden, können desshalb auch auf dasselbe Gebiet des Bagatellprocesses unmittelbar bezogen werden.

Was schliesslich das Verhältniss der drei grossen Gruppen des Civilprocesses: des Erkenntniss-, Rechtsmittel- und Executionsverfahrens, unter einander betrifft (S. 379 ff.), so herrscht in dieser Richtung im Bagatellverfahren die Eventualmaxime mit derselben unbedingten Geltung, welche in Ansehung derselben Processart für das Princip der Ordnung festgestellt wurde (S. 346). Die processualischen Handlungen, welche dem allgemeinen Zwecke des Erkenntnissverfahrens dienen sollen, dürfen daher nur in diesem Processstadium, nicht aber in den zu anderen Zwecken eröffneten Abschnitten des Rechtsmittel- und Executionsverfahrens vollzogen werden (§. 67 B. V.). Auch auf die Processacte, aus welchen sich diese letzteren Gruppen von Processhandlungen zusammensetzen, findet jene Bemerkung die gleiche Anwendung.

29

Das Princip der Mündlichkeit und Schriftlichkeit, der Mittelbarkeit und der Unmittelbarkeit. [1])

Alle Handlungen, aus welchen sich der Civilprocess in seiner ausserordentlichen Mannigfaltigkeit zusammensetzt, lassen sich in

---

[1]) Die Zahl der Schriften über die Mündlichkeit des Civilverfahrens ist Legion. Ich hebe als besonders beachtenswerth heraus: Feuerbach, Betrachtungen über die Oeffentlichkeit und Mündlichkeit der Gerechtigkeitspflege, Bd. 1, (1821). Der zweite Band dieser Schrift (1825) enthält eine Darstellung der Gerichtsverfassung und des Verfahrens Frankreichs mit besonderer Rücksicht auf die Oeffentlichkeit und Mündlichkeit. — Mittermaier, Der gemeine deutsche bürgerliche Process, I. Beitrag, 2. Aufl. (1822), S. 145 bis 162; Fölix, Ueber Mündlichkeit und Oeffentlichkeit des Gerichtsverfahrens etc. (1843), S. 1—16; Kopezky, Ueber Mündlichkeit und Schriftlichkeit des Gerichtsverfahrens bei Civilrechtsstreitigkeiten, (1847); Haimerl, Allgemeine Betrachtungen über die Reform des Civilprocesses in seinem Magazin, Bd. 1 (1850), S. 7—25; Gerau, Ueber Ausführung des Princips der Mündlichkeit im bürgerlichen Process im Archiv für civil. Praxis, Bd. 33 (1850), S. 416—435 und Bd. 35 (1851), S. 84—106; Glaser, Grundlagen des mündlich-öffentlichen Processes (1860, 1861) in den kleinen Schriften, Bd. 2, S. 351—362; Mittermaier, Ueber Wesen und Durchführung der Mündlichkeit im bürgerlichen Verfahren im Archiv Bd. 45 (1862) S. 122—134; Planck, in der Kritischen Vierteljahrschrift, Bd. 4 (1862), S. 232—248; Scheuerlen, Das Mündlichkeitsprincip und Vorbereitungsverfahren nach der bürgerlichen Processordnung Hannovers von 1850 im Archiv, Bd. 46 (1863), S. 48—74; Leonhardt, Zur Reform des Civilprocesses in Deutschland, (1865), S. 56—65; Endemann, Betrachtungen über einige Hauptgrundsätze des Entwurfes einer preussischen Civilprocessordnung im Archiv, Bd. 49, (1866), S. 4 ff.; Bar, Recht und Beweis im Civilprocess, (1867), S. 44—54, 73—80; Harrasowsky, Die Vorbereitung der mündlichen Ver-

25*

zwei grosse Gruppen scheiden. Der grösste Theil des Civilverfahrens besteht aus Mittheilungen innerer Vorgänge, aus einem Gedankenaustausch, welcher zwischen dem Richter und den Parteien, dann zwischen diesen und dritten Personen stattfindet. Ausser diesen mannigfaltigen Mittheilungen, welche den Grundstock des Civilprocesses ausmachen, kommen noch zahlreiche andere Handlungen der beim Processe betheiligten Personen vor, welche einen so verschiedenen Charakter an sich tragen, dass sie nur in dem Gegensatze zu der ersten Gruppe processualischer Vorgänge übereinkommen. Sie sind eben processualische Handlungen, welche nicht in wechselseitigen Mittheilungen der am Streite interessirten Personen bestehen.

Was zuvörderst diese letztere Gruppe von processualischen Handlungen betrifft, so lässt sich über ihre Form kein allgemeines Princip feststellen. Wenn der Richter sich an den Ort eines Augenscheines oder Kunstbefundes begibt, wenn die Gehilfen des Richters den streitenden Parteien Schriftsätze oder richterliche Decrete einhändigen oder die beweglichen Sachen des Schuldners wegnehmen, so sind dies richterliche Handlungen, denen sich kein allgemeinerer Gesichtspunkt abgewinnen lässt, obgleich sie unleugbar den Zwecken des Rechtsstreites mittelbar oder unmittelbar dienen und deshalb als processualische Handlungen zu betrachten sind.

Desto wichtiger ist die Frage, in welcher Form die verschiedenen Gattungen von Mittheilungen zu erfolgen haben, aus welchen sich der Civilprocess in überwiegendem Masse zusammensetzt, ja die Erörterung dieser Frage ist als das wichtigste Problem zu betrachten, welches die civilprocessualischen Untersuchungen und Discussionen der letzten Jahrzehnte beherrscht hat. Bei der Darstellung der Form, in welcher sich jener Gedankenaustausch im österreichischen Civilprocesse vollzieht, ist vorzüglich das Verhältniss zwischen den streitenden Parteien und dem entscheidenden Richter ins Auge zu fassen, weil die processualischen Mit-

---

handlung nach dem gegenwärtigen Stande der Civilprocessgesetzgebung, (1875), passim. Ausserdem vgl. Wetzell, System, 2. Aufl., S. 832—844; Renaud, Lehrbuch, §. 80; Endemann, Deutsches Civilprocessr., §. 96; Bayer, S. 40—42.

theilungen zwischen diesen Personen nach Umfang und Wichtigkeit das Hauptelement des Civilrechtsstreites ausmachen; weniger erheblich an Zahl und Bedeutung für den Endzweck des Rechtsstreites sind die Mittheilungen, welche zwischen den am Streite zunächst Betheiligten: dem Richter und den streitenden Parteien einestheils und dritten am Civilprocess unbetheiligten Personen (z. B. Zeugen und Sachverständigen) andererseits erfolgen, weshalb auch die nachfolgende Darstellung nur jene erste Gruppe von Mittheilungen in Betracht ziehen wird.

Für die Form der processualischen Mittheilungen zwischen dem entscheidenden Richter und den streitenden Parteien sind nun zwei Punkte von Wichtigkeit. Zuvörderst die Frage: Erfolgen die Mittheilungen der Parteien an den Richter, und umgekehrt die Mittheilungen dieses Letzteren an die Parteien mündlich oder schriftlich?[*] Zweitens: Werden diese Mittheilungen von den Parteien an den entscheidenden Richter und umgekehrt unmittelbar oder durch Vermittlung von Personen gerichtet, welche von dem Richter und den Parteien verschieden sind? Das Problem, welches uns hier beschäftigt, lässt sich daher in die kurze Frage zusammenfassen: Sind jene Mittheilungen im österreichischen Processe schriftlich oder mündlich, erfolgen sie mittelbar oder unmittelbar?

Beide Fragen werden in öffentlichen Discussionen, ja selbst in wissenschaftlichen Untersuchungen vielfach auf eine verwirrende Weise zusammengeworfen. Zwar haben die Fragen der Mündlichkeit und Schriftlichkeit, dann der Mittelbarkeit und der Unmittelbarkeit des Verfahrens unleugbar eine grosse Verwandtschaft, indem das mündliche Verfahren eine starke Tendenz hat, den unmittelbaren Gedankenaustausch zwischen dem erkennenden Richter und den streitenden Parteien zu begünstigen, wäh-

---

[*] Jeder Gedankenaustausch kann nicht nur durch schriftliche und mündliche Rede, sondern auch durch concludente Handlungen, z. B. durch Nicken oder Schütteln des Kopfes als Zeichen der Bejahung oder Verneinung erfolgen. Dass diese Formen der Mittheilung auch im Verkehre zwischen dem Richter und den Processparteien — namentlich im mündlichen Verfahren — vorkommen können, ist unzweifelhaft. Wetzell, S. 833. Es kann jedoch von diesen Arten der Gedankenmittheilung wegen ihrer geringeren Bedeutung für den Civilrechtsstreit hier füglich abstrahirt werden.

rend dem schriftlichen Verfahren regelmässig das entgegengesetzte
Streben eigenthümlich ist. Dennoch aber müssen beide Fragen in
der Untersuchung streng auseinandergehalten werden, da beide
sich auf wesentlich verschiedene Seiten der Form jenes Gedankenaustausches beziehen. Diese innere Heterogeneität der beiden
Formelemente lässt es vielmehr als möglich und als nothwendig
erscheinen, dieselben mit einander zu combiniren und in Folge
dessen eine mündlich-unmittelbare, eine mündlich-
mittelbare, eine schriftlich-unmittelbare und eine
schriftlich-mittelbare Form der processualischen Mittheilungen zu unterscheiden. Bei der mittelbaren Form des Gedankenaustausches zwischen dem Richter und den Parteien, möge diese
nun schriftlich oder mündlich sein, kommt überdies noch der
weitere Unterschied in Betracht, dass die Mittelsperson, welche
den Verkehr zwischen den Parteien und dem entscheidenden
Richter vermittelt, sich der schriftlichen oder der mündlichen
Rede bedienen kann. Alle diese ausserordentlich mannigfaltigen
Arten des Gedankenaustausches sind in dem österreichischen Civilverfahren durch einzelne Beispiele vertreten.

Was zunächst die erste der oben angeführten Formen des processualischen Gedankenaustausches: die mündlich-unmittelbare,
betrifft, so kommt diese in den Instructionshandlungen des österreichischen Bagatellprocesses in fast ungetrübter Reinheit zur
Erscheinung. Zwar liegt der ganzen Verhandlung eine schriftliche
oder protocollarische Klage zu Grunde, welche in den Bagatellprocess ein Element der schriftlichen Form hineinträgt [1]); allein
alle weiteren Mittheilungen der Parteien, die Exceptional-,
Repliks-, Duplikshandlung, insoweit sich diese im Instructionsverfahren unterscheiden lassen (oben S. 349) erfolgen mündlich und unmittelbar an den erkennenden Richter. [2]) Nur eine nothwendige

---

[1]) §. 12, 13, 70 Bg. V.

[2]) Die Processsysteme, in welchen sich das Instructionsverfahren aus
mündlichen und schriftlichen Vorträgen der Parteien zusammensetzt, lassen
sich in drei Gruppen scheiden. Die Eigenthümlichkeit der ersten Gruppe
besteht darin, dass ausschliesslich die mündlichen Vorträge der
Parteien die Grundlage der richterlichen Entscheidungen
bilden, wogegen die im schriftlichen Vorbereitungsverfahren zwischen den
Parteien gewechselten Schriftsätze (oben S. 271, Note 18) sich lediglich als

Consequenz dieses Grundsatzes ist es, wenn das Gesetz über das Bagatellverfahren verfügt, dass das Urtheil ausschliesslich von demjenigen Richter gefällt werden kann, welcher die Streitverhandlung geleitet hat und dass diese, wenn vor der Urtheilsschöpfung eine Aenderung des Richters eintritt, von neuem vorgenommen werden muss. (§. 70 Bg. V.) [5]). Ja das Gesetz geht noch

---

präparatorische Handlungen darstellen, die für die Entscheidung des Rechtsstreites ohne Bedeutung sind. Dieses System der exclusiven Geltung des mündlichen Parteienvortrages ist — augenscheinlich als Reaction gegen das frühere schriftliche Verfahren — in zahlreichen deutschen Processordnungen der neuesten Zeit angenommen worden. Hannover, §. 101 (dazu Leonhardt, S. 80, 81); Baden, §. 996, 311, 992; Deutsch. Entw. von 1866, §. 131, 128 (Winter, S. 56, 57); Württemberg, Art. 196; Deutsch. Entw. von 1874, §. 115, 124 (Motive S. 392—394). In der zweiten Gruppe von Gesetzgebungen bilden sowohl die mündlichen als auch die schriftlichen Parteienvorträge die Grundlage der richterlichen Entscheidung; bei Differenzen zwischen beiden entscheidet wohl regelmässig der Inhalt des mündlichen Vortrages. So im Wesentlichen der französische und rheinische Process, in welchem jedoch nur die Conclusionen der Parteien als Parteienvorträge an das Gericht zu betrachten sind. Vgl. Zink, Ermittlung des Sachverhaltes, S. 154, 155; Wernz, Comm. zur baier. C. P. O., S. 263, 264; Deutsch. Entw. von 1874, Motive ed. Kortkampf, S. 393, 394. Ebenso Italien, Art. 176, 178, 349. (Im italienischen Proc. wird sogar der ordentliche Process mit einem Berichte über den Inhalt des schriftlichen Vorbereitungsverfahrens eröffnet, welchen ein vom Präsidenten beauftragter Richter oder die Parteien vortragen); Baiern, Art. 251 und dazu Wernz, S. 262—264; Oesterr. Entw. von 1876, §. 210, 292, 299, 435. In einer dritten Gruppe von Processrechten wird die richterliche Entscheidung immer ausschliesslich auf Grundlage der schriftlichen Parteienvorträge (insbesondere der Gerichtsprotocolle) gefällt; die mündlichen Erklärungen der Parteien kommen bei der Entscheidung des Richters überall nicht in Betracht, insofern sie nicht entweder schon ursprünglich oder doch wenigstens nachträglich — in Folge einer Anfechtung des Gerichtsprotocolls — von dem Gerichte schriftlich beurkundet worden sind. So im Protocollarverfahren des gemeinen und österreichischen Rechtes. Vgl. über diese Fragen Wetzell, S. 386 bis 386, 833—840; Endemann, S. 357; Renaud, §. 80 u. A. Ausserdem ist diese ausschliessliche Geltung der Schrift auch in solchen Processsystemen, welche im Uebrigen zu der ersten und zweiten Gruppe gehören, für gewisse Ausnahmsproceduren anerkannt. Vgl. z. B. den österreichischen Entw. von 1876, §. 313, 315 und die unten Note 20 angeführten Gesetzgebungen.

[5]) Dieser Rechtssatz ist eine nothwendige Consequenz des Principes der Mündlichkeit und Unmittelbarkeit und ist demgemäss von allen neueren Processordnungen angenommen, welche auf diesem Grundsatze beruhen.

über die oben näher dargelegten Grenzen des Princips der Unmittelbarkeit erheblich hinaus, indem es festsetzt, dass die richterliche Entscheidung der Verhandlung sofort auf dem Fusse zu folgen hat (§. 71 Bg. V.) und dass dieselbe, wenn dieses nicht möglich ist, mit gewissen Einschränkungen reproducirt werden muss. (§. 68 Bg. V.) Die Erklärungen der Parteien werden daher in dem Bagatellverfahren nicht nur an den erkennenden Richter von den Parteien unmittelbar gerichtet, sondern die in diesem dadurch hervorgerufene Ideenbewegung soll auch unmittelbar zu ihrem Resultat: der richterlichen Entscheidung, führen.

Im Wesentlichen dieselben Grundsätze gelten für die processualischen Mittheilungen, welche der Richter im Bagatellverfahren an die Parteien zu richten hat. Die Entscheidungen des Richters, mögen diese nun in der Form eines blossen Beschlusses oder eines Urtheiles erfolgen, werden den Parteien von dem Richter immer sowohl mündlich als schriftlich bekannt gegeben. So bestimmt das Gesetz (§. 71 Bg. V) in Ansehung der Urtheile, dass diese entweder sofort oder in einer ohne Verzug anzuberaumenden Tagfahrt mündlich verkündet werden müssen, dass aber ausserdem noch längstens binnen 8 Tagen nach Schluss der Verhandlung eine schriftliche Abfassung des Urtheils dem Verhandlungsprotokolle beizulegen ist (§. 72 Bg. V.), was als eine schriftliche Verständigung der Parteien gelten kann, da ihnen die Einsicht und die Erhebung von Abschriften des hinterlegten Urtheils in allen Fällen freisteht[6]. Dasselbe Verhältniss tritt bei allen Entscheidungen ein, welche in der Form von Beschlüssen erlassen werden, da auch in diesem Falle die schriftliche Beurkundung derselben in dem beiden Parteien zugänglichen (§. 77 Abs. 4 Bg. V) Verhandlungsprotokolle neben der mündlichen Verkündigung einhergeht (§. 77 Z. 5 Bg. V.) Mit Rücksicht auf diese doppelte Form

---

Frankreich: B o i t a r d, Leçons, Bd. 1, Nr. 250; Hannover, §. 86; Italien, Art. 357; Deutsch. Entw. von 1866, §. 253; Württemberg, Art. 362; Baiern, Art. 277 (dazu W e r n z, S. 286; S c h m i t t, Bd. 2, S. 298, 299); Deutsch. Entw. von 1874, §. 270 (Motive S. 480); Oesterr. Entw. von 1876, §. 430. Nach dem französischen und baierischen Rechte müssen die erkennenden Richter sogar nicht nur bei der mündlichen Verhandlung, sondern auch bei der Kundmachung des Urtheils zugegen sein.

[6] Vgl. auch §. 73 Bg. V.

der Bekanntmachung richterlicher Entscheidungen im Bagatellverfahren erhebt sich nun die Frage: Ist als die eigenthümliche Form, in welcher der Richter die Entscheidungen an die Parteien im Bagatellverfahren ergehen lässt, die schriftliche oder die mündliche zu betrachten [7])?

Augenscheinlich hängt die Entscheidung dieser Frage von der Vorfrage ab, ob bei Differenzen zwischen dem Inhalt des mündlich und schriftlich bekanntgemachten Urtheiles für den weiteren Verlauf des Rechtsstreites das erstere oder das letztere als massgebend zu betrachten ist. Dieser Punkt ist von minder practischer Bedeutung in Ansehung der Sentenz, da dieser immer das schriftliche Klagebegehren zu Grunde liegt, folglich eine Abweichung des mündlichen und schriftlichen Urtheils in dieser Richtung wohl zu den seltensten Erscheinungen gehören wird. Sehr wichtig können aber solche Differenzen in den Entscheidungsgründen werden, welche dem Urtheile sowohl in seiner mündlichen als auch in seiner schriftlichen Form beizugeben sind (§. 71, 72 Bg. V.) da insbesondere die gedrängte Darstellung des Sachverhaltes, die ein wesentliches Element der Entscheidungsgründe bildet, in der mündlichen Verkündigung unmittelbar nach Abschluss der Verhandlung und in der schriftlichen Ausfertigung des Urtheiles eine sehr verschiedene Gestalt annehmen können. Jene Frage wird nun wohl am richtigsten so beantwortet, dass das mündlich verkündigte Urtheil für den weiteren Verlauf des Rechtsstreites massgebend ist, dass aber die schriftliche Ausfertigung desselben über die mündliche Bekanntmachung so lange vollbeweisend ist, als nicht eine Differenz zwischen beiden Formen des Urtheiles nachgewiesen werden kann [8]). Denn es entspricht besser dem Princip der Mündlichkeit und Unmittelbarkeit, welches der §. 16 B. V. mit so grossem Nachdruck aufstellt, dass jene Manifestation des richterlichen Willens die entscheidende ist, welche unmittelbar unter dem Eindruck der mündlichen Verhandlung entstanden ist.

---

[7]) Vgl. darüber Ullmann a. a. O. S. 104—107, 112—115.

[8]) Ullmann a. a. O. S. 105 erwähnt den Fall einer Differenz in der mündlichen und schriftlichen Abfassung des Urtheils, ohne jedoch die Frage zu entscheiden, welche von den beiden Formen die massgebende sein soll.

Demgemäss ist festzuhalten, dass auch die processualischen Mittheilungen, welche der Bagatellrichter erster Instanz an die Parteien erlässt (oben S. 388, 389), in mündlicher Form erfolgen.

. Als zweite der vier Formen des Civilverfahrens habe ich oben die mündlich-mittelbare bezeichnet. Der eigenthümliche Character des mündlich-mittelbaren Verfahrens besteht darin, dass zwar eine mündliche Verhandlung für die richterliche Entscheidung massgebend ist, dass dieselbe aber nicht vor dem erkennenden Richter, sondern vor einer Mittelsperson stattfindet, welche deren Inhalt dem entscheidenden Gerichte in mündlicher oder schriftlicher Form vorlegt [*]). Als Beispiel dieser Gattung

---

[*]) Das mittelbar-mündliche Verfahren hat in den neueren, auf dem Princip der Mündlichkeit beruhenden Processordnungen, namentlich in dem Verfahren vor den höheren Instanzen, eine ausgedehnte Anwendung gefunden. Das Verfahren, welches in Folge eines devolutiven Rechtsmittels vor der zweiten oder dritten Instanz stattfindet, kann nämlich einen doppelten Charakter an sich tragen. Es kann sich erstens als eine völlig neue Verhandlung des Rechtsstreites darstellen, welche innerhalb der durch die Natur des Rechtsmittels gesteckten Grenzen der Entscheidung der oberen Instanz unmittelbar als Grundlage zu dienen hat und demgemäss, wenn sie in mündlicher Form erfolgt, als eine Abart des unmittelbar-mündlichen Verfahrens (oben S. 390) zu betrachten ist. Dies ist im Grossen und Ganzen das Wesen der Berufung, wie sich dieselbe im Anschluss an das entsprechende römische und französische Institut in den neueren deutschen Gesetzgebungen ausgebildet hat. Deutsch. Entw. von 1866, §. 583; Württemberg, Art. 707; Deutsch. Entw. von 1871, §. 466 (dazu die Motive S. 404 ff.); Oesterr. Entw. von 1876. §. 490. Oder es kann zweitens das Verfahren vor der höheren Instanz blos den Zweck haben, Mängel des Verfahrens vor der ersten oder der zweiten Instanz, insbesondere auch Gebrechen der mündlichen Verhandlung vor den unteren Gerichten zu beseitigen; es wird folglich nicht der Rechtsstreit von Neuem verhandelt, sondern lediglich die Gesetzlichkeit des unterrichterlichen Verfahrens erörtert. Dies ist im Wesentlichen der Charakter der Rechtsmittel, welche in den neueren deutschen Processordnungen unter der Bezeichnung der Nichtigkeitsbeschwerde oder der Revision vorkommen. Vgl. z. B. den österr. Entw. von 1876, §. 518. Soweit sich folglich diese Rechtsmittel auf die Gesetzmässigkeit der mündlichen Verhandlungen der Vorinstanz beziehen, ist das Verfahren als ein mittelbar-mündliches zu betrachten. Ein Beispiel dieser Art bietet die Nichtigkeitsbeschwerde des österreichischen Bagatellprocesses. Vgl. unten S. 395—397. Da die Mittheilungen, welche die untere Instanz der oberen über den Inhalt der mündlichen Verhandlung im Verhandlungsprotocolle, in den Urtheilsgründen, in Berichten u. s. f. macht, regelmässig (jedoch nicht nothwendig) in schriftlicher Form erfolgen

des Verfahrens kann im österreichischen Recht das Verfahren
vor der zweiten Instanz im Bagatellprocess dienen [10]). Für die
zweite Instanz wird nämlich in Betreff der Frage, ob einer der im §. 78
Bg. V. enthaltenen Nullitätsgründe vorhanden ist, lediglich die
mündliche Verhandlung vor dem ersten Richter massgebend sein,
da eine Reihe von Nullitätsgründen sich sogar ausschliesslich auf
die Beschaffenheit des mündlichen Verfahrens vor dem ersten
Richter bezieht [11]); dennoch aber liegen dem Oberlandesgerichte
bei seiner Entscheidung regelmässig nur die Acten vor, welche
der erste Richter an dasselbe einsendet (§. 80 Bg. V.) und die
eben als der Bericht der Mittelsperson an den entscheidenden
Richter über den Inhalt der mündlichen Verhandlung (s. oben
S. 390, 394) anzusehen sind. Die Uebereinstimmung zwischen der
mündlichen Verhandlung und der schriftlichen Beurkundung,
welche die erste Instanz darüber dem erkennenden Oberlandesgerichte vorlegt (Processacten, Verhandlungsprotocoll, Bericht)
wird dadurch gewahrt, dass dem Oberlandesgerichte ein unbe-
schränktes Recht zusteht, den wahren Inhalt der mündlichen
Verhandlung durch amtliche Nachforschungen (Erhebungen) festzustellen (§. 81 Bg. V.) [12]).

---

so wird dieses Verfahren oft irrthümlich als ein schriftliches angesehen. S.
z. B. d. folg. Note.

[10]) Die Motive zu dem Gesetze über das Bagatellverfahren (Kaserer,
Sammlung, S. 83) und diesen folgend Ullmann, Das Bagatellverfahren,
S. 123, 124 erklären das „Verfahren über die Nullitätsbeschwerde" für
schriftlich. Dies ist jedoch nur so weit richtig, dass eben die Nichtigkeitsbeschwerde, welche das Verfahren eröffnet, immer schriftlich (unten S. 397, 398)
abgefasst sein muss und in dieser Form die Grundlage der Entscheidung des
Oberlandesgerichtes bildet. In den übrigen Beziehungen ist das Nichtigkeits-
verfahren mittelbar-mündlich.

[11]) So ist es z. B. ein Nullitätsgrund, wenn bei der mündlichen Verhandlung ungerechtfertigter Weise die Oeffentlichkeit ausgeschlossen oder
einer Processpartei die Möglichkeit, vor Gericht zu verhandeln, durch unge-
setzlichen Vorgang entzogen wurde (§. 78, Z. 4, 6 Bg. V.). Diese Nullitätsgründe können die Parteien selbst dann geltend machen, wenn der betreffende
Vorgang bei der mündlichen Verhandlung überhaupt nicht schriftlich fixirt
worden sein sollte.

[12]) Diese Erhebungen werden regelmässig in der Weise erfolgen, dass dem
Richter erster Instanz, der Gegenpartei oder dritten Personen eine schriftliche
Aeusserung abgefordert wird; in dem Gesetze (§. 81 Bg. V.) liegt aber kein Hin-

Ebenso wie das ganze Verfahren vor der zweiten Instanz
fallen einzelne Elemente des Bagatellprocesses vor dem ersten
Richter unter den Begriff des mündlich-mittelbaren Verfahrens.
Wird nämlich in der Bagatellverhandlung die Aufnahme eines
Beweises durch ein anderes Gericht nothwendig, so hat der
Richter dieses um die Durchführung des Beweises zu ersuchen
und die von demselben über die Beweisaufnahme eingesendeten
Protocolle zu benützen, so dass also der ersuchte Richter als
die Mittelperson zu betrachten ist, durch welche der Inhalt
der Beweisaufnahme an die erkennende Instanz gelangt [15])

---

derniss, dass das erkennende Oberlandesgericht sich von jenen Personen auch
mündlichen Bericht über den Inhalt der mündlichen Verhandlung erstat-
ten lasse.

[15]) §. 31, Bg. V. „Wird die Aufnahme eines Beweises ausserhalb der
Verhandlungstagsatzung oder durch ein anderes Gericht nothwendig, so hat
der Richter das Erforderliche zu verfügen und nach dem Einlangen der über
die Beweisaufnahme errichteten Protocolle die Verhandlung fortzusetzen.
Hiebei ist der Inhalt der Protocolle den Parteien bekannt zu geben. Werden
die Beweisaufnahmsprotocolle unvollständig befunden, so kann deren Ergänzung verfügt werden." Vgl. ferner §. 46, 59 Bg. V. Auch die neueren deutschen Processordnungen überlassen es im Wesentlichen dem Ermessen des
erkennenden Gerichtes, die Beweisaufnahme durch ein beauftragtes Mitglied
oder durch ein fremdes Gericht zu vollziehen und auf diese Weise im Beweisverfahren an die Stelle des unmittelbar-mündlichen Verfahrens das mittelbar-mündliche zu setzen. Hannover, §. 224, 272, 276, 281, 286, 308; Deutsch.
Entw. von 1866, §. 287, 329, 354, 392, 418; Deutsch. Entw. von 1874, §. 310,
327, 330; Oesterr. Entw. von 1876, §. 316, 335, 369, 394, 408, 420 u. s. f.
Während also unsere neueren deutschen Processordnungen das Princip der
Mündlichkeit und Unmittelbarkeit im Instructionsverfahren mit grosser Consequenz durchzuführen suchen (oben Note 4), wird das im Beweisverfahren
vorkommende Processmaterial von dem erkennenden Richter, wie die Erfahrung lehrt, regelmässig blos auf Grundlage schriftlicher Referate anderer Personen gewürdigt. Vgl. z. B. über den hannover'schen Process Bar, Recht
und Beweis, S. 47 ff. Gerade das umgekehrte Verhältniss ist aber das richtige;
im Instructionsverfahren, wo es vorzüglich auf Genauigkeit und Vollständigkeit
ankommt, ist die Schrift die zweckmässigste Mittheilungsform, wogegen im
Beweisverfahren, namentlich bei freier Beweiswürdigung, der unmittelbare
persönliche Eindruck auf den erkennenden Richter von unersetzlichem Werthe
ist. Dass ein solcher Process mit schriftlichem Instructions- und mündlichem
Beweisverfahren (welcher von dem schriftlichen Process mit mündlicher
Schlussverhandlung in einzelnen Staaten, z. B. in Preussen, wohl unterschieden werden muss), vollkommen durchführbar ist, zeigt das englische Recht.

Auch hier ist festzuhalten, dass die mündliche Verhandlung,
welche über die Beweisaufnahme vor dem beauftragten oder ersuchten Richter stattfindet, für die Entscheidung des Rechtsstreites allein massgebend ist [14]) und dass der erkennende Richter
(ebenso wie in dem obengedachten Falle die zweite Instanz) ohne
Zweifel berechtigt ist, die Congruenz zwischen der mündlichen
Verhandlung zum Zweck der Beweisaufnahme und den über diese
eingesandten Protocollen durch amtliche Nachforschung festzustellen
oder herzustellen [16]).

Den Gegensatz zu dem mündlichen Process bildet das s c h r i f t-
l i c h e Verfahren, welches wieder ein mittelbares oder unmittelbares sein kann. Das eigenthümliche Merkmal, welches die
Gebiete des mündlichen und schriftlichen Verfahrens durchgreifend
unterscheidet, ist der Umstand, dass in dem ersten Falle die
mündlich ausgesprochenen Erklärungen der Parteien die Grundlage der richterlichen Entscheidung bilden, während diese letztere
im schriftlichen Verfahren sich eben auf schriftliche Aufsätze der
Streittheile gründet [16]). Nur die Thatsache aber, ob das Wort
oder die Schrift den Erkenntnissen des Richters zu Grunde liegt,
ist für unsere Frage entscheidend; dagegen ist es gleichgiltig,
ob die mündlich ausgesprochenen Erklärungen in einem mehr
oder minder umfangreichen Gerichtsprotocolle fixirt werden, ferner
ob die schriftlichen Aufsätze von den Parteien selbst oder dem
Richter abgefasst werden. Deshalb ist das Instructionsverfahren
des Bagatellprocesses ein rein mündliches, obgleich über dasselbe
ein ziemlich umfangreiches Protocoll geführt wird (§.77 Bg. V.),
weil der Entscheidung des ersten Richters eben nicht dieses
Protocoll, sondern die mündliche Verhandlung zu Grunde liegt.
Und aus dem umgekehrten Grunde ist das österreichische Protocollarverfahren des ordentlichen und der summarischen Processe
ein schriftliches, obwohl die Parteien ihre Erklärungen, wenigstens
nach der ursprünglichen Absicht des Gesetzgebers, dem Richter

---

[14]) §. 16 Bg. V.

[15]) Der Richter hat zufolge §. 31 Bg. V. (oben Note 13) die Ergänzung von unvollständigen und ohne Zweifel auch die Berichtigung von irrigen
Beweisaufnahmsprotocollen zu verfügen.

[16]) F e u e r b a c h a. a. O. Bd. 1, S. 199—201; B a r a. a. O. S. 44;
R e n a u d, §. 80, Note 22, 23; E n d e m a n n, §. 96 II.

mündlich bekannt geben müssen und dieser dieselben erst in einer schriftlichen Darstellung (Gerichtsprotocoll) zusammenfasst, da der vom Gerichte aufgenommene schriftliche Aufsatz den richterlichen Entscheidungen aller Instanzen ohne Rücksicht auf die ursprünglichen mündlichen Erklärungen der Parteien ausschliesslich zu Grunde gelegt wird [17]).

Der einzige ziemlich unwesentliche Unterschied zwischen dem pseudomündlichen Verfahren unseres ordentlichen und unserer summarischen Processe und dem ordentlichen schriftlichen Verfahren besteht eben darin, dass in dem ersten Fall der Richter, in dem zweiten die Parteien oder ihre Anwälte die schriftlichen Aufsätze verfassen [18]). Die wesentliche Gleichartigkeit beider

---

[17]) Vgl. über den Unterschied zwischen dem Protocollar- und dem mündlichen Verfahren: Feuerbach a. a. O. Bd. 1, S. 202—205.

[18]) Das schriftliche und pseudomündliche (Protocollar-) Verfahren des österr. Processes hat seinen Typus bereits in dem älteren Reichsprocess. Im älteren römischen, canonischen und deutschen Process bildeten mündliche Vorträge die Grundlage der richterlichen Entscheidung. Durch das berühmte c. 11 X. de prob. 2, 11 wurde die schriftliche Fixirung des gesammten Processmateriales in den geistlichen Gerichten vorgeschrieben und dadurch ein unserem österreichischen Protocollarprocess (2. Kap. der jos. und w. gal. G. O.) ähnliches Verfahren herbeigeführt. Dieses war auch ursprünglich am Reichskammergerichte in Uebung, doch wurde schon durch die erste C. G. O. von 1496 Abs. „Dass man in Schrifften procediren soll" die Ueberreichung von Schriftsätzen bei den Terminen statt mündlichen Vortrags zu Protocoll zugelassen und durch die R. C. G. O. von 1503 Abs. „Procuratores sollen alles in Schrifften handeln" sogar vorgeschrieben. Nur ganz kurze, formelle Erklärungen (z. B. „In den Sachen zwischen A vnd B gibe ich diese Schrifft, nemlich Libel, Exceptiones, Artickel, Replicas,- Duplicas etc.") durften die Processparteien und ihre Anwälte auch mündlich vorbringen. Das Reichskammergericht hat diese Verhandlungsweise, welche mit dem „Einlegen der Protocolle" in unserem Protocollarverfahren vollständig identisch ist (oben S. 91 und die folgende Note), bis zu seiner Auflösung festgehalten. Danz, Grundsätze des Reichsgerichtsprocesses, (1795), §. 193; Wetzell, S. 834 bis 839. Noch weiter ging die Reichshofrathsordnung von 1654; sie beseitigte im Wesentlichen die terminlichen Processverhandlungen (Tagsatzungen, Tagfahrten), welche ähnlich wie in unserem entarteten Protocollarverfahren zur blossen Form herabgesunken waren; an die Stelle der Vorlage von Schriftsätzen bei den Terminen trat die ausserterminliche Einreichung derselben, die Tagfahrten des reichskammergerichtlichen Verfahrens verwandelten sich in Fristen. Danz a. a. O. §. 376; Wetzell, S. 839, 840. Ohne Zweifel

Processformon wird auch dadurch zur Anschauung gebracht, dass die österreichische Praxis die unverkennbare Tendenz hat, das pseudomündliche Verfahren zu einem rein schriftlichen zu gestalten [19]) und es können daher beide für unsere dogmatischen Zwecke als zwei Unterarten des schriftlichen Verfahrens betrachtet werden.

Ein unmittelbar-schriftliches Verfahren ist nun vorhanden, wenn der erkennende Richter und soferne eine Personenmehrheit die Entscheidungen zu fällen hat, die sämmtlichen betheiligten Richter die Erklärungen der Parteien aus ihren schriftlichen Aufsätzen selbst kennen gelernt haben. Dagegen ist es als ein mittelbar-schriftliches Verfahren zu betrachten, wenn der entscheidende Richter die schriftlichen Erklärungen der Parteien nicht aus eigener Wahrnehmung, sondern lediglich aus den mündlichen oder schriftlichen Mittheilungen einer Mittelsperson (des Referenten oder der Processparteien) kennen lernt. Von beiden Formen des schriftlichen Verfahrens lassen sich im österreichischen Rechte Beispiele anführen.

Das schriftlich-unmittelbare Verfahren ist in allen Fällen vorhanden, wo ein einzelner Richter einen Rechtsstreit zu

---

hat auf die Reichshofrathsordnung das damalige österreichische Verfahren, namentlich jenes der verneuerten böhmischen Landesordnung von 1627 eingewirkt, welche das nichtprotocollarische schriftliche Verfahren der Reichshofrathsordnung und unseres heutigen österreichischen Processes schon vollständig ausgebildet hat (V. Böhm. L. O. C I ff.). Vgl. auch Menger, Die Zulässigkeit neuen thatsächlichen Vorbringens, (1873), S. 70—92. Von jenen drei Formen des schriftlichen Verfahrens: dem Protocollarverfahren in dem eigentlichen Sinne dieses Wortes, dann dem terminlichen und ausserterminlichen Schriftenwechsel haben unsere Gerichtsordnungen die erste und dritte unter der Bezeichnung des mündlichen und schriftlichen Verfahrens adoptirt, wogegen die zweite (der terminliche Schriftenwechsel) ausgeschlossen bleiben sollte; doch hat sich der letztere durch ein sehr allgemein verbreitetes Gewohnheitsrecht wieder eine sehr umfangreiche Geltung verschafft (s. die folgende Note).

[19]) Bekanntlich werden in den pseudomündlichen Processen auf Grundlage eines abändernden Gewohnheitsrechtes (oben S. 91) die gerichtlichen Protocolle, insbesondere wenn beide Parteien durch Anwälte vertreten sind, von den Streittheilen und ihren Vertretern ohne Mitwirkung des Richters verfasst und sodann bei Gericht „eingelegt". Durch diesen Hergang ist das schriftliche und das Protocollarverfahren bis auf unwesentliche äussere Förmlichkeit wieder ganz gleichgestellt worden.

entscheiden hat, der im schriftlichen oder pseudo-mündlichen Verfahren durchgeführt worden ist. Denn wenn ein Einzelrichter die Entscheidung trifft, so bringt es schon die Natur der Sache mit sich, dass er sich hiebei keiner Mittelsperson bedienen kann, sondern von dem Inhalte der schriftlichen Anträge sich durch eigene Wahrnehmung Kenntniss verschaffen muss. Allein auch bei Rechtssachen, die durch eine Personenmehrheit entschieden werden sollen und die sonst das eigenthümliche Gebiet des schriftlich-mittelbaren Verfahrens bilden, ist es dem Vorsitzenden gestattet, wenn ihm die gründliche Entscheidung einer Angelegenheit längere Ueberlegung zu fordern scheint, sämmtliche Acten und die Ausarbeitung des Referenten vor der Berathschlagung denjenigen Stimmführern, welche dabei zugegen sein sollen, mit dem Auftrage mittheilen zu lassen, sich vorläufig zur künftigen Berathung vorzubereiten (§. 169 G. I.) In diesen beiden Fällen gelangt also das schriftliche Processmaterial unmittelbar zur Kenntniss der entscheidenden Richter, ohne dass ihnen dessen Inhalt durch die Person eines Referenten vermittelt wird.

Sieht man von der zuletzt angeführten Ausnahme ab, wo auch in Collegialsachen, welche schriftlich verhandelt worden sind, das schriftlich unmittelbare Verfahren stattfindet, so bildet im Uebrigen auf diesem Gebiete das mittelbar-schriftliche Verfahren die überwiegende Regel. Für jede Rechtssache, die der collegialen Berathung unterliegt, hat nämlich der Gerichtsvorsteher einen Referenten (§. 133 G. I.) und bei besonders wichtigen und rücksichtswürdigen Gegenständen nach seinem Ermessen auch einen Coreferenten (§. 136 G. I.) zu ernennen, durch deren Vermittlung das vorhandene Processmaterial zur Kenntniss der entscheidenden Richter gelangt.

Diese Vermittlung erfolgt in der Weise, dass der Referent über alle wichtigeren oder verwickelteren Angelegenheiten (§. 141 Abs. 2 G. I.), insbesondere aus allen geschlossenen Processen einen Actenauszug verfasst (§. 142 Abs 2. G. I.), welcher das erhebliche Processmaterial in solcher Vollständigkeit enthalten soll, dass die Stimmführer in den Stand gesetzt werden, die Sache ebenso gründlich beurtheilen zu können, als ob sie die Acten selbst gelesen hätten (§. 142 Abs. 2 G. I.). Der verfasste Actenauszug oder die zu erledigende Eingabe selbst wird in der

Berathung, welche der Entscheidung vorangeht, von dem Referenten den Stimmführern vorgelesen; nur bei einfachen Gegenständen kann sich der Referent auf eine mündliche Darstellung des Sachverhaltes beschränken. Einzelne besonders wichtige Elemente des Rechtsstreites, nämlich das von der Partei gestellte Begehren in jenen Fällen, wo es auf den Wortlaut desselben ankommt, ferner die entscheidenden Stellen der angeführten Urkunden müssen aus den Schriftsätzen selbst vorgelesen werden (§. 160 G. I.) und gelangen so unmittelbar zur Kenntniss der entscheidenden Richterversammlung. In der überwiegenden Anzahl von Fällen wird aber das ganze Processmaterial dem Richtercollegium nur durch die Mittheilung des Referenten bekannt, mag diese nun eine rein mündliche sein oder mag ihr ein schriftlicher Aufsatz: der Actenauszug, zu Grunde liegen. [20])

Was endlich die Form betrifft, in welcher die richterlichen Entscheidungen im bisherigen (schriftlichen oder pseudo-mündlichen) Verfahren den Parteien bekannt gegeben werden, so ist dieselbe durchgreifend schriftlich, da die Bekanntmachung der Urtheile und Bescheide immer durch Zustellung eines schriftlichen Aufsatzes erfolgt. [21]) Eine mündliche Publication der richterlichen Erkenntnisse findet nicht statt.

Aus dieser Darstellung ergibt sich, dass das österreichische Verfahren seinem vorherrschenden Charakter nach ein schriftliches ist, wenngleich die Terminologie unserer Gesetze mit dieser Auffassung nicht übereinstimmt. Nur auf einem verhältnissmässig minder wichtigen Gebiete der Rechtspflege (in Bagatellsachen) ist das Princip der Mündlichkeit bisher durchgeführt. Wenn also

---

[20]) Soweit die neueren Processordnungen ein schriftliches Verfahren als Ausnahmsprocedur zulassen, wird der Inhalt der schriftlichen Processverhandlung dem erkennenden Gericht regelmässig durch ein mündliches Referat vermittelt, welches entweder die Streitparteien selbst oder ein beauftragtes Gerichtsmitglied nach Einsicht der Acten erstattet. Code de proc. Art. 95, 109—112; Hannover, §. 465, 473; Deutsch. Entw. von 1866, §. 562, 566; Württemberg, Art. 794, 798; Deutsch. Entw. von 1874, §. 308, 309; Oesterr. Entw. von 1876, §. 315. Nur die Genfer Processordnung, Art. 95, verlangt, dass jeder von den Richtern, welche über einen Rechtsfall zu erkennen haben, von den Processschriften unmittelbare Kenntniss nehmen muss.

[21]) A. G. O. §. 250; W. G. O. §. 327.

der Art. 10 des Staatsgrundgesetzes über die richterliche Gewalt vom 21. Dec. 1867 Nr. 144 durchgreifend bestimmt, dass die Verhandlungen vor dem erkennenden Richter in Civilangelegenheiten mündlich sind, so ist dies eines jener zahlreichen in den Staatsgrundgesetzen ausgesprochenen Principien, welche ihrer Realisirung im wirklichen Leben noch dermalen harren.

Anders verhält sich unser österreichisches Processrecht zu der Frage der Unmittelbarkeit des Verfahrens. In dieser Richtung scheidet sich das österreichische Verfahren in zwei fast gleiche Gebiete, in welchen das mittelbare und das unmittelbare Verfahren ihre Herrschaft üben. Doch ist keinem Zweifel unterworfen, dass mit der wachsenden Anwendung des mündlichen Verfahrens auch die mittelbaren Formen des Processes immer mehr in den Hintergrund gedrängt werden müssen.

Inhaltsverzeichniss.

Erster Abschnitt.

Die Stellung des Civilprocesses innerhalb der Rechtsverfolgung.

§. 1. Die ungeordnete Rechtsverfolgung.

Die Natur der subjectiven Rechte, S. 3. — Die Ansicht Kant's; die gegenwärtig herrschende Auffassung, die Theorie Ihering's, Note 1. — Die Rechtsverfolgung, S. 4. — Die ungeordnete Rechtsverfolgung, S. 4, 5. — Abarten derselben: Durchsetzung der subjectiven Rechte durch Gewalt und durch Compromiss, S. 5. — Die ungeordnete Rechtsverfolgung als Mittel zur Durchsetzung internationaler Rechte: Der Krieg, das Compromiss, S. 6. — Definition des Krieges, Note 2. — Die ungeordnete Rechtsverfolgung auf dem Gebiete des Staatsrechtes, S. 6, 7. — Unterschied derselben vom Nothrecht, Note 3. — Bestrebungen zur Verdrängung der ungeordneten Rechtsverfolgung aus dem Gebiete des Völkerrechtes, S. 7, 8. — Beendigung internationaler Streitigkeiten durch Schiedsspruch, Note 4. — Goldschmidt's Entwurf eines „Reglements für internationale Schiedsgerichte," Note 5. — Competenz des österreichischen Reichsgerichtes zur Entscheidung von staatsrechtlichen Streitigkeiten, S. 9. — Extensive und intensive Schranken seiner Thätigkeit, S. 9—11. — Uebergang zur geordneten Rechtsverfolgung, S. 11.

§. 2. Die geordnete Rechtsverfolgung: Das Administrativ-, Straf- und Civilverfahren.

Wesen der geordneten Rechtsverfolgung, S. 12. — Wesen der öffentlichen und Privatrechte, S. 12—13 und Note 1, 2. — Verfolgung der öffentlichen Rechte von Amtswegen (Officialmaxime), der Privatrechte auf Impuls der Berechtigten (Verhandlungsmaxime), S. 13, 14. — Die Officialmaxime auf dem Gebiete der Verwaltung und Verwaltungsrechtspflege, S. 14, 15. — Literatur der Verwaltungsrechtspflege, Note 4. — Modification der Officialmaxime im Verwaltungsstreitverfahren, Note 6. — Die Officialmaxime auf dem Gebiete des Strafverfahrens, S. 16, Note 7. —

Verschiedene Auffassungen des Official- (Anklage-, Untersuchungs-) Princips und des Verhandlungsprincips im Strafverfahren, Note 8. — Das Civilverfahren, S. 17. — Unterschied von der ungeordneten Rechtsverfolgung: Ausschliessung der Gewalt, S. 17, 18. — Unterschied vom Administrativ- und Strafverfahren: die Verhandlungsmaxime, S. 18, 19.

§. 3. Das Verfahren in und ausser Streitsachen.

Definition des Civilverfahrens, S. 20. — Der präventive und der repressive Theil des Civilverfahrens, S. 20, 21. — Das Verfahren in und ausser Streitsachen, S. 21. — Unrichtigkeit dieser Terminologie, S. 22, 23, Note 3—6. — Ansichten der Schriftsteller über den Gegensatz zwischen dem Verfahren in und ausser Streitsachen, Note 7. — Beschränkung des ausser-streitigen Civilverfahrens auf die im Gesetze bestimmten Fälle, S. 24. — Praxis der österreichischen Gerichte, Note 9. — Allgemeine Anwendbarkeit des streitigen Civilverfahrens, S. 25. — Art. 15 des St. G. G. über die richterliche Gewalt, S. 25, 26, Note 10. — Obligatorische Prävention, S. 26, 27, Note 11—13. — Facultative Prävention, S. 27, Note 14.

§. 4. Der ordentliche und der summarische Process.

Definitionen, S. 29. — Literatur, Note 1. — Der ordentliche und der summarische Process, S. 29. — Der ordentliche und der ausser-ordentliche Process, Note 2. — Der Processinhalt und die Process-förmlichkeiten, S. 30. — Der ordentliche, schriftliche und mündliche Process, S. 30, 31. — Natur des summarischen Verfahrens, S. 31, 32. — Die beschränkte und die vereinfachte Cognition, S. 32, Note 8, 9. — Verschiedene Wirkungen der beschränkten und der vereinfachten Cognition, S. 33. — Abarten der vereinfachten Cognition: Der regulär- und der irregulär-summarische Process, S. 34—36. — Beispiele der beschränkten Cognition im österreichischen Recht: Im Erkenntnissverfahren S. 37—39, Im Executionsverfahren (Execution zur Sicherstellung), S. 39—41. — Beispiele der vereinfachten Cognition: Regulär-summarische Processe, S. 41—43. — Irregulär-summarische Processe, S. 43, 44.

Zweiter Abschnitt.

Quellen und Literatur des österreichischen Civilprocessrechtes.

§. 5. Die Gesetze über die Organisation und Competenz der Civilgerichte.

Allgemeiner Charakter des österreichischen Civilprocessrechtes, S. 45, 46. — Das Staatsgrundgesetz über die richterliche Gewalt, S. 46, 47. — Gesetze, betreffend das Reichsgericht, S. 48. — Gesetze über die Organisation der Civilgerichte, S. 49, 50. — Ueber die Competenz derselben, S. 50—51. — Ueber die innere Einrichtung und Geschäftsbehandlung, S. 52. — Ueber die Advocatur, S. 53.

§. 9. Literatur des österreichischen Civilprocessrechtes.

Dritter Abschnitt.

Von der Auslegung der Civilprocessnormen.

§. 10. Die historische Auslegung.

§. 11. Die praktische Auslegung.

Vierter Abschnitt.

Von den örtlichen und zeitlichen Grenzen der Civilprocess-normen.

§. 12. Die örtlichen Grenzen der Civilprocessnormen.

§. 13. Die örtlichen Grenzen der Civilprocessnormen.
(Fortsetzung.)

§. 14. Die örtlichen Grenzen der Civilprocessnormen.
(Fortsetzung.)

§. 15. Zeitliche Grenzen der Civilprocessnormen.

Fünfter Abschnitt.

Das System und die Principien des österreichischen Civil-
processrechtes.

§. 16. Das System des österreichischen Civilprocessrechtes.

§. 17. Die Stellung des Richters zu dem Civilrechtsstreit. (Die
Unabhängigkeit der Civilrechtspflege.)

§. 18. A. Die Stellung des Richters zu dem Civilrechtsstreit.
(Fortsetzung.)

§. 19. B. Das Verhältniss der Parteien zum Civilrechtsstreit. (Die Verhandlungsmaxime und das Princip des wechselseitigen Gehörs.)

§. 20. Die Verhandlungsmaxime: Ihre Wirksamkeit beim Beginne des Civilrechtsstreites.

§. 21. Die Verhandlungsmaxime: Ihre Wirksamkeit während der Dauer des Civilrechtsstreites.

— 411 —

Processrecht, S. 324. 325. — Formale Scheidung des Verfahrens in das Er-
kenntniss- und das Executionsverfahren, S. 325—327. — Formale
Trennung des Verfahrens nach Instanzen, S. 328. 329. — Formale Trennung
des Erkenntnissverfahrens: Im Römischen Process, S. 330, 831. —
In den modernen Gesetzgebungen, S. 332—338. — Das Vorverfahren (die
processhindernden Einreden), S. 332, 333, Note 9. — Das Instructions-
und Beweisverfahren, S. 332. — Cäsur zwischen dem Instructions- und
dem Beweisverfahren im gemeinen Recht, S. 333. — Nichtexistenz dieser
Cäsur im kammergerichtlichen Process, S. 334—336. — Die Cäsur zwischen
dem Instructions- und dem Beweisverfahren im österreichischen Recht,
S. 336—338. — Formale Ordnung der Processhandlungen im Instructionsverfahren, S. 339. — Im Beweisverfahren, S. 340—342. — Im
Vollstreckungsverfahren, S. 342—345.

§. 25. Die arbiträre Ordnung der Processhandlungen. (Das Bagatell-
verfahren.)

Formale Elemente in der Ordnung der Processhandlungen des Bagatellverfahrens, S. 346. — Arbiträre Ordnung der Processhandlungen im Erkenntnissverfahren vor der ersten Instanz, S. 347—351. — Arbiträre
Gestaltung des Verhältnisses zwischen dem Instructions- und dem Beweisverfahren, S. 347, 348. — Arbiträre Ordnung der Processhandlungen innerhalb dieser beiden Processstadien, S. 349—351.

§. 26. Das Eventualprincip.

Terminologie, S. 352, 353. — Verhältniss des Princips der Ordnung
und des Eventualprincips, S. 353, 354.

§. 27. Das Eventualprincip im österreichischen Process mit Aus-
schluss des Bagatellverfahrens.

Geltung des Eventualprincips vorzüglich im Instructionsverfahren, S. 355, 356. — Die Klage: Concentration der Processhandlungen in
derselben, S. 356—359. — Die Exceptionalhandlung, S. 359—367. —
Beseitigung einer abgesonderten Litiscontestation, S. 360, 361. — Concentration der Einredebegründung, S. 364 ff. — Ausnahme rücksichtlich der von
Amtswegen zu untersuchenden Thatsachen, S. 361. — Concentration der processrechtlichen Vertheidigungsmittel des Beklagten, S. 362 — und der materiellrechtlichen, S. 363. — Ausnahme rücksichtlich der processhindernden
Einreden, S. 363—365. — Concentration der Processhandlungen in den
weiteren Stadien des Instructionsverfahrens, S. 366, 367. — Concentration
der Processhandlungen im Beweisverfahren, S. 367 ff. — Concentration
der richterlichen Beweiszulassungsacte, S. 367—373. — Der Beweisantretung,
der Beweisaufnahme, der Beweiswürdigung, S. 373—375. — Concentration
der Processhandlungen im Rechtsmittelverfahren, S. 376, 377. — Im
Executionsverfahren, S. 377, 378. — Verhältniss des Eventualprincips